X.media.press

Michael Broßmann · Wilfried Mödinger

Praxisguide Wissensmanagement

Qualifizieren in Gegenwart und Zukunft.
Planung, Umsetzung und Controlling in
Unternehmen

Prof. Dr. Michael Broßmann
Automotive Engineering
Hochschule Esslingen
Kanalstr. 33
73728 Esslingen
Deutschland
michael.brossmann@hs-esslingen.de

Prof. Dr. Wilfried Mödinger
Hochschule der Medien
Stuttgart Media University
Nobelstr. 10
70569 Stuttgart
Deutschland
moedinger@hdm-stuttgart.de

ISSN 1439-3107
ISBN 978-3-540-46224-8   e-ISBN 978-3-540-46225-5
DOI 10.1007/978-3-540-46225-5
Springer Heidelberg Dordrecht London New York

Die Deutsche Nationalbibliothek verzeichnet diese Publikation in der Deutschen Nationalbibliografie; detaillierte bibliografische Daten sind im Internet über http://dnb.d-nb.de abrufbar.

© 2011 Springer-Verlag Berlin Heidelberg
Dieses Werk ist urheberrechtlich geschützt. Die dadurch begründeten Rechte, insbesondere die der Übersetzung, des Nachdrucks, des Vortrags, der Entnahme von Abbildungen und Tabellen, der Funksendung, der Mikroverfilmung oder der Vervielfältigung auf anderen Wegen und der Speicherung in Datenverarbeitungsanlagen, bleiben, auch bei nur auszugsweiser Verwertung, vorbehalten. Eine Vervielfältigung dieses Werkes oder von Teilen dieses Werkes ist auch im Einzelfall nur in den Grenzen der gesetzlichen Bestimmungen des Urheberrechtsgesetzes der Bundesrepublik Deutschland vom 9. September 1965 in der jeweils geltenden Fassung zulässig. Sie ist grundsätzlich vergütungspflichtig. Zuwiderhandlungen unterliegen den Strafbestimmungen des Urheberrechtsgesetzes.
Die Wiedergabe von Gebrauchsnamen, Handelsnamen, Warenbezeichnungen usw. in diesem Werk berechtigt auch ohne besondere Kennzeichnung nicht zu der Annahme, dass solche Namen im Sinne der Warenzeichen- und Markenschutz-Gesetzgebung als frei zu betrachten wären und daher von jedermann benutzt werden dürften.

Einbandgestaltung: KünkelLopka, Heidelberg

Gedruckt auf säurefreiem Papier

Springer ist Teil der Fachverlagsgruppe Springer Science+Business Media (www.springer.com)

Inhaltsverzeichnis

Teil I	**Praxisguide Wissensmanagement**	
1	**Managen von Wissen als eigenständige Disziplin?**	3
2	**Was ist Wissen?**	9
3	**Wie ist Wissensmanagement verortet?**	15
3.1	Managen von Wissen	17
3.2	Der Mikrokosmos von Wissensmanagement	26
3.3	Der Makrokosmos von Wissensmanagement	31
4	**Praxisguide Wissensmanagement: Anspruch und Wirklichkeit?**	39
	Literaturverzeichnis zu Teil I	45
Teil II	**Der Mikrokosmos des Wissensmanagements**	
1	**Mikrokosmos und Wissensmanagement – Gang der Untersuchung**	51
2	**Wissensmanagement – State of the Art**	53
2.1	Bezugsrahmen – Orientierung für Wissensmanagement	53
	2.1.1 Ausgangssituation	53
	2.1.2 Entwicklung und Umgang mit Wissen in Organisationen	57
	2.1.3 Voraussetzungen, Anforderungen und Auswirkungen auf alle Beteiligten im Umgang und Managen von Wissen	58
2.2	Präsenz-Learning – Qualifizierung in klassischer Form	60
	2.2.1 Referenzmodell zur Theorie von Lernen und Lehren	60
	2.2.2 Präsenz-Learning für die Arbeitswelt	66
	2.2.3 Event Learning	75

2.3 Distance Learning – Relativierung von Ort, Zeit und Raum 81
    2.3.1 Szenarien zum gegenwärtigen elektronischen Lernen und Arbeiten 85
    2.3.2 Begriffliche Abgrenzungen und Referenzmodell zur Integration von elektronischem Lernen, Lehren und Arbeiten 91
    2.3.3 Distance Learning – Tools für die Wissensvermittlung 95
2.4 Plattformen und Portale – Wissensproduktion, Wissensorganisation und Wissensvermittlung für Lernen und Qualifizieren 130
    2.4.1 Content Management und Learning Management 130
    2.4.2 Content-Management-System 132
    2.4.3 Learning-Management-System 137
    2.4.4 Integratives Learning-Content-Management-System 141
2.5 Vom Learning-Content-Management-System zum Blended Learning und Knowledge Management 145
    2.5.1 Blended Learning im Übergang vom traditionellen zum zukünftigen Lernverständnis 147
    2.5.2 Wissensmanagement: Wissensarbeit und Wissensmanagement-Systeme 156
    2.5.3 Konvergenzen und Divergenzen von Lernen, Qualifizieren und Wissensmanagement 164
2.6 Der Mensch im Mikrokosmos des Wissensmanagements 169

3 Wissensmanagement – heute und morgen 175
3.1 „Imaginäre Schwelle" – Comics zur Distanzierung und Inspiration 175
3.2 „Training Adventure Park" – eine Entdeckungsreise in eine reale und utopische Welt des Wissens 177

4 Wissensmanagement – Perspektiven für die Zukunft 187
4.1 Quo vadis Wissensgesellschaft, Wissensorganisation und Wissenstechnik – Thesen zur Genese und Zukunft von Wissen, Handeln und Können 188
    4.1.1 Divergenz von Lebensalter und Lernen! 191
    4.1.2 Konvergenz von Lernen und Informieren? 194
    4.1.3 Präsenz-Learning versus Distance Learning 198
    4.1.4 Wissensbausteine für Kompetenzlücken 202
    4.1.5 Formales und informelles Lernen 205
    4.1.6 Verhaltenstraining dominiert Fachtraining 209
    4.1.7 Spiel und Spaß beim Lernen? 213
    4.1.8 Eigeninitiative bei der Qualifizierung 217
    4.1.9 Der Trainer: Fachexperte oder Moderator? 219

4.2 Quo vadis Wissensarbeit und Wissensarbeiter –
visionäre Szenarien zur Genese und Zukunft von Wissen,
Handeln und Können 223
4.3 Quo vadis Wissensmanagement –
Zusammenfassung und Ausblick 246

Literaturverzeichnis zu Teil II 253

Teil III   Der Makrokosmos des Wissensmanagements

1   Die Betriebswirtschaft des Wissensmanagements in Unternehmen 269
1.1 Grundlagen zur Entwicklung einer Betriebswirtschaftslehre
für das Wissensmanagement 271
    1.1.1 Treiber der Ökonomisierung des Wissensmanagements 271
    1.1.2 Potenziale für ein Wissensmanagement
aus betriebswirtschaftlicher Sicht 273
    1.1.3 Besonderheit einer Betriebswirtschaftslehre
für das Wissensmanagement 276
    1.1.4 Modelle für die Entwicklung
einer Betriebswirtschaftslehre des Wissensmanagements .. 277
    1.1.5 Knowledge-Box:
Konzeptionen der Betriebswirtschaft der Neuzeit 281
    1.1.6 Entwicklung einer Betriebswirtschaft
für das Wissensmanagement 289
    1.1.7 Wie kann die Betriebswirtschaft bei den Aktivitäten
des Wissensmanagements und der Qualifizierung
angewendet werden? 295
    1.1.8 Umsetzung einer Betriebswirtschaftslehre
für das Wissensmanagement 297
1.2 Return on Training Investment 303
    1.2.1 Szenario: Return on Training Investment –
Was ist der Nutzen einer Maßnahme
des Wissensmanagements? 306
    1.2.2 Knowledge-Box: Das Input-Output-Modell
als Grundlage für das Wirtschaften in einem Betrieb 306
    1.2.3 Szenario: Return on Training Investment –
Wie lässt sich der Nutzen eines Trainings
wirtschaftlich berechnen? 307
    1.2.4 Knowledge-Box: Return on Investment (ROI) –
Die Berechnung der Rentabilität eines Investments
in einem Betrieb 308

		1.2.5	Szenario: Return on Training Investment – Die Berechnung nach dem ROTI	310
		1.2.6	Software zu Berechnung des Return on Trainings Investment (ROTI)	312
	1.3	Die Wertschöpfung		315
		1.3.1	Knowledge-Box: Die Wertkette von Michael E. Porter (value chain)	316
		1.3.2	Die Wertschöpfung des Wissensmanagements	318
		1.3.3	Szenario: Kundenfreundlichkeit als Ergebnis der primären Wertschöpfung des Wissensmanagements bei Ford	322
		1.3.4	Wertschöpfung und Geschäftsmodelle des Wissensmanagements	323
		1.3.5	Die Wertschöpfung des Präsenz Learning	328
		1.3.6	Die Wertschöpfung durch Distance Learning	331
		1.3.7	Die Wertschöpfung durch eine Mediathek	336
		1.3.8	Die Wertschöpfung durch mobile Medien	337
		1.3.9	Besondere Formen der Wertschöpfung durch interaktive Medien (Game-Based Learning)	339
		1.3.10	Die Wertschöpfung durch Systeme, Portale oder Plattformen	341
2	Die Strategie des Wissensmanagements			347
	2.1	Die Formulierung einer Strategie für das Wissensmanagement		347
		2.1.1	Szenario: Porsche führt mit einer klaren Vision	348
		2.1.2	Knowledge-Box: Die Unternehmensstrategie	350
		2.1.3	Szenario: Die Umsetzung der Personalentwicklung von Porsche durch Zielformulierung und strategische Handlungsmöglichkeiten	352
		2.1.4	Die Wissensmanagementstrategie als Leitbild oder Funktion	353
		2.1.5	Info-Box: Strategie des Wissensmanagements als Leitkonzeption für ein Unternehmen	354
		2.1.6	Die Strategie als Funktion	356
		2.1.7	Knowledge-Box: Die Marketingstrategie als Beispiel für die Formulierung einer funktionalen Strategie für die Qualifizierungsabteilungen von Unternehmen	358
		2.1.8	Die Formulierung einer Wissensmanagement-Strategie im Rahmen der Chipstrategie	361
		2.1.9	Szenario: Qualifizierungsstrategie – Planung und Umsetzung einer Strategie am Beispiel der Personalschulung für das Allgemeine Gleichbehandlungsgesetz (AGG)	361

2.2 Die Balanced Scorecard als Instrument der Umsetzung
einer Strategie des Wissensmanagements 364
    2.2.1 Info-Box: Die Balanced Scorecard in Zusammenhang
mit anderen Ansätzen der Betriebswirtschaft 365
    2.2.2 Die finanzwirtschaftliche Perspektive 368
    2.2.3 Die Kundenperspektive 369
    2.2.4 Die interne Prozessperspektive 370
    2.2.5 Die Lern- und Entwicklungsperspektive/Mitarbeiter 370
    2.2.6 Die Umsetzung der Balanced Scorecard mit Hilfe
von Zielen, Vorgaben, Messgrößen und Maßnahmen 371
2.3 Das Projektmanagement für Wissens-
und Qualifizierungsangebote 380
    2.3.1 Szenario 1: Projektwissensmanagement
beim Unternehmen eff eff 381
    2.3.2 Grundlagen des Projektmanagements 387
    2.3.3 Szenario 2: Das Projekt der Kundenschulung
als Kundenbindung bei eff eff... 388
    2.3.4 Die Besonderheit des Projektwissensmanagements 390
2.4 Marketing für Wissens- und Qualifizierungsangebote 392
    2.4.1 Szenario: Eddy erobert die Herzen
der RAG-Mitarbeiter 392
    2.4.2 Die inszenierte Verführung 392
    2.4.3 Das große Event – der RAG E-Learning Day 394
    2.4.4 Der E-Learning-Alltag 395
    2.4.5 Knowledge-Box: Marketing für E-Learning-Angebote 398
    2.4.6 Das Marketingkonzept 400

**3 Global Business Integration –
Wissensmanagement in globalen Märkten** 403
3.1 Szenario: Kleiner Interkultureller Wissenstest, kreuzen Sie
Ja oder Nein an! 403
3.2 Die Herausforderung – Global Business Integration
mit Unterstützung eines globalen Wissensmanagements 404
3.3 Knowledge-Box: Globalisierungsstrategien 405
3.4 Grundlagen einer interkulturellen Didaktik 407
    3.4.1 Themen globalen Lernens 409
    3.4.2 Wissensgrundlagen einer interkulturellen Didaktik 410
3.5 Grundlagen eines interkulturellen Wissensmanagements 410
    3.5.1 Werte- und Verhaltensanalyse in verschiedenen Kulturen
durch kulturelle Skripte 411
    3.5.2 Das Eisbergmodell der Kultur 412
    3.5.3 Kulturdimension nach Hofstede 412

		3.5.4	Kulturelle Lebensstile nach Thompson, Ellis und Wildavsky	414
		3.5.5	Entwicklung interkultureller Kompetenz durch Modellbildung	415
	3.6	Szenario: Putzmeister		418
4	**Controlling und Evaluation von Wissensmanagement**			421
	4.1	Grundlagen des Bildungscontrollings		421
	4.2	Szenario: E-Learning-Check		423
	4.3	Knowledge-Box: Controlling		425
	4.4	Controlling und Evaluation von Wissensmanagement in Unternehmen		428
		4.4.1	Kontextorientiertes Controlling des Wissensmanagements	430
		4.4.2	Instrumente des Controllings von Wissensmanagement	432

Literaturverzeichnis zu Teil III 435

Teil IV   Wirtschaften und Leben im Kosmos des Wissensmanagements

1   **Wissensmanagement – mehr „Zauberwort" oder eher aktiver Teil eines gesellschaftlich-ökonomischen Zusammenwirkens?** 441

2   **Individuen im Wissenskosmos – mehr „Lebenskünstler" oder mehr „Überlebenskämpfer"?** 459

Literaturverzeichnis zu Teil IV 471

Teil I
Praxisguide Wissensmanagement

Michael Broßmann und Wilfried Mödinger

Wissen ähnelt einem immateriellen Perpetuum Mobile – einmal angestoßen von der Kraft und Energie, die Individuen aufbringen, erzeugt es fortwährend neues Wissen, indem jede Antwort zwei neue Fragen aufwirft.

1	Managen von Wissen als eigenständige Disziplin?.................	3
2	Was ist Wissen?...	9
3	Wie ist Wissensmanagement verortet?.................................	15
	3.1 Managen von Wissen...	17
	3.2 Der Mikrokosmos von Wissensmanagement.................	26
	3.3 Der Makrokosmos von Wissensmanagement................	31
4	Praxisguide Wissensmanagement: Anspruch und Wirklichkeit?.......	39
Literaturverzeichnis zu Teil I		45

Kapitel 1
Managen von Wissen als eigenständige Disziplin?

In dem vergangenen Jahrzehnt hat zunehmend eine Diskussion in Theorie und Praxis zum Thema Wissen und dem Umgang damit stattgefunden. Was ist der Grund? – Die engere Verknüpfung von Wissenschaft und Industrie führt zu einem Strukturwandel mit dem Ergebnis, dass wissensgestützte Dienstleistungen einen immer breiteren Raum einnehmen. Das geht mit der Entwicklungsrichtung einher, dass die individuelle Wertschöpfung sich von Produktionsstätten hin zu konzeptionellen innovativen Tätigkeiten entwickelt, die in Forschungseinrichtungen und Laboren stattfinden und die Arbeitsprozesse optimieren und damit das Feld von Forschung, Marketing und Finanzierung zur eigentlichen Quelle von Produktivitätssteigerung, Wettbewerbsfähigkeit und Gewinn werden lassen [ALTVATER/MAHNKOPF 1996]. So verschiebt sich die Bedeutung materialintensiver Güter hin zu wissens- und informationsabhängigen Wirtschaftsfaktoren und Beschäftigungsverhältnissen [GRUBER 2001]. In der Folge ist die Ressource Wissen und der gezielte Umgang damit, das heißt auch das Managen von Wissen, von zentraler Bedeutung für den ökonomischen Wandel für Arbeitsplätze, Individuen und Gesellschaft.

Über diesen Zeitraum verfolgen nun eine Gemeinschaft von Wissenschaftlern unterschiedlichster Fachrichtungen sowie Vertreter von Unternehmen, Organisationen und öffentlichen Institutionen und Verbände systematisch das Ziel, einen größeren Nutzen von Wissen innerhalb und außerhalb ihrer Organisationen zu ziehen. Und: Bei allen Differenzen, Meinungsunterschieden und differenzierten Vorgehensweisen ist dies trotzdem der kleinste gemeinsame Nenner aller Beteiligten [HEISIG 2007].

Was ist Wissen? Was bedeutet Wissen? Und was heißt Managen von Wissen? Wenn man dem Zeitgeist folgend relaxed in den einschlägigen Datenbanken „googelt", dann wird der Begriff „*Wissen*" in deutscher Sprache rund 74 Millionen Mal aufgeführt. Unter dem Stichwort „*Wissensmanagement*" finden sich rund 1,5 Millionen Eintragungen. Für die englischen Begriffe „*knowledge*" bzw. „*knowledge management*" sind es 378 Millionen Beiträge. Nimmt man die Einträge für den deutschen und englischen Begriff zusammen, dann erhält man fast eine halbe Milliarde Möglichkeiten, sich mit dem Begriff Wissen und seinem Umfeld auseinanderzusetzen. Damit deuten sich bereits bei dieser lockeren Herangehensweise die Herausforderungen an: Wissen ist ein unbegrenzter Rohstoff des Lebens. Deshalb steht heute dessen gezielter Einsatz und Verwendung aufgrund der Zunahme und den Veränderungen in vielen Unternehmen außer Frage. In den hoch entwickelten Märkten Westeuropas und Amerikas, aber auch in Schwellenländern tendiert das Wissen zum Rohstoff Nummer eins.

Was heißt nun Managen von Wissen? In einer ersten sehr rudimentären vorläufigen Eingrenzung ist darunter der systematische Umgang mit dem Rohstoff Wissen unter der Zielsetzung zu verstehen, die Wettbewerbsfähigkeit eines Unternehmens durch Prozesse, aber auch durch das Verhalten von Personen zu erhalten und zu steigern. Da bis heute der Mensch derjenige ist, der den Wissenserwerb und die Weiterentwicklung von Wissen durch seine Fähigkeiten aktiv gestalten kann, steht er im Mittelpunkt. Der Stärke des menschlichen Wesens, Wissen zu produzieren und aktiv zu verwalten, steht eine entscheidende Schwäche gegenüber: Der Mensch ist mit seinen Fähigkeiten an Raum und Zeit gebunden, seine Lebenszeit ist begrenzt, seine Fähigkeit, Wissen zu speichern oder neues Wissen zu reproduzieren, nimmt im Laufe seines Lebens ab. Der einzelne Mensch, hervorragender Spezialist im Bereich der Produktion und Verwaltung von Wissen, ist „nur" ein kleiner Bestandteil des Wissens in Raum und Zeit. Aus dieser Gegebenheit resultiert auch die Notwendigkeit eines lebenslangen Lernens – entscheidend nicht nur für den Einzelnen, sondern auch für Organisationen, Gesellschaft und die gesamte Menschheit.

Die Einsicht in ein *lebenslanges Lernen* oder „*Lifelong Learning*" reicht bis in die griechische Philosophie zurück. Schon der Philosoph Sokrates erhob um ca. 450 v. Chr. die Forderung nach einem lebenslangen Lernen. Heute scheint diese Forderung einerseits aktueller denn je zu sein. Andererseits wird der Zweifel, ob dieser Anspruch jemals annähernd zu erfüllen ist, immer größer. Angesichts der Zunahme an Wissen und der Abnahme seiner Relevanz stellt sich die Frage, ob das lebenslange Lernen den Menschen und seine Institutionen nicht überfordert. Die *Zunahme* von Wissen geschieht heute in einem *exponentiellen Wachstum*. Während sich das Wissen zwischen 1800–1900 innerhalb von 100 Jahren duplizierte, sind es heute vier bzw. in einigen Branchen weniger als zwei Jahre, innerhalb denen sich das Wissen verdoppelt (Abb. I-1). Bedenkt man, dass noch im Mittelalter jeder Mensch im Laufe seines gesamten Lebens gerade mal so viel Informationen verarbeitete wie heute in einer der üblichen Tageszeitung enthalten sind, dann lässt sich ermessen, welcher Wandel hier eingetreten ist.

So wie die Zunahme von Wissen exponentiell steigt, so dramatisch ist die *Abnahme* von Wissen aufgrund der Entwicklung der „*Wissenshalbwertzeit*", des Zeitraums, nach dem die Hälfte des erworbenen Wissens veraltet ist. Die Aktualität des Wissens beim Eintritt in das Berufsleben, das heißt nach abgeschlossener Erstausbildung, ist nach 25–30 Jahren nahezu total überholt. Damit ergibt sich hier eine dramatische Veränderung in Bezug auf Quantität und Qualität in der Entwicklung von Wissen.

1 Managen von Wissen als eigenständige Disziplin?

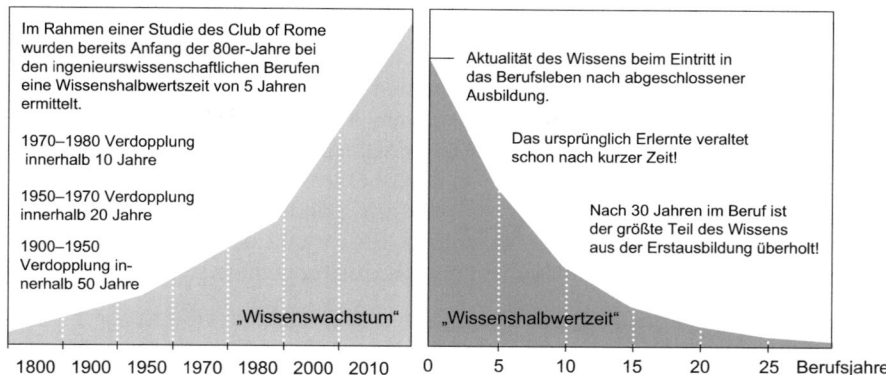

Abb. I-1 Wissenswachstum und Wissenshalbwertzeit als zentrale Herausforderung

Wendet man sich von einem ersten mehr oder minder intensiven „Googeln" ab und einer mehr *analytischen Bestandsaufnahme* innerhalb einer *systematisch, wissenschaftlichen Sicht* zu mit dem Ziel, festzustellen, welchen Stellenwert das Thema in Theorie und Praxis einnimmt und ob zusätzlich eine ausreichende Fundierung von Wissen und Wissensmanagement gegeben ist, dann konkretisiert sich das Bild. Ein erstes Indiz, dass sich Wissensmanagement oder Knowledge Management als ... *eigenständige akademische Forschungsdisziplin* etabliert hat, spiegelt sich bereits wider in den Ergebnissen anlässlich der vierten Konferenz „Professionelles Wissensmanagement" im Jahre 2007 [HEISIG 2007]. Diese Resultate werden durch die Anzahl von Wirtschaftszeitschriften und wissenschaftlichen Publikationen, die sich dem Thema, „Knowledge Management" widmen, unterstrichen:

- Eine Untersuchung von 3.255 wissenschaftlichen Zeitschriften und Wirtschaftsmagazinen in der Online-Datenbank EBSCO zeigt, dass der Anteil der wissenschaftlichen Veröffentlichungen seit 2002 an der Gesamtzahl von Veröffentlichungen mit Bezug zum Wissensmanagement zunimmt.

Dass diese akademische Forschungsrichtung auch *von der Praxis wahrgenommen wird und Anerkennung* findet, lässt sich aus Folgendem ableiten:

- Eine Umfrage des Economist zeigt, dass Investitionen in das Knowledge Management mit 30 Prozent auf Rang zwei liegen, nach Investitionen in das Marketing (36 Prozent) und vor FuE (26 Prozent). Mehr als 90 Prozent von Führungskräften aus der Praxis geben an, dass Wissensmanagement in Zukunft eine sehr wichtige bis wichtige Rolle für die deutsche Wirtschaft spielt [FRAUNHOFER 2005 zitiert nach HEISIG 2007].
- Diesen Zahlen, mit deren Hilfe die quantitative Bedeutung von Wissensmanagement bewusst gemacht werden kann, steht die qualitative Bedeutung durch Definition und Begriffsklärung gegenüber: Nach *P. Heisig* lassen sich auf der Basis einer weltweiten Analyse von 160 Wissensmanagement-Frameworks aus Forschung, Beratung und Unternehmen folgende Aussagen treffen: Bei circa

einem Viertel der Wissensmanagement-Modelle wird keine explizite Aussage über die Definition von Wissen oder das zugrunde gelegte Wissensverständnis gemacht. Bei den übrigen Wissensmodellen dominieren bisher bekannte Begriffsdefinition, die Gegensätzlichkeiten zum Ausdruck bringen, wie z. B. „implizit und explizit" oder „individuell und organisatorisch" [HEISIG 2007]. Trotz der Bemühungen, durch Standards zu einer besseren Klärung von Wissensmanagement beizutragen z. B. durch die British Standard Institution (BSI) oder das Europäische Komitee für Normung (CEN), bleibt der Begriff der Unverbindlichkeit seiner Entwicklung und der Diskussion verhaftet.

So kann man aus einer ersten quantitativen und qualitativen Analyse zusammenfassen, dass Wissensmanagement oder Knowledge Management auf einem guten Weg ist, sich vermehrt auch als eigenständige Disziplin in der Praxis zu etablieren. Dass es sich dabei nicht nur um eine – wie auch immer geartete – vorübergehende „akademische Modeerscheinung" handelt, stützt sich zudem auf eine Reihe zusätzlicher Indikatoren:

- Drei wesentliche Indizien belegen eine breite Durchdringung von Wissen und Wissensmanagement in Theorie und Praxis im deutschen Raum:

    (1) *Gemeinsamkeiten, Communities* und *Projekte:* Bereits seit Ende der 90er Jahre bieten eine Reihe von Initiativen eine Plattform für Austausch und Orientierung

    – Die Gesellschaft für Wissensmanagement e.V., um auf einer *institutionalisierten Plattform* regional über Erfahrungen auszutauschen (www.gfwm.org). Praktische Erfahrungen werden im WIMIP (Wissensmanagement in der Praxis) ausgetauscht (www.wimip.de).
    – *„Professionelles WM".* Unterschiedlichste Tagungen (wie z. B. BITKOM (Bundesverband Informationswirtschaft, Telekommunikation und neue Medien e.V.) mit der „Know Tech Konferenz" und „Professionelles WM") haben sich etabliert und leisten Orientierung [vgl. stellvertretend www.communixx.de/2008/10/knowtech-2008/].
    – *Arbeitsgruppen* im VDI (Fachausschuss 1.41 „WM im Engineering" und DGQ (Deutsche Gesellschaft für Qualität) arbeiten an Richtlinien und Ausführungsbestimmungen (z. B. Richtlinie VDI 5610).
    – *Projekte:* Insbesondere in Konzernen, aber auch im Handwerk und öffentlichen Dienst lassen sich eine Vielzahl von Projekten zum Wissensmanagement ausmachen. Dabei betrifft dies unterschiedliche Branchen wie Automobil, Pharmazie, Maschinenbau, IT etc. und unterschiedliche Funktionsbereiche wie Human Resource, Vertrieb, Entwicklung etc.
    – *Publikationen* wie die Zeitschrift „Wissensmanagement" wenden sich an Führungskräfte aus den Bereichen von Personal, Organisation, Dokumentation, Information, Technologie und Qualitätsmanagement.
    – *Förderansätze* und *-programme:* Das BMBF (Bundesministerium für Bildung und Forschung) hat in den vergangenen 10 Jahren mit über 35 Mio. € mehr als 100 Vorhaben gefördert und auch das BMWI (Bun-

1 Managen von Wissen als eigenständige Disziplin?

desministerium für Wirtschaft und Technologie) hat mit „Wissensmedia" und „Fit für den Wissenswettbewerb" unterschiedlichste Projekte gefördert.

(2) *Beratungsansätze:* Die Vielzahl von Lösungsangeboten überfordert selbst Experten. Die GPO-WM® Lösungsdatenbank [HEISIG 2005] ist ein Versuch, um auf der Basis von Fallbeispielen aus der Praxis die Wissensmanagement – Methoden nach Kernaktivitäten und Geschäftsprozessen zu gliedern sowie Aussagen über Begleitmaßnahmen zu machen. Daneben bieten zahlreiche Beratungsdienstleistungen insbesondere Vorgehensmodelle unterschiedlichsten Umfangs von Unterstützung in Bezug auf Reichweite, Handlungsdimensionen, Detaillierung, Praktikabilität zur Einführung von Wissensmanagement an.

(3) *Lehre* und *Forschung:* Neben speziellen universitären Lehrstühlen für Wissensmanagement haben sich *Lehrstühle* der Wirtschaftsinformatik, im Management, der Pädagogik und im Bereich Human Resources dem Wissensmanagement angenommen. Weiterhin ist in diversen Fachhochschulen und berufsbegleitenden Masterstudiengängen für Führungskräfte die Möglichkeit gegeben, Wissensmanagement kennenzulernen.

Obgleich die *Forschung* zum Wissensmanagement noch stark den jeweiligen ursprünglichen Fachrichtungen verbunden ist, wobei die Wirtschaftsinformatik dominiert und auf den nationalen Raum beschränkt ist, können sich die Ergebnisse sehen lassen. So haben diverse Forschungsprojekte unter dem Stichwort „Erfahrungswissen" [BÖHLE/ROSE 1990] und „Wie Organisationen Wissen produzieren" [SCHOLL/HOFFMANN/GIERSCHNER 1993], die sich mit Wissen und dem Managen von Wissen beschäftigen, positive Impulse gegeben.

Unabhängig von der Intensität der Recherche ist das Ergebnis zu dem Thema gewaltig. Die Quantität, die Vielfalt und Vielschichtigkeit bereitet schon fast Angst. Warum? Weil, egal aus welcher Richtung der Orientierungssuchende kommt oder welche Perspektive er einnimmt, wird er doch mit einer Vielzahl von wichtigen Ergebnissen, galanten Lösungen, komplexen Ansätzen, Handlungsempfehlungen, visionären Ideen ... schier erdrückt.

Setzt man die Brille des mehr theoretisch, akademisch orientierten Interessierten auf, dann könnte man den Eindruck gewinnen, alle Facetten von Wissen und Managen von Wissen sind vollständig analytisch, konzeptionell und methodisch erfasst und in den unterschiedlichsten Lösungsansätzen einer Verifizierung oder Falsifizierung zugeführt und einer Validierung unterzogen, so dass sie für eine praktische Umsetzung nur abgerufen werden müssen. Trotz dieser scheinbar idealen Voraussetzung und damit scheinbar „heilen Welt" und trotz des jovialen Auftretens und der vielfältigen Aktivitäten namhafter Beratungsunternehmen werden die Fragen und Zweifel von selbst fortschrittlichen innovativen Praktikern nicht beseitigt. Wirft er einen Blick über den „Gartenzaun des Wettbewerbers", stellen sich ihm schon Fragen wie: Welche Hoffnungen sind oder waren gegeben? Haben sich die Erwartungen erfüllt? Hat der Versuch, Wissensarbeit zu operationalisieren, funktioniert? Oder derjenige, der mehr die „Controllingbrille" trägt, fragt sich: Kann die Produktivität von Wissensarbeit verlässlich gemessen werden? Hat der Wettbewerber seine Produktivität in der Wissensarbeit verbessert? Gibt es eine Standardlösung und ist diese adaptierbar? Wohingegen der altgediente Qualifizierungsmitarbeiter wenig beeindruckt scheint: Was ist denn daran neu? Managen wir nicht schon immer Wissen?

Unabhängig welche Perspektive eingenommen wird, die „*Wissenswelt*" stellt sich nicht nur für den unwissenden, unbelasteten Fragenden, sondern auch für den Experten ob der vielfältigen Begriffe, Forschungsanstrengungen, Anwendungsformen notwendigen oder wünschenswerten Interdependenzen als vermeintlich willkürliches, bedrückendes, weil schwer durchschaubares scheinbar chaotisches Bild dar – vergleichbar einem *Kosmos!*

Warum Kosmos? – Weil der Kosmos gleichermaßen die Menschheit über Jahrhunderte in vielfältiger Form sowohl beschäftigt, anzieht wie auch beängstigt hat, auf den ersten Blick chaotisch, leicht mystisch und verwirrend, auf den zweiten Blick ein nach festen Regeln definiertes faszinierendes Gebilde. Von daher bietet das Bild des Kosmos in einer herausragenden Weise eine Analogie dazu, die Weite und Komplexität von Wissen und seinem Umfeld zu beschreiben und darzustellen, und erleichtert gleichzeitig die Herangehensweise an diesen „*Wissenskosmos*". Dabei bietet der Begriff des Kosmos auch eine inhaltliche Deutungsmöglichkeit, um das Thema Wissen und Wissensmanagement zu interpretieren.

Aber wie das bei jedem Kosmos so ist, erfolgt trotz der vielen klugen Fragen und nicht minder klugen Antworten eine Überlagerung von *Zweifeln*. Im Vordergrund stehen die Befürchtungen: Ist nicht alles bereits gesagt? Gibt es überhaupt noch Lücken? Führen neue Konzepte nicht nur dazu, dass Theorie und Praxis wie auf einem dipolaren Kontinuum noch weiter auseinander driften? Was ist wirklich noch unbeantwortet und was ist noch nicht entdeckt? Dies gipfelt in der Frage: *Lohnt es sich überhaupt noch, sich mit den Themen Wissen und Managen von Wissen auseinanderzusetzen?*

Kapitel 2
Was ist Wissen?

Eine nähere Analyse des Wissenskosmos und seiner systemischen Ordnung und Bedingungen ist verbunden mit der Ausgangs- und Schlüsselfrage zur Bestimmung dessen, was zu managen ist: *Wissen!*

Der Begriff Wissen entstammt dem althochdeutschen Wort *„Wischan"*, was soviel wie „gesehen haben" bedeutet und als Inbegriff von meist rational begründeter Erkenntnis gilt, im Unterschied zu Glauben, Vermutung oder Meinung. Demzufolge ist Wissen überprüfbar, lässt sich gliedern und Kategorien zuordnen [GRUPP. 2002].

Wissen ist im menschlichen Zusammenleben wichtig. So betonte bereits zur Jahrhundertwende *G. Simmel,* dass alle Beziehungen zwischen Individuen auf dem Wissen voneinander beruhen [*G. Simmel* zitiert in STEHR 1994]. Eine einheitliche Definition fehlt jedoch. Vielmehr gibt es eine Reihe interdisziplinärer Unterscheidungen und meist dem Verwendungszusammenhang entstammende Differenzierungen. So wird „eine Sammlung in sich geordneter Aussagen über Fakten oder Ideen vermittelt über ein Kommunikationsmedium" als Wissen bezeichnet [BELL 1979][1], während in einem anderen Ansatz „Wissen als die bewusste Anwendung und Zuordnung von Informationen, als die Fähigkeit zu sozialem Handeln" bezeichnet wird [STEHR 1994].

Die Diskussion über das „richtige" Verständnis von Wissen wird demnach über viele Jahrzehnte geführt und hat eine lange Tradition. Begleitet werden diese Diskussionen zusätzlich von der unterschiedlichen Auffassung über die Notwendigkeit einer Definition des Begriffs. Deren Gegensätzlichkeit drückt sich im Aufeinanderprallen uneiniger Meinungen aus, die sich bewegen zwischen der Ansicht „oftmals künstliche Differenzierungen von Informationen und Wissen" [BACH/ÖSTERLE 1999] vorzunehmen und der Behauptung, dass gerade in der

---

[1] *„An organized set of statements of facts or ideas, presenting a reasoned judgement or an experimental result, which is transmitted to others through some communication medium in some systematic form"* so die Definition von *D. Bell.*

mangelnden Begriffsabgrenzung die Ursache für das Scheitern von Initiativen zum Managen von Wissen zu sehen ist [PROBST/RAUB/ROMHARDT 1998].

So haben sich in der Literatur ganze Generationen tiefschürfende Gedanken über den Begriff Wissen gemacht. Diese Bestrebungen, Initiativen, Ansätze und Ergebnisse sind allesamt hervorragend stringent, analytisch und trotzdem ist es bisher niemand gelungen, alle Zweifel an der Festlegung und Deutung des Begriffs auszuräumen, so dass nicht umgehend ein erneutes Verständnis von Wissen bzw. ein Wissenskonzept vorgelegt wird. Von daher wird hier nicht vorschnell der Versuch unternommen, diesen Wissensdefinitionsergebnissen einen weiteren Ansatz hinzuzufügen.

Was spricht zusätzlich für eine Zurückhaltung? – Eine Definition von „Wissen" birgt die nicht unerhebliche Gefahr, an der in Theorie und Praxis gegebenen Spannbreite der Erwartungshaltung zu scheitern, da bei einem überwiegend pragmatischen Erklärungsansatz der Vorwurf nur leichtfüßig beschreibend zu sein, im Raum steht[2] und bei entsprechend analytischer, systematischer und theoretischer Form er sperrig und gestelzt anmutet[3]. Insofern wird hier zunächst den Hauptströmungen zum Wissensverständnis nachgegangen und ein Streifzug durch die verschiedenen Erklärungsansätze gemacht, um ein pragmatisch orientiertes Verständnis zu finden.

Wie bereits angeklungen, gibt es unterschiedliche Belegungen des Begriffs „Wissen", die in Wissensmanagementmodellen Eingang gefunden haben und sich – ohne annäherenden Vollständigkeitsanspruch – durch fünf dominierende Richtungen skizzieren lassen.

Ein Ansatz hebt auf die Bildung von Gegensatzpaaren ab:

(1) Dichotomische Begriffsbildung mit den beiden Gegensatzpaaren von Wissen:

– *Explizit – implizit:* Dabei wird das *explizite Wissen* („codified" oder „explicit knowledge") als Information mit Bedeutung verstanden. Es ist also eindeutig kodiert und mittels Zeichen bzw. Schrift und Sprache katalogisierbar,

---

[2] So steht beispielsweise die von der angloamerikanischen Literatur hervorgebrachte und von einem Pragmatismus geprägte Begriffsfestlegung: „*Knowledge is a fluid mix of framed experience, values, contextual information, and expert insight that provides a framework for evaluating and incorporating new experiences and information. It originates and is applied in the mind of knowers. In organizations, it often becomes embedded not only in documents and repositories but also in organizational routines, processes, practices, and norms*" [DAVENPORT/PRUSAK 1998] in dieser Kritik [DICK/WEHNER 2002].

[3] In umgekehrter Form wird die von *J. Schüppel* in individuelles und kollektives Wissen unterschiedene Wissensform: „*Individuelles Wissen ist eine ‚in Oberflächen- und Tiefenwissen' unterscheidbare ‚Kategorie menschlicher Kognition', die mit allen anderen Bereichen der ‚Psyche' vernetzt ist, es ist ‚Basis des individuellen Handlungsvermögens' und ‚neues Wissen ist an alten Bestand' rückgebunden*".
„*Kollektives Wissen ist eine ‚in Oberflächen- und Tiefenwissen' unterschiedene und in mehreren ‚Wissensformen' auftretende ‚verdichtete Repräsentation der Realität', die in ‚kollektiven Speicher- und Transformationsmedien' institutionalisiert und ‚Basis des kollektiven Handlungsvermögens' ist*" [SCHÜPPEL 1996] zwar als theoretisch und systematisch ausreichend fundiert, aber als wenig eingängig charakterisiert [DICK/WEHNER 2002].

2 Was ist Wissen?

lässt sich in Medien speichern und ist kommunizierbar. Da explizites Wissen „dekontextualisiert" ist, bedarf es zur Anwendung in einer konkreten Situation vom Anwender die Fähigkeit zum „Rekontextualisieren", das heißt zu interpretieren und situationsspezifisch einzusetzen. Demgegenüber steht das *implizite Wissen* („tacit knowledge"), auch nichtsprachliches oder Handlungswissen genannt, das es Individuen ermöglicht zu handeln, ohne dafür sprachliche Entsprechungen zu finden. Es repräsentiert das „Können" des Einzelnen, hängt stark mit der jeweiligen Person zusammen und kann großteils nur durch Anschauung und Erfahrung gelernt werden. Daher wird es oft gar nicht als Wissen wahrgenommen.

- *Personal – organisational* oder *individuell – soziokulturell:* Bei dem *personalen Wissen* handelt es sich um das Wissen von Individuen, verortet in den Köpfen von Menschen. Das heißt, es wird Wissen an Personen (individuell) gebunden. Man hält es für eine kognitive Struktur im Sinne miteinander verknüpfter Gedächtnisinhalte [DICK/WEHNER 2002]. Das *organisationale Wissen* knüpft an der These an, dass auch Organisationen lernen, das heißt Wissen hervorbringen, speichern und anwenden können. Diese soziokulturelle Sichtweise sucht Wissen in den Operationsformen eines sozialen Systems [WILLKE 1998], in gemeinschaftlichen Tätigkeitssystemen [ENGSTRÖM 1987].[4] Das organisationale Wissen ist also von Individuen getrennt, kann aber nicht unabhängig von ihnen entstehen.

Aus den Ergebnissen der Gehirnforschung resultiert die Erkenntnis, dass es im Gehirn unterschiedliche Regionen für jeweils unterschiedliche Aufgaben gibt, die miteinander sehr komplex vernetzt sind. Fortgesetzt und ergänzt wird das oben genannte „explizite" und „implizite Wissen" um das „bildliche oder Anschauungswissen", das sich aus Bildern und bildhaften Eindrücken und Vorstellungen speichert und eine bildhafte Sprache verwendet [PÖPPEL 2001]:

(2) *Bildliches Wissen:* Diese Wissensart zeigt sich im Anschauungs-, Erinnerungs- und Vorstellungswissen. *Anschauungswissen* ist sinnlich, Gegenstände, Gestalten ... sehen. Was wir sehen, nehmen wir wahr und für wahr [NEUHOLD 2003, PÖPPEL 2000]. So ist „Das Wahrnehmen von Gegenständen, die Gliederung des Sehraums und die Gestaltung der visuellen Welt, an dem etwa die Hälfte des ganzen Gehirns beteiligt ist, ein Ausdruck unseres bildlichen Wissens, das vor allem unser gegenwärtiges Erleben bestimmt." [PÖPPEL 2000]. *Erinnerungswissen* aus der Vergangenheit ist mit Orten verbunden, die sich bleibend in unser Gedächtnis eingeprägt haben (z. B. Hoch-/Tiefpunkte aus der Lebensgeschichte). Das *Vorstellungswissen* bezieht sich auf topologische Strukturen und ermöglicht Grundprinzipien bildhaft in Strukturen zu erkennen.

---

[4] Dies sind sogenannte „*Activity Systems*" oder „*Praxisgemeinschaften*" [WENGER 1998], die sich dadurch auszeichnen, dass ihre Mitglieder aufeinander bezogen und koordiniert handeln [DICK/WEHNER 2002].

Eine weitere interdisziplinär zugängliche Unterscheidung ist die zwischen Daten, Informationen und Wissen [LUFT 1994, REHÄUSER/KRCMAR 1996] in einer informationstheoretischen Begriffshierarchie:

(3) *Daten – Informationen – Wissen:* Bei dieser Unterscheidung befinden sich auf der untersten Ebene ein großer Vorrat verschiedener *Zeichen* als Basis aller darüber angesiedelter Begriffe. Sobald die Zeichen einem Alphabet zugeordnet sind, kann man von *Daten* sprechen [KRCMAR 2003]. Sie stellen Vorstufen von Wissen dar, beschreiben objektive Fakten, haben eine Bedeutung, einen Zweck und sind quantitativ wie qualitativ messbar. Eine *Nachricht* ist eine endliche Zeichenfolge, die eine Information vermitteln kann, jedoch nicht muss. Eine *Information* ist demnach eine Nachricht mit einer Bedeutung für den Empfänger, sie ist mit einer neuen Erkenntnis verbunden und hat einen Zweckbezug oder Nutzen für den Empfänger. Informationen sind die Bausteine des Wissens. Erst durch eine bewusste Auswahl, Verarbeitung und Bewertung entsteht Wissen. Unter *Wissen* werden alle kognitiven Erwartungen subsumiert, die ein Individuum benutzt, um Situationen zu interpretieren und Handlungen zu generieren. So werden Erwartungen organisiert, gesammelt und durch Bewertung in einen Kontext eingebettet.

Aus betriebswirtschaftlicher Perspektive wird Wissen dann zur Ressource, wenn es durch Veredlung von Daten und Informationen gewonnen wird, wohingegen aus handlungsorientierter Sicht Daten, Informationen und Wissen gleichberechtigte und ineinander verschränkte Ebenen des Denkens und Handelns darstellen [DERBOVEN/DICK/WEHNER 2002, DICK/WEHNER 2002].

Vor dem Hintergrund, dass Wissen im betrieblichen Alltag subjektiv gebunden, sozial vermittelt und in konkrete Handlungskontexte eingebunden ist, d.h. auf verschiedenen Ebenen existiert, und in verschiedene Bezüge eingebettet ist, zwischen denen zu vermitteln ist, eröffnet sich eine weitere Richtung:

(4) *Transformationsprozesse zwischen verschiedenen Formen des Wissens* – Drei Transformationen stehen im Vordergrund [DICK/WEHNER 2002]:

- *Bezug zwischen Wissen und Handeln:* Dabei geht es darum, Daten und Informationen in handlungsrelevantes Wissen zu überführen und umgekehrt Handlungen aus konkreten Kontexten herauszulösen und zu formalisieren, um als anerkannte Fakten in andere Kontexte zu übertragen.
- *Bezug zwischen Wissen und Sprache:* Auf dieser Ebene geht es darum, implizites Wissen in explizites Wissen zu überführen. Dabei erfolgt dieser Schritt über die Versprachlichung von Handlungen und umgekehrt, indem Erlerntes in den eigenen Handlungsvollzug integriert und routinisiert wird [vgl. Teil II-4.2]. Ein derartiges Wechselspiel zwischen diesen beiden Wissensformen mit dem Ziel der Wissensbeschaffung vollzieht sich in einem spiralförmigen Prozess [NONAKA/TAKEUCHI 1997].
- *Bezug zwischen Wissen und Gemeinschaft:* Schließlich ist eine weitere Ebene dahingehend gegeben, wenn es darum geht, individuelle Tätigkeiten in kultu-

2 Was ist Wissen?

relle Traditionen einzubetten und diese in Sozialisationsprozessen wiederum an das Individuum weitergegeben werden. Die Arbeitsteilung in Organisationen erfordert eine Verteilung von Wissen, das dabei selektiv vermittelt und durch Koordination formal sowie durch Kooperation informell organisiert wird. Dieser Prozess erfolgt in Organisationseinheiten, die ihre Mitglieder legitimieren, bestimmten Anforderungen nachzukommen und sich dazu die notwendigen Ressourcen anzueignen [COLE/ENGSTRÖM 1993].

Mit diesen Transformationskreisläufen wird deutlich, dass Wissen nicht nur umgeformt und verteilt, sondern auch neu entwickelt wird. Von daher ist das Managen von Wissen auch nicht als zentralistischer Planungsansatz zu betreiben, sondern nur partizipativ durch die Einbindung der Mitarbeiter, die aktiv an den Planungs- und Veränderungsprozessen mitwirken [DICK/WEHNER 2002]. Gleichwohl ist im Zusammenhang mit den Richtungen von Wissen auf die Notwendigkeit hinzuweisen, dass sich Unternehmen mit dem Thema Wissen strategisch [DU VOITEL/ROVENTA 2002] auseinanderzusetzen haben:

(5) *Wissen aus strategischer Perspektive:* Die Gesamtheit des in einem Unternehmen vorhandenen Wissens, das in Gewinn umgewandelt werden kann, wird als intellektuelles Kapital („intellectual capital")[Definition von IC Gatherings zitiert nach HARRISON/SULLIVAN 2000] bezeichnet, das häufig mit den immateriellen Vermögensgegenständen („intangible assets") gleichgesetzt wird. Dabei wird unterschieden zwischen *Humankapital* („human capital" in Form von Ausbildung, Fähigkeit, Erfahrung), das bei den Mitarbeitern der Organisation gegeben ist, *Strukturkapital,* das der Organisation gehört und sich in das *Kundenkapital* (z. B. Beziehungen zu Stakeholdern, Markenname, Image) und das *Organisationskapital* (z. B. Infrastrukturprozesse, Unternehmenskultur) gliedert. Dabei wird differenziert in intellektuelle Vermögensgegenstände („intellectual assets"), die das Wissen repräsentieren, das in modifizierter Form vorliegt, und das intellektuelle Eigentum („intellectual property") mit gesetzlich geschützten Patenten oder Marken. In diesem Zusammenhang ist Wissen eng mit Lernen verbunden, das heißt dem Aufbau von intellektuellem Kapital einer Organisation, induziert durch die betriebliche Aus- und Weiterbildung.

Bereits die ausschnittsweise skizzierten Richtungen lassen vielfältige und teilweise kontroverse Meinungen und Ansätze vermuten. Hier wird nicht der Versuch unternommen, diese unterschiedlichen Begriffsklärungen tiefer zu analysieren und so Konvergenzen und mögliche Divergenzen zu ermitteln oder gar ein zusätzliches Wissenskonzept zu entwickeln, selbst wenn dadurch der Vorwurf entstehen könnte, dass keine fundierte Konzeptionalisierung von Wissen und dessen Umgang für die Managementpraxis gegeben ist.

Im Folgenden wird der Begriff „*Wissen*" in einem sehr weiten Sinne verwendet: Die breite Begriffsverwendung drückt sich darin aus, dass keine der aufgeführten Richtungen im Wissensverständnis ausgeschlossen wird, sondern bedarfsweise die jeweilige Richtung – abhängig von der Perspektive und dem Schwerpunkt der Betrachtung – eine Auslegung und Konkretisierung erfährt. Dies ist beispielsweise dann gegeben, wenn unter Wissen die Grundvoraussetzung für bewusstes Handeln und für die Fähigkeit, Entscheidungen zu treffen, verstanden wird und dabei explizit alle Arten von Wissen sowie die genannten Vorstufen von Daten und Informationen eingeschlossen werden.

Als Basis für die weiteren Betrachtungen gilt unter Berücksichtigung der philosophischen Ansätze von *J. Habermas, S. E. Toulmin, J-F. Lyotard,* und *M. Foucault* deren als kleinster gemeinsamer Nenner [HEISIG 2007] zusammengefassten, vier wichtigen Charakteristika von Wissen [GEIGER 2006]:

(1) „Wissen ist immer *originär sprachlich* verfasst (…). Außerhalb von Sprache kann es kein Wissen geben!
(2) Wissen ist immer *sozial konstruiert* und bemisst seine Güte niemals an der mit einer wie auch immer gearteten außerhalb des Wissens liegenden Realität. (…).
(3) Wissen muss immer ein *sozial anerkanntes Prüfverfahren* durchlaufen haben. (…).
(4) Wissen ist immer sozial, nie rein individuell. Da Wissen (…) einem sozial anerkannten Prüfverfahren genügen muss, kann nur eine Gemeinschaft über die Gültigkeit von Wissen entscheiden, nicht ein Individuum. Nur Gemeinschaften können sozusagen das Attribut Wissen verleihen."

Insgesamt wird versucht den Vorhaltungen, ein „*unreflektiertes*" und „*umgangssprachliches Verständnis*" von Wissen aufgegriffen zu haben, entgegenzuwirken – ohne damit den Anspruch erheben zu wollen für die Managementforschung ein wissenschaftlich fundiertes, neues Wissenskonzept entworfen zu haben. Dies ist nicht zuletzt intendiert und darin begründet, dass es im Rahmen des *Praxisguide Wissensmanagement* auch weniger um eine trennscharfe Abgrenzung der einzelnen Begriffe voneinander geht als vielmehr dem Risiko zu begegnen, dass bereits auf Grund eines zu akademischen Wissensgerüsts a priori ein breiter, aufgeschlossener Personenkreis die „Lust an der Auseinandersetzung mit Wissen und dessen Umgang im wirtschaftenden Umfeld" verliert, sich verschließt und so gute Ideen im Ansatz stecken bleiben oder latent gegebene Vorbehalte sich zur permanenten Antihaltung aufbauen.

Kapitel 3
Wie ist Wissensmanagement verortet?

Wir hatten eingangs die Frage in den Raum gestellt, ob die überraschende Vielfalt der Welt des Wissens nicht einem *Kosmos* (griechisch: *Ordnung*) gleicht, in dem wir leben und von dem wir Teil sind. Die Abgrenzungen zum Wissen und der Umgang mit selbigem haben gezeigt, dass sich mit dem Begriff Kosmos neben der Assoziation von Unbegrenztheit und Unendlichkeit sehr gut der Facettenreichtum von Wissen und den damit verbundenen Objekten und Beziehungen, das Leben in einer *Ordnung*, verbinden. Eine Ordnung unterliegt *Gesetzmäßigkeiten*, im Gegensatz zu einem *Chaos*, was ebenfalls griechisch ist und *Un*ordnung bedeutet. Damit ist der Kosmos Teil einer Ordnung und ihrer Gesetze. Wenn man die Gesetze im Zusammenhang mit Leben, Arbeiten und Wissen und die damit verbundenen sozialen und kulturellen Prozesse kennt und man das ganze Geflecht nicht als singuläres ökonomisches oder losgelöstes technisches Problem sieht, sondern die Zusammenhänge und Verknüpfungen versteht, so kann man danach handeln, gestalten und managen.

In Abb. I-2 wird eine erste Sicht auf den Wissenskosmos geworfen, so wie er sich nach einer vorläufigen Recherche darstellt. Bereits mit dieser Momentaufnahme wird die Vielfalt und Vielzahl von Objekten erkennbar. Einzelne Verdichtungen von Elementen zu Regionen und Sphären lassen hier bereits Zusammengehörigkeiten und Interdependenzen vermuten.

Offensichtlich führt die Verdichtung von Objekten zur Bildung von *drei Sphären*:

- *Triade: Lernen – Lehren – Humankapital:* hierzu zählen in erster Linie Objekte, die im Zusammenhang mit dem Qualifizieren in der Aus- und Weiterbildung stehen und damit eine Region für das Lehren und Lernen bilden. Weiterhin gehört zu diesem Bereich das Individuum als Lernwilliger, Wissenshungriger und Handlungsobjekt der Wissensarbeit. Dies schließt Fragen und Anforderungen zur Bildung von Humankapital ein.
- *Triade: Arbeiten – Organisation – Technik:* eine Sphäre, in der sich die Objekte, die insbesondere mit der Organisation wie auch Kommunikation, den Me-

dien und der Technik in Verbindung stehen. Diese verdichten sich zum einen in einer Region „Wissensorganisation" und zum anderen in einer Region „Wissenstechnik".

- *Triade: Wissen – Managen – Betriebswirtschaftslehre:* hierzu gehören alle Objekte und Elemente wie Modelle, Methoden und Verfahren, die eine enge Verwandtschaft von Wissensmanagement und Betriebswirtschaftslehre aufweisen. Wissensmanagement kann in diesem Rahmen als betriebswirtschaftliche Disziplin konzipiert werden, um Phänomene und Probleme beim Umgang mit Wissen zu identifizieren und zu beschreiben.

Ähnlich wie das immer stärker sich beschleunigende Wachstum von Wissen stellen sich für eine nähere Analyse der Wissenskosmos und die gegebenen systemischen Beziehungen unverändert unübersichtlich dar. Hier wird ganz besonders verlangt, in Disziplinaritäten, das heißt in größeren wissenschaftlichen Einheiten, zu denken. Das bedeutet auch die Grenzen der Disziplinen zu überwinden und nicht an den Erkenntnisgrenzen zu scheitern. Es muss versucht werden, aus den Partikularitäten wieder Ganzes entstehen zu lassen. So drängt sich ein Bedarf für Interdisziplinarität auf. Fach- und disziplinenübergreifende Strukturen, Strategien, Ansätze, Methoden und Denkweisen verschiedener Fachrichtungen sind gefragt. Das bedeutet auch, dass der Gegenstandsbereich Wissen – Arbeit – Organisation keine Einzeldisziplin darstellt und damit auch keinen Alleinvertretungsanspruch zur Bearbeitung legitimieren kann [DICK/WEHNER 2005].

Vorab mündet dies zunächst aber in eine ganz andere Frage: Handelt es sich hier um einen *Mikro-* oder *Makrokosmos?*

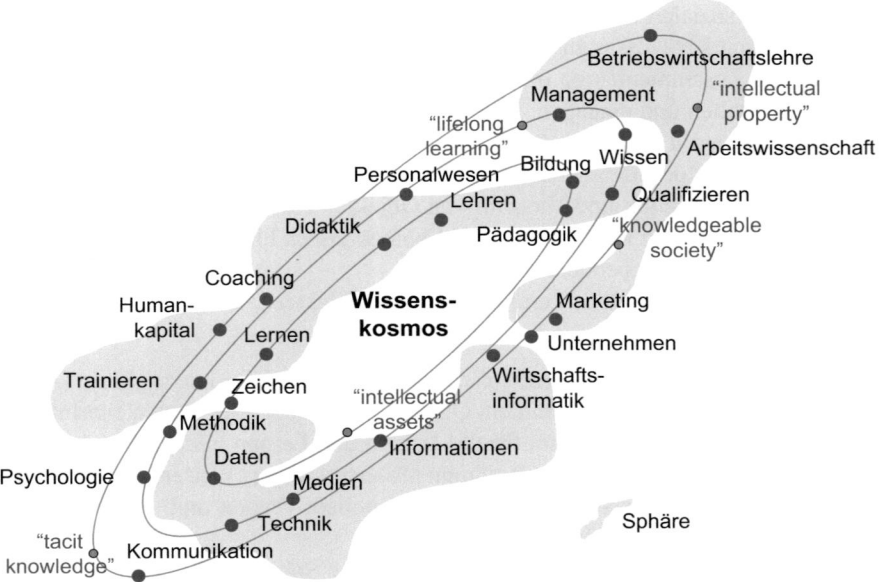

Abb. I-2 *Managen von Wissen* – Ein zentrales interdisziplinäres Thema

Folgt man zunächst den „Hermetischen Gesetzen", frei nach: „Dasjenige, welches unten ist, ist gleich demjenigen welches oben ist" und *„im Makrokosmos wie im Mikrokosmos herrschen die gleichen Gesetzmäßigkeiten"*, dann gilt dies auch für das Wissen und das Managen von Wissen. Trotzdem ist es bei einer systematischen Unterscheidung in *Mikro* und *Makro* relevant, zu fragen, wo sind die Unterschiede und was beinhaltet der jeweilige Ansatz für die Verortung von Wissensmanagement?

3.1 Managen von Wissen

Bevor wir uns den im Wissenskosmos identifizierten Schwerpunktfeldern, die den Untersuchungsgegenstand ausmachen, zuwenden, ist zunächst eine *theoretische* und *terminologische Einordnung* von Wissensmanagement erforderlich. So wurden zwar bereits eine Reihe von Belegen aufgeführt, die es rechtfertigen, von Wissensmanagement als eigenständiger akademischer Forschungsdisziplin zu sprechen. Damit hat dieses Thema auch in der Anwendungs- und Organisationspraxis Beachtung und Eingang gefunden. Andererseits bleibt zu fragen, was heißt eigentlich „*Managen*[1] *von Wissen*" und was ist unter „*Wissensmanagement*" (englisch *knowledge management*) zu verstehen?

Für eine wissenschaftliche Konzipierung von Wissensmanagement in dem hier verwendeten Sinn ist vorab auf dessen Stellung im Kontext zu den verschiedenen Wissenschaftsdisziplinen einzugehen. Wie das breit gefächerte Ergebnis der Triadenbildung zeigt, bieten sich Ansätze für Managementaufgaben in verschiedenen Disziplinen und Kernaufgaben. Im Zusammenhang mit dem Umgang von Wissen ist in allen Triaden Managementbedarf in unterschiedlicher Intensität gegeben. Eine Triade: „Wissen – Managen – Betriebswirtschaft" bei der ökonomisches Wirtschaften mit knappen Ressourcen im Vordergrund steht, lässt auf eine besondere Beziehung von Management und Betriebswirtschaftslehre schließen. Für eine Konzipierung heißt das zunächst: Wie ist das Verhältnis von Management und Betriebswirtschaftslehre? Dies geht einher mit der Frage nach der Stellung von Wissensmanagement und Betriebswirtschaftslehre. Auf dieser Grundlage nähern wir uns dann einer Abgrenzung und Verortung des Wissensmanagement-Begriffs.

Für eine *wirtschafts*wissenschaftliche Einordnung von Wissensmanagement wird die Unterteilung der Betriebswirtschaftslehre in drei Teilbereiche herangezogen [WÖHE 1993, WIRTZ 2005[2]]:

- *Betriebswirtschaftliche Verfahrenstechnik:* Hierzu zählen die Modelle, Methoden und Verfahren, also alle Tools, die in der Betriebswirtschaftslehre ent-

---

[1] Das Wort leitet sich ab von englisch *manage*, und von italienisch *maneggiare* „an der Hand führen", dies von lat. *manus* „Hand", bzw. *magnum agere*: „an der Hand führen". Die englische Bedeutung wurde im Übergang vom 17. zum 18. Jahrhundert durch franz. *ménagement* beeinflusst.
[2] Siehe dazu eine ähnliche Vorgehensweise bei *B. W. Wirtz* zur Einordnung von Medien- und Internetmanagement in die Betriebswirtschaftslehre.

wickelt und zur Verfügung gestellt werden (z. B. Planungs- und Organisationstechniken).
- *Allgemeine Betriebswirtschaftslehre:* Dies umfasst die Identifizierung, Beschreibung und Lösung von Problemen, die alle wirtschaftenden Unternehmen, unabhängig von der Branchenzugehörigkeit betreffen (z. B. die Betriebswirtschaftstheorie mit der Intention, Erkenntnisse zu den betrieblichen Prozessen zu gewinnen und die Betriebswirtschaftspolitik mit der Absicht diese Prozesse zu gestalten).
- *Spezielle Betriebswirtschaftslehre:* Dazu gehören die betriebswirtschaftlichen Probleme, die nur in Gruppen von Unternehmen und Organisationen auftauchen und aus deren Spezifika resultieren (z. B. haben Industrien und Dienstleistungsunternehmen zu einer Wirtschaftszweiglehre wie Bankbetriebslehre, Versicherungsbetriebslehre, Industriebetriebslehre etc. geführt).

In der hier betrachteten Triade: Wissen – Managen – Betriebswirtschaft besteht unumstritten eine Verbindung von Managen und Betriebswirtschaftslehre und lässt offensichtlich auch das Managen von Wissen davon nicht unberührt. So weisen eine Reihe von Merkmale auf eine Nähe von Wissensmanagement und Betriebswirtschaftslehre hin bzw. werfen gar die Frage auf, ob Wissensmanagement als Disziplin der Betriebswirtschaftslehre einzuordnen ist:

- Das besondere Gut „Wissen" stellt eine starke Affinität zur *allgemeinen Betriebswirtschaftslehre* her. Dies ist insbesondere in der speziellen Ressource „Wissen" begründet. So gilt es die Besonderheiten dieser Ressource mit den betriebswirtschaftlichen Überlegungen von Gütern in Verbindung zu bringen, was dazu führt, mehr darüber nachzudenken: Ist Wissen mehr eine Ressource *oder* eher ein Gut? Wie kann es im Produktionsprozess eingesetzt werden? Zusätzlich drängt sich die Frage auf, ob sich dieses Gut „Wissen" auch veräußern lässt, so dass eine enge Affinität zum Absatz gegeben ist.
- Methoden und Verfahren, die in der *betriebswirtschaftlichen Verfahrenstechnik* angewendet werden, sind ebenso für das besondere Gut Wissen relevant. Insofern finden sich hier Ansätze, die mit den Erfordernissen einhergehen, die der Umgang mit Wissen in Bezug auf Organisation und Technik hervorruft.

Diese Gemeinsamkeiten von Wissensmanagement und ausgewählten Untersuchungsfeldern der allgemeinen Betriebswirtschaftslehre und den Verfahrenstechniken sind gegeben. Von einer Gleichsetzung oder einer völligen Gleichstellung von Wissen mit den traditionellen Produktionsfaktoren zu sprechen, scheint verfrüht, da der spezielle Umgang mit dem besonderen Gut „Wissen" einer „empfindlichen exotischen Pflanze" gleicht, die es einerseits zu schützen und zu hegen gilt, damit sie die volle Wirkung entfalten kann, die sich andererseits aber auch den härteren klimatischen Bedingungen und Herausforderungen stellen muss, wie es das Wirtschaften mit Gütern in Unternehmen und Organisationen nach sich zieht.

Wenn von Betriebswirtschaftslehre und Managen gesprochen wird, steht automatisch das kontrovers diskutierte Problem von Betriebswirtschaftslehre und Managementlehre im Raum. Diese Diskussion soll hier nicht fortgeführt werden. Für das im Zusammenhang mit Wissensmanagement und Betriebswirtschaftslehre zugrunde gelegte Managementverständnis wird der Meinung von *W. Kirsch* gefolgt, der die Betriebswirtschaftslehre als angewandte Führungslehre konzipiert.[3] Demzufolge wird dann auch Wissensmanagement als Disziplin konzipiert, die sich den Fragen und Problemen, die bei der Führung von wissensintensiven Unternehmen auftreten, annimmt. Gleichzeitig ist es eine angewandte Wissenschaftsdisziplin, die der betrieblichen Praxis Hilfen zur Führung von Unternehmen im Umgang mit Wissen geben soll.

Die Frage ist dann nahe liegend, ob damit eine eigenständige Wirtschaftszweiglehre gegeben ist? – Wenn Wissensmanagement als eigenständige Wirtschaftszweiglehre zu betrachten wäre, dann müsste das Kriterium einer spezifischen Branche vorliegen. Da Wissensmanagementbedarf aber unabhängig von einer Branche in den unterschiedlichsten Unternehmen und Organisationen auftreten kann, ist Wissensmanagement auch *nicht* als eigenständige „*Wissensbetriebslehre*" darstellbar, die als vollwertige Wirtschaftszweiglehre neben Fachrichtungen wie Bankbetriebslehre, Industriebetriebslehre, etc. als spezielle Betriebswirtschaftslehre einzuordnen wäre.

Allein den Fokus bei der Konzipierung von Wissensmanagement auf die Betriebswirtschaftslehre zu richten, wäre zu einseitig und würde zudem den weiteren beteiligten Wissenschaftsdisziplinen nicht gerecht werden. Für eine theoretische und terminologische Einordnung ist deshalb zunächst die Managementlehre heranzuziehen. In der *Managementlehre* werden alle Vorgänge untersucht, die mit der Führung von Organisationen zusammenhängen [STAEHLE 1999, STEINMANN/SCHREYÖGG/KOCH 2005], und bei denen Praxisnähe sowie Forschungsergebnisse und Erfahrungen unterschiedlicher Wissenschaftsdisziplinen Berücksichtigung finden. Sie stellt sich als Erweiterung der Betriebswirtschaftslehre in Richtung einer *Wissenschaft der Unternehmensführung* dar.[4] Dies geht einher mit der Entwicklung der Betriebswirtschaftslehre zu einer interdisziplinären Wissenschaft vom Management gesellschaftlicher Institutionen. Managementlehre avanciert damit zu einer eigenständigen Realwissenschaft, die sich unter anderem der Ökonomie, Informatik, Psychologie etc. bedient und auf diese Inhalte zugreift. Was das Wissensmanagement betrifft, sind hier neben der Betriebswirtschaftslehre Nachbardisziplinen gegeben, die alle Relevanz für Problemstellungen im Zusammenhang mit dem Managen von Wissen haben.

---

[3] Diese Konzeption [KIRSCH 1997] fußt auf der Idee einer „*Lehre von der Führung*", die Rahmenbedingungen der Unternehmensführung zum Untersuchungsgegenstand hat. Daraus geht die Betriebswirtschaftslehre auch als eine „*Lehre für die Führung*", hervor, die Handlungsempfehlungen für die betriebliche Praxis gibt [WIRTZ 2005]; mit dem Ergebnis einer weitgehend synonymen Verwendung der Begriffe Betriebs- und Managementlehre [KIRSCH 1997, WIRTZ 2005].
[4] In der Vergangenheit wurde sehr kontrovers diskutiert, ob die Managementlehre ausreichend den Ansprüchen einer Wissenschaft genügt [DRUCKER 1965]. Insbesondere aus den USA erreicht uns unverändert eine breite Palette sehr „praxisnaher Managementliteratur", deren Bandbreite von geschickt vermarkteten und selbst ernannten „Management-Beratungsgurus" bis hin zu seriöser, den Ansprüchen von wissenschaftlicher Literatur genügenden Veröffentlichungen reicht. Die Grauzone ist groß. Inzwischen hat sich aber die durchgängige Überzeugung behauptet, dass der Managementlehre der Status einer Wissenschaft zukommt [stellvertretend GULICK 1965].

Die Einteilung der Managementlehre im Sinne einer Führungslehre [WIRTZ 2005] lässt sich in die Bereiche: *Personalführung* (Behavioral Sciences), *Unternehmensforschung/Operations Research* (Management Sciences) und *Unternehmensführung* (Business Administration) gliedern.

Personalführung kann als verhaltenswissenschaftliches Teilgebiet bezeichnet werden. Mit der Triade Lernen – Lehren – Humankapital ist ein Feld gegeben, in das Wissensmanagement sehr stark eingreift. Auf diese Art und den damit verbundenen Management Beziehungen bzw. den daraus resultierenden Besonderheiten wird noch gesondert einzugehen sein. Die *Unternehmensforschung* bildet den formalwissenschaftlichen Teil der Managementlehre. Sie spielt für die betrachteten Ausführungen zum Wissensmanagement keine Rolle, da sie einerseits im Bereich der allgemeinen Betriebswirtschaftslehre angesiedelt ist und formale methodisch geprüfte Modelle hier durch einfache beispielhafte Zukunftsszenarien substituiert werden. Wissensmanagement steht schließlich in enger Beziehung zur *Unternehmensführung*, die den betriebswirtschaftlichen Teil der Managementlehre darstellt. Demnach ist hier darauf einzugehen, wie der Umgang mit Wissen in die Gesamtheit der Handlungen derjenigen Akteure einzubinden ist, denen die Gestaltung und Abstimmung der Unternehmens-Umwelt-Interaktionen im Rahmen eines Wissenswertschöpfungsprozesses obliegt.

In einer weiteren Dimension wird Management aus *institutionaler* (Managerial roles approach) und aus *funktionaler* (Managerial functions approach) Sicht betrachtet [STAEHLE 1999, WIRTZ 2005]. Für Wissensmanagement liegt hier ein *funktionaler* Managementbegriff zugrunde, da sich hierdurch die Aufgaben des Managements in geeigneter Form erfassen lassen. Diese funktionsorientierte Sichtweise des Managements beschreibt die Prozesse und Funktionen zur Steuerung des Leistungsvollzugs in arbeitsteiligen Organisationen. Nach diesem Begriffsverständnis ist Management eine Querschnittsaufgabe, die den Einsatz der Ressourcen und das Zusammenwirken der Sachfunktionen steuert [STEINMANN/SCHREYÖGG 2000]. Dies ist auch beim Managen von Wissen gegeben, da es nicht eine dem Produktionsprozess vorgelagerte Planungsaufgabe ist und auch nicht als eine exklusive Stabsfunktion wirkt. Es betrifft vielmehr die gesamte Prozesskette des Unternehmens und stellt eine Querschnittsaufgabe dar. Entwicklung, Konstruktion und Fertigung, direkte oder indirekte Bereiche können im Hinblick auf das eingesetzte Wissen optimiert werden. An jeder Stelle des Unternehmens entsteht Wissen und ist Wissen bereitzustellen [DICK/WEHNER 2002].

Die Managementfunktionen stehen demnach nicht nebeneinander sondern bilden einen Managementprozess mit verschiedenen dynamisch nacheinander ablaufenden Phasen, die bei der Zielfindung beginnen und bei der Entscheidung enden [STEINMANN/SCHREYÖGG/KOCH 2005, MACHENZIE 1989 modifiziert]:

- *Planung:* Sie stellt eine Ausgangsfunktion und Primärfunktion dar, da alle anderen nachfolgenden Funktionen die Inhalte aus der Planung erhalten. Planung beinhaltet eine Zielfestlegung, Rahmenrichtlinienentwürfe durchzuführen sowie Programme und Verfahrensweisen für das gesamte Unternehmen oder auch für einzelne Funktionsbereiche festzulegen.

- *Organisation:* Hier werden die für die Abarbeitung der Planung notwendigen Handlungsumfänge bereitgestellt. Es werden plangerechte Aufgabeneinheiten mit notwendigen Handlungsbefugnissen ausgestattet und eine geeignete Informations- und Kommunikationsinfrastruktur bereitgestellt. Dies schließt auch die „Personalfunktion" mit Personaleinsatz, -beurteilung und -weiterentwicklung ein.
- *Durchführung:* Diese Phase stellt zwar keine originäre Funktion des Managements dar, umfasst aber als „Führungsfunktion" die optimale Steuerung der Arbeitshandlungen. Sie ist auch das Bindeglied zwischen „Organisation" und „Kontrolle".
- *Kontrolle:* Dieser Managementfunktion obliegt das Registrieren der erzielten Ergebnisse und der Vergleich (Ist/Soll) mit dem erreichten Zustand. Gleichzeitig bildet die Kontrolle die Basis für die neuen Planungen und dem neu zu beginnenden Managementprozess.

Auf der Basis dieser Managementprozesse und -funktionen wird in einer erweiterten Abgrenzung *Wissensmanagement* als interdisziplinäre Wissenschaft verstanden. Sie ist branchenunabhängig, das heißt auch auf keinen speziellen Wirtschaftsbereich ausgerichtet, sondern stellt ein auf wissensintensive Unternehmen bezogene Managementlehre dar. An dieser Stelle wird der funktionale Managementbegriff aufgegriffen und als zielgerichtetes, gestaltendes Eingreifen in den Wertschöpfungsprozess von Unternehmen interpretiert [MACHARZINA 1999].

Die Funktionen des Wissensmanagements im hier verstandenen Sinn werden in Form eines Management-Regelkreises dargestellt (Abb. I-3) und repräsentieren vereinfacht die Hauptfunktionen Planung, Organisation, Durchführung und Kontrolle. Damit soll keinesfalls der Eindruck entstehen, es gehe allein um die „engere Betriebsführung" mit Planen, Steuern, Durchführen und Kontrollieren eines Produktionsprozesses. Vielmehr steht die Steuerung der Prozesse im Vordergrund. *Wissensprozesse*[5] bilden den integralen Bestandteil dieses Regelkreises. Die hier betrachteten Wissensprozesse als Bestandteil des Regelkreises ergeben sich aus dem Kontext ausgewählter zentraler Wissenskernaktivitäten, die aus dem Wissenskosmos herausgegriffen wurden, den relevanten Wirtschaftsbereichen und -feldern sowie den wissensspezifischen Umfeld der zugehörigen Triade. Der so gebildete Kontext repräsentiert einen Untersuchungsschwerpunkt von Wissensmanagement. Zentrales Thema dieser Prozesse ist die Realisierung der Managementfunktion im Zusammenhang mit Wissen.

In der Wahrnehmung der Managementaufgaben für den Umgang mit Wissen wird versucht auch die Ergebnisse, die sich aus den neueren Ansätzen der *Manage-*

---

[5] Im Wissensmanagement gibt es unterschiedliche Prozesse, die bei einigen Autoren als *Identifikation, Bewahrung, Nutzung, Verteilung, Entwicklung* und Erwerb von Wissen [ROMHARDT 1998] abgegrenzt werden. Bei anderen wird die *Generierung* und *Nutzung*, der *Transfer* sowie die *Institutionalisierung* von Wissen hervorgehoben [SCHÜPPEL 1996], während einige andere auf *Entwicklung, Kodifizierung und Transfer* reduzieren [DAVENPORT/PRUSAK 1998]. Unterschiedliche Wissensprozesse werden einen wesentlichen Bestandteil der weitern Ausführungen bilden.

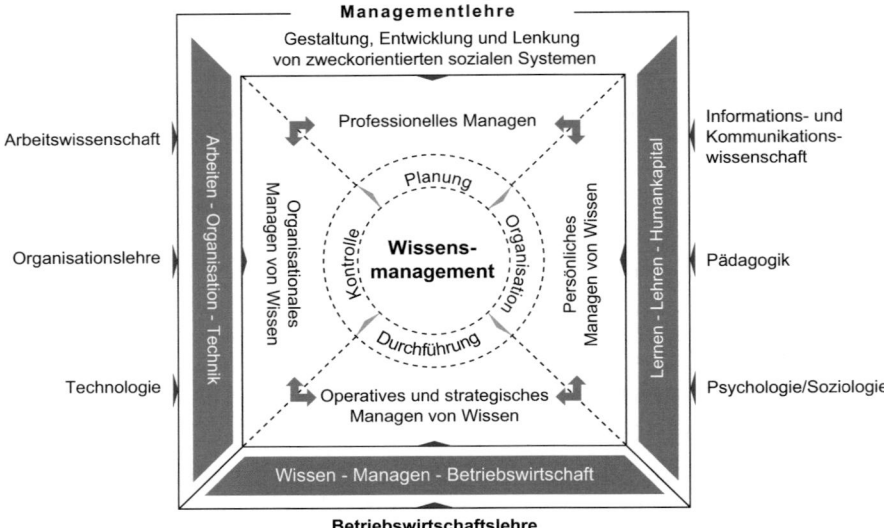

Abb. I-3 *Professionelles Wissensmanagement* – Managen von Wissen im Umfeld ausgewählter Wissenschaftsdisziplinen

mentforschung ergeben haben und die unter Schlagwörtern wie „*Scientific Management*", „*Situatives Management*", „*Entscheidungsorientiertes Management*" und „*Systemorientiertes Management*" die Diskussion in Theorie und Praxis bestimmt haben, insoweit einzubeziehen, als dass sie für eine pragmatische Umsetzung der Managementaufgabe von Wissen geeignet erscheinen. Dabei sind insbesondere in dem Ansatz des „*evolutionären Management*"[6] vielversprechende Ideen zu finden, die auch bei Managementaufgaben von Wissen hilfreich und geeignet erscheinen.

---

[6] Ergänzend zur klassischen Managementlehre, also zu den Methoden und Maßnahmen einer bewussten Beeinflussung von Verhalten im Blick auf das Erreichen von Zielen, haben sich in den zurückliegenden Jahren unter dem Begriff „*evolutionäres Management*" verschiedene Konzeptionen [stellvertretend MALIK 2006, KIRSCH 1997] mit folgenden Überlegungen im Sinne einer Organisationslehre entwickelt: Auf Grund der zunehmenden Komplexität (Postmaterialismus) ist ein Unternehmen nicht mehr grundsätzlich durch eine rationale Organisationsstruktur oder einen Managementprozess zu steuern. Die Aufgabe des Managements besteht darin, Rahmenbedingungen für die selbständige Entwicklung eines Unternehmens als Organisation und für die Entwicklung von Mitarbeitern zu schaffen. Dabei kann grundsätzlich davon ausgegangen werden, dass Unternehmen als autopoietische, sich selbst erschaffende und selbstreferenzielle Systeme zu verstehen sind, die sich auf der Grundlage ihres Handelns den Veränderungen anpassen oder diese vorwegnehmen. Damit wird der evolutionäre Ansatz „Survival of the fittest" [so *C. Darwin* übernommen von *H. Spencer* in: OWEN 2002] auf die Organisation und das Management von Unternehmen übertragen. Werden diese Basisaspekte eines evolutionären Management mit in die Überlegungen und in die *Wissensmanagementforschung* einbezogen, dann eröffnen sich damit die Möglichkeiten, die bisher (umstrittenen) Positionen und Polaritäten der Begriffe „implizit vs. explizit", „operativ vs. strategisch", „Prozess vs. Struktur", „Oberflächen vs. Tiefenwissen", „Information vs. Wissen" oder „Bildung vs. wirtschaftliches Handeln" in einem sich weiterentwickelnden Rahmen zu diskutieren.

Es bleibt der *Ebene*, auf der Wissensmanagement stattfindet, nachzugehen. Hier wird die nahezu durchgängige Meinung geteilt, Wissensmanagement beziehe sowohl die *operative* wie auch die *strategische* Ebene ein. Dem folgen das hier zugrunde gelegte Verständnis als auch die Beiträge zum Wissensmanagement – in theoretischer wie praktisch-anwendungsorientierter Art dahingehend, dass auf allen Ebenen Ziele formuliert und Interventionen vorgenommen werden.

Im *operativen Wissensmanagement* entstehen Fragen nach dem allgemeinen und speziellen Wissensbedarf, dem erforderlichen Wissenszeitpunkt, der grundsätzlichen Art von Wissensbeschaffung, der generellen Wissensspeicherung und -verarbeitung, dem erlaubten Wissenszugriff und nach der geregelten Wissenskontrolle und dem Wissenstransfer. Das *strategische Wissensmanagement* nimmt eine Schlüsselrolle ein [DICK/WEHNER 2005]. Es baut einerseits auf den strategischen Erfolgsfaktoren auf und gibt andererseits der operativen Ebene die Rahmenbedingungen und Bewertungskriterien vor. Strategisches Management heißt nicht automatisch längerfristig, obgleich die Pläne in aller Regel über einen längeren Zeitraum gehen. Dies ist darin begründet, dass Probleme zur geplanten technischen Systemunterstützung [BÄPPLER 2008] geklärt und entschieden werden müssen, Fragen zu internen und externen Kooperationen zu beantworten sind und über einzusetzende Methoden und Verfahren Festlegungen zu treffen sind [DICK/WEHNER 2005]. Weiterhin muss Grundsatzfragen für ein strategisches Wissensmanagement [GRANT/NIPPA 2006] nachgegangen werden: Auf welcher Organisationsebene sind Wissensmanagement-Initiativen anzusiedeln? Wie ist die Ressource Wissen in die Zielsetzung des Unternehmens einzubinden und zu verankern? Welche Synergien sind mit den verschiedenen Unternehmensbereichen anzustreben? Das geht einher mit dem Entscheidungsbedarf *normativen* Charakters, der hier dem strategischen Management zugeordnet wird. Konkret heißt das: Welche rechtlichen Rahmenbedingungen in Bezug auf Geheimhaltung, Patente etc. müssen gegeben sein? Wie passen die Leitbilder und Zukunftsvisionen sowie der Kommunikationsstil des Unternehmens mit der Wissensentwicklung und -verteilung zusammen? Entscheidend ist es, im strategischen Management den Stellenwert und die Positionierung[7] von Wissen normativ zu determinieren.

---

[7] Folgt man den dargestellten Entwicklungen des Managements, dann wird deutlich, dass die *strategische Positionierung* des Managements zum Wissen eine immer größer werdende Rolle spielt. Zu dieser Rolle gehört nicht nur die strategische Ausrichtung des Unternehmens etwa im Blick auf die sich verändernden Märkte, sondern auch der sorgfältige Umgang mit den wichtigsten Ressourcen des Unternehmens, nämlich dem Wissenspotenzialen der Mitarbeiter. Ein Weg in Richtung „Management von Wissen" könnte in derselben Erkenntnis liegen, die in der Organisations- und Managementlehre schon vor Jahren gemacht wurde und sich zunehmend durchsetzt: Der Mitarbeiter ist als Mensch ein aktiver Partner des Wissensmanagements. Er selbst verfügt aber nicht nur über das Wissen noch über die Wissensprozesse als Ganzes, er ist ein Teil davon. Diese Erkenntnis klingt im ersten Moment fremd, sie ist aber die conditio sine qua non, aus der sich ein uneinholbarer Wettbewerbsvorteil eines Unternehmens ableiten lässt. Es ist das Wissen, das an die Individualität, Sozialität und Professionalität von Menschen in Unternehmen gebunden ist. Gelingt es einem Unternehmen gerade dieses Wissen im Sinne von Intellectual Capital zu fördern und in den wirtschaftlichen Leistungsprozessen zu nutzen, dann entsteht ein Wettbewerbsvorteil des einzelnen Unternehmens, der schwer durch die Mitbewerber zu überbieten ist. Wissen wird damit zur strategischen Ressource. Ein wichtiger Aspekt des Managements besteht darin, diese Ressource mit dem bestmöglichen wirtschaftlichen Ergebnis zu nutzen [DU VOITEL/ROVENTA 2001].

Die Perspektive für eine nähere Abgrenzung von Wissensmanagement war bisher weitgehend auf die *Kernaktivitäten* einer Unternehmung und den umgebenden Wissensprozess bzw. den *„Wissenskernaktivitäten"* gerichtet. Damit begründeten die Unternehmenskernprozesse mit der Herstellung und Bereitstellung von Produkten und Dienstleistungen und das bei den Mitarbeitern entstehende und angewendete Wissen sowie die im Zuge dieser Geschäftsaufgaben entstehenden oben genannten Wissenskernaktivitäten wie das Identifizieren, Erzeugen, Speichern etc. von Wissen Art und Bedarf für ein operatives und strategisches Wissensmanagement. Damit ist das Aktions- und Aufgabenfeld von Wissensmanagement noch unvollständig. Es stellt sich die Frage nach weiteren Faktoren, damit Organisationen erfolgreich werden und Wettbewerbsvorteile erlangen. Was sind diese *„Befähiger"* und *„Erfolgsfaktoren"*, damit einerseits notwendige Voraussetzungen für die Implementierung von Wissensmanagement gegeben sind und andererseits relevante Erfolgsfaktoren wie *„Strukturen und Prozesse"*, *„Informationstechnologie"* als Befähiger aber auch *„Fähigkeiten und Motivation"* als *„Wissensfähigkeit"* entwickelt werden [EUROPEAN GUIDE 2004]. Im Allgemeinen beziehen sich diese Faktoren auf die *persönlichen* und die *organisationalen Wissensfähigkeiten*. Sie sind als Befähiger für Wissenskernaktivitäten zu sehen und stiften dem Individuum zusätzlich Nutzen, so dass auch dessen Entwicklung und Förderung ein Wissensmanagement erfahren muss.

Im Umfeld Psychologie, Pädagogik, Kommunikation und der Triade „Lernen – Lehren – Humankapital" steht der Mensch mit seinen Ambitionen, Fähigkeiten, Verhaltensweisen und persönlichem Wissen, das für erfolgreiches Arbeiten in Organisationen notwendig ist und das es in einem persönlichen Wissensmanagement zu entwickeln gilt. Beim *persönlichen Wissensmanagement* (englisch *personal knowledge management*) oder auch *individuellen* Wissensmanagement [EPPLER 2004, REINMANN/EPPLER 2008] steht im Vordergrund die Fragen: Wie können Wissensbestände und Lernprozesse eigenverantwortlich und geschickt gehandhabt werden? Welches Selbstführungskonzept ist notwendig? Wie können die oben genannten persönlichen Wissensfähigkeiten erhöht werden? Das sind alles Fragen, denen es nachzugehen gilt und deren positives Ergebnis sich nicht nur im Intellectual Capital niederschlägt, sondern dessen Vorhandensein erst ein erfolgreiches Praktizieren von Wissensmanagement in Unternehmen ermöglicht.

Ausgang und Gegenstand eines persönlichen Wissensmanagements ist die Reflexion individueller Denk- und Handlungsweisen, um die individuelle Effizienz im Lern- und Arbeitsbereich zu erhöhen. Komplementär zu dem persönlichen Wissensmanagement bedarf es organisationaler Wissensfähigkeiten. So geht es beim *organisationalen Wissensmanagement*, repräsentiert durch die Triade „Arbeiten – Organisieren – Technik" und unter dem Einfluss von Organisationslehre, Technologie und Arbeitswissenschaft um das Wissen in einer Gruppe, einem Bereich oder Unternehmen. Bei den *organisationalen Wissensfähigkeiten* sind unter anderem *„Prozesse und Organisation"*, *„Technologie und Infrastruktur"* wie auch *„Kultur"* und *„Mission, Vision und Strategie"* angesprochen, um eine effektive Anwendung von Wissen durch die Mitarbeiter zu haben. Dem-

3.1 Managen von Wissen

nach geht es beim organisationalen Managen von Wissen darum, individuelle Kenntnisse und Fähigkeiten systematisch auf den verschiedenen Organisationsebenen zu verankern. So verstanden bildet organisationales Wissensmanagement intervenierendes Handeln auf der Basis der aufgeführten Lehren und dem systematischen Überführen des organisationalen Lernens in die Praxis. Diese organisationalen Wissensfähigkeiten umfassen Fähigkeiten, die Mitarbeiter unabhängig von der hierarchischen Zugehörigkeit erlangen müssen, um einen effektiven Umgang mit Wissen innerhalb der Wertschöpfungsprozesse zu ermöglichen [EUROPEAN GUIDE 2004].

Wissensmanagement kann also aus unterschiedlichen Perspektiven von Wissenschaftsdisziplinen betrachtet werden. Bereits damit wird die Interdisziplinarität offensichtlich. Es wirkt als Querschnittsaufgabe in die Geschäftsfelder (*Kernaktivitäten*) von Unternehmen und in die vielfältigen Wissensprozesse (*Wissenskernaktivitäten*), die entwickelt, gelenkt und kontrolliert werden müssen. Zur Umsetzung dieser Aufgaben und Prozesse bedarf es Befähiger und Erfolgsfaktoren (*persönliche und organisationale Wissensfähigkeiten*). Sie wirken als Voraussetzung und als Beschleuniger und tragen zum Erfolg der Unternehmung bei. Zur wirkungsvollen Gestaltung und zum Gelingen bedarf es Führung, Steuerung und Kontrolle (*persönliches und organisationales Wissensmanagement*). Dabei richten sich diese Aktivitäten und Prozesse auf Individuen (*Human Capital*) *und* Organisationen (*Intellectual Capital*) auf allen Ebenen und betreffen alle Hierarchien (*operatives und strategisches Wissensmanagement*).

Wenn man diese vielfältigen Elemente, Formen, Prozesse und Aktivitäten auf den ersten Blick sieht, dann stehen sie zunächst scheinbar nebeneinander. Sie haben ein weitgehend eigenständiges Bezugsfeld und werden sehr detailliert und teilweise isoliert wahrgenommen. Auf den zweiten Blick sind aber viele Gemeinsamkeiten, und Ergänzungen, aber auch Abhängigkeiten zu erkennen. So sind nicht nur fließende Grenzen vorhanden, sondern teilweise kann aufgrund der Verzahnungen von einem interdependenten Beziehungsgeflecht oder systemischer Zusammengehörigkeit gesprochen werden. Das Managen von Wissen in dieser Konsequenz und Auffassung gleicht einer Art *integriertem* Wissensmanagement. Wenn Methoden, Verfahren und Instrumente auf die Erreichung und zur Gewährleistung von persönlichen und organisationalen Wissensfähigkeiten ausgerichtet sind und sich auf die operative und strategische Ebene beziehen, dann kann dieser Art Wissensmanagement auch eine hohe Profession unterstellt werden. Wenn im folgendem von einem *professionellen Wissensmanagement* gesprochen wird, dann deshalb, weil dahinter ein integriertes Interventionskonzept steht, das sich den Alternativen zur Gestaltung, Lenkung und Entwicklung der unternehmensbezogenen Wissensbasis widmet und in diesen Prozess die individuumsbezogene Wissensentwicklung einschließt. Wissensmanagement in diesem Sinn ist darauf ausgelegt, die unternehmerische *und* die individuelle Wissenswelt weiterzuentwickeln. Im so verstandenem Sinn steht neben Unternehmen und Organisationen der Mensch im Mittelpunkt von Wissensmanagement.

Mit dieser theoretischen und terminologischen Abgrenzung haben wir versucht, das Verständnis für die Aufgabenstellung eines professionellen Wissensmanagement zu wecken. Nunmehr können wir uns den weiteren Untersuchungsschwerpunkten zuwenden.

3.2 Der Mikrokosmos von Wissensmanagement

Ohne hier die Besonderheiten von den in den Forschungsgebieten gegebenen *Mikrokosmen* (z. B. Biologie, Physik, Mikroelektronik, Nanotechnik) mit ihren Grenzen und dem *Makrokosmos* (z. B. Ursprung und Aufbau des Weltalls) mit seiner Weite als Vergleich über Gebühr strapazieren zu wollen, lehnen wir uns im Folgenden an die im mikro- und makroökonomischen Bereich getroffenen Differenzierungen und Ansätze an. Demnach stehen auf der hier betrachteten Mikroebene die einzelwirtschaftlichen Einheiten wie Organisationen, Individuen Arbeitnehmer, Lernwillige, Wissensnachfrager und -anbieter, Unternehmer, etc. im Vordergrund. Sie alle sind Akteure, die aktives Wissensmanagement betreiben und bei der Wissenswertschöpfung eine Rolle spielen. Das Verhalten des Individuums als ökonomisches Handlungssubjekt versucht Fragen des individuellen (richtigen) Handelns innerhalb des ökonomischen Lebensbereichs zu beantworten.

In diesem ausgewählten Untersuchungsfeld haben wir zwei Sphären identifiziert, die als eine Art Subsysteme den abgegrenzten allgemeinen einzelwirtschaftlichen Merkmalen entsprechen und annähernd die Voraussetzungen für eine Zuweisung in die Mikroebene erfüllen.

Eine Sphäre wird vom Hauptschwerpunkt der *Triade Lernen – Lehren – Humankapital* beherrscht. Kennzeichnend für diese Sphäre ist die Anhäufung von Aktivitäten, Maßnahmen und Anstrengungen zum Thema „Lernen". Ziel in diesem Bereich ist es, über verschiedene Lernformen dem gestiegenen Wissensbedarf nachzukommen. Mit der „Lehre" und der Ansammlung von unterschiedlichen Qualifizierungsmethoden und -instrumenten aus dem Bereich der Aus- und Weiterbildung in dieser Sphäre ist die breite Palette von Pädagogik, Didaktik und Wissensvermittlung versammelt. Mittelpunkt und Zentrum des Bemühens ist in dieser Sphäre die gut ausgebildete Kraft („*Humankapital*"). Davon gehen auch Auswirkungen und Verzahnungen zum Wissenswertschöpfungsprozess aus. Was muss heute und morgen dazu getan werden, damit Humankapital und Intellectual Capital verbessert werden können, und wie sieht voraussichtlich die Zukunft von Wissensarbeit und Wissensmanagement aus?

Eine weitere Konzentration bildet die Sphäre mit der *Triade Arbeiten – Organisation – Technik*. Damit das Individuum Lernen und „*Arbeiten*" verbinden kann, bedarf es einer Reihe weiterer Vorkehrungen. Insofern sind in dieser Sphäre alle Instrumentarien, Informations- und Kommunikationsinfrastrukturen sowie Maßnahmen geballt, die Hilfsmittel („*Technik*") darstellen und eine wirkungsvolle

3.2 Der Mikrokosmos von Wissensmanagement

„*Organisation*" in funktioneller, instrumentaler und institutioneller Hinsicht ausmachen. Das heißt hier sind alle organisatorischen Maßnahmen vertreten um Wissensarbeit möglichst erfolgreich zu machen.

Beide Sphären sind eng miteinander verwoben, so dass keine stringente Trennung gegeben ist. Die Grenzen sind fließend, häufig überlappend, können daher auch nicht als alleiniges Systematisierungskriterium herangezogen werden. Diese Grenzen sind ebenso wenig abgegrenzt zur dritten, der *makrokosmischen Sphäre* mit der *Triade Wissen – Managen – Betriebswirtschaftslehre*. Dies ist auch darin begründet, dass auf den auf der Mikroebene geschaffenen Grundlagen für das Wissensmanagement im Makrokosmos aufgebaut wird. Ohne den inhaltlichen Abgrenzungen zur Makroebene vorgreifen zu wollen, bildet ein Teil der Untersuchungen dort die Erweiterung der Mikroebene.

Die Identifikation von Sphären in Form von Subsystemen ist zwar hilfreich, um erste Zusammengehörigkeiten zwischen den Objekten festzustellen und um die Mikro- und Makroebene näher einzugrenzen, für eine weitere Untersuchung von Wissensmanagement bedarf es aber einer weiterreichenden Systematisierung. Ein Ansatz ist Wissensmanagement aus den Sphären zu lösen um es einer tieferen Untersuchung zu unterziehen, indem über die Bestimmung und Auswahl von zentralen Begriffen („*key terms*") – die bereits in den Sphären identifiziert wurden – Schwerpunktfelder („*main focus areas*") zu bilden und die Berührungsbereiche im Kontext mit den umgebenden Subumwelten („*subenvironments*") zu hinterfragen.

Was sind geeignete *Begriffe* des Wissensmanagements, um den Untersuchungsgegenstand näher abzugrenzen, zu strukturieren und zu hinterfragen, so dass sie ein *Schwerpunktfeld* bilden? – Wie eingangs festgestellt wird Wissen mehr und mehr zu einem profitablen Investitionsgut und zum Produktionsfaktor. Das führte zwischenzeitlich zum Trendbegriff der „*Wissensgesellschaft*" oder „*Knowledge Society*". Die Wissensgesellschaft im Kontext von *sozioökonomischen* Beziehungen und Prozessen ist deshalb ein Feld (I), um die Wissensaktivitäten und ihr Verhältnis zu den gesellschaftlichen Prozessen zu hinterfragen. In hoch entwickelten Ländern lebt heute schon jeder zweite Erwerbstätige von Tätigkeiten, deren Rohstoff, Werkzeuge und Resultate überwiegend Informationen sind. „*Wissensarbeit*" und der „*Wissensarbeiter*" bilden deshalb im Kontext mit *psychologischen* und soziologischen Prozessen ein weiteres Feld (II) um Lernen und Arbeiten in wissensintensiven Unternehmen und Organisationen zu hinterfragen. Daneben wirken „*Wissenstechnik*" und „*Wissensorganisation*" als flankierende Felder (III und IV) im Kontext mit den allgemeinen *technischen* und *organisatorischen* Subumweltbedingungen. Insbesondere diese beiden Felder können helfen dem sich sehr schnell entwickelnden informations- und kommunikationstechnologischen Anforderungsbedarf nachzukommen. Diese vier Schwerpunkte vervollständigen das Systemmodell und den Bezugsrahmen zum Wissensmanagement im Mikrokosmos (Abb. I-4).

Allein die Abgrenzung der Schwerpunktfelder sagt noch wenig über deren Inhalt und das Problemfeld des Untersuchungsgegenstandes aus. Was konkret beinhaltet der Untersuchungsgegenstand? Was ist zu analysieren? Was ist offen …?

Abb. I-4 Systemmodell zum Mikrokosmos von Wissensmanagement

Um einen ersten Eindruck zu erhalten, werden im Folgenden für die vier Schwerpunktfelder auf der Mikroebene von Wissensmanagement relevante Fragen angestoßen [RIEBOLD/SCHARF o. J., DICK/WEHNER 2002, CLASES/WEHNER 2002]:

Agrar- und Industriewirtschaft mit den tradierten Werten wie Boden und Kapital wurden vermehrt von Dienstleistungen und gegenwärtig verstärkt vom Wissen als Gut ergänzt. Dies hat zunächst nicht unerhebliche *gesellschaftliche Auswirkungen:*

(1) *Kontext: Sozioökonomisch – Wissensgesellschaft;* Die ökonomischen Veränderungen waren und sind mit der Schwierigkeit verbunden Güter und Leistungen zu beziffern und abzugrenzen. Dies geht zudem mit einem Rollen- und Funktionenwechsel der Menschen einher. Soziale Schichtung, Bildung, religiöse Praxis oder Rollenplätze – früher stark gefestigt und großteils vororganisiert – sind nunmehr aufgebrochen. Was heißt das für den Menschen und seiner Selbstverantwortung? Sind damit eher Vorteile gegeben oder überwiegen Nachteile? Was bedeuten mehr Freiräume und gestalterisches Vermögen versus mehr Eigenverantwortung für soziale und wirtschaftliche Anforderungen? Wo ist der Orientierungspunkt in dieser *Wissensgesellschaft?* Was bedeutet diese Veränderung für die Arbeit, für ein *sozioökonomisch* abgestimmtes Verhalten und die Rolle des Menschen in der Gesellschaft …?

Als Folge des gesellschaftlichen und ökonomischen Wandels tritt auch ein erheblicher *organisatorischer* Veränderungsbedarf auf:

(2) *Kontext: Organisatorisch – Wissensorganisation;* Aus der Begrenzung und Perspektive der aktiven Gestaltung von Wissensmanagement im Verständnis angewandter Führung [KIRSCH 1997] entstehen eine Reihe organisatorischer

Anforderungen und Auswirkungen. Sie sind mit einem allgemeinen Untersuchungsbedarf verbunden:

- *Allgemeine organisatorische Anforderungen:* Haben die Veränderungen in Gesellschaft und im Arbeitsprozess Einfluss auf die Organisation? Was und wie müssen Organisationen ständig neu dazu lernen? Diese permanenten Weiterentwicklungen münden in Fragen wie: Entsteht für Unternehmen Beratungsbedarf? Und: Stehen dabei Informationsleistungen und/oder die Verbesserung der Entscheidungskompetenz im Vordergrund? Kann eine Systematisierung von Wissen und Erfahrungen dazu beitragen unternehmerische Entscheidungen zu vereinfachen?
- *Spezielle organisatorische Anforderungen:* Dabei geht es in erster Linie um Fragen im Zusammenhang mit der Belegung, dem Verständnis und der Ausgestaltung des Begriffs „Wissensorganisation":
    · *Wissensorganisation als spezielle Wissenseinheit* – Ein wichtiger Begriff, der in diesem Zusammenhang auftaucht, ist die Frage nach der „*Wissensorganisation*". Ist darunter eine *Organisationseinheit mit speziellem Wissen* zu verstehen, die sich dadurch von anderen Einheiten unterscheidet? Welche Differenzierungen gibt es hierzu? Liegt der Schwerpunkt eher auf den Beiträgen Einzelner oder dominieren kollektive Anstrengungen? Und: Handelt es sich dabei um Experten abhängige Organisationen (z. B. Krankenhaus) oder ist routiniertes Wissen eingebettet in Technologie, Produkte, Regeln und Prozesse (z. B. Produktionsunternehmen, Fabrik) gegeben? Oder sind es von symbolischen Analystenwissen abhängige Organisationen (z. B. Werbung, Medien) oder kommunikationsintensive Organisationen (z. B. Forschung und Beratung)? Alle diese Organisationseinheiten haben unterschiedliche Anforderungen [RIEBOLD/SCHARF o. J.].
    · *Wissensorganisation als Toolbox zur Organisation von Wissen* – Ein weiteres nahe liegendes Verständnis von „Wissensorganisation" hängt mit der *Zusammenstellung von verschiedenen Techniken, Praktiken, Verfahren und Regeln* zusammen, Wissen innerhalb der Organisation zu strukturieren und zu organisieren. Dies führt dann zu einer Reihe von Fragen: Wie kommt Wissen in eine Leistung? Wie ist Wissen in Unternehmen gebunden? Welche Rolle spielen die Träger von Wissen? Wie sind sie mit dem Wissen verbunden? Ist die Organisation zur Unterstützung und Hervorbringung von Wissen ausgerichtet? – Müssen Strukturen und Prozesse geändert werden?
    · *Wissensorganisation zur Vermeidung von „Wissensinseln"* – Letztlich ist eine zentrale Frage im Zusammenhang mit Wissensorganisation dahingehend gegeben: Was muss in der Wissensorganisation geleistet werden, damit die organisatorische Feinstrukturierung der einzelnen Unternehmensbereiche nicht „*Wissensinseln*" entstehen lassen, bzw. was ist zu tun um sie aufzulösen ...?

Es ist naheliegend, dass die aus der Informations- und Wissensflut resultierenden Anforderungen für den Einzelnen immer weniger überschaubar werden und

Unternehmensentscheidungen sich zunehmend schwieriger gestalten. Damit treten Fragen nach *technischer Unterstützung* in den Vordergrund:

(3) *Kontext: Technisch – Wissenstechnik;* Welche generelle technische Unterstützung ist für den Wissenswertschöpfungsprozess gegeben, zu entwickeln, verfügbar, geeignet und bereitzustellen?

- *Allgemeine technische Anforderungen:* Hier drängen sich Fragen auf: Was sind mögliche technische Lösungen um den Wissenswertschöpfungsprozess zu unterstützen? Was leisten die Systeme? Werden Inhouse-Lösungen benötigt? Welche Funktionen, Stellhebel und Parameter bieten die Standardlösungen um unternehmensindividuellen Anforderungen nachzukommen?
- *Spezielle technische Anforderungen:* Konkret gefragt: Was leisten Archivierungs-, Systematisierungs-, Such- und Aufbereitungsverfahren an Unterstützung um Wissen organisierbar zu machen? Damit alles entsprechend schnell und wirkungsvoll kommunikativ verbunden werden kann mündet dies automatisch in die Frage: Was sind geeignete physische Netze? Wie können dezentral wirtschaftende Unternehmen und lernende Mitarbeiter physisch vernetzt werden?
- *Mensch und Technik:* Den Anspruch, aus der Fülle relevante Daten und Informationen filtern und dafür sorgen, dass Wissen rasch und klug verteilt wird, ist eng mit der Frage nach der Heranführung zum selektiven, gezielten und bedarfsorientierten Einsatz und der Nutzung von Medien verbunden. Dies steht im engen Kontext mit der Erforschung der geeigneten Wissenstechnik. Was ist von diesen Ergebnissen *für* den Menschen geeignet? Wie kann die Kluft in den menschlichen Einstellungen und Verhaltensmustern vom „bequemen Zurücklehnen und passiven Konsumieren", wo Informationen häufig stark vereinfacht und mit Emotionen angereichert werden, im krassen Gegensatz zu dem auf Eigeninitiative beruhenden Forschen und Lernen im teilweise unbequemen Mediensystem steht, überbrückt werden? Wie muss dem Spannungsfeld von *Wissenstechnologie und Mensch* begegnet werden ...?

In dem ganzen Zusammenspiel von Wissensorganisation, -technik und -gesellschaft wird ein Trend erkennbar: Dem Individuum, dem mit „*Wissensarbeit*" beschäftigten „*Wissensarbeiter*" kommt große Bedeutung zu. Der Mensch ist nicht mehr beliebig austauschbar wie eine Maschine, weil er selbständig und stetig neues Wissen entwickelt. Damit sind sehr stark die *psychologischen* Ansätze und Auswirkungen gefragt:

(4) *Kontext: Psychologisch – Wissensarbeit, -arbeiter;* In diesem Zusammenhang stellen sich Fragen: Was ist ein „*Wissensarbeiter*"? Wie wichtig ist das individuelle und kollektive Wissen der Mitarbeiter für den Arbeitsprozess für das Unternehmen und das Individuum? Wie erlangt der Mitarbeiter am effizientesten das für den Arbeitsprozess relevante Wissen? Was bedeutet Humankapital für Mensch und Unternehmen?

Auch im Zusammenhang mit einer genaueren Untersuchung von „*Wissensarbeit*" entstehen Fragen: Welche Anforderungen gibt es um implizites Wissen zu explizieren? So sind stark psychologische Fragestellungen gegeben: Welche Hemmnisse, Hindernisse und Widersprüche gibt es zwischen dem Nutzen von Wissen zum Eigenvorteil, zur persönlichen Karriere gegenüber dem Erfolg des Teams und dem Wohl des Unternehmens? Was sind überhaupt die zentralen psychologischen Momente, die bei Individuen im Wissensarbeitsprozess eine Rolle spielen, die Mitarbeiter praktizieren und denen Mitarbeiter gleichermaßen ausgesetzt sind. Dies ist insbesondere vor dem Hintergrund der Erforschung von Wissen in Organisationen relevant: Inwieweit sind Erfahrung, Wissen und berufliche Kompetenzen individuelle Ressourcen oder Bestandteil einer kollektiven Verfasstheit …? [WAIBEL 1997].

Mit dieser Kategorisierung und Hinterfragung der vier Schwerpunktfelder kann nur ein sehr begrenzter und kleiner Ausschnitt des Komplexes, der den Forschungs- und Untersuchungsgegenstand von Wissen und Wissensmanagement bildet, wiedergegeben werden. Er dient allein auch nur dazu eine erste Systematisierung und einen Einblick in das Handlungsfeld von Wissensmanagement zu geben. Bereits dieses Spektrum zeigt, dass Wissensmanagement sich in vielen wissenschaftlichen Disziplinen wiederfindet. Hier steht besonders personales und organisationales Wissensmanagement im Vordergrund. Wissenssoziologie oder kognitive Psychologie sind schon mehrere Jahre konstituierende Teildisziplinen. Wissensbezogene Fragen werden in der Praxis zunehmend relevant und versucht im betrieblichen Alltag einer Lösung zuzuführen [DICK/WEHNER 2005].

Aus der Untersuchung und Analyse dieser Grundlagen und Fragen zum Status Quo entstehen auf der Mikroebene eine ganze Reihe Fragen nach möglichen mittelfristigen Erscheinungsformen von Wissensmanagement. Dazu möchten wir verschiedene Thesen zur Diskussion stellen.

Statt (mathematischen) Modellen werden auf der Mikroebene häufig (bildliche) *Szenarien* verwendet. Sie öffnen einen Gestaltungsraum, den eine „*junge Disziplin Wissensmanagement*" benötigt, und bieten gleichzeitig den erforderlichen Freiraum für einen Blick in eine *ferne* Zukunft.

3.3 Der Makrokosmos von Wissensmanagement

Greift man die getroffene mikro- und makrokosmische Unterscheidung auf, dann verkörpert das Verhältnis von Ökonomie und Wissensmanagement im *Makrokosmos* als Hauptuntersuchungsstand; die Triade *Wissen – Managen – Betriebswirtschaft*. Demnach stehen in der hier betrachteten *Makroebene* ökonomisch geprägte Untersuchungsaspekte mit den unterschiedlichen betriebswirtschaftlichen Fragestellungen, was die Beziehung und den Einfluss vom Wissensmanagement betreffen, im Mittelpunkt. Da im Zusammenhang mit der Abgrenzung des Wissensmanagement-Begriffs festgestellt wurde, dass kein Branchenbezug gegeben ist, muss zu einer betriebswirtschaftlichen Durchdringung von Wissensmanagement auch keine Analyse zu speziellen aggregierten Wirtschaftseinheiten oder -märkten vorgenommen werden, die Gegenstand von Wissensmanagement sind. Dies schließt auch den Untersuchungsbereich aus, der sich hinter dem Stichwort „*Wissensökonomie*" verbirgt, und sich teilweise mit einer gesamtwirtschaftlichen und beschäftigungspolitischen Analyse eines „*Wissensmarktes*" auseinandersetzt.

Das Kernmerkmal betriebswirtschaftlichen Denken und Handelns ist die Kosten-Nutzen-Orientierung oder im betriebwirtschaftlichen Terminus formuliert: Das Wirtschaften mit knappen Ressourcen. Das Wirtschaften ist eingebettet in die allgemeine Grundbedingung menschlichen Lebens und Handelns, so sehr treffend:

> „Die Betriebswirtschaftslehre ist eine selbständige wirtschaftswissenschaftliche Disziplin. Das gemeinsame Untersuchungsgebiet aller Wirtschaftswissenschaften ist die Wirtschaft, also dasjenige Gebiet menschlicher Tätigkeiten, das der Bedürfnisbefriedigung dient. Die menschlichen Bedürfnisse sind praktisch unbegrenzt, die zur Bedürfnisbefriedigung geeigneten Mittel (Güter) sind von Natur aus begrenzt. Diese naturgegebene Knappheit von Gütern, d. h. das Spannungsverhältnis zwischen Bedarf und Deckungsmöglichkeit zwingt die Menschen, zu wirtschaften, d. h. bestrebt zu sein, die vorhandenen Mittel so einzusetzen, dass ein möglichst großes Maß an Bedürfnisbefriedigung erreicht wird. Die Realisierung dieses Ziels optimaler Bedürfnisbefriedigung setzt einen Entscheidungsprozess über die Herstellung von Gütern (Produktion) und den Verbrauch von Gütern (Konsumtion) voraus ... Die Wirtschaft hat keinen Eigenwert, sie ist wertneutral" [WÖHE 2008].

Der Versuch, das Managen von Wissen unter den Aspekten einer Betriebswirtschaft zu integrieren, lässt sehr schnell neue Fragestellungen und Herausforderungen entstehen. Auf welche Weise ist Wissen als Ressource in Produktionsprozessen zu integrieren? Welcher Art ist Wissen – eine Ressource oder ist Wissen auch ein Gut, das sich beim oder nach dem Produktionsprozess veräußern lässt? Wenn man der Auffassung folgt, dass Wissen eine Ressource ist, die durch ihren Gebrauch nicht weniger, sondern mehr werden kann, dann stellt dies eine ungewöhnliche Herausforderung an das betriebswirtschaftliche Denken und Handeln: Das Verhältnis von „*Wissen managen*" und „*Betriebswirtschaft*" lässt sich nicht mehr ausschließlich unter einem formalen Prinzip von Input und Output und dem daraus folgenden wirtschaftlichem Ergebnis betrachten. Betriebswirtschaftlich formuliert könnte eine erste Forderung im Blick auf das Management von Wissen lauten: Eine zeitgemäße und dem Gegenstand entsprechende Betriebswirtschaft betrachtet nicht nur die Skaleneffekte durch die *economy of scales*, sondern auch die Aspekte einer *economy of scope* wie z. B. die Entwicklungsfähigkeit von Unternehmen durch den Einsatz von Wissensmanagement.

Im Rahmen der terminologischen Abgrenzung des Wissensmanagement-Begriffs wurde bereits näher auf die Stellung von Wissensmanagement und Betriebswirtschaftslehre eingegangen. Insofern gelten hierzu die dort getroffenen Feststellungen. In diesen Ausführungen wurden ebenso die Managementaufgaben im Zusammenhang mit dem Umgang von Wissen umrissen. Auf der hier betrachteten Makroebene mit der engen Verbindung zum Wirtschaften in Unternehmen und repräsentiert durch die Triade Wissen – Managen – Betriebswirtschaft bilden

3.3 Der Makrokosmos von Wissensmanagement

sie das Fundament und Gegenstand für ein operatives und strategisches Wissensmanagement im Management-Regelkreis [EUROPEAN GUIDE 2004] mit

- dem *Kerngeschäft*, repräsentiert durch die Wertschöpfungsprozesse einer Organisation mit den bereits skizzierten Funktionen bzw. Phasen wie Strategieentwicklung, Produkt-/Dienstleistungsinnovation sowie Entwicklung, Herstellung und Bereitstellung der Dienstleistung Verkauf und Service. In diesen Prozessen entsteht und wird Wissen angewendet. Dieses Wissen kann mit dem Attribut „*kritisch*" verbunden werden, da es in aller Regel das Wissen über Produkte und Dienstleistungen sowie Technologie aber auch über Kunden und Lieferanten umfasst. Häufig laufen diese Prozesse organisationsübergreifend ab. Dies resultiert aus den Kooperationen und dem Agieren und Kooperieren in globalen Netzwerken mit Lieferanten, Providern und Kunden.
- den *Wissenskernaktivitäten*, diese Aktivitäten, die bereits auch als „*Wissensprozesse*" (Identifizieren, Erzeugen ... von Wissen[8]) bezeichnet wurden, wirken auf die Geschäftsprozesse unterstützend ein. Das bedeutet, diese Prozesse müssen im Zuge der Geschäftsprozesse im weiteren Sinne ausgeführt[9] werden. Sie stellen einen integrierten Prozess auf einer erweiterten Ebene dar. Ihre Anerkennung, Umsetzung und nachhaltige Verfolgung muss in Unternehmen durch geeignete Methoden, Verfahren und systemische Unterstützung erfolgen.

Durch die Gliederung der Geschäftsprozesse mit dem im engeren Aufgabenfeld der Wertschöpfung entstehendem Wissen und den darauf aufbauenden und unterstützenden Wissenskernaktivitäten ist die Untersuchungsbasis angesprochen. Der damit verbundene Untersuchungsgegenstand und die Ansätze für operatives und strategisches Wissensmanagement finden sich in den Triaden von Mikro- und Makrokosmos. Geschäftsprozesse und Wissenskernaktivitäten bilden gleichermaßen die Grundlage ökonomischen und sozialen Handelns; sie fundieren auf der Makroebene jeglichen Wirtschaftens. Zusätzlich werden auch auf der Makroebene Schwerpunktfelder gebildet, bestehend aus Funktionen, deren Wurzeln in der Betriebswirtschaft liegen und die im Zusammenhang mit dem Umgang von Wissen in Unternehmen und Organisationen von Bedeutung sein können.

Wo sind spezielle Ansätze erkennbar, die im Kontext von Betriebswirtschaftslehre und Wissensmanagement stehen und im Verhältnis zueinander zugleich Objekt wie Subjekt der jeweiligen Disziplin sein können und dadurch zum Nutzen von Unternehmen und Organisationen wirken?

Wie bereits betont ist der geplante und gezielte Umgang mit Wissen auch mit den Fragen von Effizienz und Effektivität verbunden. Beide Kriterien sind ein wesentlicher Bestandteil des betriebswirtschaftlichen Aufgabenfeldes „*Controlling*". Ein Instrument zur gezielten Darstellung und Entwicklung des intellektuellen

---

[8] Siehe dazu Teil I-3.1 insbesondere Fußnote 5.
[9] *Fünf* Wissenskernaktivitäten wurden von den europäischen Unternehmen am häufigsten genannt [EUROPEAN GUIDE 2004].

Kapitals einer Organisation ist die „*Wissensbilanz*". Ein Untersuchungsfeld ist deshalb der Kontext von Controlling und Wissensbilanzen. Welcher Bezug ist mit der Zielsetzung von Wissensbilanzen und deren Ermittlung und Bereitstellung von Indikatoren zum Controlling gegeben, bzw. wo finden Controlling und „Wissensbilanzen" zueinander und überwinden Methodenstreit und Redundanzen – Feld (I)? Da Controlling auch für die Ermittlung und Bestimmung von ex-ante Daten zuständig ist und die Wissensbilanz die strategische Richtung von Wissen für die Wertschöpfung vorgibt, schließt sich ein nahtloser Übergang zu einem weiteren Feld (II) an, dem Kontext von „*Unternehmensführung*" und „*Wissensstrategie*". Im Aufgabenfeld der Unternehmensführung werden die geplanten Eckdaten der verschiedenen Aktivitäten zusammengeführt und auf dieser Basis strategisches Management betrieben. Im Rahmen dieser Aufgabenstellung muss sich auch über Positionierung und Aufgabenstellung einer Wissensstrategie auseinandergesetzt werden: Feld (II). Bei wirtschaftenden Unternehmen bildet die „*Produktion*" zentrales Element und Mitte zwischen Planung und Absatz. Es ist daher nur nahe liegend im Kontext von Produktion und „*Wissenswertschöpfung*" den Blickwinkel der Betriebswirtschaft auf einen weiteren Produktionsfaktor „Wissen" zu richten – Feld (III) – und zu prüfen, ob und wie Rolle und Funktion des Produktionsfaktors Wissen in der Wertschöpfung ausreichend Berücksichtigung finden. Folgt man den Wirtschaftskreislauf dann schließt sich mit dem „*Absatz*" von Produkten und Dienstleistungen der Kreis. Hier bietet sich an, im Kontext von Absatz in den funktionalen Aspekten von Marketing und Projektmanagement zu untersuchen, inwiefern es gerechtfertigt ist, von einem „*Wissensmarketing*" – Feld (IV) – zu sprechen.

Diese vier Schwerpunktfelder sind Systemmodell und Bezugsrahmen zum Wissensmanagement im Makrokosmos (Abb. I-5).

Abb. I-5 Systemmodell zum Makrokosmos von Wissensmanagement

3.3 Der Makrokosmos von Wissensmanagement

Die skizzierten Schwerpunktfelder sind eine erste Auswahl und Eingrenzung von Betriebswirtschaft und Wissensmanagement um Berührungspunkte absatzwirtschaftlicher Zusammenhänge und ihre Verbindungen offensichtlich werden zu lassen. Sie bedürfen einer Konkretisierung:

Wissen, das von den Mitarbeitern und Führungskräften im Rahmen ihrer Kernaktivitäten entsteht und angewendet wird sowie innerhalb deren Netzwerkstrukturen zu finden ist, muss unter den Aspekten von *Effizienz* und *Effektivität* analysiert, geplant, und kontrolliert werden:

(1) *Kontext: Controlling – Wissensbilanz;* Üblicherweise zeigen Bilanzen Veränderungen an quantitativen und qualitativen Werten eines Unternehmens innerhalb eines bestimmten Zeitraums auf. Um die Veränderungen zu verstehen und Rückschlüsse für eine aktuelle Bewertung und eine potenzielle zukünftige Entwicklung zu ziehen, bedarf es Werte und Kennzahlen sowie deren Interpretationsmöglichkeiten. Dabei stellt sich die Frage, wie Wissen und Wissensinhalte grundsätzlich als ökonomische Größen erfassbar sind? Kann das Verständnis eines betriebswirtschaftlichen Controllings so weit gefasst werden, dass Wissen und Wissenspotenziale im Sinne von Kennzahlen verstanden werden? Gibt es eine Systematik für das Management, um diese Kennzahlen im Rahmen eines „Return on Investment" zu erfassen? Wie lässt sich dabei die Effizienz und Effektivität der Aktivitäten darstellen, die durch das Wissensmanagement geplant und realisiert werden?

Bei der Entwicklung eines erweiterten Verständnisses der Betriebswirtschaft unter Einbeziehung des Faktors Wissen ergeben sich zusätzlich Fragen: Welche konkrete Weiterentwicklung muss ein ganzheitliches Betriebswirtschaftsverständnis erfahren? Was ist dabei der Bezugspunkt, die Betriebswirtschaft und deren Erweiterung oder das Wissensmanagement und dessen Vertiefung hinsichtlich eines betriebswirtschaftlichen Verständnisses?

Beide Problemstellungen zeigen, dass im Verhältnis von betriebswirtschaftlich ausgerichtetem Controlling und Wissensbilanz eine Reflexion stattfinden muss und Denkmodelle im Blick auf die Thematik von Betriebswirtschaft und Wissensmanagement aufzustellen sind. Was leisten dazu die bisherigen theoretischen Erkenntnisse? Was beinhaltet eine praktische Handlungsanleitung für ein effektives und effizientes Managen von Wissen …?

Die Festlegung der strategischen Ausrichtung von wirtschaftenden Unternehmen und Organisationen ist Aufgabe und Bestandteil der Unternehmensführung. Ob und inwiefern in diese *Handlungsoptionen* auch gezielt der *geplante Umgang mit Wissen* aufgenommen wird bedarf einer Klärung und Entscheidung:

(2) *Kontext: Unternehmensführung – Wissensstrategie;* In der Wissensstrategie muss ein Nutzenbezug zu den Kernaktivitäten des Unternehmens gegeben sein. Eine Herausforderung besteht in der konzeptionellen Antwort und Transparenz, wie Wissensmanagement in der gesamten unternehmerischen Strategie verankert verankert werden kann. Gibt es in Unternehmen so etwas wie ein „Corporate Knowledge Management"? Was bedeutet es, das Corporate Know-

ledge Management auf den verschiedenen hierarchischen Ebenen der Organisation umzusetzen und zu leben? Welche Vernetzung ist zwischen den unterschiedlichen Funktionsträgern und der Unternehmensführung gegeben?

In diesen Zusammenhang stellt sich auch eine generelle Frage des jeweiligen unternehmerischen Handelns. Viele Unternehmen – auch kleine und mittelständige Betriebe – sind heute „Global Market Players" und teilweise sogar „Market Leaders", die sie in ihrer Nische bedienen. Ist ein „Global Business Integration Management" auf der Basis eines interkulturellen Wissensmanagements dazu eine notwenige Voraussetzung oder ein überflüssiger Luxus? Worin besteht der Weiterentwicklungsbeitrag? Inwieweit verstehen diese Unternehmen interkulturelles Wissensmanagement als strategische Chance? Welche Potenziale liegen in einer „cultural diversity" und wie lassen sich diese strategisch nutzen ...?

Um Wettbewerbsvorteil zu analysieren und im unternehmerischen Handeln zu realisieren wird die lineare Betrachtungsweise der Produktion durch eine zweidimensionale Betrachtung von primären und sekundären Wertschöpfungsprozessen ergänzt. Es bedarf einer Klärung, inwieweit die klassische Konzeption der Wertschöpfung auf die *Produktion von Wissen* übertragen werden kann:

(3) *Kontext: Produktion – Wissenswertschöpfung;* Die Wertschöpfung ist ein statisches Konzept, mit dessen Hilfe der Nutzen des Wissensmanagement als Wettbewerbsvorteil nicht vollständig erfasst werden kann. Welcher systemischen Erweiterung des Wissenswertschöpfungsansatzes bedarf es um Wissen explizit einzubinden und den Nutzen transparent zu machen? Muss bereits das Kerngeschäft, in dem kritisches Wissen über Produkte, Dienstleistungen, Kunden etc. entsteht und angewendet wird stärker in das Zentrum gerückt werden? Reicht es aus, die Wissenswertschöpfungskette ausschließlich unter dem Blickwinkel einer kurzfristigen Produktion zu betrachten? Wie muss sich die Wertschöpfung verändern, wenn im Rahmen einer mittel- und langfristigen Perspektive auch die Wettbewerbsvorteile berücksichtigt werden, die durch die Kompetenz der Personals oder einer Optimierung der Organisationsstruktur und Prozesse entstehen? Mit welchen Methoden und Instrumentarium können die Ergebnisse als Kennzahlen in den verschiedenen Bereichen des unternehmerischen Handelns ganzheitlich darstellt werden ...?

Wenn produziert wird bedarf es einer Verwertung der Leistungserstellung oder kurz: des *Absatzes* und *Marketing*, so dass sich die Frage stellt, was Wissensmanagement in diesem Feld bewirken kann:

(4) *Kontext: Absatz – Wissensmarketing;* Das traditionelle Verständnis von Marketing beschränkt sich im Sinne einer Funktion auf die Verwertung der Leistung, die innerhalb eines Unternehmens erstellt worden ist. Inzwischen hat sich das Marketingverständnis gewandelt: Marketing ist nicht mehr ausschließlich als Funktion zu betrachten, sondern als Bestandteil des unternehmerischen Handelns im Sinne einer Leitidee [BECK/MÖDINGER/SCHMID 2007]. Marketing wird in einem ganzheitlichen Sinne verstanden und realisiert

3.3 Der Makrokosmos von Wissensmanagement

in einer langfristigen Beziehung zum Kunden oder Partnern, mit deren Hilfe der Absatz nachhaltig gefördert werden kann. Was ermöglicht es Marketing auch auf Wissensprojekte oder auf Wissenskernaktivitäten zu übertragen? Welche Rolle fällt dabei dem Mitarbeiter als internem Kunden zu? Allerdings eröffnet diese Perspektive weitere Fragestellungen: Wie kann diese interne Marktperspektive verdeutlicht und realisiert werden? Hat ein Unternehmen im Blick auf das Wissensmanagement tatsächlich eine Bringschuld, die mit Hilfe von Wissensmarketing eingelöst wird, oder obliegt dem Mitarbeiter eine Holschuld? Welche Hilfestellung bietet ein Projektmarketing für ein Wissensmanagement …?

Mit diesen vier Schwerpunktthemen im Markokosmos des Wissensmanagements wird die Entwicklung innerhalb des Wissenskosmos von Wissen – Managen – Betriebswirtschaft analysiert, um neue Erkenntnisse zu gewinnen. Dabei wird zu prüfen sein, inwiefern die bisherige Betrachtungsweise von Betriebswirtschaft und Management ausreicht, um die Entwicklung innerhalb der allgemeinen Betriebswirtschaftslehre und der betriebswirtschaftlichen Verfahrenstechnik zu verstehen, zu erklären und einzubinden.

Kapitel 4
Praxisguide Wissensmanagement: Anspruch und Wirklichkeit?

Wir hatten eingangs die Frage aufgeworfen, ob es sich noch lohnt bzw. opportun ist, sich mit dem Thema „Wissen" und „Managen von Wissen" auseinanderzusetzen.

Diese Frage rührt weniger aus der Vielfalt und Vielschichtigkeit, die diesem Thema anzuhaften scheinen, und bei „Wissensmanagement" nicht nur Interdisziplinarität und Transdisziplinarität wie kaum bei einer anderen Disziplin gefragt sind. Sie resultiert auch nicht so sehr aus der Befürchtung sich in diesem „Wissenskosmos" zu verirren und von der „Straße der Sinnhaftigkeit" abzukommen ... Vielmehr sind es die zahlreichen, um nicht zu sagen Tausend und Abertausende von Aufsätzen, Artikel, Essays, Lehrbücher und ... „Praxisguides" zum Thema Wissen und Wissensmanagement. Und dabei ist dies nur ein Bruchteil von dem, was in Organisationen, Vereinigungen, Hochschulen und Universitäten zu diesem Thema studiert, reflektiert, geforscht und diskutiert wird. Alle Ausführungen, mit wenigen Ausnahmen sehr klug, sehr seriös, sehr analytisch, sehr dezidiert, sehr umfassend, sehr weitsichtig, sehr philosophisch ...

Insofern könnte man meinen, birgt jede weitere Veröffentlichung zu diesem Thema für den Autor die Gefahr die Tausendunderste zu sein – mit dem Bedenken verbunden: Macht uns das klüger? Ist das alles noch Nutzen stiftend? – Oder auch: Bereitet das Thema genügend Freude, weckt Interesse und macht Spaß oder führt das zum Gähnen, zur Langeweile und ist einfach nur abtörnend? Im Rahmen dieser Spannungen zwischen Fragen, Zweifeln, Befürchtungen zusätzlich noch der erhobene Finger aus der Ecke der Skeptiker, der Nischendenker und der Allwissenden, denen nur mit *Eugen Roth* entgegnet werden kann:

> „Der Leser, traurig aber wahr, ist häufig unberechenbar:
> Hat er nicht Lust, hat er nicht Zeit, dann gähnt er: „Alles viel zu breit!"
> Doch wenn er selber etwas sucht, was ich aus Raumnot, nicht verbucht,
> wirft er voll Stolz sich in die Brust: „Aha, das hat er nicht gewusst!"
> Man weiß, die Hoffnung wär zum Lachen, es allen Leuten recht zu machen".

Man könnte versucht sein, das Thema beiseite zu legen ... *Entschieden: Nein!* – Zeigt sich doch auch an diesem Thema, der übliche Entwicklungsverlauf von Neuem egal ob es sich dabei um Objekte, Systeme oder gar ganze Branchen (z. B. New

Economics) handelt, dass deren Neuerscheinen auf dem Markt häufig mit einem gigantischen Hype verbunden sind. Der Sog dieser Aufwärtsentwicklung wird noch von aktuellen Zeiterscheinungen verstärkt. So wirkt eine hohe Wissensdynamik, eine allgemeine Dynaxität, bestehend aus Dynamik und Komplexität und hervorgerufen von einem Spannungsfeld, Anforderungen, Informationen schnell zu erfassen, analysieren und Schlussfolgerungen zu ziehen, flankierend und beschleunigend. Hinzu kommt Druck aus der Technologisierung und Internationalisierung sowie einem allgemeinen Wertewandel. So schnell und steil dieser Hype aufwärts geht, leitet er in ähnlich schneller Form die Umkehrrichtung ein, um wieder „auf dem Boden der Realität" anzukommen.

Eine vergleichbare Verlaufsstudie ist auch beim Thema Wissensmanagement gegeben. Nach dem Überschreiten eines „*Höhepunkts übertriebener Erwartungen*" und dem Eintritt in eine „*Talsohle der Ernüchterung*" zeichnet sich vielerorts eine „*Aufklärungsphase*" ab. Zielsetzung ist dabei, weg von der Glorifizierung und einem Exotenstatus zu kommen und dafür hin zu mehr Integration in die betriebliche Alltagsrealität sowie damit auch zu mehr Normalität und hoffentlich dann letztlich auch „*Rentabilität*". Dies ist zugleich ein Hoffnungsschimmer, dass über dieses Thema in der betrieblichen Alltagspraxis auf einer wesentlich breiteren Ebene nachgedacht und ganz pragmatische Ansätze für eine Umsetzung entwickelt werden.

Auf der Grundlage dieser Einschätzung entsteht der Wunsch und der Anspruch, dem Interessierten zum Thema Wissensmanagement einen Beitrag zu leisten. Damit wird gleichzeitig die Chance gesehen, die Herausforderung anzunehmen, dieses Thema einer eigen(willig)en Sichtweise zu unterziehen. Es ist die besondere Perspektive, aus der die Ausführungen entstehen; begründet aus der gelebten Vergangenheit und Gegenwart der Autoren – zum einen Theologe, Betriebswirtschaftler, Marketingexperte und Hochschullehrer und zum anderen Ökonom, Medienexperte, Manager, Consultant und Honorarprofessor. Die beide von der Idee getragen sind, dass das Thema bedeutsam ist und bleiben wird, aber sich trotzdem nicht vollständig einer Ambivalenz von Wichtigkeit und Notwendigkeit entziehen können. Beide haben wachsendes Interesse zu dem Thema entwickelt, ohne so vermessen zu sein, zu glauben, dass das vorliegende Werk das schafft, was vorhergehenden Ausführungen nicht gelungen ist. So ist hieraus ebenso wenig der Schluss zu ziehen, in „Wettstreit" mit den existierendem treten zu wollen, um noch ausführlicher, noch umfassender, noch ... zu sein, um annähernd die oben genannten positiven Attribute zu erreichen. So etwas kann nur zum Scheitern führen!

Vorab möchten wir auf drei besondere Wünsche und *Ansprüche* eingehen:

1. Wie ist der Anforderung nach „P r a x i s" gerecht zu werden? Was heißt überhaupt Praxis? – Auch der Begriff Praxis entstammt dem griechischen: *prâxis* und bedeutet soviel wie „Tat", „Handlung". Praxis und Praxisbezug haben schon sehr früh die Betriebswirtschaftslehre beschäftigt:

> „Das die Praxis der Arbeitsablaufplanung" beherrschende Dilemma besteht also darin, die Durchlaufzeiten des Materials zu minimieren und die Kapazitätsauslastung der Betriebsmittel zu maximieren" [GUTENBERG 1983],

und wird oftmals zwiespältig zum Gegensatzbegriff der „*Theorie*" verwendet:

> „Der Unterschied zwischen Theorie und Praxis ist in der Praxis weit höher als in der Theorie" [FERSTL 1996].

4 Praxisguide Wissensmanagement: Anspruch und Wirklichkeit?

Wie soll hier dem Anspruch gerecht werden, *praxisorientiert* zu sein und *Praxisfremdes* bzw. *Praxisfernes* zu vermeiden?

Es wäre vermessen von den Autoren zu erwarten, sie hätten für alle im Zusammenhang mit den vielfältigen im Gefolge von Wissensmanagement gegebenen Disziplinen, Strömungen und Anforderungen „praktische Lösungsvorschläge" frei nach dem Motto ... „Schubladenkonzept" auf Lösung zur Umsetzung bereit ... ganz im Stil vieler Consultants: „... wir haben ein Konzept für alle ihre praktischen Probleme, Anforderungen und ... in jedem Fall die richtige Lösung ..." Nein so nicht, das wäre vermessen und letztlich wenig nutzstiftend. – Auch ein alternatives Vorgehen in einer aufwendigen Recherche das alleinige Heil in den teilweise sehr fundiert ermittelten und nuanciert gegenübergestellten Softwarekomplettlösungen für das Umfeld von Wissensmanagement zu suchen, darf bezweifelt werden. Dieses gut gemeinte Vorgehen kann sich leicht in das Gegenteil verkehren und den begeisterten Umsetzungswilligen in Unternehmen und Organisationen in Kosten und tiefe Depression stürzen. Allzu pauschalierte Ansätze und Versprechungen oder zu stark Expertenwissen voraussetzende formalisierte Lösungsalternativen können ohne Hilfe und Erfahrung die erhoffte praktische Lösung verhindern. – Was dann?

Wir haben hier einen Weg versucht über bewusst *„unscharfe Bilder"* und *„praxisnahe Szenarien"* den Suchenden auf Ideen zu bringen, seine Kreativität anzustacheln – ohne seine Kritikfähigkeit durch allzu vorgefertigte Lösungen einzuschränken. Gelebte Praxis heißt immer mit Unvorhergesehenem Unlogischem, wenig Akademischem aber auch Individuellem, Besonderem und Ungewöhnlichem konfrontiert zu sein. Insofern verfolgen die Autoren mit dem Praxisguide zum einen, den Weg Denkanstöße für die Praxis zu geben, unabhängig davon, ob damit jede Sichtweise berücksichtigt und der gängigen Lehrmeinung gefolgt wird. Zum anderen wird versucht den betrieblichen Entscheidungsträger zwar nicht gleich zum Spezialisten zu machen, aber dafür in die Lage versetzen mit Wissensmanagementexperten auf Augenhöhe nach geeigneten Lösungen für seine individuelle betriebliche Situation zu suchen.

2. Das Verständnis und der Anspruch von „Praxis" ist nur eine Seite der Medaille des Begriffs „Praxisguide". Es bleibt, dem Anspruch des zweiten Teils, des Begriffs, dem „*G u i d e*" nachzugehen. Was erwartet *der* Leser – und was erwartet *den* Leser?

Folgt man zunächst dem gängigen Verständnis von Guide dann ist im englischen und französischen Sprachgebrauch in erster Linie der *Führer* ... im Sinne von *Reiseführer* zu verstehen, oder, wie komme ich in einer fremden Gegend gut geführt durch fremdes Terrain, welche besonderen Sehenswürdigkeiten gilt es dabei kennen zu lernen, und wie kann das alles am effizientesten und besten bewältigt und gemanagt werden? So entsprechen zwar die nachstehenden Ausführungen auch einer *„Reise in den Wissenskosmos"* aber es ist keineswegs Anliegen der Autoren allein einen *„Reiseführer für Wissensmanagement"* zu konzipieren, der es dem Leser erlaubt, möglichst sicher, plakativ und ohne Umschweife die wesentlichen Elemente von Wissensmanagement herauszupicken und kennen zu lernen. Wenn nicht so, wie dann?

Ein Verständnis von „Guide" ist gleichfalls mit dem Begriff „*Handbuch*" verbunden. Dies trifft eher das Autorenverständnis. So ist es Ziel, sich etwas umfassender mit dem Thema auseinanderzusetzen, ohne allerdings gleich Brockhaus-Lexikon Voraussetzung zu erfüllen. Diese tiefere Auseinandersetzung bedeutet aber vereinzelt auch den historischen Wurzeln einzelner Strömungen im Zusammenhang mit Wissensmanagement nachzugehen. Während das breit angelegte Vorgehen bedeutet, dass sich nicht allein dem *engeren* Wissensmanagementverständnis zugewendet wird, sondern Wissensmanagement im interdisziplinären Verständnis vertreten wird, ohne damit einen Totalitätsanspruch erheben zu wollen.

Das Anliegen der Autoren ist es vielmehr, den Leser zu ermuntern und neugierig zu machen sowie Freude und Spaß beim Umgang mit dem Thema zu bereiten, gegebenenfalls beim vorbelasteten, voreingenommenen und mit Zweifeln belasteten Leser eine Haltungsänderung gegenüber Wissensmanagement zu induzieren. Wie ist diesem Anspruch nachzukommen?

Er leitet sich aus der *zweiten* Herausforderung der Autoren ab, mit „Praxisguide" neben dem Prinzip „*Leitfaden*" und dem Angebot einer „*Orientierungshilfe*" darüber hinaus eine etwas andere Herangehensweise an das Thema zu praktizieren. Ziel ist es den unterschiedlichen Vorkenntnissen, Bedürfnissen, Zielsetzungen aber auch Stimmungen, Neigungen und Präferenzen des Lesers nachzukommen. Was heißt das konkret?

Wie der Einstieg in einen Kosmos unterschiedlich sein kann, weiß auch das Herangehen an den Wissenskosmos über den Praxisguide Besonderheiten auf. Da von den Autoren am Prinzip „*Richtschnur*" festgehalten wird, erfolgt ganz konventionell eine Gliederung des Praxisguides in *vier Teile*, die zwar unabhängig voneinander sind, mit denen sich aber in aufsteigender Reihe sukzessive auseinandergesetzt werden sollte. Die Besonderheit besteht darin, dem Leser unterschiedliche Wege anzubieten, wie er sich dem Thema nähern, einsteigen und vertraut machen möchte. Der Schlüssel für das „*Aufschließen des Themas*" befindet sich in Teil II. Dieser Teil ist deshalb so gestaltet, dass hier versucht wird, dem Leser diesen Prozess zu erleichtern. Drei alternative Formen bieten sich an, über *Teil II* an das Thema heranzugehen:

- *Traditionell, konventionell:* Wer Bekanntes und Bewährtes präferiert, der beginnt in „*klassischer Manier*" in Teil II mit den theoretischen Ausführungen zum „Wissensmanagement – State of the Art", um dann über die Brücke vom „Wissensmanagement – heute und morgen" zum „Wissensmanagement – Perspektiven für die Zukunft" zu gelangen. Dieses sequentielle Herangehen ist eine gute Möglichkeit, sukzessive aufbauend den Spagat zur Überwindung der Kluft von Theorie und Praxis zu schaffen und dazu der vorgezeichneten Argumentationskette der Autoren zu folgen.
- *Unkonventionell neugierig:* Wer Überraschendes und Ungewohntes *vorzieht*, der sollte mit „Wissensmanagement – heute und morgen" beginnen. Hier kann er sich in leicht „*träumerisch-spielerischer Manier*" dem Thema unkonventionell annähern, um dann je nach Bedarf nach mehr theoretischen Grundlagen auf Gegenwartsbasis mit „Wissensmanagement – State of the Art" fortzufahren

oder vom Wunsch nach mehr pragmatischer Zukunftsorientierung mit „Wissensmanagement – Perspektiven für die Zukunft" weitermachen. Der Experimentierfreudige hat die Möglichkeit, locker und leicht in die Welt von Lernen und Lehren einzutauchen, um darauf aufbauend sich tiefer mit gegenwärtiger oder zukünftiger Wissensarbeit auseinander zu setzen. Besonders der zuletzt aufgezeigte Weg kommt demjenigen Leser entgegen, den insbesondere Optionen zu einer (ungesicherten) Zukunft neugierig machen und interessieren.

- *Selektiv pragmatisch:* Wer schnell und komprimiert in „*einfacher pragmatischer Manier*" Trends und Zukunftsvisionen kennenlernen möchte, der beginnt mit „Wissensmanagement – Perspektiven für die Zukunft". Hier findet er selektiv ausgewählte Schwerpunkte in einer nahen Zukunft und visionäre Szenarien einer fernen Zukunftspraxis. Es bleibt ihm dann überlassen, sich mehr einer theoretischen Fundierung zuzuwenden (*Wissensmanagement* – State of the Art") oder sich gleich Teil III zu widmen. Dem selektiv pragmatisch vorgehenden Leser bleibt es natürlich ebenso freigestellt – so er an den Zusammenhängen von Betriebswirtschaft und Wissensmanagement interessiert ist – gleich mit Teil III zu beginnen.

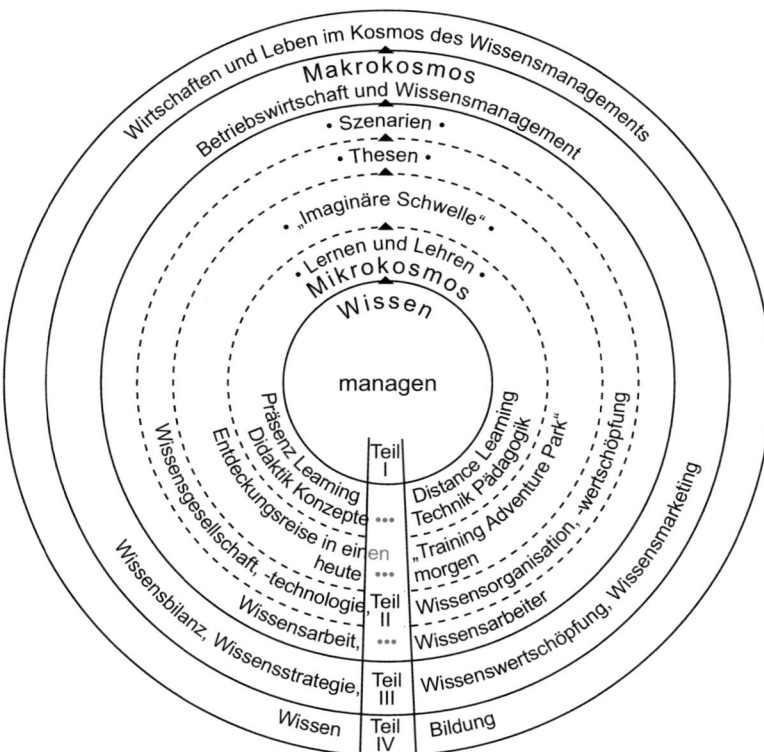

Abb. I-6 Aufbau und Struktur zum Praxisguide Wissensmanagement

Wem das alles nicht behagt, weil er sich doch nicht auf eine „längere Reise durch den Wissenskosmos" begeben möchte, um „Wissensmanagement" in seinen verschiedenen Facetten kennen zu lernen, wem das alles zu aufwendig, zu müßig, zu zeitraubend und zu wenig avantgardistisch und polarisierend und so gar nicht trendy erscheint, dem bieten wir noch eine letzte Alternative: *Einstieg über Teil IV*. Hier findet er durch einen komprimierten Zugang wie sich aus der Perspektive von Individuen das Wirtschaften und Leben im Wissenskosmos im Zeichen von Wissensmanagement darstellt. Dabei ist das breite wirtschaftliche und gesellschaftliche Umfeld, in das Wissensmanagement eingebettet ist, angesprochen. Oder aus pragmatischer Sicht: Welcher individuelle Anspruch stellt sich an seine Person, was Wissen – Können – Bildung betrifft, und sich vor dem sozioökonomischen Erwartungs- und Ereignishorizont auftut? Was bedeutet es, wenn persönliche Beziehungen überwiegend instrumentell funktionieren und Aspekte des Lebens dem Optimierungsimperativ des Marktes unterworfen werden? Viele Fragen die im Raum stehen. Allerdings müssen wir denjenigen enttäuschen, der hierzu populärwissenschaftliche „Kochrezepte für ein besonders erfolgreiches Wissensmanagement" erwartet. Vielmehr ist Reflexion und Nachdenklichkeit angesagt.

Die Autoren hoffen trotz dieser Vorgehensweise keine Redundanzen realisiert zu haben. Im gleichen Sinn bitten die Autoren um Nachsicht, wenn die Heranführung zum Thema etwas breiter angelegt ist. Es ist allein die Absicht auch den mit weniger Vorkenntnissen ausgestatteten Leser so an die Problemstellung heranzuführen, dass er vor aufgezeigten Hintergründen vergangene Entwicklungen, Gegenwart und Zukunft besser verstehen kann – auch ohne dazu Sekundärliteratur heranziehen zu müssen.

Schließlich ist noch ein letzter Anspruch gegeben:

3. Last but not least ist es die *Hoffnung* der Autoren mit dem Praxisguide Wissensmanagement dazu beigetragen zu haben, dass der Leser angeregt wird seine „Wohlfühlzone" zu verlassen und sich dem Thema Wissensmanagement in der betrieblichen Praxis annimmt. Wenn es zusätzlich gelingt im Wissensmanagement (WM) die Gegensatzpaare „WM-Experte – WM-Neuling", „WM-Forscher – WM-Anwender" und „WM-Theoretiker – WM-Romantiker" zueinander zu bringen, Raum zur Diskussion zu geben und ein Forum zu bilden, um gemeinsam andere oder neue Ideen zu entwickeln. So entsteht nicht zwangsläufig nur Neues für Wissensmanagement, sondern vielleicht auch für benachbarte Disziplinen. und damit für die *Wirklichkeit*.

Ein Gesamtüberblick zum Wissenskosmos wird über Abb. I-6 gegeben. Die einzelnen Schichten verdeutlichen den strukturellen Aufbau des Praxisguides.

Literaturverzeichnis zu Teil I

ALTVATER, E./MAHNKOPF, B. (1996): Grenzen der Globalisierung. In: Ökonomie, Ökologie und Politik in der Weltgesellschaft, 1996, S. 277 ff.

BACH, V./ÖSTERLE, H. (1999): Wissensmanagement: eine unternehmerische Perspektive. In: V. Bach, P. Vogler, H. Österle (Hrsg.): Business Knowledge Management. Praxiserfahrungen mit intranet-basierten Lösungen. Berlin u. a.: Springer-Verlag, 1999, S. 13–35

BÄPPLER, E. (2008): Nutzung des Wissensmanagements im Strategischen Management. Zur interdisziplinären Verknüpfung durch den Einsatz von IKT. Gabler, Wiesbaden, 2008, ISBN 978-3-8349-1438-5

BECK, J./MÖDINGER, W./SCHMID, S. (2007): Marketing Grundlagen und Instrumente. 2. Aufl. Haan-Gruiten Verlag, 2007

BELL, D. (1973): The coming of post-industrial society a venture of social forecasting. Basic Books, New York, 1973, ISBN 0-465-09713-8

BÖHLE, F./ROSE, H. (1990): Erfahrungsgeleitete Arbeit bei Werkstattprogrammierung – Perspektiven für Programmierverfahren und Steuerungstechniken. In: H. Rose (Hrsg.): Programmieren in der Werkstatt. Campus Verlag 1990, Frankfurt am Main, S. 11–95

CLASES, C./WEHNER, T. (2002): Handlungsfelder im Wissensmanagement. In: W. Lüthy, E. Voit und T. Wehner (Hrsg.): Wissensmanagement-Praxis. Einführung, Handlungsfelder und Fallbeispiele. vdf, Zürich, 2002

COLE, M./ENGESTRÖM, Y. (1993): A cultural-historical approach to distributed cognition. In: G. Salomon (Hrsg.): Distributed cognitions: Psychological and educational considerations, Cambridge University Press, Cambridge, 1993, S. 1–45

DAVENPORT, T./PRUSAK, L. (1998): Working Knowledge. How organizations manage what they know. Harvard Business School Press, Boston, 1998

DERBOVEN, W./DICK, M./WEHNER, T. (2002): Die Transformation von Erfahrung und Wissen in Zirkeln. In: M. Fischer, F. Rauner (Hrsg.): Lernfeld: Arbeitsprozess, Baden-Baden, 2002, S. 369–391

DICK, M./WEHNER, T. (2002): Wissensmanagement zur Einführung Bedeutung, Definition, Konzepte. In: W. Lüthy, E. Voitz, T. Wehner (Hrsg.): Wissensmanagement-Praxis-Einführung, Handlungsfelder und Fallbeispiele. vdf, Zürich, S. 7–27

DICK, M./WEHNER, T. (2005): Auszug Wissensmanagement. In: Felix Rauner (Hrsg.): Handbuch der Berufsbildungsforschung, Bielefeld, 2005

DRUCKER, P. (1965): Praxis des Management: Ein Leitfaden für die Führungsaufgaben in der modernen Wirtschaft. Econ, Düsseldorf, 1965.

DU VOITEL, R./ROVENTA P. (2002): Mit Wissen wachsen – Strategisches Management von intellektuellem Kapital. In: Ringelstetter, Henzler, Mirow (Hrsg.): Perspektiven der Strategischen Unternehmensführung. Wiesbaden, 2002, S. 307–329

ENGESTRÖM, Y. (1987): Learning by Expanding – An Activity-Theoretical Approach to Developmental Research. University of Helsinki, Helsinki, 1987

EPPLER, M. (2004): Kognitive Werkzeuge als Instrumente des persönlichen Wissensmanagements. In: G. Reinmann, H. Mandl (Hrsg.): Psychologie des Wissensmanagements. Perspektiven, Theorien und Methoden. Hogrefe, Göttingen, S. 251–266

EUROPEAN GUIDE (2004): European Guide to Good Practice in Knowledge Management, CEN/ISSS Knowledge Management Workshop, Brüssel, 2004

FERSTL, E. (1996): Unter der Oberfläche. EDITION VA BENE, Ausgabe 1996, Wien-Klosterneuburg, 1996, ISBN 3-85167-026-4

GEIGER, D. (2006): Wissen und Narration. Der Kern des Wissensmanagements. Dissertation FU Berlin 2005, Erich Schmidt Verlag, Berlin, 2006

GRANT, M.R./NIPPA, M. (2006): Strategisches Management – Analyse, Entwicklung und Implementierung von Unternehmensstrategien. Pearson Studium, 5. Aufl., München, 2006

GRUBER, E. (2001): Beruf und Bildung – (k)ein Widerspruch? Bildung und Weiterbildung in Modernisierungsprozessen, 2001, S. 19 ff.

GRUPP, H. (2002): Sie können ihr Wissen bald abschreiben – Interview mit Hariolf Grupp. In: Fraunhofer Magazin 1.2002, S. 30 ff.

GULICK, L. (1965): Management is a science. In: Academy of Management Journal 1, 1965, S. 7–13

GUTENBERG, E. (1983): Grundlagen der Betriebswirtschaftslehre, Bd. 1: Die Produktion, Berlin, 1983, S. 216

HARRISON, S./SULLIVAN, P. (2000): Profiting from intellectual capital – Learning from leading Companies. In: Journal of Intellectual Capital, Vol. 1, No. 1, MCB UP, Bradford/England, 2000

HEISIG, P. (2005): Integration von Wissensmanagement in Geschäftsprozesse. Dissertation TU Berlin 2005, Reihe Berichte aus dem Produktions-technischen Zentrum, Berlin: eureki 2005, Berlin, 2005, ISBN 3-00-017244-0

HEISIG, P. (2007): Professionelles Wissensmanagement in Deutschland – Erfahrungen, Stand und Perspektiven. In: Gronau, N. (Hrsg.): 4. Konferenz Professionelles Wissensmanagement – Erfahrungen und Visionen – 28.–30. März 2007 in Potsdam, Berlin, GITO-Verlag 2007, Band 1, S. 3–19

KIRSCH, W. (1997): Betriebswirtschaftslehre, 4. Aufl., München, 1997

LUFT, A.L. (1994): Zur begrifflichen Unterscheidung von „Wissen", „Information" und „Daten". In: R. Wille, M. Zickwolff (Hrsg.): Begriffliche Wissensverarbeitung. Grundfragen und Aufgaben, Mannheim, 1994, S. 61–79

MACHARZINA, K. (1999): Unternehmensführung – das internationale Managementwissen: Konzepte – Methoden – Praxis. 3. Aufl., Wiesbaden, 1999

MACHENZIE, R.A. (1969): The management Process 3-D. In: Harvard Business Review 47, S. 81–86

MALIK, F. (2006): Strategie des Managements komplexer Systeme: Ein Beitrag zur Management-Kybernetik evolutionärer Systeme. Haupt, 9. Aufl., Bern, 2006, ISBN 978-3-258-07116-9

NEUHOLD, H. (2003): Die drei Welten des Wissens und ihr Bezug zu einer zeitgemäßen ästhetischen Religionspädagogik.
(Abruf: 02.08.2009 www.members.aon.at/h.neuhold/downloads/hn_11.doc)

NONAKA, I./TAKEUCHI, H. (1997): Die Organisation des Wissens: Wie japanische Unternehmen eine brachliegende Ressource nutzbar machen. Frankfurt am Main, 1997

OWEN, O.W. (2002): The Economics of Herbert Spencer. University Press of the Pacific, 2002, ISBN 978-1410200044

PÖPPEL, E. (2000): Der Welten des Wissens – Koordination einer Wissenswelt. In: C. Maar, H.U. Obrist, E. Pöppel (Hrsg.) Weltwissen – Wissenswelt. Das globale Netz von Text und Bild, Köln, 2000

PÖPPEL, E. (2001): Drei Welten des Wissens – Koordinaten einer Wissenswelt. In: Bundesvereinigung Kulturelle Jugendbildung (Hrsg.): Kultur Jugend Bildung. Kulturpädagogische Schlüsseltexte 1970–2000, Remscheid, 2001, S. 359–364

PROBST, G./RAUB, S./ROMHARDT, K. (1997): Wissen managen. Wie Unternehmen ihre wertvollste Ressource optimal nutzen. Gabler Verlag, Wiesbaden, 1997

REHÄUSER, J./KRCMAR, H. (1996): Wissensmanagement in Unternehmen. In: G. Schreyögg, P. Conrad (Hrsg.), Managementforschung 6, Berlin, 1996, S. 1–40

REINMANN, G./EPPLER, M. (2008): Wissenswege. Methoden für das persönliche Wissensmanagement. Huber, Bern, 2008

RIEBOLD, C./SCHARF, N. (ohne Jahr): Warum WM: Die Genese des Wissens-Managements, http://server02.is.uni-sb.de/seminare/wima/A_Grundlagen/warum%20wm.htm

ROMHARDT, K. (1998): Die Organisation aus der Wissensperspektive – Möglichkeiten und Grenzen der Intervention, Gabler, Wiesbaden, 1998

SCHOLL, W./HOFFMANN, L./GIERSCHNER, H.-C. (1993): Innovation und Information. Wie in Unternehmen neues Wissen produziert wird. DFG-Abschlussbericht: Humboldt-Universität zu Berlin. Berlin, 1993

SCHÜPPEL, J. (1996): Wissensmanagement. Organisatorisches Lernen im Spannungsfeld von Wissens- und Lernbarrieren. Gabler Verlag Wiesbaden, Wiesbaden, 1996

STEHR, N. (1994): Arbeit, Eigentum und Wissen: zur Theorie von Wissensgesellschaften, Frankfurt a. M., 1994

STEINMANN, H./SCHREYÖGG, G. (2000): Management, 5. Aufl., Wiesbaden, 2000

STEINMANN, H./SCHREYÖGG, G./KOCH, J. (2005): Management: Grundlagen der Unternehmensführung. 6. Aufl., Gabler, Wiesbaden, 2005, ISBN 3-409-63312-X

WAIBEL, M.C. (1997): Knick leicht durch Holm drücken: Lokales Wissen in der betrieblichen Lebenswelt. Dissertation: Universität Bremen, 1997

WENGER, E. (1998): Communities of Practice: Learning, Meaning, and Identity, Cambridge University Press, 1998

WILLKE, H. (1998): Systemisches Wissensmanagement. Lucius & Lucius, Stuttgart, 1998

WIRTZ, B.W. (2005): Medien- und Internetmanagement. Gabler Verlag, Wiesbaden, 2005, ISBN 3-409-41661-7

WÖHE, G. (1993): Einführung in die Allgemeine Betriebswirtschaftslehre, 20. Aufl., München, 2000

WÖHE, G. (2008): Einführung in die Allgemeine Betriebswirtschaftslehre. 23. vollständig neu bearbeitete Auflage, Vahlen, 2008, ISBN 978-3-8006-3524-5

Teil II
Der Mikrokosmos
des Wissensmanagements

Michael Broßmann

Lernen und Lehren, Trainieren und Qualifizieren bilden Keimzelle und Nukleus für eine breite Wissensarbeit, Wissensorganisation und Wissenstechnologie in Unternehmen und Organisationen. Eine Bündelung dieser Kräfte in einem professionellen Wissensmanagement muss sich auf die gesamte Wissenswertschöpfungskette erstrecken. Es bietet Herausforderung und Chancen für alle Individuen und Bereiche. Diese Zusammenführung bereitet zusätzlich den Nährboden für eine Kreativwirtschaft vor und leitet eine erfolgreiche Wissenswirtschaft ein.

1	Mikrokosmos und Wissensmanagement – Gang der Untersuchung...		51
2	**Wissensmanagement – State of the Art**...		53
	2.1	Bezugsrahmen – Orientierung für Wissensmanagement	53
		2.1.1 Ausgangssituation	53
		2.1.2 Entwicklung und Umgang mit Wissen in Organisationen	57
		2.1.3 Voraussetzungen, Anforderungen und Auswirkungen auf alle Beteiligten im Umgang und Managen von Wissen	58
	2.2	Präsenz-Learning – Qualifizierung in klassischer Form	60
		2.2.1 Referenzmodell zur Theorie von Lernen und Lehren..........	60
		2.2.2 Präsenz-Learning für die Arbeitswelt.................................	66
		2.2.3 Event Learning	75
	2.3	Distance Learning – Relativierung von Ort, Zeit und Raum	81
		2.3.1 Szenarien zum gegenwärtigen elektronischen Lernen und Arbeiten..	85
		2.3.2 Begriffliche Abgrenzungen und Referenzmodell zur Integration von elektronischem Lernen, Lehren und Arbeiten..	91
		2.3.3 Distance Learning – Tools für die Wissensvermittlung.....	95
	2.4	Plattformen und Portale – Wissensproduktion, Wissensorganisation und Wissensvermittlung für Lernen und Qualifizieren	130
		2.4.1 Content Management und Learning Management	130

		2.4.2	Content-Management-System	132
		2.4.3	Learning-Management-System	137
		2.4.4	Integratives Learning-Content-Management-System	141
	2.5	Vom Learning-Content-Management-System zum Blended Learning und Knowledge Management		145
		2.5.1	Blended Learning im Übergang vom traditionellen zum zukünftigen Lernverständnis	147
		2.5.2	Wissensmanagement: Wissensarbeit und Wissensmanagement-Systeme	156
		2.5.3	Konvergenzen und Divergenzen von Lernen, Qualifizieren und Wissensmanagement	164
	2.6	Der Mensch im Mikrokosmos des Wissensmanagements		169
3	**Wissensmanagement – heute und morgen**			175
	3.1	„Imaginäre Schwelle" – Comics zur Distanzierung und Inspiration		175
	3.2	„Training Adventure Park" – eine Entdeckungsreise in eine reale und utopische Welt des Wissens		177
4	**Wissensmanagement – Perspektiven für die Zukunft**			187
	4.1	Quo vadis Wissensgesellschaft, Wissensorganisation und Wissenstechnik – Thesen zur Genese und Zukunft von Wissen, Handeln und Können		188
		4.1.1	Divergenz von Lebensalter und Lernen!	191
		4.1.2	Konvergenz von Lernen und Informieren?	194
		4.1.3	Präsenz-Learning versus Distance Learning	198
		4.1.4	Wissensbausteine für Kompetenzlücken	202
		4.1.5	Formales und informelles Lernen	205
		4.1.6	Verhaltenstraining dominiert Fachtraining	209
		4.1.7	Spiel und Spaß beim Lernen?	213
		4.1.8	Eigeninitiative bei der Qualifizierung	217
		4.1.9	Der Trainer: Fachexperte oder Moderator?	219
	4.2	Quo vadis Wissensarbeit und Wissensarbeiter – visionäre Szenarien zur Genese und Zukunft von Wissen, Handeln und Können		223
	4.3	Quo vadis Wissensmanagement – Zusammenfassung und Ausblick		246

Literaturverzeichnis zu Teil II 253

Kapitel 1
Mikrokosmos und Wissensmanagement – Gang der Untersuchung

Im vorliegenden Praxisguide wird im Mikrokosmos von Wissensmanagement versucht, das breite Spektrum *„Qualifizierung"* und *„Lernen"* zu erfassen und hinsichtlich pragmatischer Umsetzung zu bewerten und zu verfolgen, um darauf aufbauend sich dem allgemeinen Umgang mit *„Wissen"* zu nähern.

Eine analytische Auseinandersetzung mit dem in einen *„Mikrokosmos"* eingebetteten *„Wissensmanagement"* verlangt zunächst eine nähere Untersuchung der damit verbundenen Elemente.

Analog an unserem universalen Kosmos mit den verschiedenen Sphären und Regionen ist der *„Kosmos der Wissenswelt"* aufgebaut. Um hier Strukturen und Ordnungen zu erkennen, gilt es drei Fragestellungen nachzugehen:

- Was ist im Umgang mit Wissen und mit dem Fokus auf eine *professionalisierte Qualifizierung* sowie *effizientem* und *erfolgreichem Lernen „State of the Art"*?
- Wohin wird sich die Wissenswelt entwickeln oder anders ausgedrückt: Quo vadis das *„Managen von Wissen"* auf dem Übergang vom *Heute zum Morgen?*
- Wie sieht vor dem Hintergrund einer sich verändernden *Wissensgesellschaft* die *Genese* von *Wissensarbeit* und *-arbeitern* aus? Was leistet *Wissensorganisation* und wohin führt die *Wissenstechnologie?* Und mit *Blick auf die Zukunft:* Welchen Einfluss nehmen diese Elemente und welche Auswirkungen zeigen sie auf ein *„professional and future-oriented knowledge management"?*

Diese Ausgangsfragen bestimmen auch den Gang der weiteren Untersuchung. Ziel der inhaltlichen Ausführungen ist es, einen Mittelweg zwischen visionären Überlegungen und praktischen sowie finanzierbaren Durchsetzungsmöglichkeiten zu finden.

Der Pragmatismus drückt sich dabei in Form von Programmatik, notwendigen Aktionen und erforderlichen Maßnahmen aus sowie den damit verbundenen Kosten und Restriktionen. Damit beschränkt sich der Praxisguide für das Wissensmanagement auch nicht auf Konzeptionen und Strategien, sondern konzentriert sich auf den Umsetzungsprozess. In die Überlegungen sind Anforderungen von Nutzern und Anwendern berücksichtigt, aber auch den Erfordernissen seitens der Techniker wird Rechnung getragen. Zusätzlich sind Erfahrungen von Soziologen und Psychologen sowie Trends aus Kongressen, Fachmessen und internationalen Meetings eingeflossen. Dahinter steckt die Absicht, das Thema auf eine breite Ebene zu stellen.

Um den pragmatischen Anspruch zusätzlich zu vertiefen, werden beispielhafte Szenarien entwickelt. Damit soll risikoreichen Spekulationen entgegengewirkt und der Vorstellungskraft und Fantasie des interessierten Lesers Vorschub geleistet werden. Diese Szenarien erfahren eine weitere Dimension des Vorstellbaren, da häufig eine reale Branche zugrunde gelegt wird. Hier ist stellvertretend die Automobilbranche gefragt, die unverändert über Jahrzehnte Impulse gegeben hat, aber auch im Besonderen immer wieder im öffentlichen Interesse steht. Der Blick gilt natürlich dem Wissensmanagement in Gegenwart und Zukunft, unabhängig davon, ob es sich um ein privatwirtschaftliches oder öffentliches Unternehmen handelt und ob es zur Industrie oder zum Dienstleistungssektor zählt.

Ziel ist es, auf dieser Basis ein realistisches, modernes, aber auch avantgardistisches Lernen und Lehren für heute und morgen zu skizzieren, dessen Steuerung und Weiterentwicklung ein professionalisiertes Wissensmanagement erfordert. Von diesen Grundgedanken ausgehend, muss es weiterhin Ziel sein, diese Professionalität im Umgang mit Wissen auf die gesamte Organisation auszudehnen und so einen Kulturwandel zum wissensbasierten Unternehmen einzuleiten.

Kapitel 2
Wissensmanagement – State of the Art

2.1 Bezugsrahmen – Orientierung für Wissensmanagement

2.1.1 Ausgangssituation

Zu Beginn des 21. Jahrhunderts werden Unternehmen, Hochschulen und Bildungsinstitutionen vor neue Anforderungen gestellt: Die Informationsgesellschaft und der stark wachsende Bildungs- und Wissensmarkt [FRISCHMUTH 2002] in Unternehmen wecken das Bedürfnis nach neuen Ausbildungsformen und permanenter Fort- und Weiterbildung.

So war der Einsatz neuer Medien zum Lernen in den vergangenen Jahren verstärkt Thema der bildungspolitischen Diskussionen, sowohl in der Politik wie in Unternehmen. Unter dem Schlagwort „*E-Learning*" wurde auf beiden Seiten viel Zeit und Geld in den Aufbau und die Erprobung von medienbasierten Lernangeboten investiert, durchaus mit sehr unterschiedlichem Erfolg. Einerseits existieren heute andere Rahmenbedingungen für organisationales Lernen als noch vor 10 Jahren: Erschließung neuer Märkte, Globalisierung, Time To Market, Kundenorientierung sind nur einige Stichwörter einer Entwicklung, die Unternehmen dazu zwingt, ihre Produkte und Dienstleistungen in immer kürzeren Abständen, in steigender Qualität und zu sinkenden Preisen auf dem internationalen Markt anzubieten. Andererseits bedeutet diese Entwicklung aber zugleich, dass die Mitarbeiter und Führungskräfte eines Unternehmens über das zum Erhalt oder zum Ausbau der Marktposition notwendige Wissen verfügen müssen. Dazu bedarf es zum einen einer hohen, eigenmotivierten Bereitschaft seitens des einzelnen Mitarbeiters bzw. der einzelnen Führungskraft zum Lernen. Zum anderen kommt es zunehmend darauf an, dass Lernprozesse eigenverantwortlich und vor allem selbstgesteuert initiiert, geplant, durchgeführt und evaluiert werden. Die persönliche Lernkompetenz wird somit zum entscheidenden Faktor nicht nur für die

Entwicklungswege des Einzelnen im Unternehmen, sondern auch für den Erfolg des Unternehmens an sich.

In diesem Kontext wird dem Einsatz neuer Informations- und Kommunikationstechnologien sowohl in der wissenschaftlichen Forschung als auch in der operativen Bildungspraxis eine entscheidende Funktion zur Wissensvermittlung zugeschrieben. Dies berührt die gesamte Wissenswertschöpfungskette. Es ist daher keine Frage, dass sich alle Anbieter und Nachfrager von Wissen diesen Herausforderungen stellen müssen.

Schon die heutige Kommunikationstechnologie ermöglicht völlig neue Formen des produktiven Lernens in multimedialen Lernumgebungen. Die Bildung der Zukunft, mag sie nun *Distance Learning, Collaborative Working* oder *Online Communities* heißen, wird absehbar in erheblichem Umfang in virtuellen, global zugänglichen „Wissenswelten" stattfinden. Diese Verfahren sparen Zeit und Reisekosten, sind flexibel und kaum weniger interaktiv als das persönliche Gespräch vor Ort. Distance Learning ist prinzipiell unabhängig von Ort und Zeit und gestattet eine Vielzahl von Lernwegen. Damit eröffnen sich umfangreiche, neuartige pädagogische Möglichkeiten, die gleichzeitig entsprechende Inhalte, didaktische Formen, eigene Gestaltungsrichtlinien, Bewertungskriterien und zusätzliche Kommunikationskanäle erfordern.

Betrachtet man die Welt, in der Fort- und Weiterbildungsinstitute, -organisationen und -dienstleister agieren, dann lassen sich zwei polarisierende Richtungen feststellen. Die eine Linie verfolgt unverändert das klassische Präsenz-Learning als alleinigen „richtigen Weg" und die anderen Vertreter favorisieren ausschließlich IT-betriebenes Lernen unter Ausschöpfung digitaler Netze und des gesamten Multimediaspektrums.

Mit dieser Diskussionswelle wurden auch schon als lange beantwortet geglaubte Fragen zum lernpsychologischen Richtungsstreit wie Behaviorismus versus Kognitivismus und Instruktionalismus versus Konstruktivismus wieder nach oben gespült. Im Sog dieser Welle wird von den Verfechtern der automatisierten Informationsverarbeitung, -transformation und -darbietung auf die Chancen der Gestaltung situierter Lernumgebungen verwiesen, indem die Inhalte multimodal präsentiert werden können, Lerndaten erfasst und zur adaptiven Steuerung des Lernprozesses benutzbar sind, nichtlineares entdeckendes Lernen durch vernetzte Hypertextstrukturen gefördert und soziale Interaktionen ermöglicht werden.

Die Wahrheit liegt, wie so oft, irgendwo in der Mitte. Es wird in der Zukunft mehr denn je wichtig sein, dass die Organisationen über eine *Strategie* verfügen, in der festgeschrieben ist, welche Inhalte für welche Zielgruppen relevant und geeignet sind. Damit ist aber auch sicher, dass sich kein Wissensanbieter und -nachfrager davor verschließen kann, sich mit Instrumenten auseinanderzusetzen, die Lernprozesse, insbesondere zur Überwindung von Raum und Zeit, leisten können. Dies ist zudem im veränderten menschlichen Verhalten gegenüber der Aufnahme von neuem Wissen begründet und resultiert aus der Anforderung nach lebenslangem Lernen. Daraus entstehen Quantitätsansprüche, die ohne automatisierte Unterstützung nicht oder kaum leistbar sind.

Den Einsatz moderner Lerntechnologien zur Verbindung dezentraler Einheiten und Individuen wird von folgenden allgemeinen Entwicklungstrends begleitet und forciert:

- Erdgebundene, terrestrische Netze werden zunehmend bis in den Privatkundenbereich breitbandig, so dass auch die individuelle Übertragung von hochwertigen Bewegtbildern in Zukunft verstärkt möglich ist. Qualitativ hochwertige Live-Videos (TV-Qualität) werden in naher Zukunft nicht mehr geschlossenen Corporate Networks vorbehalten bleiben.
- Durch mehrere konkurrierende Übertragungstechnologien und den verbreitet zu beobachtenden Einstieg ausländischer Unternehmen in den europäischen Markt [MEYER-RAMIEN 2007] wird der Wettbewerb verstärkt, so dass weiterhin von fallenden Preisen für den Datenverkehr auszugehen ist. Insbesondere auf dem Markt der Corporate-Breitband-Netzwerktechnologie fallen die Preise durch den mittlerweile funktionierenden Wettbewerb stark.
- Die Übertragung wird in Zukunft nicht mehr verbindungs-, sondern paketorientiert funktionieren (IP-Netzwerke/Internet-Standard) [SOMMER 2001], so dass die Abrechnung zu Pauschalgebühren die zeitabhängige Berechnung ersetzen wird. Möglich werden Pauschalgebühren auch durch den damit verbundenen Wegfall des immens hohen Aufwands der Gebührenzählung.
- Inhalte werden überwiegend in digitalisierter Form aufgenommen und gespeichert. Dies ist insbesondere deshalb wichtig, da die genannten Möglichkeiten nur durch in digitalisierter Form vorhandene Inhalte und mit einem funktionierenden System schnell und effektiv genutzt werden können.

Vor dem Hintergrund dieser ermutigenden Entwicklungen stehen andererseits folgende Phänomene:

- In den Medien und auf Fachmessen bzw. Kongressen wird von den Vertretern und Anbietern innovativer Lernverfahren eine Lernwelt dargestellt, die teilweise mit den betrieblichen Wirklichkeiten wenig gemein hat, und selbst bei fortschrittlichen Bildungsinstituten und Organisationen so nicht anzutreffen ist. Hier ist der Gleichschritt und die Verzahnung zwischen Systemanbietern und Anwendern teilweise verloren gegangen.
- Das Angebot multimedialer Systeme, die Qualifizierungsprozesse unterstützen sollen, ist zunehmend unübersichtlicher geworden. Dies ist zum einen darin begründet, dass die Marketingaktivitäten für eine Vielzahl von Verfahren erheblich größer sind als die eigentliche Leistungsfähigkeit, und zum anderen häufig wichtige Voraussetzungen in der Lernwelt fehlen. Oftmals sind auch die Grenzen zwischen der Informationsversorgung und Wissensvermittlung fließend, so dass Distance-Learning-Verfahren angeboten werden, die diesen Namen nicht verdienen.

Unabhängig von den allgemeinen Tendenzen lassen sich bei einer Vielzahl wirtschaftender Organisationen und Unternehmen folgende Erscheinungsformen registrieren:

- Auf vielen im Rahmen von Corporate Networks gegebenen LANs und WANs lassen sich gegenwärtig (noch) keine multimedialen Inhalte transportieren. Ebenso können auf Intranet basierende Applikationen mit hohem interaktivem Charakter nur eingeschränkt realisiert werden. Dies resultiert häufig daraus, dass die Router und LANs zwar eine Vernetzung bieten, aber für eine Reihe von Applikationen nicht ausreichend geeignet sind.
- Im Rahmen von täglichen Arbeitsverfahren wird das betriebliche Intranet nicht zuletzt wegen veralteter Inhalte, herrschender Instabilität und schwach ausgeprägter Interaktionsmöglichkeiten noch zu wenig genutzt. Ein wesentlicher Grund besteht zudem darin, dass die Nutzer die Vorteile für sich noch nicht klar erkannt haben und die finanzielle Ressourcenknappheit auch dazu geführt hat, dass die notwendigen Anwendungen nicht entsprechend vorangetrieben wurden.
- Die Chancen, die mit den technologiebasierten Lernformen und einem professionellen Umgang mit Wissen verbunden sind, haben sich häufig im Bewusstsein und in der Einschätzung bei den Verantwortungsträgern noch nicht gebührend manifestiert. So ist hier eher eine pessimistische bis ablehnende Haltung anzutreffen. Dies liegt zum einen daran, dass der Mut und der Antrieb, „bewährte Qualifizierungswege" zu verlassen, gefehlt haben. Dies reicht vereinzelt bis zu Existenzängsten. Zum anderen fehlt eine einheitliche Konzeption und Strategie, die eine Neuausrichtung zielgruppenspezifischer Medien, Kanäle und Inhalte vornimmt. Hierzu gehört auch ein klares Bekenntnis, dass auch gut funktionierende Informationsprozesse zur Wissenssteigerung notwendig sind.
- Insbesondere bei global agierenden Unternehmen besteht die Gefahr einer Dominanz nationaler Interessen, die bisher dazu geführt hat, dass unterschiedliche Philosophien im Umgang mit Wissen und Qualifizierung gegeben sind, die zwangsläufig verschiedenartige Konzepte hervorgebracht haben und damit ein singuläres Vorgehen des jeweiligen Marktes bedeuten. Dabei reicht das Spektrum bei den Dependancen in den verschiedenen Märkten von der totalen Ablehnung – aus vorgeschobenen Kostengründen – bis zu proprietären Systementwicklungen, die wenig kompatibel mit den existierenden Verfahren der Muttergesellschaft sind.

Damit ist unbestritten, dass zur Ausrichtung eines professionellen Wissensmanagements mit Fokus auf Kunden-, Produkt-, Produktivitäts- und Globalisierungsoffensive eine Behebung dieses Dilemmas durch erhebliches personelles und finanzielles Investieren in neue Qualifizierungsprozesse, aber auch in Wissensarbeit, -organisation und -technologie einhergehen muss. Um die Frage nach geeigneten Instrumenten, Verfahren und Systemen zu beantworten, bedarf es zur Orientierung und Einordnung eines Bezugsrahmens und der Klärung notwendiger organisatorischer und personeller Voraussetzungen.

2.1.2 Entwicklung und Umgang mit Wissen in Organisationen

Die Entwicklung, Analyse und Gestaltung gegenwärtiger und zukünftiger Lern- und Qualifizierungsprozesse verlangt die Festlegung eines einheitlichen Bezugsrahmens.

In Analogie und Fortsetzung der mikrokosmischen Betrachtung lässt sich zur Klärung der aufgeworfenen zentralen Fragen eine Sphäre *„Lernen, Qualifizieren und Managen von Wissen"* ausmachen, in der Regionen vertreten sind, die von der Lernpsychologie über Konzeptionen in Bezug auf Inhalte, Formate und Technik bis hin zu Qualifizierungsprozessen, -applikationen und -verfahren reichen. Die Elemente und Kräfte dieser Regionen wirken in unterschiedlichem Ausmaß auf die verankerten Systeme, Modelle und Prozesse ein.

Für die Ausgestaltung eines konkreten Bezugsrahmens, der das scheinbar „mikrokosmische Chaos" in eine systemische Beziehung bringt und zur Grundlage der Gestaltung ganz bestimmter Sachverhalte dient, werden *Referenzmodelle* gebildet.

Referenzmodelle haben den Vorzug, dass es mit ihrer Hilfe möglich ist, eine generelle Beschreibung von Systemen vorzunehmen, dass sie aber auch eine einfache Modifizierbarkeit auf der Basis neuer bzw. sich ändernder Anforderungen

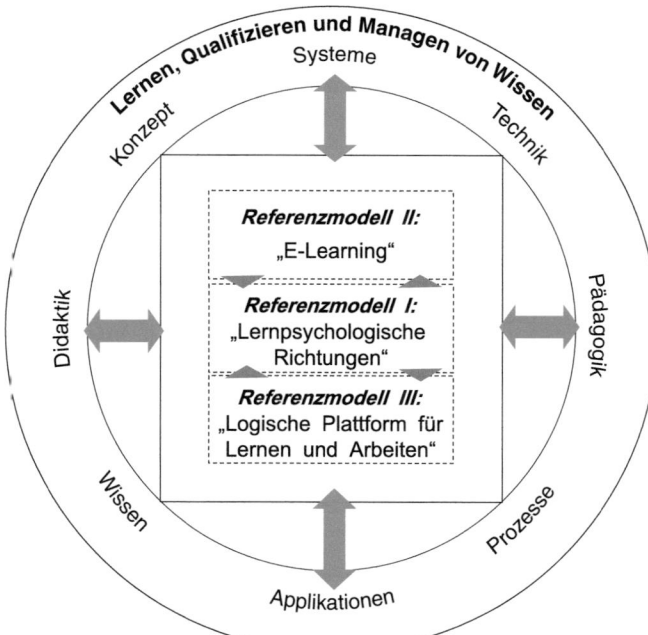

Abb. II-1 Mikrokosmischer Bezugsrahmen für die Sphäre Lernen, Qualifizieren und Managen von Wissen mit zugehörigen Regionen und eingebetteten Referenzmodellen

zulassen. Damit hilft dieses Muster aus dem Schwerpunkt von Lernen und Lehren heraus, den Stand und die Entwicklung im Umgang mit Wissen auf der Mikroebene näher zu beleuchten.

Im Folgenden werden drei Referenzmodelle in die mikrokosmische Sphäre von Lernen, Qualifizieren und Managen von Wissen eingebettet (Abb. II-1). Von allen Referenzmodellen gehen Wechselwirkungen aus. Die Modelle werden in unterschiedlichem Umfang und Intensität von den Elementen in den verschiedenen Regionen der Sphäre beeinflusst und geprägt.

Im Referenzmodell I „*Lernpsychologische Richtungen*" geht es darum, die sich in der Vergangenheit herausgebildeten Lernansätze, die über Jahrzehnte das Lernen und Qualifizieren – insbesondere beim Präsenztraining – in unterschiedlicher Form geprägt haben, zu umreißen.

Das Referenzmodell II „*E-Learning*" liefert eine ganzheitliche Sicht auf alle Gestaltungsebenen des Einsatzes von elektronischem Lernen und dem Managen von Wissen.

In mittelbarem Zusammenhang steht mit Referenzmodell III eine „*Logische Plattform für Lernen und Arbeiten*" bereit, mit deren Hilfe eine Struktur und Systematik in die „Drehscheibe für die Lehr-, Lern- und Arbeitswelt" gebracht wird. Der Ansammlung von unterschiedlichen Qualifizierungsmethoden, -verfahren und -applikationen sowie dem Zusammentreffen von sachlichen und personalisierten Qualifizierungsangeboten und -nachfragen wird hier nachgegangen.

Alle Referenzmodelle finden vorläufig als Black Box im Bezugsrahmen eine Verortung und werden erst im Verlauf der weiteren Untersuchung konkretisiert.

2.1.3 Voraussetzungen, Anforderungen und Auswirkungen auf alle Beteiligten im Umgang und Managen von Wissen

Mit dem abgegrenzten Bezugsrahmen erfolgt eine Annäherung an das Ziel, den gegenwärtigen und zukünftigen Herausforderungen in einem multimedial geprägten Zeitalter analytisch zu begegnen. A priori sollte aber unter dem hier gegebenen Anspruch von Pragmatismus nicht verborgen bleiben, dass für ein erfolgreiches Wissensmanagement neben dem theoretischen Unterbau und allen rationalen und sachlichen Erfordernissen menschliche Komponenten und politisches Kräftespiel in Unternehmen und Organisationen nicht unberücksichtigt bleiben dürfen. Deshalb muss allen Beteiligten klar sein, dass mit einer konsequenten Verwirklichung eines professionellen Wissensmanagements erhebliche Anstrengungen und Veränderungen verbunden sind. Um diesen Herausforderungen nachzukommen, müssen einerseits die systemtechnischen Akteure ihre Zielsetzungen und ihr Selbstverständnis den Anforderungen der Nutzer unterwerfen und andererseits die Anwender sich offen und mutig neuen Systemen und Verfahren stellen. Nur über eine enge Verzahnung zwischen Entwicklern, Wissensarbeitern und Qualifizierungsmanagement lässt sich Überzeugungsarbeit leisten und Akzeptanz bei der breiten Masse Bildungswilliger erreichen.

Entscheidend für die Planung und Umsetzung von Wissensmanagement und für die damit verbundenen Methoden, Tools und Applikationen ist es, geeignete Mitwirkung, Unterstützung und Einstellung von allen Wissensanbietern und -nachfragern zu finden:

- Grundsätzlich ist Voraussetzung, dass das *Top-Management* die Wissensmanagement-Strategie kennt, akzeptiert und aktiv unterstützt. Idealerweise initiiert, entwickelt und treibt die obere Führungsebene diesen Kulturwandel zu einem wissensbasierten Unternehmen selbst voran und bezieht dabei alle Bereiche und Funktionalressorts in diesen Prozess mit ein. Insgesamt sind vor allem in größeren Organisationen alle meinungsbildenden Kräfte zu gewinnen. Dies ist insbesondere wichtig, damit nicht eigene Wissensmanagement-Strategien entwickelt werden, die nicht nur erhebliches Geld kosten, sondern u. U. „Insellösungen" darstellen und dadurch kein einheitliches Vorgehen erlauben.
- Eine nicht minder wichtige Unterstützung muss von Seiten von *Human Resource* und des *Bildungsmanagements* geleistet werden. Dazu ist es notwendig, dass die qualifizierenden Bereiche nicht nur die Strategie kennen und akzeptieren, sondern sich mit dem Thema aktiv auseinandersetzen. Das bedeutet auch, die Wissensarbeiter und die mit Qualifizierung beschäftigten Mitarbeiter einzubeziehen, um ein Wissensmanagement mit Leben zu erfüllen. Pragmatisch führt dies zum Teil zu Kapazitätsumschichtungen und dazu, bewährte Verfahren in Frage zu stellen und mögliche „Durststrecken" zu überwinden. Dazu gehört auch die Einsicht, dass neue Verfahren sich nicht ad hoc selbst finanzieren, sondern Anlaufzeiten benötigen.
- Eine wesentliche Rolle fällt den für die originäre Qualifizierung zuständigen *Mitarbeitern* zu. Diese Akteure üben einen wesentlichen Einfluss auf die Dynamik der Wissensvermittlung aus. Nur wenn hier Aufgeschlossenheit und Engagement vorhanden sind, wird sich ein Erfolg einstellen. Häufig entstehen gute Projekte über Bottom-Up-Ansätze. Von daher wird besonders von diesem Kreis Weitsicht, Offenheit und „Herzblut" erwartet.
- Die Zielsetzung, bei global agierenden Unternehmen ein weltweit einheitliches Qualifizierungs- und Wissensnetz aufzubauen, in dem gleiche Verfahren und Systeme zum Einsatz gelangen, setzt auch von den jeweils dezentral *vor Ort Verantwortlichen* Vertrauen voraus und verlangt das Zurückstellen von „Länder- und Bereichsegoismen". Es wäre schädlich, wenn jeder Unternehmensteil „seine Wissensmanagement-Strategie" verfolgt und betreibt. Hier muss eine Einigung auf ein einheitliches Vorgehen erfolgen, das den Organisationseinheiten in den Märkten trotzdem ihre Individualität zulässt.
- Last but not least wird sich bei den *Nutzern* und *Anwendern* eine Reihe von Auswirkungen zeigen. Im Vordergrund steht bei etlichen neuen Trainingsmethoden die Notwendigkeit der Eigeninitiative des Einzelnen. Die überwiegenden Verfahren basieren nicht auf dem Prinzip eines „schulischen Zwangs",

sondern auf dem „On-Demand-Prinzip" und damit auf einer „Holschuld". Wer Initiative zeigt und bereit zum Ausprobieren von Ungewohntem ist, wird zukünftig in seinen betrieblichen und unternehmerischen Aktivitäten erfolgreich sein und damit einen Beitrag zur wertorientierten Unternehmensführung leisten.

Nur wenn alle Beteiligten an einem Strang ziehen, sind die Voraussetzungen und Chancen für ein erfolgreiches professionelles Wissensmanagement gegeben.

2.2 Präsenz-Learning – Qualifizierung in klassischer Form

2.2.1 *Referenzmodell zur Theorie von Lernen und Lehren*

Das Eingehen auf *theoretische Lernansätze* und *-modelle,* aber auch auf konkrete Verfahren, Methoden und Applikationen setzt eine Anknüpfung an den Bezugsrahmen voraus – hier an der Sphäre für *„Lernen und Lehren"*. Diese beiden zentralen Begriffe, die sich durch die gesamten mikro- und makrokosmischen Regionen ziehen, verlangen vorab jedoch eine kurze begriffliche Klärung [ADAPT 2001]:

- *Lernen* ist aus pragmatischer Sicht im Allgemeinen dann gegeben, wenn eine relativ langfristig angelegte Veränderung des Verhaltens beim Lerner aufgrund von Erfahrungsbildung zu erkennen ist. Zusätzlich wird die Fähigkeit zum Erschließen neuen Wissens und zum Lösen von Problemen eingeschlossen. Insofern ist Lernen durch die Entwicklung von Kompetenzen gekennzeichnet, die hierfür benötigt werden [stellvertretend GROPENGIESSER 2003].
- *Lehren* ist die gezielte Unterstützung von Lernprozessen durch die Bereitstellung und Strukturierung von Informationen, Schaffung der bestmöglichen Lern- und Arbeitsumgebung und durch die Anregung zur Auseinandersetzung sowie Verbessern von Gegebenheiten. Dabei orientiert sich das Lehren an der Art der zu vermittelnden Inhalte. Es gibt verschiedene Arten von Lehr- und Lerninhalten, die in unterschiedlichen Subsystemen des Gedächtnisses gespeichert sind und jeweils andere Verarbeitungsprozesse erfordern, um in dem jeweiligen System dauerhaft verankert zu sein [ANDERSON 2001]:
  - *deklaratives Wissen* (Wissen „über": Kenntnisse)
  - *prozedurales Wissen* (Wissen „wie": Fertigkeiten)
  - *kontextuelles Wissen* (situatives, fallbezogenes Wissen).

Dem Inhalt dieser beiden Begriffe haben sich nicht erst seit *J.A. Comenius* eine Vielzahl von Forschern in Theorie und Praxis in den vergangenen Jahrzehnten verschrieben [STENZEL 2005]. Hier ist es nicht möglich, diesen unterschiedlichen Ansätzen in den verschiedenen Teildisziplinen auch nur annähernd vollständig Rechnung zu tragen [vgl. ausführlich AEBLI 1987]. Die verwendete Eingrenzung verfolgt allein das Ziel, ein Minimum an gemeinsamem Verständnis zu erzeugen, um im Bezugsrahmen hinlänglich eindeutig verankert zu sein, und ein Maximum für eine weitere flexible Ausgestaltung zuzulassen.

2.2 Präsenz-Learning – Qualifizierung in klassischer Form

Ziel des Referenzmodells I – *„Lernpsychologische Richtungen"* (Abb. II-2) ist es, ausgewählte lerntheoretische Ansätze, die versuchen, paradigmatisch Lernen psychologisch zu beschreiben und zu erklären, mit ihren jeweiligen charakteristischen Merkmalen aufzuzeigen und dabei Unterschiede und Gemeinsamkeiten hervorzuheben. Der augenscheinlich komplexe Vorgang des Lernens, also der relativen Verhaltensänderung, wird dabei mit möglichst einfachen Prinzipien und Regeln erklärt.

Dass die lerntheoretischen Ausführungen an dieser Stelle behandelt werden, ist primär darin begründet, dass die unterschiedlichen Richtungen weit in die Vergangenheit reichen und viele Jahre primär das Präsenz-Learning beeinflusst haben und dort ihren Niederschlag fanden. Davon bleibt unberücksichtigt, dass trotzdem alle Ansätze einen nicht zu unterschätzenden Einfluss auf die verschiedenen Formen des Distance Learning ausgeübt haben.

Bei der in der jüngeren Vergangenheit geführten Diskussion um das „richtige Lernverfahren" – insbesondere im Zeichen elektronischer Lernunterstützung – wirkte eine Auseinandersetzung mit lerntheoretischen Ansätzen eher störend. Ohne Kenntnisse dieser Grundsätze kann jedoch nur schwerlich die Wirkungsweise der Instrumente und Verfahren einer Lernplattform, ob sie nun zum klassischen Präsenztraining oder zum Distance Learning gehören, verstanden werden.

Mit der Reflexion über theoretische Ansätze geht automatisch eine bessere Einschätzung von Qualifizierungsangeboten einher. Das heißt auch Grundpositionen zum Bildungsverständnis zu beurteilen, wie auch Potenziale von Lernansätzen auszuschöpfen und die Tragfähigkeit eines Ansatzes für die verschiedenen Zielgruppen, Einsatzorte und sonstigen Einsatzbedingungen bewerten zu können. Dies

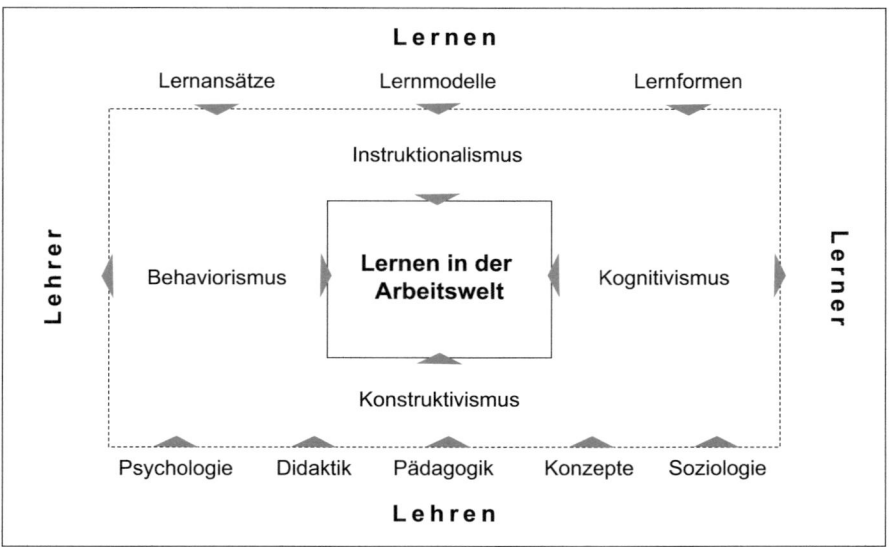

Abb. II-2 *Referenzmodell I* – „Lernpsychologische Richtungen"

trägt weiterhin zur Erhöhung der Beratungsqualität bei und verhilft allen, die einen eigenen Ansatz zur Konzipierung und Qualifizierungsmaßnahmen entwickeln wollen, die Festlegung auf eine Ausrichtung zu erleichtern. Im Inhalt wird es mehr denn je darauf ankommen, zu beurteilen, ob ein Lern-Setting für eine bestimmte Zielgruppe gut oder schlecht geeignet ist. Das setzt eine Abkehr von formalen und eine Zuwendung zu inhaltlichen Bewertungskriterien voraus – die sich aber nur mit der Theorie entwickeln lassen.

Damit soll das Eingehen auf die unterschiedlichen lerntheoretischen Ansätze weniger als Homage an die sich damit verdient gemachten Forscher verstanden werden oder als Verharren an „Auslaufmodellen", sondern vielmehr als notwendige Voraussetzung, die Chancen und Risiken bzw. Vor- und Nachteile, die mit einer pragmatischen Umsetzung verbunden sind, zu erkennen, da diese auf Lerner und Lehrer nicht unerheblichen Einfluss ausüben können.

Unabhängig von der lerntheoretischen Richtung muss jeder Ansatz eine Reihe von Grundsatzfragen beantworten:

- Welche *Vorstellungen* liegen dem *Vorgang des Lernens* zugrunde?
- Welche *Rolle* kommt dem *Lehrenden* zu?
- Welche *Rolle* nimmt der *Lerner* ein?
- Welcher Grad an *Selbständigkeit* und *Eigenverantwortung* ist für den *Lerner* gegeben?

Diese Fragen sind wesentlicher Bestandteil bei der Charakterisierung der unterschiedlichen Richtungen.

2.2.1.1 Behaviorismus

Im *Objektivismus* [DUFFY/JONASSEN 1992] wird das Wissen als etwas angesehen, das extern und unabhängig vom Lernenden existiert. Ziel des Lernens ist es, Kenntnis der existierenden Objekte, ihrer Eigenschaften und Beziehungen zu erlangen. Dem Objektivismus ist die Grundposition des Behaviorismus zuzuordnen.

Kernpunkt der *behavioristischen* Sichtweise [WATSON 1968] ist die Steuerung des Lernens durch Hinweisreize und Verstärkungen erwünschten Verhaltens. Der Lernende selbst wird dabei als Black Box betrachtet. Den internen Prozessen, die zum Lernen führen, wird keine Aufmerksamkeit geschenkt. Stattdessen geht man davon aus, dass Lernen im Wesentlichen durch Belohnung und Bestrafung gesteuert werden kann [SKINNER 1978]. Bei komplexen Inhalten und Aufgaben werden diese in kleine Lernschritte zerlegt und in eine – nach Auffassung des Lehrenden – optimale Reihenfolge gebracht. Lernziele müssen möglichst objektiv und eindeutig formuliert sein und die Lernenden können die Aufgaben im selbstgewählten Tempo, aber in vorgegebener Reihenfolge bearbeiten.

Als Hauptkritikpunkt am Behaviorismus wird grundsätzlich die sehr eingeschränkte Auffassung über die Natur des Lernens angeführt. Eine Reduzierung auf Konditionierung und Black-Box-Betrachtung des menschlichen Bewusstseins führen zur Vernachlässigung individueller Faktoren. Weiterhin wird lediglich die Wiedergabe von Informationen geprüft. Problemlösungsfähigkeit kann getestet werden. Die Aufgabe des Lernenden ist überwiegend passiv und auf die Rezeption der dargestellten Materialien beschränkt.

Die Lernenden verfügen nicht über ausreichende Fähigkeiten, um komplexe realistische Probleme zu lösen. Sie erhalten zu wenige Möglichkeiten, sich Strategien zum selbstgesteuerten, eigenverantwortlichen Lernen und Problemlösen anzueignen.

Auch heute gibt es noch verschiedene behavioristisch geprägte Strömungen innerhalb der Psychologie. Neben der von *B.F. Skinner* geprägten orthodoxen Richtung existieren mehrere neuere Ansätze. Dabei wurden unterschiedliche Aspekte älterer behavioristischer Strömungen aufgegriffen. Stellvertretend sei hier auf den *teleologischen* Behaviorismus (*H.C. Rachlins*) und den *theoretischen* Behaviorismus (*J.E.R. Staddons*) verwiesen [http://Verhaltensforschung..., http://Lerntheorie...]. Während der *methodologische* Behaviorismus in der wissenschaftlichen Psychologie aufgegangen ist: So erforschen Psychologen immer noch fast ausschließlich das objektiv beobachtbare Verhalten anderer (das größtenteils jedoch im Antwortverhalten beim Ausfüllen von Fragebogen und Tests besteht) und schließen auf dieser Basis auf nicht beobachtbare hypothetische Konstrukte wie z. B. Extraversion oder Neurotizismus (aus der Persönlichkeitstheorie). Zudem verwenden viele Teile der modernen Psychologie und Psychotherapie, speziell bei der Verhaltenstherapie, Erkenntnisse aus behavioristischen Forschungen.

Obwohl die behavioristische Sichtweise des Lernens problematisch ist[1], gibt es durchaus sinnvolle Anwendungen. So sind auch in der Gegenwart noch die Mehrzahl verfügbarer Lernprogramme überwiegend nach behavioristischen Prinzipen gestaltet.

2.2.1.2 Instruktionalismus

Eng verwandt mit dem Behaviorismus ist der *Instruktionalismus* [ROMINSZOWSKI 1989]. Vorläufer des Instruktionalismus ist der sogenannte „programmierte Unterricht" [LUMSDAINE/GLASER 1960]. Als Ursprung des Instruktionsdesigns gilt

---

[1] So führten Arbeiten zur programmierten Instruktion und kontroverse Diskussionen zum Behaviorismus zur Entwicklung des *kybernetischen Ansatzes* [stellvertretend von CUBE 1968]. Wesentlicher Unterschied liegt im Verständnis des Lernprozesses [KERRES 2001]. Bei diesem Ansatz wird der Prozess des Informationsaustauschs in den Vordergrund gestellt. Im Mittelpunkt steht die Präsentation von Informationen durch das Lehrsystem und ihre Wahrnehmung der Speicherung durch den Lernenden. Lernen ist demnach ein Austausch von Informationen zwischen Lehr- und Lernsystem. Die Darbietung der Informationen ist für die Qualität der Lernleistung ausschlaggebend. Je besser die Information an den Lerner angepasst ist, desto größer ist der Lernerfolg.

R. M. Gagné mit seinem Werk „Conditions of Learning and Events of Instruction" [GAGNÉ 1965].[2]

In dieser Lerntheorie wird der Lerner instruiert, etwas zu tun. Dem Lernenden wird Wissen vermittelt, das dieser „passiv" aufnehmen soll. Diese Wissensinhalte werden durch Übungen vertieft. Diese Lerntheorie folgt dem Modell des Behaviorismus, das heißt, dass Reiz-Reaktions-Modelle verstärkt werden. Auf einen bestimmten Reiz wird eine Reaktion antrainiert. So bildet diese Lerntheorie die Grundlage für die sogenannten „Drill & Practice-Programme", in denen Inhalte so lange und in so kleinen Schritten vorgelegt und trainiert werden, bis ein Erfolg eintritt. Nur sehr kleine Lehrschritte ermöglichen eine positive Rückkopplung. Tritt diese ein, führt dies zu einer Verstärkung des Gelernten und es kann zur nächsten Lernstufe gegangen werden.

Häufig finden Ansätze des Instruktionalismus in Computer-Based Trainings (CBT) Eingang, indem sehr stark lernzielorientiert der Lerner kleine Aufgaben gestellt bekommt, die er lösen muss und die zur Aufgabenlösung und Übung dienen [KULIK/KULIK 1991].

Als vorteilhaft ist anzusehen, dass der Lernprozess sehr einfach ist und der Lernende weniger Eigenverantwortung für seinen Lernprozess haben muss, da dieser vorgegeben ist. Der weitere Lernerfolg ist gut kontrollierbar, indem den Lernenden die Lernziele vordefiniert werden. Vermitteltes Wissen ist somit kollaborativ.

Nachteilig wirkt sich aus, dass der Lerner nahezu unberücksichtigt bleibt. Es wird kaum auf sein Vorwissen, seine Erfahrungen und Stärken eingegangen. Dadurch wird das erlernte Wissen weniger gut beim Lerner gespeichert. Problematisch ist, dass bei der Favorisierung auf ein zielgerichtetes und auf Effektivität orientiertes Lernen die Gefahr besteht, das weite Spektrum von Bildungszielen zu vernachlässigen, da diese sich nur schwer oder gar nicht in objektivierbare Lernziele fassen lassen [ISSING 1995]. Deshalb wird von den Kritikern die Forderung nach einer inneren Offenheit der Lernsituation für den Lerner als Gegenposition zu einem stringenten lernzielorientierten und strukturierten, instruktionalistischen Lernangebot laut, bei dem der Lerner Schritt für Schritt geführt wird [ISSING 1995, SCHULMEISTER 2005].

2.2.1.3 Kognitivismus

Während bei der behavioristischen Position lediglich die äußeren Bedingungen des Lernens betrachtet werden, spielen bei der *kognitivistischen* Sichtweise des Lernens die Denk- und Verstehensprozesse der Lernenden [TULODZIECKI/HAGEMANN/HERZIG/LEUFEN/MÜTZE 1996] eine zentrale Rolle.

---

[2] Danach hat es eine Reihe von Weiterentwicklungen gegeben wie z.B. die Lernsysteme von *J.M. Scandura* und *A.B. Scandura* 1985 oder das Konzept algorithmischer Lernsysteme von *L.N. Landa* 1983 sowie die Component Display Theory von *M.D. Merrill* 1983 und 1987 [siehe zusätzliche Literaturhinweise bei SCHULMEISTER 2005].

Im kognitivistischen Grundmodell wird Lernen als Informationsverarbeitungsprozess angesehen [KLIMSA 1993]. In Analogie zu technischen Systemen wird davon ausgegangen, dass das Gehirn Eingaben verarbeitet und daraus Ausgaben generiert [BAUMGARTNER/PAYR 1994]. Das grundsätzliche Kommunikationsmodell mit Sender, Übertragung (über Medium) und Empfänger kann so auf Instruktionen angewendet werden.

Durch den grundlegenden Informationsverarbeitungsansatz bestehen enge Beziehungen zum Forschungsgebiet der *künstlichen Intelligenz* [MITCHELL 1997], bei dem versucht wird, intelligentes Verhalten in technischen Systemen zumindest zu simulieren. Durch die Anerkennung von individuellen Differenzen beim Lernenden entwickelte sich die Klasse adaptiver Systeme, sogenannte *Intelligente Tutorielle Systeme*.

Mit dem Kognitivismus ging eine stärkere Betonung des entdeckenden Lernens (exploratoring learning) einher [EDELMANN 1996]. Entdeckendes Lernen ist gut mit konstruktivistischen Auffassungen zur Gestaltung von Lernumgebungen vereinbar. Zur Realisierung können unter anderem Simulation und Hypermedia eingesetzt werden.

Positiv ist beim Kognitivismus die stärkere Zuwendung zu internen Vorgängen beim Lerner, beispielsweise im Vergleich zum Behaviorismus, hervorzuheben, während die Aspekte der Informationsverarbeitung zwar beim Lernen eine Rolle spielen, als alleiniges Erklärungsmodell jedoch fragwürdig sind. Die im Zuge des Kognitivismus entwickelten bzw. vertieften pädagogisch-methodischen Konzepte der Miniwelten und des entdeckenden Lernens sind auch mit konstruktivistischen Sichtweisen gut vereinbar.

2.2.1.4 Konstruktivismus

Die *konstruktivistische* Lerntheorie plädiert insbesondere für Lernformen, in denen der Lehrer nicht allein Wissensvermittler, sondern Lernprozessberater ist [DUFFY/JONASSEN 1992]. Bei der konstruktiven Methode soll sich der Lehrer eher im Hintergrund halten, indem er Lernangebote schafft, Wissensquellen bereitstellt und den Lernprozess beobachtet.

Im deutschsprachigen Raum hat ein kontinuierlicher Umstellungsprozess stattgefunden mit der Tendenz weg von instruktionalistischen und hin zu konstruktionistischen Verfahren [REICH 2006].

Spezielle Anwendungen findet der Konstruktivismus im E-Learning-Kontext. Hier werden E-Learning-Systeme oftmals dazu verwendet, den Lernenden die Möglichkeit zu geben, in vielen verschiedenen Informationsquellen zu recherchieren sowie Aufgaben mit Unterstützung direkter Werkzeuge zu lösen. Dieses Verfahren nennt sich auch situiertes Lernen [LAVE/WENGER 1991].

Der Lerner steuert seinen Lernprozess selber und Probleme werden lösungsorientiert bearbeitet. Er konstruiert seine Lernsituation, in der er selbst bestmöglich lernen kann und seine eigenen Erfahrungen zur Problembewältigung einsetzt [ZIRUS 2003]. Sein Wissen basiert auf der aktiven Auseinandersetzung mit der sich ständig ändernden Realität. Somit wird Wissen nicht fest gespeichert, sondern dynamisch und subjektbezogen konstruiert.

2.2.1.5   Gegenüberstellung ausgewählter Lerntheorien

Die Reihe der lerntheoretischen Ansätze ließe sich noch beliebig erweitern. Auch innerhalb der jeweiligen Lerntheorien haben sich zahlreiche Nebenlinien herausgebildet, die unterschiedliche Spezifika herausgearbeitet haben. Es wäre vermessen für die verschiedenen lerntheoretischen Ansätze eine Wertung vorzunehmen. Keiner dieser Ansätze ist dem anderen überlegen. Vielmehr stehen die vorgestellten Theorien als weitgehend gleichgewichtige Elemente im Referenzmodell und bilden so einen mehrdimensionalen Entscheidungsraum der Mediendidaktik. Dabei interessieren dann beispielsweise, wann bestimmte situative Darstellungen gegenüber abstrakten als sinnvoll erscheinen, oder wann lineare oder offene Lernwege vorzuziehen sind.

Die Ansätze von Behaviorismus und Instruktionalismus, bei denen der Lernende eine konkrete Führung durch den Lernstoff erhält, sind für einen unselbständigen und unerfahrenen Lernenden viel einfacher anzuwenden als die Ansätze aus dem Konstruktivismus und dem Kognitivismus, die ein gewisses Maß an Basiswissen und Eigeninitiative voraussetzen.

Mit dem nachstehenden Schaubild (Tabelle 1) wird auf der Grundlage unterschiedlicher Merkmale ein Überblick zu ausgewählten lerntheoretischen Ansätzen gegeben. Dabei stellen die Aussagen in der Tabelle bewusst eine sehr starke Verkürzung der verschiedenen Ansätze dar. Dies erleichtert zwar eine Unterscheidung und Einordnung, wird aber der jeweiligen Lerntheorie nicht immer gerecht.

2.2.2   Präsenz-Learning für die Arbeitswelt

Unternehmen, Bildungsanbieter und Arbeiternehmerorganisationen favorisieren unterschiedliche Arten von Qualifizierungsmaßnahmen, um den Herausforderungen der Arbeitswelt gerecht zu werden. Intention ist es deshalb, Wege des Lernens in der und für die Arbeitswelt aufzuzeigen. Dabei ist es das Ziel, zum einen auf praxisorientierte Lernmodelle einzugehen, die eine direkte Verknüpfung von Arbeiten und Lernen ermöglichen, und zum anderen, die Spezifika primär seminaristisch bestimmter Lernformen zu umreisen.

In erster Linie ist dieses Vorgehen darin begründet, dass pragmatische Lern- und Lehrmodelle Basis und Impulsgeber für die Wissensarbeit in Unternehmen und Organisationen sind und häufig den Ausgangspunkt für einen systematischen Umgang mit Wissen bilden. Dabei beginnt dieser Prozess bereits bei der Wissensidentifikation und fundiert zu einem Schwerpunkt in der Wissensvermittlung.

2.2 Präsenz-Learning – Qualifizierung in klassischer Form

Tabelle 1 Lernmodelle und idealtypische Zuordnung zu Lerntheorien [in Anlehnung an ADAPT 2001, BAUMGARTNER/PAYR 1994, ausführlicher Überblick auch bei SCHULMEISTER 2007]

	Behaviorismus ab 1913 Watson, Pawlow, Skinner, Thorndike	Instruktionalismus ab 1960 als Beispiel der Weiterentwicklung behavioristischer Ansätze	Kognitivismus ab 1960 Bruner, Ausubel, Anderson	Konstruktivismus ab 1985 Dewey, Watzlawik
Lernen	Verhaltensänderung durch Reaktion auf Reize und Konsequenzen	Auf einen bestimmten Reiz wird eine Reaktion antrainiert	Aktive Informationsaufnahme und -verarbeitung	Konstruktion von Wissen durch Erfahrungsbildung in komplexen und realen Lebenssituationen
Lernerrolle	Black Box, deren Verhalten von außen kontrolliert werden kann	Passive Wissensaufnahme. Das Wissen wird durch Übungen vertieft	Aktives Lernen durch kognitive Prozesse auf Basis vorhandenem Wissen	Aktive kognitive Konstruktionsprozesse von Wissen und Bedeutung durch stetige Interaktion
Zentrale Aussage	Verhaltensänderung (Lernen) erfolgt nicht durch Vorgänge im Inneren eines Menschen, sondern aufgrund von Konsequenzen (Belohnung, Bestrafung)	Lernen erfolgt durch Reize und Impulse, das heißt durch Außensteuerung, die den Lernenden zur richtigen Antwort kommen lassen	Lernen wird durch komplexe mentale Prozesse geformt und erfordert die Gestaltung darauf abgespielter Lernprozesse	Wissen über Sinn und Bedeutung von aufgenommenen Informationen werden nicht aus dem Gedächtnis als statisch abgespeicherte Information abgerufen, sondern kontextspezifisch jeweils neu konstruiert
Interaktion	Schritt für Schritt vorgegeben		Dynamisch in Abhängigkeit des externen Lernmodells	Selbstreferenziell, zirkulär, strukturdeterminiert
Programm-merkmale	Starrer Ablauf, quantitative Zeit- und Antwortstatistik		Dynamisch gesteuerter Ablauf, vorgegebene Problemstellung/Antwortanalyse	Dynamisch, komplex vernetzte Systeme, keine vorgegebene Problemstellung
Lernmodell	E-Learning-Modell, Seminarmodell, Tutorielle Systeme und Best Practice	E-Tool-Quiz, interaktive Webseiten, Spiele, Computer Aided Instruction	Moderatorenmodell, Wissensmodell, Seminarmodell, adaptive Systeme	Simulationsmodell, Hypermedia, Mikrowelten

Die Spannweite dieser Lernmodelle reicht vom Lernen in Arbeitsprozessen bis hin zu neuen seminaristischen Formen des Lernens. Allen Modellen gemeinsam ist das angestrebte Ziel, Mitarbeiter so zu qualifizieren, dass sie den permanenten betrieblichen Herausforderungen gerecht werden. Hier stehen Lernkonzepte und Lernformen im Vordergrund, die deutliche Bezüge zur Arbeitswelt oder zu Anforderungen am Arbeitsplatz bzw. zu Arbeitsprozessen haben. Obgleich das Lernen selbst nach ganz unterschiedlichen Lernmodellen und -formen stattfindet, liegt hier zunächst der Schwerpunkt auf der klassischen Form der Wissensvermittlung, auch als *traditioneller* oder *konventioneller Unterricht* bezeichnet, da er häufig als lehrerzentrierter Frontalunterricht praktiziert wird, so dass ein Trainer von einer Gruppe Lernwilliger von Angesicht zu Angesicht umgeben ist. Deshalb wird diese älteste Form der Wissensvermittlung auch Präsenzlernen bzw. wie hier *Präsenz-Learning* genannt. Präsenz-Learning ist eine Lehr-Lern-Form, bei der Kenntnisse bewusst und geplant vermittelt werden und Lehrende und Lernende zur gleichen Zeit am gleichen Ort zusammenkommen. Gegenüber dem Distance Learning erfolgt die Kommunikation und Kooperation zwischen den Beteiligten in der Regel „face to face" (f2f) und unmittelbar. Zusätzlich zeichnet sich Präsenz-Learning dadurch aus, dass in der Gruppe gelernt werden kann und die Teilnehmer durch aktive Beteiligung direkt ein unmittelbares Feedback vom Trainer, Experten oder von Kollegen erhalten.

Unternehmen sind gut beraten, ein Fort- und Weiterbildungskonzept zu entwickeln, das aufgrund der globalen Veränderungen den Schlüsselkompetenzen wie Flexibilität, Spontaneität, Selbständigkeit, aber auch Teamfähigkeit, vernetztes Denken, systematische Problemstrukturierung sowie mentale Beweglichkeit gerecht wird. Damit werden unterschiedliche Modi des Lernens notwendig sein. Die Gruppe der Präsenz-Learning-Ansätze bietet unverändert hervorragende Voraussetzungen, Lernen durch Handeln, das Generieren von Daten, die Entwicklung von Forschungsdesigns und eine Schärfung von Reflexionskompetenz zu erwerben. Ziel dieser Art Qualifizierung ist es, ein Netzwerk von Akteuren zu entwickeln, die das gesammelte Wissen und die Erfahrungen rekursiv miteinander verknüpfen, so dass ein Prozess des permanenten Lernens in Gang gesetzt wird.

Das gelingt allerdings nur dann, wenn Unternehmen sich selbst als wissensbasierte und lernende Organisation verstehen und insbesondere folgende sechs Parameter, die den Wissensvermittlungs- und -aufnahmeprozess wesentlich beeinflussen, als sich dynamisch entwickelnde Dimension begreifen: die *Lernarbeitswelt*, den *Lernort*, das *Lernmodell* und die *Lernumgebung,* den *Lehrer* sowie die *Lernenden*.

Eine Theorie des „Lernens für den Betrieb" bzw. als „praxisorientiertes Lernen für das Unternehmen" muss Lernprozesse während der Arbeit ebenso einbeziehen wie die Arbeitsanforderungen in Lernprozessen. Erst die Berücksichtigung dieser didaktischen Beziehung ist ein Schlüssel zu erfolgreich einsetzbaren Lernmodellen. Die Perspektiven für eine „*Lernarbeitswelt*" sind allerdings sehr unterschiedlich [ADAPT 2001]:

- Es kann das *Arbeiten* oder aber das *Lernen* im Vordergrund stehen (Arbeit↔Lernen).
- *Lernen* findet in einem formal vorgegebenen Rahmen oder eher offen organisiert statt (intentional↔informell). Während bei informellen Lernprozessen das

2.2 Präsenz-Learning – Qualifizierung in klassischer Form

Schaffen von Lernprozessen im Vordergrund steht, ist intentionales Lernen auf das ausdrückliche Vermitteln von Wissen und Fertigkeiten ausgerichtet.
- *Lernort* ist ein separater Trainingsraum oder der Arbeitsplatz selbst (Seminar↔Arbeitsplatz). In geeigneten Trainingsräumen können Gruppen gemeinsam und unabhängig vom Arbeitsplatz lernen. Häufig stehen bei Seminaren Einstellungsveränderungen im Vordergrund, während beim Lernen am Arbeitsplatz der Aufbau betriebsbezogener Kompetenzen bestimmend ist.

In der Praxis haben sich auf den ersten Blick zwei Lernansätze herauskristallisiert: die einen, die eng mit den Arbeitsplätzen verbunden sind (Tabelle 2), und die anderen, die sich an Arbeitsplätzen und den Herausforderungen durch die Arbeit orientieren (Tabelle 3), ohne dass dabei an diesen Arbeitsplätzen gelernt wird.

Lernansätze, die in einer sehr engen Verbindung mit Arbeitsplätzen stehen, sind unmittelbar an den betrieblichen Besonderheiten ausgerichtet. Häufig ist dies bei produktbezogenen Einführungen und Seminaren der Fall. Ein erheblicher Aufmerksamkeitsgrad und inhaltlicher Tiefgang wird meistens dann erreicht, wenn der Prozess der Arbeit Gegenstand des Lernprozesses ist. Es können dann vielfältige Kompetenzen entwickelt werden bis hin zur Fähigkeit der Mitgestaltung von Arbeitsverfahren und -abläufen.

Sowohl arbeitsplatzverbundene als auch arbeitsplatzorientierte Lernansätze können an sehr unterschiedlichen *Lernorten* stattfinden (Abb. II-3). Beide Ansätze sind so gestaltet, dass flexibel auf die betrieblichen Anforderungen reagiert werden kann und unterschiedliche Lernmodelle kombinierbar sind. Auf diese Weise kann Wissensvermittlung mit hoher Passgenauigkeit zwischen der Zielgruppe und den betrieblichen Notwendigkeiten zu einer auf die Zukunft gerichteten Kompetenzentwicklung beitragen.

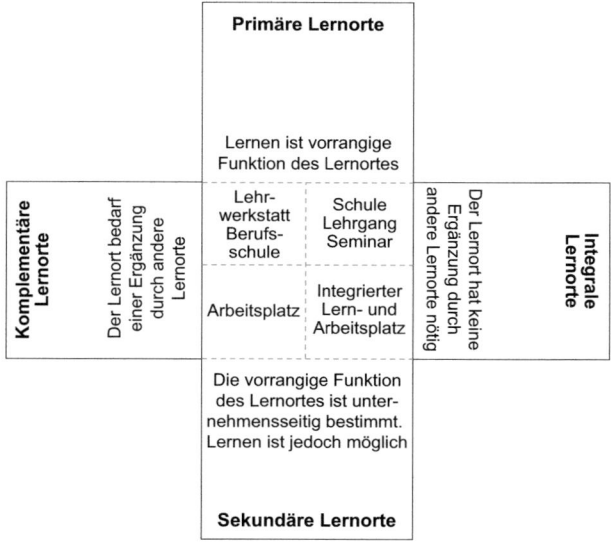

Abb. II-3 Typologie beruflicher Lernorte [in Anlehnung an MÜNCH 1985, ADAPT 2001]

Tabelle 2 Arbeitsplatzverbundene Lernansätze in Unternehmen [in Anlehnung an ADAPT 2001]

	Lernen am Arbeitsplatz	Produktbezogene Einweisungen	Funktionale produktbezogene Seminare	Ganzheitliche arbeitsbezogene Fort- und Weiterbildungsphilosophie
Anspruch	Kontinuierliche Veränderungen aufnehmen, beherrschen und mitgestalten	Umgehen mit neuen Anlagen und Arbeitsgegenständen („bedienen können")	Erlernen von neuen Funktionen und Zusammenhängen bei Weiterentwicklungen	Fort- und Weiterbildung als kontinuierliches Instrument zur Verbesserung des Qualifikationsniveaus
Charakter/ Schwerpunkte	Lernen von neu eingeführten Arbeitsmethoden nach Montage-, Optimierungs- und Ablaufplänen • Standard-Arbeitsmethoden • Lernen mit Hilfe von Multiplikatoren in Teams oder Gruppen • Lernen bei Bedarf („on the job") • Lernen durch Lösen von Problemen • Fallbezogenes Lernen in verschiedenen betrieblichen Situationen	Situations- und produktbezogene Einweisungen am Arbeitsplatz im Unternehmen • Neue Anlagen/Maschinen/ Produkte • Veränderte Prozessabläufe • Aktuelle Problemlösungssituationen • Neue Aufgaben • Erlernen der Gerätebedienung	Lernen in traditionellen Seminaren, mit Bezügen zur betrieblichen Arbeitswelt. Dazu zählen vorwiegend • Steuerungs- und Digitaltechnik • Bus-Systeme • Hydraulik, Pneumatik, Elektrotechnik • Qualitätssicherung	Herstellen eines Zusammenhangs zwischen Team/Gruppenleistung und Entlohnungssystem über • Wissensbilanzen • Qualifizierungsmatrix • Zielgerichtete Personalentwicklung • Verbreitern der Kompetenzen • Zielgerichtete Organisationsentwicklung • Entwicklung von Unternehmenskultur
Verbreitung	Schätzung ein Viertel aller Unternehmen	Sehr hoch	Bedarfsabhängig	Selektiv – je nach Unternehmenskultur
Zielgruppen	Alle Mitarbeiter	Anlernkräfte/Facharbeiter	Anfänger/Anlernkräfte/Facharbeiter	Facharbeiter/Führungskräfte
Lernort	Arbeitsplatz	Arbeitsplatz	Betrieb/Arbeitsplatz/Seminar	Seminar/Betrieb

2.2 Präsenz-Learning – Qualifizierung in klassischer Form

Tabelle 3 Arbeitsplatzorientierte Lernansätze in Unternehmen [in Anlehnung an ADAPT 2001]

	Reorganisation von Unternehmen	Lernverbände/Bildung von Netzwerken	Lernen mit neuen Medien
Anspruch	Durchsetzen von Innovationen im Unternehmen; Reorganisation betrieblicher Strukturen	Umgehen mit neuen Anlagen und Arbeitsgegenständen („bedienen können")	Erlernen von neuen Funktionen und Zusammenhängen bei Weiterentwicklungen
Charakter/ Schwerpunkte	• Ausbildung von Multiplikatoren/Change Agents in Betrieben/Train the Trainer • Ganzheitliche Qualifizierung aller Mitarbeiter/Beteiligungsorientierung • Qualifizierung von Führungskräften für Veränderungsprozesse/Moderatorenschulung • Etablieren von „Lernkulturen" in Betrieben	• Gegenseitiger Austausch von Lernen (auch transnational) zur Kompetenzerweiterung • Informationsaustausch zwischen Unternehmen zur Stärkung von Wertschöpfungsketten • Aufbau von Kommunikationsstrukturen • Produktions-/Einkaufspartnerschaften • Erlernen der Gerätebedienung	• Einsatz von CBT/WBT am Arbeitsplatz, im Betrieb oder in Seminaren • Nutzung von virtuellen Klassenzimmern • Einsatz von Teletraining Telekooperationen • Realisierung Medienmix (z. B. CBT, Präsenz-Learning und Online Communities)
Verbreitung	In innovativen Unternehmen	In Segmenten kleiner und mittlerer Unternehmen	In Großbetrieben in ausgewählten Regionen und Branchen
Zielgruppen	Führungskräfte, Facharbeiter	Alle Mitarbeiter des Unternehmens	Alle Mitarbeiter im Unternehmen, Weiterbildungswillige
Lernort	Unternehmen/Seminare	Unternehmen/Seminar/Schule	Unternehmen/Seminare/Schule/zu Hause

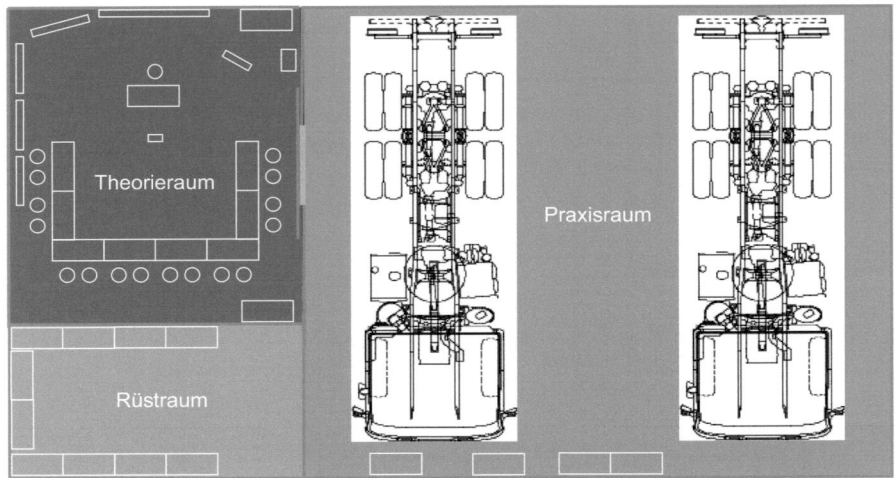

Abb. II-4 Kombinierter Theorie- und Praxisraum für die Qualifizierung technischer Mitarbeiter der Serviceorganisation im Nutzfahrzeugsegment [Quelle: Räumlichkeit im Mercedes Benz Global Training Center]

In aller Regel sind aber für Präsenz-Learning-Veranstaltungen geeignete Räume in unmittelbarer Nähe zum Arbeitsplatz vorherrschend. Dies rührt in erster Linie daher, dass in den Unternehmen vor Ort teilweise die notwendige Infrastruktur einbezogen werden kann (Abb. II-4).

Daneben existieren Lernansätze, die sich an verschiedene Zielgruppen wenden, um auf betriebliche Herausforderungen durch Nutzung vielfältiger und unterschiedlichster Instrumente vorzubereiten.

Für die pragmatische Umsetzung [ADAPT 2001] der Lernansätze sind insbesondere folgende Elemente zu berücksichtigen:

- Sie müssen sich in erster Linie an den Herausforderungen des Arbeitsplatzes orientieren.
- Sie müssen sich für das Lernen in verschiedenen betrieblichen Situationen, Lernorten und Zielgruppen eignen.
- Sie müssen um eine exzellente Methodenvielfalt ergänzt werden, moderne Medien verwenden und hervorragende Trainer einsetzen.

Um erfolgreich zu lernen, gibt es eine ganze Reihe von Methoden und Medien, mit denen die verschiedenen Lernansätze kontrollierbar sind. Es würde zu weit führen, alle Modelle vorzustellen. Hier sind stellvertretend fünf *Lernmodelle* skizziert, deren Schwerpunkt im Präsenz-Learning liegt und die in der betrieblichen Praxis von zentraler Bedeutung sind:

- *Seminaristisches Modell:* Qualifizierungsmaßnahmen erfolgen in Seminaren durch Einsatz unterschiedlicher Medien und vielfältigen Methoden
- *Netzwerkmodell:* Netzwerke und Lernverbände, die den Zweck verfolgen, dass Unternehmen, Bereiche und Personen voneinander lernen können oder Lernen

über Partnerschaften erfolgt. Dieses Modell gewinnt in Zeiten global agierender Konzerne zunehmend an Bedeutung.
- *Wissensmodell:* Informationssysteme, Datenbanken, Wissensmanagement, um direkt während der Arbeit hinzuzulernen.
- *Projektbezogenes Modell:* Projektbasiertes Lernen soll durch die zusätzliche Realisierung projektorientierter Lernphasen der hohen Komplexität divergierender Lernsituationen gerecht werden.
- *Coaching-Modell:* Ein Consultant oder Coach steht z. B. als Prozessbegleiter oder personenbezogener Berater im Betrieb zur Verfügung.

Diese stellvertretend aus der Lernmodellpalette herausgegriffenen Lösungen sind als „tool box" zu betrachten. Keines der genannten und ungenannten Modelle kann als idealtypisch eingestuft werden; allein die Vielfalt und die unterschiedlichen Zugänge zum Lernen machen ihren Vorteil aus. Obwohl Lernmodelle mit deutlichem Arbeitsbezug in den vergangenen Jahren zugenommen haben, genießen seminaristische Formen des Lernens wie Kurse, Lehrgänge, Schulungen, Vorträge und Ähnliches einen unverändert hohen Stellenwert und weite Verbreitung [DÖRING/HÖLBLING/RÄTZEL 2007[3]].

Bei den offenen *projektorientierten Lerngemeinschaften* spielen Probleme der Kommunikation, der Kooperation und der Moderation eine Rolle. Dagegen haben die Lernziele, Methodenauswahl und Mediengestaltung sowie die Evaluation der Rückmeldung eine untergeordnete Bedeutung. Diese Fragen sind verstärkt dann gegeben, wenn es mehr um klassische Wissensvermittlung und Wissensaneignung in seminaristischen Lernformen geht.

Im Präsenz-Learning befinden sich die Individuen von vornherein in einer sozialen Umgebung, während sie in virtuellen Umgebungen zunächst nur dem Lerngegenstand begegnen und soziale Präsenz erst hergestellt werden muss. So erfüllen Präsenzseminare Aspekte wie Kommunikation unter den Teilnehmern, der Austausch von Berufs- und Karrierestrategien, die Erweiterung des intellektuellen Horizonts, die Reflexion und die kritische Auseinandersetzung mit dem Unternehmen. In diesem Prozess steht nicht immer der Lerngegenstand im Vordergrund.

Ein weiterer Parameter, der das Lernen beeinflusst, ist die *Lernumgebung*. Dieser Begriff lässt sich in eine *didaktische, lebensweltorientierte* und *lerntechnische* Dimension differenzieren [BLEIMANN/RÖLL 2006].

So geht es bei der *didaktischen* Dimension um die Konzeption von Lernmaterialien und Lernaufgaben und deren Gestaltung. Da die Lernenden in ihrem Lernverhalten durch Sozialisations- und Lebenswelterfahrungen geprägt sind, werden Lernprozesse besonders begünstigt, die an dieser Erfahrungswelt anknüpfen. So basiert beispielsweise das Konzept des situierten Lernens darauf, die *Lebenswelterfahrung* und die authentische Problemsituation des Lerners in den Lernprozess einzubeziehen. Bei der *lerntechnischen* Dimension geht es schließlich primär um die Auswahl einer geeigneten Lernmanagementplattform und alle sonstigen technischen Erfordernisse, die für Lernprozesse notwendig sind. Entscheidend ist, dass

---

[3] Bei der in dem oben zitierten Beitrag angegebenen Abb. 3 hat sich ein redaktioneller Fehler eingeschlichen. Der Balken links außen ist fälschlicherweise mit („keine Angaben") unterlegt worden. Richtig ist die Zuordnung („starke Nachfrage").

bei allen Beteiligten jederzeit die Bereitschaft gegeben ist, die Lernumgebung bedarfsweise anzupassen.

Im Zusammenhang mit jedweder Form von Präsenzunterricht sind auch die *Lehrenden* von erheblicher Bedeutung. Eine entscheidende Variable für den Lernerfolg ist das Engagement und der Lehrstil des Dozenten. Dabei lassen sich *Lehrstile* unterscheiden, die auf die Förderung kognitiver Prozesse gerichtet sind, die vornehmlich die Unterstützung von Kommunikationsprozessen anstreben oder bei denen Kollaboration zentrales Anliegen ist. Dies korrespondiert und ähnelt den Typen von Lehrenden: Organisator, Animator/Motivator oder Inhalts- und Vermittlungsexperten [FRIEDRICH/HESSE 2000]. So wird sich das Leitbild des Lehrers hin zu einem Verständnis ändern, das *offene Lernprozesse* ermöglicht, die auf die didaktischen Lehrmodelle zielen, wie z. B. Mikrowelten, Simulationen, fallbasiertes Lernen und entdeckendes Lernen, so dass die Organisation des Lernens durch die Lernenden selbst gegeben ist [ZIMMER 1995]. Diesen didaktischen Modellen ist eigen, dass das lernende Individuum in diesen Umgebungen über einen Freiheitsgrad verfügt, um Inhalte gemäß seinen Lernvoraussetzungen zu selektieren, seinen Lernstil und seine individuelle Lernstrategie zu praktizieren [SCHULMEISTER 2005]. Damit geht ein Wandel in der Befähigung des Lehrenden einher, weg von der Vermittlung von Faktenwissen und mehr hin, beim Lerner ein eigenes Verständnis für ein Wissensgebiet zu entwickeln [BLEIMANN/RÖLL 2006].

Und schließlich sind die *Lernenden* gefragt. Sie sind in einem Unternehmen als Träger von Wissen in den unterschiedlichen Bereichen tätig und verkörpern zugleich die gesamte Spannweite des Wissens. Im Zusammenhang mit dem Präsenz-Learning steht hier nicht allein der Erwerb von Fach- und Methodenkompetenz im Vordergrund, sondern vielmehr auch Sozialkompetenz. Das Zusammenwirken dieser Kompetenzen [JUNG 2001] lässt Handlungskompetenz entstehen, die Individuen erst in die Lage versetzt, Wissen in die betrieblichen Prozesse einzubringen [AMELINGMEYER 2002]. Aufgrund ihrer vielfältigen Eigenschaften bei der Generierung und Anwendung von Wissen kommt dieser Gruppe auch eine bedeutende Rolle im Wissensmanagement zu.

Zusammengefasst muss eine *Systemakte* des Lernens für den Betrieb und die Arbeitswelt folgende Perspektiven berücksichtigen:

- *Was ist Gegenstand des Lernens: Arbeitsprozesse oder Lernprozesse?* Wenn Arbeiten mit dem Ziel zu lernen der Fokus ist, dann sind die Arbeitsanforderungen und Arbeitsprozesse lernförderlich zu gestalten, um eine „systematische" Qualifizierung zu fördern. Wenn Lernen mit dem Ziel der Verwertung von Kompetenzen in der Arbeitwelt der Fokus ist, dann steht der Transfer von neuen Wissensinhalten zu beruflichen Handlungsanforderungen im Vordergrund.
- *Intentionale oder informell organisierte Lernprozesse?* Konkret ist damit die Frage nach dem Grad der Selbständigkeit bei der Organisation des Lernens und dem Lernort Arbeitsplatz verbunden. Oder anders gefragt: Ist ein arbeitsplatzbezogenes Lernen, das mit intentionalem Lernen verbunden ist, gegeben, handelt es sich um ein arbeitsplatzgebundenes Lernen, bei dem am oder in Verbindung mit dem Arbeitsplatz gelernt wird, oder ist ein arbeitsplatzverbundenes Lernen, das direkt und ausschließlich am Arbeitsplatz erfolgt, gegeben, bzw.

wird wie beim arbeitsplatzorientierten Lernen mit Hilfe von didaktischen Ansätzen der Arbeitsplatzbezug hergestellt?

Mit diesen Differenzierungen kann letztlich zwischen seminaristischem Lernen und Lehren am Arbeitsplatz unterschieden werden. So findet Letzteres direkt oder in enger Verbindung mit dem Arbeitsplatz statt. Ein organisatorischer, räumlicher und zeitlicher Bezug zu Arbeitsaufgabenfeldern ist sichergestellt. Dies schließt demnach arbeitsplatzbezogenes, arbeitsplatzgebundenes und arbeitsplatzverbundenes Lernen ein, nicht jedoch arbeitsplatzorientiertes, das bevorzugt in seminaristischer Form und teilweise fremdorganisiert stattfindet:

- *Seminar oder Arbeitsplatz?* Das Lernen kann wie aufgezeigt an verschiedenen Lernorten stattfinden. So wird neben einer Differenzierung in schulischen und betrieblichen noch in eine ganze Reihe weiterer Formen differenziert [MÜNCH 1985]. In der Praxis ist ein Seminar- bzw. Trainingsraum der meist benutzte Lernort. Ein Arbeitsbezug wird häufig dadurch erreicht – insbesondere zur Erlangung komplexer technischer Produktkenntnisse –, indem ein Theorie- und Praxisraum, die beieinander liegen, eingerichtet werden.
- *Integration von Lernen und Arbeiten?* Wenn Unternehmen für das Lernen weniger Wert auf direkte Arbeitsplatzbezüge legen, sondern diese eher über didaktische Bezüge herstellen und ansonsten auf Kompetenzerweiterung durch Erfahrung setzen, dann bevorzugen sie Lernen in seminaristischer Form. Dabei kann sich der Ort des Lernens innerhalb oder außerhalb des Unternehmens befinden.

Bei den überwiegenden Formen der praxisorientierten Lernmodelle wird in aller Regel darauf hingewirkt, dass der Lehrende Informationen und Wissen an den Lernenden überträgt. Um die eingangs geforderte Wissensarbeit im Betrieb zu initiieren und zu intensivieren, müssen im Design und Ausgestaltung der Lernmodelle wie auch in den Lernprozessen die systematische Ermittlung, Erfassung und Verwertung des Wissens und Know-how, das die Lernenden mitbringen, verankert werden. Damit darf bei der Auswahl und Gestaltung von Lehr- und Lernmodellen keine Einbahnstraße vom Lehrer zum Lerner entstehen, sondern es muss ebenso die umgekehrte Richtung vom Lerner zum Lehrer organisiert sein.

2.2.3 Event Learning

Im Zeichen global agierender Unternehmen und aufgrund der damit auf internationalen Märkten tätigen Menschen sind zur Erlangung von Wissen und Kompetenz neue kommunikative und persönlichkeitsprägende Lernansätze und -modelle gefragt. Dies wird zusätzlich dadurch unterstrichen, dass für einen erfolgreichen Arbeitseinsatz zwar unverändert eine Menge Fachwissen und -kompetenz, insbesondere zum Absatz und zur Dienstleistung komplexer Güter erforderlich ist, aber darüber hinaus wegen immer geringer werdender Produktdifferenzierungsmerkmale nicht ausschließlich die Produkteigenschaften für einen erfolgreichen Kauf- oder Serviceabschluss maßgeblich sind. Vielmehr ist entscheidend, inwiefern es gelingt, dem Kunden gegenüber die positiven Funktionen, die Werte und die Emotionen, die mit dem Produkt verbunden sind, engagiert und überzeugend zu vertreten. Damit stehen zunehmend dienstleistungs- und vertriebsbezogene Anforderungen im Vordergrund, die an die Mitarbeiter gestellt werden und eine totale Kundenorientierung mit hohem persönlichem Einsatz und Motivation erfordern.

Die gängigen Modelle auf der Basis präsenzorientierten Lernens auch unter Berücksichtigung offener Lernformen leisten diese Anforderungen nur bedingt. Insofern ist es sinnvoll und notwendig, einer Weiterentwicklung von Lernmodellen nachzugehen, um den spezifischen Anforderungen, die aus betrieblicher Hinsicht speziell für diese Zielgruppe resultieren, gerecht zu werden. Ausgangspunkt sind konkrete Ansätze in der Betriebspädagogik, als im Rahmen einer unternehmensweiten „Qualifizierungsoffensive" im Automobilbereich das Design für neue Lernformen entstand. Initiiert und angeregt wurden diese Formen des Lernens auf der Grundlage von Kolloquien mit internationalen Trainingskonzeptionisten und -managern. Sie haben sich über die Rahmenbedingungen, Inhalte und Lernformen verständigt und den folgenden beispielhaften Ansatz für ein neues multikulturelles Lernarrangement skizziert und konzeptioniert[4]:

Szenario: Eventorientiertes Lernen

Hauptziel bei einem vornehmlich vertriebsbezogenen „*eventorientierten Lernen*" ist die am jeweiligen Produkt-Marketingplan orientierte umfassende Qualifizierung von Verkäufern und Servicemitarbeitern mit Kundenkontakt in Bezug auf Produktinnovation, Positionierung, Kommunikation und Markenbotschaft.

Um ein allumfassendes Qualifizierungskonzept zu realisieren, werden im Vorfeld ausgewählte für den Vertrieb verantwortliche Führungskräfte eingeladen, das Konzept und Design für ein spezifisches „*eventorientiertes Lernmodell*" zu entwickeln. Dabei sind die Ansprüche der teilnehmenden Märkte abzudecken. Das beinhaltet, ein ausreichendes zu vermittelndes Faktenwissen zusammenzustellen, bei der Zielgruppe die außerordentlichen Maßnahmen erforderlicher Kundenorientierung bewusst zu machen und bei allen Teilnehmern Zuversicht und Vertrauen in die Marke zu wecken sowie Emotionen und Begeisterung für das Produkt zu erzeugen.

Unmittelbar vor dem eigentlichen Beginn werden über eine „Train the Trainer-Veranstaltung" mit den Qualifizierungsverantwortlichen und Trainern der Länder an zwei Tagen umfassend die Produkte von Experten vorgestellt, Trainingsmethoden diskutiert und Alternativen ausprobiert. Dabei wird festgestellt,

---

[4] Als eines der ersten „*eventorientierten Lernmodelle*" kann das produkt- und motivationsbezogene sogenannte EUROTRAINING der Daimler AG bezeichnet werden. Hier kommen Verkäufer, Sales- und Serviceverantwortliche, aber auch Mitarbeiter aus vertriebsbezogenen Funktionalbereichen der Zentrale zur Wissensvermittlung und Motivation zusammen. An diesen 1,5–2-tägigen Events nehmen jeweils Teams aus ca. 40 Märkten teil. Das bedeutet, dass gleichzeitig ca. 5–10 Nationen anwesend sind und insgesamt über 10.000 Mitarbeiter gemeinsam „Wissen tanken" und „Produkt erleben". Diese Form der Qualifizierung hat eine über 10-jährige Tradition und startete mit dem EUROTRAINING der ersten A-Klasse in Rastatt.

2.2 Präsenz-Learning – Qualifizierung in klassischer Form

ob die angestrebten Lernziele und Motivationsabsichten mit dem Event erreicht werden. Das beginnt bereits bei der Vielfalt unterschiedlicher Lernorte, die bei der Produktion vor Ort ihren Anfang nehmen, wo die Teilnehmer der Zielgruppe sich unmittelbar an der Produktionsstätte (Fertigungsstraße/Qualitätskontrolle) von den umgesetzten Qualitätsmaßnahmen überzeugen können. Dem folgt ein individuelles Kennenlernen des Produkts (Fahrzeug) auf der Teststrecke und im üblichen Straßenverkehr. Danach geht es weiter zu geeigneten Lernorten (z. B. Hotels), an denen Teamarbeit und Diskussionsrunden stattfinden können, um die unterschiedlichen Vorstellungen, Auffassungen und Meinungen zu kanalisieren. In dieser Phase ist ein enger Schulterschluss zwischen den Marktpartnern für das Gelingen der gesamten Veranstaltung notwendig.

Bei diesem mit den Marktverantwortlichen verabschiedeten Trainingskonzept wird vor allem Wert darauf gelegt, dass die Fahrzeuge mit allen Ausstattungsdetails, Design und Positionierung erlebt werden. In einem speziellen „Trainingsparcours" haben die Teilnehmer die Möglichkeit, an den bereitgestellten Fahrzeugen das Handling zu üben und technische Features auszuprobieren. Neben Telefon, Audio- und Navigationssystemen können am Designmodell sowie an einer Schnitt- und Crashkarosse Trainingsinhalte erarbeitet werden. Außer von den Trainern der jeweiligen Länder erhalten die Teilnehmer an einzelnen Stationen des Parcours Unterstützung von Experten aus Produktmanagement, Entwicklung und Qualitätssicherung. Neben Theorieeinheiten wie Ausstattungskonzept und Werteanmutung, Motor- und Getriebevarianten erlebt die Zielgruppe die Produkte in den verschiedenen Varianten zusammen mit zahlreichen Wettbewerbsfahrzeugen auf ausgesuchten Fahrstrecken.

Mit der konzeptionellen Bündelung dieser unterschiedlichen Methoden, Aktionen, Lehr- und Lernformen zum didaktischen Design in Form eines *„Events"* ist es möglich, gleiche Bedingungen für alle teilnehmenden Märkte zu schaffen und die Marktspezifika zu berücksichtigen. Darüber hinaus erreicht die Verbindung von erfolgssicherndem *„Learning"* mit einem nicht alltäglichen Produkterlebnis hohe Motivation bei der Zielgruppe und schafft beste Voraussetzung für erfolgreiche Produkteinführungen.

Solche oder ähnliche Lehr- und Lernformen sind in der einen oder anderen Variante nicht gänzlich neu [ELSHOLZ/MOLZBERGER 2005]. Allerdings erfolgt ihre Umsetzung häufig nicht mit der gebührenden Stringenz, teilweise unsystematisch bis zufällig. Bisher hat diese Art „*Event Learning*" in der Theorie und Analyse von präsenzorientierten Lehr- und Lernmodellen Theorie und Analyse keine merkliche Beachtung gefunden. Insofern drängt sich eine nähere Betrachtung der besonderen Merkmale auf:

- Das *L e r n e n* bezieht sich auf die *Arbeit* und die *Arbeitsprozesse*. Es ist ein besonderes Ereignis, in dem primär eine bestimmte Zielgruppe, die Mitarbeiter von Sales und Service des Vertriebs, sich an einem Standort physisch zusammenfinden und als Lernende bzw. Teilnehmer auf erlebnisorientierter Basis das neue Produkt kennenlernen. Dabei wird dieses Erleben durch den Umgang, die

Anwendung und Nutzung des Produkts selbst und im Vergleich zu den Produkten des Wettbewerbs erreicht.
- Die *Lernformen* benötigen einen hohen Grad an Organisation und Strukturierung. Dabei steht eine strukturierte Lernumgebung nicht kontinuierlich und dauerhaft zur Verfügung, sondern wird nach Abschluss des Event Learning wieder aufgelöst. Im Gegensatz zum informellen Lernen, bei dem die Handlungsintentionen auf das Arbeiten gerichtet sind und nicht gezielt gelernt werden, ist hier ausdrücklich „Lernzeit" gegeben.
- Der *Lernort* ist variabel und temporär. Da es sich um ein Großereignis handelt, bildet den Ausgangspunkt für das Event ein sorgfältig ausgewählter Standort. Dies muss eine Art Erlebniszentrum sein und sollte sich als eine neue Form der Agora, ein zeitgemäßer betrieblicher Wissensmarkt- und Kommunikationsplatz, erweisen. Dazu sind die Alternativen unterschiedlich. Das kann ein für Kongresse oder ähnliche Veranstaltungen ausgelegtes Hotel sein und reicht bis zur Möglichkeit in einer speziell erstellten Zeltstadt auf dem Werksgelände. An diesen Standorten müssen variable erlebnisorientierte Lehrformen stattfinden können. Der Lernort ist hier ähnlich temporär, wie dies bei allen zeitlich befristeten Veranstaltungen gegeben ist.
- Die *Lerninhalte* entstehen aus den Anforderungen, die an die Zielgruppe gestellt werden, und ergeben sich aus den vertrieblichen Arbeitsabläufen, Prozessen und Kundenerwartungen. Vermittelt werden erste Lerninhalte in Form von Informationen und Faktenwissen mit Hilfe des kombinierten Einsatzes diverser elektronischer Medien und Instrumente bereits vor dem eigentlichen Event, um die Zielgruppe entsprechend zu synchronisieren und ein relativ gleichwertiges Eingangsniveau im Wissen der Teilnehmer zu erreichen. Vertiefendes Wissen wird dann in der Veranstaltung in Gruppenprozessen vermittelt. Parallel und gleichgewichtig erfolgt die Konzentration dann auf alle Aktivitäten, die im Zusammenhang mit Customer Relationship Management stehen. Ziel ist es, die Kommunikation im Kundenprozess mit verlässlichen Zahlen, Daten und Fakten zu unterstützen, um die Aufmerksamkeit in Beziehungen mit einem hohen Kundenwert zu konzentrieren sowie Schwachstellen im Dialog mit den Kunden zu identifizieren. So wird eine Struktur durch die Teilnehmer unter Anleitung von Moderatoren entwickelt, um einen standarisierten Verkaufsvorgang am Point of Sales und Service zu gewährleisten.
- Als *Lehrende* treten neben den aus den jeweiligen Ländern der Zielgruppe gegebenen Trainern betriebliche Kolleginnen und Kollegen bis hin zu Vorgesetzten auf – abhängig davon, wer jeweils authentischer Experte für ein Thema ist. Zusätzlich steuern und verbinden professionelle Moderatoren die teilnehmenden Nationen, die unterschiedlichen Lernorte, -stationen und -inseln einschließlich der motivierenden Elemente zu einer inhaltlichen Gesamtheit und einem Erlebnis.
- Die *berufliche Praxis* der Zielgruppe wird weiterhin mit Hintergrundwissen angereichert. Damit wird neben einer besseren Einschätzung ihrer Arbeitstätigkeit als Teil der Gesamtunternehmung insbesondere die hohe Verantwortung für den Erfolg des Produkts und das Unternehmen insgesamt hervorgehoben.

2.2 Präsenz-Learning – Qualifizierung in klassischer Form

Um Event Learning in das Wissensmanagement von Unternehmen und damit auch in das Bewusstsein von Entscheidungsträgern als Alternative zu den etablierten Lehr- und Lernmodellen zur Erhöhung des Wissens- und Kompetenzniveaus einer Organisationseinheit auszuwählen, bedarf es einer ausreichend theoretischen Fundierung. Deshalb scheint eine vorläufige Analyse zumindest zu drei hervorzuhebenden Elementen angebracht. Das trägt auch zur Verfestigung des theoretischen Unterbaus von Event Learning bei.

Ein *erstes* Merkmal betrifft das *Unternehmen als Träger differenzierter Arbeits- und Lernorte* [EULER 1998]. Auffällig ist hierbei insbesondere, dass der Lernort sich gänzlich von den üblicherweise beim Präsenz-Learning gegebenen Lernorten wie Schule, Betrieb, Arbeitsplatz oder Lehrwerkstatt deutlich abhebt. Dies betrifft sowohl die Erstausbildung, das dezentrale Lernen, wie auch integrative Verbindungen von Lernen und Arbeiten und neue Formen arbeitsplatzbezogenen Lernens [DEHNBOSTEL 1996]. Beim Event Learning umfasst der Trainingsparcours mehrere Trainingsstationen, die ein Teilnehmer sukzessive passiert, so dass ein ständiger Wechsel über den gesamten Zeitraum der Lernveranstaltung gegeben ist. Dabei zeichnen sich viele Lernorte dadurch aus, dass informelle Lernprozesse, die in unterschiedlichsten Arbeitsorganisationsformen stattfinden, mit formalen Lernanteilen angereichert sind. Hier wird eine bewusst gemachte Lehr- und Lernintention als Lernort konstituiert – aber nur temporär. Die Zuschreibung erfolgt nicht allein aufgrund räumlicher Aspekte, sondern aufgrund eines Raumes, den Individuen durch Interaktion und Kommunikation für sich gemeinsam erschaffen. In der pädagogischen Theorienbildung wird dies, auch Erfahrungsraum [WITTWER 2003] genannt, der die Möglichkeit bietet innerhalb und außerhalb des Betriebs informell zu lernen. Diese Räume sind strukturell-organisatorisch und didaktisch-methodisch so angelegt, dass dort neues Wissen sowie neue Fertigkeiten und Fähigkeiten in fachlicher und sozialer Hinsicht erworben werden können [WITTWER 2003].

Eine *zweite* Besonderheit ist durch neue „Lehrende" gegeben und mit der Frage nach einer *Universalisierung von Weiterbildung und des Pädagogischen* [ELSHOLZ/MOLZBERGER 2005] verbunden. So ist bei dem hier betrachteten internationalen Event Learning das Besondere allein schon dadurch gegeben, dass sich mehrere Lehrende in ihrer jeweiligen Landessprache parallel und gleichzeitig an einem übergeordneten einheitlichen Lernkonzept orientieren, in ihrer konkreten Lerneinheit aber ein kulturelles und länderspezifisches Kollorit zulassen. Ein weiterer Aspekt dieser temporären Lernform ist, dass nicht zwingend professionelle Pädagogen als Lehrende auftreten. So gibt es zwar eine eindeutig zugeschriebene Rolle eines Lehrenden, doch ist zumindest ein Teil dieser Lehrenden kein professioneller Trainer, sondern vielfach ein betrieblicher Experte für den Lerngegenstand. Hier könnte die Frage auftreten, ob in diesem Fall entgrenzte pädagogische Vermittlungsarbeit ohne professionelle pädagogische Begleitung stattfindet oder bloße Wissens- und Informationsweitergabe im Rahmen alltäglicher Arbeitskommunikation. Selbst aus theoretischer Sicht bestehen keine Bedenken, dies als pädagogische Vermittlungsarbeit einzustufen, da sich die pädagogische Kommunikation als Folgehandlung aus pädagogischer Absicht, Vermittlung, Aneignung und Überprüfung von Wissen vollzieht [KADE/SEITTER 2003].

Mit dieser Übertragung von Aufgaben auf „unprofessionelle Wissensvermittler" werden keineswegs die professionellen Trainer überflüssig. Vielmehr weist die neue Lernform einen zusätzlichen Aspekt auf, derzufolge der betriebliche Trainer den Rahmen für das Lernarrangement in Zusammenarbeit mit Agenturen und Dienstleistern realisieren muss und ihm die Aufgabe als „Lehrprozessbegleiter" zufällt, um das wenig bewusste didaktische Handeln der betrieblichen Akteure zu unterstützen [ELSHOLZ/MOLZBERGER 2005].

Und schließlich ein *drittes* Merkmal, das sich auf die *theoretischen und praktischen Herausforderungen für das Wissensmanagement, insbesondere für die involvierte Berufs- und Unternehmenspädagogik*, bezieht, die sich beim Event Learning deutlich von anderen Lernformen abheben. Allein die besondere Art der Lehr- und Lernveranstaltung, die ein Großereignis darstellt, ist ein Novum, da es das gesamte vertriebliche Mitarbeiterspektrum einbezieht. Das ist bei internationalen Konzernen häufig eine Anzahl, die sich zwischen 5.000–10.000 Mitarbeitern bewegt und die oftmals sehr zeitkritisch unmittelbar vor der Einführung eines Produkts in den Markt informiert, qualifiziert und motiviert werden müssen. Für ein Wissensmanagement stellt dieses Lernmodell eine erhebliche Herausforderung und Chance dar, da es als hervorragende Drehscheibe für die Gewinnung, Verarbeitung und Verteilung von Wissen wirkt und davon Auswirkungen auf die gesamte Wertschöpfung des Unternehmens ausgehen.

Damit diese Lehr- und Lernveranstaltungen zum unikalen betrieblichen „*Mega-Event*" avancieren, müssen erhebliche organisatorische Anstrengungen unternommen werden, die in aller Regel nur in Kooperationen mit betriebsexternen Agenturen leistbar sind. Die zahlreichen Aufgaben beginnen mit einem ersten Briefing des Dienstleisters über Ziel und Zweck des Vorhaben, finden Fortsetzung in operativen Aktivitäten wie beispielsweise die Abwicklung von Einladungen, die Unterbringung der Teilnehmer und reichen bis zur Auswahl professioneller Moderatoren und der Organisation einer geeigneten Abendveranstaltung. Diese Unterstützung ist allein schon deshalb notwendig, damit sich die Trainer auf ihre eigentliche pädagogische Aufgabe, die Zusammenstellung, Planung und Aufbereitung der Trainingskonzeption und -inhalte, konzentrieren können. Da die Palette der Lerninhalte von Hard Skills, die die fachliche Kompetenz, betreffen bis zu Soft Skills, bei denen die soziale Kompetenz gefragt ist, reicht, muss im Design des Event Learning dafür eine ausgewogene Balance gefunden werden. Um einen Event zu realisieren, der beim Teilnehmer eine nachhaltige Wirkung erzielt, gilt es zusätzlich eine Balance zwischen Leistung und Freude zu verwirklichen. Damit erfordert das formale und informelle „Learning" ein Höchstmaß an strukturell-organisatorischen und didaktisch-methodischen Kombinationsformen sowie eine pädagogisch-psychologische Kreativität, um die betrieblichen Lernorganisationsformen für ein erfolgreiches „Event Learning" zu realisieren.

Diese zusammenfassende Analyse stellt einen ersten Schritt dar auf dem Weg, Event Learning in die Gruppe theoretisch anerkannter Lehr- und Lernmodelle aufzunehmen. Natürlich bedarf es noch einiger theoretischer Weiterentwicklungen, die eine Schärfung einiger Begrifflichkeiten betreffen und auch den Zusammenhang zum Wissensmanagement vertiefen. Dies trägt auch zur Qualitätssicherung bei. Die betriebliche Weiterbildungsforschung ist aufgefordert, die aufgezeigte innovative Entwicklung und die neue Lernform zu analysieren. Trotzdem sollte bei allen empirischen Beobachtungen und theoretischen Diskussionen nicht versäumt werden, sowohl die ökonomische Wirksamkeit von Event Learning zu untersuchen und damit das Verhältnis von Aufwand und Nutzen zu evaluieren als auch darüber nachzudenken, inwiefern der Spiel-, Spaß- und Unterhaltungsfaktor in Richtung Edutainment verankert werden kann.[5]

2.3 Distance Learning – Relativierung von Ort, Zeit und Raum

Im Zuge der Globalisierung wurden technische Systeme als Vision und Ansatz entdeckt mit dem Ziel, über Kulturen und geografische Grenzen hinweg Wissen didaktisch aufzubereiten, abzulegen und in vielfältiger Weise zu verteilen. Die Frage war, ob und wie dabei digitale Medien insbesondere die Vermittlung von Wissen verbessern können.

Die Ausgangsidee war trivial. Während bisher der Bildungswillige die entsprechende Bildungseinrichtung aufsuchen musste, getreu dem Motto *„Schüler geht zur Schule"* (Bild 1.1), wird nunmehr diese jahrhunderte alte, gängige Methode umgekehrt in die Form *„Schule kommt zum Schüler"* (Bild 1.2).

Für diese Idee wurden verschiedene Projekte gestartet und unterschiedliche Konzeptionen entwickelt: Mit dem „Schulzimmerkonzept" wurde die Verbindung Schüler und Lehrer über ein geeignetes physisches Netzwerk nachgebildet und beim „Datenbankkonzept" wurde mit Hilfe unterschiedlichster Datenbankmodelle versucht, möglichst effizient Fragen stellen zu können und effektive Antworten zu erhalten. So standen zwei Richtungen im Vordergrund: Die eine mit der Betonung auf die Interaktion, während die andere stärker auf das Arbeiten mit Dokumenten abzielt.

Beiden Ansätzen gemein ist der Versuch, Lerneinheiten zu bilden und aufeinander abzustimmen und verstärkt in verteilte Arbeitsumgebungen einzudringen.

Bereits im Rahmen dieser frühen Entwicklungen für ein „Fernlernen" (z. B. in Form von Fernsehsendungen, Radio, Telefon und Internet) hat sich der Begriff *Distance Learning* herausgebildet. In enger Verwandtschaft dazu steht das Virtual Learning, bei dem die Kommunikation zwischen Lehr- und Lernenden nicht auf physischer Präsenz der Beteiligten beruht, sondern die elektronische Vermittlung betont wird. Insofern ist hier auch der Begriff des Distance Learning inhärent mit elektronisch unterstütztem Lernen (E-Learning) verbunden, das mit Informations-

---

[5] Vgl. dazu die Ausführungen zur These 6 in Teil II-4.1.6.

Bild 1.1 Schüler geht zur Schule ...

Bild 1.2 Schule kommt zum Schüler ...

und Kommunikationstechnologien und darauf aufbauenden E-Learning-Systemen unterstützt bzw. ermöglicht wird.

Mit dem Einsatz dieser Distance-Learning-Formen geht automatisch eine Veränderung der Lernkultur einher, in der sich die Rolle des Lernens drastisch verändert. Während der Lerner in Präsenzseminaren tendenziell passiver Rezipient der Wissensvermittlung durch einen Lehrer ist, erfolgt der Erwerb von Qualifikationen bei Distance Learning häufig durch die aktive Auseinandersetzung mit einem didaktisch aufbereiteten Inhalt. Der Fokus wird also vom Lehrer auf den Lerner verschoben. Durch die Tatsache, dass die Lerninhalte nicht wie bei Präsenzseminaren durch einen Lehrer zeit- und ortsabhängig vermittelt werden, wird die Verantwortung für das Lernen auf den Lernenden selbst übertragen. Das heißt aber auch, dass dem Lerner die Möglichkeit gegeben sein muss, sein berufliches Lernen arbeitsintegriert oder möglichst arbeitsplatznah zu organisieren und er nicht an Widerständen oder Hindernissen, die dieser Autonomie entgegenstehen [GROTFLÜSCHEN 2003], scheitert. Erst dann kann der Lernende zum steuernden Subjekt des Lernprozesses werden. Der Lehrende tritt als Moderator, Lernberater oder Fachexperte hinzu, wenn und so weit der Lernende es bedarf.

2.3 Distance Learning – Relativierung von Ort, Zeit und Raum

Neue Medien zeichnen sich dadurch aus, dass sie die Kommunikation und Übermittlung von Informationen unabhängig von Ort und Zeit ermöglichen. Das scheint auf den ersten Blick erstaunlich. Die Nutzung digitaler Lernmedien ist jedoch an verschiedene infrastrukturelle Voraussetzungen geknüpft, die dieser Entgrenzung gerade entgegenstehen. Deshalb sind die Orts- und Zeitunabhängigkeit des Lernens noch keine ausreichenden Eigenschaften von elektronisch unterstütztem Lernen. Als Alleinstellungsmerkmal sollte die personale Unterstützung selbst organisierten Lernens hervorgehoben werden, die durch die Nutzung von Datennetzen erst möglich wird [REGLIN 2005].

Häufig wird bereits mit dem Lernen am Arbeitsplatz ein Arbeitsbezug postuliert, der die berufliche Bildung erhöht und zur Zielerreichung beiträgt [REGLIN 2005]. Die räumliche Nähe des Lernens aber allein zum Garanten des Arbeitsbezugs zu erklären, reicht nicht aus [REGLIN 2005]. Vielmehr sind die Qualität der Inhalte und die methodisch-didaktischen Designs wesentlich mitverantwortlich für eine erfolgreiche Verknüpfung des Gelernten mit den Arbeitsdurchführungen und den Arbeitsproblemen [REGLIN 2005].

Bereits die Relativierung von Ort, Raum und Zeit lässt einen nicht unerheblichen Spagat zwischen übertriebenen Hoffnungen und kritischer Distanz im Zusammenhang mit Distance Learning erahnen. Insbesondere die in den 90er Jahren entstandene Euphorie, elektronisch unterstütztes Lernen als Allheilmittel für die Bildungsmisere etc. zu betrachten, hat teilweise zur umgekehrten Richtung geführt und mögliche Aspekte, die diesen Formen des Lernens entgegenstehen oder hinderlich sein könnten, haben eine pädagogisch-akademische Diskussion hervorgerufen. Selbstverständlich gibt es eine Reihe von Kriterien, die ihre Bedeutung haben. So ist unbestritten die Mediensouveränität eine notwendige Voraussetzung, damit der Lernende entsprechend seinen Interessen, Lerngewohnheiten und Vorkenntnissen das Lernangebot auswählen kann. Oder das Kriterium der „Interaktivität", das in vielfältiger Form strapaziert wurde [HACK 1995] und vom einfachen Seitenzugriff und Blättern bis hin zum netzgestützten Dialog reichen kann [REGLIN 2005], hat zu einer divergierenden Vorstellung über die Qualität der Feedbackformen und die Entscheidungsspielräume des Nutzers geführt. So stehen die zwei willkürlich herausgegriffenen Aspekte zum Lernen mit neuen Medien stellvertretend für die permanente Herausforderung, die mit der Verknüpfung von Selbstorganisation, Kommunikationstechnik, Ökonomisierung und Qualitätssicherung als Voraussetzung für ein erfolgreiches Distance Learning gegeben ist.

Um eine Abgrenzung gegenüber allzu fantastischen Visionen zu schaffen, andererseits elektronisch unterstütztes Lernen als umfassendes Managementkonzept zu verstehen und eine ganzheitliche Sicht auf alle Gestaltungsebenen zu werfen, wird „Referenzmodell II" in Anlehnung an [BACK/BENDEL/STOLLER-SCHAI 2002] als Bezugsobjekt vorangestellt. Damit finden nicht nur die Systeme und Technologien für elektronisches Lernen Berücksichtigung, sondern es werden auch Strategien und Geschäftsprozesse für „Lernen und Wissensentwicklung" sowie Methoden für Lernprozesse einbezogen. Zusätzlich ist Learning Management und

Projekt- bzw. Change Management enthalten. Als Orientierung und Muster zur Modellierung von elektronischem Lernen stehen im Referenzmodell II (Abb. II-5) drei Gestaltungsräume im Vordergrund:

- *Distance Learning:* Lernsysteme, die den Mitarbeitern Lern- und Informationsangebote mit Fach- und Orientierungswissen bereitstellen und vermitteln und die Reflexion von Lern- und Arbeitsprozessen ermöglichen.
- *E-Collaboration:* Dazu gehören verschiedenartige Formen von kollaborativem Lernen und Arbeiten innerhalb von Unternehmen aber auch zwischen den Mitarbeitern verschiedener Organisationen. Dabei kann dieses Lernen und Zusammenarbeiten individuell oder in Gruppen erfolgen.
- *Just-in-Time-Learning:* Unterstützt Mitarbeiter dann, wenn ein Lernbedarf in unmittelbarer Nähe des Arbeitsplatzes relevant ist und im Rahmen von Tätigkeiten auftritt. Dabei kann das Einsatzspektrum vom Monteur, der zur Wahrung seiner Serviceaufgaben Informationen benötigt, bis hin zu Hilfsfunktionen für Softwareanwendungen reichen.

Da es Ziel ist, in den folgenden Ausführungen aufzuzeigen, welche Verbindungen von Qualifizieren und Lernen mit dem Wissensmanagement bestehen bzw. welche naheliegenden Gründe gegeben sind, elektronisches Lernen und Wissensmanagement zusammenzuführen, bietet dieses Referenzmodell zusätzlich den Charme, dass es bereits Wissensmanagement-Komponenten integriert. So finden sich dort zusätzlich Teile der Human-Resource-Wertschöpfungskette wie Skill und Competency Management, die in integrierten E-Learning-Lösungen mit den übrigen Gestaltungsräumen verbunden sind.

Um sich mit elektronisch unterstütztem Lernen, Lehren und Arbeiten vertraut zu machen, soll zunächst über ausgewählte Szenarien ein Blick auf bereits heute gegebene Distance-Learning-Formen geworfen werden.

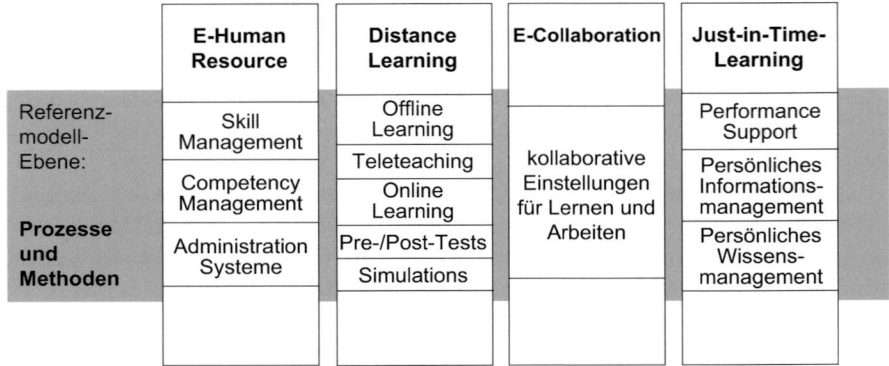

Abb. II-5 *Referenzmodell II* – „E-Learning": Spektrum der Gestaltungsmöglichkeiten für elektronisches Lernen in Unternehmen [in Anlehnung an BACK/BENDEL/STOLLER-SCHAI 2002]

2.3.1 Szenarien zum gegenwärtigen elektronischen Lernen und Arbeiten

Um eine Vorstellung zu entwickeln und konkrete Anhaltspunkte zu erhalten, welchen Beitrag Distance Learning in Richtung der Entwicklung professionalisierten Wissensmanagements leisten kann, werden im Folgenden *rudimentäre Szenarien* aufgezeigt, die einen ersten Eindruck geben sollen, welche organisatorischen, aber auch methodisch-didaktischen Konzepte in Unternehmen und Organisationen realisiert werden können. Dabei wird zwischen Szenarien unterschieden, wie sie aus Sicht von Bildungswilligen erfahren werden können. Daneben stehen Entwicklungsprozesse von Qualifizierungsangeboten und Medien aus Sicht von Trainern und Trainingskonzeptentwicklern. Es versteht sich von selbst, dass es sich dabei um einige wenige, ausgewählte Szenarien handelt, die heute schon Gegenstand von Distance Learning sein können.

Dieses Vorgehen ist angelehnt an der *Szenarientechnik* [vgl. stellvertretend WILMS 2006, PILLKAHN 2007]. Damit wird ein Prozess eingeleitet, den Status quo mit Szenen im Umfeld von elektronisch unterstütztem Lernen, Lehren und Managen von Wissen zu beschreiben. Ziel ist es, ein besseres Verständnis für einzelne gegenwärtig praktizierte Verfahren, Applikationen und Systeme vorzubereiten und aus diesem Status Anhaltspunkte für die Entwicklung von Zukunftsszenarien zu gewinnen.[6]

Wie bereits eingangs erwähnt, werden Praxisbezüge häufig vor dem Hintergrund der Automobilindustrie entwickelt, ohne dabei Einschränkungen für andere Branchen zu präjudizieren. Zur Veranschaulichung zukünftiger Trainingsprozesse in der Distance-Learning-Welt werden drei unterschiedliche Szenarien skizziert. Zunächst steht im Vordergrund, wie aus Sicht eines Bildungswilligen ein erster Kontakt zur betrieblichen Fort- und Weiterbildung auf elektronischem Weg erfolgen könnte:

Szenario 1: Zugang zu einer „virtuellen Akademie" und Anmeldung zum Lehrgang

Müller ist seit zwei Jahren Mechaniker in einem Händlerbetrieb eines Autohauses. Sein Werkstattleiter Huber ist mit seiner Leistung sehr zufrieden. Er möchte, dass sich Müller auf Fahrzeugelektronik spezialisiert und auf mittlere Sicht das

---

[6] Damit steht eine Beschreibung von *gegenwärtig* möglichen Applikationen und Prozessen von Distance Learning (*State-of-the-Art-Situation*) im Vordergrund. Darauf aufbauend können die üblicherweise mit der Szenariotechnik verbundene Erarbeitung von Deskriptoren (Einflussfaktoren), die das Kernstück bilden, und die begründeten Projektionen einschließlich der jeweils geschätzten Eintrittswahrscheinlichkeit für ein ausgewähltes Zieljahr entwickelt werden. In Teil II-4.2 wird teilweise an diesen Szenarien angeknüpft und für Wissensarbeit, -technologie und -organisation einzelne *zukünftig* mögliche Szenarien der Wissensgesellschaft vorgestellt (*Future-oriented-Situation*) [vgl. auch die Fußnote zur *Szenariotechnik* in Teil II-4.2]. Die Schritte mit der Deskriptorenbildung und der Eintrittswahrscheinlichkeitsschätzung müssen allerdings zukünftigen Untersuchungen zur Bildungsforschung und zum Wissensmanagement überlassen bleiben.

Elektrikteam leitet. Hierfür sind allerdings umfangreiche Spezialkenntnisse erforderlich. Huber schlägt die Teilnahme an Lehrgängen auf Basis des Distance-Learning-Angebots des Mutterkonzerns vor. Dies beinhaltet Lehrgänge mit Kombination mehrerer Trainingsmethoden, erfordert einen kontinuierlichen Trainingsprozess und verspricht maximale Trainingseffizienz und Lernerfolge. Dabei wird der gesamte Qualifizierungsprozess über ein spezielles Managementsystem gesteuert.

Um sich einen schnellen Überblick zum Qualifizierungsangebot zu verschaffen, geht Müller über seinen PC und virtuelle Kanäle auf das Trainingsangebot seines Automobilherstellers. Er findet Lehrgänge, die ihn näher interessieren. Für einen tieferen Einblick wendet sich Müller an einen „virtuellen Berater". Der virtuelle Berater gibt Müller einen Einblick in das gesamte Angebot und bringt ihn anhand gezielter Fragen möglichst schnell zum gewünschten Lehrgangsbereich. Nach Beantwortung der Fragen geht der Berater mit Müller auf einen „virtuellen Rundgang" durch das Lehrgangsangebot. Dabei kann Müller jederzeit weitere Fragen stellen, worauf der Berater ggf. den Weg des Rundgangs ändert.

Da sich Müller in erster Linie für das Thema Elektronik interessiert und mehr zu den Angeboten in diesem Bereich wissen möchte, surft er zum Themenbereich Elektronik. Dort wählt er einen Lehrgang aus und bekommt vorab die wichtigsten Informationen im Überblick (z. B. Trainingsmodul-Übersicht, Lernziele, Inhaltsbeschreibungen, Dauer, Kosten etc.). Müller erkennt, dass das angebotene Training neben verschiedenen eigenständig zu bearbeitenden Trainingsmedien auch die Teilnahme an Präsenz-Learning- und Teletraining-Veranstaltungen beinhaltet. Ihm wird klar, dass auch die persönliche Kommunikation beim Distance Learning eine wichtige Rolle spielt, um die praktische Arbeit am Fahrzeug mit der Theorie zu kombinieren, damit sich die Lehrgangsteilnehmer kennenlernen und somit leichter in der Lage sind, mit dem Coach zu kommunizieren.

Das Gesamtkonzept überzeugt Müller und er beschließt, sich zu diesem neuen Trainingsangebot baldmöglichst anzumelden. Dazu wird weitgehend automatisch vom PC eine Anmeldung erstellt und mit allen notwendigen und persönlichen Daten sowie Informationen zu seiner Person und seinem Betrieb ergänzt. Das Managementsystem stellt die Vertraulichkeit der Daten sicher. Danach ist Müller registriert und kann sofort auf die für ihn erforderlichen Funktionen der virtuellen Akademie zugreifen.

Mit zahlreichen Zusatzfunktionen und Mehrwertdiensten unterstützt dieses Distance-Learning-Management-System den Lernprozess. Es werden angeboten: persönlicher Lernplan, Lernfortschritt, Testergebnisse, elektronischer Notizblock sowie eine Online-Bibliothek, ein E-Shop zur Bestellung von Offline-Medien und der Zugang zu vertiefenden Informationsangeboten. Außerdem stehen einem fortschrittlichen Wissbegierigen zusätzliche Kommunikationsmöglichkeiten wie Foren, Chat, Desktopkonferenzen und Hilfsangebote (Bibliothek, Lexikon, Suche, Frequently Asked Questions, Tutormail, Expertenmail etc.) zur Verfügung. Für die Steuerung und Unterstützung des Trainingsprozesses sind speziell eingerichtete Online-Tutoren der Zentrale verantwortlich.

2.3 Distance Learning – Relativierung von Ort, Zeit und Raum

Weiterhin wird in einem zweiten Schritt seiner Frage nachgegangen, wie er mit Hilfe elektronischer Lehr- und Lernunterstützung sein Qualifikationsniveau erhöhen kann:

Szenario 2: Lehrgang zur Verbesserung eines Qualifikationsniveaus von Level 1 auf Level 2

Nach den Auswahl- und Anmeldeprozeduren kann Müller mit seinem Lehrgang beginnen. Der Trainingsablauf beinhaltet Selbstlern- und Gruppenlernphasen. Der Lernprozess ist in einem Lehrplan festgelegt und wird vom Automobilhersteller und seinen Tutoren gesteuert. Merkmale sind wöchentliche Coaching-Gespräche zwischen Tutor und Lerner, wöchentliche Online-Tutorien zum Erfahrungsaustausch in der Lerngruppe und gemeinsame Aufgabenbearbeitung, eine oder mehrere Präsenzveranstaltungen für praktische Übungen sowie die Teilnahme an Teletraining-Aktivitäten.

Folgender Ablauf ist im Einzelnen gegeben:

- *Eingangstest mit Bildungsbedarfsanalyse und -expertise:*
  Um den individuellen Kenntnisstand zu ermitteln, muss Müller einen Eingangstest absolvieren. Das Ergebnis entscheidet über die Zulassung zum Lehrgang bzw. gibt Informationen, ob noch andere Trainingsmaßnahmen vor Lehrgangsteilnahme erforderlich sind bzw. empfohlen werden.
- *Grundlagenlernen vor Ort:*
  Nach dem Beginn des Lehrgangs frischt Müller mit den in seinem Betrieb vorhandenen Selbstlernprogrammen sein Grundlagenwissen zum Thema gezielt auf. Dabei folgt er dem Vorschlag der Bildungsbedarfsexpertise aus dem Eingangstest.
- *Einführungsveranstaltung via Teletraining:*
  Der Lehrgang geht weiter mit einer Teletraining-Veranstaltung, in der Müller alle Informationen über Zielsetzung, Inhalt, Lehrgangskonzept und -komponenten, Trainingsmedien etc. erhält und der Lernprozess genau erläutert wird. Außerdem wird das neue Lehrmedium „Virtuelle Akademie", ihre Komponenten, Funktionen und deren Bedienung erklärt. Gleichzeitig hat Müller die Gelegenheit, die Teilnehmer und die Tutoren kennenzulernen.
- *Online-Lernen:*
  Das Online-Lernen erfolgt nach ähnlichem Schema wie bisher das Selbstlernen vor Ort. Zusatznutzen bieten Online-Kommunikations- und Hilfefunktionen sowie insbesondere eine ständige Aktualität der Lehrinhalte. Müller kann Fragen zu ganz bestimmten Aufgaben direkt an den Tutor stellen. Der Tutor kommuniziert mit den Lernenden synchron und gibt direkt Hilfe. Protokollfunktionen dienen zum Feedback und der kontinuierlichen Verbesserung der Lernprogramme.

- *Präsenzveranstaltungen:*
  Sie sind ein Kernelement eines jeden Lehrgangs. Hier wird das erlernte theoretische Wissen praktisch angewandt und vertieft. In der Gruppe arbeitet Müller gemeinsam mit den anderen Lehrgangsteilnehmern direkt am Fahrzeug. Es werden gemeinsame Aufgaben bearbeitet und praktische Erfahrungen mit Kollegen ausgetauscht. Hierbei ist der Trainer in erster Linie Coach.
- *Abschlusstest und Zeugnisverleihung:*
  Am Ende der Bildungsmaßnahme steht ein Abschlusstest. Da Müller diesen Test besteht, erhält er ein qualifiziertes Zeugnis, in dem alle Trainingsaktivitäten und Testergebnisse dargestellt sind. Es weist Müller z. B. als „zertifizierten Kfz-Elektriker" seiner Marke aus.

Damit ist der erste Distance-Learning-Lehrgang für Müller nach ca. 6 Monaten beendet. Da er ein sehr fortschrittlicher Mitarbeiter ist und zudem in einem sehr zukunftsorientierten Betrieb beschäftigt ist, hat er die Möglichkeit, über das Distance-Learning-Management-System weiterhin Kontakt zu Trainingsteilnehmern und Tutoren zu pflegen, Erfahrungen auszutauschen und sich über Neuigkeiten regelmäßig informieren zu lassen.

Schließlich wird ein „Just-in-time-Lehrgang" 6 Wochen vor Markteinführung eines neuen Produkts dargestellt:

Szenario 3: Distance Learning vor der Markteinführung eines neuen Produkts

Ein neues Fahrzeug soll im Markt eingeführt werden. Der Lehrgangsablauf (Tafel 1) gestaltet sich dabei für Müller vom Service anders als bei Meier vom Verkauf: Nach der Auswahl, Anmeldung und Teilnahmebestätigung zum Lehrgang beginnt für beide der eigentliche Qualifizierungsprozess. Dazu erhalten die Teilnehmer einen exakt definierten, zielgruppenspezifischen Trainingsplan, der identische Ziele von Service und Verkauf enthält.

Während der 6 Wochen kommunizieren Müller und Meier regelmäßig zu fest vorgegebenen Zeiten mit Tutoren bzw. mit den anderen Lehrgangsteilnehmern per Forum, E-Mail und Chat. Die Integration von Tests und Seminaren mit praktischer Arbeit am Fahrzeug sind bei Müller wesentliche Bestandteile des Gesamtkonzepts. Eine ausreichende Anzahl von Fahrzeugen steht rechtzeitig zu Verfügung. Auch nach Abschluss des Lehrgangs können die Lernenden miteinander kommunizieren oder über Neuigkeiten informiert werden. Der Lehrgang endet schließlich mit einem Abschlusstest, der online oder am Ende des abschließenden Seminars erfolgt. Müller und Meier erhalten ein Zertifikat mit Trainingsinhalten und Testergebnis.

2.3 Distance Learning – Relativierung von Ort, Zeit und Raum

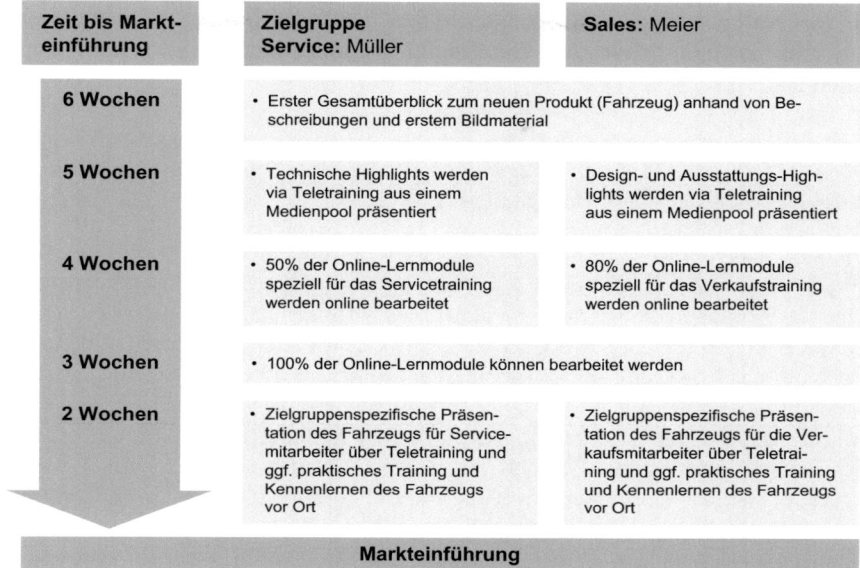

Tafel 1 Zeit- und Aktionsplan für Sales- und Servicemitarbeiter zur Vorbereitung auf ein neues Produkt

Nachdem die Szenarien aus der Sicht von Bildungsnachfragern vorgestellt wurden, stehen jetzt die Trainingskonzeptentwickler und Trainer im Vordergrund. Aus der Notwendigkeit zur Bereitstellung eines neuartigen Lehrgangsangebots, das auch Distance Learning stärker berücksichtigt und ermöglicht, stellen sich hinsichtlich der Konzeption der Curricula („Lehrpläne") Trainingskonzeptentwickler und Trainer neuen Herausforderungen:

Szenario 4: Aktuelle Anforderungen an Trainingskonzeptentwickler und Trainer

Schulz ist für die Trainingsorganisation zuständig. Seine Kollegen von der Konzeptentwicklung haben bereits auf der Curriculum-Ebene die Curricula („Lehrpläne") für die Themengebiete und Zielgruppen konzipiert, Qualifikationsvoraussetzungen, Lernzielhierarchien, Inhalte der einzelnen Lehrgangsmodule, Lernmethoden und den Medienmix festgelegt. Ihm obliegt es, einen Zeitplan zu entwickeln, in dem die Abfolge der Einzelmaßnahmen, der Zeitbedarf, die Ressourcen beim Lernenden und bei seiner Trainingsorganisation festgelegt sind. Die Lehrpläne werden von Schulz in enger Abstimmung mit den für die Teilbereiche Präsenzlehrgang, Selbstlernen und Telelehrgang zuständigen Teams konzipiert und in ein spezielles Managementsystem eingestellt. Die gesamte Aktivitätenplanung wird während der Medienentwicklung und Lehrgangsdurchführung permanent abgeglichen und aktualisiert.

Diese Anforderungen schließen auch den curricularen Entwicklungsprozess mit der Konzeption, Produktion, Bereitstellung und Vermarktung der Lehrgangsmedien ein:

Szenario 5: Konzeption und Entwicklung der Lehrgangsmedien und Einstellen in das Distance-Learning-Management-System

Nach Fertigstellung des übergeordneten Lehrgangskonzeptes folgt auf der Inhaltsebene gemäß Lehrplan eine sukzessive, modular angelegte Zusammenstellung der Lehrgangsmethode und Medien. Dies wird von den Konzeptentwicklern praktiziert (Präsenzlehrgang, CBT etc.). Sieber von der Konzeptentwicklung greift bei der Erstellung der Lerneinheiten online auf einen zentralen Medienspeicher zu. Damit ist sichergestellt, dass durch zentrale Speicherung und Verwaltung der digitalen Lerneinheiten und Medieninhalte immer die aktuellste Version verfügbar ist und sofort allen Nutzern bereitsteht.

Sieber von der Konzeptentwicklung hat die gesamten Inhalte in kleinen, in sich abgeschlossenen Bausteinen erstellt und steuert diese sukzessive in das Managementsystem ein. Damit stehen die Inhalte gemäß Lehrplan termingerecht online allen Lehrgangsteilnehmern zur Verfügung.

Und schließlich bedarf es spezieller Tutoren zur Durchführung einer Distance-Learning-Lehreinheit:

Szenario 6: Online-Tutoren zur Unterstützung des Online-Trainingsprozesses

Ein neuer Arbeitsplatz ist die sog. Tutorfunktion. Hoffman als Tutor oder auch Tele-Coach ist für die Betreuung der Lehrgangsteilnehmer und Steuerung aller Kommunikations- und Arbeitsprozesse über den gesamten Lehrgangszeitraum verantwortlich. Er ist der zentrale Ansprechpartner, der alle Lehrgangsteilnehmer per Online-Kommunikation, Telefon oder Videokonferenz inhaltlich und didaktisch betreut und bei fachspezifischen Fragen automobile Fachexperten konsultiert. Hoffmann betreut gleichzeitig eine bestimmte Anzahl von Lerngruppen. Für diese Arbeit stehen ihm spezielle Online-Funktionalitäten wie Tutormail, Tutorkonten, Tutorzeitplan etc. zur Verfügung. Hoffmann ist eine Art Multitalent sowohl in Bezug auf die Anforderungen des Distance-Learning-Prozesses als auch in Bezug auf die fachliche und persönliche Betreuung der Lehrgangsteilnehmenden.

Diese Szenen verschaffen einen ersten kleinen Eindruck von den Möglichkeiten einer elektronisch unterstützten Qualifizierung. Es bleibt abschließend nochmals darauf hinzuweisen, dass es sich hier um beispielhafte Szenarien handelt, deren Prozesse relativ wenig miteinander verknüpft sind und auch nicht in Gänze so eintreten müssen. Die Frage ist, inwieweit diese Szenarien als Orientierung bei der Entwicklung von Distance-Learning-Tools herangezogen werden können? Zur konkreten Verwirklichung in Unternehmen bedarf es hierzu entsprechender Tools und Applikationen. Deshalb wird in den nachstehenden Ausführungen der Frage nachgegangen, welche Distance-Learning-Systeme geeignet sind, im Schwerpunkt von Wissensgewinnung, -verarbeitung und -vermittlung diesen Teil des Wissensmanagements dahingehend zu professionalisieren, dass Elemente der Wissenswertschöpfungskette in Organisationen zum Nutzen des Bildungswilligen dauerhaft Verbesserungen erfahren.

2.3.2 Begriffliche Abgrenzungen und Referenzmodell zur Integration von elektronischem Lernen, Lehren und Arbeiten

Die verschiedenen Szenarien zeigen unterschiedliche Aufgabenstellungen und vielfältige Anforderungen – unabhängig davon, ob dies aus der Perspektive eines Nutzers und Nachfragers für den Wissenserwerb erfolgt oder aus der Perspektive desjenigen Wissensarbeiters, der mit der Erstellung, Speicherung oder Verteilung von Wissen beschäftigt ist. Es verwundert also nicht, dass sich für die Umsetzung von Distance Learning ein weites Feld im Charakter einer „technischen Spielwiese" auftut. Viele verschiedene sich ähnelnde Lösungen haben trotzdem erhebliche Unterschiede, ohne dabei eine plattformübergreifende Integration darzustellen. Insofern kann hier auch keinesfalls der Anspruch bestehen, auf alle technologischen, systemtechnischen und didaktisch-methodischen Formen und Gestaltungsmöglichkeiten einzugehen. Damit ist auch nicht beabsichtigt, eine Übersicht aller für die technische Umsetzung von Lehr- und Lernumgebungen interessierenden Technologien und Systeme zu geben. Vielmehr soll auf der Basis des bereits gegebenen Referenzmodells II für elektronisches Lernen eine weitere Vertiefung zum Umfeld von Lernen und Arbeiten erfolgen. Die Konkretisierung beschränkt sich dabei zunächst auf das konventionelle und elektronische Lehren und Lernen und das damit verbundene Bezugsfeld. Insofern wird ein weiteres Referenzmodell hinzugefügt, das hierzu in einer Art logischer Plattform den Bezugs- und Orientierungsrahmen bilden soll, um spezifische Anforderungen zu erkennen und ausgewählte Lösungen zu vertiefen. Vorab ist es jedoch zunächst wichtig, in Anknüpfung an die Szenarien – trotz inzwischen etablierter Semantik – einige Begriffe zu klären, um zu einem Systemmodell zu gelangen.

In Theorie und Praxis entstanden zwischenzeitlich für alle im Zusammenhang mit elektronischen Geschäftsprozessen stehenden Aktivitäten unterschiedliche begriffliche Ausprägungen. Dies hat dazu geführt, dass es in der Kommunikation zunehmend schwieriger geworden ist, eine Einordnung der damit verbundenen Instrumentarien vorzunehmen. Für ein Wissensmanagement, das sich auf die Verwendung elektronischer Medien stützt, ist es notwendig, für Begriffe, die im Zusammenhang mit E-Business auftreten, pragmatische Abgrenzungen zu treffen, denen die Gestaltung des Referenzmodells mit Lernen und Qualifizieren sowie dessen Prozesse, Methoden und Instrumente unterliegen.

Wie bereits in der Einführung skizziert, wird heute unter dem Begriff E-Business im weitesten Sinne die Nutzung von Internet-basierten Technologien zur Information und Kommunikation verstanden. Dabei bezieht sich die Kommunikation auf Geschäftsprozesse und Wertschöpfungsketten mit dem Ziel, diese zu optimieren oder auch neue Geschäftsfelder aufzubauen.

E-Business findet statt zwischen verschiedenen Unternehmen (Business-to-Business, abgekürzt auch B2B), zwischen Unternehmen und Privatpersonen (Business-to-Customer, auch B2C genannt), aber auch zwischen Unternehmen und Mitarbeitern (Business-to-Employee, B2E). Wesentlich für Automobilhersteller ist beispielsweise die Verbindung von Kunde und Fahrzeug (Customer-to-Car, C2C) mit Focus einer Vernetzung, um die Mobilität zu erhöhen.

Die Auswirkungen des E-Business finden ihren Niederschlag in der Arbeitswelt in vielfältiger Form. So werden dem E-Business häufig E-Marketing, E-Commerce, E-Procurement, Supply Chain Management etc. untergeordnet. Sie verwandeln den Arbeitsstil und die -geschwindigkeit grundlegend. Im Zusammenhang mit Wissensarbeit, Wissensorganisation und Wissenstechnik ist dabei insbesondere der Begriff E-Learning von Bedeutung.

Mit dem Begriff E-Learning werden leicht unterschiedliche Vorstellungen verbunden. Unter pragmatischen Gesichtspunkten wird häufig von E-Learning gesprochen, wenn eine Wissensvermittlung gegeben ist, die auf der Basis von IT-Technik und audiovisueller Unterstützung einen Lernprozess *direkt* ermöglicht (E-Learning im *engeren* Sinn) oder flankierend, d. h. *indirekt* unterstützt (E-Learning im *weiteren* Sinn). Dabei wird dieses prozessorientierte Lernen in Szenarien im Einzel- oder Gruppenprozess häufig zeitgleich vollzogen und ist in aller Regel räumlich auf mehrere Standorte verteilt. Zur Überwindung der räumlichen Distanzen wird dabei auf physische Netzwerke zurückgegriffen. Durch die Verbreitung des Zugangs zum Internet/WWW seit dem Ende der 90er Jahre wurden die Informations- und Kommunikationsprozesse über diese Kanäle abgewickelt und dadurch das synchrone, computerunterstützte kooperative Lernen um diese Möglichkeit ergänzt.

Damit kann sich der erste Ansatz von E-Learning-Systemen auf der Basis der vorgestellten Szenarien und der begrifflichen Fixierungen folgendermaßen festlegen lassen:

- Wissensvermittlungsinstrumente, die für Individuen auf der Basis von IT-Technik und unter Einbindung des multimedialen Spektrums von Audio und Video entwickelt wurden. Dabei bieten diese Systeme unterschiedliche Formen in Bezug auf Interaktivität.
- Wissensvermittlungsinstrumente, die es ermöglichen, den eigentlichen direkten Lernprozess zu vollziehen, und damit den Prozess der inhaltlichen Wissensaufnahme beim Teilnehmer unterstützen. Daneben zählen zu diesen Instrumenten auch Systeme, die den Wissensvermittlungsprozess flankierend unterstützen. Flankierend heißt, sie tragen dazu bei, dass Mitarbeiter beispielsweise Hilfe bei der Vorauswahl geeigneter Qualifizierungsmaßnahmen bekommen oder dass

2.3 Distance Learning – Relativierung von Ort, Zeit und Raum

Trainern Instrumente zur Verfügung stehen, um Trainingshilfsmittel in kooperativer Form zu erstellen. Damit steht bei diesem Prozess nicht die interaktive Wissensaufnahme im Vordergrund, sondern relevante Instrumente und Funktionen, die dem Lernprozess vor- oder nachgelagert sind. Dabei erfüllen alle Tools das Kriterium einer logischen und physischen Eigenständigkeit, die dann gegeben ist, wenn die Instrumente per se für einen direkten oder indirekten Wissensvermittlungsprozess geeignet sind.
- Wissensvermittlungsprozesse können in Einzel- oder Gruppenarbeit vollzogen werden. Das heißt, Lernprozesse können in Verbindung mit einem PC als „Einzel-Lernstation" stattfinden oder in „Gruppenarbeitsräumen", in denen mehrere Teilnehmer Wissensaufnahme mit Hilfe von Bildschirmen und geeigneten Kommunikationseinrichtungen praktizieren. Dabei ist dieser Prozess insbesondere bei der Wissensaufnahme häufig räumlich über mehrere Standorte verteilt. Zur Überwindung dieser Distanzen werden physische Netzwerke benötigt, um die Inhalte zu transportieren (online). Nur in Ausnahmefällen werden Medien (z. B. CD-ROMs) physisch distribuiert (offline).

Damit werden bei dem Begriff des E-Learning hier auch die Tools und Applikationen einbezogen, die den allgemeinen Lernprozess flankierend unterstützen, indem sie relevante Funktionen in der Lernumgebung, wie ein Portal für den Zugang zum Wissen, oder die Gestaltung von Wissen einbeziehen und damit die medial gestaltete Umgebung mit den erforderlichen Funktionalitäten für den E-Learning-Prozess bilden.

Aus den von den Szenarien geprägten Anforderungen an das E-Learning gibt es Gestaltungsmöglichkeiten in technologischer, systemtechnischer und didaktisch-methodischer Hinsicht. Dazu ist es erforderlich, wichtige Begriffe kurz zu umreißen und einen Rahmen zu skizzieren, in dem die Einordnung gelingt, um darauf aufbauend den spezifischen Anforderungen bei der konkreten Umsetzung nachgehen zu können. Aus technologischer und systemtechnischer Sicht gibt es Gestaltungsspielraum auf drei hierarchisch angeordneten Ebenen: der Ebene der Basistechnologien, der Ebene der Lerntechnologien sowie der Ebene der Lernsysteme [BACK/BENDEL/STOLLER-SCHAI 2001], wobei sich die Funktionalitäten auf der jeweils höheren Ebene durch die Nutzung und Integration von Komponenten der darunterliegenden Ebene ergeben [NIEGEMANN et al. 2004].

Zu den „*Basistechnologien*" zählen Applikationen mit eigenständig nutzbarer, nicht auf den Bereich elektronisch vermittelten Lernens ausgerichteter Funktionalität. Sie können in folgende Kategorien eingeteilt werden [NIEGEMANN et al. 2004]: Kommunikation (synchron, asynchron), Informationsbeschaffung, Administration, Produktion, Evaluation und Hard-/Software. Konkret lässt sich für asynchrone Kommunikation beispielsweise E-Mail, Foren oder Newsgroups anführen. Diese Basisapplikationen bzw. Infrastrukturkomponenten abstrahieren zunächst völlig von dem Einsatz der jeweiligen Technologie im Kontext von E-Learning-Lösungen, d. h., bei der Basistechnologie wird erstmals Bezug genommen, wer die jeweilige Technologie auf wen bzw. auf was anwendet; sie werden aber wegen ihrer Relevanz zur Fundamentierung konkreter E-Learning-Lösungen benötigt [COENEN 2001].

Gegenüber Basistechnologien orientieren sich bei „*Lerntechnologien*" die Funktionalitäten direkt am Lernprozess oder an speziellen Problemlösungen im Kontext von E-Learning-Anwendungen. Lerntechnologien sind quasi die „Bausteine" für komplexe E-Learning-Systeme [NIEGEMANN et al. 2004]. Sie bauen auf der Funktionalität der Basistechnologie auf und ermöglichen durch deren Integration spezifische Funktionalitäten. Lerntechnologien nehmen im Unterschied zu Basistechnologien Bezug auf den Lernkontext, das heißt auf die Lerngruppen und die im Lernprozess verwendeten Daten und Wissensinhalte. Auch sie lassen sich funktionalen Bereichen zuordnen [BAUMGARTNER et al. 2002]: Erstellen von Inhalten, Präsentation von Inhalten, Kommunikation, Evaluation und Bewertung sowie Administration. Zusätzlich können Lerntechnologien funktionale Bereiche integrieren sowie die Lehrenden und Lernenden von administrativen und organisatorischen Aufgaben entlasten. Viele Funktionen werden zunehmend als Standardapplikationen angeboten.

Die Integration der Basistechnologie zu einer Lerntechnologie erfolgt durch die Festlegung auf einen spezifischen Anwendungsbereich: das E-Learning. Dagegen erfolgt die Integration von Lerntechnologien zu einem „*Lernsystem*" vor allem durch die Konkretisierung des Anwendungskontextes mit Hilfe von Daten und Inhalten. Damit instanziieren Lernsysteme gewissermaßen Lerntechnologien – das heißt E-Learning-Anwendungen –, indem sie diese mit konkreten Datenströmen und Inhalten verbinden [NIEGEMANN et al. 2004] und didaktische Konzepte und Methoden umsetzen. Fazit: Lernsysteme sind konkrete E-Learning-Lösungen, sie vereinigen unterschiedliche Lerntechnologien in einem durch Daten und Inhalte bestimmten Anwendungstext und setzen dabei spezifische didaktische Konzepte und Methoden um [NIEGEMANN et al. 2004].

Vor dem Hintergrund der Szenarien und der Klärung von Begriffen lassen sich

- konkrete E-Learning-Lösungen auf der Basis eines einheitlichen Modells bilden und teilweise unterschiedliche methodisch-didaktische Ansätze und Polarisierungen herausstellen und damit insbesondere zusätzliche Chancen für die Wissensvermittlung eröffnen;
- die im Lernumfeld und im Wissensraum benötigten Aufgabenfelder andeuten und zeigen, dass in Bezug auf die notwendige Wissenstechnik und Wissensorganisation übergeordnete und verzahnte E-Learning-Systeme erforderlich sind, um entlang der E-Learning-Wertschöpfungskette [SEIFFERT 2001] ökonomisch und arbeitsteilig vorzugehen und dabei ein Höchstmaß an Qualität und Nutzen zu bringen;
- die Integration der Lernsysteme in Bezug auf Lerntechnologien mit dem Ziel Wissensorganisation, -technik und -arbeit effizient und zukunftsorientiert und in einer logischen aufeinander aufbauenden Form entwickeln und in einer Plattform verwirklichen, was die beste Voraussetzung für ein Blended Learning und ein Knowledge Management bildet.

Das dazu entwickelte Referenzmodell III (Abb. II-6) beabsichtigt, in einer Art logischer Plattform pragmatischen Ansprüchen gerecht zu werden, Orientierung

2.3 Distance Learning – Relativierung von Ort, Zeit und Raum

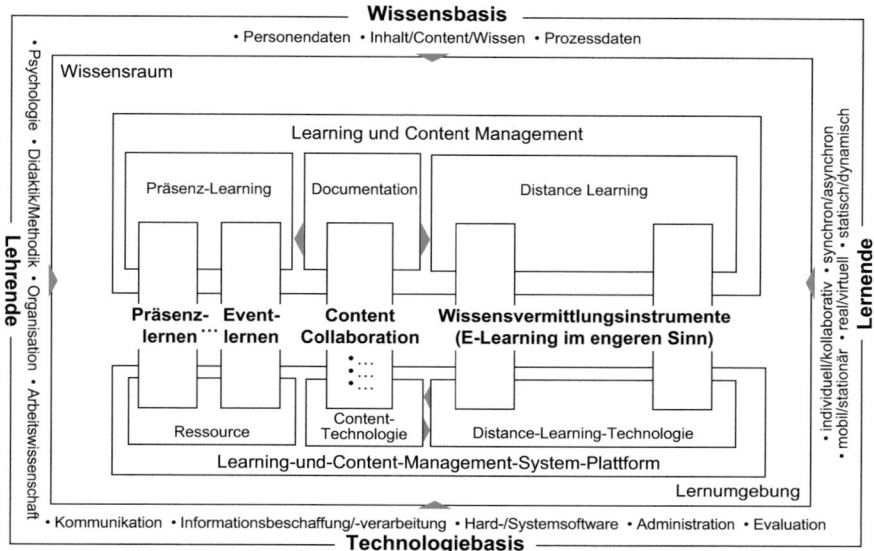

Abb. II-6 *Referenzmodell III* – Bezugsrahmen – „Logische Plattform für Lernen und Arbeiten"

zu geben und gleichzeitig dafür zu sensibilisieren und den Weg vorzubereiten, dass zu einem umfassenden Wissensmanagement ein erfolgreiches Zusammenspiel von Technik, Wissen sowie Lernen, Lehren und Arbeiten notwendig ist.

2.3.3 *Distance Learning – Tools für die Wissensvermittlung*

Die vorhergehenden Ausführungen verfolgten das Ziel, Visionen und Strategien zukünftiger Distance-Learning-Vorhaben abzugrenzen. Im Folgenden werden Verfahren, Methoden, Tools und Applikationen vorgestellt, die eine sukzessive Verwirklichung der damit verbundenen Prozesse ermöglichen. Mit diesen elektronischen Systemen wird demnach das Ziel verfolgt, Wissensinhalte einzufangen, abzulegen und in vielfältiger Weise digital zu verteilen. Aus dieser zentralen Anforderung leitet sich eine Dreiteilung für Lernsysteme ab:

- Lern- und Wissensvermittlung,
- Lern- und Wissensproduktion,
- Lern- und Wissenslogistik.

Gemeinsam haben sie das Ziel nach Qualität und Nutzen zu geringen Kosten. Wenn man der Diskussion im Formalisierungsgrad von E-Learning folgt [ausführlich bei REGLIN 2004], am anwendungsbezogenen Verständnis anknüpft [HAHNE

2003] und den Schwerpunkt der Wissensvermittlung hervorhebt, dann drängt sich für die Gestaltung von E-Learning-Systemen eine Zweiteilung auf:

- *Formelles E-Learning:* Partielle Systeme mit dem Ziel, ein von einer Bildungsinstitution initiiertes und veranstaltetes Lernen zu unterstützen und dabei pädagogisch dominierte Strukturen in Bezug auf Inhalte, Ziele und Zertifizierungen zu realisieren (z. B. Fernlehrkurs, Teleteaching etc.).
- *Informelles E-Learning:* Partielle Systeme, die losgelöst sind vom Kursschema und weitgehend frei zugänglich sind, damit informelles Lernen überwiegend ungeregelt im Lebens- und Arbeitszusammenhang stattfinden kann (z. B. Learning Communities).

Für die konkrete Gestaltung von E-Learning-Systemen, die diese Merkmale aufgreifen, ist dabei noch ein zusätzliches Unterscheidungsmerkmal von Bedeutung: Die dem Lerner gegenüberstehende pädagogische Zielgerichtetheit. Während beim „*formellen E-Learning*" ein überwiegend „*intentionales E-Learning*" gegeben ist, angeleitet durch Präsenzbetreuer oder Teletutoren oder verwirklicht in Form eines „intendierten" multimedialen Lernkonzepts, zeichnet das der Kategorie des „*informellen E-Learning*" zugeordnete „*funktionale E-Learning*" durch ein selbstgesteuertes problem- oder arbeitsbezogenes Lernen mit einem vernetzten PC aus.

Neben der pädagogischen Intentionalität ist noch auf einen weiteren Aspekt einzugehen, der mit der generellen Gestaltung von E-Learning-Infrastrukturen und speziell mit konkreten E-Learning-Systemen zusammenhängt. So werden – wie unter den bereits diskutierten konstruktivistischen Ansätzen – Fragen zur Selbstorganisation von Lernen unter dem Gesichtspunkt der Verknüpfung von formellem und informellem Lernen in arbeitsintegriertem E-Learning erneut aufgegriffen. Demnach geht es um die Unterscheidung von

- Arbeits*platznahem* Lernen, einem an traditioneller seminaristischer Prägung orientiertem E-Learning [SEVERING 2003], und
- arbeits*integriertem* Lernen, das bereits dann stattfindet, wenn an wissensintensiven Arbeitsplätzen gelernt wird, ohne dass sich die Mitarbeiter in eine explizite Lernsituation begeben.

Die Frage, die sich hier aufdrängt, ist, welche Konsequenzen entstehen daraus für die betriebliche Infrastruktur und für die Entwicklung von E-Learning-Systemen. Und: Gibt es Besonderheiten bei den konzeptionellen Ansätzen von E-Learning-Systemen zu berücksichtigen, um auch Wissensarbeit zu unterstützen und für die Gruppe der Wissensarbeiter Nutzen zu stiften. Um dieser Frage nachzugehen, wird zunächst ein kurzer Blick auf den Arbeitsprozess der Wissensarbeiter geworfen, um darauf aufbauend am Modell der „vollständigen Handlung" den Versuch zu unternehmen, E-Learning-Systeme in der Welt von Wissensarbeit und Wissensarbeiter zu platzieren.

Ein wesentliches Merkmal von Wissensarbeitern ist das autonome und eigenverantwortliche Arbeiten. Dabei ist besonders der Frage nachzugehen, welcher Aufgabe ein Unternehmen sich unter den jeweils gegebenen Kontextbedingungen zu stellen hat [DRUCKER 1999]. Das Organisieren eines kontinuierlichen Innova-

2.3 Distance Learning – Relativierung von Ort, Zeit und Raum

tionsprozesses fordert vom Wissensarbeiter ständig weiter zu lernen (lifelong learning). Der Output ist mit qualitativen Größen schwer erfassbar. Wissensarbeiter stellen für Unternehmen keinen Kostenfaktor, sondern einen Vermögenswert dar, wobei in deren Weiterbildung permanent investiert werden muss [DRUCKER 1999].

Aus dieser kurzen Charakteristik wird bereits ersichtlich, dass der Arbeitsprozess des Wissensarbeiters alle Schritte von der Zielsetzung über die planmäßige Umsetzung, der Kontrolle von Arbeitsergebnissen einschließlich der rückblickenden Bewertung des Gesamtprozesses enthält. Somit entspricht er in vollkommener Weise dem Modell der „*vollständigen Handlung*" [REGLIN 2004]. Dies wird auch dadurch unterstrichen, dass eine Arbeitsgestaltung, die eine ganzheitliche, verantwortliche Teilhabe ermöglicht in anderem arbeitspsychologischem Kontext in der Industrie nachgewiesen wurde [HACKER 1998].

Das Modell der vollständigen Handlung, basierend auf der Leittextmethode, stellt idealtypisch dar, wie beispielsweise ein Facharbeiter einen kompletten Arbeitsauftrag ausführt [PAMPUS 1987]. Wenn sich das gewünschte Verhalten nur in einer vollständigen Handlung beschreiben lässt, dann kann die Qualifizierungsmethode entsprechend strukturiert und konzipiert werden. Demnach lassen sich sechs Phasen [REGLIN 2004] unterscheiden:

- *Informations*phase (u. a. Bekanntmachung der Ziele, erste Analyse von Arbeitsanweisungen etc.),
- *Planungs*phase (u. a. Erstellung schriftlicher Arbeitspläne),
- *Entscheidungs*phase (u. a. Fachgespräch mit dem Trainer),
- *Ausführungs*phase (u. a. Erstellung des Produkts, Durchführung einer Aufgabe);
- *Kontroll*phase (u. a. Selbst- und Fremdkontrolle),
- *Auswertungs*phase (u. a. Bewertung der durchgeführten Aufgabe).

Diese Phasen der vollständigen Handlung sind auch für die Anforderungen der Wissensarbeit relevant. Notwendigerweise ist die Informationsphase weiter zu fassen in Richtung einer Orientierung in ergebnisoffene Situationen. Auswirkungen auf die Zielorientierung und folglich auf Planen, Entscheiden und Ausführen gehen über in einen kontinuierlichen Rückkopplungs- und Informationsprozess.

Demnach kann auch Distance Learning dazu beitragen, Wissensarbeiter in allen Handlungsphasen zu unterstützen (Abb. II-7). Beim formellen Lernen stellen sie dabei in systematischer Weise Inhalte bereit und helfen bei der Problemlösung und Entscheidungsfindung. Allerdings ist dies dadurch gekennzeichnet, dass der Lernende veranlasst wird, aus seinen Arbeitszusammenhängen, für die gelernt wird, herauszutreten. Ein Teil der im folgenden aufgezeigten E-Learning-Systeme entsprechen diesem Typ; sie sind arbeitsplatznah angelegt. Es erfolgt ein weitgehend seminaristisch geprägtes E-Learning, bei dem der Wissensnachfrager einer Stoff- und/oder Simulationssystematik ausgesetzt ist. Darüber hinaus müssen vom Unternehmen E-Learning-Systeme konzipiert und lokalisiert werden, die nicht das Lernen für die Wissensarbeit ermöglichen, sondern ein lernendes Problemlösen *in* der Wissensarbeit unterstützen. Im Wesentlichen geht es darum, dass in allen Phasen der vollständigen Handlung der Wissensarbeiter wahlfrei Informationen

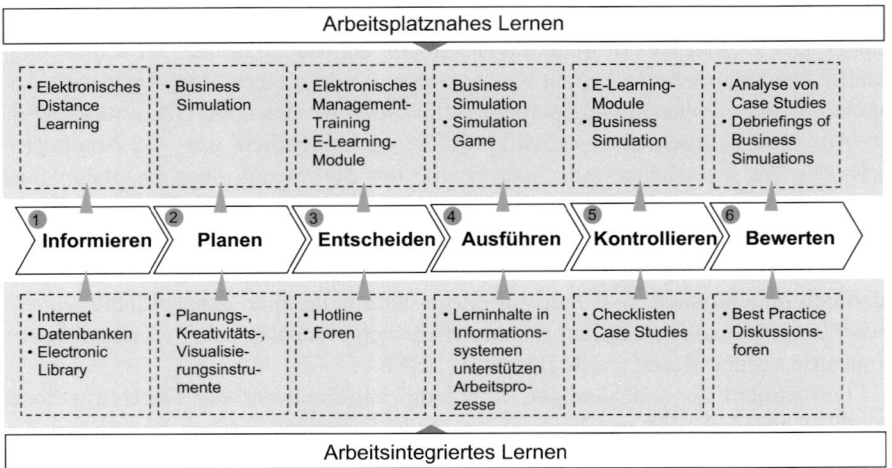

Abb. II-7 E-Learning als arbeitsplatznahes und arbeitsintegriertes Lernen im Kontext und Zyklus der vollständigen Handlung [in Anlehnung an REGLIN 2004]

aus dem Internet aus Wissensdatenbanken oder elektronischen Bibliotheken bezieht, ohne dass dafür eine explizite Lernphase eingeschoben werden muss. Damit werden Planungs- und Entscheidungsprozesse unterstützt, die Informationssuche erleichtert und auch bei der Ausführung, Kontrolle und Auswertung können die in den Arbeitsprozess integrierten Hilfen effektive Wissensarbeit unterstützen.

Organisationen stellt sich demnach die Aufgabe, zwei unterschiedlichen Ansätzen von E-Learning nachzugehen. So sind partielle E-Learning-Systeme zu konzipieren, die einerseits dem formalen, arbeitsplatznahen und andererseits dem arbeitsintegrierten, eher informellen E-Learning gerecht werden, um damit den unterschiedlichen Bedürfnissen für den Wissenserwerb zu entsprechen.

Aus technischer Perspektive sind die speziellen Anforderungen an die formalen arbeitsplatznahen E-Learning-Systeme nicht zu unterschätzen, da sie nicht allein die Seminarsituation elektronisch simulieren und dabei auch die didaktischen Konzepte exportieren, sondern auch vollständig die Strukturen traditioneller Weiterbildung reproduzieren [REGLIN 2004]. Dies alles geschieht mit der Zielsetzung, eine Strukturidentität des formellen E-Learning und die Integration zu der traditionellen seminaristischen Weiterbildung zu erreichen. Das birgt zweifelsohne die Gefahr, dass die Euphorie, durch neue Medien mehr Effizienz zu erhalten und veraltete Seminarformen zu überwinden, sich durch die technischen Anforderungen, die aus den neuen Medien resultieren, im Verhältnis 1:1 fortsetzt [REGLIN 2004]. Dies ist insbesondere damit verbunden, dass zudem im sozialen und organisatorischen Umfeld personelle und infrastrukturelle Maßnahmen getroffen werden müssen [ZIMMER/BLUME 1992, SCHMIDT/STARK 1995].

Aus technischer Perspektive sind die Anforderungen beim arbeitsintegrierten informellen E-Learning niedriger als bei lehrgangsorientierten Systemen, da eine ganze Reihe von Tools (z. B. Internet-Browser, Kommunikationsprogramme) an den überwiegenden Arbeitsplätzen vorhanden sind. Dabei kann auf eine spezielle Organisations- und Produktinfrastruktur verzichtet werden. Höher sind die Anforderungen allenfalls, weil für Individuen und Organisationen der Trend vom organisierten, fremdbestimmten Lernen zum selbstorganisierten, selbstbestimmten Lernen ein Umdenken erfordert. Zwar ist die Unterstützung des Selbstlernens durch die Unternehmensführung von großer Bedeutung, jedoch muss sie den einzelnen Mitarbeitern zugestehen, ihre eigenen „Bildungsmanager" zu werden, um damit Autonomie über Zeit und Raum des Lernens zu erhalten und sich bedarfsgemäß zu informieren und zu bilden. Die Lernenden müssen Selbstorganisationskompetenz, Recherchestrategien und Medienkompetenz erwerben. Dies impliziert auch eine Verlagerung von Lernen im Konsumentenstil („*Bringschuld für den Einzelnen*") hin zum nachfrageorientierten Lernen („*Holschuld des Einzelnen*"). Ebenso wird das Lernen auf Vorrat zunehmend kritisch betrachtet und konkurriert mit dem bedarfsorientierten Lernen („*Learning-on-Demand*"). Insbesondere in Anbetracht des ständig steigenden Bedarfs an Fortbildung aufgrund von verkürzten Innovationszyklen ist es kaum mehr möglich, einen Arbeitnehmer in der Ausbildung auf das gesamte Arbeitsleben vorzubereiten. Vielmehr wird es immer wichtiger, dass die Lerninhalte genau dann abrufbar sind, wenn der Bedarf dafür gegeben ist. Das Lernen erfolgt „*just-in-time*". Durch ihre zeitliche und örtliche Flexibilität lassen die neuen Wissensvermittlungsmethoden und Medien Lernen und Arbeiten erheblich enger zusammenrücken.

Keineswegs sollen diese Einschätzungen den Eindruck erwecken, die eine oder andere Form von E-Learning zu favorisieren. Hier geht es vielmehr darum, eine schlüssige und pragmatische Differenzierung unter systemtechnischen Gesichtspunkten vorzunehmen. Beide Formen haben bereits den Zenit euphorischer Erwartungen überschritten und befinden sich eher auf dem Boden nüchterner Realität. Auf eine gesonderte Betrachtung unter sozialen und arbeitspsychologischen Gesichtspunkten wird später noch einzugehen sein (vgl. Teil II-4.1.3). Wissensmanagement in den jeweiligen Organisationen ist hier aufgefordert, eine individuelle Strategie für elektronisch unterstütztes, formelles und/oder informelles Lernen an den betrieblichen Bedürfnissen und Anforderungen zu entwickeln.

Bei den nachfolgenden E-Learning-Systemen soll diese Zweiteilung sich auch in den konzeptionellen und technischen Ansätzen widerspiegeln und dabei sollen jeweils formelles und informelles E-Learning Berücksichtigung finden. Grundsätzlich geht es darum,

- die unterschiedlichen Möglichkeiten von methodisch-didaktischen Ansätzen mit der breiten Palette des medialen Spektrums aufzuzeigen;
- die verschiedenartigen Formen und Tiefengrade der Interaktivität zu ermitteln, da interaktive Lerneinheiten die größte Herausforderung darstellen und der Kommunikation im Wissenstransfer eine entscheidende Bedeutung zukommt und sich zudem passende Lernsituationen erst noch im Zusammenspiel zwischen Lernenden und Lehrenden entwickeln müssen;

- einen Einblick zu verschaffen, auf welche Art und mit welcher Bedeutung Wissensinhalte vermittelt werden können unter der Zielsetzung: „Das richtige Wissen zur richtigen Zeit in der richtigen Form am richtigen Ort". Die Bildung von Lernmakros und deren Häufigkeit der Verwendung ist ein erster Schritt zum ökonomischen Umgang mit Lerninhalten und verlangt ein hohes Maß an Effektivität, Organisation, Controlling sowie Wirtschaftlichkeit.

Mit dieser Differenzierung wird ersichtlich, dass die Entwicklung von Lernsystemen, insbesondere in größeren Unternehmen, nicht zwingend einer „Totalkonzeption" folgen muss, sondern dass partielle Lernsysteme für spezifische Anwendungszwecke und Zielgruppen entwickelt werden, die sich dabei an einem übergeordneten Rahmenplan orientieren müssen. Mit dieser Vorgehensweise wird sichergestellt, dass sich bei einem partiellen E-Learning-System das System nur auf den Teilausschnitt des gesamten in einem Rahmenplan für die Entwicklung von integrierten Lern- und Wissensmanagementsystemen umrissenen Wissensangebots- und Wissensbedarfkomplexes bezieht. Ausgerichtet an der Vision, in einer Art Community of Practise „Wissen schaffen" und „Wissen anwenden", kann langfristig in einem kreativen und sich entwickelnden Prozess das curricular gesteuerte Lernen vom Selbstlernen überlagert werden.

Die nachstehenden partiellen E-Learning-Systeme (Abb. II-8) stellen folglich nur einen kleinen Teilausschnitt aus der Menge des vielfältigen Spektrums dar. Sie verkörpern gleichzeitig eine breite Richtung von vielfältig möglichen Ausprägungsformen und sind aber allesamt Bausteine, die mehrjährige – teilweise Jahrzehnte lange – Bewährung in Bezug auf Akzeptanz, Lerneffizienz und Wirtschaftlichkeit erreicht haben.

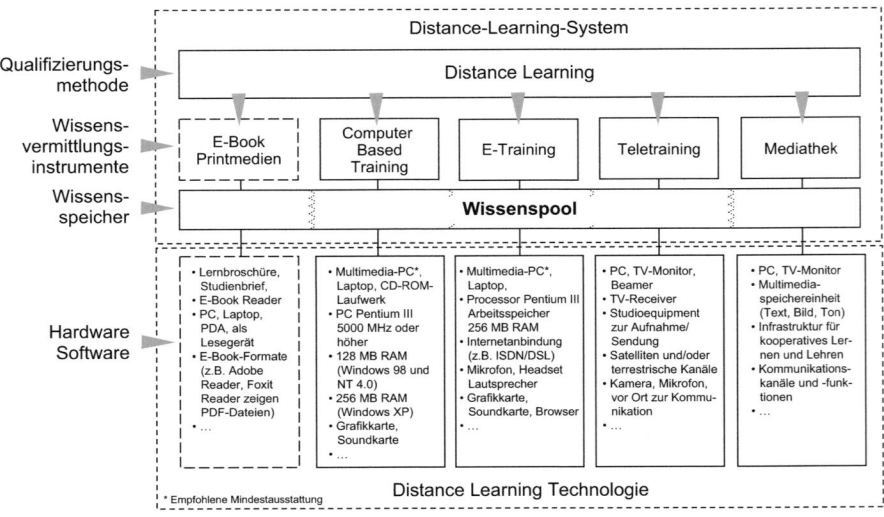

Abb. II-8 Lehr- und Lernsysteme

2.3.3.1 E-Book

Eine der ältesten Distance Learning Formen ist das schriftlich verfasste Objekt. Im 8. und 9. Jahrhundert vor Christus wurde Keilschrift in Tontafeln geritzt oder in Stein gehauen. Seit im 15. Jahrhundert mit der Erfindung von „Bleilettern" durch *J. Gutenberg* und dem Erscheinen der Gutenberg-Bibel zwischen 1452 und 1454 das klassische „Buch" entstanden ist, hat dies als Medium von Information, Kommunikation und Wissensverteilung eine Art *konventionelles* Distance Learning ermöglicht.

Bereits seit dem vergangenen Jahrhundert wurde das Medium „bedrucktes Papier" in der Aus- und Weiterbildung eingesetzt, wenn es darum geht, örtlich verteilte Personengruppen über Wissenswertes und konkrete Handlungsempfehlungen zu unterrichten. So lang wie Unternehmen und Organisationen in arbeitsteiligen Prozessen wirtschaften, verbreiten sie eine Vielzahl von Lehr- und Fachbüchern, Hochglanz-Qualifizierungsbroschüren sowie spezielle Manuels mit dokumentiertem Wissen zur Weiterverwertung. In der Hochschulorganisation werden mit Studienbriefen, wissenschaftlichen Aufsätzen und Artikeln Wissensinhalte an ausgewählte Mitglieder von Zielgruppen zur Wissensaufnahme transportiert. In beiden Bereichen kann von einem zielgruppenspezifischen Wissensangebot gesprochen werden, was zur gezielten Aus- und Weiterbildung dient und eingesetzt wird und das unabhängig von Ort und Zeit verwendet werden kann. Dem quantitativen Anteil dieser Medien kommt im organisierten Weiterbildungsbereich von Unternehmen gegenüber den klassischen Formen des aufgezeigten Präsenz-Lernens eher eine untergeordnete Bedeutung zu. In der betrieblichen Praxis wurden aufgrund der relativ starr festgelegten Inhalte, vielfach geringer didaktischer Aufbereitung und eingeschränkter Illustration der Inhalte sowie insbesondere fehlender kommunikativer Momente zwischen dem Ersteller und Nutzer dieser medialen Distance Learning Form wenig Bedeutung beigemessen. Sie wurde von Bildungsexperten häufig belächelt, teilweise als veraltet und didaktisch unzureichend bezeichnet und als wenig professionelle Qualifizierungsmethode eingestuft.

Dessen ungeachtet ist dieses Medium trotz aller Umstrittenheit unverändert in der betrieblichen Praxis anzutreffen und steht, was den Nutzungs- und Verbreitungszeitraum betrifft, dem organisierten Präsenz-Lernen nicht nach. Mit dem Aufkommen und der Entwicklung von elektronisch unterstütztem Distance Learning hat diese Methode zusätzlich an Daseinsberechtigung verloren. Heute ist das Volumen der in der betrieblichen Praxis eingesetzten „Print-Medien" zur Übertragung von Qualifizierungsinhalten nahezu unbedeutend. Qualifizierungsbereiche von Unternehmen und Organisationen haben dieses Medium weitgehend aus ihrem Lernportfolio verbannt. Derartiges Medium spielt allenfalls in der Vor- und Nachbereitung von Präsenz-Veranstaltungen eine Rolle und gelangt insbesondere als Lehrgangsbegleitmaterial zum Einsatz. Allein in der akademischen Ausbildung stützen sich beispielsweise Fernhochschulen und -universitäten bei der Vermittlung ihrer Lerninhalte auf diese Art Medien, die in ausgedruckten Formen auf konventionellen Wegen den Studierenden zugesendet werden, so dass sie sich mit den Lerninhalten auseinandersetzen können.

Unabhängig davon taucht diese Art des konventionellen Distance Learning kaum in dem üblicherweise gegebenen Begriffsverständnis auf. Dies ist nicht zuletzt in der fehlenden elektronischen Unterstützung dieses Mediums begründet, die automatisch mit dem Begriff des Distance Learning assoziiert wird. Hier ist es keineswegs Absicht, dieser Distance Learning Variante zu einer Renaissance zu verhelfen. Trotzdem gibt es eine technische Entwicklung, die dieser Form nicht nur ein Überleben im Schattendasein Präsenz Lernen und E-Learning ermöglicht, sondern auch Chancen für ein wirkungsvolles Fortbestehen bietet. – Was ist der Grund? – *Mobile Lesegeräte* [EVERS 2008] für digitalisierte Inhalte von Print-Medien, die unter dem Schlagwort „E-Book" in den Markt drängen [ARMSTRONG 2008] und bei denen der Inhalt und das Medium, die Druckseiten, bisher untrennbar miteinander verbunden, aufgelöst wird und so das Buch zunehmend als kulturelles Leitmedium angreifen.

Der Begriff *E-Book* auch „eBook" oder „ebook" (englisch *electronic book*) und entsprechend in deutsch E-Buch oder eBuch versucht im weitesten Sinne, das Medium Buch mit seinen medientypischen Eigenarten in digitaler Form verfügbar zu machen.[7] Dazu gibt es Ansätze, die sich teilweise in Bezug auf Aufnahme- und Leistungskapazitäten unterscheiden, verschiedenartige Datenformate aufweisen und besonders hinsichtlich der Funktionalitäten differieren. Ein Ansatz verfolgt das Ziel einer „einfachen Buchkopie" (*Kategorie: virtueller Buchansatz*), mit dem versucht wird, ein möglichst getreues Abbild eines realen Buchs unter Zuhilfenahme von Computerbedienelementen auf dem Bildschirm verfügbar zu machen. Ein anderer Ansatz ist darauf ausgerichtet, real existierende Bücher über eine Druckerschnittstelle als wirklichkeitsgetreues Original bzw. einer Druckvorstufe (*Kategorie: digitaler Buchkopieansatz*) auszugeben. Dazu werden auch spezielle E-Book-Reader und -Ausgabegeräte entwickelt. Und schließlich verfolgt ein weiterer Ansatz ein gänzlich eigenständiges Medium (*Kategorie: strukturell-funktionaler Buchansatz*) zu schaffen. Insbesondere bei der letzteren Lösung sind eine Vielzahl buchtypischer Funktionalitäten wie eine vorgegebene inhaltliche Abfolge, seitenorientierte Darstellungen, Blätterfunktionen etc. gegeben und mit den computertechnologischen Möglichkeiten und leistungsfähigen E-Book-Readern angereichert.

Die Entwicklungsgeschichte von E-Book reicht bis zum Ende der 90er Jahre zurück[8] und zeigt wechselvolle Erfolge auf. Eine schnelle Verbreitung und Marktdurchdringung des Mediums ist weniger ein technisches Problem. Herstellungs-

---

[7] Bereits zur ursprünglichen Konzeption des World Wide Web und seiner Auszeichnungssprache HTML gehörte die digitale Verfügbarkeit von Büchern, wofür bestimmte META-Angaben vorgesehen waren, die eine sequentielle Abfolge von HTML-Dateien kennzeichnen sollten, dann aber bei der Entwicklung der Browser Software unberücksichtigt blieben.
[8] Im Rahmen von Untersuchungen über Einsparungsmöglichkeiten zur Herstellung und den Vertrieb von Büchern wurde der Begriff „E-Book" vorübergehend als Synonym für Druckdateien verwendet. Dies fällt zeitlich auch mit dem von Adobe Systems aus dem PostScript entwickelten PDF Format zusammen. Mit dem offen gelegten und dazugehörigen Acrobat Reader wurde damit ein Industrie-Standard für formatierte Daten durchgesetzt.

bedingt fehlen vor allem haptische Eigenschaften und Qualitäten, was „Print-Medien" auszeichnet, die sich mit herkömmlicher Computertechnologie nicht realisieren lassen und deshalb mit schwer nachvollziehbaren Einschränkungen verbunden ist. Auch die unverändert eingeschränkten dramaturgischen Möglichkeiten, die dem Medium insbesondere bei der Nutzung für Lernen, Lehren und Qualifizieren eigen sind, stellen kein unumstößliches Problem dar. Vielmehr sind es die gegenwärtig noch existierenden Rechtsunsicherheiten bei den auf dem „Veröffentlichungsmarkt des Verlags- und Buchhandels" auftretenden Marktteilnehmern. So wird fieberhaft an neuen Geschäfts- und Vertriebsmodellen gearbeitet, technische und lizenzrechtliche Voraussetzungen geprüft und effektiver Kopierschutz entwickelt. Übersetzungs- und Herstellungskosten sowie die Preisgestaltung müssen ebenso zur Zufriedenheit der Beteiligten geklärt werden. Dabei haben die Wissenschaftsverlage aufgrund ihrer klaren Zielgruppen deutliche Vorteile gegenüber den Publikationsverlagen, die gerade mal erste Erfahrungen sammeln.

Was die zukünftige Verbreitung von E-Book vorantreiben dürfte, ist das von der Firma Apple auf den Markt gebrachte „iPad", ein Gerät, das die Lücke zwischen Smart-Phones und Laptops ausfüllen soll. So kann zwar heute schon vom Smart-Phone auf E-Mails und Web-Seiten zugegriffen werden, aufgrund der beschränkten Display-Anzeige aber längere Texte weniger geeignet zu lesen sind. Deshalb wird für E-Mails zu schreiben, umfangreichere Texte und Artikel zu lesen sowie Videos zu schauen der Laptop herangezogen. In diese Lücke stößt das iPad, ein Lese- und Arbeitsgerät für den „Konsum" von Text, Audio und Video, wobei das Spektrum von Büchern, Zeitungen und Zeitschriften, die über Buchabteilungen (i-Books) in iTunes-Stores geladen werden können, bis hin zu Musik, Videos und sogenannten Apps. (Applications for …) reicht. Das Besondere daran ist, dass es ein Multitouch-Gerät in einem völlig neuen Format ist, das nur über eine berührungsempfindliche Oberfläche gesteuert wird und zudem drahtlose Internetverbindung (WiFi) oder auch Mobilfunk (UMTS) erlaubt. Vielleicht sind gerade seine eingeschränkten Funktionalitäten, was die vom Laptop her bekannte synchrone Nutzung unterschiedlicher Programme betrifft, eine Chance auch weniger technologieaffine Menschen zu erreichen, denen eine gefühlte Bindung an den Computer widerstrebt und die nicht erst einen Rechner hochfahren wollen, um in den Internetkomfort zu gelangen, wenn sie die Tageszeitung oder das wöchentliche Nachrichtenmagazin im gewohnten Format auf dem iPod und auf dem Sofa oder mobil unterwegs auf dem Schoß liegend haben, um darin entspannt zu blättern.

Insofern ist das iPad weniger eine revolutionäre technische Innovation als vielmehr eine mehr oder minder spektakuläre Evaluation. Dass der von der Marke Apple auf sein Produktportfolio ausgehende Kultstatus zusätzlich dazu beitragen wird, dass nicht nur Technikfreaks, sondern auch Designverliebte und Trendsetter dieses Gerät in ihr Medienspektrum aufnehmen wollen, dürfte zusätzlich das Mediennutzungsverhalten verändern. Für die Medienwirtschaft könnte daraus ein zusätzlicher Schub entstehen, weil in Zukunft das Lesen auch noch aktueller und komfortabler wird, wenn bei einem Zeitschriftabonnement die dazugehörigen Apps. mit in dem Angebot gegeben sind.

Wie schnell diese Entwicklung voranschreitet, bleibt spekulativ. Inwiefern dieses Medium in die Aus- und Weiterbildung Eingang findet, bleibt ebenso Spekulation. Dies dürfte aber zum großen Teil davon abhängen, ob bei den jeweiligen Zielgruppen dieses Medium bereits existiert, so dass für Hardware keine Zusatzkosten entstehen. Weiterhin ist es entscheidend, wie die Einbindung dieser Systeme in die ITK-Informationsstrategie der Unternehmen und Organisation passt. Dabei ist aber nicht allein das engere IT-Umfeld zu betrachten mit den Hardwareausstattungen von PC, Laptop oder PDA, die auch als Lesegeräte genutzt werden können, sondern reicht bis zur Entscheidung, ob Mobiltelefone bzw. Smart-Phones als Lesegeräte herangezogen werden können. Letztlich wird es aber ganz entscheidend davon abhängen, inwiefern bei den Lernkonzeptentwicklern dieses Medium Berücksichtigung findet und auf Gegenliebe stößt. Nur wenn diese Gruppe sich Vorteile bei der Wissensvermittlung verspricht und E-Book in seine konzeptionellen Überlegungen einbezieht und Lerninhalte entwickelt, wird es in zukünftigem Lernportfolio eine Rolle spielen. Hier kann es allein Anliegen sein, auf diese Entwicklung aufmerksam zu machen und dafür zu sensibilisieren, dieses Instrument bei seiner weiteren Marktdurchdringung kritisch zu verfolgen.

Schon in wenigen Jahren wird ein Szenario Wirklichkeit wie bei Raumschiff Enterprise, wo Captain Kirk im 23. Jahrhundert von der Kommandozentrale mit seinem „Tricorder", einem virtuellen Datenaufzeichner, -analysator, und -speicher, kommuniziert bzw. Wissensaufnahme praktiziert.

2.3.3.2 Computer-Based Training (CBT)

Eine der ganz frühen Maschinen, die das Ziel hatten, Wissen und Wissenstransfer maschinell zu unterstützen, war vermutlich die „Lernmaschine", die bereits 1588 vom italienischen Ingenieur *A. Reunelli* entwickelt wurde, als er für den König von Frankreich ein Leserad erfand, das es ermöglichte, auf verschiedene Literaturquellen ohne Hin- und Herlaufen zuzugreifen. Ein erstes Patent für eine Lernmaschine wurde 1866 von *B.F. Skinner* angemeldet. Dem folgten bis 1936 ca. 700 zusätzliche Patentanträge für ähnliche Übungsmaschinen.

Eine weitere Entwicklung[9] stellten die von *B.F. Skinner* und *J.L. Holland* entwickelten linearen Lernprogramme dar, bei denen Lernende der Lehrstoff in kleinen Schritten dargeboten wird und das Prinzip der operanten Konditionierung und des „programmierten Lernens" verfolgt wird. Erste Schritte in Richtung Individualisierung gab es durch *N.A. Crowder*, der verzweigte Lernprogramme erfand, bei denen eine fehlerabhängige Darbietung des Lehrinhalts ermöglicht wurde.

Die in Deutschland seit 1964 entwickelten Lehrmaschinen verfolgten einen ganz anderen Weg. Sie dienten der Gruppenschulung – wie beispielsweise der Lehrautomat „Geromat III", bei dem drei Lernende die richtige Antwort geben

---

[9] Zur historischen Entwicklung des multimedialen Lernens siehe stellvertretend *H.M. Niegemann et al.* [NIEGEMANN/HESSEL/HOCHSCHEID-MAUEL 2004].

mussten, oder das Lernprogramm „Bakkalaureus", an dem bis zu 64 Personen gleichzeitig in drei verschiedenen Schwierigkeitsstufen lernen konnten.

Anfang der 70er Jahre gab es eine Reihe von Forschungs- und Entwicklungsprojekten zum computergestützten Unterricht, bevor dieses Thema in Deutschland weitgehend in Vergessenheit geriet und erst Ende der 80er Jahre wieder durch die Verlagerung von der Schule zur beruflichen Bildung eine Renaissance erfuhr.

Seit Anfang der 90er Jahre ist ein zunehmendes Interesse am computerunterstützten Lernen zu verzeichnen. Die bis dahin entwickelten Lerntheorien haben auf der Grundlage der inzwischen verbesserten Lerntechnologie und der umfangreichen empirischen Befundungen zum Begriff des *CBT (Computer-Based Training)* – einer neuen Lernmethode – geführt.

Der Ausdruck CBT bezeichnet Lernprogramme (Lernsoftware), bei denen die Teilnehmer in dieser Lernform selbständig in Interaktion mit der Lernsoftware Lernmaterialien bearbeiten. Die Lernenden können zeitlich und räumlich flexibel diese Lernprogramme nutzen und stehen dabei mit dem Lehrenden und den anderen Lernenden nicht in direktem Kontakt. Sie können gemäß ihrem Kenntnisstand Anforderungen in strukturierter Form abrufen und werden mit Interaktionsmöglichkeiten unterstützt.

Beim CBT handelt es sich um eine in erster Linie nicht tutorielle Form des elektronischen Lernens, bei dem das Selbststudium im Vordergrund steht und die Kommunikation, wenn überhaupt, auf asynchrone Weise erfolgt. Diese Programme können multimediale Lerninhalte (wie z. B. Animationen oder Videodokumente) beinhalten und werden meist offline genutzt und deshalb auf CD-ROM oder DVD angeboten.

Obgleich CBT verschiedentlich als „Auslaufmodell" bezeichnet wird, gehört es unverändert zu den etablierten Distance-Learning-Verfahren. Insbesondere deshalb, weil dieses Medium Mitte der 80er Jahre von einigen Großunternehmen in der IT-Branche, im Versicherungswesen und Dienstleistungssektor wie auch von der Automobilindustrie als vielversprechend erkannt, aufgegriffen und sowohl inhaltlich-technisch wie auch vermarktungsmäßig vorangetrieben wurde. Zudem standen erstmalig mediendidaktische und organisatorisch-wirtschaftliche Faktoren und Ergebnisse in der Balance.

Hauptzielsetzung von CBT ist häufig die Vermittlung von branchenspezifischem Grundlagenwissen. Dabei wird dieses Basiswissen oftmals als CBT-Vortraining bereitgestellt und als Voraussetzung für eine Seminarteilnahme erwartet. Es kann natürlich auch als selbständige individuelle dezentrale Trainingsmethode am jeweiligen Standort genutzt werden.

Zur Unterstützung der Wissensorganisation vor Ort ist es wichtig, in die Lernsoftware ein Softwarepaket zu integrieren, das mit Modulen wie Lernbegleitung, Lernauswertung und Lernstatistik wesentlich zur systematischen lokalen CBT-Nutzung beiträgt. Damit wird eine detaillierte Erfassung und Auswertung von anonymen oder personenbezogenen Trainingsdaten möglich.

CBT bedarf keiner hochwertigen technischen Voraussetzungen, da ein dezentrales computerunterstütztes Lernen „offline" möglich ist und allein ein PC mittlerer Leistungsstufe benötigt wird. Damit ist dieses Medium insbesondere bei weltweit operierenden Unternehmen von Bedeutung, die Wissen über den Globus verteilen müssen, ohne dabei in den lokalen Standorten oder beim Nutzer zu Hause immer ein geeignetes Netzwerk zur Verfügung zu haben.

Deshalb sollte sich die Auslegung der Leistungsstärke des PCs in erster Linie an der gegebenen Infrastruktur der potenziellen Nutzer ausrichten und weniger an einer unter technischen Gesichtspunkten möglichen High-End-Leistungsstufe. Insbesondere zur Verfolgung einer pragmatischen Vorgehensweise wird eine Konfiguration im Bereich „mittlerer Leistungsstärke" vorgeschlagen. Damit wird versucht, einen Spagat zu realisieren zwischen notwendiger und leistbarer medientechnischer Voraussetzung bei der Nutzergruppe und noch vertretbaren pädagogisch/didaktischen Ansprüchen in Verbindung mit suboptimalem technischem Medieneinsatz seitens der Wissensaufbereitungsgruppe.

Wenn zum Wissenserwerb zusätzlich ein physisches Netz gegeben ist, wird aus einem „Offline-CBT" ein „*Online-CBT*", auch als *Web-Based Training* (*WBT*) bezeichnet, das sich vorrangig auf die didaktische Nutzung des World Wide Web (WWW) als ein Dienst des Inter- oder Intranets bezieht.

CBT beinhaltet auch die Veranschaulichung komplexer Sachverhalte und den gezielten Einsatz von Text, Bild, Grafik und Animation für das Wissensmanagement. Insbesondere unter dem Aspekt von Wissensarbeit entstehen hier Herausforderungen. Dies berührt vor allem die Frage, in welcher Intensität sich die mit der Wissenssammlung, Wissensaufbereitung und dem Wissenstransfer Beschäftigten in den operativen Autorenprozess durch Verwendung von Tools und Systemen einschalten sollen, oder ob sie ihre Tätigkeit mehr auf die Gestaltung der Rahmenbedingungen, wie das Setzen von Normen und Richtlinien, die Einhaltung von Mindestqualitätsstandards und natürlich das Sammeln von originärem Wissen konzentrieren sollten.

Von den medientechnischen Befürwortern wird ins Feld geführt, dass die heutigen Programme und Systeme derart vielseitig und leicht bedienbar sind, dass diese Tätigkeit zur originären Aufgabe der Gruppe der Trainer und Wissensarbeiter gehört. Demzufolge sollte der Umgang mit klassischen Autorensystemen wie Toolbook, Macromedia Director oder Authorware, die speziell bei der multimedialen und didaktischen Aufbereitung von Lerninhalten zum Einsatz kommen, beherrscht werden. Autorensysteme und Autorensprachen sind Tools, mit deren Hilfe Lehrsysteme entwickelt werden können, ohne dass in konventioneller Weise programmiert werden muss.

Beim Autorensystem wird ein Wissensaufbereiter bei der Informationsdarstellung, der Antwortanalyse und Verzweigung ohne Programmierung unterstützt. Dabei gibt es unterschiedliche Arten von Autorensystemen [SEUFFERT 2001]:

- *Seitenorientierung:* Die Funktionsweise lehnt sich an das Blättern in Büchern an. Das Pendant zur „Buchseite" ist die „Bildschirmseite". Der Autor kann hier Elemente einbetten. Der Wissensnachfrager kann via Button eine Navigation in den angezeigten Bildschirmseiten vornehmen (z. B. Asymmetrix Toolbook).

- *Zeitachsenorientierung:* Hier hat der Wissensaufbereiter die Möglichkeit, entlang einer Zeitachse Elemente zu positionieren und festzulegen, wie lange welche Elemente dargestellt werden sollen (z. B. Macromedia Director).
- *Struktogrammorientierung:* Dem Autor wird ein Struktogramm seiner Anwendung vorgegeben mit der Option, über „Drag & Drop" Funktionen und Dateien einzuklinken (z. B. Authorware).
- *Objektorientierung:* Mit Hilfe derartiger Systeme können Learning Objects definiert werden, die es dem Autor erlauben, Entwicklungstools zur Bestimmung von Objekten und deren Eigenschaften zur Verfügung zu stellen (z. B. Think Tanx).

Einige Autorensysteme integrieren verschiedene Funktionen und ermöglichen es damit dem Ersteller, unterschiedliche Medien in eine Lerneinheit zu implementieren, um professionelles, dynamisches und interaktives Wissen bereitzustellen.

Demgegenüber ist die Autorensprache eine spezielle Programmiersprache, die insbesondere auf die Struktur eines tutoriellen Lernprogramms ausgerichtet ist. Dabei sind speziell die Antwortanalyse und Feedbackgestaltung zu nennen [KERRES 2001].

Häufig orientiert sich die Gestaltung des Curriculums stark an dem klassischen Konzept des programmierten Unterrichts, in dem im Regelfall bei der Erstellung kleine, hierarchisch organisierte Lernschritte zu einem Kursmodell zusammengefügt werden, um ein Wissensangebot bereitzustellen. Auf den ersten Blick erscheint dies einfach, mit der Folge, dass der wenig fachkundige und versierte Autor ein einfaches System auswählt, und damit bei der Gestaltung der Inhalte wiederum sehr eingeschränkt ist.

Hier setzt auch die Kritik der Gegner an, die den Prozess der medialen Wissensaufbereitung bei professionellen Mediendesignern verankert wissen wollen. Dies ist zum einen darin begründet, dass die Vielfalt der Autorensysteme nicht allein darauf ausgelegt, sind das Wissensangebot für Festrechner und Laptops, den klassischen Medien von CBT, aufzunehmen, sondern teilweise auch für die Erstellung von Inhalten für PDAs oder Handys geeignet sind. Zum anderen verlangt der Umgang mit diesen Medien auch ausreichende Kenntnisse in den gängigen Standards (z. B. SCORM, AICC oder IMS), um die damit verbundenen Chancen und Risiken zu erkennen. Da eine Reihe von Autorensystemen auf spezielle Lernumgebungen abgestimmt sind, erfordert dies zusätzliche Kenntnisse, ob sich Inhalte für diese Lernsysteme erstellen lassen. Und schließlich erlauben erst umfangreiche Kenntnisse in der Auswahl und Nutzung des Autorensystems, die volle Ausschöpfung des kreativen Potenzials in Mixtur von Medien- und Dateitypen, wie Text, Grafik, Video und Audio, zu realisieren.

Wie deutlich geworden ist, heißt CBT, Wissen zu sammeln, aufzubereiten, zu speichern und für eine Wiedergewinnung verfügbar zu machen – alles arbeitsteilige Prozesse, die mit Wissensorganisation und Wissenstechnologie in unmittelbarer Verbindung stehen.

Insofern bedarf es einer kritischen Abwägung, in welcher Art und welchem Umfang die mit der Wissensaufbereitung, -erstellung und -organisation involvierten Wissensarbeiter in die Auswahl und Nutzung von Autorensystemen und der Autorensprache einbezogen werden müssen, um einen ausreichenden Grad an Professionalität sicherzustellen.

Unabhängig davon profitieren die Mitarbeiter bei der Bearbeitung ihrer Lernmodule nicht nur vom Fachwissen, sondern erwerben daneben auch Medienkompetenz. Das Bewegen in virtuellen Arbeits- und Lernwelten wird für sie ebenso zunehmend zur Selbstverständlichkeit wie das selbstgesteuerte Lernen. Davon gehen nicht zu unterschätzende sozioökonomische Auswirkungen auf die Wissensgesellschaft aus.

Des Weiteren verlangt ein erfolgreicher CBT-Einsatz eine ständige Beobachtung, inwiefern davon eine positive Wertschöpfung ausgeht. So sind die üblicherweise gegebenen Herstellkosten (z. B. für Drehbücher, Agenturen, die die Programmierung übernehmen, Übersetzungen, Sprachaufnahmen, Lager-, Versand- und Fakturierungskosten) und die Fixkosten (z. B. für Projektleitung, Marketing bis hin zu Raumkosten und Büromaterial) den Umsätzen, die aus dem Verkauf (z. B. Einzelbestellung, Abonnement) entstehen, gegenüberzustellen. Dabei muss unter wirtschaftlichen Gesichtspunkten eine Ausgeglichenheit bzw. ein positiver Deckungsbeitrag erreicht werden. Daneben müssen Einsparungen für die klassischen Seminaraufwendungen sowie Reisezeiten und der damit verbundene monetäre und qualitativ entstehende Nutzen in geeigneter Form einbezogen werden.

Damit CBT auch entsprechend bekannt und anerkannt wird, bedarf es einer wirkungsvollen betriebsinternen Vermarktung, die sich an die anvisierten Zielgruppen richtet und auch die Überprüfung einer externen Vermarktung einschließt.

Dieser Gesamtprozess muss mit geeigneten betriebswirtschaftlichen Instrumenten betrieben und idealerweise in einem Geschäftsfeld CBT gebündelt werden, was über ein professionelles Wissensmanagement erreichbar ist.

2.3.3.3   E-Training

Bisher war für das Distance Learning mit CBT die Zeitunabhängigkeit, in der gelernt wurde, charakteristisch sowie der Einsatz eines handelsüblichen PCs, der keine nennenswerten Besonderheiten besitzt. Bei dem hier betrachteten E-Training im Rahmen des Distance Learning mit Schwerpunkt Wissensvermittlung ist jedoch eine zusätzliche Komponente von Bedeutung: die Verfügbarkeit eines physischen Netzwerks. Erst mit Hilfe geeigneter Übertragungsverfahren können digitale Medien für die Präsentation und Distribution von Lernmaterialien und zur Unterstützung menschlicher Kommunikation zum Einsatz kommen und so ein dezentrales synchrones oder asynchrones elektronisch unterstütztes Lernen ermöglichen.

Wesentliche Funktionen, die für ein derartiges *intentionales E-Learning* in Form des „*E-Training*" benötigt werden, sind:

- Historie des Lernenden und Wissensnachfragers,
- Ermittlung des aktuellen und individuellen Qualifikationsprofils,
- Online-Lernen durch Zugriff auf Wissen,

2.3 Distance Learning – Relativierung von Ort, Zeit und Raum

- Realisierung einer gezielten Lernerfolgsmessung,
- Beratung mit Empfehlung, welche Kurse für eine gezielte Weiterqualifikation angeboten und empfohlen werden,
- Kommunikationsmöglichkeiten zwischen Wissensnachfrager und Tutor in virtuellen Klassenzimmern.

Unter Berücksichtigung der verschiedenen Funktionen des E-Learning wird in einem ersten Ansatz und unter pragmatischen Gesichtspunkten *E-Training* als Methode eingegrenzt, die sich im hier betrachteten Bezugsrahmen aus drei Hauptkomponenten zusammensetzt:

- WBT (*Web-Based Training*),
- VC (*Virtual Classroom*),
- WBA (*Web-Based Assessments*).

Einen ersten grundlegenden Baustein netzbasierter Lernangebote bietet das *WBT* (*Web-Based Training*). Es stellt die bereits erwähnte Weiterentwicklung des CBT dar, Online-Kommunikationsbedarfe und Kommunikationsmöglichkeiten zu ermitteln und zu definieren sowie deren Zusatznutzen gegenüber Offline-CBT-Programmen zu eruieren. Der Ausgangspunkt der Überlegungen zur Integration einer Online-Kommunikation in den Lernprozess war der, drei Hauptkritikpunkte der Offline-CBT-Programme in praxi auszuschalten: den Lernprozess weitgehend allein ohne Kommunikationsmöglichkeiten ablaufen zu lassen, die Logistik einfacher zu gestalten und durch die Online-Komponenten CBT bei den eigentlichen Zielgruppen flächendeckend verfügbar zu machen. Das Grundkonzept umfasst alle Komponenten der CD-ROM-basierten CBT-Programme. Dies schließt auch qualitativ hochwertige Grafik, Sprechertext, Sound, Animation und Video ein.

WBT-Programme werden online per Internet- und/oder Intranet-Verbindung von einem Webserver abgerufen und bearbeitet. Sie erfordern somit eine Online-Verbindung zum Internet oder zum unternehmenseigenen Intranet während des Lernprozesses sowie einen Standard-Multimedia-PC mit Internet-Browser. Das WBT bietet vielfältige Möglichkeiten der Kommunikation und Interaktion des Lernenden mit dem Dozenten bzw. seinen Lernkollegen. Dabei können sowohl Foren und Chats genutzt als auch Audio-Video-Signale live gestreamt werden. WBT-Programme müssen als eigenständige Lernmodule bearbeitet werden können. Vorteilhaft ist, wenn sie einen integrierten Baustein in einem übergreifenden Lernkonzept bilden.

Eine weitere Komponente des E-Training ist dann relevant, wenn Personengruppen gleiche Ziele und/oder fachliche Interessen verfolgen und sich über Informations- und Kommunikationssysteme eine gemeinsame Wissensbasis aufbauen möchten, in die jedes Mitglied der Learning Community sein eigenes Wissen einbringt und anpasst.

Im Rahmen dieser Gruppen bieten die synchronen Lernplattformen (Virtual-Classroom-Tools) als Add-on flankierende Unterstützung für das synchrone Lernen. Typische Produkte sind beispielsweise Centra Symposium (Centra Inc.), Interwise EPC (Interwise) und Learnline (Mentergy).

Virtual-Classroom-Tools ermöglichen räumlich verteilten Personen, über Internet, Intranet oder Extranet in synchroner Form miteinander zu interagieren, kooperativ zusammenzuarbeiten und gemeinsam – ähnlich der Situation in einem Seminarraum – zu lernen.

Als wesentliche Funktionen, die in den aufgeführten Systemen in unterschiedlicher Ausprägung gegeben sind, sind hervorzuheben:

- *IP-Audio/Video-Conferencing:* Integriertes Voice-over-IP-Audio-Conferencing und/oder Multipoint-Video-Conferencing unterstützen die Kommunikation zwischen den Teilnehmern und ermöglichen so eine strukturierte Interaktion in synchroner Form.
- *Interaktion:* Mehrere Vortragende und Fachleute können sich in den Kommunikationsprozess einklinken. Dabei kann der jeweilige Seminarleiter dem einzelnen Teilnehmer, der sich durch „Handzeichen" gemeldet hat, das Wort erteilen. Er kann aber auch Diskussions- und Lernrunden für ausgewählte Teilnehmer eröffnen und dabei einzelnen Teilnehmern „über die Schulter" schauen.
- *Asynchrones Lernen:* Durch Aufnahme, Bearbeitung und Speicherung von Sitzungen ist es möglich, Inhalte in Live- oder vorbereitete Sitzungen einzubinden, geführte Diskussionsforen auch nach dem Ende der Live-Sendung fortzusetzen und auf Inhalte zuzugreifen.

Neben diesen Funktionen zur direkten Wissensvermittlung gibt es lerntechnologische Unterstützung durch:

- *Niedrige Bandbreiten:* Dabei wurden insbesondere die Einwahlverbindungen mit 28,8 kb den Erfordernissen der Endnutzer angepasst, aber auch das Vorabspeichern von Inhalten ermöglicht. Verteilte Serverlösungen und IP-Multicasting sind mit dem Ziel verbunden, die Bandbreitenauslastung im WAN drastisch zu minimieren.
- *Verwaltungsfunktionalität und Skalierbarkeit:* Erst ein leistungsfähiges Benutzermanagement sorgt für eine Ereignisplanung und Teilnehmeranmeldung, hilft aber auch bei der Protokollierung und Berichterstattung sowie letztlich beim Inhaltsmanagement.

Mit dieser Hauptkomponente kann neben den weitgehend selbstgesteuerten WBT-Programmen den kommunikativen Anforderungen nachgekommen werden.

Eine dritte Hauptkomponente, die eine Relevanz für ein E-Training aufweist, bilden die Assessment-Tools. So haben sich zwischenzeitlich einige Softwareapplikationen für die Erstellung und Auswertung von Tests etabliert. Diese Tools bieten meist umfangreichere Funktionalitäten wie Testarten, Fragearten und Feedbackmöglichkeiten.

Prinzipiell lassen sich folgende Fragetypen zusammenfassen, die mit Test-Generatoren erstellt werden können:

- *Multiple Choice:* Dabei können unterschiedlich viele Antworten zur Auswahl vorgegeben werden und beliebig viele richtig sein; dabei reicht das Anwendungsspektrum von der Auflockerung und Motivierung bis zur Überprüfung von Grundlagen und Lernzielen auf Erinnerungsstufe.

- *Begriffsabfragen:* Hier müssen in Textpassagen spezielle Begriffe oder Werte eingegeben und/oder sortiert werden. Das Anwendungsspektrum umfasst das Abfragen von Fachbegriffen oder Werten in einem Gesamtkonzept mit Lernzielen auf Erinnerungs- und Anwendungsstufe.
- *Drag & Drop:* Hier gilt es, vorgegebene Begriffe in eine Reihenfolge zu bringen bzw. Lösungsblöcke zu verknüpfen mit der Zielsetzung, den Nachweis von Strukturen und Zusammenhängen auf Lernzielebene Erinnerung und Anwendung zu erbringen.
- *Freie Eingabe:* Der Lernende kann Positionen in Texten und Grafiken zur Eingabe wählen und Antworten in ganzen Sätzen formulieren, dabei lässt sich Transferdenken in Aufgaben überprüfen und Lernziele auf Anwendungs- und Problemlösungstiefe verfolgen.

Damit sind drei Hauptkomponenten des E-Training beschrieben. Es würde zu weit führen, auf weitere mögliche Instrumente und Applikationen und deren spezielle Ausprägungsformen einzugehen, die dem E-Training zugerechnet werden können.

Vielmehr steht hier die unmittelbare, die Wissensvermittlung berührende zusätzliche Aufgabenstellung im Vordergrund. Stellvertretend soll hier auf die Funktion eines Aufgabenträgers näher eingegangen werden, die erst mit dem E-Training aufkam, die aber eine neue Form der Wissensarbeit und des Wissensarbeiters darstellt: den Teletutor. *Teletutor* – oder besser Online-Tutor, E-Trainer oder E-Coach? Oder gar E-Learning-Manager? Die Vielfalt unterschiedlicher Begriffe drückt gleichzeitig die Erwartung an seine Person und Funktion aus: Teletutor – ein Virtuose der Vernetzung?

Für viele keine Frage: Nicht der herkömmliche, konventionelle Lehrer, Trainer oder Coach ist das Multitalent der Zukunft, sondern der Teletutor. Warum? Bohrende Fragen setzen ein:

Was macht der Teletutor eigentlich? Und wie schafft er es, erfolgreich zu sein? Ist er nichts anderes als ein Organisator? Einer, der dafür zuständig ist, Wissen entsprechend zu arrangieren und – thematisch medial aufgefrischt – zu inszenieren? Schafft der Teletutor Ordnung in die Wissensvermittlung und sorgt er für das entsprechende Styling? Ist es allein sein Verdienst, dass das Wissen gut rüberkommt? Ist er derjenige, der, weil so viel neues Wissen, medial aufbereitet, kein Mensch versteht, klar machen kann, was die „Medien und Netze transportieren" – wie das in entsprechender Teletutorprosa heißt? Ist er mithin ein Transporteur von Wissen und Ideen, einer, der sie in die weltumspannenden Netzwerke einspeist wie Datensätze? Ist er der wahre Wissende, derjenige, der den Überblick hat, der, was das Wissen mittels Lettern, Bildern, Grafiken/Audio/Video verkörpert, zu einer griffigen Aussage zu bündeln versteht, die jedem einleuchtet? Oder bringt er „Wissenshungrige" auf elektronischem Wege zusammen? Muss er dabei ein Genie der Gesellschaft sein – oder reicht ein Motivator, der Lernende ermuntert, individuelle Überlegungen nachvollzieht und Hilfestellungen gibt, so dass er in seiner Moderatorenfunktion für ein vertrautes Klima sorgt? Ist dieses universelle Geschöpf einer totalen Zeitgenossenschaft der wahre Nachlassverwalter von Pädagogik, Didaktik und Methodik? Oder die Metamorphose der Online-Spezialisten?

Zwingt er das Wissen, das allumfassende und allerneueste, und die Lernenden in all ihrer Größe oder in all ihrem Unwissen nicht etwa dazu, nach einer von ihm vorgegebenen Melodie zu paradieren? Ist er ein Oberlehrer, der auf dem Schwebebalken der telekommunikativen und telekooperativen Diskurse und Möglichkeiten balanciert? Oder gibt er dem luftigen Nichts, dem Wissen, eine Verankerung?

Der teilweise kontrovers und provokant geführte Diskurs soll deutlich machen, dass auch im inzwischen etablierten Umfeld von E-Training die Erwartungshaltung der Beteiligten auseinanderklafft. Die Einen sehen den Teletutor in der Treiber- und Managerrolle und als Hoffnungsträger für alle E-Learning-Aktivitäten. Für die Anderen, die bekannte und traditionelle Formen des herkömmlichen Präsenzunterrichts favorisieren, gilt er eher als Abweichler, Veränderer und Konkurrent dieser Linie. Weitere Gruppierungen betrachten ihn allein als denjenigen, der sich der multimedialen Gestaltung von Wissen und der tutoriellen Unterstützung bei der Erarbeitung aufgabenbezogener Lerninhalte sowie der Bereitstellung von E-Training-Infrastruktur widmet. Sein Ziel muss es sein, den selbstgesteuerten Kompetenzerwerb zu ermöglichen und zur Entwicklung autodidaktischer Lernkompetenzen beizutragen. Für andere wiederum ist er gar eine Leitfigur, die hilft, dass sich eine E-Learning-Kultur entwickelt. Ihm kommt eine besondere Rolle im kooperativen E-Training zu. Er muss aktiv die Entwicklung von Communities of Practice vorantreiben.

In diesem Spannungsfeld obliegt es jedem Teletutor einen gleichgewichtigen pragmatischen Weg zu finden, um

- selbstgesteuerte Lernprozesse zu initiieren und zu unterstützen,
- virtuelle Kommunikationsprozesse zu fordern und zu fördern und dabei Gruppenaktivitäten zu steuern und vermittelnd einzugreifen sowie
- fachliche und technische Betreuung zu praktizieren und damit das volle Wissen über alle technische Hindernisse zu hieven.

Es ist unbestritten, dass aus der Funktion des Teletutors aus dem Bottom-up-Ansatz nicht nur wichtige Impulse für ein E-Training ausgehen, sondern er als Wissensarbeiter wichtige Funktionen in Bezug auf Wissensorganisation und Wissenstechnik einnimmt und damit zu einem professionellen Wissensmanagement beiträgt.

2.3.3.4 Teletraining

Bei den zuvor betrachteten elektronisch unterstützten Wissensvermittlungs- und Transferprozessen bilden Medien wie PC und zugehörige Softwareapplikationen die Voraussetzungen, dass der Einzelne dezentral oder zentral gespeichertes asynchrones oder synchrones Wissen nachfragt und so ein Distance Learning praktiziert.

Zeitgleich hat sich mit diesen primär IT-getriebenen technischen Lösungen aus der „konsumorientierten Fernsehwelt" eine Entwicklung ergeben, die sich unter dem Begriff „Business TV" oder „Corporate TV" zusammenfassen lässt [BULLINGER/SCHÄFER 1997]. Nachdem die Euphorie, die diese Medien Mitte bis Ende

2.3 Distance Learning – Relativierung von Ort, Zeit und Raum

der 90er Jahre umgab, verflogen war, haben sich allein die Methoden und Applikationen behauptet, die Geschäftsprozesse nachhaltig und effizient unterstützen [BROßMANN 2000]. Insbesondere Unternehmen, die komplexe Güter und Dienstleistungen über mehrstufige Absatzketten vertreiben und die einen permanenten Service erfordern, waren gezwungen, frühzeitig Überlegungen nach Wegen und Verfahren anzustellen, mit denen sie schnell, flächendeckend und effizient Knowhow an die Mitarbeiter vermitteln können. Vorreiter bei der Entwicklung dieser Methoden und Instrumente war beispielsweise die Automobilindustrie, da häufig Markteinführungen neuer Produkte oder signifikante technische Neuerungen erheblichen Wissensbedarf entstehen ließen. Entscheidend ist, dass zum Zeitpunkt einer Markteinführung in den jeweiligen nationalen und internationalen Standorten die Qualifikation der Mitarbeiter abgeschlossen sein muss, damit beispielsweise Servicebetriebe für den Reparatur- und Wartungsfall vorbereitet sind. Time to Market bildet für Sales- und Servicequalifizierungen einen Schlüsselfaktor.

Die Frage war deshalb, wie sich das Medium Business TV (BTV) in Bezug auf Akzeptanz, Technik und Wirtschaftlichkeit behauptet? Grundsätzlich ist Business TV ein Telemedium, das die Entwicklung unterschiedlicher Sendeformate und Applikationstypen ermöglicht. Das Spektrum des Anwendungspozentials reicht dabei von der einseitigen Informationsübermittlung an allgemeine und/oder spezielle Empfängergruppen im Unternehmen über den wechselseitigen Austausch von Fakten, Ansichten und Meinungen im Rahmen der Mitarbeiterkommunikation bis hin zur Vermittlung von Lerninhalten mit definierten Lernzielen im Rahmen der Mitarbeiterqualifizierung.

Die einzelnen Sendeformate und Applikationstypen können sich dabei grundsätzlich in der Art der Aufmachung, im Themenfokus der Inhalte sowie in den Interaktionsmöglichkeiten unterscheiden. Hier werden drei unterschiedliche Sendeformen bzw. Sendeformate vorgestellt, die für ein Wissensmanagement relevant sind, mit der Zielrichtung, zur Wertschöpfung im Unternehmen beizutragen:

- *Mitarbeiterinformation:* Hier steht insbesondere die schnelle und aktuelle Verbreitung aller wesentlichen betrieblichen Informationen im Vordergrund, die für Mitarbeiter des Unternehmens relevant sind. Abgeleitet aus den von privaten und öffentlich-rechtlichen Fernsehen bekannten Sendeformaten bieten sich insbesondere „Nachrichtensendungen" und „News Shows" an. Beide Sendeformate versuchen die Zielgruppe Nachrichten, Informationen und Wissen in attraktiver und leicht nachvollziehbarer Weise zu vermitteln. Während bei Nachrichtensendungen Nachrichtensprecher zumeist relativ emotionslos wirken, sind für News Shows Präsentatoren aktiv, die vor allem über zwei Eigenschaften verfügen müssen: Kompetenz und Sympathie.
- *Mitarbeiterkommunikation:* Hier bilden kommunikative Aspekte den Schwerpunkt. So können spezielle Veranstaltungen verschiedener Unternehmensbereiche mit „Event"-Charakter, bei denen die Kommunikation im Vordergrund steht, unterstützt werden. Ebenso bietet sich an, in Form einer „Aktuellen Stunde" beispielsweise dezentralen Produktions- und Vertriebsstandorten Antworten auf aktuelle Fragen zum Produkt, zu Technik und Service schnell, flächen-

deckend und effizient zu geben. Als eine besondere Variante ist die „Hotline" keine vorher geplante Sendung, sondern findet vielmehr bei Bedarf und auf Zuruf statt. Auch hier besteht die Möglichkeit, dass sich Mitarbeiter interaktiv an Live-Demonstrationen beteiligen, indem sie Fragen an Experten richten oder selbst beispielsweise Hinweise zu Problemlösungen geben.

- *Mitarbeiterqualifizierung:* Hierunter zählen alle mit der Qualifizierung von Mitarbeitern verbundenen Teletrainingsformate. Gegenstand der Wissensvermittlung ist primär Sach- und Handlungswissen. Es stellt das „Know-how, das Wissen wie ..." dar und beinhaltet das, was ein Individuum für den Arbeitsprozess benötigt. Die Palette möglicher Teletrainingsformate reicht von der „Produkteinführung" über „Neuerungen – Änderungen" bis zu „Verkaufsschulungen" und „Serviceschulungen".
Unter Wirtschaftlichkeitsaspekten ist diese Mitarbeiterqualifizierung von besonderem Interesse, weil in den Realisationsformen dieses Applikationstyps beachtliche Kostenreduzierungspotenziale stecken. Dies gilt insbesondere für die Durchführung von Qualifizierungsmaßnahmen, die sich bei der Einführung neuer, erklärungsbedürftiger Produkte als notwendig erweisen.

Die Applikationstypen des Business TV markieren den allgemeinen Rahmen, innerhalb dessen die einzelne Unternehmung jeweils spezielle, auf die unternehmensindividuellen Ziele zugeschnittene Realisationsformen konzipieren, implementieren und nutzen kann.

Allen Formaten ist gemein, dass sie den Anspruch erheben, zur Unterstützung von Geschäftsprozessen und speziell dem Qualifizierungsprozess beizutragen, mit dem Ziel, Informationen und Wissen unter Verwendung audiovisueller Repräsentations- und Darstellungsformen an geografisch verteilte Empfänger zu vermitteln. Dabei ist zu gewährleisten, dass den Empfängern eine gewohnte Rezeptionsumgebung geboten wird. So sind Präsentationsformen zu wählen, die den Teilnehmern bereits aus dem „Fernsehalltag" vertraut sind. Dies hat den Vorteil, dass die eingesetzten audiovisuellen Stilmittel nicht mehr entschlüsselt werden müssen und die Empfänger sich voll und ganz auf die jeweils angebotenen Inhalte konzentrieren können.

Business TV als Instrument zur Wissensvermittlung und Qualifizierung kann demnach über das Hören und Sehen zur Aufmerksamkeit und zum Verstehen von Inhalten beitragen. Unter Umständen kann man mit dem TV-Format sogar die Lernenden involvieren und so zu einem ganzheitlichen Lernen führen. Aus pädagogischer Perspektive ist jedoch die Gestaltung kompletter Schulungstage über das Medium Fernsehen potenziell problematisch zu bewerten. Selbst wenn der durchschnittliche erwachsene TV-Zuschauer täglich etwa 3,5 Stunden vor dem Fernsehgerät verbringt [DARSCHIN/GERHARD 2003], ist dieses Verhalten wohl in den seltensten Fällen mit konzentrierter Informationsaufnahme und -verarbeitung verbunden.

Zentrale Ausgangsfrage ist demnach, inwiefern bieten die Ansätze Business TV bzw. Teletraining ausreichend Potenzial, eine bessere Nutzung von Wissen zu erreichen und damit zu einer Produktions- und Qualitätssteigerung sowie letztlich

2.3 Distance Learning – Relativierung von Ort, Zeit und Raum

zu einer höheren Kundenzufriedenheit zu kommen. Im Einzelnen stellen sich Fragen, was in den Anwendungsbereichen von Organisation und Technik zu tun ist und was im soziokulturellen Umfeld geschehen muss, um das von den Mitarbeitern innerhalb der Unternehmung erarbeitete Wissen im Rahmen von Distance Learning in der Organisation zu verteilen und auf breiter Basis anzuwenden:

- *Wissensorganisation und Wissenstechnik:* Organisatorische Anforderungen resultieren aus den verschiedenen Segmenten der Wertschöpfungskette wie Produktentwicklung und Produktfertigung, den unternehmensweiten Sparten sowie spezifischen Wünschen der dezentralen Märkte. Insofern ist die Verbreitung von notwendigem Wissen ein ausgewogener Qualifizierungsmix und eine wesentliche Determinante von Wissensmanagement. Im Vordergrund steht deshalb die Frage, mit welchem Organisationskonzept dies zu realisieren ist. Welches Trainingsmedium ist für die jeweilige Komplexität der Inhalte geeignet? Ist zum Beispiel zwingend ein Face-to-Face-Training erforderlich? Oder ist das Wissen besser im E-Training oder Business TV bzw. in „Selbstlernverfahren" erfassbar? Was kann Business TV leisten? Hinsichtlich der Wissenstechnik stellt sich die Frage: Was sind die notwendigen Elemente für ein Business TV und wie müssen modulare Bausteine funktional beschaffen sein? Was ist zu tun, um eine Plattform zu gestalten, die sich flexibel zu der Leistungsfähigkeit und zu den organisatorischen Bedürfnissen des Unternehmens ausrichtet?
- *Wissensarbeit und Wissensarbeiter:* Wie ist die Zielgruppe für den Wissenserwerb beschaffen? Daher gilt es zunächst, die Rolle der Lernenden zu beleuchten. Sind sie Anfänger oder vielmehr Experten? Trifft ein Grundverständnis von Lernen in der Gemeinschaft zu? Ist dabei eine Online Community gegeben? Darauf aufbauend stellen sich Fragen zur medientechnischen Gestaltung von Business TV: Was sind die Kernfaktoren des Mediums? Welche Bedeutung und Gestaltungsform kommt der Interaktivität zu? Wie ist ein Medienmix in Bezug auf Interaktivität zu gestalten?
- *Wissensgesellschaft:* Wie kommt der Mensch mit dem Business TV zurecht? Obgleich jedem das Medium Fernsehen hinlänglich bekannt ist, ist sein Einsatz im beruflichen Umfeld zunächst ungewohnt und gewöhnungsbedürftig. Wird diese Veränderung in der Arbeit akzeptiert? Ist ein Transfer von Wissen sichergestellt?

Ausgangspunkt für ein Distance Learning unter Einbeziehung der aus Film und Fernsehen bekannten Medien ist das Ziel, Mitarbeiter, die räumlich verteilt sind, aktiv in einen dialogorientierten Qualifizierungsprozess einzubinden und dabei die Möglichkeiten, die Live-TV-Übertragungen bieten, mit der Option zu ergänzen, Fragen stellen zu können, Informationen auszutauschen und zu diskutieren. So haben die Teilnehmer das Gefühl, in einem Raum mit dem Trainer zu sein. Dabei hat auch der Trainer über das Medium Kontakt zu seinem Auditorium und kann so ein Feedback aus dem Verhalten und den Reaktionen der Teilnehmer gewinnen und daraus Maßnahmen ableiten. Dieser Prozess soll auch als interaktive Business Television bezeichnet werden [BROßMANN 2005].

Business TV steht mit Wissensorganisation in mittelbarem Kontext, da zum einen Organisationen ein spezielles Wissen haben und sich dadurch von anderen Organisationen unterscheiden und zum anderen durch die Zusammenstellung von verschiedenen Techniken, Praktiken und Verfahren Wissen innerhalb der Organisation zu strukturieren und zu organisieren ist. Hier geht es darum, eine zusätzliche Methode bzw. Instrument zu realisieren, um große Zielgruppen schnell und direkt mit aktuellen Informationen zu versorgen und kommunikativ zu verbinden. Das bedeutet nicht, allein eine einseitige unidirektionale „Informationsflut" zum Mitarbeiter wie beim kommerziellen Fernsehen zu realisieren, sondern über einen bidirektionalen Informationskanal optional eine Kommunikation zwischen Moderator und angeschlossenen Mitarbeitern in Ton und Bild zu praktizieren, um die Wissensinseln in einer Organisation, häufig getrennt durch Barrieren kultureller und sprachlicher Art, zu erreichen und zu überwinden.

Diese besondere Form der Wissensorganisation einschließlich der vielfältigen Speicherungs-, Übertragungs-, Empfangs- und Kommunikationsverfahren der Wissenstechnik berechtigt auch von einer „Business-TV-Plattform" zu sprechen.

Die Basis einer Business-TV-Plattform bildet ein Aufnahmestudio, aus dem eine Business-TV-Sendung an ausgewählte Zielgruppen übertragen wird. Diese sind auf verschiedene Standorte verteilt und befinden sich in technisch speziell ausgerüsteten Räumen – in der Regel Schulungsräume, Konferenz- oder Besprechungszimmer, es kann aber auch der Arbeitsplatz entsprechend ausgestattet sein. Abhängig von der Plattformkonfiguration können die Mitarbeiter einen Fragewunsch oder einen Kommentar signalisieren. Über die Studioregie wird dann die Interaktion mit dem jeweiligen Standort über geeignete terrestrische Netze aufgebaut. Moderator und der jeweilige Standort stehen im direkten (audiovisuellen) Dialog, das heißt, optional sehen und hören sie sich gegenseitig. Die anderen Standorte verfolgen diesen Dialog via Satellit.

Orientiert an der Wissensorganisation mit den BTV-Grundformaten muss auch das Business-TV-Konzept für die dezentralen Empfangseinheiten die integrative Verwendung von Audio, Video und Daten gewährleisten. Da die betriebliche Situation im jeweiligen Fall völlig unterschiedlich sein kann, muss sich dies auch in den technischen Lösungen widerspiegeln. Insofern bieten sich folgende unterschiedliche Lösungsalternativen für Empfangseinheiten an:

- *Parabolantenne:* Sie empfängt die gesendeten Signale. In Abhängigkeit von der Sendestärke und dem jeweils ausgewählten Satelliten sowie vom geografischen Standpunkt können für diese Antennen unterschiedliche Durchmesser erforderlich sein, in aller Regel handelt es sich jedoch um handelsübliche Parabolantennen.
- *Satelliten-Decoder:* Sie bilden die Voraussetzung für die Wiedergabe der in komprimierter und verschlüsselter digitaler Form ausgestrahlten Informationen. Im Wesentlichen besteht die Funktion des Decoders darin, die Autorisierung einer Empfangsstation zu überprüfen, die Dekompression der gesendeten Inhalte durchzuführen (MPEG-2-Verfahren) sowie die digitalen Signale umzuwandeln.

2.3 Distance Learning – Relativierung von Ort, Zeit und Raum   117

- *IRD mit Harddisk:* Heute schon werden zunehmend herkömmliche IRD (Integrated Receiver Decoder) und STB (Set Top Box) mit integrierter Harddisk ausgestattet und angeboten. Damit besteht die Möglichkeit, Inhalte aufzuzeichnen und ggf. über einen EPG (Electronic Program Guide) den Inhalt zielführend wiederzugeben.
- *Visualisierungseinrichtungen:* Sie übernehmen die Anzeige der empfangenen Audio- und Videosignale. Bei den hierfür geeigneten Monitoren handelt es sich um handelsübliche Fernsehgeräte, Großbildprojektoren oder Multimedia-PC. In größeren Räumen – insbesondere Gruppenarbeitsräumen – bieten sich Beamer oder Rückprojektoren an, sofern deren Lichtstärke ausreichend ist und die Räumlichkeiten nicht über Gebühr abgedunkelt werden müssen.

Mit diesen Empfangseinheiten können Inhalte von BTV-Sendungen an dezentralen Standorten empfangen werden. Obgleich damit bereits notwendige Voraussetzungen für alle drei Grundsendeformate erfüllt sind, ist bisher allein ein „passiver Konsum" der ausgestrahlten Inhalte möglich. Um eine Interaktion zu erreichen, muss an jeder Empfangsstelle zusätzlich ein spezielles Kommunikationsmodul implementiert werden. Zur Realisierung dieser bidirektionalen Kommunikation zwischen Studio (Moderator) und Empfangsstelle (Teilnehmer) bieten sich verschiedene Varianten an:

- *Audiobasierte Interaktion* (*Gruppenarbeitsplatz und Studio*): Diese Interaktionsform ist einfach und schnell realisierbar. Das Studio wird entweder über ein handelsübliches Telefon angerufen oder es wird eine telefonbasierte Audiolösung genutzt, bei der ein im Studio vorgeschalteter Telefonhybrid zusätzliche Funktionen ermöglicht.
- *Audiobasierte Interaktion* (*Einzelarbeitsplatz und Studio/Server*): Eine Variante, die eine Wissensvermittlung direkt am Arbeitsplatz unterstützt, ist der Empfang der Inhalte auf dem PC-Arbeitsplatz. Eine audiogestützte Interaktion erfolgt dann über das Internet/Intranet.
- *Audiovisuellbasierte Interaktion* (*Gruppenarbeitsplatz und Studio*): Diese Interaktion ist für alle Teilnehmer die angenehmste und natürlichste Form. Ein technisch speziell abgestimmtes Kommunikationsmodul mit Kamera, Fragetaste und Mikrofonen ermöglicht innerhalb einer Live-Übertragung eine bidirektionale audiovisuelle Verbindung zwischen dem fragenden Standort und dem Moderator im Studio [zu diversen technischen Lösungen siehe BROßMANN 2005]. Alle weiteren Standorte verfolgen diesen Dialog via Satellit. Die Steuerung dieser Interaktion erfolgt durch das Studio.

Diese verschiedenen Varianten des Business TV setzen eine Modularität der Systemeinheiten und -komponenten voraus, die von der Studioeinheit bis hin zu den Empfangs- und Kommunikationseinheiten reicht (Abb. II-9). Diese Modulkonzeption sollte auf einem Baukastenprinzip basieren, damit die erforderlichen technischen Systeme durch Zusammenschaltung einer möglichst kleinen Zahl standardisierter Grundelemente aufgebaut werden kann. Diese modulare BTV-Architektur bietet dem Unternehmen die Chance, die mit der Realisierung interaktiver

BTV-Applikationen verbundenen Aufgaben schrittweise in Form eines kontinuierlichen Entwicklungsprozesses zu bewältigen. Neben der Auswahl und Gestaltung einer geeigneten technischen Lösung für eine interaktive BTV-Plattform stellt sich der Wissensorganisation und Wissenstechnik auch die Frage nach den Erfordernissen für einen permanenten Betrieb, der Legitimation in Bezug auf Umsetzung von mediendidaktischen Zielsetzungen sowie nach den Anforderungen der Zielgruppen, die Wissen erwerben wollen, das heißt eine Reihe von Fragen zur Wissensarbeit.

Wenn man sich mit der Wissensarbeit, die für das Medium Business TV relevant ist, auseinandersetzt, erfordert dies zunächst einen Blick auf mögliche Zielgruppen zu werfen, die mit Hilfe des Mediums einen Wissenserwerb realisieren möchten, um ausreichend die erforderlichen Aspekte bei der Mediengestaltung zu berücksichtigen.

Mit dem Medium kann natürlich eine Vielzahl unterschiedlicher Gruppen beim Wissenserwerb unterstützt werden. Hierzu wird eine Zielgruppe ausgewählt, die aus Mitarbeitern besteht, die zwar aufgrund von automatisierten Routinen in ihrem Problemlöseverhalten robuster gegenüber störenden Ablenkungen sind als Anfänger, oft aber nicht oder nur mühsam verbalisieren können, wie sie ein Problem lösen und dies folglich anderen zwar demonstrieren, jedoch nicht unbedingt er-

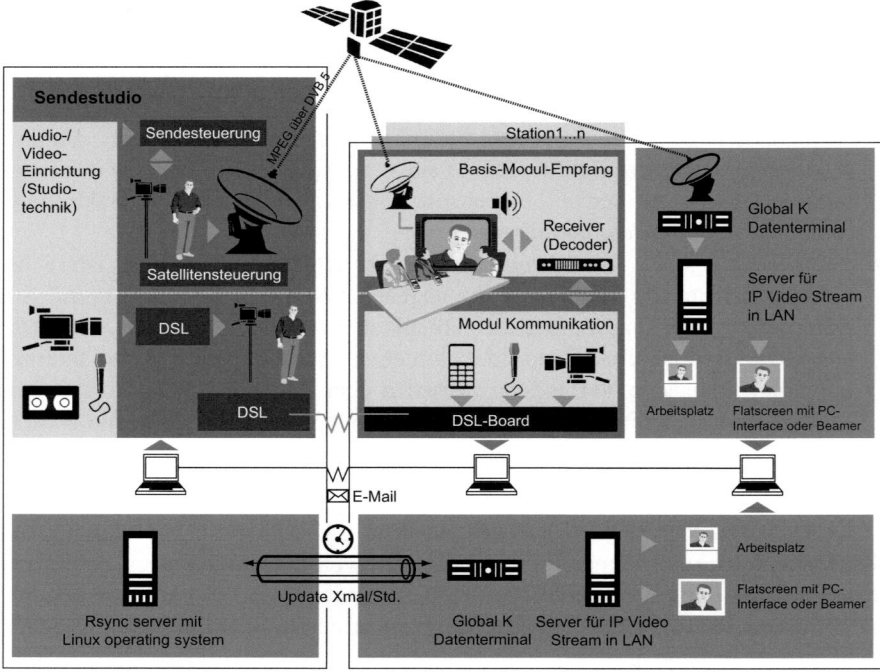

Abb. II-9 Interaktives Business TV als Medium räumlich verteilte Mitarbeiter in Bild und Ton zu verbinden [in Anlehnung an AKUBIS® von Mercedes-Benz Global Training]

klären können: Gemeint sind die Experten [SAXE/GEARHART 1990]. Diese in Organisationen häufig auftretenden Gruppen zeichnen sich dadurch aus [BRANSFORD/BROW/COCKING 1999], dass sie

- ein umfängliches Bereichswissen haben mit einem tiefen Verständnis für den Gegenstandsbereich,
- eine Problemwahrnehmung besitzen, die auf einem Abstraktionsniveau angesiedelt ist, das den unmittelbaren Kontakt mit Handlungswissen erlaubt,
- über anwendungsorientiertes, stark verknüpftes Wissen verfügen, auf das sie flexibel und mit wenig kognitivem Aufwand zugreifen, und
- neue Situationen als Lerngelegenheit auffassen und nicht versuchen, Neues mit bekannten Routinen zu bewältigen.

Voraussetzung ist daher, dass mit dem Medium insbesondere die Funktion der Reflexion des Praxisalltags erreicht wird, die häufig produktbezogenen Perspektive der Mitarbeiter um zusätzliche Sichtweisen erweitert wird und gleichzeitig lösungsorientiert konkrete Hilfestellung geliefert wird. Daneben sollte das Informieren über aktuelle Entwicklungen und Produktneuerungen, das Auffrischen von Kenntnissen, das Vermitteln von komplexen Zusammenhängen und der Wissensaustausch stehen.

Zielsetzung muss es deshalb sein, die Wissensnachfrager als Teil einer Community of Practice zu betrachten, das heißt als informelle Gruppe, die über einen längeren Zeitraum auf ein gemeinsames Ziel hinarbeitet bzw. zu einem gemeinsamen Zweck zusammenarbeitet und dabei eine Reihe von Arbeitspraktiken, Überzeugungen und Verstehensweisen teilt [LAVE/WENGER 1991]. Zudem ist das Lernen via Business TV trotz aller Einschränkungen möglichst interaktiv zu gestalten.

Das Lernen im Arbeitskontext mit dem Hineinwachsen in Communities of Practice fördert nicht nur Wissen weiterzugeben, sondern auch Werte und Überzeugungssysteme, Metaphern und Wahrnehmungsmuster. Die Bedeutung solcher Gruppen für das Funktionieren von Teileinheiten in Unternehmen, für das Einbinden von Berufsanfängern und neuen Mitarbeitern und für den Erwerb und die Kommunikation organisationellen Wissens wird allgemein anerkannt [PROBST/RAUB/ROMHARDT 1999]. Das hier verfolgte Teletrainingskonzept greift beispielsweise auch die Online-Komponente auf, die eine ergänzende Funktion zu den Sendungen einnimmt und damit eine wichtige Form der sekundären Wissensvermittlung darstellt. Die Möglichkeiten von interaktiven Elementen der Sendungen (Zuschaltungen der Außenstationen) sind sehr gut geeignet, eine positive Identitätsbildung der Lernenden zu fördern. Es bildet sich eine global verteilte Gemeinschaft von Gleichgesinnten, die ähnliche Ziele verfolgt und vergleichbare Probleme teilt. Dies geht über das reine TV-Format hinaus und betrifft auch Online Communities in Hinblick darauf, wie sie in das Konzept integrierbar sind.

Häufig speichern und verarbeiten Menschen ihre persönlichen Erfahrungen fallbasiert. Fallbasiert organisiertes Wissen kann effektiv für Problemlösungen eingesetzt werden, da vergleichbare Fälle vielfältige Interpretations- und Entscheidungshilfen für aktuelle Probleme beinhalten. Das Medium TV ist hervorragend geeignet, Lernen anhand konkreter Fälle zu realisieren und so im Kontext beruflicher Tätigkeit den Erwerb von Erfahrungen zu steigern. Wenn es gelingt, dass die Mitarbeiter genügend Fälle im Langzeitgedächtnis haben, auf die sie zugreifen können, und wenn diese Fallrepräsentationen relevante Informationen enthalten, die das Erinnern ermöglichen und bei dieser aktuellen Problemstellung hilfreich sind, dann sind die Voraussetzungen für effektives Problemlösen gegeben.

Sofern keine Fälle bekannt sind, zu denen Wissensinhalte passen, können auch Fallbeispiele helfen, dass sich die Mitarbeiter konkrete Fälle zu den Informationen vorstellen können. Das Medium TV eignet sich dazu, Fälle audiovisuell und realitätsnah darzustellen, und ist ein einfaches und effektives Mittel, allgemeingültiges Wissen interessant aufzubereiten.

Neben diesen primär personengebundenen Aspekten der ausgewählten Zielgruppe werden im Folgenden weitere Aspekte der Mediengestaltung aufgezeigt, die aus den Besonderheiten des Mediums TV resultieren und für eine erfolgreiche Wissensarbeit mit dem Medium relevant sind [ZUMBACH 2002, ZUMBACH/REIMANN 2003]:

- *Aufmerksamkeit:* Ausgangspunkt ist die Frage: Wie kann Neugierde gefördert werden? Neuartiges oder Unbekanntes, was mit den eigenen Erwartungen und kognitiven Strukturen in Konflikt tritt, lässt sich eher beim aktiven, explorativen Lernen realisieren. Deshalb gilt es, die Darstellungs- und Unterhaltungsfunktionen, die das TV-Format bietet, zu nutzen, um Aufmerksamkeit und Neugierde zu erzeugen und aufrechtzuerhalten. So sollten bereits zu Beginn einer Sendung die Themen vorgestellt oder ein vorproduzierter Film abgespielt werden, in dem die Oberpunkte der Sendung mit Musik unterlegt und kurz präsentiert werden. Wichtige Themen können mit einem Kurztrailer oder zumindest mit Bildern angekündigt werden. Ebenso ist die Einblendung einer Grafik des Ablaufplans geeignet. Somit sollte sehr früh der Aufbau einer positiven Erwartungshaltung, eine Strukturierung und Spannung erreicht werden und die Teilnehmer angeregt werden. Die positive Grundhaltung gegenüber einer Sendung wird bereits in den ersten Sendeminuten geprägt. Wenn der Lernende hier in eine passive, rezeptive Position gedrängt wird, reduzieren sich das inhaltsbezogene Interesse und weiter gehende Problemlösungsanstrengungen.
- *Motivation:* Diese Grundvoraussetzung für das Lernen hat auch bei dem hier betrachteten Medium einen zentralen Einfluss auf die Akzeptanz und den erfolgreichen Wissenserwerb. Als Kernprinzip für ein motivierendes Lerndesign gilt sicherlich eine Lernorientierung statt einer Instruktions- oder Lernstoffzentrierung. Deshalb macht es Sinn, weniger Wert auf eine systematische Inhaltsvermittlung zu legen als vielmehr auf ein individuelles Auseinandersetzen mit einem Inhaltsbereich und einem damit einhergehenden tieferen Verständnis über ein Thema. Ein derartiges Tiefenverständnis rechtfertigt somit auch den höheren Entwicklungsaufwand und die damit verbundenen Mehrkosten gegenüber dem Einsatz weniger aufwändig produzierter Lernangebote.

Die Aktualität der Beiträge und die Anpassbarkeit an aktuelle Fragestellungen sind wesentliche Stärken des Mediums. Einen Kernfaktor für die Akzeptanz von Business TV stellt deshalb die Auswahl der Themen dar. Hier gilt es, bei

der Wissensarbeit in der vorbereitenden Recherchephase aktuell relevante Fragestellungen und verfügbare interessante Problemlösungen zu finden.
Neben der Themenauswahl kann zusätzlich die Entwicklung, Anwendung und Kombination von Medienbausteinen (Experteninterviews, Praxisumfragen, Anchor-Moderation etc.) die Lernenden verstärkt in das Lerngeschehen involvieren, zum eigenständigen Mitdenken anregen und insgesamt motivationsförderlich wirken.

- *Kommunikation:* Aus didaktischer Sicht ist die Informationskomponente zu ergänzen. Die Kommunikation zwischen Lehrenden und Lernenden in Form einer Rückkopplungsschleife fehlt zunächst einmal in medienbasierten Lernangeboten. Da sie aber für den Lernerfolg aus kognitiven und motivationalen Gründen sehr wichtig ist, wurden im nichtpersonalen Unterricht verschiedene Wege für eine Integration von Informationsvermittlung und Kommunikation verfolgt. Eine Möglichkeit ist es, innerhalb des Lernmediums Interaktionsmöglichkeiten zu integrieren, so dass den Lernenden Rückmeldungen über ihre Fortschritte gegeben wurden.

Fragerunden sind hier positiv zu erwähnen. Damit kann den Teilnehmern das Gefühl vermittelt werden, ernst und wichtig zu sein und dass ihre Fragen Gehör finden. Die Möglichkeit, im Anschluss von Teletrainingsendungen Fragen zu stellen, weist sogar gegenüber traditionellen Seminaren Vorteile auf [HASEBROOK/STEFFENS 1997]. Durch Kontakt mit Experten wird das Wissen erweitert und es schließen sich Wissenslücken. Die Gestaltungsmöglichkeit reicht bis zu Hotlines in Form von Call-Center oder Expertenchats, in denen Fragen aufgenommen und die Inhalte in Sendungen thematisiert werden.

Eine weitere Möglichkeit, die das Medium TV bietet, um Teilnehmer kommunikativ einzubinden, besteht darin, mit TED-Befragungen (Teledialog) die Relevanz der Themen, das Verständnis (Multiple-Choice-Wissenstest) und Problemlösungskompetenz (Präferenz für Problemlösungsalternativen) zu erfassen. Mit geeigneten Tools aufbereitete TED-Fragen lassen sich fernsehtauglich in den Sendeablauf integrieren.

Neben diesen zentralen Aspekten gibt es eine Reihe weiterer zusätzlicher Gestaltungsprinzipien, die für ein Teletraining von Bedeutung sind:

- *Strukturgebende Gestaltungsmittel:* Strukturierende und organisierende Gestaltungsmittel wie Advanced Organizer, Zwischentitel und Zusammenfassungen erhöhen die Behaltensleistung. Zusätzlich formen typische und sich wiederholende Elemente wie Pausentrailer und Wiedererkennungsmelodien ein professionelles und strukturiertes Erscheinungsbild.
- *Bildgestaltung:* Optische Aufbereitungsmittel wie Charts, Tabellen, Diagramme, Piktogramme, aber auch Abbildungen eignen sich unterstützend zum Orientieren und Einprägen von Wissen. Da sie mentalen Modellen ähneln, kann diese Struktur gut im Gedächtnis gespeichert werden [BALLSTAEDT 1990].
- *Multimediaeinsatz:* Vorausgesetzt, die Charakteristika und Funktionen der Medien werden didaktisch und zielorientiert eingesetzt, dann ergeben sich für das Lernen im Medienverbund viele positive Effekte. Ziel muss es sein, bei Fernsehblöcken wechselnde Phasen von Spannung und Entspannung zu reali-

sieren, auf die Unterhaltsamkeit der Beiträge zu achten und zu berücksichtigen, dass emotionale Eindrücke besser behalten werden als das vermittelte Wissen.
- *Teilnehmerunterlagen:* Zu den meisten Sendungen empfiehlt es sich, Teilnehmerunterlagen zu erstellen. Mit verteilten Teilnehmerunterlagen ist weniger die Zielsetzung verbunden, dass in den Unterlagen geblättert werden kann, als vielmehr, dass die Teilnehmer damit eine Basis haben, um eigene Ergänzungen machen zu können, Hinweise für praktische Übungen finden und nach der Sendung relevante Inhalte in ausgedruckter Form an den Arbeitsplatz mitnehmen können.

Im Zusammenhang mit Wissensorganisation und Wissensarbeit ist auf eine Funktion eines Wissensarbeiters gesondert einzugehen, da die Akzeptanz und der Erfolg des Mediums wesentlich von seiner Person abhängt: der „Moderator".

Bereits im Kapitel E-Training (Teil II-2.3.3.3) wurde aufgezeigt, dass dem Wissensarbeiter Teletutor bei der Anwendung des Mediums eine zentrale Bedeutung zukommt. Das Medium Television verlangt einige ergänzende, personenbezogene Merkmale, die die Wissensarbeiter zusätzlich mitbringen müssen [BROMME 1996] und die über die Entwicklung des Stoffes für die Sendung (Strukturierung, Stoffanordnung, Sprache des Lehrers etc.), die Aufteilung von Sendezeit, die Steuerung des Lerntempos sowie die Organisation und Aufrechterhaltung von Trainer- und Schüleraktivitäten hinaus gehen müssen.

Die Zufriedenheit über Sendungen und auch die Umsetzung des erworbenen Wissens in den Berufsalltag ist neben der Authentizität von Moderatoren und Situation sehr stark abhängig von der Beurteilung des Auftretens von Moderatoren, also von dem Beziehungsaufbau der Zuschauer zum Moderator. Während für die jeweils gegebenen persönlichen Stärken und Schwächen bei professionellen Fernsehmoderatoren oftmals maßgeschneiderte Sendeformate entwickelt werden oder in umfangreichen Castings sichergestellt wird, dass Sendung und Person zusammenpassen, muss dieses Maß an Perfektion in Bezug auf unterhaltungsrelevante Kriterien bei dem hier gegebenen TV-Format für Geschäftsprozesse zugunsten einer hohen Authentizität hinten anstehen, da die Zielgruppe hier eher toleranter ist und vielmehr inhaltliche/fachliche Kompetenz erwartet.

Moderatoren sind Identifikationsfiguren und erfüllen eine Modellfunktion. Sie dienen den Teilnehmern als potenzielle Modelle für eigene zukünftige Handlungsweisen. Dieser Modellcharakter kann durch die Verwendung bestimmter Interaktionsarten noch verstärkt werden.

So vollzieht sich Lernen nicht nur durch aktive Partizipation an einer Lernsituation, sondern auch durch die Beobachtung anderer. So erwirbt der Mensch einen Großteil seines Verhaltenrepertoires, indem Modelle (z. B. Eltern, Freunde) beobachtet werden. Wenn die kognitiven und motivationalen Voraussetzungen gegeben sind, entwickelt der Lernende eine Repräsentation darüber, wie ein bestimmtes Verhalten ausgeführt werden kann. Diese gespeicherte Information kann dann als Hinweis für eigene Handlungsweisen dienen [BANDURA 1977]. Der Mensch kann so durch die Bewertung von Verhaltensweisen durch Dritte, also Erfahrungen, die die Beobachter anhand von Verhaltensweisen weiterer Personen (Modelle) gemacht haben, sich Erfahrungen anderer zunutze machen.

Stellvertretendes Lernen findet statt, wenn vermeintlich passive Lernende die Interaktion zwischen Lehrenden und Lernenden aktiv beobachten, aufnehmen und verarbeiten [SUTTON 2001]. Dialogbeobachter sind emotional weniger in das Geschehen eingebunden, da der Druck entfällt, die eigene Position zu verteidigen und neue Ideen einer Öffentlichkeit zu explizieren.

Lernen am Modell und stellvertretendes Lernen stellen eine Erklärung für „natürliche" soziale Lernprozesse dar, die oftmals beiläufig ablaufen und dennoch sehr effektiv sind – diese Lernform ist für Business TV besonders geeignet und relevant.

Da die Teilnehmer von Business TV trotz interaktiver Konferenzschaltungen nicht zu jedem Zeitpunkt mit den Moderatoren in Dialog treten können, ist es sinnvoll, dass die Möglichkeit des Wissenserwerbs in stellvertretenden Dialogen zugänglich gemacht wird. So können die Teilnehmer stellvertretend „mitlernen", ohne dabei aktiv in den Dialog involviert zu sein – eine in der Lernpsychologie unbestritten lernförderliche Wirkung und Wichtigkeit, um Unterstützung, Feedback und Erklärungen zu erlangen [COOK 2002]. In stellvertretenden Dialogen lernen Teilnehmer verschiedene Sichtweisen kennen und können sich die Erfahrungen der Moderatoren zunutze machen. Sinnvoll erscheinen in diesem Kontext nicht nur Dialoge, sondern auch komplette Interaktionen zwischen den Moderatoren. Lerndialoge sollten deshalb einen fixen Bestandteil des Sendekonzepts bilden und einen präferierten Baustein ausmachen, wenn Themen komplex sind oder zeitlich viel Raum einnehmen.

Die Zielgruppe wurde als Experten bezeichnet und die Bedeutung der Expertise der Moderatoren für die Authentizität und Identifikation betont. Dieser Expertenstatus der Moderatoren darf jedoch nicht zu einem allzu sehr auf Fehlerfreiheit und Unfehlbarkeit des Expertenwissens geprägten Selbstbildnis führen, da es eine eher passive Lernhaltung seitens des Mitarbeiters hervorruft. Dies birgt die Gefahr, dass die Lernenden zu reinen Wissensempfängern werden, die sich blind auf die Rolle des Vermittlers verlassen. Das Bild des reinen Wissensvermittlers widerspricht dem Modell des Lernmoderators, der Lernprozesse bei den Mitarbeitern aktiviert und sie zu einem kritischen Mitdenken und Mitarbeiten auffordert. Insofern ist für die Moderatoren eine Unterstützung von Inhaltsexperten zu fordern, die ihnen aktiv zur Seite stehen. So kann der Moderator in der Sendung diese Experten einbinden bzw. ankündigen, schwierige Fragen im Anschluss an die Sendung zu recherchieren und das Ergebnis in das Online-Medium zu stellen. Dies trägt zur Souveränität des Moderators bei und vermeidet, Glaubwürdigkeit einzubüßen.

Von seinem Selbstverständnis her sollte der Moderator sich als derjenige sehen, der die notwendigen Kommunikations- und Vermittlungsaufgaben für die Fachabteilungen und Experten übernimmt, aber im Gegenzug aktiv von diesen unterstützt und beteiligt wird. Er agiert somit als Wissensmanager und erfüllt dadurch auch eine Vorbildfunktion für die Mitarbeiter, denn sie erkennen den Wert und die Notwendigkeit, aktiv individuelles Wissensmanagement zu betreiben.

Fazit: Eine Business-TV-Plattform verfügt über ein hohes Potenzial in der Unterstützung der Mitarbeiter auf dem Weg in eine zunehmend wissensorientierte

Arbeitswelt. Das TV-Format – aber auch seine Einbettung in begleitende Maßnahmen – kann wichtige Dienste leisten, eine moderne Lernkultur zu etablieren. Relevante Faktoren, denen eine wichtige Rolle für die Umsetzung von Wissen zugeschrieben wird, sind dabei:

- Authentizität wegen des direkten Bezugs zur realen beruflichen Situation sowie der Anwendungsbedingungen des erworbenen Wissens
- Fallbasierte Wissensvermittlung, da sie den Mitarbeitern hilft, vielfältige Interpretations- und Entscheidungshilfen für aktuelle Probleme zu geben
- Community of Practice, da diese Gruppen in professionellen Kontexten wichtige Funktionen zur Ausführung der ihnen übertragenen Arbeiten erfüllen und zusätzlich als Multiplikatoren für andere Mitarbeiter wirken
- Modelllernen wegen des starken Einflusses der wahrgenommenen Konsequenzen im gezeigten Verhalten.

Diese Faktoren und Prinzipien tragen zu einem besseren Wissenstransfer in die Praxis bei, als dies mit Ansätzen möglich ist, die auf eine reine Informationsvermittlung abheben.

2.3.3.5 Mediathek

Die vorher beschriebenen partiellen Wissensvermittlungsinstrumente waren weitgehend voneinander unabhängig wirkende Systeme mit einem kursgebundenen, didaktisch strukturierten Lerninhalt, konzeptionell in die Lernorganistion des jeweiligen Unternehmens eingebunden und stark auf die Wissensvermittlung von Einzelpersonen fokussiert. Mit Ausnahme von E-Book und beim CBT ist dabei die Kommunikation zwischen Lernendem und Lehrer bzw. Betreuer überwiegend synchron und teilweise asynchron.

Nunmehr werden die vorgestellten und etablierten Distance Learning Formen um weitere Instrumente und Verfahren ergänzt, indem das mehr oder minder strukturierte Feld des *Selbstlernens* aufgegriffen wird. Die damit verbundenen Grundformen sind mit Begriffen wie „*kooperatives Lernen*", „*offene Aufgabenstellungen*" und „*Lecture on demand*" verbunden und unterscheiden sich deutlich von CBT und den betrachteten Distance Learning Verfahren. Diese Form geht zudem über die bisher dargestellte Wissensvermittlung hinaus, da derart praktiziertes Selbstlernen im engen Kontext mit Wissensentwicklung steht und die damit verbundenen Verfahren sich auf der „Schwelle" zum E-Learning 2.0 bewegen. So treten Wissensanbieter und -nachfrager wie auch Wissensträger auf, um unterschiedlichen Aufgabenstellungen und Interessen nachzugehen.

Aus *nutzungsorientierter Perspektive* werden daraus erste funktionale Anforderungen ersichtlich:

- *Wissensanbieter:* Sie verfolgen das Ziel eine vom Kurssystem weitgehend unabhängige Wissenszusammenstellung, -strukturierung und -dokumentation durchzuführen und verfügbar zu machen. Dazu beziehen sie die komplette mediale

2.3 Distance Learning – Relativierung von Ort, Zeit und Raum

Ebene ein und gehen auch den Besonderheiten von Audio- und Videoelementen nach. Damit umfasst dieser Prozess zwar auch Autoren- und Redaktionsaufgaben, wie sie andeutungsweise im Zusammenhang mit CBT und den speziellen Wissensvermittlungstools skizzierten wurden und auf die im anschließenden Teil von Content-Management-Systemen noch zurück zu kommen sein wird. Deshalb bleiben die damit verbundenen Tools und Aktivitäten hier weitgehend unberücksichtigt. In Folge stehen auch die speziellen Anforderungen, die an die Gestaltung von Mikro-Wissenseinheiten (z. B. Mini-Videoclips über Handlungsabläufe) geknüpft sind, zunächst im Hintergrund [vgl. dazu Teil II-4.1.2], während die funktionellen und technischen Voraussetzungen zum Einsatz von Selbstlernverfahren und -systemen (z. B. Virtuelle Seminare, E-Tutorials) bis hin zum Aufbau eines Wissensangebots den Schwerpunkt bilden.

- *Wissensnachfrager:* Sie wollen ein kursunabhängiges Lernen praktizieren und dabei zum einem in unterschiedlichen Anteilen auf Lerninhalte in Form von Lernmodulen zugreifen – einzelpersonenbezogenes Training. Zum anderen wollen Lerner, in Gemeinschaften oder Workshops, partner- oder gruppenbezogene Aufgabenstellungen in selbstgesteuerten Lerngruppen lösen. Daneben sollte für einen Wissensnachfrager auch ein „Learning on demand" gegeben sein, so dass ein „Wissbegieriger" zu auftretenden Fragen im Rahmen seines Arbeitsprozesses nähere Zusammenhänge kennen lernen kann, Hintergründe erfährt, das heißt ein vertieftes Wissen erlangt, das in unterschiedlicher medialer Form in einer Art „Wissenslexikon der Organisation" archiviert ist.
- *Wissensträger:* Sie wirken als Bindeglied zwischen Wissensnachfragern und -anbietern und verkörpern unter Umständen beide Eigenschaften indem, sie auf einer Plattform auftreten und mit anderen Wissensträgern kooperieren, das heißt Wissen austauschen, erarbeiten und über dessen Weiterverwendung diskutieren. Diese Austauschbeziehungen reichen bis zu den Aktivitäten im Zusammenhang mit der Realisierung von Projekten.

Diese ersten nutzungsorientierten Anforderungen lassen die Grenzen zwischen Wissensangebot und -nachfrage fließend werden. Dies ist insbesondere darin begründet, dass nicht allein Lernen und Lehren mit der Wissensvermittlung im Vordergrund stehen, sondern aufgrund der ansatzweisen Einbeziehung von Telekooperation ein nahtloser Übergang zum systemunterstützten Arbeiten und Lernen, insbesondere auf der operativen Input- und Outputebene, wie auch in der Zusammenarbeit gegeben ist. Das besondere ist, dass aus systemtechnischer Perspektive deutlich ein Wandel von den bisherigen Push-Systemen hin zu den Pull-Systemen gegeben ist.

Aus den skizzierten Anforderungen ist weiterhin erkennbar, dass zur Bewältigung dieser Aufgaben eine Wissensbasis und begrenzte Datenbankfunktionalitäten vorhanden sein müssen, um Lernen und Wissensarbeit zu erlauben. Dabei steht im Vordergrund Wissen anzuhäufen, zu strukturieren und einer breiten Verwendung zugänglich zu machen. Auf diese Weise ist einerseits die Wirkung einer partiellen Wissensvermittlung gegeben, andererseits kann es auch flankierend für Arbeitsprozesse herangezogen werden. Beides ist geeignet, den Hort für tiefer gehende Informationen zu bilden und zugänglich zu machen, so dass dieses Medium als „*Mediathek*" bezeichnet werden kann. Mit diesem bewusst „unscharfen" Begriff[10] soll auch der große optionale Gestaltungsspielraum und das weite mögliche Funktionsspektrum angedeutet werden. Diese Optionen reichen zum einem von einem „*Experimentierfeld für die Schaffung von Wissensbausteinen*" bis hin zum „*zentralen Unternehmensarchiv*" als Wissensspeicher für die Gesamtheit des Know-hows zur primären und sekundären Wertschöpfung und schließen alle operativen, strategischen und normativen Wissensinhalte ein. Zum anderen kann damit die Voraussetzung und „Wissensbasis für ein stark kursgebundenes und ein offenes selbstorganisiertes Lernen geschaffen werden sowie methodisch Lernen und Arbeiten vereinigt" und dabei der Grundstein für das „*Managen von Wissen*" gelegt werden.

Im so verstandenen Sinn umfasst das Instrument Mediathek *drei Funktionsbereiche,* deren Gestaltung mit der Klärung grundlegender Fragestellungen verbunden ist:

- *Wissensaufbewahrungseinheit:* Das Fundament der Mediathek bildet ein „*Wissenspool*". Dies wirft zunächst Fragen auf, welches inhaltliche Spektrum abgedeckt werden soll? Enthält er allein Lerninhalte und/oder auch Wissensergebnisse? Wer darf wann und auf welchen Inhalt zugreifen? Ist Mehrsprachigkeit erforderlich? Soll der Wissenspool nur aktuelles und bekanntes Wissen bereitstellen oder auch unveröffentlichte Daten enthalten? Ist die Konzeption mehr auf „Massenspeichereinheit" mit Inhalten unterschiedlicher medialer Ausprägungen auszurichten oder mehr in Richtung „elektronischer Campus" und „kooperativer Infrastruktur" zu entwickeln …?
- *Wissensbereitstellungsinfrastruktur:* Hier geht es darum, die *allgemeine* Infrastruktur für das *Lernen in Gemeinschaften* zu schaffen. Deshalb stehen Fragen zu den Elementen einer „*Learning Community*" im Mittelpunkt. Ausgang bilden Fragen, welche Grundformen des E-Learning sind angesprochen. Konkret: Sind eher geschlossene Aufgaben mit elektronischem Feedback oder mehr offene Aufgaben mit Feed-back durch Tutor oder Lernpartner geeignet? Welche kooperativen Lernformen (z. B. Fallstudie, Gruppenarbeit mit Dokumentenupload, Simulationsaufgaben) bieten für das Lernen in Gemeinschaften Vorteile gegenüber dem Einzellernen? Dies mündet dann in Fragen: Welche „Bausteine" sind für eine telekooperative Lernumgebung notwendig, um komplexe Problemstellungen bearbeiten zu können, Gruppenarbeiten durchzuführen, Einzelaufgaben auszuwerten …?

---

[10] In aller Regel werden mit dem Begriff Mediathek das von den öffentlich rechtlichen privaten Fernsehanstalten angebotene ergänzende Medienangebot verstanden (z. B. Audio- und Videoportal der ARD mit Beiträgen aus den regionalen und überregionalen TV- und Radioprogrammen, Dokumentationen und Wissenschaftssendungen von 3sat). Hier wird vorgeschlagen, dass Unternehmen in diesem Sinn vergleichbare Online-Archive einrichten, um Medien und Wissen zu sammeln und zugänglich zu machen. Im Netzwerk Mediatheken haben sich zwischenzeitlich auch Archive, Bibliotheken, Museen und andere Einrichtungen zusammengeschlossen, die audiovisuelle Medien sammeln und verfügbar machen.

- *Wissensvermittlungseinheit:* Diese Einheit bildet eine Art „Dachfunktion" indem nach den Elementen gefragt wird, die *speziell* für ein offenes Lernen und Lehren notwendig sind. Was zeichnet ein „*Virtuelles Seminar*" aus? Auch hier sind Fragen zum Lernumfeld gegeben: Welche Kommunikationsfunktionen und -kanäle sind erforderlich? Auf Grund der vielschichtigen Möglichkeiten und den Vorboten eines E-Learning 2.0 [KARRER 2006] entstehen Fragen: Was bedeuten „*E-Tutorials*"? Werden „*digitale Lehrmittelsammlungen*" zusätzlich benötigt? Was leisten „*Virtuelle Bibliotheken*" …?

Hier soll nicht der Eindruck entstehen, dass mit der Mediathek ein „Multifunktionaler-Alleskönner" gegeben sein muss. Vielmehr gilt es auf der Grundlage der skizzierten Fragen einen unternehmensspezifischen Ansatz zu realisieren. Dazu sollte sich der konzeptionell strukturelle Aufbau einer Mediathek an einem übergeordneten Rahmenplan orientieren, der vorhandenes und geplantes Wissensvermittlungsinstrumentarium berücksichtigt. Dies ist auch vor dem Hintergrund bedeutsam, dass mit dem partiellen Wissensvermittlungssystem Mediathek eine enge Verwandtschaft zu den noch näher einzugehenden Learning- und Content-Management-Systemen besteht. Hier kann die Mediathek mit dem Schwerpunkt Wissen vorzuhalten und den Marktplatz für Wissensnachfrager und -anbieter zu bilden quasi als funktionale Vorstufe und Basismodul für eine Learning-Management- und Knowledge-Management-Plattform dienen. Entscheidend aber ist, dass jede Organisation ihren Weg findet Lernen und Arbeiten zu üben und damit die Mitarbeiter an eine systematische Wissensarbeit in Unternehmen heranzuführen. Die Mediathek kann dabei eine Art „Zwischenstation" bilden auf dem Weg zu einem organisationalen und persönlichen Managen von Wissen.

Diese ersten nutzungsorientierten Anforderungen mit den daraus resultierenden Fragestellungen bedürfen hinsichtlich ihrer Funktionalität einer näheren Bestimmung. Dabei können zwar für die identifizierten Einheiten keineswegs alle Fragen geklärt, sondern nur die jeweiligen Elemente charakterisiert werden.

Der *Wissensaufbewahrungseinheit* kommt insofern eine Sonderstellung zu, da sie nicht ausschließlich zu dem unmittelbaren Funktionsspektrum der Mediathek zugehörig ist, sondern idealerweise auch für die bereits aufgeführten Distance Learning Instrumente die Wissensbevorratung übernimmt; nicht zwangsläufig, sondern mehr optional. Demnach handelt es sich beim „*Wissenspool*" um eine physische Archivierungs-Systemeinheit, die alle für das Unternehmen relevanten Daten, Informationen und Wissensinhalte in transparenter Form in einem gemeinsamen Wissenspool, der die Gesamtheit des gespeicherten organisationales Wissen enthält. Mit dem Begriff Mediathek soll auch zum Ausdruck gebracht werden, dass insbesondere das in vielen Branchen gegebene Audio- und Videomaterial einbezogen wird. Der Wissenspool ist gleichzeitig Quelle und Senke. Es sind „Uploads" und „Downloads" möglich. Der Einzelne kann jederzeit von jedem Ort auf die Inhalte zugreifen. Aus dem Wissenspool bedient sich idealerweise das Präsenz Lernen, aber auch alle Lehr- und Lernsysteme, deren Funktionen in der Mediathek gegeben sind. Mit diesem Instrument ist es möglich, Lernprozesse immer mehr an den Arbeitsplatz zu verlagern, so dass natürliche Lernprozesse, bei denen Lernen und Arbeiten eine Einheit bilden, immer mehr gefördert werden.

Voraussetzung für einen Wissenstransfer ist das Vorhandensein einer „*Wissensdatenbank*", die zumindest über Elemente wie die kontextsensitive Verknüpfung des erforderlichen Wissens mit Suchfunktionen und individuellem Speichermöglichkeiten evt. eigener Verschlagwortung wie auch variabel gestaltbaren Hypertextstrukturen (z. B. semantische Felder, Mindmaps oder interaktiven hyperbolictrees) verfügt [SAUTER/SAUTER/BENDER 2004]. Mit der Wissensdatenbank werden die Voraussetzungen geschaffen, nicht nur Zeit- und Transaktionskosten zu sparen, sondern auch Mitarbeiter von den Erfahrungen der Kollegen profitieren zu lassen. Indem die Mitarbeiter das innerhalb eines Unternehmens gesammelte Wissen aktiv nutzen und ergänzen, lässt sich mehr Transparenz schaffen, weiteres Wissen aufbauen und ein effizienter Wissenstransfer realisieren.

Auf der Basis dieser Voraussetzungen des Wissenspools mit den Wissensdatenbank-Eigenschaften lassen sich die aus nutzungsorientierter Sicht skizzierten Funktionen der Mediathek näher bestimmen. So wird mit dem hinterfragten Funktionsspektrum einer *Wissensbereitstellungseinheit* und unter der Zielsetzung „*Lernen in Gemeinschaften*" und den Begriffen „*Learning Community*" oder „*Open Distance Learning*" die Anforderung verbunden, offene Qualifizierungsaufgaben zu realisieren, die in einer kooperativen Lernumgebung in Form von Einzel- und Gruppenaufgaben vonstatten gehen und die Bearbeitung komplexer Aufgabenstellungen ermöglichen. Dabei setzen diese „*Learning and Working Communities*" im Schwerpunkt und infrastruktureller Hinsicht folgende *Elemente* [SAUTER/SAUTER/BENDER 2004] voraus:

- *Gruppenarbeit:* Kernstück einer Learning Community ist der Bereich „Gruppenarbeit". Die verschiedenen Teilnehmer können sich zu Gruppen zusammenschließen. Jeder Gruppe sind „Arbeitsräume" zugeordnet, in denen dann die Ergebnisse der betreffenden Arbeitsgruppe dokumentiert werden. Jeder Teilnehmer der Gruppe geht eine Selbstverpflichtung ein, indem er den jeweiligen Teil seiner Arbeit benennt und einen Fertigstellungstermin angibt. Die Teilnehmer werden in aller Regel in diesem Prozess von einem Tutor begleitet.
- *Dokumentenraum:* Im „Dokumentenraum" sind Lösungen bzw. Lösungshilfen und Präsentationen und Dokumentationsunterlagen gegeben. In diesem Bereich können die Teilnehmer die vom Tutor eingestellten Dokumente, Lösungen und Vorschläge nachvollziehen, sich aber auch mit den Ergebnissen der anderen Teilnehmer auseinandersetzen.
- *Wissenspool:* Die Teilnehmer stellen in den „Wissenspool" Informationen, Eindrücke und Erfahrungen, die sie im Rahmen von Aufgabenstellungen und in der Praxis gemacht haben. Dieses Wissen bildet den Ausgang für eine gemeinsame Entwicklung von Wissen.
- *Forum:* Das „Forum" ist eine mögliche Plattform für Partneraufgaben in strukturierter Form. So können Teilnehmer Aufgaben erstellen, in das Forum transferieren und bedarfsweise ergänzen und aktualisieren. Eine wichtige Voraussetzung für die Akzeptanz ist eine genaue Abstimmung der Lerninhalte auf die Beiträge in den Foren, wobei die Themenbegrenzung (max. 10 Themen) und Aktualität entscheidend sind.

2.3 Distance Learning – Relativierung von Ort, Zeit und Raum

- *Chat:* Im „Chat" wird für die Partner- und Gruppenarbeit kommuniziert. Diese Funktion wirkt unterstützend für die Lösungserarbeitung und für organisatorische Fragenstellungen. Häufig wird in dieser Funktion eine separate Mail Funktion angeboten.

Erst wenn die Ergebnisse einer Gruppe verabschiedet wurden, werden sie den anderen Teilnehmern zugänglich gemacht. Zur Wahrnehmung dieser „Filterung" werden an die Mediathek Anforderungen hinsichtlich abgestufter Zugriffsrechte gestellt. Bei diesen Zugriffsrechten kann grundsätzlich in eine „*Public Sphere*" und eine „*Private Sphere*" unterschieden werden, die sich jeweils auf Personen und Gruppen beziehen können. Im Qualifizierungsumfeld ist dies beispielsweise der einfache Wissensnachfrager (z. B. Trainer), der inhaltlich recherchiert und in dem allgemein zugänglichen Bereich sich bewegt. Oder es ist derjenige, der an einer Gruppenarbeit teilnimmt und von daher nur die Gruppenmitglieder (z. B. Trainingskonzeptentwicklerteam) auf diese geschützte Zone zugreifen dürfen. Es kann sich aber auch um einen Gruppenarbeitsbetreuer (z. B. Projektleiter, Trainingsmanager) handeln, der berechtigt ist, in den entstehenden Arbeitsergebnissen von verschiedenen Teams zu intervenieren. Abgestufte Zugriffsrechte sollen die Flexibilität bei den kooperierenden Arbeiten erhöhen, das Vertrauen in diese Arbeitsformen schaffen und die Wertigkeit der Arbeit insgesamt unterstreichen.

Zu dem Leistungsspektrum der Mediathek und der *Wissensvermittlungseinheit* gehören auch eine ganze Reihe von Funktionen und Systeme, die sich unter den Schlagwörtern wie „*Virtuelles Seminar*", „*E-Tutorials*" in Verbindung mit „*digitaler Lehrmittelsammlung*" oder „*virtuelle Bibliothek*" im Angebotsspektrum [vgl. ausführlich SAUTER/SAUTER/BENDER 2004] von Toolanbietern wieder finden:

- *Virtuelles Seminar:* Ist eine Lehrform, bei der mit Hilfe der Beratung von Dozenten der Lernende seinen Stoff erarbeitet und der Seminargruppe präsentiert. Wissen wird in einem kooperativen Prozess zwischen den Teilnehmern entwickelt. Die Ausgestaltung von virtuellen Seminaren kann sehr vielschichtig sein:
- *Simultane Sprachübertragung:* Möglichkeit für individuelle Wortbeiträge zu geben
- *Folienpräsentation:* Zeigen, kommentieren und Fragen stellen zum Text-/Bildbeitrag
- *Virtuelles Symposium:* Durchführen von Impulsreferaten und „Podiumsdiskussionen"
- *Integriertes Dokumentensharing:* Gemeinsame Bearbeitung von Dokumenten und Dateien

Zur Kommunikation werden unterschiedliche Verfahren angewandt:

- *Instant Messaging:* Synchrone 1:1 Online-Kommunikation zwischen den Teilnehmern
- *Moderierter Chat:* Ein Chat-Moderator berät und koordiniert zwischen den einzelnen Lern- und Arbeitsgruppen
- *Whiteboard:* Der allgemeine Kommunikationskanal für Mitteilungen und Neuigkeiten

- *Internes Messaging:* Diese Kommunikationsvariante wird einerseits zur Steuerung des allgemeinen Geschehens, anderseits auch für Teilnehmer untereinander verwandt.

In dieser Lehrform entwickelt der Lernende eher Wissen, als dass er sich Wissen aneignet.

- *E-Tutorials:* Ist eine Lehrform, bei der der Lerninhalt in Art und Umfang sehr „offen" ist und erst durch die Beiträge seiner Teilnehmer seine Form erhält – im idealtypischen Fall sind die Ergebnisse auch dem Dozenten nicht bekannt, sondern schaffen der gesamten Seminargruppe neues Wissen.
- *Digitale Lehrmittelsammlung:* Stellt eine ergänzende Lehrmittelsammlung die Dokumente unterschiedlichstem Format zum Download bereitstellen kann dar. Sie benötigt kein Content-Management-System und macht so das Distance Learning flexibler.
- *Virtuelle Bibliothek:* Die Möglichkeiten virtueller Bibliotheken werden sich für Hochschulen und Bildungseinrichtungen in naher Zukunft voraussichtlich verbessern. Wenn sich die lizenzfreie Digitalisierung von Print Publikationen für den Einsatz innerhalb geschlossener Nutzergruppen weiter durchsetzt, ist dies auch für Unternehmen und Organisationen interessant.

Die Auflistung weiterer technischer Lösungen lässt sich beliebig fortsetzen. Der vorgestellte Teil gibt nur einen kleinen Ausschnitt wieder. Bei aller Euphorie für das technisch Machbare ist für eine praktische Umsetzung entscheidend, wie gut es gelingt, die Mitarbeiter mit den Methoden und Systemen vertraut zu machen und in diesem Prozess Akzeptanz für diese Lern- und Arbeitsformen zu finden.

2.4 Plattformen und Portale – Wissensproduktion, Wissensorganisation und Wissensvermittlung für Lernen und Qualifizieren

2.4.1 Content Management und Learning Management

Ausgewählte Distance-Learning-Systeme bilden bei der Wissensvermittlung den Schwerpunkt. Nunmehr liegt der Fokus auf der *Wissensproduktion* und *Wissensorganisation* und den damit verbundenen Managementanforderungen im Umfeld von Wissenserstellungs- und Qualifizierungsprozessen. Dieser Bereich tangiert zwar die Vermittlung von Wissen, die Applikationen stehen in enger, aber nur mittelbarer Verbindung zur *Wissensvermittlung*. Damit könnte man vorschnell sagen, diese Verfahren haben per se weder etwas mit E-Learning oder Präsenzlernen noch mit den eigentlichen Lernanwendungen zu tun, da sie allein Steuerungs- und Administrationsfunktionen im Zusammenhang mit typischen betriebwirtschaftlich und informationstechnisch orientierten Aufgabenstellungen für *Lernen*

2.4 Plattformen und Portale – Wissensproduktion, -organisation und -vermittlung

und *Qualifizieren* auf der Basis von Systemen und Applikationen übernehmen. Dieser Ansicht wird nicht gefolgt. Vielmehr sind wesentliche Elemente angesprochen, in die ein Lernprozess eingebettet ist: das methodisch didaktische Design, die Leistungsfähigkeit der benötigten technischen Hilfsmittel und die unterschiedlichen personalen Dienstleistungen. Im Gesamtszenario sind unterschiedliche Basisfunktionalitäten gegeben. Zum einen werden Funktionalitäten benötigt, die besonders im Zusammenhang mit der Organisation, Steuerung und Verwaltung von Wissen und Qualifizieren stehen und der Zielsetzung dienen, Lehren und Lernen effizient und professionell zu gestalten. Zum anderen – und parallel dazu – entsteht ein erheblicher Bedarf, komplexes Wissen und Inhalte zu strukturieren, abzulegen und zu managen.

In der Vergangenheit führte der Übergang von der Daten- zur Informationsverarbeitung und dem daraus resultierenden Bedürfnis, erheblich gestiegene Datenbestände in Echtzeit zu verarbeiten sowie den Inhalt von Dokumenten in unterschiedlichen Formaten zu verwenden, zur Notwendigkeit eines „*Document Management*". Mit dem Aufkommen des World Wide Web und seinem zusätzlichen immensen Informationsbedarf rückten diese Aufgaben in den Hintergrund. Dafür entstand im Zuge der Verarbeitung von Inhalten für Webpages aus der Verbindung von „Inhalt" und „Format" der Begriff „*Content*" [MAASS/STAHL 2003]. Da dieser Content in unterschiedlicher Weise produziert, verwaltet und distribuiert werden muss, war zudem die Notwendigkeit für ein „*Content Management*" gegeben, das als technologischer Oberbegriff im Umgang mit Webinhalten dient.

Weitgehend parallel hat der Anspruch nach einem „lifelong learning" einen erhöhten Bildungsanspruch nach sich gezogen mit dem Bedarf für ein „*Learning Management*". Das Voranschreiten des WWW bedeutete für beide Richtungen noch zusätzliche Herausforderungen, um die vielfältig entstehenden Informationsformate und den durch die zunehmende Kommunikationsintensität ausgelösten „Wissenshunger" über „*Managementeigenschaften*" zu steuern. Diesen Anforderungen war nur über geeignete elektronische Unterstützung nachzukommen, was die Suche nach einem Instrumentarium zur Folge hatte. Das Ergebnis war die Entwicklung von „*Plattformen*" und „*Portalen*".

Beide Richtungen sind in den vergangenen Jahren weitgehend ohne fundierte theoretische Überlegungen gewachsen und haben sich dabei nicht überschneidungsfrei entwickelt. Erschwerend kommt hinzu, dass einige Applikationen der direkten Wissensvermittlung in diese Systeme eingebettet sind und eine sehr enge funktionale und technische Verzahnung zwischen Tools zur direkten Wissensvermittlung und Funktionen, die im Qualifizierungsumfeld liegen, aufweisen. Konkret heißt das, dass einige der Wissensvermittlungssysteme (z. B. Web-Based-Training-Systeme) zwar Benutzer- und Kursverwaltungssysteme sowie Autorenwerkzeuge, Kommunikationselemente und Tools zur Durchführung von Lernerfolgskontrollen anbieten, häufig aber proprietäre Systeme sind, die oftmals nur eine begrenzte Anzahl von Kursen und Teilnehmern verwalten, eingeschränkte Medienformate aufnehmen können und über keine geeigneten Schnittstellen zu den nachgelagerten Finanz- und Human-Resource-Systemen verfügen.

In der folgenden Untersuchung finden diese beiden Hauptströmungen, Content Management (CM) und Learning Management (LM), ihren Niederschlag. Dazu wird die eingangs getroffene Unterscheidung von Lernsystemen in Wissensvermittlung, Wissensorganisation und Wissensproduktion zunächst aufgegriffen, um bei der Analyse mehr Trennschärfe zu erhalten, später aber wieder zusammengeführt.

Demnach wird die Systemkategorie Wissensvermittlung um zwei zusätzliche Kategorien erweitert. In einer ersten Abgrenzung werden Applikationen und Verfahren, die in der Lernumgebung und bezogen auf das Anwendungsfeld des Lerners alle erforderlichen administrativen, organisatorischen und informationstechnologischen Anforderungen für die Wissensorganisation leisten, als „*Learning-Management-Systeme*" bezeichnet. Dies schließt auch synonyme Begriffe wie „Lernplattform", „E-Learning-Plattform" sowie „Instructional-" oder „Education Management System" ein. Dagegen werden alle Anwendungen, die in der Lage sind, komplexe Webinhalte unter Einbeziehung von Datenbanksystemen strukturiert abzulegen, als „*Content-Management-Systeme*" bezeichnet. In diesem Umfeld der Wissensproduktion sind zur Aufbereitung und Verwaltung des Inhalts „Online-Redaktionssysteme", „Web-Content-Management-Systeme" und „crossmediale Lösungen" gegeben. Diese Inhalte werden dann in Dokumenten-Management-Systemen verwaltet primär mit der Zielsetzung, die Dateien unabhängig von ihren Inhaltsformaten abzulegen und so austauschbar zu halten.

So bilden *Content Management* und *Learning Management* die jeweilige *organisatorisch-kommunikative Ebene,* wohingegen *Content-Management-Systeme* und *Learning-Management-Systeme* mit den *Plattformen* und *Portalen* die technischen Aspekte ausmachen [MAASS/STAHL 2003]. Beide greifen in die Grundfähigkeiten der Kommunikation innerhalb und zwischen Organisationen hinein.

2.4.2 Content-Management-System

Um den technischen Zusammenhang von Content Management und zugehörigen Systemeigenschaften besser zu verstehen, bedarf es einen Blick in die Historie. Bereits in den 80er Jahren begann die Produktion, Bereitstellung, Organisation und Verteilung von immer größer werdenden Datenmengen. Ausgehend von diesem Bedarf entstanden auf der Basis unterschiedlicher Datenbankarchitekturen [CODD 1970] und unter Verwendung verschiedenartiger Datenbankmodelle sogenannte *Datenbank-Managementsysteme (DBMS)*. Diese Systeme sind jedoch auf *Daten* spezialisiert. Mit zunehmender Größe und Vielfalt zeigen diese Datenstrukturen Zusammenhänge auf, bieten Erklärungscharakter und können so auch als *Informationen* bezeichnet werden. Aufgrund der Komplexität und den heterogenen Erscheinungsformen dieser Informationen entstand ein Bedarf für unterschiedliche Formate (z. B. Text-, Grafikformat), mit denen Informationen festgehalten werden. Dies führte zur Entwicklung oben genannter *Dokumenten-Management-Systeme (DMS)*, die ein Erstellen, Verwalten, Modifizieren und Löschen von *Dokumenten* ermöglichen und die die Besonderheit aufweisen, dass sie den Lese- und Schreibzugriff unterschiedlicher Personen auf gleiche Dokumente regeln und über ein Netzwerk gezielten Zugriff auf Bestandteile von Dokumenten erlauben.

Eine radikale Änderung erfuhr diese Richtung mit dem Vordringen vom World Wide Web (WWW) als globalem Informationsnetz und Online-Redaktionstätigkeiten, indem der Webmaster Inhalte aufbereitete und in das WWW integrierte. HTML (HyperTextMarkup Language) als Dokumentenbeschreibungssprache und Tool zur Erstellung von Dokumenten avancierte dabei zum Standardformat für Informationen im Web. Inhalte, die bereits in Datenbanken in anderen Formaten gespeichert waren, wurden häufig automatisierten Transformationsprozessen unterzogen und die Systeme als Webserver in das Informationsnetz aufgenommen.

Diese Vorgehensweise führte dazu, dass neue, gigantische Informationsbestände entstanden und den Anwendern teilweise über den Kopf wuchsen, da Managementeigenschaften, wie sie bei DBMS gegeben sind, fehlten und manuelle Eingriffe erforderlich machten.

Aus diesem Dilemma entwickelten sich die bereits erwähnten „*Content-Management-Systeme*" (*CMS*) – Anwendungen mit dem Anspruch, komplexe Webinhalte zu managen [MAASS/STAHL 2003]. Und aus den Erkenntnissen von Datenbanksystemen entstand der Anspruch, dass ein CMS Content strukturiert ablegen kann, so dass es naheliegend, war einen Rückgriff auf ein DBMS mit robuster, ausgereifter Technik vorzunehmen. Diese rasante Entwicklung war zunehmend von der Sorge begleitet, ob das ursprünglich als einfach konzipierte HTML-Format den gegenwärtigen und zukünftigen Ansprüchen auch ausreichend genügt oder es nicht besser wäre, ein XML-Format (Extensible Markup Language), bei dem Designer eigene Markup-Befehle programmieren können und Layout und Inhalt getrennt sind, zur Erstellung von Webpages zu verwenden und so diesen Umbruch zur Vereinfachung des Informations- und Datenaustauschs zu nutzen.

Es ist naheliegend elektronische Lernsysteme mit CMS in Verbindung zu bringen. Elektronische Lernsysteme machen es erforderlich, Wissensinhalte digital zu produzieren, zu speichern, bereitzustellen und zu verteilen. Die Verschiedenartigkeit der Lernsysteme und die Abhängigkeit vom Zuschnitt auf die jeweilige Lernumgebung hat zur Folge, dass die Wiederverwendung in modifizierter Form nahezu ausgeschlossen ist. Ziel ist es deshalb, CMS so zu konzipieren, dass die Kosten für den Transfer von Lerninhalten in andere Lernsysteme und -umgebungen möglichst gering gehalten werden können. Mit diesem Anspruch ist die Anforderung verbunden, die elektronische Lernumgebung von der Verwaltungsumgebung zu trennen; das heißt auch, dass die Inhalte separat produziert und verwaltet werden. Damit leisten Content Management und Content-Management-Systeme wichtige Voraussetzungen für Organisationen, Wissen für die gesamte Wertschöpfungskette, aber auch für übergreifende Projekte und Kommunikationsprozesse zu produzieren und verfügbar zu machen, was positive Auswirkungen auf die unternehmerischen Möglichkeiten haben dürfte. Dabei bildet Content Management die organisatorisch-kommunikative und das Content-Management-System (CMS) die technologische Ebene.

Traditionell wird CM als ein prozessuales Framework betrachtet [ROTHFUß/RIED 2001], das von der Erzeugung im Sinne von Generierung, der Verwaltung mit der Organisation und bei Aufbereitung über die Bereitstellung mit Publikation und Distribution bis hin zur Schaffung von Nutzungs- und Verarbeitungsmöglichkeiten von digitalen Inhalten reicht. Aus organisationaler Sicht [MAASS/STAHL 2003] steht damit die Explikation, Archivierung, Publikation, Distribution sowie die Modifikation, Verwaltung und Nutzung dokumentierter Inhalte auf der Basis digitaler Medien im Vordergrund.

Für die im Zusammenhang mit dem CM-Prozess skizzierten Stadien von Aktivitäten eines Content-Lebenszyklus lassen sich folgende Aufgaben unterscheiden und Rollen identifizieren [MAASS 2004], die auch im weiteren Umfeld von Wissensgenerierung und Lernprozessen liegen:

- *Management von Content Creation:* Hier sind *Content-Designer* aufgefordert, Layouts in Form von Schablonen für Inhalte und Navigationen zu entwerfen (wie Word-Vorlagen, HTML, CSS-Stylesheets etc.). Ebenso ist über ein Authoring festzulegen, wer Content anlegen und editieren darf. Mit der abschließenden Benachrichtigung, Freigabe und Genehmigungserteilung wird sichergestellt, dass der Content in die nächste Phase gelangt. Eine Mitwirkung des *Editors* ist dazu erforderlich.
- *Management von Content Administration:* Dies schließt alles im Zusammenhang mit der Organisation des Contents ein, wie die Pflege von Versionen des Inhalts sowie Benutzer- und Workflowverwaltung. In dieser Phase ist auch der *Moderator* bzw. *Agent* gefragt, Meta-Informationen zu bearbeiten (z. B. Veröffentlichungszeitraum festlegen, Klassifizierung der Inhalte vornehmen) mit dem Ziel, dass Informationen sehr viel einfacher und effizienter zwischen den unterschiedlichen Organisationen ausgetauscht werden können. Schließlich ist der Administrator für die Archivierung von Content verantwortlich.
- *Management von Content Publishing:* Primäre Aufgaben in dieser Phase sind die dynamische und statische Präsentation und Publikation von Content. Diese Funktionen werden häufig von Autoren, Redakteuren und Content-Erstellern wahrgenommen.
- *Management von Content Distribution:* Zum Einrichten diverser Abfragemöglichkeiten, der sachlich technischen Freigabe zur Veröffentlichung des Contents in unterschiedlichen Kanälen sowie zur Personalisierung des Contents ist der *Editor* als Verwalter für die Veröffentlichung der Inhalte verantwortlich.

Mit diesen Funktionsfeldern werden die typischen Aufgaben von CMS abgebildet und das damit verbundene prozessuale „Content Life Cycle Management" charakterisiert [MAASS/STAHL 2003]. Dabei sind auch einige Rollen festgelegt, um die mit der Aufgabe verbundenen Inhalte zu administrieren, zu aggregieren und zu visualisieren und den Umgang mit den Suchsystemen zu nutzen, um wiederverwendbare Wissensobjekte zu definieren und auf den Wissenspool zugreifen zu können.

2.4 Plattformen und Portale – Wissensproduktion, -organisation und -vermittlung

Es bleibt jedoch noch auf zwei Systemeinheiten hinzuweisen, die in enger Beziehung zu CMS stehen und aufgrund ihrer Besonderheiten eine nicht unerhebliche Bedeutung haben.

Ein Feld sind die Medien bzw. die „*Content Production*". Sie steht nicht nur in enger Verbindung mit CMS, sondern bildet einen essenziellen Bestandteil, dass wesentliche Voraussetzungen für die Aufgaben im Content-Lebenszyklus realisiert werden können [SAUTER/SAUTER/BENDER 2004]. So erfüllt erst ein Autoren- und Redaktionstool relevante Vorbedingungen, um Content zu erzeugen und zu gestalten. Es trägt zur Vervollständigung einer „Produktionsstraße für Wissensinhalte" bei, deren „Straßenbelag" das Fundament und substanzielle Basis bildet, und die angebrachten „Verkehrszeichen" und „Ampeln" für einen effizienten und reibungslosen Verkehrsfluss sowie für eine Verkehrssteuerung sorgen und damit ein „Verkehrsmanagement" ermöglichen. Die Anforderungen an den Funktionsumfang und die Leistungsfähigkeit des Autoren- und Redaktionstools hängen erheblich von den Bedürfnissen und von den von Unternehmen und Organisationen gewollten Schwerpunkten ab. Sie bedürfen aufgrund häufig gegebener funktionaler Abgrenzungen und fließender Übergänge zum CMS einer differenzierten Auswahlentscheidung.

Ein weiteres Feld, auf das gesondert hingewiesen wird, betrifft den Content, erweitert zur gespeicherten Gesamtheit des organisationalen Wissens des Unternehmens. Dieses Archiv kann auch als „*Wissensdatenbank*" oder „*Wissenspool*" bezeichnet werden, dessen Wissensbasis aus strukturierten Modulen besteht. Neben dem Content für elektronische Lernsysteme kann der Wissenspool in seiner Basisstruktur auch kompakten, verschlagworteten Wissensinhalt mit grundlegenden Zusammenhängen und Basisinformationen enthalten. Dabei können auch grafische und/oder audiovisuell darstellende Medien enthalten sein.

Der Wissenspool ist eine wichtige Voraussetzung, Wissen und Lernen an den Arbeitsplatz zu bringen. Es ist gleichzeitig auch der „Behälter", in dem die Mitarbeiter das innerhalb einer Organisation zusammengetragene Wissen aktiv nutzen und ergänzen können – eine weitere wichtige Voraussetzung für aktives Wissensmanagement.

In Abb. II-10 sind die verschiedenen Phasen der im Content Life Cycle gegebenen Aufgaben zusammengefasst und um die Systemeinheiten Autoren-/Redaktionstool und Wissenspool ergänzt. Die Waben verkörpern die Anhäufung von fachlich zusammengehörigen Aufgaben und Funktionen zur Realisierung eines übergeordneten Aufgabenschwerpunkts. Die Clusterung zeigt den losen Verbund. Die Waben bilden eine logische-funktionale und nicht zwangsläufig physische Einheit.

Bisher wurde relativ wenig die Notwendigkeit für ein Schnittstellenmanagement beachtet. Ein CMS entfaltet seine volle Wirkung erst, wenn es in die informationstechnische Unternehmenswelt integriert ist. Deshalb ist es wichtig, dass eine Funktion als quasi „Gralshüter über die Verwendung anerkannter internationaler Standards und Schnittstellen" auftritt, damit für betriebliche Funktionen, die ähnlich wie die Autorensysteme dem Content-Management-Prozess vor- oder nachgelagert sind und einer Anbindung bedürfen, reibungslose Übergänge geschaffen sind. Dies ist insbesondere im Zeichen von Shared Applications notwendig. Auch CMS-Anbieter haben diese Erfordernis erkannt, können sie doch kaum über alle Funktionen eigene proprietäre Systeme selbst entwickeln, sondern müssen auf etablierte Tools zurückgreifen.

Wie verschiedentlich angedeutet, weisen die CMS innerhalb der aufgezeigten Prozesse sehr unterschiedliche Schwerpunkte auf und können, was Funktions-

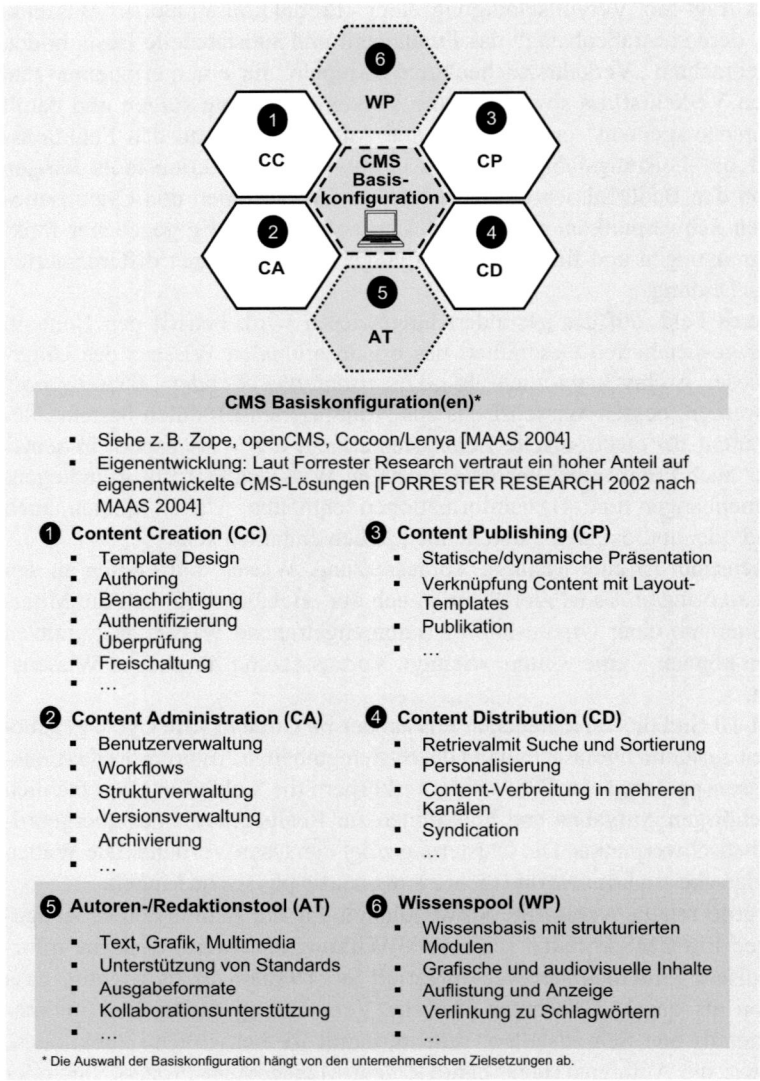

Abb. II-10 Ausgewählte Funktionen eines Content-Management-Systems (CMS) mit Schwerpunkt Autoren-/Redaktionstool und Wissenspool [in Anlehnung an MAAS 2004]

2.4 Plattformen und Portale – Wissensproduktion, -organisation und -vermittlung

umfang und systemspezifisches Verständnis betrifft, in folgende Systemkategorien unterteilt werden [STAHL/MAASS 2003]:

- *Online-Redaktionssysteme: Sie* umfassen häufig umfangreiche Lösungen für redaktionelle Websites und Firmenpräsenzen.
- *Web-Content-Management-Systeme: Sie* dienen der Verwaltung von Inhalten auf internetbasierten Websites und Portalen mit der Möglichkeit, Funktionen zu integrieren (z. B. E-Commerce mit Bezahlfunktion).
- *Enterprise-Content-Management-Systeme: Sie* setzen den Schwerpunkt auf unternehmensinterne Informationsumgebungen (z. B. Extranets für B2B oder B2E).
- *Cross-Media-Lösungen:* Ihre komplexen Redaktionssystemfunktionalitäten bieten eine simultane Nutzung von Inhalten in unterschiedlichen Medien.
- *Special-Content-Management-Systeme:* Hier liegt der Schwerpunkt auf inhaltliche Spezifika und Besonderheiten (z. B. Learning-Management-Systeme aus der Gruppe der Content-Management-Systeme).

Eine Auswahl eines geeigneten CMS erfordert eine Vielzahl von Schritten, um dem jeweiligen Unternehmensbereich gerecht zu werden. Wichtig ist dabei die Auswahlentscheidung an der Unternehmensstrategie festzumachen und die funktionalen Anforderungen mit den Stakeholder-Interessen und den Nutzern abzuklären.

2.4.3 Learning-Management-System

Aufgabe und Schwerpunkt des *Learning-Management-Systems* (*LMS*) ist es, wichtige Felder im Bereich der Wissensorganisation abzudecken. Eine originäre Anforderung besteht darin, den Bildungswilligen Zutritt zu den analogen und digitalen Lehrmaterialien sowie allen qualifizierungsrelevanten Informationen und dem zugänglichen Wissen schlechthin zu ermöglichen. Das LMS stellt so das zentrale „Portal zum Nutzer" dar. Des Weiteren ergeht von den im Bildungsprozess Verantwortlichen die Aufforderung, die erstellten Lehrmaterialien sowie alle notwendigen Informationen in die Systeme der Wissensvermittlung einzustellen, um sie über das LMS an die Nutzer zu transportieren. So bildet das LMS die „*Arbeitsplattform*" für die Administration von Aus- und Weiterbildungsangeboten, Lehrgängen, -materialien sowie das Steuerungselement, um die Daten von Bildungswilligen und -nachfragern in der Umgebung von Qualifizieren und Lernen zu verarbeiten. Dabei umfassen die administrativen Funktionen das gesamte Aus- und Weiterbildungsangebot.

Aus diesen globalen Anforderungen kristallisieren sich für LMS zwei zentrale Aufgaben- und Funktionsfelder heraus:

- *Arbeitsebene:* Sie bietet den innerhalb einer Organisation im bildungsinstitutionellen Bereich wirkenden Aktions- und Verantwortungsträgern Unterstützung bei der täglichen Arbeit in der operativen Geschäftsabwicklung im Umfeld von Lernen und Qualifizieren.

- *Lernebene*: Sie dient dazu, den außerhalb einer Bildungsangebotsinstitution nach Wissen nachfragenden Bildungswilligen ein originäres Lernen zu ermöglichen und diesen Qualifizierungsprozess zu unterstützen.

Bereits diese erste Differenzierung lässt erkennen, dass dem LMS ein konsequentes Rollenkonzept zugrunde liegt, da die unterschiedlichen LMS-Nutzer auch verschiedenartigen Informations- und Nutzungsbedarf haben.

Abgeleitet aus den Anforderungen und Bedürfnissen sowie aus der Perspektive von Arbeiten und Lernen entsteht a priori der Bedarf für ein modular aufgebautes LMS. Damit ist einerseits Flexibilität gegeben und andererseits lässt sich ein stufenweiser Auf- und Ausbau realisieren. Der mit dem CMS eingeschlagene Weg, zur Veranschaulichung lose zusammengehöriger Aufgaben und Funktionen eine Clusterung zu vollziehen, wird hier aufgegriffen und für das LMS fortgesetzt (Abb. II-11).

Als zentrale, aufgabenbezogene Anforderungen für ein Management komplexer Aus- und Weiterbildungsangebote mit dem Fokus auf den verschiedenen innerhalb einer Bildungsinstitution wirkenden Schwerpunkten und funktionalen Rollen der Beteiligten [HAGENHOFF/SCHUMANN/SCHELLHASE 2001] ergeben sich folgende Kernaufgaben:

- *Management von Lehrgangsteilnehmern:* Ausgangspunkt für eine erfolgreiche Lehrgangsadministration bildet die *Stammdatenverwaltung*, die von den *Lehrgangsadministratoren* durchgeführt wird. Der Anspruch muss darin bestehen, personen- und kursbezogene Daten von Teilnehmern aktuell, konsistent und redundanzfrei zu halten, da sie nicht nur die Lerngrundlage des Lernprozesses und der Lernorganisation bilden, sondern auch für *Personalentwickler, -manager, Dozenten, Trainer* und *Tutoren* wichtige Eckdaten für entscheidungsrelevante Informationen ausmachen und in Statistiken und Reports eingehen. So ist in aller Regel bei den *Lehrgangsadministratoren* der allgemeine Support für alle kursübergreifenden administrativen Tätigkeiten gebündelt. Im Einzelnen zählen dazu die Zuordnung von Begleitmaterialien zu Kursen, das Festlegen von Lehrgangsverantwortlichen, das Einpflegen von allgemeinen Informationen zu Lehrgängen wie auch das Freischalten und Sperren von Lernern und Teilnehmern sowie deren Benachrichtigung. Unterstützt werden diese Aufgaben von Tools zur Terminoptimierung, Gruppenbildung mit Kalender, Zeitplan und Aufgabenübersichten.

- *Management von Lehrgängen:* Neben der Lehrgangsadministration ist das Managen von Lehrgängen eine essentielle Teilaufgabe von *Dozenten, Lehrenden, Tutoren* etc. Ziel sollte es sein, das Lehrgangsangebot als Einzelkurs oder in integrierten Aus- und Weiterbildungspaketen zu organisieren, zielgruppenspezifisch auszurichten und anzubieten. Dazu müssen die jeweiligen Lehrgangsmaterialien, -termine, -tests und Kommunikationselemente (z. B. Diskussionsforen, Konferenzsystem, Chat) verantwortlich festgelegt werden. Hierzu ist ebenso eine flexible Lehrgangsadministration gefragt. Hinsichtlich der Eingabe in das LMS sind vom *Administrator* klare Regelungen systemseitig zu hinterlegen, damit die ausführenden Verantwortlichen nicht mit den Lehrgangsadministratoren in Konflikt kommen.

2.4 Plattformen und Portale – Wissensproduktion, -organisation und -vermittlung

- *Management von Lehrgangsmaterialien:* Die Anforderung zur Bereitstellung von Lehrmaterialien richtet sich sowohl an die *Gruppe der Lehrenden* als auch an die im Rahmen von *E-Learning* tätigen *Autoren, Content-Entwickler* und *Teletutoren.* Damit die Lehrmaterialien dem richtigen Lehrgang zugeordnet werden können, setzt dies sowohl eine ausreichende Stichwortvergabe und, Klassifizierung wie auch Logistik voraus. Dies ist zusätzlich unab-

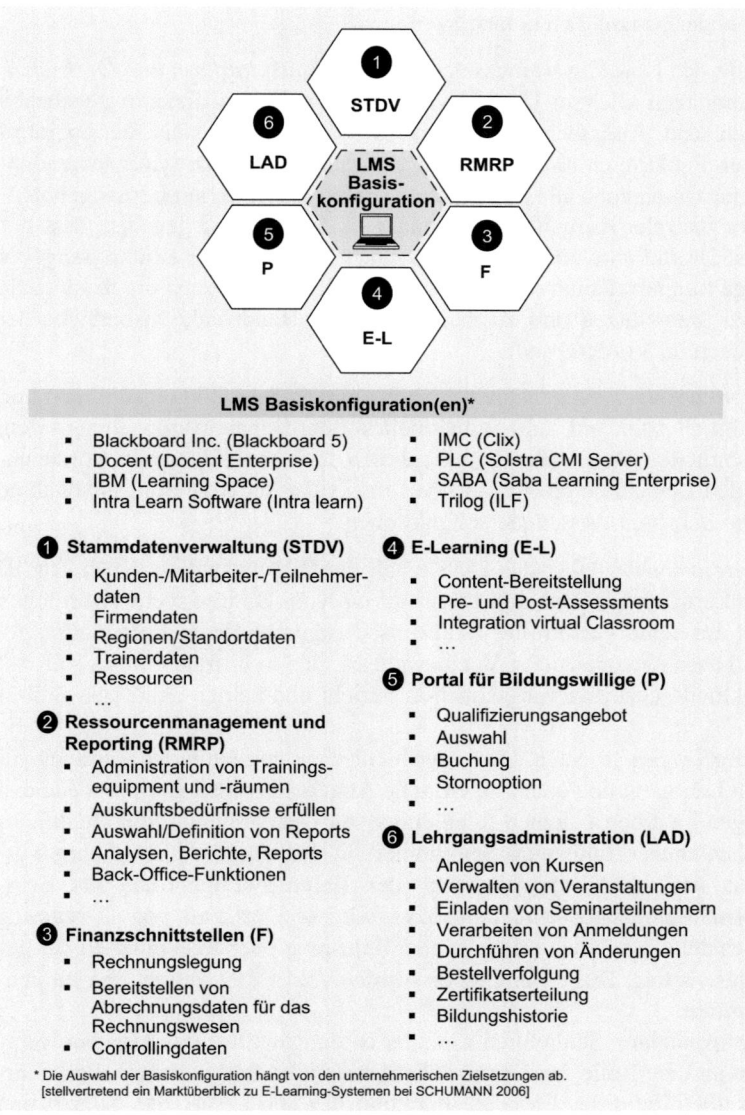

Abb. II-11 Ausgewählte Funktionen eines Learning-Management-Systems

dingbar, um Rechercheprozesse durchführen zu können und Mehrfachnutzungsmöglichkeiten auszuschöpfen.
- *Management von integrierten Aus- und Weiterbildungsangeboten:* Personalentwickler und *-manager* sollten aus mehreren Lehrgängen zielgruppenspezifische Lehrgangsangebote zusammenstellen können. Dabei ist Voraussetzung, dass eine Qualifizierungsmixtur unter Einbindung unterschiedlicher Medien und Formate zu einem integrierten Kursangebot möglich ist. Die Aufgabe des LMS besteht darin, diesen Prozess in der Administration, Abwicklung und bei der Nutzung zu unterstützen.

Somit erfüllt das LMS die Voraussetzung als „*Arbeitsplattform und Drehscheibe*" für das Managen aller im Umfeld von Lernen und Qualifizieren gegebenen Anforderungen und Aufgaben zu wirken. Dabei beziehen sich die operativ-administrativen Funktionen nicht allein auf elektronisch gestützte Lernanwendungen, sondern umfassen auch alle Formen eines präsenzorientierten Lernangebots.

Ein zweiter zentraler Aufgabenschwerpunkt ist dahingehend gegeben, dass das LMS über das „Portal zum Nutzer" als „*Wissensmarktplatz*" für Bildungsangebot und -nachfrage fungiert. Konkret heißt das auch, originäres Lernen durch spezielle Funktionen zu unterstützen und zu managen. Zwei Hauptfunktionsbereiche der Lernebene stehen im Vordergrund:

- *Management von Lernen:* Grundsätzlich muss es dem Bildungswilligen und Lerner möglich sein, auf sein individuelles Lehrgangsportfolio zuzugreifen, seine persönlichen Daten (Profil) einzusehen und Modifikationen vorzunehmen. Für den Lernenden erfüllt das LMS im Zyklus einer Bildungsmaßnahme in mehreren Schritten verschiedene Funktionen:
  - *Lehrgangsauswahl:* Über das LMS erhält der Bildungswillige einen Zugriff auf das Lernangebot. Dabei greift er auf ein vom Bildungsverantwortlichen speziell auf seine Person und Bedürfnisse zugeschnittenes Lehrgangsangebot zu. Diese personalisierte Vorauswahl ist für ihn hilfreich, da es sich auf seine aktuelle Qualifizierungssituation bezieht und keinen unnötigen Ballast enthält.
  - *Lehrgangsbelegung:* Nach der Auswahlentscheidung kann der Bildungswillige den Lehrgang und/oder das virtuelle Angebot buchen. Entsprechend den jeweiligen innerbetrieblichen Regelungen zur Genehmigung von Qualifizierungsangeboten erfolgt eine Sanktionierung des ausgewählten Lehrgangsangebots, und der Auftraggeber und/oder Bildungswillige erhält eine Lehrgangsbestätigung und -einladung bzw. wird wie im Fall von E-Learning freigeschaltet. Zusätzlich erhält er eine Belastung oder Rechnung zu der gebuchten Leistung. Diese Funktionen werden vom LMS weitgehend automatisch initiiert.
  - *Lehrgangsnutzung:* Schließlich kann der Bildungswillige das Angebot wahrnehmen und die Rolle des Lerners übernehmen. Im Fall von virtuellen Lehrgängen übernimmt das LMS die Funktion, für den Lerner den Zugriff und die Interaktion mit dem online gegebenen Lerncontent sicherzustellen. Auch

2.4 Plattformen und Portale – Wissensproduktion, -organisation und -vermittlung   141

die Einbindung von virtuellen Klassenzimmern in die LMS-Steuerung vereinfacht für den Lerner das Lernen in der Gruppe. Pre- und Posttests zu Lerninhalten können über das LMS abgewickelt werden. Zudem erhält der Lernende über das LMS Einsicht in lehrgangsrelevante Terminübersichten und Lehrgangsdaten. Eng damit verbunden sind Informationen vom LMS, die ihm bei der Bearbeitung von Lehrgangsinhalten helfen. Schließlich kann der Lernende über das LMS herausfinden, welche Teile des Lehrgangs er bearbeitet hat und wo er steht.
 - *Lehrgangskommunikation:* Das LMS ermöglicht dem Lerner, mit seinen Mitlernenden und den Teletutoren in Kontakt zu treten. Möglichkeiten bieten dazu Diskussionsforen oder E-Mails, um in asynchroner Form zu kommunizieren. Diesen Prozess kann das LMS flankierend unterstützen, indem es die jeweiligen Kontaktdaten bereitstellt und dem Lernenden Auskunft gibt, wer aus seiner Lerngemeinschaft gerade online ist.
- *Management von Lernprozessen:* Neben den Lernenden und Bildungswilligen unterstützt das LMS die Betreuer. Sie haben Einblick in die Teilnehmerlisten und auf den aktuellen Stand des Lernprozesses mit Ergebnissen, in die beim Benutzertracking gewonnene personen- und inhaltsbezogene Daten eingeflossen sind.

In der Vergangenheit haben sich die beiden Hauptströmungen – Arbeitsebene zur Abwicklung aller organisatorischen und finanziellen Anforderungen im Umfeld von Lernen und Lernebene mit dem Fokus auf das originäre, insbesondere elektronische Lernen und den damit verbundenen Betreuungsfunktionen – weitgehend unabhängig und eigenständig entwickelt. In der Zwischenzeit setzt sich mehr und mehr die Erkenntnis durch, dass erst die enge Verknüpfung beider Hauptfunktionsbereiche zu einem integrativen LMS den professionellsten und effizientesten Support für alle Beteiligten im Qualifizierungsprozess bietet.

2.4.4 Integratives Learning-Content-Management-System

Für Content Management und Learning Management wurde bereits sehr früh Handlungsbedarf erkannt. Dies war in erster Linie in den organisatorischen Anforderungen begründet. Mit der Entwicklung der Verarbeitung von Daten und deren quantitativem Anstieg sowie insbesondere mit den qualitativen Erweiterungen zu Informationen versucht CM dem klassischen Anspruch nachzukommen, die Fülle der für das Web benötigten Inhalte zu produzieren, zu speichern und zu verwalten sowie schnell und aktuell an die Zielgruppe weiterzuleiten. Dagegen bestand beim LM die Hauptzielsetzung, darin nicht nur dem erheblich gestiegenen Qualifizierungsbedarf nachzukommen, sondern auch die Lernumgebung zu organisieren und insbesondere in großen Unternehmen Lehrgänge zu verwalten, Teilnehmer einzuladen, Trainer zu terminieren sowie einzelne Systeme und Instrumente zur Informationsverteilung einzubeziehen.

Insofern führte in der Vergangenheit die Menge der Lernmaterialien dazu, dass über eine Verschmelzung der systemtechnischen Ansätze des CM mit dem E-Learning-Instrumentarium und dem LM nachgedacht wurde; auch von der Idee getragen, die organisatorische Arbeitsteilung zwischen den Trainingsmanagern, Lehrern, Administratoren, Lerninhalte- und Qualifizierungskonzeptentwicklern sowie den Autoren, Content-Designern, Moderatoren und Agenten näher zusammenrücken zu lassen bzw. verwandte Aufgaben in Personalunion durchzuführen.

Auch der Nutzer als Informations- und Wissensnachfrager und -empfänger ist gefragt. Das reicht von den Anforderungen, schnell Informationen und Wissen zu erhalten, um ein Problem unmittelbar und unabhängig von Ort und Zeit zu lösen, so dass quasi von einem „Just-in-Time-Lernen" gesprochen werden kann, und geht hin bis zum langfristigen Kompetenzaufbau. Ziel ist es, die Verteilung von Wissen zwischen Experten und Lernenden zu professionalisieren.

Diese Gemeinsamkeiten führten zu der erwähnten Administration, Produktion, Vermittlung und Logistik von Content und Wissen.

Die LMS der Anfangsgeneration haben das Management der Lernumgebung insbesondere mit der Administration von Kursen und der Vermittlung von Wissen und Logistik abgedeckt. Mit Hilfe der beiden letzten Elemente konnten zudem sehr gut Wissensvermittlungsinstrumente eingebunden bzw. Lernanwendungen wie E-Assessment, Virtual Classroom und E-Training realisiert werden. Dagegen waren nur rudimentäre Content-Management-Funktionen gegeben.

Eine Qualität der Lerninhalte einschließlich Lernerlebnis ist jedoch nur dann möglich, wenn Lerninhalte schnell erzeugt, rekonfiguriert und geliefert werden können. Ein Anspruch, der nur durch komplexe CM-Funktionen realisierbar ist. Deshalb ist CMS mit der Content-Produktion und Content-Logistik verbunden, wohingegen LMS traditionell und schwerpunktmäßig die Funktion der Lernvermittlung und das Management der Lernumgebung übernimmt und damit auch unterstützend wirkt, Lerninhalte in der jeweiligen Lernsituation anzuwenden.

Eine klare Trennung dieser beiden Systemeinheiten ist nur schwer möglich. Dabei ist es auch wenig nutzstiftend, darüber zu diskutieren, ob ein CMS oder ein LMS die definierten Funktionen, um über konsequentes Lernen in Richtung eines professionellen Wissensmanagements zu gelangen, besser abzudecken vermag. Dies ist zusätzlich vor dem Hintergrund einer praktischen Umsetzung obsolet, da die jeweilige betriebliche Lösung individuell gestaltet, maßgeschneidert und integriert werden muss.

Von daher wird hier vorgeschlagen, die formal logische Notwendigkeit für ein CMS und/oder ein LMS aufzulösen und in einem *integrierten elektronischen Mensch-Maschine-System,* das die vier Hauptanwendungsfelder umfasst, zu vereinen. Da diese Mensch-Maschine-Systeme vom Ansatz her primär Funktionsbereiche von CM und LM ganzheitlich ausgewogen unterstützen, werden sie im Folgenden auch integrierte Learning- und Content-Management-Systeme oder kurz „*Learning-Content-Management-System*" (*LCMS*) genannt. Die Besonderheit von LCMS ist nicht die Notwendigkeit einer physisch geschlossenen Plattform, sondern vielmehr eine modulare Bauweise, die aufgrund der strikten Einhaltung von standardisierten Schnittstellen eine individuelle Schwerpunktsetzung sowie einen mehrstufigen Ausbau erlaubt. Intendiertes Ziel von LCMS ist es, Funktionsvariabilität und Unternehmensindividualität nicht an der Fülle von Komplexität scheitern zu lassen.

Um den Funktionsumfang vollständig und trotzdem angemessen und ausgewogen zu dimensionieren, werden verschiedene Schichten beleuchtet und in einem „*Vier-Schichten-Modell*" [SEIBT 2001] eingegrenzt. Diese Vorgehensweise birgt den Reiz, dass mit dieser Art Schichtenmodell für die Komplexität des Funktionsumfangs mit zunehmenden Ansprüchen und abhängig von individuellen Gegebenheiten in Unternehmen und Organisationen dem Konzeptionisten und Entscheidungsträger mehr Orientierung gegeben werden kann, wobei die Komplexität von einfach und unabdingbar zu hochgradig technisch anspruchsvoll und integrativ reicht. Dabei bietet diese Vorgehensweise die zusätzliche Chance, die mit dem Content und Learning Management bisher stark auf die informationstechnische Systemwelt fokussierte Sichtweise zu öffnen und zu erweitern.

Vier Schichten [SEIBT 2001] sind für die Konzeption einer elektronisch unterstützten Lernwelt mit Hilfe von LCMS zu beachten:

- *Schicht I – Inhalt:* In dieser Schicht werden alle Inhalte z. B. Lern-, Prüfungs- und Wissensmodule und deren organisatorische Rahmenbedingungen festgelegt. Sie umfasst den Wissenspool in Gänze mit den verschiedenen Medien und Formaten einschließlich der Struktur und der Beschreibung der jeweiligen Inhalte. Dies ist vergleichbar dem Aufbau und der Struktur eines „Wissensgeflechts", bei dem die einzelnen „Inhaltsbausteine" die Knoten der Maschen eines Netzes verkörpern, die miteinander in verschiedenartigen Beziehungen verbunden sind. Dieses Netz steht somit als die systematische Strukturierung und Beschreibung der Inhalte und Verantwortlichkeiten dem Bildungswilligen gegenüber. Die in dieser Schicht notwendigen Spezifikationen sind zunächst unabhängig von Hard- und Softwaretechnik.
- *Schicht II – Anwendungen:* Hier sind die anwendungsorientierten Systeme und Softwarekomponenten spezifiziert und realisiert. Dabei kann die Palette der Anwendungen sehr stark variieren. Dies sind diverse Systeme, auf die Bildungswillige zugreifen können (z. B. multimedial aufbereitete Inhalte) oder mit denen Lerner angesprochen werden (z. B. Teletraining, E-Training), aber auch einzelne teilweise weitreichende Funktionen aus dem Bereich von Content und Wissensproduktion und -organisation.
- *Schicht III – Plattform:* Zwei Querschnittsaufgabenbereiche sind davon berührt: Zum einen betrifft dies die Verwaltung und Koordination aller elektronischen Lernsysteme unterschiedlichster technischer Ausprägungsformen, zum anderen aber auch die Steuerung und Administration aller herkömmlichen präsenzorientierten Qualifizierungsprozesse.
- *Schicht IV – Integrierte Lern- und Arbeitsumgebung:* Drei Funktionen stehen im Mittelpunkt. Eine Funktion erfüllt die technische Basisvoraussetzung für die Integration von E-Learning-Anwendungssystemen. Darauf aufbauend erfüllen sie breite Funktionalitäten von Lernplattformen. Und schließlich bieten diese integrierten Umgebungen Schnittstellen zu weiteren speziellen Systemen sowie unterschiedlichen Wissensmanagement-Komponenten. In aller Regel enthalten diese Lern- und Arbeitsbedingungen Tools zur

Lernfortschrittskontrolle mit Tracking- und Reportingfunktionalitäten sowie geeigneten Planungstools. Aufgrund dieser weitreichenden Funktionalitäten mit komplexer Systemarchitektur sind auch die Voraussetzungen gegeben zum Übergang in Richtung einer „Bildungsmanagementplattform", um wesentliche Skill-Management-Prozesse zu realisieren [vgl. Teil II-4.1.4].

Allgemeine Zielsetzung muss es sein, die Chancen, die mit der modularen Struktur verbunden sind, zu nutzen und diese Schichten individuell an den Bedürfnissen des jeweiligen Unternehmens auszurichten und zu gestalten. Dabei ist es vorteilhaft und notwendig, dass bereits auf der ersten Schicht, auf der Inhalte definiert und zu Maßnahmen kombiniert werden, diese Flexibilität wahrgenommen wird und dabei grundsätzlich kritisch reflektiert wird: „Wer soll wann und wo in was qualifiziert und mit Wissen versorgt werden?"

Diese Flexibilität ist auch dann gefragt, wenn auf der darauf aufbauenden zweiten Schicht geeignete Anwendungssysteme integriert werden. So lassen sich in modularer Form Anwendungen aus dem CM-Bereich wie Inhalteproduktion und deren Einbettung in einen Lernkontext realisieren, so dass vielfältige Formen und Größen von Lerninhalten und -objekten erstellt, mit Metadaten versehen, effizient

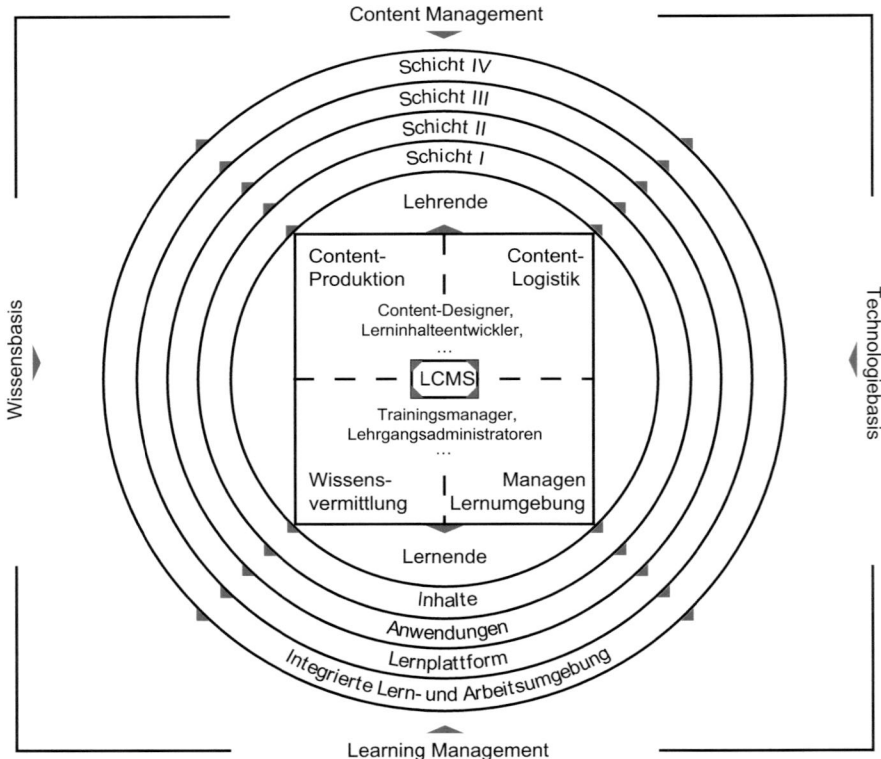

Abb. II-12 Logische und funktionale Struktur eines integrierten Learning-Content-Management-Systems (LCMS) mit der Option zum modularen und sukzessiven Auf- und Ausbau

abgelegt und darauf zugegriffen werden kann. Über unterschiedliche Kanäle können die Inhalte dann mit Lernsystemen den Nutzern zur Einfach- und/oder Mehrfachverwendung zugeführt werden.

Sollte das Unternehmen sich dazu entscheiden, die Aufbereitung von Content weitgehend durch externe Provider erstellen zu lassen, dann sind die Schnittstellen zu definieren und die zulässigen Protokolle festzulegen, damit eine interne Weiterverarbeitung im LCMS des Unternehmens möglich ist. Somit wird ersichtlich, dass beispielsweise die Funktionalitäten des CM völlig unterschiedlich beschaffen sein können.

Eine weitere Dimension in der Unterstützung, was das LM angeht, wird über die auf der Schicht III existierende Plattform erzielt. Dies betrifft zunächst alle Kommunikations- und Kooperationsprozesse, die zwischen allen Beteiligten – hier in erster Linie Lehrende und Lernende – gegeben sind. Darüber hinaus verlangt die Plattform und die damit verbundene Technik vielfältige Administrationsaufgaben.

Schließlich eröffnet die integrierte Lern- und Arbeitsumgebung den höchsten Grad an Professionalität in Bezug auf die Arbeits- und Geschäftsabläufe, so dass die komplexen Prozesse der Planung und Steuerung von Qualifizierung abgebildet sind und den Übergang zum Wissensmanagement bieten (Abb. II-12).

Für eine Auswahl, Entwicklung und Realisierung eines LCMS, das einen ganzheitlichen Qualifizierungsprozess ermöglicht, ist deshalb ein integriertes Mensch-Maschine-Kommunikationssystem erforderlich, das das Spektrum von notwendigen Administrationen bis zu strategischen Steuerungsfunktionen abdeckt und dabei Wissensproduktion und -organisation fundamentiert sowie singuläre Wissensvermittlungsprozesse und -tools organisatorisch und technisch einbettet. Dies ist nicht nur für ein Blended Learning relevant, sondern elementare Voraussetzung für ein zukunftsorientiertes und professionelles Wissensmanagement.

2.5 Vom Learning-Content-Management-System zum Blended Learning und Knowledge Management

Die Funktionen, die LCMS bieten, schaffen die Basis, um insbesondere die operativen Betriebsabläufe *für* und *von* Lernen und Arbeiten abzuwickeln, zu steuern und das jeweilige unternehmensindividuell gegebene Lerninstrumentarium technisch und organisatorisch einzubinden. Gleichzeitig soll dabei auf Fragen wie „Welche Leistungen und Eigenschaften erwartet der Markt?" und „Inwiefern entspricht die Qualifizierung der Mitarbeiter diesen Anforderungen?" Antwort gegeben werden. Hierzu ist die Formulierung operationaler Ziele notwendig, die sich in der Festlegung von Qualifizierungsmaßnahmen und -strategien niederschlagen. Die damit verbundene Frage, welche Richtung wird Lernen einschlagen und was bedeutet das für die Qualifizierungskonzeption und -strategie, ist bisher an den Rand gedrängt worden. Oder anders ausgedrückt: Bei der technischen Forderung nach standardisierten Schnittstellen und Protokollen und der Zusammenführung von Content- und Learning-Management-Systemen sind gegenwärtige und zukünftige Chancen für den Bildungswilligen und Lerner noch unzureichend ausgeschöpft.

Mit dem Fokus auf das präsenzorientierte und elektronische Lernen blieben wesentliche Teile des Gestaltungsraums von Wissensmanagement vorerst ausgeklammert. Nur zufällig geht dies mit der gängigen Praxis einher, wo E-Learning und Wissensmanagement sich vielfach parallel entwickelt haben und dabei Wissensmanagement-Initiativen sich E-Learning-Ansätzen und -Instrumentarien wenig bedient haben. Personalbereiche, bei denen in aller Regel E-Learning angesiedelt ist, haben vice versa bisher wenig bis keine Notiz von Wissensmanagement genommen. Ein Grund mag darin liegen, dass Lerninhalte sehr gut didaktisch strukturiert sind, wohingegen Wissen nicht zwangsläufig effektiv gelernt werden kann. Ob beide Initiativen im isolierten Vorgehen mehr zu den strategischen Unternehmenszielen beitragen, bleibt dabei offen.

Insofern lohnt es sich, die weitere Richtung von Lernen und Lehren auszuloten und danach zu fragen, wohin die Entwicklung geht. Gibt es Anzeichen für einen größeren Wandel im Lernverständnis? Werden die Intention und die Anforderung für multiple Lernarrangements über die Plattform gebührend abgedeckt?

Dieses Problem stellt sich gleichermaßen für das Wissensmanagement. Was ist notwendig, um die Ressource *Wissen* bewusst zu erkennen und intensiv auszuschöpfen? Und: Welcher systemseitigen Infrastruktur bedarf es dazu? Was leisten Dokumenten-Management-Systeme oder kann die Weiterführung von Learning-Content-Management-Systemen den Ansprüchen zum Managen von Wissen genügen?

Auf der Grundlage dieser Untersuchungsergebnisse stellt sich zwangsläufig die Frage nach den Chancen und Risiken einer Zusammenführung von E-Learning und Wissensmanagement.

Insofern kristallisieren sich für die Schwerpunkte „*zukünftige Richtung von Lernen*", „*systemseitige Ausrichtung und Infrastruktur von Lernen, Arbeiten und Managen von Wissen*" sowie „*Konvergenz von E-Learning und Wissensmanagement*" drei zentrale Fragen heraus:

1. Ausgangspunkt bildet die Frage, wie es gelingt Lernen und Qualifizieren auf eine mehr personen- und funktionsbezogene Kompetenzentwicklung auszurichten? Dabei steht im Vordergrund der Paradigmenwechsel in der Aus- und Weiterbildung vom traditionellen Lernverständnis zum Übergang einer stärkeren Integration von „*Lernen*" und „*Tun*". Begleitet wird dieser Prozess von der Frage, inwiefern „Blended Learning" selbst gesteuertes Lernen berücksichtigt und dazu beitragen kann, die Grenzen zwischen Seminaren, Workshop und Projektarbeit aufzulösen, um mehr in Richtung einer wertorientierten Unternehmensführung zu gelangen.
2. Was zeichnet Wissensmanagement aus? Oder: Was sind die originären Aktivitäten und Prozesse, die zu managen sind? Was bedeutet es für die Wissensarbeit, Wissensorganisation und Wissenstechnik? Dabei geht es nicht allein um die Frage nach den operativen Kernprozessen von Wissensmanagement, sondern es mündet in die Überlegung, wie kann dieses Leistungsspektrum Wissensmanagement infrastrukturell unterstützt werden? Gibt es Gemeinsamkeiten und Unterschiede zu Learning-Content-Management-Systemen und welchen organisatorischen Herausforderungen und strategischen Entscheidungen müssen Unternehmen beim Aufbau einer Plattform begegnen?

3. Schließlich stellt sich die Integrationsproblematik E-Learning und Wissensmanagement: Wie können beide Bereiche zusammengebracht werden? Gelingt es die teilweise unternehmensindividuell stark ausgeprägten strategischen, organisationalen sowie politisch-kulturellen Kräfte zu überwinden? Gibt es ausreichend Konvergenzen, beide Richtungen zum Vorteil von Unternehmen und Organisationen zu bündeln und zusammenzuführen?

Diese Schlüsselfragen bestimmen den Fortgang der Untersuchung. Wenn darauf halbwegs befriedigende Antworten gegeben werden und damit Lösungsansätze entstehen, dann kann vielleicht Wissensmanagement über seine originäre Aufgabe „Das Gut *Wissen* zum Wohle des Unternehmens einzubringen" ein klein wenig gelebtes professionelles Wissensmanagement realisieren.

2.5.1 Blended Learning im Übergang vom traditionellen zum zukünftigen Lernverständnis

Die vorhergehenden Betrachtungen im Zusammenhang mit elektronisch unterstütztem Lernen und Arbeiten waren stark von den administrativen Aufgaben in der Lernumgebung, mit den dazu benötigten Funktionen und den technologischen Anforderungen geprägt. Unternehmerisch denkende Mitarbeiter gewinnen im weltweiten Wettbewerb zunehmend an Bedeutung, so dass eine ganzheitliche Personalentwicklung mit dem Ziel einer personen- und funktionsbezogenen Kompetenzentwicklung zwingend wird. Um aktuelle und zukünftige Qualifizierungskonzepte und -strategien besser zu verstehen und einordnen zu können, wird vorab auf relevante didaktisch methodische Aspekte eingegangen.

Während die sechziger Jahre noch von strukturierten Lerninhalten, insbesondere in dozentenorientierten Seminaren (z. B. Vorlesungen), bestimmt waren (lehrorientiert), dominierten in den 70er Jahren Lerninhalte (lernorientiert) in Verbindung mit teilnehmerbezogenen Lernmethoden (z. B. Fallstudien). Erst in den 80er Jahren begann ein Umdenken, indem problemorientierte Lerninhalte (z. B. Simulationen) für den Arbeitsplatz aufkamen (problemorientiert). Dieses Organisationsmodell erfuhr in den 90er Jahren noch eine Erweiterung, als innerbetriebliche Bildungsanbieter zunehmend als Begleiter von kulturverändernden, organisationalen Lernprozessen (z. B. Total Quality Management) zur wertorientierten Unternehmensführung auftraten (wertorientiert) [SCHMIDT-LAUFF 1999, STIEFEL 1999].

Trotz einer Vielfalt maßgeschneiderter Maßnahmen, die neben dem standardisierten, trainergesteuerten Lernen entstanden, war das der Ausgangspunkt, das traditionelle Lernverständnis vom trainergesteuerten, defizitorientierten und linear-rationalen „*Off-the-Job-Training*" mehr zu einem selbst- und eigenverantwortlichen Entwicklungsansatz zu wandeln, der Erfolg bei der Beherrschung von Komplexität und Dynamik in den beruflichen Anforderungen verspricht. Damit entstanden neue Gestaltungsfelder für individuelles Selbstlernen, kooperative Selbstqualifikation sowie Coaching und Supervision. Inwiefern hier von einem abgeschlossenen Paradigmenwechsel gesprochen werden kann, bleibt abzuwarten, aber die Tendenz zeigt zunehmend in die Richtung, vermehrt reale Geschäftsprozesse unter didaktischen

Aspekten zu strukturieren und dadurch ein mehr „*Near-*" und „*On-the-Job Training*" [FENINGER 2005] zu realisieren.

Damit ist ein Verknüpfen mit Veränderungen und strategischen Initiativen gegeben, was in Projekten und Gruppenarbeit durchgeführt wird, so dass teilweise die Grenzen zwischen Seminaren, Workshops und Projektarbeit fließend sind. Ein Just-in-Time-Lernen und Coaching ist damit möglich. So gelingt eine Integration von „Lernen" und „Tun" und es vollzieht sich eine neue Form des individuellen und organisationalen Lern- und Wissensmanagements [FENINGER 2005].

Die veränderten Anforderungen an die Qualifikation mit dem unternehmerischen Denken und der erwünschten Kompetenz der Mitarbeiter sowie den einhergehenden vielfältigen neuen Formen der Qualifizierung machen die Kombination von Lernen in Form von Lernarrangements erforderlich. Ziel dabei ist es, „klassische Lernformen" um „elektronische Lernformen" und „Kommunikationstechnologien" zu ergänzen und sie zusätzlich durch Selbststeuerung und Problemorientierung zu optimieren.

Für diese Kombinationsform hat sich zwischenzeitlich der Begriff „*Blended Learning*" durchgesetzt, verschiedentlich auch "hybride Lernszenarien" [KERRES 1999] oder „Integrated Courses" genannt. Entstanden sind sie nicht zuletzt aufgrund der Ernüchterungen, die im E-Business-Segment mit dem Crash im Neuen Markt breitmachten, und aus der Einsicht bei den Bildungsnachfragern, wie sie mit diesen Mitteln des Lernens ihre Kenntnisse und Kompetenzen erweitern können.

Demnach ist Blended Learning ein integratives Lernkonzept, das die Vernetzung unterschiedlicher physischer Netzwerke in Kombination mit „klassischen" Lernmethoden und -medien in einem geeigneten Lernarrangement optimal nutzt [SAUTER/SAUTER/BENDER 2004] (Abb. II-13).

Die Frage ist dabei natürlich, welche Erfolgsbedingungen zur Bildung von Blended-Learning-Szenarien erforderlich sind. Nicht selten wird in der betrieblichen Praxis kontrovers über die Leistungen der einzelnen Lernmedien diskutiert, die ein beabsichtigtes Lernarrangement ausmachen sollen.[11] Der geläufigen Sicht-

---

[11] Das MMB-Institut für Medien- und Kompetenzforschung hat zahlreiche Studien und Projektevaluationen in kleinen und mittleren Unternehmen durchgeführt. So wurden im Jahr 2008 im Rahmen einer Studie „LERNET" [BMWI 2009] 837 Unternehmen zur Nutzung von Lernformen befragt. Von diesen Unternehmen gaben 166 an, sie nutzen gegenwärtig bzw. planen E-Learning einzuführen. Diese Ergebnisse wurden einer bereits 1999 durchgeführten Studie „LernNet" [MMMB/PSEPHOS 2000], in der 800 Unternehmen befragt und von denen 192 angaben, sie nutzen „multimediale Lernmittel", gegenübergestellt. Im Rahmen dieser Vergleichsstudie wurde zu der Frage, „*Welche Formen des E-Learning im Rahmen ihrer betrieblichen Weiterbildung von besonderer Bedeutung sind?*", festgestellt, dass das in der Ausgangsphase des elektronisch unterstützten Lernens dominierende CBT (84 Prozent) sich der Nutzungsanteil heute auf die Hälfte (41 Prozent) reduziert hat. Lernprogramme auf *Disketten und Videokassetten*, die 1999 von jedem fünften bzw. vierten Unternehmen eingesetzt wurden, spielen im gegenwärtigen E-Learning-Portfolio keine Rolle mehr. Neu hinzugekommen sind unter anderen das stark nachgefragte Blended Learning (50 Prozent) sowie verschiedene *Web-2.0 Tools. Planspiele* und *Simulationen*. Sie spielen heute für jeden vierten betrieblichen Weiterbildungsverantwortlichen eine Rolle (24 Prozent). Obgleich informelle Lernformen deutlich seltener als „klassische" E-Learning-Arrangements eingesetzt werden, lassen die Ergebnisse ein zunehmendes Interesse am kooperativen und kollaborativen Wissenserwerb erkennen [vgl. dazu ausführlich GOERTZ/MICHEL 2009].

2.5 Vom Learning-Content-Management-System zum Blended Learning

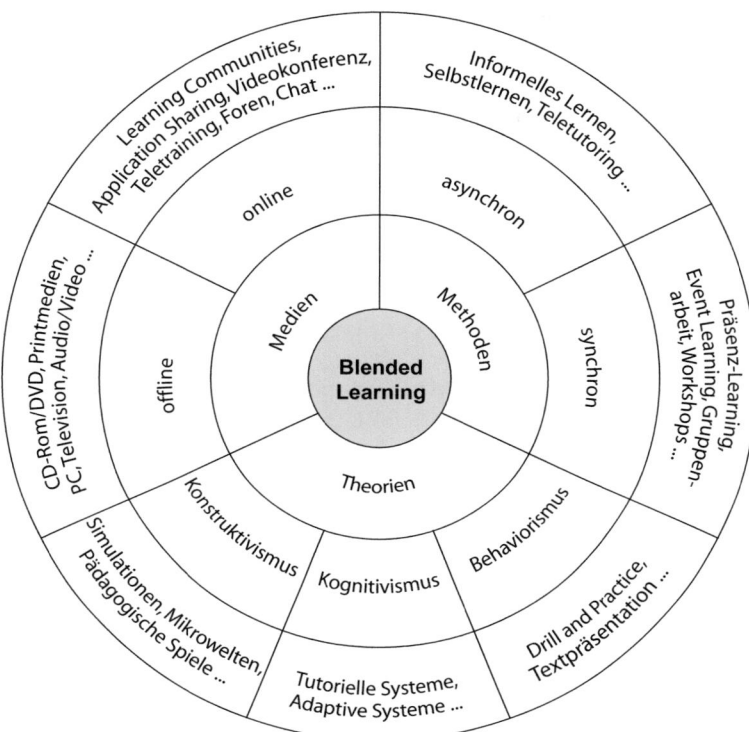

Abb. II-13 *Blended Learning* – Lehr- und Lernformen in Theorie und Praxis [in Anlehnung an WIEPCKE 2006, GOERTZ/MICHEL 2009]

weise, dass die Stärken von E-Learning im kognitiven Bereich liegen, wohingegen die Schwächen eher im Bereich der Soft Skills und kommunikativen Kompetenzen angesiedelt sind, steht die Meinung entgegen, dass für das Arbeiten und Kommunizieren im Netz sehr wohl Soft Skills benötigt werden [EICHHORN 1997].

Um zu einer halbwegs analytischen Vorgehensweise zu gelangen und andererseits einen gewissen Pragmatismus walten zu lassen, sollte etwas mehr getan werden, als den Medienmix für die geplanten Lernarrangements mit charakteristischen Eigenschaften zu belegen und dann lernförderliche Potenziale zuzusprechen, etwa in dem Sinn: Jedes Medium soll dort zum Einsatz gelangen, wo seine Stärken liegen. Das würde beispielsweise bedeuten, Präsenztraining bei Thematiken durchzuführen, die personale Feedbacks erforderlich machen, und multimediale Anwendungen zu nutzen, wenn grafische Veranschaulichungen zum Aufzeigen von Abläufen hilfreich sind. So bleibt ausgespart, was die kombinierten Einzelmedien im Verbund bewirken [SEVERING 2003]. Deshalb ist es angebracht, die sehr unterschiedlichen didaktischen Formen, die beim Präsenzlernen und beim E-Learning gegeben sind, mit zu betrachten. So lässt sich die Funktion der Medien in hybriden Szenarien hinreichend konkret beschreiben. Konkret ist dies beispielsweise mit der Frage verbunden, welche Erweiterungen ein tutoriell begleiteter, internetgestützter

Lehrgang durch den Einsatz weiterer Medien oder durch personelle Lernunterstützung erfahren kann [REGLIN 2005].

Die Diskussion um Blended Learning bietet unbestritten Chancen, da mit der Frage nach seinem sinnvollen Einsatz in der beruflichen Aus- und Weiterbildung häufig die Frage nach einer Zieldefinition von E-Learning einhergeht. Allerdings muss aufgepasst werden, dass im Nebel der „Kombinationsdiskussion" von simpler „Kombination von tradierter Lernform und ihrer elektronischen Nachbildung" und der „intelligenten Kombination multipler methodisch-didaktischer Mittel" versehentlich nicht der Weg eingeschlagen wird, zwei altbekannte Systeme – die klassische seminaristische Unterweisung und die behavioristische Lernmaschine – zu kombinieren [SEVERING 2003], was mit der Frage verbunden ist, ob damit nicht eine Sackgasse beschritten wird?

Eine besondere Herausforderung bei der Konzipierung von Blended Learning wird die Integration neuer Anforderungen und technologischer Möglichkeiten in die didaktische Struktur sein. Dabei bleiben eine Reihe von Fragen zu beantworten, die auch als *praxisorientierter Blended-Learning-L e i t f r a g e n komplex* bei der Gestaltung von hybriden Lernszenarien verstanden werden können und die sich an den formulierten Erfolgsbedingungen, die im Rahmen des Projektes HYALIT[12] aufgestellt wurden, orientieren:

(1) *Souveränitätsspielräume:* Ausgangspunkt bilden Entscheidungen, wie im Blended-Learning-Lernarrangement den Individuen und Organisationen Souveränitätsspielräume geboten werden können? Wie wird vermieden, dass die Nutzer mit „Fertiglösungen" konfrontiert werden. Im Einzelnen geht es bei der Ausschöpfung der Souveränitätsspielräume um folgende Entscheidungen:

- *Zeit- und Ortsabhängigkeit:* Ist sichergestellt, dass der aufgrund der Lernmedien eröffnete Spielraum nicht durch eine von betriebswirtschaftlichen Prinzipien geprägte Lernumgebung eingeschränkt wird? Ist die personale Unterstützung des Lerners organisatorisch gegeben? Leisten Datennetze und Kommunikationsmedien in ausreichendem Maße die Voraussetzungen für einen Erfahrungsaustausch?
- *Mediensouveränität:* Wird dem Lerner ein alternatives Medienarrangement angeboten? Konkret heißt das: Kann er zwischen verschiedenen Arten elektronischer Medien wählen? Hat er eine Auswahl zwischen E-Learning und Seminar bzw. bestehen unterschiedliche Varianten in der Kombination von E-Learning und Präsenzveranstaltung?

---

[12] Um im Markt gegebene Blended-Learning-Arrangements qualitativ zu bewerten, wurden *sechs Erfolgsbedingungen* für Blended-Learning-Szenarien im Rahmen des Forschungsprojektes HYALIT (*Hybride Arrangements des Lernens mit modernen Informations- und Kommunikationstechnologien*) formuliert. Auf diese Bedingungen stützt sich die durchgeführte Angebotsanalyse. Das Projekt HYALIT ist Bestandteil des Forschungs- und Entwicklungsprogramms „Lernkultur Kompetenzentwicklung" in der Verantwortung des Forschungsinstituts Betriebliche Bildung (f-bb) GmbH [vgl. ausführlich zu den Ergebnissen HÖLBLING/REGLIN 2005]. Auf diesen Bedingungen fußen auch die hier aufgestellten Leitfragen.

2.5 Vom Learning-Content-Management-System zum Blended Learning

- *Rolle des Lernenden:* Sind im Lernarrangement Eingriffs- und Entscheidungsspielräume gewollt und gegeben? Welche grundsätzliche Art von Interaktivität ist einzuschlagen, um in der Bandbreite von „Seitenzugriff/Blättern" und „netzgestütztem Dialog" für das Lernarrangement die geeignete Form zu finden. Welches Ausmaß und welche Qualität haben die Feedbackformen? Wie lerntextsensitiv sind die Hilfefunktionen? Ist eine kritische Prüfung vorgenommen, ob im Einzelfall der Grad der Interaktivität ausreichend ist.
- *Baukastenprinzip:* Wie ist der moderne Aufbau des E-Learning zu strukturieren, um den Zugriff auf die jeweils benötigten Wissenselemente zu ermöglichen? Wie ist sichergestellt, dass vorhandenes Wissen nicht erneut angeboten wird? Wie kann eine Selektion von Inhalten nach Maßgaben des jeweils gegebenen Lernbedarfs stattfinden? Sind sequenzielle Bezüge auf sachlich-logische „Vorgänger" und „Nachfolger" konsequent unterdrückt? Erhalten die Bildungswilligen ausreichend Informationen (Metadaten) für ein bedarfsgerechtes Lernen zu den modular aufgebauten Lerneinheiten? Beschränkt sich die Größe der Module auf das jeweils Erforderliche, ohne die Verdeutlichung der Zusammenhänge zu verlieren? Und: Ist eine Wiederverwendbarkeit des Lernmoduls gegeben, ohne dass dies an den Kosten für Katalogisierung und Verwaltung scheitert?

(2) *Lerneffizienz:* Hierbei geht es darum, das Blended-Learning-Gesamtszenario in seinen besonderen Stärken zur Geltung zu bringen. Im Vordergrund steht die Frage, welche Effizienzerwartung an das Lernarrangement geknüpft ist? Oder: Wie effizient kann die Vor- und Nachbereitung gestaltet werden? Was bewirkt konkret die viel beschworene Multimediafähigkeit und wie sind die ökonomischen Effekte für das Unternehmen zu bewerten:

- *Vorbereitende Funktion:* Ergeben sich aus dem Einsatz von E-Learning im Vorfeld von Präsenzveranstaltungen Vorteile? Kann E-Learning die Funktion eines „Diagnoseinstruments" übernehmen, um Kenntnisse und Fertigkeiten über Pretests zu ermitteln? Wie müssen Pretests inhaltlich und organisatorisch in das Lernarrangement eingebunden werden? Wird eine Teilnehmerselektion im Vorfeld von Lernveranstaltungen überhaupt benötigt? Was leisten Pretests, um die Passgenauigkeit von Qualifizierungsangebot und Teilnehmerkreis zu optimieren? Gibt es Anhaltspunkte zur Individualisierung von Medien und Inhalten oder Entscheidung über die Erfüllung von Teilnahmevoraussetzungen?
- *Nachbereitende Funktion:* Soll Nachbereitung in ein Lernarrangement eingebunden werden, da es nicht zwangsläufig zur Lerneffizienz führt, sondern eher Vertiefungscharakter aufweist? Wird mit dieser Absicht ein nachhaltigerer Lernerfolg erzielt. Welche grundsätzliche Art von Nachbereitungsgestaltung soll gewählt werden? Ist ein arbeitsbegleitendes Ex-post-Nachschlagewerk oder eine Hotline oder ein E-Coaching während eines Praxistransfers die bessere Lösung?
- *Multimedia:* Das ursprünglich euphorisch verkündete multimedial unterstützte Lernen ist zwischenzeitlich einer realistischen Einschätzung gewi-

chen – nicht zuletzt aufgrund von Blended Learning. Die Aufgabe, der sich deshalb jeder Bildungsanbieter stellen muss, ist, sehr genau zu prüfen, welcher Weg zwischen „Vielfalt" und „Monokultur" eingeschlagen werden muss. Denn multimediale Wissensvermittlung ist nicht automatisch multipler Erfolg.
– *Betriebswirtschaftliche Argumente:* Mit den Effizienzgesichtspunkten von Blended-Learning-Arrangements ist automatisch die Frage nach dem wirtschaftlichen Erfolg verbunden. Verhilft Blended Learning zur Kostenreduktion und/oder Umsatzerhöhung? Welche Wirtschaftlichkeitsbehauptungen stehen im Raum? Welche Modellrechnungen mit welcher Kalkulationsbasis können aufgestellt werden? Bewirkt ein Blended-Learning-Arrangement eine Verkürzung von Präsenzlernphasen und damit von direkten Kosten? Wie sind Opportunitätskosten zu erfassen, wenn Mitarbeiter vom Arbeitsplatz fernbleiben? Und: Lässt sich ein Kosten-Nutzen-Modell annähernd plausibel nachvollziehen? Was ist letztlich Zielsetzung: Kostenminimierung oder Nutzenmaximierung?

(3) *Soziale Absicherung selbst organisierten Lernens:* Zentrale Frage ist „Wie kann Selbstorganisation, Ökonomisierung und Qualitätssicherung miteinander verknüpft werden?" Oder: „Was ist zu tun, damit der Lerner nicht ein isoliertes, monologisches Lernen erfährt, um damit einer Vereinsamung beim Lernen entgegenzuwirken?" Wie können beispielsweise Selbstlernprozesse in der Gruppe unterstützt und die Klärung von Problemen während des Lernens unter minimierten Bedingungen einer Lösung zugeführt werden und damit Qualitätssicherung erreicht werden? Wie kann weiterhin eine Transferförderung durchgeführt werden? Welche Chancen bietet ein begleitendes Bildungscontrolling, die soziale Absicherung individualisierter Lernprozesse sicherzustellen? Damit ist auch eine wichtige Frage zur Didaktik zu klären: Wie verbindlich ist eine netzgestützte Kommunikation als fixer Bestandteil im Blended-Learning-Arrangement verankert?

(4) *Arbeitsbezug:* Bei der Gestaltung von Blended Learning stellen sich Fragen bezüglich Arbeitsplatznähe, impliziten Lernens und des Lerntransfers stehen sie doch in unmittelbarer Verbindung zum Arbeitsbezug:

– *Arbeitsplatznähe:* Hier muss Arbeitsplatznähe kritisch hinterfragt werden, um nicht vorschnell dem Trugschluss zu verfallen, dass mit dem Lernen am Arbeitsplatz oder in Arbeitsplatznähe automatisch eine Verbindung von Theorie und Praxis erreicht sei. Vielmehr muss die Frage beantwortet werden: Trägt die Qualität des Lernstoffes dazu bei, eine Verknüpfung der Lerninhalte mit den Arbeitsvollzügen und -problemen herbeizuführen? Ist im Blended-Learning-Arrangement geklärt, wie das Lernen in der Arbeit und für die Arbeit unterstützt, so dass die räumliche und zeitliche Flexibilität dem traditionellen Vorratslernen entgegenwirkt?
– *Implizites Lernen:* Hier bedarf es einer Entscheidung zur Rolle des Lerners: Wird der Lerner ausschließlich in der passiven Rolle gesehen, allein „lernförderlich aufbereitete Inhalte zu konsumieren", oder soll er als Experte in

2.5 Vom Learning-Content-Management-System zum Blended Learning

eine mehr aktive Rolle als „Produzent von Wissen" gedrängt werden? Wenn Lerner im Lernarrangement zum Wissensproduzenten angehalten werden, dann ist damit auch zu fragen, welche Hilfsmittel ihnen dazu an die Hand gegeben werden sollen.
- *Lerntransfer:* Mit Hilfe von Blended Learning den Lerntransfer zu verbessern, ist ein zentrales Anliegen. Wird mit dem Lernarrangement die erhoffte Wirkung beispielsweise bereits über eine integrierte Lernbegleitung erreicht? Lässt sich alternativ ein Lernen im direkten Arbeitsprozess realisieren.

(5) *Organisationale Lernkultur, Wissens- und Change-Management:* Wenn Unternehmen eine neue Zielorientierung entwickelt haben und gewillt sind, eine Neuverortung der Organisation vorzunehmen, dann rückt das Gestalten von individuellen und organisationalen Lern- und Wissensmanagement-Prozessen in den Vordergrund. Die Frage dabei ist: Ob und wie weit soll dabei Blended Learning in den Change-Management-Prozess aktiv eingebunden werden. Kommt aus der Perspektive von Bildungsanbietern dem E-Learning eher eine passive Rolle zu, die sich allein auf das Herstellen von geeigneten technischen und organisatorischen Bedingungen für ein gutes Gelingen beschränkt, oder ist eine „Treiberrolle" angesagt? Wenn angestrebt wird, Lernen, Wissen und Arbeit als Einheit zu betrachten, dann muss automatisch nach der zugrunde liegenden Absicht gefragt werden: In welcher Form soll sich das Verhältnis von Lehrenden und Lernern wandeln? Wie weit sollen die Grenzen zwischen beiden aufgelöst werden? Bieten die unterschiedlichen Kommunikationstools ausreichenden und gewünschten Raum für die Mitarbeiter, um ein gewolltes und umfassendes Wissensmanagement zu praktizieren?

Die Leitfragen können zur Orientierung bei der Gestaltung von Blended-Learning-Arrangements herangezogen werden. Allerdings bieten sie allenfalls eine Auswahl und sind keinesfalls vollständig. Sie geben Anhaltspunkte und leisten Hilfestellung, Blended-Learning-Angebote kritisch zu hinterfragen, die Möglichkeiten der Übergänge zwischen formellem Lernen und informellem Lernen in der Arbeit zu erkennen und die Freiräume, die Bildungswilligen im Sinne eines selbst organisierten Lernens entstehen können, zu entdecken.

Ein angewendetes Blended Learning in Form eines hybriden Szenarios „Einführung eines neuen Produkts im internationalen Markt" veranschaulicht das nachstehende Beispiel (Tafel 2) zur *„Markteinführung S-Klasse"*.

Neben der Medienvielfalt und der Frequenz des Medienwechsels lässt sich die Verzahnung der Elemente erkennen. Die besondere Herausforderung des Blended-Learning-Arrangements resultiert zudem aus der Spezifika, dass die Teilnehmer aus verschiedenen Kulturkreisen und Sprachräumen stammen. Sie kommen zwar aus der gleichen Branche (Automobilindustrie), gehören aber unterschiedlichen Organisationen (Händler des jeweiligen Marktes) an und nehmen dort außerdem mit Sales und Service (verkaufs- und technikorientiertes Personal) unterschiedliche Aufgaben und Funktionen wahr.

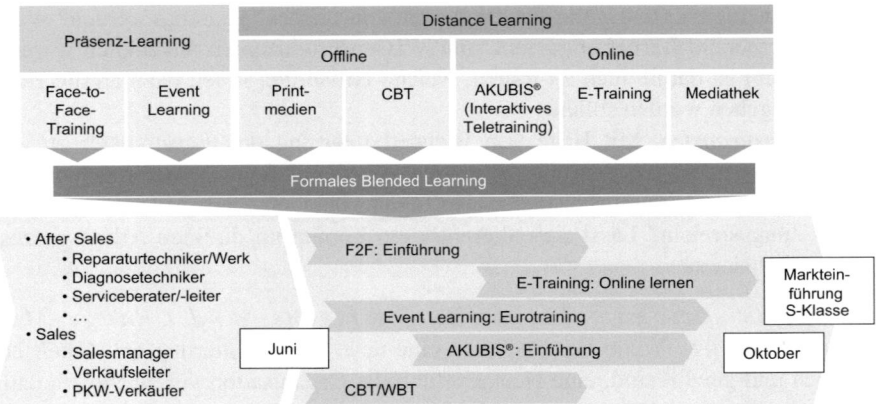

Tafel 2 Blended Learning Beispiel – Markteinführung S-Klasse im Sales- und Servicemarkt der Daimler Benz AG

Die Grundstruktur der Veranstaltung ist von einem vielfältigen methodisch-didaktischen Spektrum (*Breite*) geprägt. So werden Distance-Learning-Systeme (synchron/asynchron) und Präsenzveranstaltungen (F2F/Event Training) in Form von Verhaltens- und Motivationstrainings kombiniert. Konsequent beziehen sich die Inhalte von CBT/WBT und E-Training auf die Präsenzveranstaltungen und umgekehrt nehmen die Trainer und Moderatoren direkt Bezug auf die mit dem Distance Learning geschaffene inhaltliche Basis. Aktuelles Wissen und Informationen, die branchentypisch häufig unmittelbar vor Markteinführung entstehen, werden via Teletraining flankierend an die Teilnehmer vermittelt. Damit stehen die kombinierten Elemente in einem sehr engen Bezug zum Gesamtarrangement (*Tiefe*).

Nicht zuletzt bedingt durch die komplexen Anforderungen und die hohe Anzahl von Teilnehmern (ca. 1.300 Mitarbeiter) weist das Konzept des Lernszenarios eine klare methodisch-didaktische Zuordnung (*Angemessenheitskonzept*) auf. Demzufolge wird mit Schwerpunkt deklaratives Wissen mit CBT/WBT, hauptsächlich im interaktiven Teletraining sowie im E-Training vermittelt. Prozedurales Wissen, vertiefende Fragen, Verhaltens- und Motivationstraining, Gruppenarbeit an Modellen und Vergleiche mit Wettbewerbsprodukten werden in moderierten und in jeweils nationalen Gruppen bearbeitet.

Die Rollen der Beteiligten sind in hohem Maße durch das hybride Szenario geprägt. Die Vermittlung von Eingangswissen für die Präsenzphase wird von Trainern und Moderatoren geleitet, die die inhaltlichen Voraussetzungen erfüllen und die mediendidaktische Eignung für E-Learning aufweisen. Die Präsenzphasen werden zwar als internationale Veranstaltung an einem ausgewählten Lernort konzentriert, aber das eigentliche Training wird von den jeweiligen internationalen Trainern durchgeführt. Alle Landestrainer werden am Lernort von einer übergreifend wirkenden Trainergruppe eingewiesen, koordiniert und gesteuert. Die Gruppe zeichnet auch für das Gesamtkonzept verantwortlich und damit auch für die Festlegung des Verhältnisses von Medienwechsel und Gesamtlernzeit (*Granularität*).

2.5 Vom Learning-Content-Management-System zum Blended Learning

Für die Nutzung von CBT/WBT und E-Training werden an den dezentralen Standorten gängige multimediafähige Standard-PCs benötigt. Die Teilnahme am Teletraining setzt die entsprechenden medial ausgestalteten Gruppenräume voraus. Für die Präsenzphase im Umfang von zwei Tagen sind genaue Termine festgelegt.

Informiert wird die jeweilige Landesorganisation zu den Teilnahmevoraussetzungen und den Einzelheiten. Ein detaillierter Plan über den Verlauf der Veranstaltung informiert die Teilnehmer im Vorfeld. Zu den Präsenzveranstaltungen werden die Teilnehmer eingeladen, so sie das benötigte Vorwissen als Voraussetzung mit Hilfe der Distance-Learning-Instrumente erworben haben. Was die Kombinierbarkeit betrifft, haben die Teilnehmer keine Wahlfreiheit. Die „Modelleinführungsveranstaltung" kann nur in der festgelegten Zusammenstellung als „Gesamtpackage" (kostenpflichtig) gebucht werden.

Die Stärken des Blended-Learning-Konzepts „Markteinführung" liegen in den Bereichen Breite, was die Vielfalt des Medienangebots betrifft, und Tiefe, was die Kombination der Elemente auf das Gesamtarrangement angeht. Auch die Gegenstandsangemessenheit in Bezug auf die medialen Entscheidungen (Angemessenheitsprinzip) ist durch die Nutzung von Gruppenspielelementen und Fahrerprobungen von hohem motivationalem Charakter geprägt. Hervorzuheben ist auch die deutlich synergetische Organisation der verschiedenen internationalen Trainer, was einerseits nationale Besonderheiten, die auf dem jeweiligen Markt gegeben sind, berücksichtigen lässt, ohne dass die einheitliche Gesamtqualifizierungsrichtung verloren geht.

Damit ist bei diesem praxisorientierten Blended-Learning-Konzept „Markteinführung" für die hier betrachtete Zielgruppe und den vorgegebenen Zielsetzungen sowie unter dem Primat der Didaktik, bei der die Ziel- und Inhaltsentscheidungen die Methoden bestimmen, ein komplexes „*Formelles Blended Learning*"-Angebot gegeben. Unter anderen Zielsetzungen und bei anderen Gegebenheiten kann eher von einem „*Informellen Blended Learning*" gesprochen werden, insbesondere dort, wo mehr selbstgesteuertes Lernen mit dem PC erfolgt, weil beispielsweise andere technische organisatorische Umgebungsbedingungen vorliegen, oder eine höhere Granularität in Bezug auf die Häufigkeit des Medienwechsels zur Lernzeit auftritt. Hierbei zeichnet sich die Kombinierbarkeit durch eine hohe Wahlfreiheit im Medienmix aus, so dass insgesamt weniger didaktisch aufbereitete lehrgangsförmige Szenarien verwirklicht sind, sondern Lernen über mehr frei zugängliche Online Communities erfolgt. Eine Wertung in der Qualität folgt daraus nicht. Entscheidend für einen Erfolg ist vielmehr, dass ein klares Profil des Blended-Learnings-Szenariums erkenn- und erlebbar ist.

Ergo: Blended Learning – unabhängig ob „formell" oder „informell" – bietet durch die Einbeziehung innovativer Technologien und eines weltweit verfügbaren Wissensnetzes neue Chancen. Im Verbund mit der Wahrnehmung eines vielfältigen methodisch-didaktischen Spektrums und der konsequenten Umsetzung einer weiterentwickelten Lernphilosophie beinhaltet es zudem Herausforderungen für die Gestaltung „*passgenauer Lernarrangements*", und leitet aber auch einen Wandel beim Bildungswilligen vom relativ „*passiven Lernkonsumenten*" zum „*aktiven Lernpartner*" ein.

Durch die konsequente Verfolgung des Ansatzes, geplantes und situatives Lernen, das sich aus der betrieblichen Problemlösung ergibt, miteinander zu vernetzen, dieses Wissen zu erfassen, zu speichern und bei Bedarf wieder abzurufen, beginnen sich nicht nur die Grenzen zwischen Lernen und Arbeiten aufzulösen, sondern es entsteht ein dynamisches Wissenssystem. Die permanente Erweiterung, Aktualisierung und das Vorantreiben der damit verbundenen Prozesse bietet Raum für ein umfassendes Wissensmanagement.

2.5.2 Wissensmanagement: Wissensarbeit und Wissensmanagement-Systeme

Aus dem vom Blended Learning hervorgebrachten engeren Zusammenwachsen von Lernen und Arbeiten steht in der Praxis bisher der von Human Resource und E-Learning-Initiativen hervorgebrachte weitgehend didaktisch strukturierte Lerninhalt im Mittelpunkt. Dies rührt auch aus einem in praxi überwiegend gegebenen formellen Blended Learning mit lehrgangsförmigen Angeboten in fester institutioneller Verankerung. Obgleich mit dem informellen Blended Learning, frei von Kursmerkmalen und frei zugänglich ein selbstgesteuertes problem- und arbeitsbezogenes Lernen mit vernetzten PCs auf der Basis weitgehend nicht strukturierter Wissensinhalte entstand, bleiben relevante Aspekte zur Bewirtschaftung der Ressource Wissen in Organisationen unbeantwortet.

Um einem die Untersuchungen latent begleitenden Gefühl, das Wissen und Lernen eng zusammengehören nachzugeben, soll separat den Verbindungslinien zwischen Wissensmanagement und E-Learning nachgegangen werden. Wenn es Anhaltspunkte gibt, die von Bildungsmanagern initiierte Maßnahmen verstärkt auf wettbewerbsrelevante Skills auszurichten, so dass das gelernte effizient in den Arbeitsaufgaben zur Unterstützung der Unternehmensstrategien eingesetzt wird, dann leisten sie dazu einen Indiz und den Wissensmanagement-Initiativen, die sich vordringlich damit befassen, Lernen und Wissensentwicklung auf strategische Unternehmensziele auszurichten, zusätzlichen Schub zum Nutzen von Unternehmen und Individuen.

Darauf aufbauend erfolgt dann die Zuwendung zu den Merkmalen von E-Learning und Wissensmanagement, die in Aufgaben und Prozessen bereits zueinander gefunden haben und die sich bislang konvergent gegenüberstehen.

Was sind die Kernprozesse von Wissensmanagement? Es gibt verschiedene in Theorie und Praxis auftretende Ansätze [DICK/WEHNER 2005], die unterschiedlichen Richtungen folgen und als Erklärung für die jeweilige Zielsetzung herangezogen werden. Insbesondere drei Richtungen und Ansätze bestimmen gegenwärtig die Diskussion von Kernprozessen im Wissensmanagement. So stehen mit den Bausteinen Wissensgenerierung, Repräsentation, Kommunikation und Nutzung bei dem *individuellen Ansatz* [REINMANN-ROTHMEIER/MANDL 2000] die Bewältigung der Informationsflut und die gezielte Fort- und Weiterbildung im Vorder-

2.5 Vom Learning-Content-Management-System zum Blended Learning

grund. Ähnlich verhält es sich mit dem *integrativen Ansatz* [PAWLOWSKY 1998], der sich aus den organisationalen Lernprozessen ableitet und auf die Lernphasen der Identifikation, Generierung, Diffusion, Integration sowie Modifikation und Nutzung von Wissen bezieht. Dabei ist es vordringliches Ziel die Kernkompetenzen einer Organisation über innere und äußere Austauschbeziehungen auszubauen, und die Innovations- und Lernfähigkeit auf allen Ebenen zu fördern. Schließlich wird das Erzeugen, Speichern, Verteilen und Anwenden von Wissen bei den *geschäftsprozessorientierten Ansätzen* [HEISIG 2001, WEGGEMANN 1999] hervorgehoben. Diese Ansätze resultieren aus dem Business Process Reengineering und favorisieren die enge Anbindung von Wissensmanagement an die wertschöpfenden Kernprozesse von Unternehmen in Bereichen wie Produktentwicklung, Logistik, Informationstechnologie etc. [DICK/WEHNER 2006].

Die überwiegenden Ansätze basieren auf den von PROBST et al. 1997 vorgeschlagenen Bausteinen des Wissensmanagements: Entwicklung, Erwerb, Identifikation, Bewahrung, Nutzung und Verteilung von Wissen als Regelkreis mit Wissenszielen und der Wissensbewertung. Und alle Ansätze differenzieren in weitgehend gleiche oder zumindest sehr ähnlichen Phasen. Um der hier verfolgten Zielsetzung, den bewussten Aufbau der Kernkompetenzen einer Organisation zu fördern sowie den wertschöpfenden Kernprozessen des Unternehmens nachzukommen und diese zu unterstützen, wird die mit der Verortung von Wissensmanagement begonnenen und im Rahmen von Lernen und Lehren eingeschlagene Richtung des Umgangs mit Wissen fortgesetzt (Tabelle 4).

Diese Kernprozesse schließen als Wettbewerbsstrategien Kostenführerschaft (Wissenstransfer schnell und zu niedrigen Kosten/effiziente Geschäftsprozesse) sowie Differenzierung und Innovationen mit neuen Leistungen (Wissensumsetzung in neue Produkte und Dienstleistungen) ein [BACK 2001]. Im Hintergrund steht zusätzlich andeutungsweise der Prozess, dass Mitarbeiter lernend Qualifikationen und Fähigkeiten entwickeln und wertschöpfend einsetzen können (Organizational Learning). Sie bieten gleichzeitig aber auch die Voraussetzungen, die Infrastruktur für die Wissensarbeiter zu präjudizieren.

Die Einteilung zeigt auch sehr anschaulich den stufenweisen Aufbau der vom Inhalt dominierten Bereiche wie Wissensidentifikation, -dokumentation, -transfer und -nutzung und der anschließenden mehr prozessorientierten Wissensgenerierung. Beim Wissenstransfer und der Wissensgenerierung steht der Mensch im Mittelpunkt. Managen von Wissen ist in dieser Phase nicht direkt möglich [BACK 2001], sondern es können hierfür nur die organisatorischen und technischen Voraussetzungen geschaffen werden, dass der Wissensarbeiter Unterstützung findet.

Der sich in den Kernprozessen des Wissensmanagements widerspiegelnde Umgang mit Daten, Informationen und Wissen in der betrieblichen Praxis ist grundsätzlich nicht neu, sondern Wissen zu identifizieren, aufzubereiten und zu dokumentieren wie auch zu kodifizieren, transportieren und insgesamt zu nutzen stellt einen essentiellen Bestandteil der elektronischen Informationsverarbeitung seit ihrem Beginn dar.

Tabelle 4 Operative Kernprozesse im Wissensmanagement [in Anlehnung an DERBOVEN/DICK/WEHNER 1999, DICK/WEHNER 2002]

Wissensprozesse	Organisation	Bereich/Abteilung/Team	Individuum
Wissens-identifikation	Was weiß das Unternehmen? Wo ist das Wissen verteilt und wo ist es zu finden?	Was ist Kern- und was ist peripheres Wissen?	Was weiß ich, was kann ich, was ist mir selbstverständlich?
Wissens-dokumentation	Wie soll das Unternehmen Wissen strukturieren, dokumentieren und archivieren?	Wie erfasst, pflegt und reproduziert der Bereich/... das Wissen?	Wie sichere ich mein Wissen? Welches Wissen wende ich an?
Wissensnutzung	Wo und wie ist welches Wissen gespeichert – „Gelbe Seiten"? Wie kann vorhandenes Wissen für einen Zugriff adressiert werden?	Wie verteilen wir Aufgaben auf unsere Mitglieder? Wie setzen wir unser Wissen optimal ein?	Wie erhalte ich Aufgaben, die meinen Stärken entsprechen und mein Wissen kontinuierlich herausfordern?
Wissenstransfer	Welche Arbeitsteilung (Koordination) ist sinnvoll? Welche Formen der Integration (Kooperation) sind möglich?	Wer arbeitet an welchen Aufgaben? Mit welchen anderen Teams kooperieren wir?	In welchen Aufgabenfeldern und Verantwortungsbereichen wende ich welches Wissen an? Wie wird vom Einzelnen gelernt?
Wissens-generierung	Wie kann neues Wissen (explizit) entwickelt werden? Wie können individuelle Erfahrungen in organisationales Wissen transformiert werden?	Auf welchen Feldern wollen wir uns weiterbilden? Welches Wissen fehlt uns? Wo sind wir als Team besonders stark?	Was will ich? Welche (neuen) Aufgaben möchte ich machen, um mein Wissen zu erweitern? Mit wem möchte ich Wissen austauschen?

Während „Management-Informations-Systeme" in den 50er und 60er Jahren darauf ausgerichtet waren, überwiegend im Batch-Verfahren Papierarbeiten mit Ergebnisausdrucken bzw. Berichten zu automatisieren, wurden diese Systeme in den 70er Jahren mit dem zunehmenden Bedarf an Entscheidungsunterstützung von interaktiven Time-Sharing-Systemen („Decision-Information-System") abgelöst. Damit war ein Zugriff auf vorstrukturierte Grundinformationen und die Realisierung von Modellanalysen gegeben. So konnten Manager nicht nur verstärkt computerunterstützt Entscheidungen treffen, sondern auch die Stabs- und Linienfunktionen in den Unternehmen reduzieren. Mit dem Aufkommen verbreiteter Nutzung des Computers durch „Executives" und dem Vordringen von Desktop-Systemen setzte mit „Executive-Information-Systemen" die Büroautomatisierung ein, verbunden mit Kommunikationsunterstützung [BROßMANN 1987] sowie dem Zugriff und der Verarbeitung unstrukturierter Informationen [ROCKART/DE LONG 1988]. Technologische Weiterentwicklungen, insbesondere infolge von Vernetzungsfort-

2.5 Vom Learning-Content-Management-System zum Blended Learning

schritten, haben in den 90er Jahren die Entwicklung von „Management-Support-Systemen" vorangetrieben mit einer Vielzahl weiterer Funktionalitäten, allesamt ausgerichtet, Informationen zu analysieren, zu verdichten und die Kompetenz von Managern zu steigern. Diese Entwicklung war aber erst der Beginn der informationstechnologischen Unterstützung von Wissensmanagement.

So erfolgte mit dem verstärkten Aufkommen von Internet/Intranet und dem „Portal-" und „Plattformgedanken" ein Umdenken dahingehend, alle informationsverarbeitenden Prozesse in einer einheitlichen Informations- und Wissensplattform verfügbar zu machen. Dies war, wie ausgeführt, die Zeit, in der das Vordringen des World Wide Web zu einem erhöhten Bedarf von speziellen Publishing- und Content-Management-Systemen geführt hat und der gestiegene Bildungsbedarf E-Learning und die damit verbundenen Learning-Management-Systeme nachgezogen haben. Bei der Konzentration auf das Erzeugen von Content und das Fördern von Lernen fehlen in dieser Systemkategorie häufig wichtige auf die Kernprozesse des Wissensmanagements fokussierte Dienste wie beispielsweise Wissenskarten, Wissensportale oder spezielle Wissensverzeichnisse. Sie alle sollen dazu beitragen, das Wissen im Unternehmen umfassend als wichtiges Gut bewusst zu machen und das Managen von Wissen als wichtigen Einflussfaktor und Bestandteil auf die gesamte Wissenswertschöpfungskette auszudehnen. In diesem Sinn leiten diese Wissensmedien zu einem Enterprise-Knowledge-Medium über, das diesen vereinheitlichenden und integrierenden Bestrebungen von Unternehmen versucht nachzukommen.

Welche Funktionalitäten, die „Knowledge-Management-Suites" umfassen, wird in einer ersten Clusterung umrissen (Abb. II-14), um darauf aufbauend näher auf die Dienste, die Kernprozesse des Wissensmanagements unterstützen, einzugehen. Mit dem Aufzeigen der Überschneidungen und Dienste, wie sie bereits im Zusammenhang mit Content und Learning Management gegeben sind, wird eine enge technologische/organisationale Verbindung und ein weiteres Indiz für ein Zusammenwachsen von E-Learning und Wissensmanagement erkennbar.

Vier Hauptfunktionalitäten [EPPLER 2002] umfasst eine Knowledge-Management-Suite: *Collaboration, Content Management, Visualisierung, Information Retrieval* und ggf. ein *Schnittstellenmanagement.*

Ausgerichtet an den allgemeinen Kernprozessen von Wissensmanagement basiert die Funktionalität von *Collaboration* auf Groupware-Elementen (z. B. E-Mail, Chat) und erleichtert die Koordination, Kooperation und Kommunikation von Wissensverarbeitern. Vier Funktionalitäten umfasst Collaboration:

- *Computer Supported Cooperative Work:* Unterscheidungsmerkmale sind synchrone und asynchrone Kommunikationsformen. Das Spektrum reicht von textbasierten Tools bis zu Audio-, Video- und Desktop-Konferenzsystemen.
- *Computer Supported Cooperative Learning:* Hierzu zählen Elemente, die bereits im Zusammenhang mit Learning-Management-Plattformen diskutiert wurden und im Wesentlichen dazu benötigt werden, klassisches E-Learning auf einer Internet/Intranet-Plattform abzubilden und zusätzlich das Umfeld von Lernen und Lehren (z. B. Kurs, Medienverwaltung) zu unterstützen.
- *Workflowmanagement:* Zielsetzung ist es, Teile und/oder komplette betriebliche Abläufe zu automatisieren [CHAFFEY 1998]. Informationstechnologisch

wird das Workflowmanagement durch Systeme unterstützt, die Ausführung von Arbeitsabläufen mit Hilfe von Software definieren, erstellen, verwalten und die Prozessdefinition interpretieren [EPPLER 2002, CHAFFEY 1998]. Da die Workflows in aller Regel von Dokumenten begleitet werden, die in den einzelnen Arbeitsschritten bearbeitet werden müssen oder detaillierte Arbeitsanweisungen enthalten, ist auch eine Interaktion zwischen den Teilnehmern gegeben.

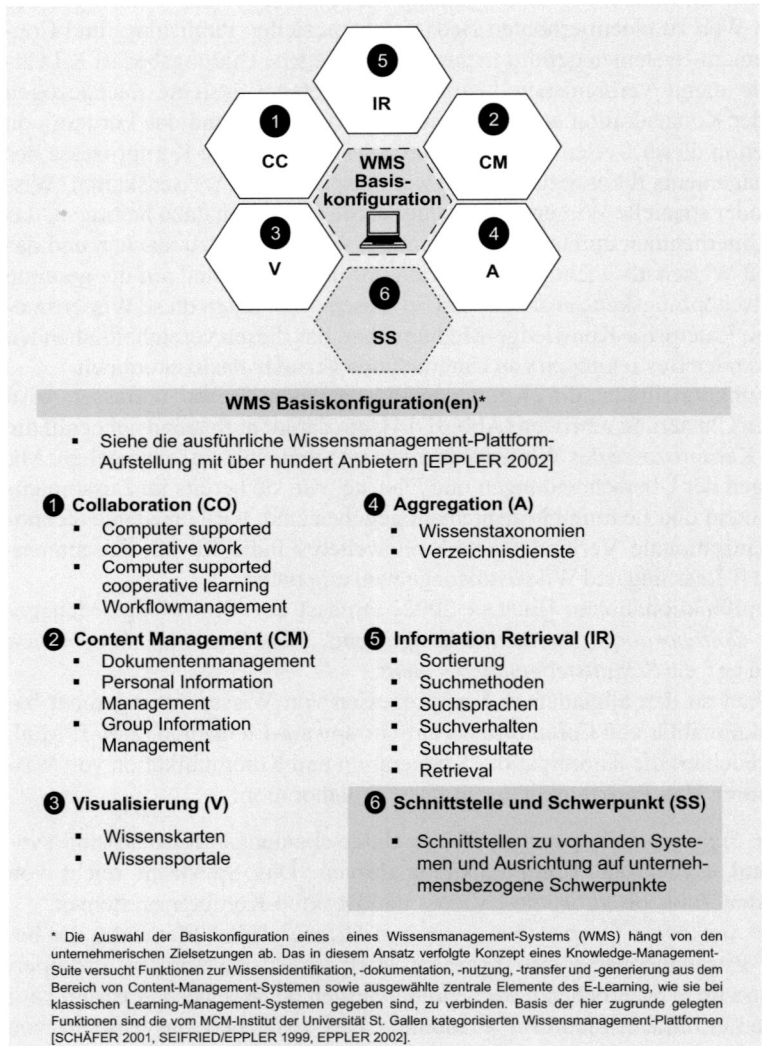

Abb. II-14 Ausgewählte WMS-Funktionen einer Knowledge-Management-Suite [in Anlehnung an EPPLER 2002]

Ähnlich wie im Zusammenhang mit Content Management und den dazugehörigen Systemen bereits ausgeführt, bedarf es für die hier skizzierten Kernprozesse einer Kodifizierung von Wissen in unterschiedlichen Dokumentationsarten und zur Gestaltung des *Content Management* folgender Schwerpunkte:

- *Dokumentenmanagement:* Es wird informationstechnologisch durch Dokumentenmanagement-Systeme unterstützt und realisiert. Die Hauptfunktionalitäten sind die Vergabe von Berechtigungen, die Versionsverwaltung sowie die Zugriffskontrolle, um zu einer größeren Kontrolle über die Erstellung, Speicherung und Verteilung von Dokumenten zu gelangen.
- *Personal-Information-Management:* Es schließt alle Aktivitäten am jeweiligen Arbeitsplatz ein, um möglichst eine geeignete persönliche Informationsversorgung bereitzustellen [RAUTENSTRAUCH 1997].
- *Group-Information-Management:* Es erweitert das persönliche Informationsmanagement auf die Gruppe (z. B. Projektgruppe, Abteilung, Unternehmenseinheit).

Um Wissenstransparenz zu erhalten, ist eine wesentliche Voraussetzung die *Visualisierung*. Dazu sind insbesondere zwei Komponenten geeignet:

- *Wissenskarten:* Sie dienen dazu, Wissensbestände grafisch anzuordnen und eine Art „Wissensstruktur" in Form von Wissenslandkarten aufzustellen [SAUTER/SAUTER/BENDER 2004]. Dabei werden verschiedene Arten unterschieden [EPPLER 1997] mit der Intention, Wissen visuell zu strukturieren, die Beschaffung hinsichtlich Umfang und Komplexität zu verdeutlichen und festzulegen, wie Wissensträger kontaktiert werden sollten.
- *Wissensportale:* Hier handelt es sich um besondere Homepages, die für Unternehmen, Bereiche oder betriebliche Gruppierungen relevante Links und Geschäftsfunktionalitäten grafisch visualisieren und aus vier Elementen bestehen: Zugriffsmedium, Suchmaschine, Taxonomien sowie Bewertung mit Zusammenarbeit und Filterung [BAIR 1998].

Im engen Kontext zur Visualisierung steht die Anforderung, Wissen unternehmensübergreifend zu aggregieren. Zwei wesentliche Komponenten bei der *Aggregation* stehen im Vordergrund:

- *Wissenstaxonomien:* Sie repräsentieren eine Verschlagwortung der in einem Knowledge-Medium enthaltenen Dokumente, die aus Texten, Grafiken, Tabellen bestehen. Hierbei sollte eine Katalogisierung, Indexierung und Hypertext möglich sein [THIESSE/RAAB 1999].
- *Verzeichnisdienste:* Sie sollen es ermöglichen, dass Kontexte im Unternehmen, die über vordefinierte Templates abgebildet sind und über Relationen zu anderen Verzeichnissen führen, erkannt und festgehalten werden können.

Und schließlich stellen die Funktionen des *Information Retrieval* die Identifikation sowie das Auffinden und Verwerten von Wissensressourcen sicher. Das *Information* Retrieval umfasst Komponenten wie *Suchmethoden, -sprachen, -verhalten, -resultate* sowie eine *Sortierung* [EPPLER 2002] für die intelligente Suche und das Retrieval. Aufgabe des Information *Retrieval* ist es, Informationsobjekte zu finden.

Vier Phasen werden dabei unterschieden: das *Erfassen*, das *Indizieren* sowie das *Speichern* und das *Recherchieren* von Wissensinhalten [GAUS 1995]. Recherchieren nach Dokumenten und Informationsobjekten kann durch Pull- (vom Wissensnachfrager angestoßen) oder Push-Mechanismen (durch automatischen Versand von Informationen) [HORSTMANN/TIMM 1998] praktiziert werden.

Das aufgezeigte Dienste- und Funktionsspektrum zur Unterstützung der Kernprozesse des Wissensmanagements ist sehr komplex und reicht von der Content-Erstellung bis zu Funktionalitäten des E-Learning. Diese allumfassenden Ansätze sind eher auf dem Softwaremarkt für Wissensmanagement-Systeme und -Technologien [vgl. die umfangreichen Untersuchungen bei SCHÄFER 2001, SEIFRIED/EPPLER 1999 und die Aufstellung bei EPPLER 2002] anzutreffen als in dieser Gänze in der betrieblichen Praxis gegeben. Erschwerend für den Anwender kommt hinzu, dass die Softwaremärkte für Wissensmanagement und E-Learning-Systeme weitgehend separiert sind, aber die Anbieter in ihren Produkten zunehmend die Funktionalitäten beider Systeme verbinden [BACK 2001]. Während dokumentenorientierte Wissensmanagement-Systeme sehr gut die Content-Verwaltung und -Strukturierung leisten, aber in der Regel Fähigkeiten, das Wissen und die Leistung einer Organisation zu identifizieren, sowie ein didaktisch strukturiertes Lernangebot und Lernfunktionalitäten vermissen lassen, sind bei Learning-Management-Systemen häufig eingeschränkte Funktionalitäten im Zusammenhang mit dem Content Management hinsichtlich Strukturierung und Modularisierung von Content gegeben.

Mit dem teilweisen Zusammenwachsen von Content- und Learning-Management-Systemen wird durch Bestrebungen, das Lernen dahingehend zu individualisieren, dass Kurse als „Learning Objects" konfiguriert werden und so individuell zugeschnittenen Kurse, entstehen um damit gleichzeitig die Wiederverwendbarkeit dieser „Lernbausteine" zu erhöhen, automatisch Ansprüchen aus den Kernprozessen des Wissensmanagements entgegengekommen. Die Bereitstellung einfach anwendbarer Autorentools soll Mitarbeiter in die Lage versetzen, Wissen in Lerneinheiten zu verpacken, so dass dieses effektiver weitergegeben werden kann als beispielsweise mit den in Wissensmanagement-Systemen gegebenen Programmen, die zwar Dokumentationsansprüche erfüllen, aber keinen didaktischen Anforderungen genügen.

Das hier favorisierte Wissensmanagement-System, das sich an den Funktionalitäten einer „Knowledge-Management-Suite" orientiert, versucht diesen Bestrebungen nachzukommen, indem es Funktionen zur Wissensgenerierung, -verankerung, -teilung und -neukombination in einer Anwendung verbindet [EPPLER 2002]. Damit wird keinesfalls präjudiziert, dass Learning-Content-Management-Systeme überholt und gar überflüssig sind und das hier vorgeschlagene Systemmodell (Abb. II-15) die einzig richtige Lösung darstellt und in einem Über- oder Unterordnungsverhältnis steht. Vielmehr soll damit gezeigt werden, dass die jeweiligen Anforderungen des Unternehmens entscheidend sind. – Wo liegt der Schwerpunkt? Steht mehr Content Management und/oder Learning Management im Vordergrund oder sollen (ausgewählte) Kernprozesse von Wissensmanagement dominieren? Entscheidend ist, dass für die damit verbundenen Funktionen keine „proprietären und parallelen Systeminseln" entstehen bzw. bereits existierende „Systeminseln"

2.5 Vom Learning-Content-Management-System zum Blended Learning

zusammengeführt werden. Insofern soll das aufgeführte Systemmodell den jeweiligen E-Learning- und Wissensmanagement-Initiativen in Unternehmen Orientierung geben. Die Bestrebungen seitens der integrierten Learning-Content-Management Systeme hin zu Lernportalen und die bei Knowledge-Management-Suites gegebene Entwicklung zu Wissensportalen fördert schließlich die gesamte Integration.

Damit wird der Version eines integrierten Arbeitsplatzes mit einem Mitarbeiterportal näher gekommen, in dem jeder Wissensarbeiter die für seine Aufgaben und Rolle relevanten Daten, Informationen, Wissen, Tools und Transaktionssysteme findet [BACK 2001] und mit anderen internen und/oder externen Organisationsmitgliedern und -partnern mit Hilfe interaktiver, distributiver und kommunikativ kollaborativer Funktionen zusammenarbeiten kann. – Die systemtechnische Verschmelzung von Wissensmanagement und E-Learning ist die zwangsläufige Folge; nicht zuletzt weil damit ein organisatorischer Integrationsdruck auf beide Nutzergruppen ausgeübt wird.

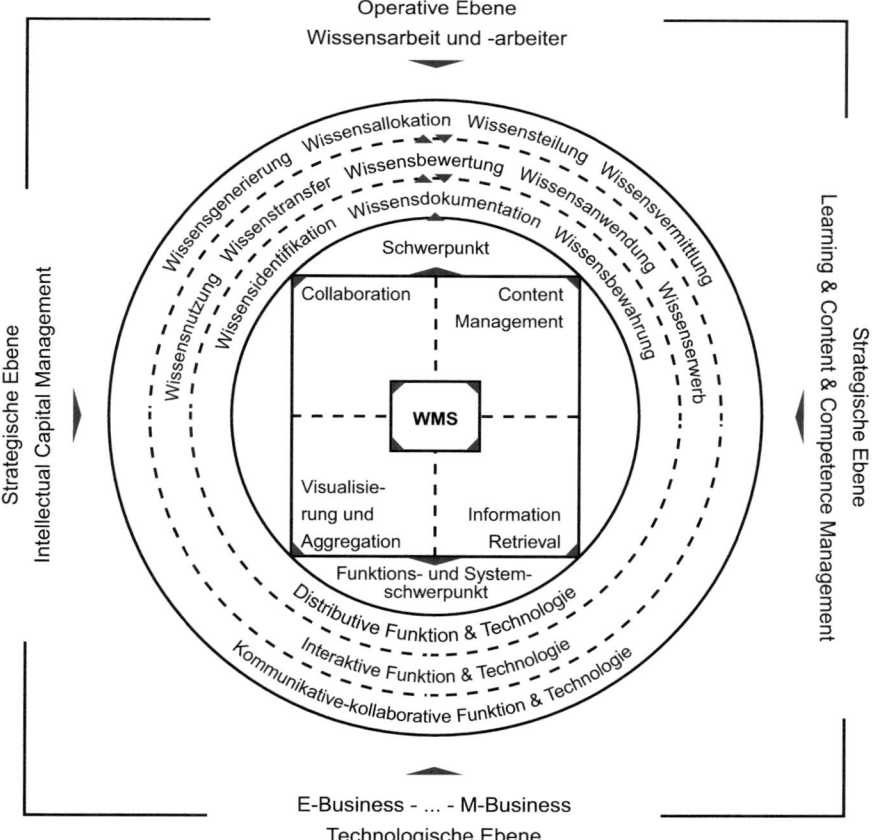

Abb. II-15 Systemmodell für die logische und funktionale Struktur eines Wissensmanagement-Systems (WMS)

2.5.3 Konvergenzen und Divergenzen von Lernen, Qualifizieren und Wissensmanagement

Die häufig unabhängig voneinander verlaufende Entwicklung und Realisierung von E-Learning und Wissensmanagement ist typisch für die Umsetzung innovativer Prozesse in Organisationen und steht stellvertretend für den Einsatz von Applikationen und Funktionen von Informations- und Kommunikationssystemen im Unternehmensalltag. Aus der Perspektive der Geschäftsleitung ist es wichtiger, dass Programme und Funktionalitäten in beiden Systemen laufen, als die Tatsache, dass beide Systeme letztendlich die gleichen Ergebnisse liefern. Damit hat häufig Prozessorientierung Vorrang gegenüber Ergebnisorientierung. Oder anders ausgedrückt: In der kooperativen, von technischen und anwendungsorientierten Gegebenheiten bestimmten Ebene von E-Learning und Wissensmanagement gewinnt aufgrund von sachlichen Erkenntnissen eher die Meinung Oberhand, dass E-Learning und Wissensmanagement zusammengehören, weil sie mit vielen gleichartigen Funktionen und Tools gleiche oder ähnliche Ziele verfolgen und teilweise identische Ergebnisse hervorbringen, als dass diese Erkenntnis oder Forderung seitens der Unternehmungsleitung kommt. Damit haben strategisch bestimmte Ziel- und Ergebniserwartungen einen untergeordneten Stellenwert.

Diese Verlaufsformen sind aus der betrieblichen Praxis hinlänglich bekannt. Wie weit Wissensmanagement und E-Learning im Unternehmen auseinander liegen oder zueinander gefunden haben, ist abhängig vom Stand der jeweiligen unternehmensspezifischen Entwicklung, dem Arbeitsumfeld, den verfolgten Projekten und der Haltung gegenüber innovativen Neuerungen.

Unabhängig, ob in den jeweiligen Unternehmen und Organisationen beide Richtungen überhaupt gegeben sind, muss zunächst in den Köpfen der Verantwortlichen die getrennten Welten bewusst gemacht und aufgelöst werden. Welche „geistigen" und/oder „realen Gräben" hinsichtlich unterschiedlicher strategischer, organisationaler und politisch-kultureller Vorstellungen und Gegebenheiten es zu überwinden gilt, kann sich bei den Unternehmen verschieden darstellen. Während die „Tiefe der jeweiligen Gräben" von den vorhandenen gemeinsamen Vorstellungen und Übereinstimmungen sowie der Bereitschaft zur Zusammenarbeit bestimmt wird, kann die „Breite der Kluft" an verschieden ausgeprägten Erscheinungsformen erkannt werden [BACK 2001].

So ist beim E-Learning eher eine lockere Kopplung mit der Geschäftsstrategie gegeben als beim Wissensmanagement. Die organisatorische Verankerung von E-Learning findet in aller Regel im Qualifizierungs- bzw. im Human-Resource-Bereich statt, personifiziert im „Bildungsmanager", während Wissensmanagement in zentraler Stabstelle des Strategie- oder Marketingbereichs oder in anderen Fällen als dezentrale Funktion in verschiedenen Geschäftsbereichen angesiedelt ist. Sie wird häufig von einer Art „Chief Knowledge Officer" wahrgenommen [GERICK 2003].

Was die Wissensinhalte betrifft, werden sie beim E-Learning teilweise extern beschafft und primär zentralisiert, in eine stark didaktisch strukturierte Form gewandelt und anschließend produziert. Dagegen werden die Inhalte im Wissensmanagement nahezu ausschließlich innerbetrieblich und weitgehend dezentral durch Wissensträger und -arbeiter gesammelt und aufbereitet. Dabei ist die Produktion eher schwach strukturiert. Die Fertigprodukte: einerseits Kurse, andererseits Dokumente und Daten, die schwerpunktmäßig in Seminaren und Tagungen oder am Arbeitsplatz und zu Hause „verarbeitet" werden.

Zielgruppe beim E-Learning sind alle Mitarbeiter auf allen hierarchischen Ebenen, die in der persönlichen Entwicklung betreut und gesteuert werden. Dabei ist das Push-Prinzip vom Lehrer zum Lernenden gegeben und institutionalisiert. Es wird durch Prüfungen, Zertifikate und Beurteilungen untermauert. Dagegen sind im Wissensmanagement häufig höher qualifizierte Mitarbeiterschichten aufgefordert, eine hohe Selbstverantwortung bei der persönlichen Wissensentwicklung zu übernehmen. In diesem Fall kann mehr von einem Lernen in Zusammenarbeit mit und unter Experten ausgegangen werden. Demzufolge ist eher ein Pull-Prinzip vorherrschend.

Und letztlich entwachsen E-Learning und Wissensmanagement unterschiedlichen kulturellen Herkünften und Entwicklungsrichtungen: Ersteres ist geprägt von Wettbewerb und Einzelkämpfertum, letzteres ist aus Kooperation in Communities und Netzwerkbildungen entstanden. Demzufolge bewegt sich auch der Grad der Selbstverantwortung zwischen starker Betreuung und Management der eigenen Entwicklung sowie völliger Eigenverantwortung in der persönlichen Wissensentwicklung.

Die aufgezeigten „Gräben" zwischen Wissensmanagement und E-Learning sollen nicht zur weiteren „Separierung" beitragen, sondern die Bildungs- und Wissensmanager aufrütteln, die „Scheuklappen" abzunehmen, ihre angestammten Organisationsbereiche zu verlassen und ihrem mit Sicherheit latent vorhandenen Gefühl nachzugeben, dass Wissen und Lernen irgendwie zusammengehören. Wenn es gelingt, dass beide Unternehmensvertreter gemeinsame Verbindungslinien erkennen und mit gemeinsamen Zielsetzungen beleben, dann hilft dies nicht nur dem jeweiligen Bereich, sondern stärkt alle Bestrebungen zur lernenden Organisation per se. Insofern kann das von *A. Back* angestoßene Plädoyer: E-Learning und Wissensmanagement in Verbindung zu bringen, nicht nur unterstützt werden [BACK 2001], sondern bei Ignoranz bzw. fahrlässiger Unterlassung drängt sich der Verdacht von Verschwendung von Ressourcen auf.

Warum? – Drei Schwerpunkte und Gründe legen eine Verbindung nahe:

- *Strategie-Konvergenz:* Während Wissensmanagement seit Entstehen auf die unternehmensstrategischen Ziele ausgerichtet ist, lassen Qualifizierung und E-Learning- Initiativen in der Vergangenheit diese Stringenz vermissen. Das Fehlen einer konsequenten Ausrichtung ausschließlich auf unternehmensstrategische Ziele ist auch darin begründet, dass in größeren Unternehmen und Konzernen die Qualifizierung häufig zielgruppenabhängig verteilt in unterschiedlichen Bereichen angesiedelt ist (z.B. Human Resource, Corporate Universities, Vertrieb) und demzufolge die Ausrichtung sich an den Belangen des jeweiligen Geschäftsbereichs orientiert und die Notwendigkeit für eine

Konzentration auf gesamtunternehmerische Zielsetzungen unterschiedlich stark ausgeprägt ist – bei Corporate Universities sehr stark, bei den von Human-Resource-Bereichen verfolgten Mitarbeiterqualifizierungen weniger stark. Dies gilt natürlich in Folge für die jeweiligen E-Learning-Initiativen. Damit Qualifizieren und E-Learning für einen Geschäftsprozess als „Lernen und Wissensentwicklung" anerkannt werden kann, bedarf es zunächst einer Synchronisation der jeweiligen Qualifikationsstrategien des Unternehmens, um sie dann auf die übergeordneten strategischen Unternehmenszielsetzungen auszurichten. Dies ist in der Praxis umso einfacher, je intensiver bereits eine Abstimmung mit den E-Business-Strategien sowie den Personal- und Informations- bzw. Kommunikationszielsetzungen der einzelnen Qualifizierungsbereiche stattgefunden hat.
Alle diese in praxi teilweise lästigen Abstimmungsprozesse haben jedoch einen Vorteil, sie fördern die Denkhaltung, Qualifizierung insgesamt verstärkt auf die Unternehmensziele auszurichten und dadurch ein Mehr an *„Return on Education"* [WIMMER 2007] hervorzubringen. Damit konvergieren Lernen und Wissensmanagement auf der Strategie Ebene.

- *T e c h n i k -Konvergenz:* Obgleich die Softwaremärkte für Wissensmanagement und E-Learning-Lösungen noch weitgehend getrennt sind, verbinden Anbieter in ihren Funktionalitäten beide Systemwelten. So haben E-Learning und Wissensmanagement-Plattformen, wie die bisherigen Ausführungen gezeigt haben, viele Gemeinsamkeiten. Diese Übereinstimmungen betreffen nicht nur einzelne Funktionalitäten und Pogrammteile, sondern umfassen ganze Module. Beide verfügen über Portale zur Kommunikation. Je nach Ursprung sind die verschiedenen Systemmodule unterschiedlich umfangreich ausgestaltet – bei Learning-Content-Management-Systemen steht die Strukturierung, Bereitstellung und Vertiefung von Content im Vordergrund, bei Wissensmanagement-Systemen sind insbesondere die Funktionalitäten im Zusammenhang mit der Aufbereitung und dem Wiederauffinden von Dokumenten ausgeprägt. Insgesamt leisten die gegebenen Systemparameter ausreichenden Gestaltungsspielraum, um sich auf die unterschiedlichen betrieblichen Gegebenheiten einzustellen. Die Offenheit der beiden Systeme und die jeweilige strategische Ausrichtung weisen deutlich in Richtung Konvergenz der beiden Systemwelten. Dies drückt sich auch darin aus, dass bei beiden Systemen Tendenzen zur *„Miniaturisierung"* und *„Arbeitsplatzintegration"* erkennbar sind. Miniaturisierung ist dahingehend angedacht, individuelle Lerneinheiten aus Mikro-Lernbausteinen (*„Learning Objects"*) [MAASS 2005] zu schaffen mit individuellen Nutzungsmöglichkeiten und hohem Wiederverwertbarkeitscharakter. Arbeitsplatzintegration geht mit der Vision einher, einen *„I-Net-Arbeitsplatz"* und ein *„Mitarbeiter-Portal"* zu realisieren, mit dem jeder Mitarbeiter das für seine Aufgaben und Rolle relevante Wissen sowie die erforderlichen Tools und Transaktionssysteme findet und mit anderen Personen interagieren kann [ASHTON/SUNG 2002]. Es versteht sich von selbst, dass eine derartige Verschmelzung von Lern- und Wissensportalen einen Integrationsdruck auf die Nutzergruppen von E-Learning und Wissensmanagement ausübt [BACK 2001].

2.5 Vom Learning-Content-Management-System zum Blended Learning 167

- *Organisations- und Prozess-Konvergenz:* Schließlich steht die Frage im Raum, wie E-Learning und Wissensmanagement voneinander profitieren können. Wo lassen sich in der Wissenswertschöpfungskette Gemeinsamkeiten ausmachen, bei denen auf organisatorischer und prozessualer Ebene ein Aufeinandertreffen bzw. eine Vereinigung zum gegenseitigen Vorteil der beiden Initiativen gereichen:
  - *Wissensidentifikation- und -dokumentation:* Da Qualifizierung entsprechend dem jeweiligen zugrunde liegenden Aufgabenprofil nach einem Bildungsplan erfolgt und in einem Bildungslebenslauf festgehalten wird, lassen sich diese Informationen für Wissensträgerkarten nutzen. Damit können Wissensmanagement-Implementierungen auf E-Learning aufsetzen. Obgleich Wissensmanagement für E-Human Resources keine „Zulieferfunktion" erfüllt und die Wissensträgerkarten Bestandteil des Human-Resource-Instrumentariums sind, kann Wissensmanagement einen Beitrag in diesem Prozess leisten, die Entwicklung von Skills verstärkt an den strategischen Unternehmenszielen zu orientieren.
  - *Wissenstransfer, -teilung* und *–verteilung:* Dieser Prozess ist für E-Learning essentiell. Der aufbereitete Content und das damit verbundene Instrumentarium wie WBTs, Lernangebote im Netz und die gesamte Versorgung mit Lernobjekten dienen dem Wissenstransfer. Dieses Spektrum reicht bis zu E-Collaboration, was sowohl von Wissensmanagement als auch von E-Learning genutzt werden kann. Es wird für Lernzwecke von Experten im kollaborativen didaktisch und methodisch gestalteten Lernraum bereitgestellt und im instruktionalen Design ausgestaltet. Hier kann Wissensmanagement von E-Learning profitieren, da die Experten über ausreichend Erfahrung in der Gestaltung von Gruppenlernprozessen verfügen. Umgekehrt kann E-Learning von Wissensmanagement Vorteile erlangen, da die Wissensteilung in Communities auf den Wissensmanagement-Plattformen einen wichtigen Bestandteil bildet und dort eine permanente technisch/methodische Weiterentwicklung erfährt.
  - *Wissensgenerierung:* Erst das Lernen von Einzelpersonen führt zur Wissensgenerierung im Sinne von Wissensmanagement. Dieses kann von E-Learning dahingehend profitieren, dass es dessen didaktische Methoden und Gestaltungsformen für Lernprozesse nutzt. Damit können Generierung und Transfer von Wissen beim Individuum möglichst effektiv gestaltet werden. Vice versa kann E-Learning vom Wissensmanagement profitieren, indem auf elektronisch dokumentiertes Wissen zur Unterstützung von E-Training zugegriffen werden kann. Insbesondere im Hinblick auf das Lernen am Arbeitsplatz ist ein Zugang zum Wissenspool hilfreich. Ebenso können die in aller Regel vorhandenen Tools wie elektronisches Brainstorming, Kreativitätstools etc. im E-Training genutzt werden.

Fazit: Es gibt eine Vielzahl von Gründen, die dafür sprechen, dass bei einer Zusammenführung beide Richtungen (voneinander) profitieren können. Wer übernimmt dabei das Leadership oder wer setzt sich mehr durch? Offensichtlich ist richtig: Wissensmanagement und E-Learning haben zwar Überdeckungsbereiche, stehen formal aber als Ganzes nicht in einer Über- bzw. Unterdeckungsbeziehung zueinander [BACK 2001]. – Wer sich deshalb im unternehmensinternen organisatorischen Annäherungsgeflecht mehr durchsetzt, bleibt offen. – Ob es besser ist, aufgrund der Komplementarität seitens der Unternehmensleitung ein Nebeneinander zu akzeptieren und dabei für den u. U. entstehenden „*Parallelbetrieb gleicher Funktionen*" höhere Aufwendungen zu akzeptieren – eine Gefahr, die selbst bei abgestimmten Vorgehen besteht – oder mit einer Zusammenführung Synergien zu verfolgen, müssen im Zweifelsfall die Organisationen in Change-Management-Prozessen lösen. Auf Seiten der E-Learning-Initiativen lassen sich Vorteile vermuten, da es zum einen häufig als Bestandteil der klassischen Qualifizierung mit personellen Kompetenzen in Bezug auf methodisch didaktische Kenntnisse ausgestattet ist, was die Aufbereitung von Wissensinhalten angeht, zum anderen etabliert, was die organisatorische Verankerung im Unternehmen betrifft.

Idealerweise sollte eine „*organisatorische Symbiose*" zum beidseitigen Vorteil entstehen, die beide Richtungen stärkt und so dazu verhilft, den teilweise anhaftenden „Exoten-Status" zu überwinden. Dies trägt dann auch dazu bei, eventuell gegebene *Altlasten* vergessen zu lassen – beim E-Learning die entstandenen Schwankungen zwischen „Euphorie und Ernüchterung" zu überwinden und beim Wissensmanagement das begleitende Meinungspendel zwischen „Mystik und Überflüssigkeit" zu beruhigen.

In jedem Fall ist diese Zusammenführung – besser noch *Integration* – ein Prozess, bei dem beide Richtungen ähnlich gelagerte Hindernisse zu überwinden haben. In der pragmatischen Umsetzung wird dieser Prozess besonders dann erfolgreich,

- ... wenn bei den Mitarbeitern – unabhängig von der zugehörigen Unternehmenshierarchie – eine Art „*Spirit of open Knowledge*" gegeben ist, die teilweise unsichtbaren Barrieren, die einer Wissensgenerierung, -teilung und -verbreitung entgegenstehen, zu überwinden, und damit die Bereitschaft entsteht, Wissen in gleichem Maße aufzunehmen wie abzugeben und auf einer „*Wissensmarktplattform*" frei von Bereichsanimositäten, Abteilungsabschottung, Geheimniskrämerei ohne Egoismus, Eigenprofilierung und „Karrieredünkel" zu handeln.
- ... wenn in der Strategie des Unternehmens ein klares Bekenntnis in konzeptioneller und praktizierter Form für E-Learning *und* Wissensmanagement vorherrscht und eine aktive Synchronisation auf den Ebenen von Organisation, Technologie und Strategie gegeben ist, so dass die Prozesse harmonieren und die Methoden und Verfahren der Zielsetzung einer evolutionären Entwicklung zur Plattform für das Gut „Wissen" untergeordnet werden.
- ... wenn *Wissen zum Gut* avanciert und neben den messbaren Aktiva durch bilanziertes, materielles und finanzielles Vermögen den Unternehmenswert repräsentiert. Und wenn ebenso Indikatoren des Humankapitals wie Ausbildungsgrad der Mitarbeiter, deren Committment und Motivation, die Beziehun-

gen zu Kunden, Konkurrenten oder Zulieferern, die Anzahl der Patente, Lizenzen, Markenprodukte als nicht sichtbare Aktiva (intangible assets) Aufwertung erfahren, so dass prozessuale, finanzielle, kunden- und mitarbeiterorientierte Kriterien sich im Gleichgewicht befinden.

Ein aktives Aufeinanderzugehen von E-Learning und Wissensmanagement ist auch vor dem Hintergrund des erwähnten „Humankapitals" oder *Intellectual Capital*" von Bedeutung, das zunehmend ins Zentrum unternehmerischer Bemühungen rückt und zu neuen Betrachtungen betrieblicher Abläufe und Kommunikationswege führt. Intellectual Capital, auch „Wissenskapital" oder „geistiges Kapital" genannt, hat seine Wurzeln und Ausgang im Human-Capital-Ansatz [BECKER 1964] mit der Kernaussage, dass Ausbildung und Erziehung wesentlich zur ökonomischen Produktivität und zum gesellschaftlichen Wohlstand beitragen und selbst unter Inkaufnahme von Einkommensverlusten eine Bereitschaft für Qualifizierung gegeben ist. Die Bedeutung von Wissen für die wirtschaftliche Entwicklung und den technischen Fortschritt hervorzuheben haben die Innovationstheoretiker [z. B. DUCHARME 1998] ebenso fortgesetzt.

In jüngster Zeit hat eine Diskussion darüber eingesetzt, mit der Frage den Marktwert von Unternehmen durch andere als allein Finanzindikatoren abzubilden [STEWART 1997, PETTY/GUTHRIE 2000], da der Markt- oder Börsenwert eines Unternehmens nicht ausschließlich seinem Buchwert, das heißt dem bilanzierten materiellen und finanziellen Vermögen, entspricht.

Von *Intellectual Capital Management* wird deshalb dann gesprochen, wenn man ausdrücken will, dass die Ressource „Wissen" – neben quantitativ fixierbaren Indikatoren, die den Marktwert von Unternehmen abbilden – als wichtiger Bestandteil des Unternehmenswertes anerkannt wird und den Zukunftserfolg maßgeblich mitbestimmt.

Das Intellectual Capital – sowohl an die *Mitarbeiter gebundenes Wissen* (Erfahrung, Beziehungsnetzwerke etc.) als auch *Wissen in der Organisation* an sich (Wissen, das in Geschäftsprozessen, Dokumenten und Datenbanken oder Trainingskursen steckt) – beinhaltet nicht nur die Summe aus beiden, sondern auch ihre Synergien. Wissensmanagement und E-Learning wirken auf das Intellectual Capital und sollen letztlich Unternehmenserfolg und Unternehmenswert erhöhen.

2.6 Der Mensch im Mikrokosmos des Wissensmanagements

Die bisherigen Ausführungen haben sowohl beim Lernen, Qualifizieren und dem E-Learning wie auch beim Wissensmanagement gezeigt, dass das Individuum „Mensch" das zentrale Objekt und Subjekt aller Zielsetzungen, Intentionen, Bemühungen und Handlungen bildet. Alles kreist um Fragen: „Was brauchen Menschen, um für das Unternehmen Werte zu generieren?" Oder: „Was braucht er oder sie, um persönlich erfolgreich und erfolgreich für das Unternehmen zu sein?"[13].

---

[13] Vgl. dazu auch die Ergebnisse bei *A. Back* [BACK 2001].

„Was bedeutet das im Einzelnen – Wie ist das vorstellbar?"

Der *Mensch im Mittelpunkt von Wissensmanagement* ... als Darstellung (Bild 1.3)[14] und Metapher; realiter Mitglied einer Wissensgesellschaft[15], als Teil eines wissensintensiven Unternehmens einer lernenden Organisation und inmitten einer ihn *umspülenden Informationsflut* ...

Er wirkt in den ihn umgebenden Informationswellen vermeintlich hilflos; gleichwohl fühlt er sich aufgefordert, diese ständigen Informationsfluten zu bändigen und nutzbar zu machen. Als Wissensarbeiter[16] beginnt er die herangetragenen Informationen zu sondieren, einer ersten Bewertung zu unterziehen und ein Nutzbarmachen einzuleiten.

In dieser aktiven Rolle als Wissensarbeiter wächst er in die Aufgabe, ein Gebilde aus Daten, Informationen und Wissen zu errichten, gemäß wertorientierten Maßstäben zu strukturieren und zu stapeln, um anschließend in elektronischen Content zu überführen. Seine Werkzeuge dabei sind Systeme und Applikationen auf der Basis von vielfältigen Informationstechniken und breitbandiger Kommunikationstechnologie.

Was heißt das konkret? – Was macht das „Gebilde aus Wissenselementen", an dem er arbeitet, aus? Ist es vergleichbar einer „Wissensbibliothek" und steht sinnbildlich für gesammeltes „Know-how"? – Ist Know-how aber nicht *allein* in den „Köpfen", evtl. in den „Händen" von Individuen aufgehoben ...?[17] Nein – es kann nur so sein, dass neben seinem *personalen* Wissen – gebunden an ihn als Individuum – es so etwas wie ein *organisationales* Wissen – als Teil einer Organisation

---

[14] Das Bild wurde von *Jan Neidigk* gestaltet und illustriert [www.blindfisch.com]. Es entspricht natürlich nicht den Kriterien eines wissenschaftlichen Bildes. Vielmehr ist es ein Ansatz, Wissensarbeit und Wissensarbeiter, Intellekt, Vernunft und Wirklichkeit zu verwerfen oder zumindest mal beiseite zu stellen, zu relativieren und mit ihnen zwangsläufig die fast schon tradierte Vorstellung vom überlegenen, planmäßig schaffenden Wissensarbeiter.

[15] In der sozialwissenschaftlichen Literatur taucht der Begriff erstmalig Mitte der 60er Jahre bei *R.E. Lane* als „*Knowledgeable society*" [Lane 1966] auf – noch ganz von dem positivistischen Pathos der modernen Wissenschaften der 60er Jahre geprägt. Später wird der Begriff auch von *P. Drucker* [DRUCKER 1965] und *D. Bell* [BELL 1973] verwendet. Sie begründen den Begriff unter anderem mit einer wachsenden gesellschaftlichen Bedeutung des wissenschaftlichen Wissens und verstehen Wissen als die zentrale Basis der Gesellschaft und als Grundlage für jegliches Wirtschaften [vgl. ausführlich zu den *Kennzeichen einer Wissensgesellschaft*: ROMERO/KLEE/PURKER 2003, und zur *Geschichte des Begriffs Wissensgesellschaft*: STEHR 1994, siehe auch WILLKE 1998 sowie die Ausführungen zu Teil I-3.2 und Teil IV].

[16] Wissensarbeiter („*Knowledge Worker*") ist ein Begriff, der bereits 1959 von *P. Drucker* in seinem Buch „*The Landmarks of Tomorrow*" eingeführt wurde. Er bezeichnet in seiner ursprünglichen Bedeutung denjenigen Arbeiter, der nicht für seine körperliche Arbeit und manuellen Fähigkeiten bezahlt wird, sondern für die Anwendung seines erworbenen Wissens [vgl. auch DRUCKER 2004]. Die im Laufe der Zeit erfolgten weiteren Differenzierungen von „*Wissensarbeitern*" [z. B. SCHULTZE 2000] sind ebenso vielfältig wie die Angaben über den Gesamtanteil der Wissensarbeiter an der berufstätigen Bevölkerung. Dennoch besteht weitgehend Einigkeit darüber, dass Wissensarbeiter einen bedeutenden Anteil der heutigen Informations- und Wissensgesellschaft ausmachen.

[17] Aus den Ansätzen von *G. Ryle* und *M. Polanyi* wird Know-how auf das Individuum bezogen [RYLE 1969, POLANYI 1985] und muss demnach daraus hervorgeholt und zum Sprechen gebracht werden [PFIFFNER/STADELMANN 1998, DICK/WEHNER 2005].

2.6 Der Mensch im Mikrokosmos des Wissensmanagements

oder eines Systems – gibt?[18] Wie ist das vorstellbar? – Ganz einfach: Das Wissen ist demnach nicht in seinem Kopf verankert, sondern in den Operationsformen eines sozialen Systems, beispielsweise in den Standardverfahren, Leitlinien, Kultur, Traditionen, Patenten, Datenbanken seines Unternehmens. So ist also das organisationale Wissen von seiner Person getrennt, kann aber nicht unabhängig von seinem und dem seiner Kollegen entstehen.[19] Dies erklärt sein eifriges Wirken an dem Aufbau des Wissensgebildes – und unterstreicht das Faktum, dass Wissen neben Boden, Arbeit und Kapital zukünftig mehr und mehr zu einem Produktionsfaktor avanciert.

Bild 1.3 Der Mensch im Kosmos des Wissensmanagements

---

[18] Siehe hierzu auch die Ausführungen bei *A. Romero* et al. [ROMERO/KLEE/PURKER 2003].
[19] Vgl. dazu im Detail *H. Willke* [WILLKE 1998].

Das Bild vermittelt den Eindruck, unser Wissensarbeiter befindet sich im Unternehmen allein auf einer „*Insel*" – zwar informations- und kommunikationstechnisch hervorragend vernetzt, aber weitgehend singulär tätig ohne persönliche Kontakte, einsam und nur auf sein lokal gegebenes Wissen fokussiert oder gar isoliert ... Haben womöglich die Verzweigung und Spezialisierung des Wissens zur Entfremdung der Disziplinen untereinander und von der alltäglichen Lebenswelt geführt, so dass sich eine Vielzahl solcher „Inseln" im Betrieb herausgebildet hat? Und deren jeweilige Inseleigner betreiben dann mit unterschiedlicher Intensität ihre eigenständige „Wissensoptimierung"? – Wir wissen es nicht, und können deshalb nur darüber spekulieren! – In unserem Bild sind in dem „Wissensgebilde" – allerdings auch Personen erkennbar. Dies lässt darauf schließen, dass unser Wissensarbeiter die persönliche Verständigung und Kommunikation der Wissensträger untereinander *und* mit ihm erkannt hat und er die Integration von Spezialisten und Generalisten aktiv betreibt und hoffentlich als die wesentliche Herausforderung begreift. Dadurch entsteht Kooperation nicht nur zwischen Systemen, sondern auch zwischen Mitgliedern innerhalb und außerhalb von Organisationen. Dieses *personenbezogene Netzwerk* leistet nicht nur eine erhebliche Unterstützung, sondern stellt eine wesentliche Voraussetzung seiner Arbeit dar.

Welche *Management-Attention* erhält unser Wissensarbeiter bei seiner Arbeit? – Wird er ausreichend vom *Top-Management* in seinen Aktivitäten gefördert? Unbestritten wird dieser Support als zentraler Erfolgsfaktor in Theorie und Praxis hervorgehoben.[20] Und: Wie sieht es mit der Unterstützung seitens des *mittleren Managements* aus? Deren Haltung ist nicht minder bedeutsam. Wie positioniert sich die mittlere Führungsebene – was ist deren Rolle („*Vorbildfunktion* ...?") und welche Erwartung („*Misstrauen bis Angst* ...?")[21] hegen sie? – Alles Fragen, die aus dem Bild nicht unmittelbar erkennbar sind – vielleicht auch deswegen, weil sie in Organisationen und Unternehmen völlig unterschiedlich ausgeprägt sein dürften.

Sein Hineinwachsen in die Rolle[22] wird nicht nur durch die einstürzenden Informationsfluten erschwert, sondern sein visionärer „*I-Net-Arbeitsplatz*" als „High Performance Workplace"[23] hilft ihm zwar dabei, weckt zugleich aber eine Menge zusätzlicher Anforderungen und Begehrlichkeiten und erhöht damit gleichzeitig den allgemeinen Wettbewerbsdruck auf seine Person und in seiner Berufswelt. Auf

---

[20] Als wichtige Voraussetzung für ein erfolgreiches Wissensmanagement und als zentraler Erfolgsfaktor wird übereinstimmend die Unterstützung des Top-Managements hervorgehoben [HEISIG 1999, MERTINS/HEISIG/VORBECK 2005].
[21] Vgl. hierzu auch die Ausführungen zur mittleren Führungsebene im Wissensmanagement – „*Die vergessenen Akteure*" [HEISIG 2007].
[22] Neben den Führungskräften als Sponsoren und Promotoren gibt es im Wissensmanagement eine Vielzahl von Rollen – ob als operative Wissensträger oder als Experten – oder in verschiedenen Supporten. Beispielsweise führt *G. Riempp* 24 unterschiedliche Rollen im Wissensmanagement auf [RIEMPP 2004]. Weiterhin werden personelle Rollen im Wissensmanagement im Rahmen der Wissenspromotion in eine Typologie gebracht und weiterentwickelt [PETERS/DENGLER 2004].
[23] Wenn die technische Verschmelzung von strukturierten Daten und Informationen mit der geringer strukturierten Welt des Wissens weiter voranschreitet, dann wird Wissensarbeit in Zukunft verstärkt von einem „*High Performance Workplace*" aus geleistet werden können [HARRIS 2006].

2.6 Der Mensch im Mikrokosmos des Wissensmanagements 173

ihn wirken aber nicht allein neue Knowledge-Sharing-Technologien ein, sondern gleichzeitig auch organisatorische sowie sozial-psychologische Change-Prozesse, mit denen er gleichfalls irgendwie lernen muss umzugehen.

Sein *Tun* und *Handeln* konzentriert sich auf ein *Managen von Wissen* mit dem Ziel der Konzeption, Planung und des Einsatzes von Strategien, Verfahren und Instrumenten, die Wissen in Organisationen aufbauen, lokalisieren und transferieren, um die stetige Weiterentwicklung seiner Organisation zu gewährleisten. Das dazu notwendige *Kennen, Können* und *Wollen* geht mit seiner *Bildung* einher und wird unter anderem durch *E-Learning* ausgelöst und von den Facetten eines „*Just in Time*" und „*Just for you Learning*" geprägt: Zum Erwerb individuellen Wissens, der Entfaltung von Fähigkeiten und sozialer Kompetenz und führt damit insgesamt zur Entwicklung seiner Gesamtpersönlichkeit.[24]

Darüber hinaus vereinigt und verfolgt er als Träger eines umfassenden *Intellectual Capital Management* die Zielsetzung zur Verbesserung und Weiterentwicklung des Wissens, wissensintensiver Dienstleistungen und der wertorientierten Planung seines Unternehmens. Vor dem Hintergrund eines unablässig steigenden Wissensstandes obliegt ihm die ständige Bereitschaft zur Veränderung, um den Anschluss an das gesellschaftlich relevante Wissen nicht zu verlieren.

Trotz seines geschäftigen Tuns ist aus dem Bild nicht ersichtlich, was dabei seine *Produktivität*[25] darstellt. – Die Frage aber ist, ob überhaupt und inwiefern bereits in seinem Unternehmen eine Auseinandersetzung mit der Produktivität von Wissensarbeit stattgefunden hat? Was sind die Produktivitätsdimensionen?[26] – Quantität –

---

[24] Der Begriff von „*Bildung*" hat sich über die Jahrhunderte stark gewandelt, trotzdem ist ihm immer noch das Moment des aktiven, selbständigen *Sich-Bildens der Persönlichkeit* eigen [ROMERO/KLEE/PURKER 2003]. G. de Haan und A. Poltermann stützen sich darauf. Sie kennzeichnen die Wissensgesellschaft als „Gesellschaft von Individuen, die auf der Basis ihnen verfügbarer Kenntnisse und Urteile bewusst handeln können" – auch als eine „verständnisintensive" Gesellschaft [HAAN/POLTERMANN 2002]. Dabei weist Bildung über Wissen insofern hinaus, als sich mit ihr Selbstreflexivität verbindet [HAAN/POLTERMANN 2002]. Wenn Wissen die Basis gebildeten Handelns ausmacht wird durch den Schritt der Selbstreflexion Wissen zur Bildung [HAAN/POLTERMANN 2002, siehe auch bei ROMERO/KLEE/PURKER 2003 sowie die Ausführungen in Teil IV].
[25] Gegenwärtig ist hier ein Paradox gegeben: Die Bedeutung von Wissensarbeit und der Anteil von Wissensarbeitern in Unternehmen und Organisationen steigt ständig, aber es findet nahezu kaum eine systematische Auseinandersetzung mit der *Produktivität von Wissensarbeit* statt. Im Tutorial 4: „*Produktivität von Wissensarbeitern: Messen, Steigern, Gestalten*" der 4. Konferenz „Professionelles WM" 2007 hat man sich diesem Thema angenommen [HEISIG 2007]. Auch in der Unternehmenspraxis ist man sich dieses Defizits bewusst, hat aber ebenso noch keine befriedigenden Lösungen im Hinblick auf *Maßkonzepte, Kennzahlen* bzw. *Indikatoren* entwickelt [EHMS 2004].
[26] Von *Y.W. Ramirez* und *D.A. Nembhard* wurden 24 Ansätze zur *Produktivitätsmessung* von Wissensarbeitern untersucht und dabei 13 Produktivitätsdimensionen identifiziert. Ergebnis: „Quantität" (71 Prozent) ist die am häufigste genannte und praktisch verwendete Maßgröße, gefolgt von „Kosten und Profitabilität", wohingegen „Qualität" (21 Prozent) eine untergeordnete Rolle spielt. Der überwiegende Teil der genutzten Methoden (96 Prozent) stellt eine Kombination aus Menge, Kosten oder Profitabilität und Zeit dar [RAMIREZ/NEMBHARD 2004]. Gegenwärtig wird auch auf europäischer Ebene mit dem Forschungsprojekt ACTIVE eine neue Technologie für höhere Produktivität von Wissensarbeitern entwickelt [vgl. http://www.active-project.eu].

oder Kosten und Profitabilität? Oder gar Qualität? Vielleicht auch eine Kombination aus Menge, Kosten und/oder Profitabilität und Zeit? – Alles Fragen, die noch unverändert Herausforderungen[27] darstellen und beantwortet werden müssen.

Man könnte meinen, in seiner Person laufen alle Aktionen und Handlungen „pyramidenförmig" zusammen, unabhängig von seiner Rolle – ob als operativer Wissensarbeiter, für die Domäne Wissen als Generalist oder Experte, als „Bildungsmanager" oder als „Chief Knowledge Officer" – und immer den Anforderungen nach einem *Intellectual Capital Management* verschrieben. Das Bild lässt offen, in welcher Rolle und auf welcher hierarchisch organisatorischen Ebene er sich der Domäne Wissen annimmt. Das Bild lässt ebenso offen, welche persönlichen Eigenschaften ihn sonst noch auszeichnen – vielleicht ein Vorteil, um ihn nicht über Gebühr mit Attributen auszuschmücken, die nicht zwingend gegeben sein müssen, um erfolgreich zu sein. In jedem Fall muss er, um zu reüssieren, über ein „halbwegs gutes Gespür" für das „richtige" und „wertvolle Wissen" verfügen. Und bei allem Einbringen von „Herzblut" in die Sache und das Gut Wissen ist eine kritische Distanz vonnöten, um nicht von den Kritikern isoliert oder vereinnahmt zu werden.

Dabei ist er der Versuchung ausgesetzt, sein individuelles Wissen als Karriere-Ressource zu betrachten und zu verwenden und das, was für persönlichen Erfolg steht, ganz nach dem Motto „*Wissen ist Macht*", über den kollektiven Unternehmenserfolg zu stellen. Dem für die Organisation relevanten Wissen auf der Spur zu sein, sein Wissen als Mitarbeiter der Organisation mit seiner Motivation und den operativen Geschäftsprozessen miteinander zu verknüpfen, heißt auch über den Rand der klassischen Methoden der persönlichen Erfolgsbestimmung hinaus zu blicken – getreu dem Credo: „*Wissen ist Markt*".

Damit pendelt er als Hauptakteur im Mikrokosmos des Wissensmanagement sowohl zwischen einem Managen von Wissen auf *organisationaler* Ebene und einem *persönlichen* Wissensmanagement wie auch zwischen den Eigenheiten eines *Homo academicus* und eines *Homo oeconomicus* – seine Aktivitäten wirken auf das Intellectual Capital und sollen letztlich den Unternehmenserfolg und den Unternehmenswert erhöhen – sein *persönlicher Erfolg* dabei ist gleichzeitig *Unternehmenserfolg ...!*

---

[27] Im Ergebnis ebenso: *P. Drucker* und *S. Hermann* [DRUCKER 1999, HERMANN 2004].

Kapitel 3
Wissensmanagement – heute und morgen

3.1 „Imaginäre Schwelle" – Comics zur Distanzierung und Inspiration

Nach dem Einblick in einen Ausschnitt des Wissensmanagements der Gegenwart soll der Blick auf das Wissensmanagement der Zukunft gerichtet werden.

Dabei kann der vorliegende *Praxisguide Wissensmanagement* nicht dem Anspruch gerecht werden, fertige Gebrauchsanleitungen zu liefern oder ein umfangreiches Kochbuch zu sein. Vielmehr ist es Ziel, im Hinblick auf den zukünftigen Umgang mit Wissen rezeptuale Ansätze aufzuzeigen und die Fantasien des anwendungsorientierten Umsetzers zu stärken, so dass er in die Lage versetzt wird, aktiv und selbständig neue Ideen zur Entwicklung, Produktion und Weitergabe von Wissen zu generieren und Lösungen herbeizuführen.

Da der Eintritt von der heutigen in die zukünftige Wissenswelt einen Prozess darstellt, muss der Übergang als fortwährender Wandel betrachtet werden, vorstellbar auch als das Überschreiten einer „imaginären Schwelle" und vergleichbar mit dem Überqueren einer Brücke, von der ein interessierter Beobachter seinen Blick in eine reale und utopisch geprägte Welt von Wissen, Handeln und Können schweifen lassen kann.

Als „*imaginäre Schwelle*" kann dieser Weg aber auch deshalb bezeichnet werden, da der Begriff *imaginär* in erster Linie mit dem „*Bild*" (Imago) und der „*Imagination*" (Vorstellungskraft) in Verbindung steht, damit aber nicht nur bildhaft, sondern auch mit Fantasie behaftet ist. Das „*Imaginäre*" steht zudem in unmittelbarem Zusammenhang mit Selbstidentifikation, dem Selbstbild, aber auch dem Erkennen, der Täuschung und Phantasmen [GEKLE 1996].

Es würde zu weit führen, hier diesen Prozess mit *Iconic turn* [BACHMANN-MEDICK 2006[1]] über Gebühr in Verbindung zu bringen, obgleich versucht werden soll, auf der „imaginären Schwelle" für die Wissenswelt eine Verlagerung von der sprachlichen auf die visuelle Information zu vollziehen bzw. zumindest Wort und Bild gleichermaßen als stilistisches Element zu verwenden. Insofern soll die Eigenschaft, die von visuellen Phänomenen ausgeht, genutzt werden, um die nichtberechenbare Kraft in Bezug auf Emotionen, Fantasie und Ideen bei der Wissensarbeit und Wissensarbeitern zu heben.

Das Bildhafte der „imaginären Schwelle" zu verkörpern, soll über *Comics* erreicht werden, um in einer „sequential art" [EISNER 1985[2]] mit Bildern unterschiedliche Szenarien zum Lernen und Lehren zu erzählen. Comics fallen dabei die Aufgabe zu, Distanz zur Gegenwart aufzubauen und Nähe zur Zukunft einzuleiten – sie bilden ein stilistisches Element, um den Mikrokosmos der Wissenswelt um eine weitere Betrachtungsebene und Sphäre zu erweitern (Abb. II-16).

Comics als Gestaltungsform können insbesondere deshalb gewählt werden, da sie zwischenzeitlich an kein bestimmtes Genre gebunden sind und auch die Grenzen des „daily strips" (Tagesstrips) und der „Sunday pages" (Sonntagsstrips) überwunden sind [McCLAUD 2001a]. Sie haben ebenso das Klischee abgelegt, sie sein für kindliche und jugendliche Männer gemacht [HEIN/HÜNERS/MICHAELSEN 2002]. Lange Zeit blieb die Wahrnehmung der Comics auf Genres wie den Superhelden-Comic oder die Darstellung von Menschen anhand von Tieren (Donald Duck, Micky Mouse etc.) beschränkt. Zwischenzeitlich entstanden *Autorencomis* im Gegensatz zu den arbeitsteiligen, konventionellen Mainstream-Comics nicht als Auftragsarbeit, sondern als Ausdruck einer persönlichen, künstlerischen und literarischen Handschrift, die sich kontinuierlich durch das gesamte Werk eines Autors zieht. Diese Art Comics gelangten zur Anerkennung und wurden mit Preisen ausgezeichnet. Auch der Vorwurf und die Kritik, dass Comics zur Sprachverarmung führen, was durch den häufigen Gebrauch von unvollständigen Sätzen und umgangssprachlichen Ausdrücken gegenüber konventioneller Literatur gegeben ist, kann als veraltet und historisch bezeichnet werden [DOELLE-WEINKAUFF 1990].

Bei den nachfolgenden Comics richtet sich die Aufmerksamkeit auf einzelne Szenarien in einem *„Training Adventure Park"*. Damit wird über den Fokus auf Lernen und Lehren versucht, Anknüpfungspunkte für ein zukünftiges Managen von Wissen zu finden. Zu den Comics wurde der Text nicht als Sprechblasen in den Bildern verankert, sondern als separate Story gestaltet. Diese Trennung verfolgt das Ziel, den Interessenten auf seiner spirituellen Entdeckungsreise individuell wählen

---

[1] Als Iconic turn („ikonische Wende") bezeichnet man analog zum Begriff der „linguistischen Wende" aktuelle Versuche der Bildwissenschaft zur Anerkennung des strukturierenden Charakters des Bildes. Geprägt wurde dieser Begriff von *G. Boehm* in „Wiederkehr der Bilder" [BOEHM 2001], wo er eine „methodische Schärfung" der bildlichen Analysemittel auf jedwedem Feld und jeglichem Medium, in denen sich Bilder statisch oder bewegt aneinander reihen, fordert [BREDEKAMP 2004].

[2] Der Begriff wird erstmalig von *W. Eisner* verwendet. Sequential art (sequentielle Kunst) bedeutet so viel wie zu räumlichen Sequenzen angeordnete, bildliche oder andere Zeichen, die Informationen vermitteln und/oder eine ästhetische Wirkung beim Betrachter erzeugen [MCCLOUD 2001a, MCCLOUD 2001b].

3.2 „Training Adventure Park" – eine Entdeckungsreise in eine reale und utopische Welt

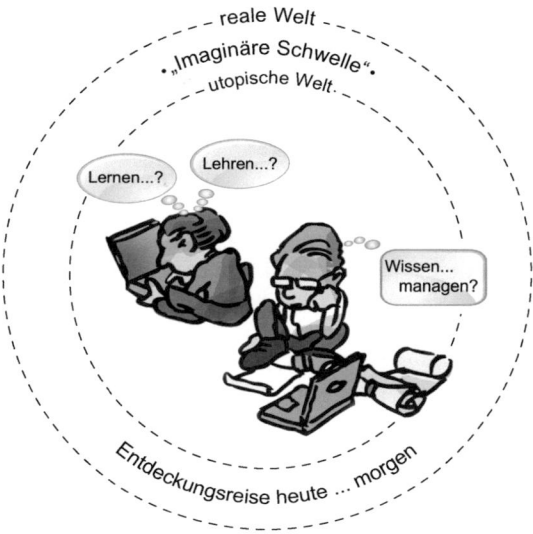

Abb. II-16 *„Imaginäre Schwelle"* – der Übergang im Mikrokosmos von heute zu morgen im Prozess des Lernens, Lehrens und Managens von Wissen [Illustration: NEIDIGK 2006]

zu lassen, ob er sich stärker vom Text oder von den Bildern oder von beiden inspirieren lassen möchte. Das führt im Idealfall dazu, dass damit seine Fantasie angeregt wird und Ideen sowohl für neues Lernen und Lehren als auch für den Umgang mit Wissen insgesamt entstehen.

Vielleicht fragt sich mancher Leser im Umgang mit dem Praxisguide, warum erfolgt an dieser Stelle ein „Break"? Warum wird mir gerade hier ein Innehalten aufgezwungen und vermutlich noch viel schlimmer, ein wenig das „Rad des Fortgangs" zurückgedreht? Ist nicht ausreichend zum Lernen und Lehren gesagt, Ansätze und Instrumente zum Managen von Wissen enthüllt und alles umgeben, von der Welt in der wir leben? – Mit diesem „Zwischenstopp auf dem Weg zur Zukunft" und dieser Abstraktion des bewussten „Beiseitetretens" bzw. „Abrückens" von dem was real ist verbinden wir die Absicht und den Versuch, dass es leichter fällt, die Dinge anders zu betrachten, wenn wir einen Schritt „zurücktreten". So kann hoffentlich etwas leichter, eine „andere Welt", eine neue Idee, Meinung und Erfahrung und vielleicht eine noch „bessere Zukunft" kreiert werden.

3.2 „Training Adventure Park" – eine Entdeckungsreise in eine reale und utopische Welt des Wissens

Als Wissensmanager habe ich die einmalige Gelegenheit, an einer Entdeckungsreise in einen *„Training Adventure Park"* (Bild 3.1[3]) teilzunehmen. Hier soll alles,

---

[3] Die Comics zum „Training Adventure Park" wurden von *Jan Neidigk* gestaltet [NEIDIGK 2006]. Die Autoren danken *J. Neidigk* für das Engagement und die Geduld bei der Ausführung der Illustrationen.

was heute und morgen für Lernen und Lehren bedeutsam ist, entdeckt werden können. Gespannt begebe ich mich zu der kleinen Gruppe Neugieriger, die alle an dem „*walk on the wild side of qualification*" teilnehmen wollen und sich zusätzlich Hinweise auf das M a n a g e n von W i s s e n erhoffen.

Wir starten mit unserem Rundgang durch den Abenteuerpark (Bild 3.2). Plötzlich stehen wir vor einer Mauer. In die Mauer sind unterschiedlich große Durchgänge eingelassen. Personen gehen hinein. Andere Personen kommen wiederum heraus. Neugierig spähe ich in das Innere. Darin halten sich eine Vielzahl von Personen unterschiedlichsten Alters auf. Jeder ist eifrig beschäftigt: „Was tun diese Menschen?" „Sie scheinen zu lernen", entgegnet mein Expeditionskollege. „Ja, aber jeder völlig anders!" Warum? Beim näheren Hinschauen stellen wir fest, dass einige in bequemen Sesseln sitzen und die Beine hochgelegt haben. Dieser Kreis „Älterer" lauscht den Ausführungen eines Trainers, der vor einem Pult steht und im gewohnten Lehrerstil über etwas zu dozieren scheint. Abseits in einer Ecke sitzt ein altes Mütterchen vertieft in ein Buch. Daneben ein Mann. Er tüftelt an etwas. Es scheint ein Motor zu sein, den er zu verstehen versucht. Ganz anderes ist dagegen unmittelbar nebenan zu sehen: Hier sind Personen mit Kopfhörern, die auf eine Leinwand starren und Fernbedienung sowie eine ganze Reihe mobiler Funk- und Fernsehgeräte bedienen. Wir sind überrascht: Diese Szenerie ist sehr futuristisch. Die Personen sind überwiegend jüngere Leute – typische Vertreter einer „Young Generation".

Jetzt entdecke ich an der Wand „*Different ways during lifelong learning*". Mir wird einiges klarer. Ich vermute, altersmäßig unterschiedliche Generationen haben verschiedenartige Wege gefunden, um zu lernen. Darüber spekuliert mein Expeditionspartner: „Jeder kann hier ‚Wissen tanken' gemäß seinen Präferenzen." – Aha, so ist das. Ein altersabhängiges Lernen haben wir in der Vergangenheit noch gar nicht berücksichtigt. „Ob das wohl wichtig ist?"

Nachdenklich gehen wir weiter und entdecken eine Brücke (Bild 3.3). Was hat das zu bedeuten? Die Brücke ist für Fußgänger gedacht. Sie weißt Lücken sowohl auf dem Weg als auch in den Pfeilern auf. Jeder, der darüber geht, muss ob der vielen Schäden in Form von Stolperfallen zwangsläufig straucheln. Bauarbeiter sind eifrig dabei, die Lücken im Weg und im Brückenpfeiler zu schließen. Was soll das? „Ich glaube, dass das eine ‚*Knowledge-Bridge*' ist", spekuliert mein Weggefährte. „Wieso?" „Ganz einfach, die Brücke verkörpert das gesamte notwendige Wissen, das man für seinen Job braucht und dafür, um über die Runden und ans sichere Ufer zu kommen." „Und was ist mit den fehlenden Teilen?", frage ich ihn. „Die fehlenden Teile werden in Form von ‚Wissensbausteinen' und ‚Wissenslückenfüllern' eingesetzt." Jetzt verstehe ich: Die Bausteine können Trainingsbroschüren, CD-ROMs, Computer etc. sein, mit denen die Lücken für Lernwillige geschlossen werden. Mosaikförmig und in einer Art Puzzle entsteht so in Form einer Brücke ein Profil für einen Kompetenzträger. „Dies erklärt auch die frohe Mine der Lernwilligen, die sicher und stolperfrei über die Brücke laufen", fährt mein Expeditionskollege fort. „Für sie bedeutet Lernen allein das Schließen von Kompetenzlücken."

3.2 „Training Adventure Park" – eine Entdeckungsreise in eine reale und utopische Welt 179

Bild 3.1 Aus der Hubschrauberperspektive zu den einzelnen Stationen

Bild 3.2 Wie findet Lebensalter Eingang bei der Gestaltung von Lernmethoden, -umfang und -umgebung?

Bild 3.3 Über die „Knowledge-Bridge" zum Schließen von Kompetenzlücken …?

Bild 3.4 Was heißt Selbstverpflichtung beim Lernen und „Learning-on-demand" …?

In unmittelbarer Nähe zur „Knowledge-Bridge" steht ein großer Baum (Bild 3.4). In seinen Wipfeln sehe ich leckere Früchte. Um den Baum herum und in den Ästen des Baumes herrscht reger Menschentrubel. Jeder versucht, an die Früchte des Baumes zu gelangen. Ich beobachte, wie eine Gruppe über Leitern an die Früchte gelangen will. Andere versuchen über Strickleitern und Seile die Krone des Baumes mit seinen Früchten zu erreichen. Einer hat sogar ein Handy und informiert sich, wie er am besten auf den Baum kommt.

Ein anderer ist über einen Laptop gebeugt. Er recherchiert über „Klettern in Bäumen" und geht der Frage nach, wie komme ich den Baum hinauf? Er versucht dazu, die besten Informationen zu beschaffen. Für alle stellt sich der Baum als „*Tree for challenges*" dar. „Was heißt das denn?" Fragend schaue ich in die Runde. „Ganz einfach", hilft mir mein Begleiter auf die Sprünge: „Die Früchte im Baum kann man mit Skills, Kompetenz, Fachwissen etc. vergleichen." Sie verkörpern die Herausforderungen, die es gilt durch Eigeninitiative zu erreichen und zu ernten. „Ach so", beginnt es bei mir zu dämmern: „Jeder ist irgendwie selbst verpflichtet zu lernen, es hängt von seiner eigenen Initiative ab." Das ist natürlich auch ein entscheidender Fingerzeig in Richtung „Lernen ist Holschuld" und damit zum „Learning-on-Demand". Jeder ist irgendwie selbstverpflichtet, sich aus „Knowledge-Datenbanken" mit Wissen zu versorgen.

Wir gehen weiter und gelangen auf den „*Edutainment Broadway*" (Bild 3.5). Schon bald hören wir emsiges Stimmengewirr und entdecken eine Vielzahl Leute

Bild 3.5 Was bewirkt Edutainment für das zukünftige Lernszenario …?

unterschiedlichster Herkunft aus allen Ländern dieser Welt. Wo sind wir hier? „*Product launch Theatre*" entdecke ich in Leuchtbuchstaben über dem Eingang. Vor uns öffnet sich ein großes Halbrund mit einer Bühne und einer ganzen Reihe von Akteuren. „*Learning around the Globe*" ist in noch größeren Lettern als Motto an die Wand projiziert. Schweinwerfer leuchten die Bühne aus. Unter einer Plane scheint etwas verborgen zu sein. „Wahrscheinlich handelt es sich dabei um ein neues Produkt", meint mein Weggefährte. Dramatisch mit Gesten aus einem Shakespeare-Stück deutet ein Schauspieler in die von den Suchenden besetzten Theaterränge auf den Ausgang in den Garten und meint damit wohl einen imaginären Käufermarkt, auf dem das neue Produkt platziert werden soll …

Besonders beeindrucken mich die Teilnehmer an dieser Veranstaltung. Sie wirken völlig gelöst, sind mit Spaß an der Sache und emotional voll engagiert. Man könnte fast meinen, man ist auf einer Fanmeile beim FIFA-World-Cup.

„Ist das die neue Art, Menschen zu qualifizieren", geht es mir durch den Kopf. „Sind die Akteure Trainer, Moderatoren oder gar Schauspieler?" „Wird das zukünftige Lernszenario von dieser Form der Wissensvermittlung bestimmt?" „Müssen die Lernwilligen über Spiel, Spaß und Spannung Emotionen entfachen, um erfolgreich und überzeugend auftreten zu können?" – Viele offene Fragen.

Angesteckt von der Euphorie setzen wir unseren Weg fort und besteigen eine kleine Aussichtsplattform (Bild 3.6). Unter uns befindet sich eine Quaimauer. „*Quay of Integration*" entziffere ich. „Was hat das schon wieder zu bedeuten?" In der Ferne erkenne ich zwei Flüsse, die aus verschiedenen Richtungen kommen und sich unmittelbar vor uns treffen. Auf jedem Fluss ist ein Boot und kämpft mit dem Wellengang. „*Learning Ship*" steht an der Außenbordseite. Hier sitzen Personen und halten CD-ROMs, Broschüren und Filme fest in ihren Händen. „Das können wohl nur Lernwillige sein, die alles aufgreifen und verwerten, was ir-

3.2 „Training Adventure Park" – eine Entdeckungsreise in eine reale und utopische Welt   183

Bild 3.6 Warum werden in Zukunft zwischen Lernen und Informieren keine Unterschiede mehr bestehen …?

gendwie wichtig ist", frage ich meinen Expeditionskollegen. Und was ist mit dem anderen Boot, auf dem „*Information boat*" steht? Die Insassen balancieren Laptops auf ihren Köpfen und tauschen Informationen in Form von Informationspaketen mit Daten und Fakten aus. Aber was ist das? Beide Boote kämpfen mit den Wellen und von beiden Booten gehen Menschen über Bord. In einem wilden Strudel ist kaum mehr erkennbar: Wer sucht Informationen? Wer lernt? Was sind Lerninhalte und was sind Informationspakete, die soeben noch aus den Laptops in die Hände der Bootsinsassen gepurzelt sind?

Fragend schauen wir uns an? Was hat das mit Lernen zu tun? „Ich glaube", wirft mein Weggefährte ein, „Wir erleben hier ganz eindrucksvoll, dass Lernen und Informieren gar nicht so dramatisch voneinander abweichen und unterschiedlich sind. Beides ist unmittelbar miteinander verwoben. Was heißt das wohl für uns?"

Sehr nachdenklich verlassen wir die Aussichtsplattform und wenden uns einem neuen Szenarium zu: „*Trainer Competence Square*" heißt der Platz (Bild 3.7). Was ist hier zu entdecken? Eine Person jongliert mit unterschiedlichen Teilen, die alle aus dem Modellbaukasten eines Automobilherstellers stammen können. Er macht dies sehr geschickt, fixiert jedes Element und verliert dabei nicht das kleins-

Bild 3.7 Methoden und Moderationskompetenz verdrängen zukünftig die Fachkompetenz von Trainern?

te Teil. „Das ist ja perfekt", meint mein Weggefährte, „alles im Griff bis auf die kleinste Schraube." Daneben steht eine andere Person. Auch er scheint ein Trainer zu sein. Er steht vor einem großen Tableau, auf das eine Art Spinne aufgebracht ist. „Was hat das denn zu bedeuten?" Mein Kollege schaut näher hin: „Ich glaube, an den jeweiligen Enden des Spinnennetzes Begriffe zu erkennen: Administrator, Organisator, Experte, Kenner des Marktes ..." „Was bedeutet das?" „Ich glaube, das sind alles irgendwie Kompetenzfelder, die man als ‚Wissensjongleur' und ‚Wissensverteiler' ausfüllen muss", schaltet sich ein anderer Expeditionsteilnehmer ein. „Natürlich", meint ein anderer, „allein das Jonglieren mit der fachlichen Materie kann es wohl nicht sein."

Wir verlassen den „Trainer Competence Square", überqueren die „Knowledge-Bridge" und kommen auf die „*Street of the Future*".

Wo sind wir denn jetzt wieder im Park gelandet? Wir schauen in ein Klassenzimmer, Schüler sitzen aufgereiht vor einem Trainer (Bild 3.8). Der Lehrer bedient

Bild 3.8 Wie passen elektronisch unterstützte Wissenvermittlung und Präsenz-Learning zusammen?

3.2 „Training Adventure Park" – eine Entdeckungsreise in eine reale und utopische Welt 185

sich einer Schiefertafel. Als zusätzliche Unterstützung steht ein Overheadprojektor daneben. „Das ist doch das klassische Lehrer- und Schüler-Bild", denke ich.

Daneben etwas abseits, ist ein völlig anderes Bild zu sehen. Schüler sitzen und liegen verstreut in einem Raum. Dieser Raum ist überfüllt mit technischem Equipment. „Hier fehlt es ja an nichts", meint mein Expeditionskumpel. Überall liegen irgendwelche digitalen Datenträger herum. Laptops und PCs, bei denen die Mattscheiben flimmern, sind vielerorts zu finden. Außerhalb entdecke ich eine Parabolantenne und aus der Wand kommt ein dickes, breitbandiges Kabel. Bei mir und meinen Expeditionskollegen entsteht gleichzeitig der Gedanke: „Hier ist alles und jeder miteinander und mit der Welt elektronisch vernetzt."

Wir stehen zunächst einmal etwas nachdenklich und fragend vor diesem Szenarium. Ein vorwitziger jugendlicher Expeditionssprössling weist uns auf dieses „moderne und futuristische Lernen" hin und zieht uns in diese Richtung. Uns fällt ein Display auf, aus dem eine Hand herauswächst und uns auf die neue Lernform hinweist.

Wir sind noch etwas zögerlich. Hier die „alte L e r n w e l t " dort die „n e u e L e r n w e l t " – was ist richtig? „Hier gibt es kein richtig und falsch", meint mein Gegenüber. „Vielmehr müssen wir genau hinschauen, was geeignet und Erfolg versprechend ist." Alle denken das Gleiche: „Ohne moderne elektronisch unterstützte Lerninstrumente wird es in Zukunft nicht mehr gehen." „Müssen wir nicht entscheiden, womit, wohin und in welcher Form und welcher Mixtur?"

Alle Expeditionsteilnehmer sind von den vielen Neuigkeiten und noch viel mehr von den vielen zusätzlichen Fragen erst einmal erschöpft. Sie planen, sich demnächst zu treffen, um über ihr weiteres Vorgehen im Umgang mit Wissen, Handeln und Können zu beraten.

Kapitel 4
Wissensmanagement –
Perspektiven für die Zukunft

In den vergangenen Jahren erfuhren die Qualifizierungs- und Bildungsbranchen aufgrund des Einzugs von Kommunikation und Medienvielfalt tiefgreifende Veränderungen. Inzwischen ist der Zenit dieser Entwicklung überschritten. Begleitet wurde diese Phase von der verstärkten Erkenntnis, dass Wissen zunehmend ein wichtiges Gut ist, das gestaltet, analysiert und systematisiert werden muss. Damit avanciert der Umgang mit Wissen zum Kernthema und zeigt Auswirkungen aus unterschiedlichen Blickfeldern. So spannt sich der Bogen von einer sozioökonomischen Betrachtungsweise, die sich mit dem Umgang von Wissen in der Gesellschaft befasst, über organisatorische Anforderungen im Sinne von unternehmerischen Gesichtspunkten bis hin zu technischen und psychologischen Sichtweisen.

Vor diesem Hintergrund stellen sich – ähnlich interdisziplinär – allgemeine Fragen: Welche Entwicklungen gehen aus einer *Wissensgesellschaft* hervor bzw. welche Trends zeigen nachhaltige Wirkung auf diese? Was leistet *Wissensorganisation,* um den veränderten Anforderungen in Arbeitsprozessen nachzukommen? Welche Unterstützung bietet dabei die *Wissenstechnik?*

Im Zentrum der Aufmerksamkeit von Wissen, Handeln und Können und damit konkret auch für Lernen und Lehren stehen spezielle Fragen: Was kommt auf den Qualifizierungssektor und Bildungswilligen zu? Ist in den nächsten Jahren ein vergleichbarer Entwicklungsschub zu erwarten? Was werden die Megatrends im Qualifizierungs- und Bildungssektor ausmachen? Wie sieht ein Best-Case-Lernszenario der Jahre 2010–2020 aus?

Diese vielen allgemeinen und speziellen Problemstellungen münden in eine zentrale Frage: Wohin geht in *Zukunft* die Genese für ein *proaktives* und *professionelles Wissensmanagement?*

4.1 Quo vadis Wissensgesellschaft, Wissensorganisation und Wissenstechnik – Thesen zur Genese und Zukunft von Wissen, Handeln und Können

Mit dem Erreichen der Spitze eines „E-Learning-Hypes" und dem vorläufigen Abschluss dieser Entwicklungsstufe ist gleichzeitig folgende Herausforderung verbunden: Soll zukünftig elektronisch unterstütztes Lernen den klassischen Frontalunterricht ersetzen? Müssen aufgrund der rasanten Veränderungen im Informations- und Kommunikationsverhalten der Bildungsanbieter und -nachfrager neue Lernformen entstehen? Findet das unterschiedliche Lebensalter ausreichend Einfluss auf Methode und Zusammensetzung von Qualifizierungsinhalten und Trainingsformen?

Jeder professionelle Qualifizierungsdienstleister und Wissensvermittler muss entscheiden, wie er zukünftigen Trends und Entwicklungen Rechnung trägt. Wie ist mittel- bis langfristig Orientierung zu erhalten, um im Qualifizierungssektor „State of the Art" zu bleiben und nicht den „betrieblichen Designerdrogen" wie Qualität, Effizienz, Planung, Standards, Controlling, Rankings, Evaluation, Markt, Dienstleistung, Innovation und Reformen, die im Qualifzierungsumfeld zu Begriffen wie Synergie, Selbstlernkompetenz, Formate, Module, Weiterbildungsmanagement, Vernetzung, Paradigmenwechsel, Bildungstrends, lernende Organisation etc. führen, zu verfallen und damit den Blick für das Wesentliche vernebeln.

Und: Im Dunstkreis dieses Nebels steht ein weiteres Phänomen, das aus der viel zitierten und beschworen Informationsgesellschaft oder Wissensgesellschaft resultiert mit den umfangreichen Möglichkeiten, sich zu informieren und zu qualifizieren. Dieses eigentlich komfortable Privileg birgt aber für Wissensanbieter, -vermittler und -nachfrager die Gefahr, zum Pferdefuß zu werden: „Wir leben im Informationszeitalter und merken es daran, dass wir uns vor Informationen nicht mehr retten können" [FRANCK 1989]. Aber unsere Aufmerksamkeit hat eine natürliche Belastungsgrenze. „Wem wenden wir uns mit welchen Gründen zu? Was lassen wir weg und warum? Wie finden wir einen intelligenten Umgang mit Nichtwissen" [SIEBERT 2001]? Wo sind Orte der Strukturierung dieser hektisch aufeinanderfolgenden Informationen und Entscheidungszwänge? Wo werden Schneisen in diesen Informationsdschungel geschlagen? Wo sind Wegweiser im Info-Labyrinth?

Vor diesem Hintergrund ist es naheliegend, dass neben den allgemeinen Forschungsbestrebungen von Institutionen und Organisationen in den Bereichen von

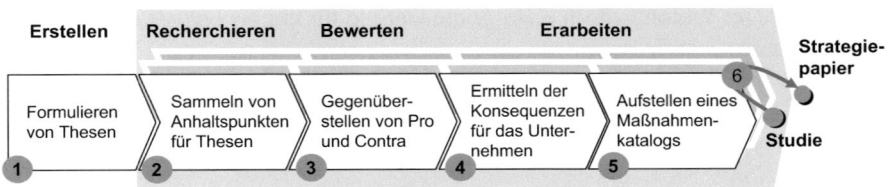

Abb. II-17 Von der Studie zum Strategiepapier – sechs Phasen eines betriebsinternen Meinungsbildungsprozesses

Psychologie, Pädagogik sowie Sozial- und Arbeitswissenschaften insbesondere Unternehmen und Bildungsinstitutionen sich mit den Veränderungen in der Profession der Qualifizierung beschäftigen müssen. Ziel ist es, Anhaltspunkte für eine Orientierung zu erhalten und damit die mittel- bis langfristige strategische Ausrichtung der Organisationseinheit zu bestimmen.

Ausgang und Gegenstand ist dabei die Frage: „Welche Entwicklung nimmt Wissen, Handeln und Können und wie sieht dann Lehren und Lernen in Zukunft aus?" Um sich diesen Fragen in pragmatischer Form zu nähern und Zustimmung zwischen den Beteiligten zu schaffen, empfiehlt es sich, einen betriebsinternen Meinungsbildungsprozess anzustoßen und diesen in sequenzielle Schritte (Abb. II-17) zu gliedern:

- *Formulieren von Thesen* (*1. Schritt*): Es wird ein *Brainstorming* veranstaltet mit dem Ziel, die Ideen, Erfahrungen und Kompetenzen der an Wissens- und Qualifizierungsprozessen Beteiligten zu sammeln und auf dieser Basis zukünftige Lernszenarios zu entwickeln.
- *Sammeln von Anhaltspunkten* für die Thesen (*2. Schritt*): Es wird ein *Rechercheprozess* für die Haltbarkeit und Validität der Thesen durchgeführt.
- *Gegenüberstellen von Pro und Contra* (*3. Schritt*): Es wird ein *Bewertungsprozess,* in dem eine *kritische Auseinandersetzung* mit zentralen Fragen des zukünftigen Lernen und Lehrens einschließlich aller betroffenen Disziplinen erfolgt, realisiert.
- *Ermitteln der Konsequenzen für das Unternehmen* (*4. Schritt*): Es wird eine *erste Konzipierung* mit den erforderlichen Maßnahmen, die zur Umsetzung der verschiedenen Thesen notwendig wären, eingeleitet.
- *Aufstellen eines Maßnahmenkatalogs* (*5. Schritt*): Es werden alle als notwendig erachteten kurz-, mittel- und langfristigen Maßnahmen erarbeitet.

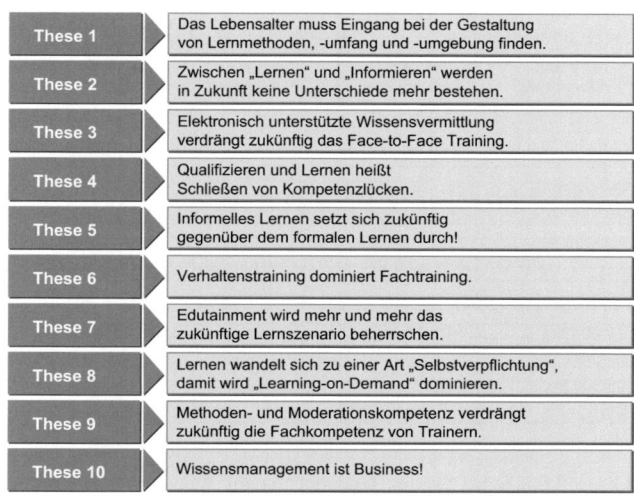

Abb. II-18 Thesen zum Lernen, Lehren und Managen von Wissen in der Zukunft

Ergebnis dieses Prozesses ist eine an dem Bedarf und den Ideen des Unternehmens ausgerichtete Studie. Nach mehrmaligem Durchlaufen der Teilprozesse und Abstimmungen mit den Entscheidungsträgern besteht die Chance, dass die Studie Basis für ein *Strategiepapier* ist (*6. Schritt*). Um die Verbindlichkeit für alle Beteiligten zu erhöhen, müssen die Ergebnisse in der strategischen Ausrichtung des Unternehmens bzw. der Bildungseinheit verankert werden.

Intention der nachstehenden Ausführungen ist es, in einem ersten Schritt einige Gedanken auf der Grundlage von zehn entwickelten Thesen (Abb. II-18) aufzugreifen und damit Unternehmen, die sich für dieses pragmatische Vorgehensmodell entschließen, im Vorgriff Anhaltspunkte zu geben.

Da die Thesen scheinbar unabhängig voneinander im Raum stehen und auch den Zusammenhang zu den Schwerpunktfeldern von Wissensmanagement nicht unmittelbar erkennen lassen, bedarf es für das weitere analytische Vorgehen einer *Verankerung in der mikrokosmischen Wissenswelt*. Diese Verankerung erfolgt über ein Referenzmodell als wissenschaftlich geleitete Fortsetzung der Untersuchung.

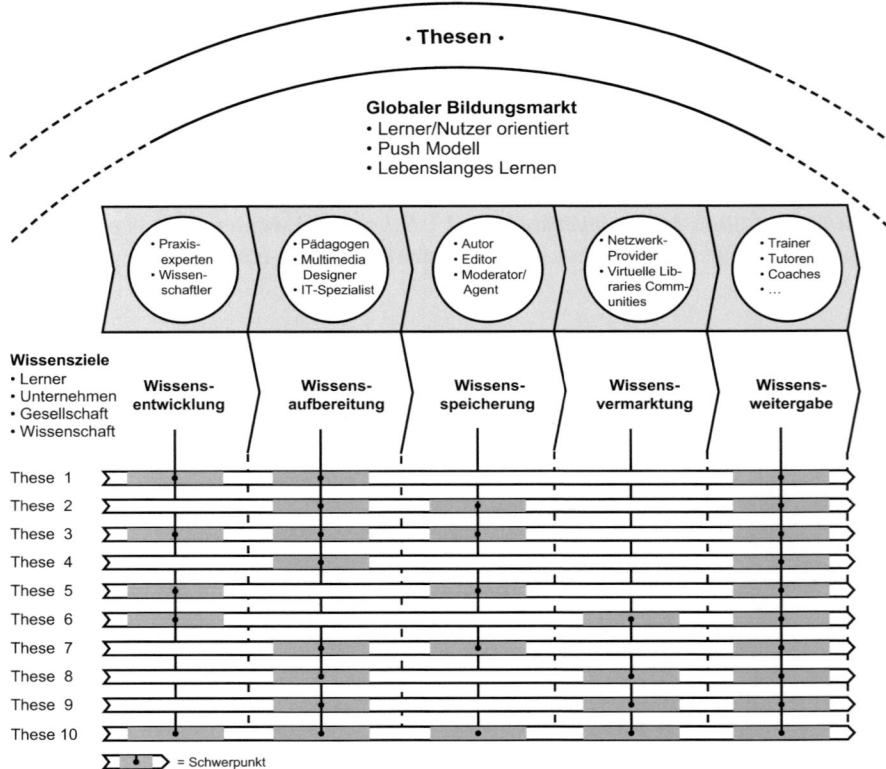

Abb. II-19 Referenzmodell im Mikrokosmos für den Thesenbezug zur Wissenswertschöpfung [in Anlehnung an die Dekonstruktion der Wissenswertschöpfung von HILSE 2001]

Ziel des *Referenzmodells* ist es, den *Thesenbezug zur Wissenswertschöpfung* herzustellen. Deshalb fußt das Referenzmodell auf der Dekonstruktion der *Wissenswertschöpfung*. Es zeigt die Zugehörigkeit der Thesen zu Schwerpunkten in einzelnen Wissensprozessen bzw. *Wissenswertschöpfungsstufen* (Abb. II-19). Damit wird gleichzeitig das Ziel verfolgt den zugrunde liegenden Untersuchungsrahmen mit den Perspektiven für die Zukunft des hier betrachteten Wissensmanagements abzustecken und einzugrenzen. Vor dem Hintergrund von Wissensgesellschaft, Wissensorganisation und Wissenstechnik, aber auch Wissensarbeit und Wissensarbeiter richtet sich der Fokus auf das Individuum und die Organisationseinheit in Verbindung mit der Genese von Wissen, Handeln und Können und schließt das engere Feld von Lernen, Lehren und Managen von Wissen ein. Damit geht insbesondere persönliches und organisationales Wissensmanagement einher.

4.1.1 Divergenz von Lebensalter und Lernen!

„Wer aufhört zu lernen, ist alt. Er mag zwanzig oder achtzig sein." Diese Aussage von *Henry Ford* trifft unverändert zu und ist einsichtig. Im mittelbaren Zusammenhang steht eine erste These.

T h e s e 1: *„Das Lebensalter muss Eingang bei der Gestaltung von Lernmethoden, -umfang und -umgebung finden."*

Hier stehen wir noch ganz am Anfang. Bei all unseren Bestrebungen zur Wissensvermittlung müssen wir uns mit Folgendem auseinandersetzen: Trifft es zu: „Was Hänschen nicht lernt, lernt Hans nimmermehr."? Wann gibt es Umstellungen in verschiedenen Lebensabschnitten und Lebensjahren? Liegen medizinische Erkenntnisse vor, wie positive Emotionen und drohende Strafen wirken? Hat gar eine unterschiedliche Genetik mit unterschiedlicher Veranlagung und Sozialisation eine Auswirkung auf die unterschiedlichen Lerntypen?

Bei der Ausrichtung unserer Wissensvermittlung gilt es viel mehr als bisher, Antworten und Maßnahmen auf drei ganz konkrete und scheinbar triviale Fragen zu finden:

- Wie müssen wir auf den einzelnen Lernenden eingehen, auf seine Persönlichkeit, auf sein Alter, sein Geschlecht?
- Wie können für bestimmte Themen (z. B. IT-Schulungen, Diagnoseverfahren) spezielle altersspezifische Qualifizierungsmaßnahmen organisiert werden?
- Ist es sinnvoller, in altersgemischten oder altersgleichen Teams zu lernen?

Für eine pragmatische Vorgehensweise, den Inhalt der These zu operationalisieren, bieten sich drei Schritte an:

- *Schritt 1 – Rechercheprozess:* Es erfolgt eine Kontaktaufnahme mit Spezialisten aus der Psychiatrie und den Neurowissenschaften, aber auch aus der Pädagogik, der Medizin und der Aging Workforce. Voraussetzung ist, dass sich diese Gruppen speziell mit Lernen in den verschiedenen Altersstufen beschäftigt haben und theoretische Kenntnisse sowie Erfahrungen bzw. empirische Ergebnisse aus Modellversuchen vorliegen. Dabei ist es vorteilhaft, für die Expertenbefragungen einen Erhebungsbogen zu entwickeln, um gezielt herauszufinden, ob

- konkret verwertbare Erkenntnisse der Neurowissenschaften gegeben sind, die sich auf Ergebnisse von Lernen in den unterschiedlichen Altersstufen beziehen,
- der biografische Verlauf des Lebens Einfluss auf Lernen und Alter hat,
- erworbene Bewältigungsmuster eine Rolle spielen,
- ein altersbedingter Funktionsabbau Auswirkungen zeigt?

Entscheidend ist, in den Expertengesprächen herauszufinden, welche Erkenntnisse sich in Richtung konkreter Evaluationen nutzen lassen.

- *Schritt 2 – Evaluationsvorbereitungsprozess:* Die Erkenntnisse aus dem Rechercheprozess müssen für einen weiteren Schritt aufbereitet werden, das heißt, sie müssen reflektiert, bewertet, ausgewählt und konkretisiert werden. Speziell in Richtung Evaluation gilt es, Überlegungen einzubeziehen, dass

    - das zentrale Nervensystem kein „abrupt geändertes neues Lernen" verträgt,
    - der biografische Verlauf des Lebens auch für Lernen entscheidend ist,
    - die Motivation den Funktionsabbau überlagert,
    - es „festgeschriebene" Lerngeschwindigkeitskurven gibt,
    - Erfahrung zu Lernentwöhnung führt.

Auf der Grundlage dieser Vorbereitungen lässt sich eine weitere Phase realisieren.

- *Schritt 3 – Evaluationsprozess:* Hier erfolgt die Bildung unterschiedlich alter Lehrgangszielgruppen (bspw. jünger 25 Jahre und älter 45 Jahre) und Supervision der Lehrgangsteilnehmer und Trainer in einer normalen Mentoringsituation. Dies sollte in einer pragmatischen Form auf der Beobachtungsgrundlage eines Supervisionsfragebogens geschehen. Dabei müssen die Teilnehmer im Vorhinein nicht notwendigerweise die Hintergründe der Supervision kennen.

Es ist einsichtig, dass dieses Vorgehen und die Ergebnisse keinen akademischen Vollständigkeitsgrad aufweisen werden. An dieser Stelle kann nur auf das Thema aufmerksam gemacht werden und für eine konkrete Untersuchung und Auseinandersetzung geworben werden. Ziel muss es sein, sich mehr als bisher mit den medizinischen, psychologischen und neurobiologischen Erkenntnissen zu beschäftigen [SPITZER 2005]. Deshalb ist es wichtig, dass neben der Forschung auch die Verantwortlichen des betrieblichen Qualifizierungssektors sich dieses Themas annehmen. Das heißt auch, dass Ergebnisse aus der Evaluation eine gewisse Unschärfe erwarten lassen. Trotzdem muss es Ziel sein, sukzessive, möglicherweise über mehrere Evaluationsprozesse, herauszufinden, ob beim Vergleich der verschiedenen Alterklassen sich unterschiedliche Ergebnisse und Tendenzen zeigen.

Im Einzelnen sollte aus einer Gegenüberstellung der Evaluationsergebnisse der Gruppe der Jüngeren und Älteren festgestellt werden, ob sich Abweichungen, Auffälligkeiten und Tendenzen zeigen hinsichtlich folgender Punkte:

- *Lernprozess:* Führt beispielsweise eine häufigere Pausengestaltung bei den Jüngeren zur Verbesserung und bei den Älteren zur Verschlechterung der Lernleistung? Was bewirken Mehrfachaufgaben? Ist bei Jüngeren die Multitaskingfähigkeit größer, während Ältere Mehrfachaufgaben annehmen und automatisch in Reihe bringen? Was passiert beim Lernen unter Zeitdruck? Lernen Jüngere unter Zeitdruck besser gegenüber Älteren, die dafür aber eine höhere Genauigkeit aufweisen?
- *Lernmaterial:* Leistet Strukturiertheit einen entscheidenden Beitrag oder trifft die Behauptung zu, dass sich Jüngere tendenziell im Chaos besser zurechtfinden, während Ältere Lerninhalte strukturieren und gruppieren und von der Übersichtlichkeit profitieren? Ist die Abstraktionsfähigkeit durch den Umgang mit unbekanntem Lernmaterial mit hohen Transfererfordernissen eher bei Jüngeren gegeben, während Ältere mehr vom Wiedererkennungseffekt profitieren?
- *Lernmethode:* Präferieren Jüngere mehr selbstgesteuertes Lernen – einzeln oder in Kleingruppen –, während Ältere ein gruppen- und vortragsorientiertes Lernen vorziehen? Induziert E-Learning mehr Fragen und Probleme bei Älteren oder bei Jüngeren? Was bedeutet experimentelles Lernen und Erfahrungsaustausch in den beiden Altersgruppen?
- *Lernverhalten:* Hat Kommunikation bei Älteren mehr Bedeutung als bei Jüngeren? Welche Auswirkungen sind bezüglich Leistungsfähigkeit bei Jüngeren und Älteren gegeben oder anders ausgedrückt: Trifft es zu, dass bei Jüngeren ein besserer Umgang in Stresssituationen ohne Auswirkungen auf Lernziele gegeben ist als bei Älteren, da bei diesen Prüfungssituationen ungewohnt sind und eine höhere Testangst zu vermuten ist?

Aus diesen Erkenntnissen können dann Maßnahmen für Trainingskonzepte entwickelt werden.

Unter der Annahme, dass sich die Mehrzahl der oben aufgeführten Vermutungen bestätigen, kann eine Auswahl erster möglicher Ansätze folgendermaßen aussehen:

- Gruppe der *Jüngeren,*
  - Erhöhung des Selbstlernanteils,
  - Forcierung des Computereinsatzes,
  - Straffung/Komprimierung der Lerninhalte,
- Gruppe der *Älteren,*
  - verstärkte Berücksichtigung von Erfahrungswissen,
  - Anknüpfung an Fachkompetenz,
  - Übungen zum Betriebsalltag.

Diese Vorgehensweise kann eine erste Möglichkeit darstellen, medizinische, psychologische und neurologische Erkenntnisse in Trainingskonzepten im Instruktionsprozess, aber auch bei Pre- und Post-Tests gebührend zu verankern.

Wissensmanagement unter diesem Fokus ist besonders dann erfolgreich, wenn es gelingt, die Gelder, die für Qualifizierung ausgegeben werden, keinesfalls versanden zu lassen. Ziel muss es sein, langfristig Effizienz und Nachhaltigkeit und damit die Ergebnisse von Lernprozessen zu steigern. Es geht aber keineswegs darum, irgendeine Altersgruppe zu diskreditieren. Es versteht sich von selbst, dass die Einhaltung des Allgemeinen Gleichbehandlungsgesetzes gegeben sein muss. Vielmehr geht es darum, für den Lerner optimale Qualifizierungsvoraussetzungen zu schaffen, die es ihm erlauben, bestmögliche Lernergebnisse zu erzielen.

4.1.2 Konvergenz von Lernen und Informieren?

„Verbringe die Zeit nicht mit der Suche nach einem Hindernis, vielleicht ist keines da" (*Franz Kafka*). Bei unserer damit verbundenen These sollte man sich von dieser Aussage zumindest leiten lassen.

> **These 2**: *„Zwischen ‚Lernen' und ‚Informieren' werden in Zukunft keine Unterschiede mehr bestehen".*

Worum geht es? Es betrifft das in der betrieblichen Praxis – insbesondere bei denen, die mit Wissen umgehen – leidige Thema: Gebe ich einer Person einen Input, damit er seine Arbeit ausführen kann oder damit er etwas für seine Arbeit lernt? Dies ist eng mit der „alten Frage aus der angewandten Pädagogik" verknüpft, was ist „nur Information" und was sind „Lerninhalte". Jeder, der im Trainingsbusiness aktiv ist, kennt diese Frage, da sie doch in die Organisation arbeitsteiliger Prozesse hineinwirkt und Verantwortlichkeiten bei den Beteiligten impliziert. So kommt zusätzlich Politik und Macht hinzu. Damit sind häufig ganze Bereiche, die mit Informations- und Wissensarbeit wie Produktinformation, Qualifizierungsbereich bis hin zum User Help Desk beschäftigt sind, in funktionalen Abgrenzungsdiskussionen verhaftet. Jeder weiß, dass es sich vordergründig ganz trefflich über diese Begrifflichkeiten streiten lässt, im Hintergrund dieser hitzigen Diskussionen steht häufig Machtstreben und Einflussnahme.

Wenn man postuliert, dass Lerninhalte zu transportieren und zu vermitteln mit den vielen übrigen Informationsprozessen, die in Organisationseinheiten gegeben sind, zusammenwachsen, dann muss man kurz über die beiden unterschiedlichen Aufgaben und Funktionen reflektieren. Da bereits ausführlich auf die Frage, was ist Lernen, eingegangen wurde[1] und auch die Merkmale von Daten, Informationen und Wissen hinlänglich aufgezeigt wurden[2], sei hier nur knapp ein pragmatischer Unterschied hervorgehoben.

Versteht man *Lernen* als die Aufnahme, Verarbeitung und Speicherung von Erfahrungen und meint, dass damit ein Zuwachs von Kenntnissen, Fähigkeiten, Fertigkeiten sowie Einsichten und soziale Kompetenz einhergeht, dann heißt Lernen auch Kompetenzsteigerung erreichen.

Dagegen verstehen wir unter *Informieren* die Weitergabe von Daten, Informationen und Wissen, das von einer Person oder einer Gruppe in einer konkreten

---

[1] Vgl. Teil II-2.2.1.
[2] Vgl. Teil I-2.

4.1 Quo vadis Wissensgesellschaft, Wissensorganisation und Wissenstechnik – Thesen   195

Situation aktuell zur Lösung eines Problems benötigt wird. Im betrieblichen Alltag steht für Informieren häufig: Faktenwissen mit Neuigkeitswert transportieren.

Bei einer näheren Betrachtung resultiert diese Sichtweise der Unternehmen in erster Linie aus den generellen Erwartungen an die Mitarbeiter. Jedes Unternehmen wünscht sich einerseits Mitarbeiter, die gut informiert sind, über ein gutes fachliches Wissen und persönliche Kompetenz verfügen, und damit gut qualifiziert sowie letztlich in ihrem Arbeitsfeld gut vernetzt sind. Andererseits müssen alle Informations-, Kommunikations- und Wissensprozesse möglichst problemlos vonstattengehen.

Um diesen Anspruch zu erfüllen, entstanden insbesondere in mittleren und größeren Unternehmen arbeitsteilige Prozesse. Häufig haben sich zwei parallel agierende Bereiche herausgebildet. Die einen sind für „Informieren" zuständig, die anderen praktizieren „Qualifizieren". Verdeutlichen lässt sich dies beispielsweise an der Automobilbranche, in der es in der Zentrale von Sales und Service zwei Bereiche gibt:

- *Serviceinformationseinheit:* Hier liegen alle Aufgaben und die Verantwortung für Daten und Informationen, die Relevanz für zentrale und dezentrale Serviceorganisation(en) haben. Primär sind damit zentrale Tätigkeiten verbunden wie
  - Fakten und Daten zu den Produkten (Fahrzeugen/Aggregaten/Systemen) sammeln,
  - Arbeits- und Diagnoseprozesse für Produkte (Systeme/Aggregate) ermitteln und verbindlich festlegen,
  - technische Informationen erstellen,
  - Dokumentationserfordernissen nachkommen

  sowie die dezentrale Serviceorganisation informieren durch

  - Informations- und Diagnosesysteme für die Organisation konzipieren und realisieren,
  - technische Inhalte bereitstellen,
  - technische Auskünfte erteilen.

- *Servicequalifizierungseinheit:* Aufgaben und Verantwortung im Zusammenhang mit dem operativen und strategischen Qualifizierungsprozess liegen in diesem Bereich. Dies umfasst in der operativen Vorbereitungsphase unter anderen
  - Wissensinhalte (deklariertes, prozedurales und kontextuelles Wissen) sammeln,
  - Lernziele ermitteln und festlegen,
  - Lerninhalte didaktisch aufbereiten,
  - Lernmethoden auswählen und die organisatorischen Voraussetzungen für den Lernprozess treffen

  und reicht bis zum Qualifizieren mit dem Ziel,

  - systematisch das Verhalten der Individuen aufgrund gewonnener und durchdachter Informationen (Wissen) zu verändern sowie
  - die Mitarbeiter in die Lage zu versetzen, Kenntnisse aus dem „Lernfeld" in das individuelle „Funktionsfeld" zu übertragen (situatives, fallbezogenes Wissen anwenden können).

Selbstverständlich lässt sich über die Abgrenzungen dieser Begrifflichkeit lang und akademisch diskutieren. Umso weniger wird zukünftig in der betrieblichen Praxis auf diesen formalen Unterschied Rücksicht genommen. Die Macht des Faktischen wird über kurz oder lang eine Verschmelzung von Informieren, Arbeiten und Lernen im innerbetrieblichen Arbeits- und Organisationsprozess zur Wissensvermittlung, -aufbereitung und -bereitstellung herbeiführen.

Aus diesen Gründen sollte man sich weniger mit Begrifflichem beschäftigen, als vielmehr sich auf die Gestaltung und Umsetzung des Inhalts der These konzentrieren. Zwei Ansätze zeigen auf, wo Wissensmanagement dazu beitragen kann, dass Informieren und Lernen unmittelbar am Arbeitsplatz oder direkt im Arbeitsprozess in Zukunft verstärkt Einzug halten sollte.

Ein Ansatz verfolgt das Ziel, E-Learning-Inhalte in den Workflow der Mitarbeiter einzubinden. Ganz konkret ist es beispielsweise vorstellbar, die Systeme, die den Sales- und Service-Prozess unterstützen, an geeigneten Stellen mit Lerninhalten anzureichern (Abb. II-20). Das ist beim Verkaufs- und After-Sales-Prozess möglich und reicht hin bis zur administrativen Abwicklung des gesamten Geschäftsprozesses in einem Händlerbetrieb der bereits zitierten Automobilindustrie. Das heißt, E-Learning als Teil des Gesamtsystems über alle Funktionen der gesamten Distributionsstufe zu praktizieren.

Ein weiterer Ansatz besteht darin, Mikro-Wissensbausteine in mobile Systeme zu bringen. Mobile Learning ist zwar kein Ersatz der bisherigen Lernformen, stellt aber durch entsprechende Gestaltung mobiler Lernangebote eine sinnvolle Ergänzung dar. Über Push- und Pull-Funktionen kann ein mobiler Zugriff auf Mikro-, Lern- und -Informationseinheiten realisiert werden. Push heißt in diesem Zusammenhang, einem (registrierten) Benutzer unaufgefordert Lerninhalt auf sein Handy

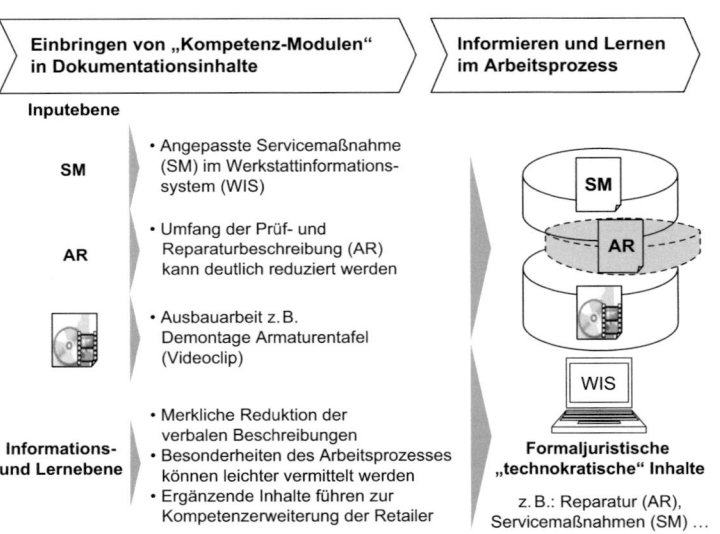

Abb. II-20 In den Informations- und Arbeitsprozess integrierte Lerninhalte („Kompetenz-Modul") am Beispiel eines Automobilhändlers

oder portablen Communicator zu übertragen. Bei der Pull-Funktion ruft der Benutzer aus einer „Wissensdatenbank" mit diesen Geräten die Lerninhalte ab.

Dass diese Möglichkeit durchaus praktikabel sein könnte, zeigen physische Netzentwicklungstrends. So wird das Breitband zunehmend auch in mobilen Systemen zur Anwendung gelangen. Verschiedene Firmen haben bereits erfolgreiche Lösungen erarbeitet und bieten breitbandige Technologien für Handys, Laptops und Geräte wie den Blackberry an.

Auch der Content für mobile Systeme wird zunehmen. Über 60 Millionen Deutsche besitzen ein Handy. Die UFA Film & TV Produktion GmbH entwickelt Formate speziell für das Handy, das heißt zwei- bis dreiminütige Filmsequenzen für den „Zwischendurch-Konsum". Es dürfte allerdings klar sein, dass Mobile Learning sich eher für die Nachbereitung von Lerninhalten eines bekannten Lernstoffes eignet als zum Erlernen neuer Studieninhalte. Dies ist in erster Linie darin begründet, dass die notwendige Konzentration bei umfangreicheren und komplexen Lerninhalten aufgrund der technischen Einschränkungen der Kommunikationsmedien, wie z. B. ein kleines Display, nur schwer erreicht werden kann.

Die Herausforderung liegt in der Entwicklung von Systemen, die eine situationsbasierte Inhaltsversorgung des mobilen Lernens sichern. Derartige intelligente Systeme müssen die Fähigkeit besitzen, an existierende computergestützte Lernangebote anschließen zu können, und idealerweise in der Lage sein, anhand des individuellen Lernfortschritts zu beurteilen, welche Lerninhalte in welchem Umfang in einer bestimmten Situation des Lernenden bereitgestellt werden sollen [vgl. KUSZAPA/SCHERM 2005].

Wie aufgezeigt, ist es für beide Ansätze (Workflow-determiniertes E-Learning und situationsbasiertes Mobile Learning) notwendig, Mikro-Lern- und -Informationseinheiten vorzuhalten. Aber wie so oft in der praktischen Verwirklichung dürfte hier weniger die Hardwaretechnik Schwierigkeiten bereiten, sondern vielmehr die Erstellung modularisierter Mikro-Wissenskonzepte und -inhalte. Dies kann nur auf Basis eines speziellen „Wissenskonzeptguides" erfolgen, der für diese neuartigen spezifischen Formate heute noch nicht gegeben ist. Hier sind die betrieblichen Entscheidungsträger gefordert, Initiative für eine eigene betriebsinterne Entwicklung zu ergreifen. Dabei müssen drei wesentliche Erfolgsfaktoren berücksichtigt werden:

- *„Weniger ist mehr ..."*: Umsetzung von (Add-on-)Beiträgen wirklich nur dann, wenn sie dem Anwender einen wirklichen Mehrwert bieten und Nutzen stiften.
- *„Stringente inhaltliche Formateinhaltungen ..."*: Insbesondere keine unkritische Übernahme von Beiträgen aus bereits existierendem Lernmaterial.
- *„Kein Bild ohne Ton ..."*: Wenn Videoclips Berücksichtigung finden, dann nur Videoclips mit begleitender Sprache oder mit hinterlegtem Untertitel, die erheblich mehr zum Transfer der Lerninhalte beitragen.

Wenn es gelingt, dass ein übergreifendes Wissensmanagement Lern- und Informationsprozesse in der Arbeitswelt enger zueinander bringt, dann entstehen nicht nur für die Organisation Effizienzverbesserungen und Kosteneinsparungen, sondern auch für Individuen ein erheblich transparenteres vielseitigeres Wissensangebot, das zusätzlich den Zugriff auf integrierte Daten, Informationen und Wissen erlaubt und dem Wissensnachfrager damit erhebliche Vorteile verschafft.

4.1.3 Präsenz-Learning versus Distance Learning

„Wie Fingerabdrücke und Stimmen sind die Lernstile der Menschen unterschiedlich. Die jeweiligen Lernstile bestimmen auch, wie Menschen an eine Aufgabe herangehen bzw. sich an Informationen erinnern. Dieser Lernstil erklärt auch, was sie bei einem Test wissen." Im mittelbaren Kontext zu dieser Aussage von *Lynn O'Brien* wird bewusst eine provokante These zur zukünftigen Entwicklung der betrieblichen Fort- und Weiterbildung aufgestellt.

These 3: *„Elektronisch unterstützte Wissensvermittlung verdrängt zukünftig das Face-to-Face-Training."*

Heute wird in Unternehmen in quantitativ unterschiedlicher Form elektronisch unterstütztes Lernen praktiziert. In einigen Studien [z. B. SCIL-Trendstudie: DIESNER/EULER/SEUFERT 2006] wird festgestellt, dass E-Learning inzwischen fester Bestandteil des betrieblichen Fort- und Weiterbildungsangebots ist und als eine Methode unter vielen als selbstverständlich genutzt wird. Dagegen besagen andere Untersuchungen [z. B. MMB-Trend Monitor I 2005], dass nur ein Viertel der Deutschen und nicht einmal jedes zweite Großunternehmen in der beruflichen Fort- und Weiterbildung elektronisch unterstütztes Lernen einsetzt. Besonders kleine und mittlere Unternehmen halten wenig von digitalem Lernen, zeigt eine digitale Studie [BROWN/MURPHY/WADE 2006], die im europäischen Raum gemacht wurde. Verantwortlich seien in erster Linie schlechte E-Learning-Publicity sowie vielfach mangelhaftes pädagogisches Design der Kurse. Gestützt wird diese Aussage durch eine vom Forschungsinstitut Betriebliche Bildung durchgeführte Studie [IMODE 2006], nach der nur vier Prozent der befragten Unternehmen E-Learning einsetzen.

Unabhängig von den Ergebnissen der unterschiedlichen Studien ist es schwierig, exakte Zahlen zu erhalten, da es relativ kompliziert ist, einen zur quantitativen Messung geeigneten Maßstab auszuwählen. Erschwerend kommt hinzu, dass für Präsenzlernen und Distance Learning vergleichbare Maßstäbe anzulegen sind und im Zeichen von Blended Learning der Aufwand zur Ermittlung zuverlässiger Ergebnisse zusätzlich erhöht wird.

Für alle Beteiligten ist in diesem Zusammenhang bedeutsam zu erfragen, wohin die zukünftige Entwicklung geht oder welchen Anteil das elektronisch unterstützte Training ausmachen wird.

Die heute eingesetzten klassischen Distance-Learning-Instrumente haben sich etabliert. Bei diesen Applikationen wird es keine dramatischen technischen Weiterentwicklungen geben. Für den Anwender bedeutet das wenig technisches Risiko, das ein Scheitern verursachen kann. Auch hinsichtlich der lange Zeit propagierten enormen Einsparungen beim Bildungsbudget ist mehr Transparenz eingetreten. Verbleiben als erfolgskritische Faktoren, Maßnahmen zur individuellen Lernkompetenz und -motivation zu überlegen, organisatorische Strukturen für arbeitsplatznahe Lernprozesse zu realisieren sowie Maßnahmen für den Praxistransfer vorzubereiten. Diese Aufgaben sind überschaubar und aufgrund des inzwischen eingetretenen Realitätsbewusstseins auch kalkulierbar. Von daher wird sich bei der Verbreitung dieser Instrumente ein eher geringes, aber trotzdem stetiges Wachstum einstellen.

Eine Neuentwicklung, die aus dem E-Learning entstanden ist, heißt *Mobile Learning* [vgl. ROTH 2002]. Dieses M-Learning, mit dem ein zeit- und ortsunabhängiges Lernen mit Kommunikation und in Verbindung mit Multimedia möglich ist, nimmt zu. Inwiefern zusätzlich *Pervasive Computing* (durchdringendes Computing) und *Ubiquitous Computing* (allgegenwärtiges Computing) [vgl. OGATA/ MATSUURA/YONEO 2005, siehe auch Teil II-4.2] in den nächsten Jahren das Pionierstadium verlassen und für ein praxisorientiertes Lernen und Lehren verfügbar gemacht werden können und so zu einem P-Learning bzw. U-Learning avancieren, hängt nicht zuletzt von der Verfügbarkeit von modular strukturiertem und dem Individuum nutzenstiftendem Wissen ab.

Einen steigenden Trend erfuhren in der jüngeren Vergangenheit Web 2.0 und Social Software. Mit dieser Entwicklung [vgl. Horizon Report 2006] erfolgt eine Akzentverschiebung in der Betrachtung des Internets als Verteilmedium von einem Sender zu vielen passiven Empfängern hin zu einem Kommunikationsmedium, bei dem jeder Empfänger zugleich auch Sender von Informationen sein kann. Dies ist zunächst grundsätzlich nichts Neues. Es gab bisher schon Chatrooms, Newsgroups und Tools für Computer Collaborative Works. Neu ist dabei die Handhabung über existierende Werkzeuge (z. B. Browser) und Geräte (z. B. Mobiltelefone), so dass eine Generation von Online-Software entsteht, die Teilnehmern einen aktiven Informationsaustausch ermöglicht und dabei durch Einfachheit und hohe Verfügbarkeit besticht.

Diese Entwicklung wird durch Weblogs oder Blogs ergänzt, die über Internetseiten als Medium genutzt werden, beispielsweise um berufliche Themen zu veröffentlichen. Blogs bilden dabei häufig den Start für eine Zusammenarbeit von Gleichgesinnten, die sich in ihren Blogs aufeinander beziehen, Wissen austauschen und gemeinsam erarbeiten [KOCH/HAARLAND 2004].

Und schließlich sind im Zeichen von Wikipedia sogenannte Wiki-Webs zu berücksichtigen, also einfache HTML-Seiten, die von jedermann einfach zu verändern und zu erstellen sind, und sich insbesondere für verteilte Gruppenarbeit und gemeinsame Produktion von Wissen eignen. Im gegenwärtigen Stadium wird mit Wikis vor allem als Kommunikationstool für Communities of Practice und zum Aufbau von Wissensdatenbanken experimentiert.

Aber zurück zur Ausgangsfrage nach der Geschwindigkeit der Entwicklungen und dem damit verbundenen Umstellungsgrad bzw. dem zukünftigen Anteil elektronisch unterstützten Trainings. Hier sollte keineswegs wieder in den Tenor der Fortschrittsbekundungen verfallen werden, die an der Jahrtausendwende jährlich 10–15 Prozent Zuwachsraten in E-Learning prognostizierten und Präsenz Learning in seminaristischer Form ein Nischendasein in Aussicht stellten. So muss den von den gleichen Vertretern nun verkündeten Slogans „E-Learning war einmal – Netzwerk-Lernen kommt" und „Wer sich in Communities bewegt, lebt frei nach dem Motto: Wenn du nicht auf MySpace bist, existierst du nicht" (*R. Laud,* Direktor des Centre for Academise Practice and Learning Enhancement University of Strathycle Glasgow) mit zurückhaltend kritischer Distanz entgegengetreten werden. Neue

Techniken, die für die Wissensvermittlung und -nutzung relevant sind, führen nicht zwangsläufig und vor allem nicht schlagartig zu neuen Lehr- und Lernformen, sondern werden allmählich von der Praxis assimiliert[3]. Von daher wird es zweifelsohne Wachstum in elektronisch unterstütztem Lehren und Lernen geben, wobei aber voraussichtlich jährlich keinesfalls eine 5-prozentige Steigerung gegenüber dem Präsenzlernen in der praktischen Umsetzung überschritten wird.

Es ist müßig, weiter über den zukünftigen Dominanzgrad von Distance Learning zu spekulieren und zu versuchen, im Kräftedreieck von Nutzerakzeptanz, Wirtschaftlichkeit und Technik einen allgemein gültigen Schwerpunkt zu bestimmen. Das heißt auch, den von allen Beteiligten aus Vergangenem und Gegenwärtigem erlebten, im emotional geführten Spannungsfeld gegebenen Schnittpunkt zwischen Euphorie und Ernüchterung zu finden und damit der voraussichtlichen zukünftigen Distance-Learning-Nutzung näherzukommen. Vielmehr muss sich jedes Unternehmen und jeder Trainingsdienstleister unter Berücksichtigung seiner besonderen Verhältnisse für einen für sich als ideal eingestuften Trainingsmethoden- und -medienmix entscheiden. Hilfreich ist es dabei für alle Beteiligten, aus dieser Bewertung eine Distance-Learning-Quote bzw. zumindest einen Zielkorridor festzulegen und konsequent weiterzuverfolgen. Damit wird gleichzeitig auch dem latent gegebenen – teilweise wenig zielführenden – Wettbewerb zwischen den Vertretern der unterschiedlich favorisierten Trainingsformen und -medien entgegengewirkt.

Ungeachtet dieser Spekulationen und den zu erwartenden technischen Entwicklungen und Trends hinsichtlich physischer Netzwerke, Bandbreiten, Übertragungsprotokollen und dem Zusammenwachsen von Television und IT-Welt wird in Zukunft weder die Hard- und Software noch die Übertragungstechnik entscheidend sein für erfolgreiche, elektronisch unterstützte Wissensvermittlung im betrieblichen Alltag. Vielmehr gibt es vor allem drei ganz pragmatische Anforderungen, die mit einem erfolgreichen Wissenstransfer und einer breiten Wissensaufnahme verbunden sind:

- *Modulare Trainingsprogrammentwicklung:* Es wird derjenige erfolgreich sein, dem es gelingt, ein integriertes und verzahntes Wissensangebot bereitzustellen. Ziel muss es sein, den unterschiedlichen Output bezüglich der verschiedenen Medien, Programmierung und sonstigen Content-Quellen nach einheitlichen Standards zu entwickeln, auf einer integrierten Bildungsmanagementplattform zwischenzuspeichern und bereitzustellen. Dabei müssen die Konzeptionisten modularisierte Trainings entwickeln, die mosaikförmig zusammengefügt sind

---

[3] Vgl. dazu auch die bereits zitierte Vergleichsstudie [siehe Anmerkung in Teil II-2.5.1] von „LernNet" (1999) und „LERNET" (2008) [MMB/PSEPHOS 2000 und BMWi 2009]. Auf die Frage: *„Welche Lernmethoden in den kommenden drei Jahren eine hohe Relevanz für die betriebliche Weiterbildung voraussichtlich haben werden"?*, meinen Bildungsplaner und -nutzer, dass Präsenz-Learning unverändert eine herausragende Stellung für Unternehmen besitzen wird (71 Prozent). Einen ähnlich hohen Wert (67) Prozent erreicht Blended Learning. Dagegen wird dem reinen E-Learning ohne begleitendes Präsenz-Learning eine deutlich geringere Bedeutung (36 Prozent) beigemessen. Dagegen sehen ca. ein Viertel der Befragten bei den Instrumenten des E-Learning 2.0 (25 Prozent) sowie Lerner Communities (23 Prozent) zukünftig eine höhere Relevanz [GOERTZ/MICHEL 2009].

und einer Vielzahl von unterschiedlichen Zielgruppen und Medien zugeführt werden können (von singulären zu pluralistischen Bestimmungs- und Nutzenformen).
- *Permanentes Lernangebot:* Die Wissensaufnahme wird dann erfolgreich sein, wenn es gelingt, den potenziellen Teilnehmern ein breites und vielfältiges Spektrum von Plätzen und Gelegenheiten anzubieten, an denen gelernt werden kann, und den „Add-on-Wissenszuwachs" in unterschiedliche Arbeits- und Lebensbereiche hineinzutragen. Und wenn es zusätzlich gelingt, das Internet/Intranet als kombiniertes Informations- und Kommunikationsmedium zu nutzen, so dass Lerninhalte nicht nur zur Verfügung gestellt werden, sondern eine Betreuung durch Trainer organisiert sowie die Kommunikation und Kooperation unter den Lernenden in synchroner und asynchroner Form ermöglicht wird (vom ausschließlich formalen zum ergänzenden informellen Lernen).
- *Wiedererkennungsgrad der „heimischen Lernwelt":* Die Wissensvermittlung wird besonders dann erfolgreich sein, wenn dem Lernenden, egal ob er sich in einem dezentralen Trainingscenter, am Arbeitsplatz, im Büro oder zu Hause am PC oder beim Spiel befindet, ein einheitliches standardisiertes Portal zur Verfügung steht. Dieses „heimatliche Bezugsfeld" ist für einen zielgerichteten Qualifizierungsprozess für den Lernenden zur Wiedererkennung, zum Wohlfühlen und Vertrauen Erlangen besonders wichtig (von einem neutralen zum persönlichen Lernen).

Erst ein durchgängiger und modular strukturierter Entstehungs-, Transfer- und Nutzungsprozess von Lerninhalten (Abb. II-21) bietet die Voraussetzung für den Erfolg beim Lernen von Anwender und Nutzer und muss zur zentralen Aufgabe eines permanenten operativen Wissensmanagements gemacht werden.

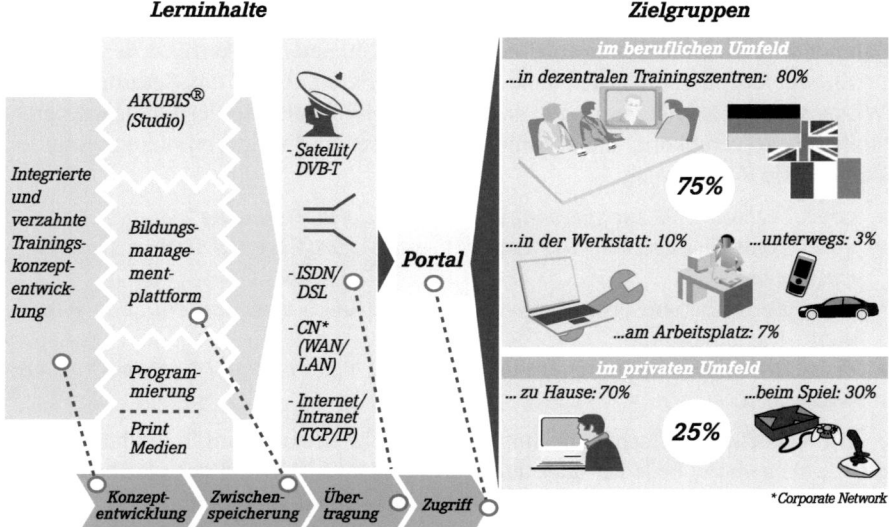

Abb. II-21 Entstehungs-, Transfer- und Nutzungsprozess von Lerninhalten

4.1.4 Wissensbausteine für Kompetenzlücken

„Wer aufhört, besser zu werden, hat aufgehört, gut zu sein" (*Phillip Rosenthal*, Unternehmer, 1916). Um besser zu werden, müssen Wissens- und Kompetenzdefizite ausgeglichen werden. Das führt unmittelbar zur nächsten These.

> **These 4:** *„Qualifizieren und Lernen heißt Schließen von Kompetenzlücken."*

Diese These steht mit einem allgemeinen Trend in Verbindung, der heißt: „Weg vom Lernen auf Vorrat hin zum problemorientierten Lernen" [GRÄSEL/MANDL 1999]. Konkret bedeutet das, weg von dem im großen Umfang unterrichtsmäßig vermittelten und in Prüfungen reproduzierbaren Wissen, also einem Input-orientierten Lernen. Dafür mehr hin zur konstruktiven Erschließung von Problemen, einer in Anforderungssituationen demonstrierbaren Kompetenz. Ebenso sollte es mehr hin zu einer vermehrten Nutzung und sinnvollen Anwendung des verfügbaren einschlägigen Wissens für die Lösung von Aufgaben und Problemen gehen. Ziel muss ein mehr Output-orientiertes Lernen sein.

Mit diesem Trend geht der Wunsch nach zunehmender Individualisierung von Lernen einher. Bildungswillige möchten vorzugsweise immer nur den Teil lernen, der zur jeweiligen Lösung ihres unmittelbar anstehenden Problems notwendig ist, und Unternehmen präferieren, möglichst gezielt auf diese Defizite einzugehen – nicht zuletzt aus Effizienz- und Kostengründen. Von daher ist es aus Sicht von Arbeitnehmern und -gebern notwendig und vorteilhaft, anstelle von Lernen auf Vorrat, Wissenslücken zu schließen, die sich in konkreten berufspraktischen Situationen auftun. Dieser Bedarf zeigt sich auch am wachsenden Angebot von Coaching auf dem Weiterbildungsmarkt, wo Klienten individuell gefördert und unterstützt werden. Wie aber können individuelle Lernbedürfnisse in formalen Weiterbildungsangeboten berücksichtigt werden oder anders ausgedrückt, welche konkreten Maßnahmen sind zur Beseitigung von Wissens- und Kompetenzlücken erforderlich?

Entscheidet man sich, den Fokus der Qualifizierung auf die Beseitigung von Wissenslücken zu richten und diese Trainingsphilosophie in der Qualifizierungsstrategie zu verankern, dann fordert die Umsetzung eines problemorientierten Lernens die Realisierung

- eines Testkonzepts zur *„personifizierten Standortbestimmung"*,
- eines Skill-Management-Systems für einen *„professionalisierten Qualifizierungsprozess"*,
- eines Zertifizierungsprozesses von Schlüsselfunktionen, um ein *„Job enrichment"* herbeizuführen,
- eines Bildungslebenslaufs, um den Anspruch von *„Lifelong Learning"* zu verwirklichen.

Die Umsetzung dieser Maßnahmen bietet große Chancen auf Individualisierung des Lernangebots, bedeutet aber auch ein sehr langfristig und gezielt überarbeitetes Trainingsportfolio und einen darauf abgestimmten Qualifizierungsprozess. Drei Säulen (Abb. II-22) bilden das tragende Konstrukt dieser Qualifizierungsphilosophie.

4.1 Quo vadis Wissensgesellschaft, Wissensorganisation und Wissenstechnik – Thesen

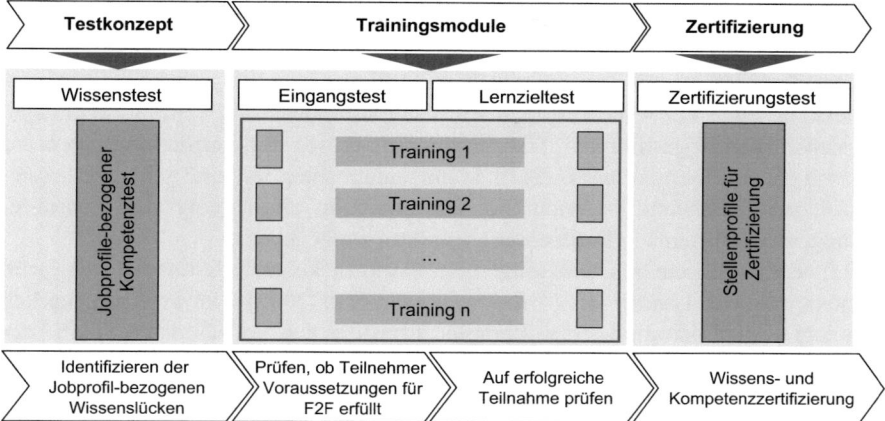

Abb. II-22 Drei Säulen einer Qualifizierungsstrategie – *Testen – Trainieren – Zertifizieren*

Die erste Säule stellt das Testkonzept dar. Es beinhaltet einen Wissens- und Kompetenztest in Bezug auf das für den Betreffenden jeweils zugrunde liegende Jobprofil mit dem Ziel, die Wissenslücke des Einzelnen zu identifizieren. Das setzt eine sehr klare und transparente Definition der verschiedenen Jobprofile voraus. Nur wenn Vollständigkeit gegeben ist, kann ein Abgleich mit dem Wissen und den Kompetenzen des Mitarbeiters erfolgen. Damit ist eine wichtige Voraussetzung für eine gezielte Qualifizierung gegeben.

Eine zweite Säule ist für das Schließen der Wissenslücken verantwortlich. Ein erster Schritt besteht darin, für die identifizierten Wissenslücken die zugehörigen Trainingsmodule zu suchen. Diese Trainingsmodule bilden eine Art „Bausteine" für ein Wissens- und Kompetenzgebäude und müssen in aller Regel neu erstellt bzw. angepasst werden. Über einen Eingangstest kann festgestellt werden, ob der Teilnehmer die Voraussetzungen für das ausgewählte Trainingsmodul mitbringt. Dies setzt ein einheitliches, standardisiertes Eingangstestkonzept voraus mit Wissenstest und ggf. praktischem Fertigkeitsnachweis. Nach Absolvieren des Trainingsmoduls ist über einen „Lernzieltest" festzustellen, ob der Teilnehmer erfolgreich an der Qualifizierung teilgenommen hat.

Der Nachweis, dass ein Mitarbeiter auf der Basis ausgewählter Standards einen Qualifizierungsprozess absolviert hat und darüber ein Zertifikat erhält, wird unverändert einen hohen Stellenwert haben. Diese Zertifizierung bildet deshalb auch die dritte Säule im formalen Qualifizierungsprozess. Daran wird sich auch nichts Grundlegendes durch das Aufkommen von informellem „Wissenserwerb" ändern, der per se kein Lernen für ein Zertifikat oder einen Abschluss darstellt. Zumindest müssen die von Unternehmen als „Schlüsselfunktionen" definierten Jobs eine auf ihr Stellenprofil bezogene Zertifizierung durch eine Wissens- und Kompetenzzertifizierung nachweisen. Daneben kann es zusätzlich hilfreich sein, Weblogs zur Dokumentation der eigenen Lernkarriere und als digitale Sammlung von Lernergebnissen (Zeugnisse, Zertifikate etc.) einzusetzen. Sie können ein Mittel sein, um Lernerfahrungen und -erfolge aus formalen und informellen Lernprozessen systematisch zu erfassen und das Kompetenzprofil des Lernenden darzustellen [BAUMGARTNER 2005].

Das Testkonzept mit dem Anspruch, den allgemeinen Wissensstand des Mitarbeiters, bezogen auf seinen Job, zu lokalisieren, und die auf seine individuellen Wissenslücken abgestimmten Trainingsmodule sowie der Zertifizierungsprozess müssen in ein übergeordnetes Skill Management integriert und von diesem gesteuert werden. Damit ist auch die Notwendigkeit eines geeigneten Learning-Management-Systems in Form einer Lernplattform gegeben.

Mit dieser Erkenntnis wird eine Lernplattform keinesfalls obsolet oder zum „Datengrab ohne Leben" [so *M. Kerres* bei HARTGE 2007]. Nur eine ganzheitlich angelegte Administrations- und Lernplattform, die den vollständigen Qualifizierungsprozess in allen Schritten dokumentiert, unterstützt und steuert, kann sicherstellen, professionelles Wissensmanagement überhaupt zu praktizieren. So bleibt formale Qualifizierung nicht dem „Zufall" oder dem „freien Spiel der Kräfte" überlassen.

Es dürfte einsichtig sein, dass die Anforderungen, die aus einer zunehmenden Individualisierung resultieren und seitens der Unternehmen und Bildungsinstitute durch die bewusste Fokussierung und Beschränkung sich auf die Schließung von Wissenslücken konzentrieren, dem Wissensvermittler und Lerner höchsten Grad an Professionalität abverlangen. Das bedeutet auch, dass die Funktionalitäten, die über heutige Learning-Management-Systeme praktiziert werden, zusätzliche Ergänzungen finden, gegenwärtige Funktionen in den Hintergrund drängen und so eine *Bildungsmanagementplattform* entstehen lassen (Abb. II-23). Eine derartige Plattform muss einen Hort und ein Portal zur Optimierung der Planung, Steuerung und Durchführung zukünftiger Qualifizierung bilden. Dabei ist es notwendig, sich an den verschiedenen Phasen des gesamten Qualifizierungsprozesses auszurichten und das Spektrum von der Ermittlung des Qualifizierungsbedarfs über die Zielbestimmung, die Konzeption, Planung und Durchführung von Bildungsmaßnahmen

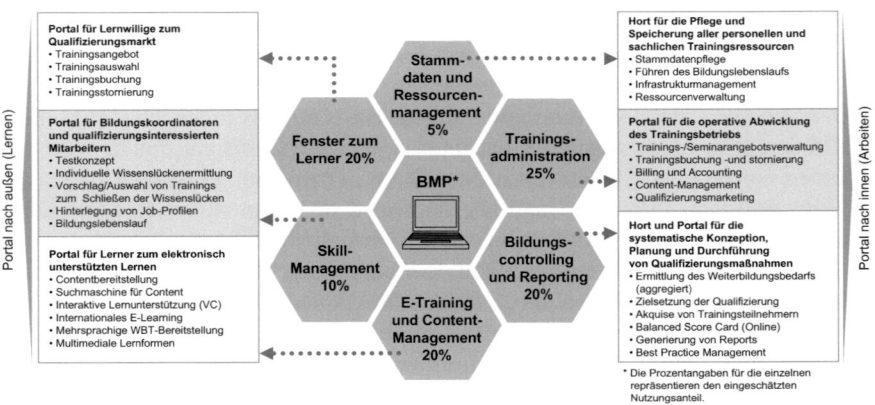

Abb. II-23 Die *Bildungsmanagement Plattform* (*BMP*) ein Hort und Portal zur optimalen Planung, Steuerung und Durchführung von Qualifizierung

bis hin zur Erfolgskontrolle und Sicherung des Transfers in das Arbeitsfeld reichen zu lassen. Hierbei müssen auch Fragen nach der Effizienz, Effektivität und dem Nutzen beantwortet werden.

Für den Bildungswilligen stellt eine Bildungsmanagementplattform einen Weg in Richtung eines Personal Learning Environment dar, das sich über das gesamte formale Präsenz- und Distance-Learning-Spektrum erstreckt, aber auch informellen Wissenserwerb einschließt und im Handling einem durchschnittlich versierten Wissensnachfrager einen hohen Grad an Flexibilität und Gestaltungsfreiheit gestattet.

4.1.5 Formales und informelles Lernen

„Wenn aber die stolze Flotte der Bildungsträger und die immer größer werdende Armada der lernenden Unternehmen nicht stärker auf die gewaltigen Eisberge achten, die da in Gestalt des informellen Lernens auf sie zukommen, kann es einem Teil von ihnen wie der Titanic gehen, die längst auf dem Meeresboden ruht" (*David W. Livingstone*). Im unmittelbaren Kontext steht unsere These zum formalen und informellen Lernen.

> T h e s e   5: *„Informelles Lernen setzt sich zukünftig gegenüber dem formalen Lernen durch!"*

Was heißt formales und informelles Lernen? Woraus resultiert diese Behauptung? Wie zeigt sich informelles Lernen? Was bedeutet das für den Lerner und was kommt hier auf Unternehmen zu?

In der angloamerikanischen Literatur wird im Allgemeinen zwischen „formal learning", „non-formal learning" und „informal learning" unterschieden [COUNCIL OF EUROPE 2000]. Daran angelehnt wird das planmäßig organisierte, gesellschaftlich anerkannte Lernen im Rahmen eines von der übrigen Umwelt abgegrenzten öffentlichen Bildungssystems als formales Lernen („formal learning") bezeichnet. Dagegen werden unter dem Oberbegriff des informellen Lernens („informal learning") [GARRICK 1998, DOHMEN 2001] alle Formen des Lernens subsumiert, die in der gesamten Umwelt außerhalb des formalisierten Bildungswesens („non-formal learning") stattfinden. Dies umfasst auch das weite Spektrum ungeplanten, beiläufigen („incidental learning"), impliziten und oft unbewussten Lernens für alle von den Lernenden selbst ohne Bildungsunterstützung entwickelten Lernaktivitäten.

Informelles Lernen ist dabei in erster Linie ein instrumentelles Lernen, ein Mittel zum Zweck. Der Zweck ist – im Gegensatz zum formalen Lernen – nicht das Lernen selbst, sondern die bessere Lösung einer außerschulischen Aufgabe, einer Situationsanforderung, eines Lebensproblems mit Hilfe des Lernens. So schließt informelles Lernen sowohl unbeabsichtigtes und unbewusstes beiläufiges Lernen wie auch ein bewusstes absichtliches Lernen in einer Nicht-Lernorganisation ein, wobei die Übergänge in der Praxis fließend sind [WATKINS/MARSICK 1992].

Nach Schätzung [FAURE 1972, LIVINGSTONE 1999] finden etwa 70 Prozent der Lernprozesse von Erwachsenen außerhalb von Bildungsinstitutionen statt. Wo glauben die Menschen zu lernen? Die meisten Bürger sind der Meinung, dass sie am besten in informellen Lernumfeldern lernen [vgl. dazu bereits Untersuchungen Anfang 2000: CEDEFOP 2003][4]. Dabei sind die Beteiligung an unterschiedlichen Tätigkeiten zu Hause (69 Prozent), bei Zusammenkünften mit anderen Menschen (63 Prozent) und Freizeitaktivitäten (51 Prozent) die am weitesten verbreiteten Kontexte, in denen die Mehrzahl der Bürger meint, etwas gelernt zu haben. Das informelle Lernen am Arbeitsplatz – entweder bei der Ausübung der beruflichen Tätigkeit (44 Prozent) oder während anderer Aktivitäten (41 Prozent) – wird am nächsthäufigsten genannt. Formale Lernumfelder (z. B. Schulen, Hochschulen und Berufsschulen) als erlebte bedeutsame Lernkontexte wurden lediglich von 17 Prozent der Befragten angeführt.

Wenn man sich mit informellem Lernen beschäftigt, dann verlangt dies, sich mit einer ganzen Reihe unterschiedlicher Entwicklungstendenzen, die einen Einfluss ausüben, auseinanderzusetzen. Hier stehen sich Entgrenzungs- und Begrenzungstendenzen [VOß 1998] für ein Lernen in der Informationsgesellschaft gegenüber.

Bisher folgten einer Erstausbildung institutionell organisierte Fort- oder Weiterbildungsmaßnahmen, die meist einem beruflichen Aufstieg oder einer Anpassung an veränderte Arbeitsbedingungen dienen sollten. Gegenwärtige Veränderungen der Arbeitsgesellschaft entgrenzen diese traditionelle Vorstellung vom Lernen und lassen einen neuen Typus der gesellschaftlichen Organisation des Lernens entstehen [QUEM-REPORT 2000]. Dieser neue Typ Lerner ist an Bildungskontexte gebunden, die einerseits an den gesellschaftlichen Lebensprozess angekoppelt bzw. nachgebildet sind, andererseits durch das Individuum selbst gesucht und gestaltet werden. Ziel ist es, Kompetenzen zu erreichen, die sich verändernden Bedingungen anpassen und auf die ständige Neuorganisation der eigenen Persönlichkeitsdispositionen orientiert sind.

Es würde zu weit führen, hier auf die Vielzahl von Veränderungen, die auf den Arbeitsprozess wirken, einzugehen [vgl. dazu DOHMEN 1996, DEHNBOSTEL/MARKERT 1999]. Diese Zusammenhänge lassen sich auch als *Erosion der alltäglichen Lebensführungen* bezeichnen und bedeuten so viel wie eine erwerbsgerichtete Durchgestaltung des alltäglichen Lebens und eine effizienzorientierte Organisation aller alltäglichen Aktivitäten im sozialen Umfeld unter der Sicht aktueller oder potentieller Erwerbstätigkeit [VOß/PONGRATZ 1998]. Stellvertretend sollen vier Tendenzen angeführt werden, die zu den gravierenden Entwicklungen gehören:

- *Zeit:* Wie bereits mehrfach angeführt, geht der Trend eindeutig zum Lernen auf die gesamte Lebenszeit. Dabei gilt die aktive Erwerbsarbeitszeit als besonders intensive Lernphase. Die Zeiten für Arbeit, Freizeit, privat und geschäftlich, gehen ineinander über und sind nicht mehr isoliert zu betrachten.

---

[4] Die mündlichen Befragungen fanden in allen Mitgliedstaaten der Europäischen Union sowie in Norwegen und Island von Januar bis März 2003 statt. Insgesamt wurden 18.227 Befragungen durchgeführt. Die Auswahl für die Interviews erfolgte durch eine repräsentative Stichprobe, die im Schnitt in jedem Land 1.000 Personen über 15 Jahre umfasste.

- *Raum:* Informations- und Kommunikationstechnologien machen das Lernen unabhängig von bestimmten Lernorten und erlauben, ein multiples System vielfältiger Qualifizierungsorte zu konzipieren.
- *Mittel:* Der Einsatz und das Aufkommen neuartiger Informations- und Kommunikationstechnologien gestatten beliebig vernetzte Lernkooperationen.
- *Sinn:* Der neue Typus der Arbeitskraft ist gefordert, die jeweiligen Arbeitskraftmuster aktiv zu gestalten ohne sofortigen sichtbaren Verwertungszusammenhang. So wird Bildung nicht nur Besitz, sondern wertvolles Eigentum.

Besonders die beiden letzten Kriterien helfen bei der Bewältigung von situations- und anwendungsbezogenen Problemen, die sich aus einer konkreten Aufgabe ergeben. Vor allem wenn es darum geht, Wissen schnell verfügbar zu haben, kommen formale Qualifizierungsangebote teilweise zu spät. Deshalb nutzen Mitarbeiter das Internet und greifen verstärkt auf Online Communities zu, um eine Problemstellung mit Experten und Kollegen zu diskutieren. Berufsbezogene Online Communities sind in der Regel informelle Personengruppen mit einem gemeinsamen Interesse an einer Fragestellung, die über netzgestützte Diskussionen und Erfahrungsaustausch voneinander lernen.

Damit wird keineswegs die Meinung vertreten, dass das beiläufige Lernen während oder außerhalb der Arbeit in Form von Versuch und Irrtum und mit Hilfe von Web 2.0 mit Wikis, Weblogs und Podcast ein Allheilmittel gegen PISA-Schock und chronische Bildungsmisere ist und zu einem Paradigmenwechsel in der Fort- und Weiterbildung führt sowie den „Mythos Weiterbildung" zerbrechen lässt [STAUDT/KRIEGESMANN 1999]. Vielmehr ist es so, dass durch die mit dem Social Computing einhergehenden Möglichkeiten, Inhalte ständig zu modifizieren und zu optimieren, sich auch deren Qualität und Perfektion mehr und mehr verbessert. Deshalb ist es angezeigt, formale Lernkanäle durch informelle Wege zu ergänzen.

Diesen Entgrenzungstendenzen stehen mindestens ebenso viele Begrenzungen des Lernens gegenüber. Auch hier sei stellvertretend auf wenige, aber relevante Begrenzungen [QUEM-REPORT 2000] hingewiesen:

- *Selbstorganisationsfähigkeit:* Diese Voraussetzung für das künftige Lernen von Individuen ist selbst Ergebnis von Lernprozessen, die ungesteuert und ohne fremde (Lehr-) Unterstützung sich nicht herausbilden können.
- *Motivationsfähigkeit:* Entgrenztes Lernen setzt ein Individuum voraus, das motiviert lernen will. Eine solche anthropologische Konstante ist aber Illusion, die Motivation und der Antrieb zum Lernen entstehen aus der Lernanforderung der Lernsituation heraus. Individuen, die diese Lernsituation ständig entbehren, werden nur in Ausnahmefällen eine Selbstmotivation auslösen können.
- *Bildungsfähigkeit:* Komplizierte Produktionstechniken und Innovationen verlangen fachspezifisches Wissen und damit Qualifikation. Allein das „Wie" ohne das „Was" wird scheitern. Deshalb ist eine fundamentale Basis- und Allgemeinbildung unverändert und zukünftig unter dem Aspekt des Arbeitskraftunternehmers von zusätzlicher Bedeutung.

Aus der Vielzahl der Begrenzungen resultiert die Erkenntnis: Auch informelles Lernen will gelernt sein und bedarf der Unterstützung. Damit sind Unternehmen aufgefordert, sich diesen Entwicklungstendenzen zu stellen und sich zu positionieren. Beispielhaft müssen in einem ersten pragmatischen Ansatz folgende Punkte beachtet werden:

- *Mitarbeiter und Managementebene müssen in den Veränderungsprozess einbezogen werden:* Hierbei geht es in erster Linie darum, die grundsätzliche Bereitschaft und den gegebenen Stand des informellen Lernens auszuloten. Parallel ist Aufklärung zu leisten, dass informelles Lernen vom selbstbestimmenden Lernrhythmus des Mitarbeiters bestimmt ist und teilweise auch nur sporadisch gegeben ist. Dabei muss verdeutlicht werden, dass die Grenzen zwischen formalem und informellem Lernen unscharf sind, aber gerade deswegen eine Positionierung des Unternehmens erforderlich ist. Die Vermischung von Arbeit und Freizeit ist mit der Frage verbunden, ob Lehrgangsangebote, die heute überwiegend während der Arbeitszeit stattfinden, zukünftig ganz oder teilweise in die freie Zeit der Mitarbeiter hineingetragen werden sollen. Das kann einerseits durch Freistellung während der Arbeitszeit sein, das kann andererseits auch das Wochenende sein oder nach Feierabend. Dies wiederum ist eng mit der Frage nach der Weiterbildung als „Hol- oder Bringschuld" verbunden und ob mit oder ohne Kostenbeteiligung Wissenserwerb möglich ist. Entscheidend ist, dass Unternehmen diese Fragen aufgreifen, Entscheidungen treffen und die Integration des informellen Lernens als relevantes Gestaltungsfeld begreifen.
- *Anreizsysteme müssen geschaffen werden:* Wenn Unternehmen informelles Lernen fördern, ist beispielsweise zu prüfen, inwiefern Betriebe die Gebühren für Internetanschlüsse zu Hause übernehmen können, um das Selbstlernen mit neuen Lernmedien zu unterstützen. Das heißt aber auch, die Gestaltung lernfördernder Strukturen in Form von Netzwerken zu intensivieren, partnerschaftliche Lernkonzepte zu entwickeln, die heute weitgehend geschlossenen Curricula zu öffnen und die verbreitet gegebene Lehrorientierung (lehrerzentriert) zur Lernförderung (lernerzentriert) zu verändern.
- *Organisatorischen Anforderungen muss nachgekommen werden:* Hierzu zählen, Gespräche mit Arbeitnehmervertretern zu führen und Regelungen für Lernen außerhalb des Unternehmens und der Arbeitszeit zu treffen. Weiterhin muss überlegt werden, inwiefern auch informelles Lernen zertifiziert werden kann [BRETSCHNEIDER/PREIßER 2003]. Und letztlich ist das Unternehmen aufgefordert, einen Veränderungsprozess anzustoßen, mit dem Ziel, einen Funktionswandel im Qualifizierungsbereich zum Lerndienstleister herbeizuführen. Das geht einher mit der Entwicklung vom Kursanbieter zur Gestaltungsagentur, von geschlossenen Lehrgängen zu modularen Bausteinen und reicht bis zur zusätzlichen flexiblen Mitarbeiterbindung über Netzwerke.

Ergebnis: Mit der Flexibilisierung der Lebenswelten werden auch die Lernwelten flexibilisiert [TULLY 2006]. Formales Lernen wird dabei zunehmend durch informelles Lernen ergänzt. Wie schnell informelles Lernen voranschreitet und damit unter anderem die betriebliche Fort- und Weiterbildung dominiert, ist abhängig von verschiedenen Einflussgrößen. Zum einen wird das Anregungs- und Unterstützungspotenzial, das aus der betrieblichen Umwelt resultiert, entscheidend sein. Zum anderen hängt es vom Verlauf des Übergangs von der Erwerbsarbeits-

zur Lebensarbeitsgesellschaft ab, in der Lebensarbeit statt Erwerbsarbeit praktiziert wird, sich Arbeit und Leben entgrenzen und beide Lebenssphären durchmischen. Und schließlich ist es davon abhängig, mit welcher Intensität das Individuum Lernmöglichkeiten sucht, wahrnimmt und realisiert. So wird der Dominanzgrad für informelles Lernen auch von den Entwicklungsfortschritten, der Kompetenz und der Motivation des Individuums zur Selbstorganisation seines Lernens und dem Transfer in die berufliche Praxis bestimmt. Dies geht einher mit der Dynamik zur Erreichung seines stabilen „Selbst" (Selbstwert, Selbstbehauptung, Selbsterfüllung etc.) und in Richtung eines „Homo Lernicus".

Unabhängig von der Entwicklungsintensität des informellen Lernens in der Zukunft führen die Transformationen in der Qualifizierungslandschaft, die sich in den Entgrenzungs- und Begrenzungstendenzen widerspiegeln, zu einer neuen Architektur der Fort- und Weiterbildung und erzwingen regelrecht ein professionelles Wissensmanagement.

4.1.6 Verhaltenstraining dominiert Fachtraining

„Es ist schwierig Vorhersagen zu machen – besonders über die Zukunft" (*Robert Storm Petersen*). Ähnlich kompliziert ist die Frage nach der Gewinnung und Auswahl von sinn- und nutzenstiftenden Lehrprogrammen und -inhalten. Dies mündet häufig in die Frage: Wird zukünftig mehr Fach- oder mehr Verhaltenstraining angeboten und nachgefragt?

> These 6: *„Verhaltenstraining dominiert Fachtraining"*.

Ausgangsfrage ist dazu, welche Qualifizierungsleistungen und -Inhalte werden in Zukunft vorzugsweise benötigt und nachgefragt. Um hierzu eine Prognose zu wagen, ist es notwendig, sich zunächst damit zu beschäftigen, wie sich die Lehrpläne sowohl von unternehmensinternen als auch externen Bildungsdienstleistern in Hinblick auf die zu vermittelnden Lerninhalte definieren und wie im Allgemeinen curriculare Inhalte Eingang und Verbreitung in der unternehmensbezogenen Bildungslandschaft finden.

Einen Qualifizierungsbereich hinsichtlich der Inhalte einzuordnen, bedeutet auf der Basis der Vision und Strategie des Unternehmens, die curriculare Struktur festzulegen und dann mit entsprechenden Inhalten für ein Qualifizierungsportfolio auszufüllen. Diese scheinbar triviale Forderung geht angesichts der häufig fast schon pathologischen Fixierung vieler Unternehmen auf rein technische Aspekte wie Auswahl von Instrumenten oder einer geeigneten Lernplattform vollkommen unter. Vielfach heißt es auch, dass die Inhalte den Qualifizierungserfordernissen von Mitarbeitern und Führungskräften entsprechen müssen und unverzichtbare Kerninhalte enthalten müssen.

Aus diesem teilweise diffusen Vorstellungsbild und häufig aus einem konkreten Problemdruck kristallisieren sich dann primär Lerninhalte heraus, die zur Wertschöpfungskompetenz führen sollen [SCHOLZ/STEIN 2001].

Diese gegenwartsorientierten Wertschöpfungskompetenzen als Lernziele erfordern einen maßgeschneiderten Branchen- und Unternehmensbezug, um den spezifischen Marktanforderungen zu entsprechen. Im Einzelnen geht es dabei um folgende Punkte:

- *Marktschwerpunkt:* Die Mitarbeiter müssen die grundlegenden Charakteristiken dieses Marktes, deren bestimmende Akteure sowie die Produkte kennen.
- *Markzugang und -regeln:* Um im Markt und Wettbewerb zu bestehen, müssen die Mitarbeiter die Anforderungen der Marktbearbeitung verstehen und mit den „Spielregeln des Marktes" umgehen können.
- *Expertenwissen:* Die Mitarbeiter müssen über spezielles Know-how, das zur Leistungserstellung in diesem Markt notwendig ist, verfügen.
- *Dienstleistung und Technologie:* Die Mitarbeiter müssen Rolle und Funktion von Kundenorientierung und die Technologien, mit deren Hilfe Wertschöpfung im Markt erzielt wird, verstehen.
- *Kultur:* Die Mitarbeiter müssen schließlich die Integrations- und Profilierungswirkungen der Unternehmenskultur vertreten.

Neben der Breite der Themen, die aus den aktuellen Anforderungen resultieren, ist die Konzeptionierung curricularer Inhalte auch im Hinblick zukunftsorientierter Innovationspotentiale von Bedeutung. „Zukunftsfähigkeit" ergibt sich aus den visionären Vorstellungen des Unternehmens, ebenso wie aus aktuellen theoretischen und praktischen Forschungsergebnissen. Solche Themen in das Trainingsportfolio aufzunehmen, ist allerdings abhängig vom Ausmaß der proaktiven Orientierung des Unternehmens.

Betrachtet man die *Entwicklungsmethoden zur Generierung von Inhalten*, so lassen sich in der Praxis Ansätze feststellen [SCHOLZ/STEIN 2001], die teilweise parallel laufen.

Bei einer rein *prozeduralen Vorgehensweise* fokussiert das Training zunächst auf die individuellen Fertigkeiten und Qualifikationen mit dem Ziel, innerhalb des Unternehmens eine gewisse Standardisierung des Wissens zu erreichen. Darauf aufbauend steht dann häufig die Organisationsentwicklung und das unternehmerische Change-Management im Vordergrund, um anschließend dann Unterstützung bei der strategischen, strukturellen und dem kulturellen Wandel unter Einbringung von Wertschöpfungspartnern zu leisten.

Sieht man die Entwicklung für die Inhalte *personen-* und *sachorientiert,* dann werden Mitarbeiter „ausgesendet", um neue Inhalte, die produktbezogen sind, bzw. Trends- und Forschungsergebnisse, die für das Unternehmen und die Wertschöpfung relevant sind, aufzuspüren und sie zum frühestmöglichen Zeitpunkt in die Curricula zu integrieren. Suchfelder können dabei betriebsinterne Quellen sein wie Entwicklung und Forschung oder Best-Practices-Vergleiche aber auch externe Fachkongresse, Unternehmensberatungen und Hochschulen. Gerade bei der Aufnahme von Inhalten aus internen Quellen ist kritisch zu prüfen, nicht dem „Bandwagon-Effekten" [RYNES/BARTUNEK/DAFT 2001] zu unterliegen, indem Innovationen oder Themen nicht aufgrund des erwarteten Nutzens aufgenommen werden, sondern aufgrund eines (psychologischen) Drucks, der durch die Anzahl der Organisationen entsteht, die diese Themen bereits eingeführt haben.

Eine weitere Entwicklungsstrategie für Inhalte zielt auf die Bildung von Trainingsportfolios ab. Diese *portfoliotechnische Inhaltsgewinnungsstrategie* orientiert sich an der Bildung eines Portfolios an Inhalten, die sich an ihrem Deckungsbeitrag und ihrer Relevanz für das Unternehmen orientieren. In diesem Sinn sind Cashcows solche Inhalte, die über strategische Bedeutung und angemessenen Deckungsbeitrag verfügen, wohingegen Stars und Question Marks weniger Nachfrager finden, aber aus sachlichen Erwägungen und unternehmenspolitischem Interesse mit in das Portfolio aufgenommen werden. Trotzdem sorgt diese Methode insbesondere mit der Orientierung an Deckungsbeiträgen für eine hohe Transparenz hinsichtlich des wirklichen Bedarfs.

Anhaltspunkt für die Art und den quantitativen Wissensbedarf liefern auch die in den Lernprozessen entstehenden und verarbeiteten Wissensinhalte von Mitarbeitern. Empirische Erhebungen zur Bedeutung von Wissensinhalten in Unternehmen ergaben folgende Rangordnung: Methodenwissen (78 Prozent), Produktwissen (51 Prozent), Kundenwissen (41 Prozent), Marktwissen (29 Prozent) und Wissen über Wettbewerber (27 Prozent) [Benchmarking-Studie am Fraunhofer IPK, 1.300 Unternehmen Europa: HEISIG 1999].

Es ist angeraten, dem quantitativen Wissensbedarf in Bezug auf Auswahl und Festlegung von Qualifizierungsinhalten durch Bündelung von originär unternehmensspezifischem Wissen mit der Unternehmensstrategie und den speziellen Leistungsprozessen nachzukommen und daraus maßgeschneiderte Curricula zu entwickeln sowie daran das Lernportfolio auszurichten und zu optimieren. Damit kann auch der vielfach beklagten Praxisferne von Qualifizierungsprogrammen begegnet werden.

Neben der Art und Quantität von Wissen, das in Unternehmen existiert, bildet die Dimension der Qualität von Wissen einen wichtigen Eckpfeiler. Dabei soll hier nicht das Abwägen von Breite und Tiefe des benötigten Wissens als Qualitätsmaßstab herangezogen werden, sondern Qualität soll vielmehr verstanden werden als geprüftes Wissen, ausgerichtet an den Kriterien der Relevanz und Validität.

Besonders im Zeichen von Wikipedia und Web 2.0 sowie den damit verbundenen viel gepriesenen einfachen Wissenserstellungstools mit dem Anspruch, jeden Lerner auch gleichzeitig zum Autor machen zu können, müssen Unternehmen Lösungen finden, damit nur die Wissensinhalte zum Gegenstand des Handelns gelangen, die fachlich einwandfrei und von kompetenten, autorisierten Inputgebern der Organisation angeboten werden. Es wäre fatal, wenn beispielsweise Reparaturanleitungen für automobile Systeme im Netz zu finden wären mit Inhalten, die zwar „schnell" und „billig" zum Erfolg führen, aber durch Umgehung aller sicherheitsrelevanten Bestimmungen erhöhte Gefahren und Folgekosten für den Ausführenden und Kunden nach sich ziehen. Lösungen, die auf qualitativ hochwertigen Inhalt und die Relevanz für die Aufgabensituation achten, genießen wesentlich größere Akzeptanz und erzielen bessere Ergebnisse sowie nachhaltigere Wirkungen.

Die angeführte empirische Erhebung zeigt, dass fachbezogenes Wissen bei der Einschätzung der Bedeutsamkeit im Vordergrund steht. Bei dieser im Unternehmen gegebenen „Hitliste" dominieren die fachbezogenen Themen. In Zukunft wird aber verstärkt auf die soziale Kompetenz abgehoben und Soft Skills, die sich auf menschliche Eigenschaften beziehen, werden eine weitere Zunahme erfahren. Damit gewinnt Verhaltenstraining an Bedeutsamkeit. Verstärkt wird dies durch folgenden Trend:

- Die Produkte und Dienstleistungen von Unternehmen erfahren Angleichung, die Differenzierungsmerkmale werden immer geringer.
- Die Markenloyalität und -identifikation der beschäftigten Mitarbeiter ist in allen Phasen des Wertschöpfungsprozesses eine unabdingbare Erfordernis und gewinnt zusätzliche Bedeutung.
- Kundenzufriedenheitsfragen greifen zunehmend um sich, wobei Sales, Service und Qualität im Fokus stehen und das Ranking im Wettbewerbsvergleich nur über die Skills der Mitarbeiter erreicht werden kann.
- Die Internetabsätze steigen ständig und gegen diese hochgradig effiziente und nüchterne Absatzform können die traditionellen Absatzkanäle und -organisationen nur mit Mitarbeitern gegenhalten, die in der Lage sind, den umworbenen Kunden mit Engagement und Persönlichkeit zu gewinnen.
- Der Trend zu Premium und Luxusgütern lässt sich erfolgreich nur mit hochgradig motivierten und in allen Soft Skills geschulten Mitarbeitern weiter ausbauen.

Wenn diese Trends anhalten, dann ist es notwendig, dass Unternehmen eine Art Verhaltenstrainingsprogramm und -prozess entwickeln, die von folgenden Merkmalen bestimmt sind:

- Balance finden zwischen emotionalen und rationalen Aspekten in konzeptioneller und umsetzungsorientierter Hinsicht,
- Integration der Bereiche Human Resource, internationales Marketing, aber auch von Sales und After Sales,
- Enge Kooperation bei der Programmentwicklung mit den nationalen und internationalen Märkten, um den jeweiligen kulturellen Aspekten und den marktspezifischen Besonderheiten Rechnung zu tragen,
- Hohe Management-Attention und volles Committment sowie die Bereitschaft, in diesen Prozess zu investieren,
- Bereinigung und Abgrenzung gegenüber den bereits bestehenden Programmen, um der Meinung der Mitarbeiter zu begegnen „… schon wieder ein neues Programm …",
- Anstoß eines langfristigen „Change-Prozesses", um das Thema nicht als Projekt mit wohldefiniertem Anfang und Ende zu betrachten.

Diese Merkmale geben Orientierung bei der Festlegung der grundlegenden Zielsetzungen für einen „Mind-Set-Change-Prozess":

- Kommunizieren, dass der Kundenfokus auf die Marke gerichtet ist.
- Stolz bei den Mitarbeitern für die Marke und das Unternehmen erzeugen.
- Teilnehmer begeistern und nachhaltig in die Qualität der Produkte und Dienstleistungen an das Unternehmen binden.
- Vertrauen bei den Beteiligten in die Ziele und den Wert des Unternehmens erzeugen.

Auf der Basis dieser allgemeinen Zielsetzungen lassen sich unter dem jeweils gegebenen Firmenleitbild die Ziele der Veranstaltung abstecken und dafür geeignete Trainingsmerkmale und Workshop-Serien entwickeln.

Ziel muss es sein, die Dramaturgie für den gesamten Change-Mind-Set-Prozess vom Beginn bis zum Closing flankierend vom „Wie?", das heißt von den unternehmensübergeordneten Zielsetzungen, und dem „Was?", das heißt dem abgegrenzten und als verbindlich eingestuften Prozess, und den Standards des Arbeitsfeldes, in denen die Zielgruppen wirken, in einer Art Klammerfunktion einzubinden.

Wenn es der Unternehmensführung gelingt, einen derartigen Prozess dauerhaft zu integrieren und dabei die gesamten Zielgruppen einzubinden, dann leisten sie einen Beitrag zur strukturellen und kulturellen Veränderung im Unternehmen. Durch die Konzipierung der Lernprozesse in Form von pädagogisch und didaktisch strukturierten „prozessualen Events" werden Lernen und Handeln systematisch verknüpft und fließen praktisch ineinander über. Damit sind die Voraussetzungen geschaffen, Soft Skills wirksam bei den Mitarbeitern zu verankern. Gleichzeitig ist damit auch Raum gegeben für ein übergreifendes Wissensmanagement, da jeder Teilnehmer in eine derartige Veranstaltung eine unschätzbare Fülle von spezifischen Problem-, Lösungs-, Erfolgs- und Erfahrungswissen einbringt, das an anderer Stelle im Unternehmen nutzbringend angewandt werden kann.

4.1.7 Spiel und Spaß beim Lernen?

Eine weitere These knüpft an einer Haltung von *Walt Disney* an, der sagt: „Ich ziehe es vor, Leute mit Spaß zu unterhalten, in der Hoffnung, dass sie lernen, statt ihnen etwas beibringen zu wollen, in der Hoffnung, dass es ihnen Spaß macht." Wir schließen uns dieser Meinung an.

> These 7: *„Edutainment wird mehr und mehr das zukünftige Lernszenario beherrschen."*

Was ist Edutainment? – Wieder so ein Plastikbegriff unseres Zeitgeistes, dem wir aber nicht ausweichen können, sondern ihn als gegeben oder besser noch als Chance begreifen müssen. Wir verstehen unter Edutainment eine Kombination von Entertainment (Unterhaltung) und Education (Ausbildung). Wir leben in einer Informationsgesellschaft, in der es gilt, Aufmerksamkeit zu erreichen. Deshalb ist es naheliegend, zukünftig verstärkt ein „unterhaltsames Lernen" zu praktizieren und den Lernprozess im Unterbewusstsein zu initiieren. Dabei ist uns bewusst, dass dies auch ein Risiko beinhaltet. Mit der Modernisierung der Qualifizierung geht auch eine Eventisierung des Curriculums einher [WEHNER 2004]. Alles muss spektakulär, ein Ereignis sein, Normalität ist abgegriffen, Qualifizierung darf nicht anstrengend sein, sondern muss immer easy und cool daherkommen. Wie aber sagte doch der Zeitgeistfinder *G. W. F. Hegel*: „Die Bildung [...] ist im Subjekt die harte Arbeit gegen die bloße Subjektivität des Benehmens, gegen die Unmittelbarkeit der Begierde sowie gegen subjektive Eitelkeit der Empfindung und die Willkür des Beliebens" [*Hegels* Ansichten ... HEGEL 1853]. Die „Klaviatur des Edutainments" muss deshalb besonders verantwortungsvoll betätigt werden, damit Trainingsevents nicht zu bloßer Effekthascherei abdriften und dabei die eigentlichen hehren Lernziele aus den Augen verloren werden.

Mit dem bereits vorgestellten Event Learning wird dieser Anspruch ansatzweise aufgegriffen, indem versucht wird, auf emotionale und unterhaltsame Art Lerninhalte zu vermitteln, dabei praktische Erfahrungen mit neuen Produkten durch intensives Gebrauchs- und Verwendungserlebnis zu erreichen und zusätzlich alle Kernkomponenten eines Experten-Workshops zu praktizieren. Ein Bestandteil von Event Learning kann dabei auch Spielen und Wettbewerb sein. Besonders in multinationalen Unternehmen mit vielerlei Kulturen gibt es Konzernwerte, die das Rückrat der Regeln bilden, nach denen gespielt wird. So etwas mit rein rationaler Information zu vermitteln, kann nicht funktionieren. Die häufig praktizierten aalglatten koffeinfreien Managementveranstaltungen, bei denen gemeinsame Werte und Regeln beschworen werden, können das ebenso wenig leisten. Ein gemeinsamer – zum Beispiel sportlicher – Wettbewerb kann dabei mehr als rein betriebspolitische Gründe haben.

Aufgrund des enorm hohen Anteils an Kulturen, Traditionen, Wissen und sehr unterschiedlichen Einstellungen, die in einem global agierenden Konzern gebündelt werden und die sich nicht auf wenige simple Nenner und Basisregeln bringen lassen, teilt sich das Ganze in isolierte Einheiten und Betriebe auf. Das kann zwar die Schlagkraft vor Ort stärken, ist aber extrem hinderlich, wenn ein effektives Netzwerk angestrebt wird, in dem alle Beteiligten wissen müssen, was das Ziel des Unternehmens ist – ein optimaler Service zum Beispiel mit präzisen Vorlagen und nach global verständlichen Regeln. Sportliche Wettbewerbe können dazu beitragen, das Zusammengehörigkeitsgefühl und den Teamgeist zu stärken sowie den Mitarbeitern klar werden zu lassen, dass sie Teil des Großen und Ganzen sind.

Im deutschen Kulturkreis hat das Wort „spielen" einen negativen Beigeschmack. Spielen, das dürfen Kinder [KORTE/GREKAREK 1995] und nach klarsten Regeln gelegentlich auch mal Erwachsene. Aber niemals darf aus dem Spiel mehr werden als Spaß. Und mit der Realität – so will es die kulturelle Realverfassung – spielt man nicht. Unter dem Spiel versteht man heute großteils ein Verhalten, eine „Tätigkeit, die ohne bewussten Zweck lediglich aus Freude an ihr ausgeübt wird und mit Lustempfindungen verbunden ist".

Das Spiel wurde bereits von *Platon* und *Aristoteles* als Phänomen erkannt und auf den Grundlagen der Untersuchungen von *Rousseau, Pestalozzi, Schiller* und *Fröbel* haben sich eigene Spieltheorien herausgebildet. Der Kulturanthropologe *Johan Huizinga* hat mit seinem wegweisenden Werk über den „*Homo Ludens*" den weiteren Verlauf der Entwicklung der Spieltheorien stark beeinflusst [HUIZINGA 1939]. Er hat die Beobachtung gemacht, dass jedes geglückte Leben mit Kindspielen beginnt. Für ihn sind Spiele eine „*anthropologische Konstante*", etwas, was Menschen zu allen Zeiten und Kulturen verbindet. Ohne Spiel keine menschliche Zivilisation [LAUDENBACH 2006]. Und für *Victor Turner* ist Spielen gar ein

„*anthropologischer Joker*" [BRÄUNLING 2006], ein genialer Trick der menschlichen Evolutionsgeschichte [LAUDENBACH 2006].

Inzwischen gibt es Spiele, die auch selbst Zivilisation und Evolution sein können und als umfassendes System des sozialen Austauschs nach klaren Regeln funktionieren wie zum Beispiel das Online-Spiel Second Life. Dieses Spiel wurde ab 1999 von Linden Lab in San Francisco entwickelt [RYMASZEWSKI/WAGNER/WALACE 2007]. Es ist eine 3D-Infrastruktur für von Benutzern gestaltete virtuelle Welten [NUSCH 2007], in der Menschen interagieren, spielen, Handel betreiben und anderweitig kommunizieren können [POHLKE 2007]. Das seit 2003 online verfügbare System hat inzwischen mehr als sieben Millionen registrierte Nutzer, von denen rund um die Uhr durchschnittlich ca. 25–45.000 das System aktiv nutzen.

Diese Parallelwelt wird hauptsächlich von den Anwendern gestaltet. Dabei gibt es kein Ziel, man kann am Ende nicht gewinnen, es ist einfach eine Art des Daseins. Das Spiel ist endlos. Es wächst aus sich selbst heraus. Was es bietet, ist soziale Interaktion, das heißt, hinter jeder animierten Comicfigur in 3D-Grafik steht ein echter Mensch. Es ist ein Spiel mit der Vorstellungskraft. Viele erfüllen sich Träume, die sie im realen Leben nicht annähernd ermöglichen können. Second Life hat absolut Suchtpotential.

Spielen und Lernen? – Ist es nicht so, dass derjenige, der spielt, nichts als spielen will ohne produktiven Hintergrund, ohne Ziel, ohne Zweck? Damit ist das Spiel das Gegenteil der Funktionslogik in der realen Welt, geprägt von Sachzwängen, in der jede Handlung auf ein Ziel gerichtet ist. In seiner Zweckfreiheit aber macht das Spiel möglich, was sonst nur unter größten Anstrengungen oder überhaupt nicht zu erreichen ist. Die Lerneffekte entstehen nebenbei [so *R. Korte* FH Dortmund, in LAUDENBACH 2006]. Kinder lernen im Spiel, sich zu konzentrieren, das fällt vielen schwer. Spielende Kinder lernen, vorauszudenken und strategisch zu planen. Sie lernen, beim Spielen sich zu artikulieren, Allianzen zu bilden oder zu handeln. Ganz wichtig dabei: Kinder lernen, dass man nicht immer gewinnen kann, dass man damit umgehen muss, auch einmal zu verlieren, und dass es gilt, Regeln einzuhalten. Und das alles, ohne dass Spiele explizit auf Lerneffekte zielen. Natürlich gibt es Lerninhalte, beispielsweise Vokabeln oder Grammatik lernen, die sind mühsam. Aber der Wechsel zwischen Anspannung und Entspannung, Spiel und Arbeit wird in der Regel als angenehm erlebt [*R. Korte* nach LAUDENBACH 2006].

Heute ist die Welt unserer Wissensvermittlung dadurch gekennzeichnet, dass:

- in sachlicher Form Lerninhalte vermittelt werden,
- die Ernsthaftigkeit im Vordergrund steht,
- im Lernprozess nur unterkühlte Emotionen erlaubt sind und
- alles weitgehend ohne Spaß und Spannung geschieht.

In der zukünftigen Wissensvermittlung müssen wir vielmehr flankierend

- gezielt die menschliche „Spielernatur" ansprechen,
- Lerninhalte so verpacken, dass das Unterbewusstsein angesprochen wird,
- Spannung durch Spielsituationen erzeugen und
- Emotionen über den Spielcharakter wecken.

Betrachtet man die klassischen Grundelemente des Spiels, dann lassen sich vier Spielsysteme abgrenzen [CAILLOIS 1966]: 1. der Wettkampf (*agon*), 2. die Chance – Glücks- und Zufallselement (*alea*), 3. das Rollenspiel – Verkleidung (*mimicry*) und 4. der Rausch (*inlinx*). Jedes Spiel ist eine Mischform dieser Grundelemente bis hin zum Schauspiel oder kompliziertem Strategiespiel.

Für die praktische Verwirklichung eines zukünftigen Edutainments, das auf diesen Spieltypen aufbaut, sollte ein wesentlicher Punkt hinzukommen. Wir müssen die Trends aus Computerspielen und der Unterhaltungselektronik aufgreifen und in unsere Lernszenarien einbinden (PRENSKY 2004). Diese Idee ist zwar nicht gänzlich neu, eine Reihe Ansätze reichen bis in die Mitte der neunziger Jahre zurück. Heute geht es aber viel mehr als in der Vergangenheit darum, sich a priori mit der Zielgruppe, den geeigneten Lernspieltypen und den motivierenden Elementen auseinanderzusetzen und dabei zu entscheiden, wie eine betriebliche Positionierung erfolgen soll – mehr in Richtung strategisches Spiel oder mehr im Sinne vernetzter Spiele, um parallele Welten kennenzulernen (Abb. II-24).

Jüngere Generationen werden gegenüber einem Game-Based Learning oder digitalem Lernspiel (englisch *Serious Game*) als „*Augmented Learning*" [STEFFENS/ REIS 2009, KLOPFER 2008, KONDO 2006] aufgeschlossen sein und damit einer Art „Ingame Learning" Vorschub leisten. Für viele Menschen müssen Spiele einen gewissen Nutzwert und Relevanz haben, sie müssen sie im täglichen Leben weiterbringen. Und: Sie dürfen eins nicht sein: zu kompliziert und zeitaufwändig, sondern müssen sich intuitiv und schnell erschließen lassen. Sie dürfen ebenso wenig eine klare Positionierung in Bezug auf Spielgestaltung vermissen lassen und in halbherzige CBT-Programme mit Fantasie Rahmenhandlung münden, wie zum Beispiel „Das Vermächtnis des Amun" [KERSIG 2002], so dass die Zielgruppe die übergestülpte Spielehandlung vielfach als öde und langweilig empfindet.

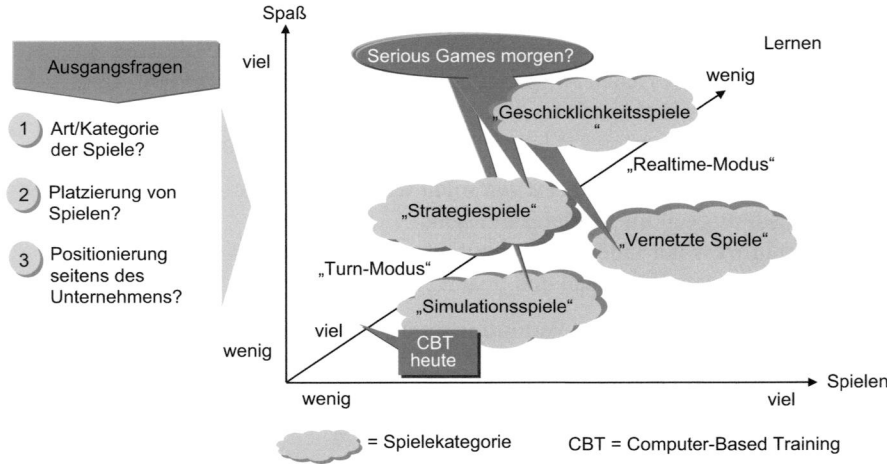

Abb.II-24 Positionierung von „*Serious Game*" in Unternehmen

Ergo: Wir können uns dem gegenwärtigen Zeitgeist und dem technischen Trend nicht verschließen, sondern müssen proaktiv unser Trainingsangebot um eine Mixtur aus Spielen und Lernen anreichern. Wo vielfach bei Veränderungen von Anwendungsverfahren und Arbeitsprozessen der IT-Technologie eine Treiberrolle zukommt, übernimmt hier der Spiele- und Konsolenmarkt diese Funktion. Dieser Markt wächst [MEDIA REPORT 2007]. So ist in den USA der PC- und Konsolenspielemarkt mit jährlich 10 Mrd. Dollar größer als die Kino-Industrie. In Deutschland steigt der Spiele Umsatz zweistellig (466 Mio. € p. a.). Der Fernsehkonsum schrumpft. Hier scheint sich zusätzlich eine Verschiebung im Medienverhalten zu verfestigen: weg vom Fernsehen hin zur Spielkonsole. In den USA ist Werbung in Computerspielen zu einer neuen Marketingmethode herangereift. Es bedarf nur eines kleinen Schrittes, bis dies auch auf die Lernszenarien übergreift. Zusätzlich ist das bisherige negative Image von Computerspielen im Wandel begriffen. Immer weniger Menschen haben zum Computerspiel kulturelle Vorbehalte. So steigt das Durchschnittsalter, und der Frauenanteil liegt bei ca. einem Drittel. Nintendogs, das erfolgreichste Spiel 2005, von Nintendo wurde zu 70 Prozent an Mädchen verkauft. Einige Spiele wie z. B. Lara Croft erreichen gar Kult- und Kunststatus.

Organisationales Wissensmanagement kann in dieser Entwicklung in Unternehmen eine aktive Rolle übernehmen und auf der Grundlage von Unternehmensplanspielen Weiterentwicklungen initiieren, indem das breite Spektrum verschiedenster Typen von Lernspielen auf geeignete Einsatzfelder und -zielgruppen überprüft wird und dabei die unterschiedlichen motivationalen Faktoren in den Vordergrund gestellt werden.

4.1.8 Eigeninitiative bei der Qualifizierung

Bereits *George Bernard Shaw* hat erkannt: „Wenn du einen Menschen etwas lehren willst, wird er es niemals lernen." Diese Aussage steht im mittelbaren Zusammenhang mit unserer Meinung, was „Eigeninitiative" und das Lernen betrifft.

> T h e s e 8: *„Lernen wandelt sich zu einer Art „Selbstverpflichtung", damit wird „Learning-on-Demand" dominieren."*

Was heißt das im Konkreten? Wir werden in Zukunft verstärkt einem Trend gegenüberstehen, der weg vom pädagogisch geleiteten Lernen geht und mehr hin zu einem von Lernenden selbstgesteuerten Ad-hoc-Lernen, das sich auch immer wieder auf neue Anforderungssituationen bezieht. Wir können hier auch von einem „Just-in-Time-Beratungsbedarf" sprechen.

Heute investieren Unternehmen ca. 80 Prozent ihres Bildungsetats in konventionelle, formale Lernangebote, während 80 Prozent von dem, was wir bei der gängigen Arbeit lernen, informeller Natur ist [so die gängige Meinung auf der Online Educa 2006, vgl. GÜNZEL 2007]. Selbst wenn man unterstellt, diese Angaben seien übertrieben, ist doch unverändert ein Trend festzustellen, dass eine zunehmende Anzahl von Lernenden sich aus der Vielfalt der Wissensangebote den für sie passenden Teil heraussucht.

Wünschenswert ist deshalb ein Konzept des entdeckenden, des explorativen Lernens unter Berücksichtigung konstruktivistischer Ansätze. Konstruktivistisches Lernen bedeutet aber, neue Lerninhalte nicht stur zu „pauken", sondern aktiv auf eigene Erfahrungen zu beziehen. Entscheidend ist es dabei, sich aktiv mit einer Materie auseinanderzusetzen, ohne dabei von festen, vorgeschriebenen Lernpfaden umgeben zu sein.

Hierbei sind die erwähnten Online Communities von Vorteil und können sinnvolle und notwendige Ergänzungen bilden. Vorboten einer neuen Wissenswelt sind schon im Alltag angekommen, wenn 20–24-Jährige statt Bücher zu wälzen, schnell in der Enzyklopädie Wikipedia nachschauen und Lektionen von Vorlesungen sich als Podcast auf ihren MP3-Player laden. Der Trend geht eindeutig von Online Learning zum „Learning-on-Demand" und den damit entstehenden „Knowledge Malls" (Abb. II-25).

Dieser Trend wird durch die jüngere Generation noch verstärkt – warum? Jüngere Menschen verfügen über Kenntnisse und Fähigkeiten, die ein „Learning-on-Demand" fördern. So gibt es einige gravierende Unterschiede zwischen der „älteren Generation", und zwar nicht den Rentnern, sondern der Generation ab 25 Jahre plus, und der „jüngeren Generation" – den Kids – bis ca. 15 Jahren, hier als *„Homo Zappiens"* (VEEN 2005) bezeichnet und vom Image und Stil der Boygroup „TOKIO-Hotel" geprägt.

Während die „ältere Generation" eine konventionelle Geschwindigkeit beim Umgang mit den Medien hat, ein Monotasking praktiziert, dabei lineare Ansätze

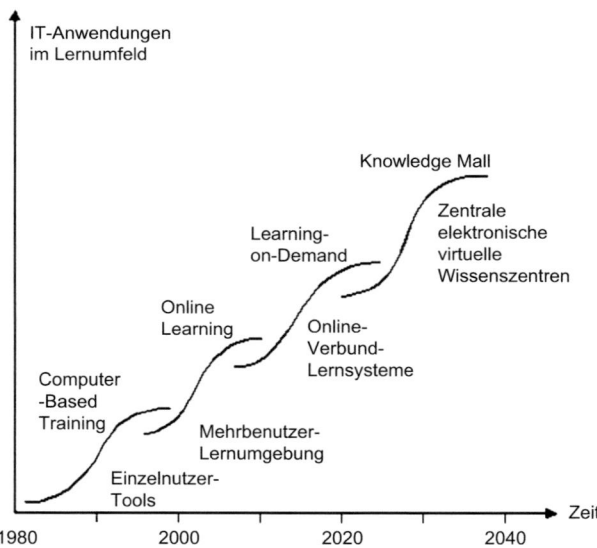

Abb.II-25 Vergangene und voraussichtliche Entwicklung von elektronisch unterstütztem Lernen [in Anlehnung an VAN DER ZANDEN/VEEN 2004]

verfolgt und einzelne Informationsflüsse verarbeitet, zeichnet sich die „Homo Zappiens"-Generation durch hohe Geschwindigkeit, Multitasking, nichtlineare Ansätze und diskontinuierliche Informationsverarbeitung aus.

Ein weiterer Unterschied besteht darin, dass die „ältere Generation" ausgeprägte Lesefähigkeiten hat, in Richtung Einzelkämpfer orientiert ist und sich kompetitiv und passiv verhält. Dagegen zeigt die jüngere Generation ikonische Fähigkeiten, handelt eher verbindend, wirkt kollaborativ und ist aktiv ausgerichtet.

Die „ältere Generation" trennt ganz klar Lernen und Spielen, verfügt über Geduld und Realität, sieht aber verschiedentlich die Technologie als Feind. Die *Homo Zappiens* dagegen betrachten die Technologie als Freund, haben häufig mehr Fantasie durch Ausprobieren, aber weniger Geduld und lernen letztlich durch Spielen.

Was ist zu tun? Wir dürfen hier keinesfalls ein „Laisser-faire" praktizieren und den Einzelnen seinem Schicksal überlassen oder ihm allenfalls einen „Instrumentenkasten" hinstellen. So werden selbst Communities hauptsächlich von überdurchschnittlich lernaktiven Mitarbeitern genutzt, die über einen höheren Bildungsabschluss verfügen und regelmäßig an formalen Weiterbildungen teilnehmen [FOGOLIN/ZINKE 2004]. Wir müssen uns der breiten Masse der Kollegen zuwenden. Es wäre fatal zu glauben, dass wir den Mitarbeiter, den wir mit den vor einem Bildschirm zu bearbeitenden CBT-Programm nicht erreichen konnten und an dem auch die E-Learning-Welle vorübergegangen ist, durch Communities und den damit verbundenen technischen Einrichtungen ansprechen. Aus einem *„Homo Scepticus"* ist ohne Zutun über Nacht noch nie ein *„Homo Electicus"* oder gar ein *„Homo Onlinicus"* geworden. Hier gehört auch zum Wissensmanagement, Aufklärung zu leisten, dass Weiterentwicklung nur über Selbsthilfe geht und Selbstorganisation die einzige Chance ist, im Geschäft zu bleiben.

Häufig brauchen Unternehmen keine weiteren Applikationen zu entwickeln, sondern sie müssen motivieren, indem sie die Kollegen und Mitarbeiter im Umgang mit neuen Medien und Instrumenten bestätigen. Das heißt auch, sie keinesfalls zu frustrieren noch zu entmutigen, sondern Interesse und Entdeckungsbereitschaft zu wecken und die Neugierde anzustacheln.

Diese Zuwendung ist natürlich nicht erforderlich bei der Randgruppe, die sowieso alle innovativen Entwicklungen mitmacht, sondern muss sich an die breite Masse richten, die skeptisch und zurückhaltend ist, und an eher abweisende Gruppen, die aber trotzdem wertvolle Mitarbeiter sind und einen guten Job machen.

4.1.9 Der Trainer: Fachexperte oder Moderator?

„Warum sollte also nicht die Lehre mit einer Betrachtung der wirklichen Dinge beginnen statt mit Beschreibung durch Worte! Dann erst, wenn die Sache gezeigt ist, sollte der Vortrag folgen, um die Sache weiter zu erläutern." Bereits *Comenius* hat sich in seinem grundlegenden Werk zur Didaktik mit der Wissensvermittlung und damit auch mit dem Profil von Menschen, die anderen Menschen etwas vermitteln wollen, auseinandergesetzt. Im mittelbaren Zusammenhang steht auch die unverändert aktuelle Frage, welche Rolle und welches Profil von dem „heutigen" Trainer erwartet wird.

> **These 9:** *„Methoden- und Moderationskompetenz verdrängt zukünftig die Fachkompetenz von Trainern."*

Was heißt das? – Zunächst verlangt dies, sich mit den Kernaufgaben von Trainern zu beschäftigen. Dabei steht der Begriff des „Trainers" stellvertretend für Lehrer, Seminarleiter, Tutor und reicht bis zum Coach; wohl wissend, dass sich unter den verschiedenen Begriffen unterschiedliche Aufgabenfelder und Fähigkeiten verbergen, die im gegenwärtigen Anforderungsprofil eines „Trainers" weniger stark ausgeprägt bzw. teilweise gar nicht gegeben sind. Häufig absolvieren Trainer meist Tages- oder Mehrtageskurse, während die Leiter von zyklisch wiederkehrenden Abendkursen als Schulungsleiter, Kursleiter oder Dozent bezeichnet werden.

Unter pragmatischen Gesichtspunkten setzen sich die Aufgaben eines Trainers aus folgenden Schwerpunkten zusammen:

- Identifizieren und Sammeln von potentiellen Lerninhalten und Aufstellen erster Trainingskonzeptstrukturen,
- Entwickeln von Trainingskonzepten, teilweise unter Mitwirkung von Autoren und speziellen Konzeptionisten in enger Abstimmung mit dem Bildungsmanager,
- Planen, Gestalten von Trainingssequenzen und differenziertes Anwenden der grundlegenden methodischen Prinzipien,
- Auswählen und Einsetzen der geeigneten Medien unter Berücksichtigung der jeweiligen Zielgruppe und den Lerninhalten,
- Planen, Organisieren und Durchführen von Lehrveranstaltungen,
- Leiten gruppendynamischer Prozesse und Intervenieren in kritischen Situationen,
- Administrieren von Trainings durch Freischalten von Teilnehmern für bestimmte Trainingskurse und -module, sofern die Eingangsvoraussetzungen erfüllt sind sowie nach erfolgreichem Abschluss von Prüfungen und Assessments Zertifizierungen veranlassen,
- Betreuen von Trainingsteilnehmern am Trainingsort, aber auch mithilfe von E-Mail und Foren, fachliche Fragen beantworten und bei Problemen helfen, die beim Selbststudium auftreten können.

Neben diesen Kernaufgaben wirken Trainer mit an der Steuerung der Bildungsprozesse, leisten Beiträge zur Freigabe der Bildungsinhalte, schulen Trainer (Train-the-Trainer) und entscheiden mit bei der Einführung neuer Lerntechnologien.

Obgleich dieses Aufgabenfeld bereits ein vielfältiges Spektrum aufweist, unterliegt es trotzdem permanenten Veränderungen. Dies rührt aus einer Reihe von Entwicklungsströmen, die Einfluss nehmen auf das Aufgabenfeld des Trainers, seine erforderlichen Kenntnisse und Fähigkeiten und selbst in seiner Persönlichkeit ihren Niederschlag finden.

4.1 Quo vadis Wissensgesellschaft, Wissensorganisation und Wissenstechnik – Thesen 221

Ein wesentlicher Entwicklungsschub ist beim Aufgabengebiet des Trainers feststellbar. Gegenwärtig ist verstärkt der Trend erkennbar, dass operative Trainings mit den dazugehörigen Trainingskonzepten vom Trainer in Personalunion geleistet werden. Damit ist ein doppelter Anspruch verbunden, da beide Aufgabenfelder hinsichtlich Vielfalt stark auseinanderdriften. Für die Realisierung der Trainingskonzeption stellt sich hierbei die zentrale Frage, wie kann der Lernstoff für die betreffende Zielgruppe in der geeigneten Form (Medien) bzw. im geeigneten Format und in geeigneter Modularität auf effiziente und wirtschaftliche Weise vermittelt werden. So muss der Trainer nicht allein den gesamten Medienmix beherrschen, sondern auch quantitative Erhebungen zur Zielgruppe durchführen, um möglichst ein breites Spektrum von Teilnehmern auf kostengünstigsten Wegen zu erreichen, aber auch um die Mehrfachverwendung der Trainingsinhalte sicherzustellen. Das setzt eine hohe Modularität von Lerninhalten in Konzepten und Medien voraus und erfordert hohe Abstraktionsfähigkeit von der Person des Trainers.

Einen weiteren Einfluss erfährt seine Befähigung im Aufgabenfeld, die das wirkungsvolle Einbringen seiner Persönlichkeit als Trainer betrifft. So muss er sich zunehmend im Umgang mit neuen Trainingsmethoden und -instrumenten beweisen, unabhängig ob diese zum Präsenz-Learning oder zum Distance Learning [SAUTER/SAUTER/BENDER 2004] gehören. Sowohl bei einem EventLearning als auch bei einem Teletraining vor Kamera und Mikrofon oder in gruppendynamischen Prozessen, immer ist er gefordert, die geeignete Moderationsmethode auszuwählen und einen hohen Grad Persönlichkeit einzubringen. Nur in lockerer und gelöster Manier kann er Teletraining-Sendungen „ein Gesicht geben", gruppendynamische Prozesse geschickt steuern und in Event-Learning-Veranstaltungen die Teilnehmer in charismatischer Art in seinen Bann ziehen. Damit wird das bisher häufig alleinige und dominierende Merkmal *Fachwissen des Trainers* von der persönlichen Performance und der Moderationskompetenz überlagert.

Neben den persönlichkeitsprägenden Anforderungen an das Berufsbild können Trainer sich nicht den zunehmend technisch bestimmten Trainingsmethoden und den damit erforderlichen anwendungsorientierten Kenntnissen entziehen. Während sich lange Zeit in diesem Berufsfeld die „Methodendiskussion" und der „Methodenstreit" auf die klassischen Lerntheorien bezogen, hat sich mit Aufkommen der elektronisch unterstützten Lernmethoden die Lage entscheidend geändert. So verlagerte sich die Diskussion von der *„richtigen Lerntheorie"* zur *„richtigen Lernhardware und -software"*. Dieser Trend reißt nicht ab. Im Windschatten von Online Communities, Social Computing und Personal Broadcasting folgen Rapid-Authoring-Tools, die einfache Handhabung und sinnvollen Funktionsumfang bei der Produktion anschaulicher Lerninhalte versprechen. Das Angebot umfasst Tools zur Erstellung von Web-Based Trainings, Aufzeichnung und Vertonung von Präsentationen und reicht bis zu Test-Generatoren. Damit ist für die Gruppe der Wissensvermittler zumindest die Notwendigkeit gegeben, zu prüfen, ob die Erstellung von E-Traininginhalten zur Aufgabe des Trainers zählen sollte. Gehen mit einer Übernahme dieser Aufgaben Kostensenkungen und Zeitgewinn einher? Entscheidend ist, dass bei den betroffenen Personen ein gewisses Maß an Knowhow im Bereich von Mediendidaktik und Mediengestaltung gegeben ist. Diese

Form der Medienkompetenz kann damit zu einer neuen Schlüsselqualifikation für Trainer werden. Hier wird allerdings nicht automatisch davon ausgegangen, dass Trainer die Anwendung dieser Tools im täglichen Arbeitsablauf praktizieren müssen. Für einen im operativen Qualifizierungsprozess tätigen Trainer ist es jedoch erforderlich, zu wissen, welche Kosten und Nutzen bzw. Chancen und Risiken mit dem Einsatz des jeweiligen Tools verbunden sind.

Einen Trend, dem sich ein Trainer nicht verschließen kann, ist für den Fall gegeben, dass Unternehmen sich zur Unterstützung von Communities entschieden haben. So ist es naheliegend, dem Trainer neben der eigenen Expertenrolle eine neue Funktion als „Wissensbroker" zukommen zu lassen. Ihm obliegt die verantwortliche Betreuung der Community einschließlich des verfügbaren Expertenwissens. Bedarfsweise vermittelt er Kontakte und bezieht externe Fachspezialisten ein. Er stellt sicher, dass individuelle Fragen beantwortet und bearbeitet werden können.

Eine weitere Strömung, die sich zunehmend abzeichnet, zeigt, dass Qualifizierung und damit Training sich mehr und mehr zum Business entwickeln. Namhafte Unternehmen (z. B. Volkswagen Coaching: 145 Mio. € Umsatz, die Bildungszentrale Deutsche Bahn: 198 Mio. € Umsatz, Deutsche Post Bildungsdienstleister weit über 180 Beschäftigte) haben die Schlüsselfunktion von Qualifizierung erkannt und diese Funktion in separaten „beweglichen" Einheiten zusammengefasst, um jeweils aktuellen Bedarfsansprüchen nachkommen zu können und Wirtschaftlichkeit zu gewährleisten (Cost-Center versus Profit-Center).

Zur Steuerung dieser Qualifizierungsinstitutionen wird häufig die Balance Scorecard oder vergleichbare Instrumente eingesetzt. Damit werden die Leistungsdaten von Trainern aufbereitet und können in Best-Practices-Analysen vergleichbar gegenübergestellt werden. So bleiben auch Trainer von dieser Entwicklung nicht unberührt. Sie bewegen sich zunehmend im Spannungsfeld eines qualitativ idealen Lehrunterrichts und quantitativ befriedigenden Ergebnissen. Aus Sicht eines Trainers als notwendig erachtete Trainingsinhalte können mit den Marketinginteressen seiner Bildungsinstitution divergieren, so dass er sich den übergeordneten Zielsetzungen unterwerfen muss. Der Weg zum „gläsernen Trainer" ist damit vorgezeichnet. Der Erfolg von Wissensvermittlern wird deshalb auch von seinen Managementfähigkeiten abhängen.

Diese speziellen Entwicklungsströme wirken auf das Berufsbild des Trainers ein, führen zu Veränderungen in bestimmten Merkmalen (Abb. II-26) [vgl. zu ähnlichen Ergebnissen REEVES 1992] und bewirken damit einen breiten allgemeinen Wandel. Zusammengefasst heißt das für das zukünftige Anforderungsprofil von Trainern:

- Unverändert gute Kenntnisse über Lernobjekt und Lerninhalt und in der Lage sein, Lernmethoden und -instrumentarien optimal einzusetzen (*Fachkenntnisse, Methodenkenntnisse*)
- Teilnehmer verstärkt in Situationen führen, denen sie sich in ihrer täglichen Arbeitswelt konfrontiert sehen (*Praxiskompetenz*)
- Professionell Trainingssituationen leiten und führen können und dabei Aufmerksamkeit, Spaß, Spannung und Freude erzeugen können (*Moderator und Entertainer*)

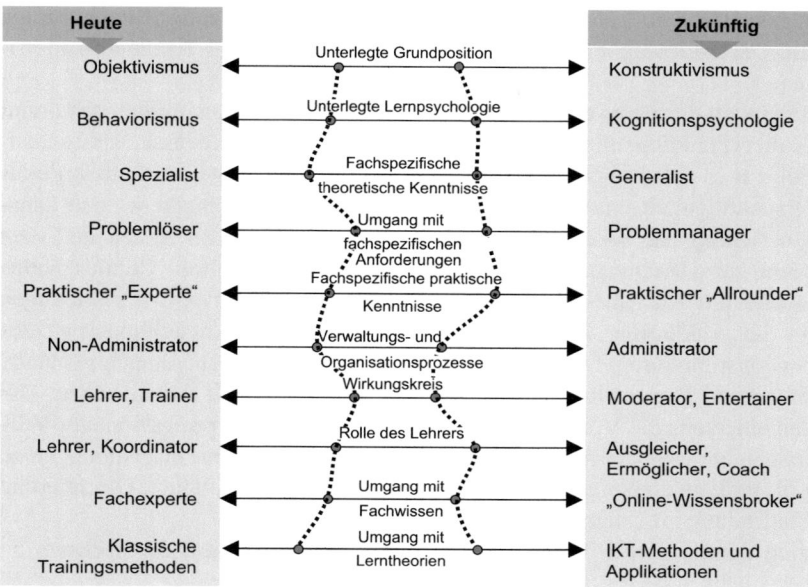

Abb. II-26 Allgemeine Entwicklungstendenzen in Bezug auf Rolle und Profil eines Trainers

- Fantasie beweisen, um „neues Lehren und Lernen" mit Leben zu erfüllen (*Innovator, „Kreativling"*)
- Lerninhalte in Mikroeinheiten zerlegen, organisieren und zur multifunktionalen Verwendung bereitstellen (*Abstraktionsfähigkeit*)
- Individuelles, originäres Wissen („knowledge capital") auf breiter Ebene anbieten („knowledge platform"), um möglichst vielen Teilnehmern einer Zielgruppe höchstmöglichen Nutzen zu stiften (*innerliche Uneigennützigkeit*)
- Als Vertreter seines Unternehmens den Markt und den Wettbewerb gut kennen und als Repräsentant loyal und überzeugend die Unternehmensphilosophie verkörpern (*Repräsentant der Unternehmenswerte*).

Wenn dieses Anforderungsprofil auch nur halbwegs gelebt wird, braucht kein Trainer Angst zu haben, von den Trainingsmedien verdrängt zu werden.

4.2 Quo vadis Wissensarbeit und Wissensarbeiter – visionäre Szenarien zur Genese und Zukunft von Wissen, Handeln und Können

Wir haben uns im „Mikrokosmos von Wissensmanagement" damit beschäftigt, wie gegenwärtig Wissen im Arbeitsprozess ermittelt, operationalisiert und transportiert bzw. transformiert wird. Dies steht in enger Verbindung mit dem Qualifizierungsprozess und dem Lehren und Lernen – sowohl in konventioneller Form als auch mit Unterstützung unterschiedlicher Informations- und Kommunikationstechniken.

Szenarien auf der Basis eines speziellen Marktes – der Automobilbranche – und ausgewählter Funktionsträger haben diese Methoden und Prozesse veranschaulicht. Ziel war es dabei in einem Art Status quo aufzuzeigen, wie unter dem Fokus von Wirtschaftlichkeit und Effizienz Wissen generiert und genutzt werden kann, um einen Beitrag zur Wertschöpfung für das Unternehmen zu leisten und dem Individuum zur Handlungs- und Sozialkompetenz zu verhelfen. Comics haben anschließend die Aufgabe übernommen, den Brückenschlag von der „heutigen Welt" in die „zukünftige Welt" zu illustrieren und so die Vorstellungskraft des Einzelnen zu stimulieren. Über zentrale Thesen wurde dann der Versuch gemacht, Strömungen und Entwicklungen der zukünftigen Wissenswelt auszumachen. Damit sollen einerseits die Voraussetzungen geschaffen werden, professionelles Wissensmanagement in operativen und strategischen Unternehmensentscheidungen zu verankern, und andererseits Chancen aufgezeigt werden, Individuen Orientierung und Selbstfindung im Umgang mit Wissen zu geben.

Da sich der Inhalt der Thesen auf den absehbaren Zeitraum der nächsten 5–7 Jahre erstreckt, wäre es unvollständig, nicht in einer Art *„visionäre Zeitreise"* an den Szenarien der Gegenwart anzuknüpfen und *Szenarien* für den Zeitraum darüber hinaus zu entwickeln. Natürlich wäre es vermessen, zu glauben, zukünftige Zustände und Ereignisse wären exakt vorhersehbar. Trotzdem ist es verlockend, sich zumindest versuchsweise in einen kleinen Ausschnitt der „Wissenswelt von 2020" zu versetzen. Als Prognoseverfahren orientieren wir uns an der *Szenariotechnik* [LINNEMAN/KLEIN 1985, PHELPS/CHAN/KAPSALIS 2001, SCHOEMAKER 1995]. Diese Methode ist insbesondere dann von großer Bedeutung, wenn die Umwelt und der zugrunde liegende Untersuchungsgegenstand starke Diskontinuitäten aufweisen – wie beispielsweise in der Medien- und der Telekommunikationsbranche, aber auch in der hier betrachteten Wissenswertschöpfung. Bei dem in den Bezugsrahmen des Mikrokosmos eingebetteten Referenzmodell (Abb. II-27) liegt bei der angewendeten Szenariotechnik der Schwerpunkt auf der *Beschreibung von Szenarien* und weniger auf der Formulierung von Faktorausprägungen[5]. Dabei bleibt das große Spektrum denkbarer Entwicklungen mit den möglichen Abweichungen vom Status quo in den folgenden Ausführungen unberücksichtigt. Zu veranschaulichen ist dies mit dem Blick in den Ausgang eines Trichters [vgl. zum *Szenariotrichter* HOMBURG 2000], an dessen Öffnung die Szenarien stehen. Je

---

[5] *Orientierung* an der Szenariotechnik heißt, dass der Schwerpunkt auf der *Auswahl* und *Beschreibung* unterschiedlicher Szenarien liegt. Sie sollen einen kleinen Einblick in das Leben und Arbeiten in der Wissenswelt von morgen geben, in der sich ein breites Feld für *professionelles Wissensmanagement* entlang der *Wissenswertschöpfungskette* öffnet. Diese Szenarien haben vorbereitenden Charakter und können Ausgang sein, für die sich in der Szenariotechnik üblicherweise anschließenden *Phasen* wie: *Einflussanalyse, Trendprojektion* und *Ermittlung alternativer Szenarien* sowie *Bewertung und Interpretation* [GRAF/KLEIN 2003].

4.2 Quo vadis Wissensarbeit und Wissensarbeiter – visionäre Szenarien

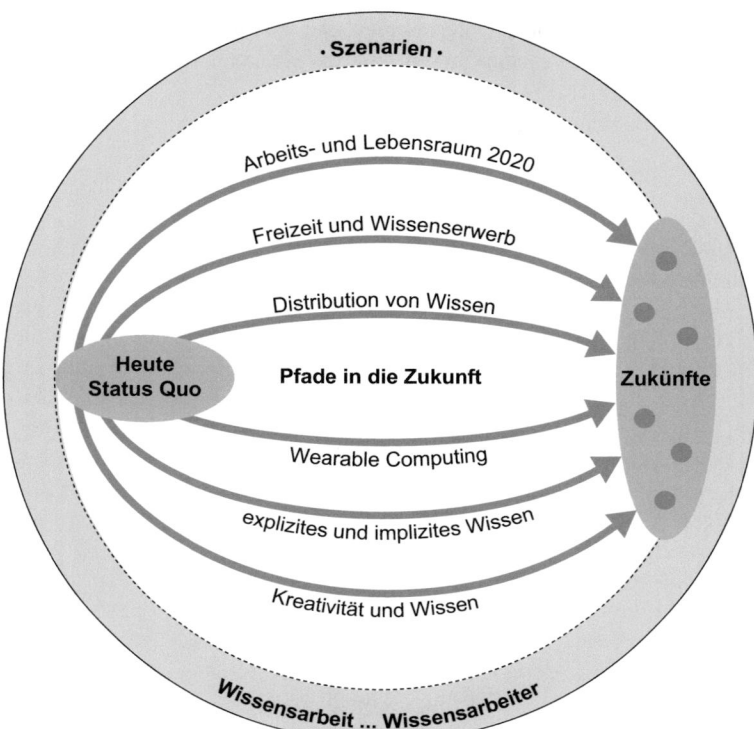

Abb. II-27 Referenzmodell „*Szenariotechnik*" im mikrokosmischen Bezugsrahmen zur Findung zukünftiger Wissensarbeit

weiter man in die Zukunft blickt, desto breiter wird die Trichteröffnung. Bezogen auf die Szenarien bedeutet dies, desto vielfältiger werden möglicherweise die vorstellbaren Alternativen und Varianten. Als Ergebnis dieser in die Zukunft gerichteten Betrachtungsweise erhält man demnach unterschiedliche Szenarien, die von Trends und Störereignissen abhängen.

Um eine Vergleichbarkeit zur Gegenwart und zu der eingeschlagenen pragmatischen und anwendungsorientierten Ausrichtung aufrechtzuerhalten, wird wiederum der *Automobilmarkt* [DIEZ 2007, BECKER 2007, IFMO 2005] und einige der vordringlich mit Wissensarbeit involvierten Funktionsträger herangezogen. Das heißt keineswegs, dass die Feststellung nicht ebenso in gleichem Umfang auch für andere Branchen und Märkte gilt.

Vorab ist es zunächst erforderlich, kurz den gesellschaftlichen und ökonomischen Wandel und einige Trends im *Lebens- und Arbeitsbereich der Zukunft* [OPASCHOWSKI 2001] szenaristisch zu beleuchten. Allgemeine Fragen in diesem Zusammenhang sind: Welche Veränderungen bringt der technologische Fortschritt und der demografische Wandel für die Institutionen, Unternehmen und Individuen? Wie könnte die zukünftige Arbeits- und Lebenswelt aussehen? Von welchen Anforderungen sehen sich Unternehmen und Individuen konkret herausgefordert? Welche speziellen Auswirkungen ergeben sich von einer Wissensökonomie auf den Automobilmarkt?

Die Zeitreise kann beginnen …

Szenario 1: Arbeits- und Lebensraum 2020

Wir befinden uns im Jahr 2020. Die Weltbevölkerung ist auf nahezu 10 Mrd. Menschen angewachsen, ein Ende ist nicht abzusehen. Mehr Menschen brauchen mehr Energie. Die einstigen Schwellenländer wie China, Indien und Indonesien haben ihre wirtschaftliche Aufholjagd in den vergangenen Jahren erfolgreich fortgesetzt. Ihr Energieverbrauch und ihr Mobilitätsanspruch ist ungebrochen. Die Zahl der weltweit bewegten Automobile ist auf ca. 1,5 Mrd. Einheiten angewachsen. Der Weltenergiebedarf hat sich innerhalb von 10 Jahren verdoppelt. In den vergangenen Jahren hat ein nachhaltiger Trend eingesetzt, Energietechniken und Energieträger zu entwickeln, die umwelt- und klimaverträglich sind.

Heute hat sich ein neuer zukunftsorientierter und wirtschaftlicher ‚*Mobilitäts-* und *Energietechnologiemarkt*' etabliert. Die *Brennstoffzelle* nimmt auf diesem Markt einen wesentlichen Platz ein, da sie die bisherigen Technologien der Kraft-Wärme-Kopplung ergänzt und physikalisch bedingt höhere Wirkungsgrade gegenüber konventionellen Kraftwerken erzeugt. Zudem arbeitet sie geräusch- und vibrationsarm. Sie kann sowohl in großen als auch kleinen Einheiten hergestellt werden mit einem Leistungsspektrum, das von der Laptop-Versorgung bis hin zu Kraftwerken im Megawattbereich reicht. Mit dieser Entwicklung ist ein gleitender Übergang vom fossilen zum solaren Zeitalter eingeleitet und die Produktion von solar erzeugtem Wasserstoff ist industriell in der Umsetzung und als neuer Primärenergieträger dabei, die fossilen Energieträger Gas, Kohle und Öl langfristig in der Zukunft zu ersetzen.

Diese auf Energie und Mobilität gerichtete Entwicklung hat zu einem weiteren Wandlungsprozess geführt. So wie die Agrarwirtschaft von der Industrieproduktion abgelöst wurde, hat die Dienstleistung als dominanter Produktionssektor die industrielle Fertigung verdrängt. *Wissen* ist nach Boden und Kapital als weiterer Produktionsfaktor anerkannt. Produkte und Leistungen sind variabler geworden, gleichermaßen wie die Rollen und Funktionen der Menschen. Von diesem Wandel ist nicht nur die Ökonomie, sondern die gesamte gesellschaftliche Struktur betroffen. Nicht Traditionen oder Institutionen, sondern die Individuen selbst bestimmen ihre Lebensentwürfe. Damit ist ihnen mehr Gestaltungsfreiraum gegeben, aber auch eine höhere reflexive Orientierungsleistung gefordert. Dies zeigt sich darin, dass Individuen erheblich mehr wirtschaftliche und soziale Risiken tragen. Der einzelne Arbeitsplatz und der Inhalt der Arbeit ist sehr vielfältig, theoretisch und verlangt große soziale Abstimmung. So gibt es in der *Wissensökonomie* viel weniger wiederholende, monotone Industriejobs. Dafür besteht aber eine Nachfrage nach sehr viel komplexer, informeller Wissensarbeit und natürlich menschennahen Dienstleistungen, die soziale Qualifikationen erfordern. Daher ist neben Fachwissen vor allem Selbstwissen, emotionale Intelligenz und Netzwerkkompetenz wichtig. Zusätzlich muss jeder eine ständige Abstimmung zwischen Beruf, Familie und Freizeit realisieren.

Im Markt der Mobilität, in dem „*Weltraumtouristik*" keine Seltenheit mehr ist, haben in unserem konkreten Markt – der Automobilbranche – die deutschen Hersteller den Platz in der Spitzengruppe aufgrund ihres besonderen Muts zur Kreativität, ihrer Innovationsfähigkeit und ihres Technologievorsprungs gepaart mit hoher Zuverlässigkeit und Sicherheit gehalten. Die weltweite Krise, die vor über 10 Jahren die gesamte Branche tief getroffen hat, ist überwunden. Trotz Dezimierung des Anbietermarktes konnte an den eingebrochenen Ergebnissen angeknüpft und die Absatzzahlen weiter erhöht werden.

Eine merkliche *Konsolidierung der Weltautomobilindustrie* hat stattgefunden und sich dabei nicht nur auf internationale, sondern auch national tätige Automobilproduzenten ausgewirkt. Computerrelevante Anwendungen in den Produkten dominieren. Ein Oberklassewagen hat mehr als 70 Prozent computergesteuerte Komponenten. Sensoren, Aktuatoren, Regelsysteme und die Vernetzung gehören zum Standard. Aber auch der Einsatz neuer Antriebs-, Abgas- und Ausstattungstechniken hat die Weichen in Richtung Emissionsfreiheit gestellt. In der Automobiltechnik hat sich die eingeschlagene Doppelstrategie bewährt, indem zunächst mit Effizienzsteigerungen größere CO_2-Einsparungen eingeleitet wurden und nach Ausschöpfung dieser wirtschaftlichen und technischen Potentiale parallel die Entwicklung regenerativer Energieträger so marktfähig vorangetrieben wurde, dass sie übergangslos auf breiter Front die Leistung übernehmen können.

Managementfehler und Fehlentwicklungen, wie sie Anfang des Jahrtausends gemacht wurden, konnten rechtzeitig korrigiert werden. Auch die Ära egomanischer Manager ist überwunden.

Aber nicht nur in der Fahrzeugtechnik haben sich Veränderungen ergeben, sondern auch im Absatz und Konsum sind Verschiebungen eingetreten. So ist das Auto unverändert wichtigstes Verkehrsmittel geblieben. Trotz aller infrastruktureller und intelligenter Fahrzeugassistenz- und -leitsysteme ist besonders in den Ballungsräumen eine Überlastung gegeben und der Mensch verbringt unverändert viel Zeit im Auto.

Was Konsum und Kaufentscheidung betrifft, stellen Frauen eine wichtige Kundengruppe dar. Konsumschlagworte wie „*gerissene Kunden*", „*neurotische Kunden*", „*Verbreitung von Luxus*", „*Marken-Hoppin*" prägen den Käufermarkt. Hinzu kommen neue Absatzkanäle als wichtiges Differenzierungspotential. Insbesondere im Zusammenhang mit vertriebsrelevanten Trends und Wissensmanagement sind „*Multi-Channel-Management*", „*Beziehungsorientiertes Kundenmanagement*" sowie „*Service als strategisches Element*" breite Realität geworden. Konkret heißt das, aktives Kanalmanagement hat dazu geführt, dass der Direktvertrieb in etwa den gleichen Umfang angenommen hat, wie der Anteil von Niederlassungen und Beteiligungen zurückgegangen ist. Das gilt in

> ähnlicher Form auch für den Rückgang der klassischen „kleinen Händler" zugunsten von „großen Händlern", die über 1.000 Einheiten pro Jahr vertreiben. Zusätzlich haben die Mehrmarkenhändler, unabhängige Leasing-Unternehmen sowie Broker und Agenturen zugenommen.
> So sorgen im hart umkämpften Markt technologische und ökonomische Anstrengungen dafür, sich gegenüber dem asiatischen Markt zu behaupten. *Wissensmanagement,* insbesondere in der Ausprägung von *Wissenstechnologie* und *Wissensarbeit,* leistet insgesamt einen wichtigen Beitrag zur Wertschöpfung von Organisationen – auch bei der Optimierung der *automobilwirtschaftlichen Wertschöpfungskette* ...

Dieses zwangsläufig rudimentäre Zukunftsszenarium kann natürlich keineswegs ein abschließendes und vollständiges Bild wiedergeben. Vielmehr ist die Intention, damit den Hintergrund für Szenarien von Organisationen und Individuen der Wissensgesellschaft zu liefern, wie konkrete Wissensarbeit teilweise unter Zuhilfenahme von Wissenstechnologie in die Tätigkeit von ausgewählten Funktionsträgern und Wissensarbeitern dieses Marktes hineinwirken.

Das *erste Szenario* [GEGENWART ... 2006, SPIELPLATZ ... 2006, MEDIENNUTZUNG ... 2005] steht für die mehrfach gemachte Aussage, dass in Zukunft Arbeit und Freizeit nahtlos ineinander übergehen und damit beispielhaft entsprechende Steuerung seitens des Unternehmens zum unterbewussten Erwerb von Wissen beitragen kann. Ausgangsfrage für *Freizeit und Wissenserwerb* ist deshalb: Wie kann man sich das vorstellen, wenn Arbeit und Freizeit verschmelzen? Wie kann man in der Freizeit Wissen erlangen? Geschieht der Wissenszuwachs aus Zwang oder innerer Freiheit? Was leisten Unternehmen zum unbewussten Wissenserwerb ihrer Mitarbeiter?

> *Szenario 2:* Freizeit und Wissenserwerb
> Müller und Meier sind beide beim gleichen Automobilhändler beschäftigt. Müller arbeitet als Führungskraft im Service. Ihm unterstehen mehr als 60 Personen. Meier ist Verkaufsleiter, in seinem Verantwortungsbereich werden jährlich ca. 1.700 Einheiten verkauft.
> Neben technischem Know-how und Sozialkompetenz entscheiden eine gute Gesundheit über ihre Employability. Sie treffen sich deshalb regelmäßig zweimal in der Woche im Fitness-Studio. Beide erachten es als selbstverständlich, dass die eigenverantwortliche Gesundheitsvorsorge Voraussetzung ist, den Marktwert der eigenen Arbeitskraft zu erhalten. Heute haben sie mit dem Fitnessprogramm früher Schluss gemacht, um noch etwas trinken zu gehen. Sie machen das öfter einmal, da es interessant ist, sich auszutauschen und zu erkennen, wo dem anderen der Schuh drückt, bzw. zu erfahren, was dessen Pläne sind.
> Aber heute ist etwas anders. Meier drängt früher als sonst zum Aufbruch. „Warum so eilig?", fragt Müller. Er kennt Meier schon lange und weiß, dass er auch in der Freizeit immer unter Spannung steht und beruflich unbedingt den

Aufstieg zum Geschäftsführer anstrebt. „Ja weißt du, ich möchte noch schnell in meinem „*Virtuellen Autohaus*" nachschauen", meint Meier: „Gestern bin ich nicht dazugekommen und ich bin schon gespannt, was da passiert ist." Üblicherweise ist Müller gut informiert, aber „Virtueller Autohausmanager", – „Was ist denn das?", Müller ist erstaunt. „Das ist ein computergestütztes Strategie- und Unterhaltungsspiel [MMB TRENDMONITOR 2008] in Form einer Autohaussimulation – quasi ein ‚*Second Life im Autohaus*'. Es steht allen Mitarbeitern unserer Firma, aber auch Interessierten außerhalb des Konzerns zur Verfügung. Wenn du dich in diese virtuelle Welt begibst, kannst du in die unterschiedlichsten Rollen, die es in einem Autohaus gibt, schlüpfen. Du kannst in dieser Funktion Aufgaben lösen und selbständig ein Autohaus leiten", erklärt Meier.

„Das hört sich ja spannend an", meint Müller und fährt fragend fort: „Aber wie muss ich mir denn das Leiten vorstellen?" „Ganz einfach, über das Internet tritt jeder Spieler mit anderen Autohausspielern in Wettbewerb. Dabei hat die Wirtschaftlichkeit des Autohauses, die Zufriedenheit der (virtuellen) Mitarbeiter und Kunden sowie die Teamarbeit und Kommunikation große Bedeutung für das Ergebnis meines Autohauses", antwortet Meier und ergänzt: „Das Spiel enthält eine Datenbank von Wissensteilen, die ständig erweitert und gefüttert wird. So stellen mir meine Autohausfiguren ständig Fragen und haben permanent irgendwelche Anforderungen, mit denen ich punkten kann. Das klingt einfach, ist teilweise aber schwierig, so dass ich in Einzelfällen schon mal unsere Kollegen um Rat fragen musste."

„Probier es doch auch einmal, so ein Autohaus kann sogar von mehreren Spielern geleitet werden", versucht Meier seinen Kollegen von der Sache zu überzeugen: „Gerade du als technischer Experte könntest mir bei der Leitung des Autohauses insbesondere in technischen Fragen sehr helfen und vielleicht gelingt es uns, erfolgreichstes Autohaus zu werden und dabei auch noch viel Geld zu verdienen."

„Geld verdienen?" Müller wird jetzt noch neugieriger: „Wie kann ich das verstehen?" „Die Währung, die im ‚Virtuellen Autohaus' existiert, sind ‚*Auto-Euros*', und es gibt sogar einen Markt, auf dem du die mit deinem Wissen erwirtschafteten ‚Auto-Euros' gegen echte Euros tauschen kannst", versucht Meier seinem Kollegen den ‚Virtuellen Autohausmanager' schmackhaft zu machen.

Meier ist verblüfft: „Ist das nicht viel Stress in der Freizeit?" „Keineswegs, das Spiel läuft zugbasiert und wenn es irgendwie meine Zeit erlaubt, besuche ich täglich 15 bis 20 Minuten mein ‚Virtuelles Autohaus' und schaue nach, was sich zwischenzeitlich getan hat. Mir macht das erheblichen Spaß, mal Chef zu sein", sagt Meier und fügt hinzu: „So wie ich das mache, bewegen sich inzwischen über 5.000 Teilnehmer von unterschiedlichen Automarken in dieser ‚parallelen Autowelt'."

Die beiden Kollegen gehen nach Hause – der eine neugierig, der andere nachdenklich. Meier sinniert: „Wissenszuwachs", „Geld verdienen?". Zu Hause angekommen erinnert er sich daran, dass er einen Zugangscode für einen „*Tech-Quiz*" des konzerneigenen Business TV, bei dem man etwas gewinnen

> kann, in seinen Unterlagen haben muss. Und tatsächlich, nachdem er den Code eingegeben hat, erscheint der Kanal und er kann schon mal in dieser Form sein technisches Wissen überprüfen. „Hier teste ich mal, was ich weiß", seufzt Meier, „und vielleicht kann ich dann im ‚Virtuellen Autohaus' auch mal noch richtig Geld verdienen ..."

Das Streben nach *Mobilität* aufgrund der Anforderung, mobil wirtschaften zu müssen, verlangt einen jederzeitigen Zugriff auf Daten und Informationen einschließlich einer Vernetzung jedes Mitarbeiters mit der Organisation und mit den Kollegen; unabhängig vom Standort auf der Welt. Die fortgeschrittenen Technologien ermöglichen es den Wissensarbeitern, bereits heute mit Mobiltelefonen, Notebooks, Handhelds in Kontakt zu treten, um wirtschaftlich und effektiver zu arbeiten. Durch die weltweite physische Vernetzung und die Miniaturisierung der Hardware kann von Diensten Gebrauch gemacht werden, an die vor Jahren nicht zu denken war.

Die Ausgangsfrage ist deshalb: Wo geht in Zukunft die Entwicklung der mobilen Wissensarbeit hin? Gibt es einen Weg vom E-Learning zum Mobil-Learning (*M-Learning*)? Wohin führt die technische Entwicklung im Zusammenhang mit Mobilität? Welchen Einfluss hat Mobile Computing [ROTH 2002]? Was ist unter einem Ubiquitous Computing bzw. Ubiquitous-Learning [vgl. zur Abgrenzung OGATA/MATSUURA 1996] zu verstehen?

Es kann nicht Absicht sein, alle aufgeworfenen Fragen erschöpfend zu beantworten. Dies gilt auch für die beiden folgenden Szenarien, bei denen die Unterstützung der Mobilitätsanforderungen in unterschiedlicher Ausprägungsform im Vordergrund steht. Ziel ist es, aus zwei verschiedenartigen Mobilitätsanforderungsperspektiven den Blick punktuell auf zwei unterschiedliche Anwendungsszenarien zu werfen. Beide haben eines gemeinsam: Es geht primär um *Wissensarbeit* und *Wissensarbeiter*, wobei die *Wissensverteilung* und die *Wissensnutzung* den Schwerpunkt ausmachen.

Ohne hier den Begriff des *Wissensarbeiters* [siehe KARNER 1996, DICK/WEHNER 2002] näher präzisieren zu wollen, sollen die Szenarien verdeutlichen, dass Eigenschaften wie Kreativität, Intelligenz sowie Kommunikation und Vernetzung, aber auch Expertenwissen gefragt sind. Das trifft in den beiden vorliegenden Fällen nicht nur für die Wissensarbeiter zu, die als Fachexperten an der Entwicklung neuer Wissenstechnologien schöpferisch mitgewirkt haben, sondern auch für die Wissensarbeiter, die mit der Wissensverteilung und Wissensnutzung beschäftigt sind.

Mit einigen Erklärungen von technischen und begrifflichen Details in den Szenarien sollen keineswegs die Nerven über Gebühr strapaziert werden, sondern Realitätsnähe unterstrichen werden. Ziel ist es, durch konkrete Ansätze aufzuzeigen, dass hier nicht von Utopia gesprochen wird, da ausschließlich solche Applikationen herangezogen werden, die sich zumindest in fortgeschrittenen Forschungsstadien befinden bzw. bereits als Prototypen im Einsatz sind.

Aufgrund der Dezentralität von Entwicklung, Produktion und Absatz ist vielfach der Transport physischer Produkte, Aggregate und Systeme notwendig, um

4.2 Quo vadis Wissensarbeit und Wissensarbeiter – visionäre Szenarien

das in den Produkten involvierte Wissen bei den unterschiedlichen Aufgaben- und Funktionsträgern an den dezentralen Standorten bekannt zu machen. Bei dem *folgenden Szenariuo* [SCHLÖßER 2006, DUTRÉ/BALA/BEKAERT 2006] zur *Distribution von Wissen* stellen sich deshalb diese Fragen: Wie kann das vielfach verteilte Wissen der Organisation (*distributed knowledge*) [SALOMON 1993, TSOUKAS 1996] trotz deutlicher Reduzierung des physischen Transports der Objekte leichter veranschaulicht und verteilt werden? Welche Form der abstrakten Wissensvermittlung ermöglicht ohne praktisches Tun, einen Wissenszuwachs (*embodied knowledge*) [COLLINS 1993] herbeizuführen? Welche technischen Entwicklungen können dazu beitragen, durch abstrakte visuelle Eindrücke haptisches Handeln von Menschen zu substituieren, und damit einen physischen Transport der Produkte entbehrlich machen?

Szenario 3: Distribution von Wissen

Severing war ursprünglich Trainingsprogrammentwickler. Heute ist er in der internationalen Produktbetreuung des Konzerns tätig. Im entfernteren Sinne hat seine Tätigkeit mit der vorherigen Aufgabe zu tun. Die totale Globalisierung hat zu einer weltweiten Vernetzung der Arbeitswelt geführt, so dass es selbstverständlich ist, erfolgreiche Arbeitsweisen in der Netzwerkkommunikation zu praktizieren sowie vertriebliche Belange und Wissen zur Entwicklung und Konstruktion der Produkte möglichst weltweit abzustimmen. Dabei geht es nicht nur um theoretisches Wissen, sondern vielfach auch darum, dass die Produkte, Aggregate und Systeme jederzeit physisch vor Ort sein sollten, um an diesen Modellen Produktkenntnisse erfahrbar zu machen – eine kostenintensive und aufwändige Logistik. Deshalb hat Severing seinen Kollegen Schönfeld von der Entwicklung aufgesucht, der eine Art Wissens- und Medieningenieur ist. Severing hofft, dass er ihm eine Alternative für seine logistischen Probleme bieten kann. Thema ist die neue Generation der Hybridtechnologie, die es gilt, an den unterschiedlichsten Standorten der Welt jederzeit hautnah begreif- und erlebbar zu machen.

„Vielleicht kann ich dir helfen", meint Schönfeld und loggt sich dazu auf seinem Laptop ein, um zu sehen, welches Wissen zur neuen Generation der Hybridtechnologie bereitsteht. „Ich suche hier in unserer neuen *zentralen Wissensdatenbank*." „Nichts Neues", denkt Severing, „so etwas habe ich doch bereits unter dem Begriff ‚Lernen-on-Demand' kennengelernt, wo ich mir Lerninhalte verfügbar machen kann." „Was soll hier besonders sein? Das kenne ich schon", lässt er Schönfeld wissen.

„Du kennst unsere Fahrzeugaggregate und Systeme in 3D-Form?", wendet Severing fragend seinen Blick vom Bildschirm ab. „Was ist schon 3D, muss man dazu diese albernen Brillen aufsetzen und einen dieser sündhaft teuren Projektoren haben, um eine dreidimensionale Darstellung oder virtuelle Realität zu erreichen?", zweifelt Severing leicht spöttisch. „Keineswegs", entgegnet Schönfeld, „wie du siehst, benötige ich lediglich einen Laptop mit einem angeschlossenen 24-Zoll-LCD-Monitor – alles handelsübliche Ware."

Er holt das Bild eines bereits in der Entwicklung in 3D angelegten Aggregats vom zentralen Server auf den Bildschirm. Auf den Bildschirm? Severing ist überrascht. Das vollständige Antriebsaggregat scheint im Raum zu schweben. Schönfeld dreht und zoomt das Aggregat in allen Richtungen. Keine Kamera, die die Position des Betrachters im Raum erfasst. Keine Brille, man sitzt einfach zwei Meter vor dem Bildschirm. Selbst die, die daneben sitzen, sehen das gleiche plastische Aggregat.

„Was ist der Trick?", fragt Severing. „Schau näher hin", erwidert Schönfeld und deutet auf einen unscheinbaren Rahmen auf dem Monitor. Er hält eine Folie mit einem laminierten Streifenmuster. „Das ist das optische Element. Es sorgt dafür, dass das linke und das rechte Auge des Betrachters leicht unterschiedliche Informationen bekommen, diese werden dann vom Gehirn wieder zusammengesetzt. Aus diesem Unterschied entstehen die Informationen über den Raum. Nichts anderes geschieht auch beim normalen Sehen. Dieser Rahmen ist die gesamte Hardware. Das Übrige erledigt eine spezielle Visualisierungssoftware", erklärt Schönfeld.

Severing ist erneut verblüfft. Er denkt an eine ganze Reihe weiterer Anwendungen, die ihn in seinem Arbeitsfeld unterstützen können. „Ja, es ist möglich, Präsentationen, Interaktion und Konvertierung auf dem handelsüblichen PC durchzuführen", greift Schönfeld vor und erläutert: „Kameras erfassen die Bewegung einer Person und berechnen zusammen mit den gespeicherten 3D-Daten virtuelle Vorgänge. So lassen sich z. B. ohne Umwege über zweidimensionale Pläne, Fahrzeugaggregate und -systeme konstruieren sowie vieles mehr. Man kann Computerprogramme entwerfen, die nicht mehr von den X-, Y-, und Z-Koordinaten auf eine zweidimensionale Darstellung heruntergerechnet werden müssen. Und, was die Konvertierung anbelangt", fährt Schönfeld fort, „haben wir sogar die Möglichkeit, von den zweidimensional erstellten Filmen 3D-Filme zu realisieren." „Wie das?", fragt Severing. „Das funktioniert, indem bei einer Kamerafahrt, oder wenn jemand durch das Bild läuft, die Tiefe des Raumes berechnet wird, so dass dann den X- und Y-Koordinatenachsen die dritte Z-Achse mathematisch hinzugefügt wird", erklärt Schönfeld und ergänzt: „Diese Software ist ein Meilenstein hin zu einem Computer, der ohne Tastatur oder Maus zu bedienen sein wird."

Severing hat erkannt, dass ihm diese neue Technologie in vielen Fällen helfen kann, Lücken zu schließen, wenn es gilt, nicht vorhandenes Material lebensecht durch plastisches virtuelles Bildmaterial zu substituieren. Er begreift schnell: „Mein Budget für Logistik-Ausgaben wird sich freuen …"

Während bei dem oben aufgeführten Szenario spezielle Mobilitätsanforderungen, die aus dem physischen Transport von Teilen resultieren, durch Wissensarbeit und Wissensarbeiter Unterstützung finden können, geht es bei dem nachstehenden Szenarium darum, dem allgemeinen Mobilitätsanspruch durch ein umfassendes *Mobile Computing* (mobiles Computing) [FEDERRATH 2001] näherzukommen. Erklärtes Ziel ist es dabei, eine durchgängige Optimierung wirtschaftlicher Prozesse durch eine Vielzahl von in die Umgebung eingebrachten Mikroprozessoren und Sensoren zu erreichen.

Im Umfeld von Mobile Computing wird häufig von *Ubiquitous Computing* (allgegenwärtiges Computing) [vgl. WEISER 1991] gesprochen. Hier geht es darum, eine Vielzahl kleinster, nahezu unsichtbarer Computer (*UbiComps*) [FLEISCH 2003] vollkommen in die physische Umwelt zu integrieren, so dass sie sich von dieser nicht mehr trennen lassen. Diese Objekte, die durch Informations- und Kommunikationsfähigkeiten erweitert werden und dabei digitale, analoge und hybride Wirkprinzipien verbinden, werden auch als *hybride* oder *smarte Gegenstände* [MATTERN 2003] bezeichnet. Diese smarten Gegenstände (z. B. smart phones, smart papers, smart clothing) sind mit Sensoren bestückt und durch die Vernetzung können sie sich situationsangepasst smart mit anderen Ressourcen verhalten. Neben den Sensorensystemen sorgen insbesondere in ausgesuchten Strukturkomponenten integrierte Aktuatoriksysteme aus thermisch, elektrisch oder magnetisch aktivierbaren Materialien dafür, dass das Gesamtsystem in der Lage ist, sich selbständig an wechselnde Bedingungen optimal anzupassen. Versteckte *Sensoren* nehmen also die Umgebung wahr und versteckte *Aktuatoren* steuern die Systeme dementsprechend.

Primär sind die smarten Objekte Alltagsgegenstände (z. B. Kühlschränke, Waschmaschinen) eben keine Computer, die mit Hilfe von eingebetteten Hard- und Softwaresystemen (*embedded systems*) [ABOWD/STERBENZ 2000] mit der Fähigkeit zur Sensorik, Wahrnehmung und Kommunikation angereichert sind und gleichzeitig Rechenleistung zur Verfügung stellen. Diese alles durchdringende Vernetzung von „intelligenten Gegenständen" des Alltags wird auch mit *Pervasive Computing* (durchdringendes Computing) [MATTERN 2003] bezeichnet. Durch die Miniaturisierung und Einbettung von Mirkoelektronik in andere Objekte sowie ihre Vernetzung bietet Pervasive Computing eine Reihe zukünftiger Anwendungsformen, die auch in der Wissensarbeit ihren Niederschlag finden. Diese Applikationen beinhalten in hohem Maße Aspekte der Mensch-Maschine-Kommunikation und reichen bis zur künstlichen Intelligenz. Damit kann in Zukunft eine komplexe Systemintegration – *Ambient Intelligence* – helfen, die technische Umgebung an die individuellen Wünsche, Möglichkeiten und Aufgaben des Wissensarbeiters anzupassen [TSONKOV 2006]. In dieser Vision dominiert die *Ubiquitous Computing Ära* und löst die PC-Ära ab, so wie diese die Phase der Mainframe-Ära verdrängt hat [WEISER 1993]. Dem Wissensmanagement erwachsen in der Ubiquitous-Computing-Ära hin zur Realisierung von Ambient Intelligence [TAUCIS 2006] erhebliche Herausforderungen.

Wie diese heute noch weitgehende Vision der Durchdringung des Alltags mit mikroelektronischen Komponenten, die immer und überall eingeschaltet und weitgehend drahtlos vernetzt sind, ausschaut, zeigt das *nachfolgende Szenario* [KOPCZYNSKI 2005] aus dem Bereich des *Wearable Computing* (tragbares Computing) [vgl. MANN 1998]. Hier stellen sich die Fragen: Wie kann man sich im automobilen Arbeitsfeld die Technologie des Ubiquitous und Pervasive Computing in Zukunft vorstellen? Was bewirken integrierte Sensoren in der Kleidung des Wissensarbeiters zur Realisierung von Arbeitsanforderungen? Welche Vor- und Nachteile entstehen für und bei der Wissensarbeit?

Szenario 4: Wearable Computing

Höfer ist ein mobiler Service- und Wartungstechniker. Sein Arbeitsplatz befindet sich im technischen Umfeld, meistens in der Werkstatt seiner Automall. Häufig ist er aber außerhalb im mobilen Einsatz tätig. Er ist an allem Neuen interessiert und auch Experimenten gegenüber aufgeschlossen. Heute trifft er sich mit Hoffmann, der lange Jahre als Teletutor im Qualifizierungsbereich gearbeitet hat. Jetzt ist er aber mit einer neuen Form ‚*mobiler Wissensvermittlung*' beschäftigt, indem er Personen im Umgang mit diesem neuartigen System, das den Wartungs- und Serviceprozess unterstützt, einweist. „Was muss ich mir denn unter diesem ‚*Wearable Assistance System*' vorstellen", fragt Höfer.

„Man kann sich das System als ein am Körper getragenes Kleinstcomputersystem vorstellen, das beim mobilen Einsatz direkt am Serviceobjekt Unterstützung leisten soll, indem dieses Gerät in Bruchteilen von Sekunden Wissen bereitstellt", antwortet Hoffmann und fährt fort: „Das System ist ein nahezu unsichtbarer, intelligenter und persönlicher Assistent. Das besondere daran ist, dass das Gerät über eine erweiterte Realität (*Augmented Reality*) verfügt, das heißt, dass einerseits eine Unterstützung der menschlichen Sinne durch die visuelle Überlagerung gegeben wird, indem eine Erweiterung der virtuellen Informationen mit der Realität in Echtzeit erfolgt, und andererseits die Ergänzung der Sinneswahrnehmung durch Sensoren für Umgebungseigenschaften, die der Mensch nicht selbst wahrnehmen kann, wie beispielsweise Radar, Infrarot und Distanzbilder, geschieht."

Höfer, der zwar technisch versiert ist, zeigt sich verdutzt. „Wie kann ich das verstehen?" „Ganz einfach, die Information soll möglichst am richtigen geometrischen Ort dargestellt werden", entgegnet Hoffmann. „Das Computergenerierte Wissen wird meist mit Hilfe eines *Head Maunted Displays* zusätzlich zur realen Welt in das Sichtfeld des Betrachters eingeblendet. Somit wird dem Betrachter eine Anreicherung und Erweiterung der menschlichen Wahrnehmung ermöglicht und die reale Welt mit der virtuellen Realität kombiniert und teilweise überlagert."

„Wie kann ich mir das konkret vorstellen?" Höfer ist immer noch skeptisch: „Ich setze einfach ein so genanntes Head Maunted Display mit integrierter Minikamera auf. Die Kamera nimmt dann den Blickwinkel auf, während ein winziger Rechner Konstruktionspläne, Montagegrafiken oder den nächsten Arbeitsschritt in mein Sichtfeld einblendet?" „Genau, bei dieser Technik wird die ‚reale Werkstattwelt' und spezielle Wiedergabegeräte mit visuellen Komponenten erweitert", erklärt Hoffmann und fährt fort: „Jeder Servicemitarbeiter, der das ‚Wearable Assistance System' trägt, bekommt die Illusion, sich in einer durch Computer generierten Objekte angereicherten realen Umgebung zu befinden." „Und was erhalte ich für Wissensinhalte in meinem Arbeitsprozess?", fragt Höfer immer noch zurückhaltend. „Alle Servicewartungsunterlagen, elektronischen Handbücher und Aufzeichnungen, die Servicemitarbeiter normalerweise parat vor sich haben müssten", erklärt Hoffmann. „Die Anwendung der erweiterten Realität (Augmented Reality) ist vor allem in Situationen vorteilhaft, in denen der Servicemitarbeiter kein Experte ist, bzw. die Arbeit sehr selten auftritt. Wenn du beispielsweise eine Schraube anziehst willst, wird diese virtuell angezeigt und ein winziger virtueller Pfeil als computergenerierte Grafik wird dir in das Sichtfeld eingeblendet."

Hoffmann setzt in seiner Überzeugungsarbeit nach: „Des Weiteren können alle gesammelten Daten wie z. B. situationsbedingte Erfahrungen, Kommentare oder Anmerkungen vor Ort per Spracherkennung, Schreiben mit Stift bzw. virtueller Tastatur erfasst werden und mit Hilfe einer Digitalkamera werden dir die Ergebnisse mit dokumentierenden Fotos ergänzt, ohne dass du zum PC laufen musst."

„Was ich verstehe ist, dass es sich bei dem ‚Wearable Assistance System' um einen Kleinstcomputer handelt, der einschließlich Akku im Gürtel des Arbeitsanzuges integriert ist und über Ein- und Ausgabemedien verfügt, und dass eine Netzverbindung besteht, das heißt doch nichts anderes als ein besonders kleines und leistungsfähiges Notebook für den mobilen Einsatz?", zweifelt Höfer noch immer.

„Keineswegs", entgegnet Hoffmann, „den Unterschied macht das Sensornetzwerk, das Informationen von der Umgebung des Benutzers und von dem Benutzer selbst berücksichtigt. Anhand der Auswertungen der Sensoren wird ein Gesamtbild des Menschen erzeugt und in eine digitale Form gebracht. So wird auch die menschliche Wahrnehmung des Sehens und Hörens durch physikalische Sensoren erfasst."

„Somit ist also der ‚Wearable Service Assistant' ein miniaturisiertes Rechnermodell mit den zugehörigen Ein- und Ausgabe- und Kommunikationsmedien in Verbindung mit Sensoren, die am Körper getragen werden", stellt Höfer fest. Er ist beeindruckt: „Das hört sich ja alles ganz gut an, aber welche Vorteile sind denn damit verbunden?"

„Oh, da gibt es eine ganze Reihe Vorteile", erwidert Hoffmann. „Allein die Wissensspeicherung ist enorm. Alle Informationen stehen direkt am Serviceobjekt im Arbeitsprozess zur Verfügung. Es ist nicht notwendig, eine zeitaufwändige Suche nach spezifischen Informationen durchzuführen. Weiterhin hilft die Sprachsteuerungsfunktion, direkt Informationen einzugeben bzw. abzurufen, ohne die Hände zu benutzen, so dass eine konzentrierte Arbeit am Fahrzeug mit beiden Händen möglich ist. Und schließlich ist es nicht nötig, handschriftliche Inspektionsbefunde zu erfassen und in irgendein Informationssystem einzugeben. Damit erfolgt eine weitgehend automatisierte Dokumentation. Lange Wege zu stationären Handbüchern, Informationssystemen oder zum Büro können entfallen. Und letztlich hilft das System, Fehler zu vermeiden!" – „Wie das?" „Falls etwas vergessen wird, besitzt der Wearable Computer die Funktion, sich an bestimmte organisatorische Tatsachen zu erinnern. Somit können Fehler vermieden und die Arbeiten insgesamt effizienter abgeschlossen werden."

„Das klingt alles fantastisch und überzeugend, aber mal ehrlich", zweifelt Höfer immer noch etwas, „sehe ich dann bei der Arbeit wie *Cyberman* persönlich aus?" „Oh, keine Angst", entgegnet Hoffman, „diese Systeme sind in lang-

> jähriger Entwicklung auf der Basis von Erkenntnissen aus der Informatik, der Psychologie, der Arbeitswissenschaft, der Kognitionswissenschaft, aber auch der Ergonomie, Soziologie und ganz besonders wichtig dem Design entstanden. Die Systeme sehen trendy aus. Sie sind extrem klein, und du wirst sehen, sie gewinnen in unserer Arbeitswelt ähnlichen Kultstatus wie die *ipods* von Apple Anfang 2000 ..."

Dass konkrete Wissensarbeit einen vielschichtigen Wandel erfährt, zeigt sich besonders deutlich, wenn es um *Transformationsprozesse* [DICK/WEHNER 2005] von Wissen geht. Daten und Informationen sollen in handlungsrelevantes Wissen überführt werden [NONAKA/TAKEUCHI 1997]. Oder anders ausgedrückt: Was ist zu tun, um Handlungen aus konkreten Kontexten herauszulösen und zu formalisieren, um sie dann als anerkannte Fakten in andere Kontexte zu übertragen? Ziel ist es damit, für einen Teilbereich des Wissensmanagements zu zeigen, wie Wissensmodellierung (*Knowledge Engineering*) dazu beiträgt, Know-how in wissensbasierte Systeme zu überführen und abzubilden. Dabei werden personengebundene Kompetenzen und lokal verankertes Wissen aus unterschiedlichen Perspektiven heraus zum zentralen Entwicklungsfaktor erhoben.

In dem *folgenden Szenario* [DICK/WEHNER 2002] ranken sich folglich zentrale Fragen um den Themenkreis *explizites und implizites Wissen*: Ist in einem expertenabhängigen Bereich des Unternehmens Wissen an die Fähigkeiten (*embodied competences*) [BLACKLER 1995] ausgewählter Mitarbeiter gebunden? Welche Probleme sind mit der Formalisierung und Strukturierung von Wissen verbunden? Werden besondere analytische und darstellerische Fähigkeiten (*embrained skills*) [RIEBOLD/SCHARF O. J.] von den Mitarbeitern, die mit der Wissensrepräsentation, Wissensvisualisierung und dem Aufbau einer Wissensdatenbank beschäftigt sind, erwartet?

> *Szenario 5:* Explizites und implizites Wissen
>
> Sieber und Fischer sind zwei altgediente Experten, die bereits im operativen Umfeld von Wissensmanagement gearbeitet haben, als es diesen Begriff noch gar nicht gab. Jetzt treffen sie sich, um auf ihre alten Tage noch etwas ganz Neues anzugehen. Beide kennen sich bisher nur flüchtig, obwohl sie mit ganz ähnlichen Aufgabenstellungen beschäftigt waren. Sie kommen ins Gespräch.
> „Was haben Sie bisher gemacht?", fragt Fischer. „Oh", entgegnet Sieber, „als Informatiker und Ingenieur habe ich mit Kollegen zusammen in den vergangenen Jahren Distance-Learning-Systeme einschließlich der Lernplattform in technischer Hinsicht weiterentwickelt und optimiert." „Interessant, was kann ich mir darunter vorstellen?", fragt Fischer, neugierig geworden. „Wir haben beispielsweise für das Teletraining das *HDTV* (High Definition Television) eingeführt. Das war eine Anforderung seitens der Nutzer und eine Herausforderung für uns, da es galt, nicht allein die Video- und Audioaufnahmesysteme umzustellen, sondern auch die Schnittstellen zu den Übertragungssystemen wie

4.2 Quo vadis Wissensarbeit und Wissensarbeiter – visionäre Szenarien

Satellit, Kabel und via Internet zu realisieren. Ebenso mussten geeignete Receiver und Computer für die Endverbraucher definiert werden. Es war einfach die Forderung der Anwender gegeben, dem öffentlichen und privaten Fernsehen zu folgen. Dieser gesamte technische Upgrade-Prozess war zudem damit verbunden, dass Kollegen zusätzliche Formate für das Medium wie ‚*Nationale und internationale News*', eine ‚*Technikolympiade*' und eine Serie ‚*Produkttechnische Tipps und Tricks*' entwickelt haben. Dies konnte natürlich nur wirtschaftlich gemacht werden, indem die Händlerstützpunkte aller Länder an dem breit ausgerichteten Business-Television-Angebot aktiv teilgenommen haben."

Sieber fügt hinzu: „Ich möchte Sie nicht mit weiteren Details langweilen. Im Allgemeinen ging es darum, die technischen Voraussetzungen für die unterschiedlichen Verfahren und Instrumente zu schaffen, die den Weg ebnen für eine *lernende Organisation*, die das Lernen aller Mitarbeiter ermöglicht und fördert, mit dem Ziel, die im Unternehmen vielfach getrennten Welten der Strategiestruktur, Führungs- und Kulturentwicklung zusammenzuführen."

„Oh", Fischer ist verblüfft, diese Aussagen aus dem Mund eines Technikers zu hören, der sich üblicherweise wenig für die Inhalte und den Sinn der Instrumente, Verfahren und Systeme, die er entwickelt, interessiert.

„Nun berichten Sie mir mal, mit was Sie in den letzten Jahren Ihre Brötchen verdient haben", fragt Sieber seinen Kollegen.

„Meine Aufgabe war es, Wissen zu sammeln, kleine Einheiten zu bilden und zu strukturieren. Diese Einheiten wurden dann für eine weitere Verwendung erfasst, archiviert sowie bereitgestellt – so eine Art *operative Wissensorganisation*." „Wie kann ich mir das konkret vorstellen?", setzt Sieber nach. „Sie wissen bestimmt, dass es teilweise sehr schwierig und kostenintensiv ist, geeignetes Wissen für die jeweiligen Medien- und Verbreitungssysteme zu erhalten. Von daher war es meine Aufgabe, aus beschreibbarem, formalisierbarem, zeitlich stabilem Wissen – so genanntem *explizitem Wissen* – kleine Wissensbausteine zu formen, inhaltlich zu durchdringen und für eine Mehrfachverwendung, möglichst mit einem Medienspektrum, das von Präsenztraining bis zum Handy und PDA reicht, bereitzustellen. Dabei durfte eine Kosten, und Nutzenbewertung nicht fehlen", erläutert Fischer.

Sieber beginnt zu verstehen: „Der Anspruch bestand also nicht allein darin, bei der Wissenskonzeption die Inhalte analytisch und logisch strukturiert aufzubereiten, sondern Abstraktionsfähigkeit und Kreativität zu beweisen und sich in ‚Hubschrauberperspektive' zu begeben, um möglichst eine sehr große Zielgruppe mit unterschiedlichen Medien in effizienter Weise aus der ‚Wissensbausteinkiste' zu versorgen." „Genau", entgegnet Fischer und fährt fort: „Problematisch dabei war, dass wir diesem Anspruch zunächst nicht ausreichend nachkommen konnten." „Wieso?" „Unsere Autoren- und Redaktionssysteme einschließlich der damit verbundenen Prozesse waren historisch gewachsen, teilweise sehr egoistisch und wenig effizient. Die Entscheidung für ein *XML-basiertes Autoren- und Redaktionssystem* kam einem Paradigmenwechsel gleich." „Was habt ihr dazu getan?", fragt Sieber nach. „Unser primäres Ziel war es, eine Effizienzsteigerung in der

Erstellung und Administration des zusammengetragenen Wissens zu realisieren und größere Synergieeffekte und Konsistenz hinsichtlich der unterschiedlichen Medien- und Verwendungszwecke, (z. B. Printmedien, Videosequenzen, Animationen) und der Mehrsprachigkeit zu erreichen. Diese systembedingten Anforderungen führten zwangsläufig zur konsequenten Standardisierung und Modularisierung der Wissensbausteine auf der Basis eines ‚*Wissens-Konzept-Guides*'. Dies trug zusätzlich zur Qualitätssicherung und -steigerung bei."

„Jetzt habe ich verstanden. Sie haben explizites Wissen formalisiert und durch Sortieren, Ordnen und Kombinieren zu etwas Neuem systematisch verarbeitet. So bleibt explizites Wissen explizit. Die *Internalisierung* dieses Wissens wird dann in Lern-, Aus- und Weiterbildungsprozessen praktiziert", stellt Sieber fest. „Genau", pflichtet Fischer bei, „dabei ist auch das Üben und die Anbindung an die Praxis entscheidend. Aus Fehlern zu lernen, ist ebenso ein Modus der Internalisierung wie Praktika oder Experimente."

Beide Kollegen passen für die neue Aufgabe gut zusammen, da jeder in der Wissensorganisation Erfahrung sammeln konnte und ihnen auch die angewandte Wissenstechnologie nicht fremd ist.

„Was ist denn unsere neue Aufgabe?", wendet sich Sieber fragend an Fischer. „So wie ich es verstanden habe, umfasst unsere Aufgabe zwei Teile. Schwerpunkt des ersten Teils ist es, etwas zu realisieren, was bisher nicht bzw. keinesfalls gut funktioniert hat." – „Nicht funktioniert?" Sieber wird hellhörig: „Worum geht es?"

„Es geht um das im Unternehmen verborgene *implizite Wissen*", antwortet Fischer. „Explizites Wissen kenne ich, aber was ist denn bitte implizites Wissen?", hakt Sieber nach. „Die meisten Mitarbeiter verfügen über individuelles Können, Fähigkeiten und Kompetenzen, die sie zur Lösung von Problemen benutzen. Gerade ältere Mitarbeiter haben oftmals einen wahren Fundus ganz spezieller Kompetenzen", berichtet Fischer aus seiner persönlichen Erfahrung und fährt fort: „Bislang wollte man, dass Mitarbeiter ihr implizites Wissen als Wissensanbieter in einem Wissenspool in Form einer Wissensdatenbank einbringen, so dass eine Art Wissensmarkt entsteht, wo Wissensnachfrager von diesem Know-how partizipieren können. Aber das ging gründlich schief."

„Das kann ich mir gut vorstellen", meint Sieber. „Wer gibt schon sein Wissen, seine Erfahrungen und Eindrücke, die ihm einen innerbetrieblichen Vorsprung geben, so ohne weiteres Preis. Wo soll hier der Anreiz liegen? Informationen stellen einen persönlichen Marktwert dar. Wie heißt es doch so schön: ‚Wissen ist Macht!'" „Deshalb, lieber Kollege Sieber, besteht unsere Aufgabe darin, Methoden und Verfahren zu entwickeln, mit denen die Transformation von implizitem in explizites Wissen realisiert werden kann. Damit wird implizites Wissen, das weitgehend aktionsgebunden und höchst subjektiv ist, in praktisch verwertbares allgemeines Wissen überführt. Oder anders ausgedrückt, wir haben eine *Externalisierung* vorzunehmen, indem implizites Wissen expliziert wird."

„Das ist wahrlich eine Herausforderung, denn ich kann überhaupt noch nicht erkennen, dass dieser Vorgang planbar oder irgendwo systematisch beschrieben ist", zweifelt Sieber und fährt leicht spöttisch fragend fort: „Was bietet uns hierzu Theorie und Wissenschaft?" – Fischer: „Hier wird auf Metaphern, Bilder, Analogien und Simulationen verwiesen, die helfen sollen, implizites Wissen zu explizitem Wissen zu verwandeln, und damit greifbar und erfassbar zu machen. Da werden Modelle angesprochen, die wie Stufen oder Sequenzen einer sich vortastenden Externalisierung wirken."

„Das klingt wenig ermutigend und noch weniger pragmatisch", stellt Sieber fest, „aber vielleicht besteht die Chance, durch den Vergleich von Ereignissen, die bisher nicht im Zusammenhang gesehen werden, neue Perspektiven, zu eröffnen und dabei den einen oder anderen Aha-Effekt auszulösen", versucht sich Sieber selbst zu ermutigen. Er denkt an die anstehenden Aufgaben: „Naja ich vermute, hier ist noch eine Menge Basisarbeit vonnöten, um pragmatische Methoden und einen *selbsttragenden Transformationsprozess* zu implementieren, mit dem implizites zu explizitem Wissen gemacht wird." Fischer ergänzt: „Das ist wahrlich Motivation für Wissensmanagement ...".

Aber damit noch nicht genug", meldet sich Sieber zu Wort: „Wir haben noch nicht über den zweiten Teil der Aufgabe gesprochen." „Zweiten Teil?" – Fischer fragt nach: „Was erwartet das Management zusätzlich?"

„Also wenn ich das richtig begriffen habe, müssen wir auch die Spezifikation für ein ‚*Wissenssystem*' leisten." „So etwas Ähnliches ist mir auch bekannt", erwidert Fischer, „nur – wir haben doch im Unternehmen bereits eine ganze Reihe Datenbanken mit einer Vielzahl von Informationen und Wissen." „Das ist richtig, aber so wie ich die Erwartungen des Managements verstehe, soll eine neue Generation Wissenssystem entwickelt werden, das ein effizientes Wissensmanagement unterstützt, und", wendet sich Sieber an seinen neuen Kollegen, „für uns steht dabei weniger die mögliche technische Lösungsfrage, wo Systemarchitektur, Archivierungsformate oder hinterlegte Datenstruktur im Fokus stehen, im Vordergrund, sondern vielmehr die Verbesserung des Prozesses, in dem die vielfältigen Informationen, Eindrücke und Erfahrungen aller Mitarbeiter erfasst, analysiert selektiert, aufbereitet und in einem gemeinsamen Prozess der Kommunikation weiter ausgebaut werden. Damit soll es möglich sein, ein *dynamisches Wissenssystem* zu realisieren, das in einen permanenten Entwicklungsprozess durch die Wissensnachfrager, Wissensgeber und -vermittler sowie Experten und Mitarbeiter aktualisiert und erweitert wird."

„Das ist erstmal genug", seufzt Fischer. „Ich glaube wir tun gut daran, zunächst diesen ‚diffusen Projektauftrag' näher abzugrenzen ..."

Abschließend bleibt noch auf ein Phänomen einzugehen, das in der Diskussion von Wissensmanagement bisher etwas zu kurz kam. Es betrifft das Verhältnis von *Kreativität und Wissen* – zwei Begriffe, die scheinbar gegensätzlich zueinander stehen und demzufolge auch für ein Wissensmanagement keine Relevanz aufweisen würden. Anders als überprüfbares, auf Fakten bezogenes, direkt anwendbares Wissen wird Kreativität tendenziell zwar meist positiv bewertet, aber häufig als „Spielerei" oder „nettes Beiwerk" abgetan und in die Ecke der schönen Künste verwiesen. Zusätzlich wurde und wird Kreativität immer auch etwas kritisch gesehen. Dies ist zum einen darin begründet, dass kreative Personen mit ausgeprägter Fähigkeit zu divergentem Denken leicht in Konflikt mit ihrer sozialen Umwelt geraten, da sie als zu starke Individualisten („Abweichler") wahrgenommen werden [WHISKOW 1992]. Insofern ist es verständlich, wenn bei der Personalwahl bei gleichgelagerten Befähigungen der Mitarbeiter mit einem hohen IQ einem Mitarbeiter mit hoher Kreativität vorgezogen wird: *„Der eine tut, was er soll, der andere, was er will"* [zum ähnlichen Ergebnis HENTIG 1998]. Zum anderen wird der Begriff Kreativität fast inflationär verwendet. Dies rührt daher, dass in Büchern, Seminaren und Workshops frei nach dem Motto gehandelt wird: *„So werden Sie kreativ!"* oder als betriebliches Wundermittel Eingang finden: *„Kreative Möglichkeiten des Konfliktmanagements"*. Es mutiert so zum Heilswert der Gegenwart [von HENTIG 1998]: *„Es steckt noch voller Versprechungen. Jeder weiß es zu nutzen, keiner mag es entbehren, keiner kritisiert es."* Und treffend ergänzen [ROMERO/KLEE/PURKER 2003]: *„Kaum einer weiß es zu definieren."*

Hier kann den vielfältigen Erklärungs- und Forschungsansätzen [stellvertretend MEIßNER 1988] zur begrifflichen Abgrenzung von Kreativität nicht umfassend Raum eingeräumt werden. Insofern wird hier mehr der praxisorientierten Richtung gefolgt [ROMERO/KLEE/PURKER 2003], die Kreativität nicht allein als individuelle Höchstleistung einiger Auserwählter versteht, sondern als die Fähigkeit, neue eigenständige Ideen zu entwickeln sowie Entdeckungen und Erfindungen hervorzubringen. So verstanden ist Kreativität Teil vielfältiger Prozesse und findet Eingang in die Kunst genauso wie in Forschung und Entwicklung. Sie zeigt sich in technischen Innovationen wie im musischen Bereich. Somit ist Kreativität nichts Mystisches oder Ungewöhnliches, wohl aber etwas Besonderes und besonders Förderns- und Schützenswertes, das jedem Menschen – in unterschiedlichem Maße – eigen ist.

So gesehen sind Wissen und Kreativität in Verbindung miteinander wichtige Elemente gesellschaftlichen Fortkommens, da sie einen wesentlichen Beitrag zur Entwicklung neuer Wahrnehmungs- und Deutungsmuster für die unterschiedlichsten gesellschaftlichen Bereiche leisten [ROMERO/KLEE/PURKER 2003]. Dadurch entstehen neue Sichtweisen und innovative Lösungen für soziale wie ökonomische Problemstellungen. Fachliches Wissen und neue Ideen werden in kreative Produkte und Dienste der jeweiligen Disziplin transferiert. So gehören Kreativität und Wissen zusammen. Wer wissen will und wissen kann, benötigt Kreativität – es ist die innere physische Kraft des Menschen, sein Wissen anzuwenden und zu erweitern. „Wer kreativ ist, schafft eine neue Realität. Diese neue Realität muss gewusst werden, um sie verstehen zu können. Und wer sich Wissen aneignet, bedarf einer inneren Kraft, um das Außen im Inneren verankern zu können. Daher sind Wissen und Kreativität unmittelbar aufeinander bezogen" [ROMERO/KLEE/PURKER 2003].

Zusammenfassend leitet das *abschließende Szenarium* seine Legitimation aus der Relevanz für die Implikation von Wissen, Kreativität und Bildung ab. Es steht simplifizierend und stellvertretend für das Verhältnis und den Kontext von folgenden Verbindungen:

- *Wissensarbeit und kreatives Produkt:* Kreativität verwirklicht sich in Innovationen und wertschöpfenden Produkten und Dienstleistungen, die einen (ökonomischen) Wertzuwachs darstellen [FACAORU 1985]. Sie tragen zur Erweiterung des technischen, wissenschaftlichen oder kulturellen Lebensbereichs bei. Als Maßstab zur Beurteilung von Kreativität wird häufig Neuartigkeit, Nützlichkeit, Einfachheit, Eleganz, Verallgemeinerungs- und generative Anregungskraft herangezogen. Zwangsläufig sind diese Kriterien nicht objektivierbar, immer situationsspezifisch und auf Normen und Standards des jeweiligen sozialen Systems bezogen.

- *Wissensarbeiter und kreative Persönlichkeit:* Kreativität ist als ein Komplex von Persönlichkeitsmerkmalen und Einstellungen (z. B. Neugier, Leistungsmotivation, Konflikt und Frustrationstoleranz) sowie kognitiven Fähigkeiten (Intelligenz, Flexibilität, Komplexität) zu bezeichnen [MEIßNER 1988]. Diese Eigenschaften sind bei jedem Menschen in unterschiedlichem Ausmaß vorhanden und können als entwickel- und trainierbar betrachtet werden. Demzufolge sind kreative Leistungen quasi in allen Bereichen leistbar und nicht nur extrem seltene überragende schöpferische Werke von Künstlern oder Forschern.
- *Wissensgesellschaft, Kreativität und Bildung:* Kreativität und Wissen stellen Bindekräfte unserer Gesellschaft dar, sie zu stärken, heißt unter anderem, den inneren Zusammenhalt und das Verständnis zu kräftigen. Kreativität ist hier für jeden Einzelnen mit der Chance verbunden, sich in diesem Wissensprozess aktiv einzubringen und ihn zu bestimmen. Individuen in diesen Organisationen, die auf der Basis ihrer verfügbaren Kenntnisse und Urteile bewusst und sinnhaft handeln, können auch als Teil einer Wissensgesellschaft und in diesem Kontext auch als „verständnisintensive" Gesellschaft [DE HAAN/POLTERMANN 2002] bezeichnet werden. Bewusstes und sinnhaftes Handeln gelingt aber nur auf der Basis reflektierter Auseinandersetzung mit Werten, Zielen und Visionen. Sie bieten dem Handeln Orientierung. Insofern ist diese Sichtweise auch eng mit der Idee von Bildung verbunden. Demzufolge weist Bildung über Wissen hinaus, da sich mit ihr „Selbstreflexivität" verbindet [DE HAAN/POLTERMANN 2002]. So bildet Wissen die Basis eines gebildeten Handelns, und durch den Schritt zur Selbstreflexion wird Wissen zur Bildung.

Lassen Sie sich von der „Schwester" der Kreativität, der Fantasie, in ein *letztes Szenarium* [LOTTER 2006, FISCHER/SOMMER 2006, IRLE 2006] führen, in dem den Begriffen *Kreativität und Wissen* nachgegangen wird und das mit Fragen verbunden ist wie: Lässt sich Kreativität lernen, lehren und managen? Was ist ein kreativer Prozess zur Lösung von Problemen? Welchen Einfluss haben situative Bedingungen auf den gesamten kreativen Prozess? Was können Organisationen tun, um sich mittels spezifischer Kreativitätstechnik der Neuentwicklung von Produkten und Dienstleistungen zu nähern? Was hat das alles mit Wissensmanagement zu tun?

Szenario 6: Kreativität und Wissen

Huber ist Vorstandsassistent. Er hat von seinem Vorgesetzten den Auftrag erhalten, etwas zu organisieren, um Ideen für das zukünftige Servicegeschäft zu entwickeln und dabei bei den Führungskräften zusätzlich Kreativität zu wecken und zu unterstützen. Das Unternehmen möchte sich dem Thema *Kreativität* wieder mehr öffnen. „Eine schwierige Aufgabe", denkt Huber. „Kann man *kreativ sein* lernen und lehren?" Er erinnert sich jetzt noch mit Schaudern an die weitgehend erfolglosen sogenannten ‚Change-Management-Seminare' in den vergangenen Jahren, wo man beabsichtigte, die Regeln des Unternehmens auf neue Ziele und notwendige Veränderungen auszurichten, und wo die Akteure so viel wie möglich versuchten, von dem zu retten, was mal war und womit man sich gut eingerichtet hatte. „Das unbefriedigende Ergebnis war kein Zufall", denkt Huber, „sondern das Produkt einer stockkonservativen Klasse – den Managern –, deren Handlungen extrem reguliert sind, weit stärker als in irgendeiner anderen Berufsgruppe." Ein schwieriges Unterfangen, Kreativität zu erzeugen mit dem erhofften Ergebnis – mehr Geschäft durch mehr Spaß am Geschäft, mehr Optionen durch das Spielen mit Optionen und insgesamt mehr Persönlichkeit. „Was ist da zu tun? – Wo gibt es jemand im Unternehmen, der mir helfen kann? Wer ist in der Lage, Bekanntes loszulassen, sich nicht der gewohnten Rituale zu bedienen, und vor allem, sich irgendwie auch noch frei und unabhängig zu fühlen, um sich mit dem Thema auseinanderzusetzen?" – Huber erinnert sich an Brandtner, der ihm auf einem Führungskräfteentwicklungsseminar wegen seiner guten Ideen aufgefallen ist. Er beschließt, Brandtner anzurufen und ihm sein Problem zu schildern. Vielleicht kann er ihm helfen, eine Lösung zu finden.

Brandtner ist Trainer, Moderator und Künstler – eine etwas schillernde Figur, bereit immer wieder Neues und Ungewöhnliches auszuprobieren. Brandtner ist im Unternehmen angestellt, aber im Begriff sich selbständig zu machen, sich den Fesseln eines Konzerns zu entledigen und damit auch vielen Konventionen. Er will Unabhängigkeit und Freiraum bekommen, seine Regeln selbst definieren. Erfahrung mit dieser Art Freiraum hat Brandtner schon seit über 5 Jahren, da er nebenher noch in einem „Event-Theater" mitwirkt. Das ist eine Art Unternehmenstheater, das auf dem freien Markt seine Leistung anbietet und dessen Programm speziell auf die jeweiligen Situationen des betreffenden Unternehmens zugeschnitten ist. In Form von inszenierten Sketchen oder in interaktiver Form werden dann Unternehmensentwicklungs- oder Veränderungsprozesse begleitet und erleichtert.

So verkörpert Brandtner den klassischen *Arbeitskraftunternehmer*; einen typischen Vertreter, der eine Selbstökonomisierung seiner Arbeitskraft vorgenommen hat und eine systematische Produktionsökonomie des eigenen Arbeitsvermögens in Hinblick auf mögliche Verwertbarkeit langfristig gezielt angegangen ist. Dabei hat er zusätzlich eine neue Qualität der eigenen Vermarktung verwirklicht, indem er sich oftmals regelrecht inszeniert und in den Prozess der Selbstinszenierung seine Kompetenzen erkennen lässt. Dabei hat er nicht wenig eigennützig einen Teil seiner Arbeitskraft darauf verwendet, sich selbst günstig darzustellen und seine Vermarktung zu praktizieren ...

Huber und Brandtner sitzen sich gegenüber. Huber: „Ich habe ein Problem. Mein Vorgesetzter erwartet von mir, etwas für die Belebung des Servicegeschäfts einzuleiten, und dazu by the way, die Kreativität der Führungskräfte, die im Service beschäftigt sind, zu wecken und zu fördern. Ziel soll es sein, ein Seminar oder einen Workshop oder beides zu organisieren. Das alles rangiert bei meinem Chef unter dem Begriff ‚Wissensmanagement'."

„Verstehe, Kreativität ist der Input, Innovation der Output", entgegnet Brandtner. „Heutzutage wünscht sich jeder mehr denn je Innovationen, um im Wettbewerb bestehen zu können. Deshalb ist auch ein unübersichtlicher Markt entstanden, auf dem sich zahlreiche Anbieter tummeln, die Kreativität und Innovation durch Seminare und Workshops versprechen. Gegenwärtig öffnen sich Unternehmen wieder mehr dem Thema ‚Kreativität'. Hier ist Vorsicht geboten."

Huber nickt: „Ist Kreativität überhaupt lern- und lehrbar? – Oder ist von der Unternehmensleitung verordnete Innovation nicht ein Widerspruch in sich?" Brandtner schmunzelt: „Zumindest lässt sie sich nicht rufen. Und lehren nur, wenn der Trainer selbst ein kreativer Mensch ist, der nicht nur eine Methode weitergibt, sondern wenn etwas Authentisches dabei rüberkommt. Es gilt einen Spagat zwischen spielerisch-unschuldigem Entdecken auf der einen Seite und dem Ergebnisdruck auf der anderen Seite zu bewältigen." Und er fügt hinzu: „Es muss Ihnen klar sein, dass das nur der Beginn eines Prozesses sein kann – wer jahrelang seine Kreativität verschüttet hat, braucht ausreichend Zeit, sie wieder zu finden."

Huber wird einiges klar, die Aufgabe, die ihm sein Vorgesetzter übertragen hat, ist leicht zu unterschätzen und birgt Stolperfallen. Hier gilt es, aufzupassen.

Während Huber noch seine Situation überdenkt, fährt Brandtner fort: „Wir können zwei Arten von Kreativität unterscheiden: Zum einen die *expressive*, die spielerisch und impulsiv ist. Sie basiert auf der inneren Triebkraft und ist oft bei Kindern zu finden. Zum anderen die *operationale* Kreativität, die einen konkreten Zweck verfolgt, wie beispielsweise Ihre Problemstellung: die Belebung des Servicegeschäfts. Letztere lässt sich verbessern."

Huber ist etwas erleichtert, trotzdem existieren noch Zweifel: „Macht es denn Sinn, kreative Ideen in Gruppen zu produzieren? Wäre es nicht besser, jedem die Aufgabe zu geben, in einer bestimmten Zeit eine bestimmte Anzahl von Vorschlägen zur Ankurbelung des Servicegeschäfts zu entwickeln – bei so viel einzelnem Wissen und Fachkompetenz der Führungskräfte?"

Brandtner holt näher aus: „Es lassen sich *fünf Phasen* des kreativen Prozesses unterscheiden. Zunächst die *Vorbereitungsphase*, in der sich die Individuen das Wissen über das Sachgebiet, das einer Lösung bedarf, aneignen. In unserem Fall beispielsweise die Serviceeinsatzfelder. Anschließend folgt die *Inkubationsphase*, in der das Gehirn unbewusst an dem Problem arbeitet. Eine Phase, in der das Individuum sich am besten im entspannten Zustand bei einer monotonen Tätigkeit befindet. Drittens, die *Illuminationsphase*, in der die kreative Idee ins Bewusstsein kommt. In der vierten Phase ist die *produktive Realisierung* gegeben, wo insbesondere die Persönlichkeitseigenschaften wie Durchsetzungsfähigkeiten des Einzelnen eine Rolle spielen. Abschluss bildet die *Verifikationsphase*, in der überprüft wird, ob die Idee hält, was sie verspricht. Und um die Frage nach der Gruppe zu beantworten", fährt Brandtner fort, „ich habe die Erfahrung gemacht, dass in der Inkubationsphase der Mensch am besten allein bleibt, während in der Vorbereitungsphase eine Gruppenarbeit angebracht ist."

„Okay, dann Seminar oder Workshop?", fragt Huber, ist vom Handeln getrieben. „Die gegebene Aufgabe zwingt zum Workshop. In Seminaren werden in aller Regel Techniken vermittelt, während in Workshops der Trainer die Lösung für ein mehr oder weniger genau definiertes Problem moderiert", meint Brandtner. „Das ist eine insbesondere für die Vorbereitungsphase geeignete Form."

„Das ist gut." Huber scheint überzeugt. „Was ich keinesfalls will, ist, dass die Manager mit ihren Powerpoint-Präsentationen daherkommen, an die sie sich klammern, und auf halbseidene Kreativitätsseminare hoffen – Aktionismus, ohne sich zurückzunehmen und zu tun, was notwendig ist, das heißt, sich zu etwas Neuem aufzuraffen."

„Dem kann ich nur beipflichten", entgegnet Brandtner. „Die Welt in Charts aufteilen und dabei die ‚Seid-mal-alle-Locker-Haltung' einnehmen, damit ein wenig Kreativität entsteht, funktioniert nicht." Beide wissen, wie es nicht gehen kann und was nicht passieren darf.

„Vielleicht können wir die Manager mit Analogien konfrontieren oder zu Rollenspielen bewegen", schlägt Huber vor. „Wir müssen vorsichtig sein, die Teilnehmer sind nicht mehr so offen, sondern mehr an konkreten und messbaren Ergebnissen interessiert", wendet Brandtner ein. „Wenn früher bei Analogie-Rollenspielen die Teilnehmer die Fragen beantworten mussten: ‚Wie fühle ich mich als Dieselmotor?' Dann fanden sie das ganz faszinierend. Heute sagen sie, ‚Was ist denn das für ein Quatsch'. Das ist genauso, warum wir nicht Glühbirnen verteilen – frei nach dem Motto: ‚Damit ihnen ein Licht aufgeht', und Denkkappen à la Daniel Düsentrieb ausgeben, mit denen die Teilnehmer sich dann auf dem Gruppenfoto verewigen sollen. Alles Dinge, von denen sich einige Teilnehmer nur peinlich berührt fühlen. Das ist auch ein Grund, warum wir im Unternehmenstheater von Rollenspielen, in denen Manager und Mitarbeiter als Akteure mitspielen, völlig abgekommen sind.'

„Weshalb?", fragt Huber. „Bei jedem Rollenspiel gibt es ein Bewertungssystem. Entweder der Teilnehmer kontrolliert sich selbst – Bin ich gut? Locker? Souverän? – Oder der Zuschauer, der Kollege kontrolliert, bewertet und vergleicht – eigentlich alles nur Gewalt und Stress, deshalb leiten wir nicht zum Spiel an", so Brandtner. „Wir spielen selbst. Wenn wir dann in die Rolle von Managern schlüpfen und wie sie reden, reagieren und fühlen, dann wissen sie, es ist nichts Überzogenes, nichts Satirisches dran. Das ist vergleichbar mit der Rolle des Hofnarren", fährt Brandtner fort, „in einer Art Ventilwirkung spricht er aus, was keiner gewagt hat, zu sagen, und damit ist es endlich gesagt worden."

„Ist da nicht eine gehörige Portion Risiko dabei", wendet Huber fragend ein. „Natürlich, wenn wir etwas sagen, was falsch ist oder nicht gut ankommt, ist nicht nur unser Kopf ab, sondern auch Ihrer", grinst Brandtner.

Huber findet immer mehr Gefallen an Brandtner, ihm imponiert seine direkte und offene Art: „Rühren wir aber damit nicht ein gesellschaftliches Kernproblem über Gebühr auf, das nicht zulässt, dass wir eines besonders gut können und anderes weniger gut. Und, wer unvermittelt in einer neuen Position oder einer anderen Rangfolge spielen muss, kämpft auf einmal verkrampft und mit Verbissenheit und Ernsthaftigkeit?" – „Genau", setzt Brandtner ein. „Das ist ähnlich wie mit der Situation hier im Unternehmen, wenn man mal den Betrieb durchschaut hat, in dem man drinsteckt, ihn nicht mehr über Gebühr ernst nimmt und alles auf sich bezieht, dann wird man reifer, souveräner und auch spielerischer."

Huber ist unschlüssig, das Thema ist reizvoll, birgt aber auch Fallen für ein Misslingen. Er unternimmt einen weiteren Vorstoß: „Müssen wir diesen Prozess nicht auf das gesamte Unternehmen ausdehnen, um zu vermeiden, dass wir kreative und nicht kreative Abteilungen haben? Ist das nicht ein klassischer Prozess von Wissensmanagement?"

„Vorsicht", Brandtner bremst, „kreative Abteilungen sind erstmal verhasst. Sie besetzen Freiräume, sind nicht bis in die letzte Verästelung kontrollierbar und nicht komplett in Kennzahlen ausdrückbar. Kreativität ist ein Feind des Controllings. Ein Machtkampf, bei dem sorgsam darauf geachtet wird, dass von den Kreativen keine Gefahr ausgeht. Lassen Sie uns deshalb zunächst etwas kleiner beginnen. Weniger ist mehr. Wenn in Workshops alles gut läuft, werden zwei reaktionäre und zwei revolutionäre Ideen geboren", versucht Brandtner zu überzeugen. „Bedenken Sie: In jedem Workshop werden eine Reihe zusätzlicher guter Ideen produziert, die im Unternehmensalltag zu versanden drohen. Hier müssen Sie Ihren Auftraggeber aufklären, dass er noch etwas investieren muss – Zeit, Image und Geld."

Huber versteht, die eigentliche Blockade von Innovationen in Unternehmen ist die Angst der Mitarbeiter, Verantwortung für eine Idee zu übernehmen, da die Gefahr besteht, zu scheitern, denn wer kann es sich schon leisten, nicht erfolgreich zu sein.

„Wenn alles ganz besonders gut läuft", wendet sich Brandtner noch einmal an Huber, „dann haben die Führungskräfte Demut vor den Sichtweisen anderer Menschen gelernt, gepaart mit Gelassenheit, Offenheit und Neugierde. Es sind beste Voraussetzungen gegeben, dass ihre Abteilungen zu angstfreien Zonen werden und damit ein Nährboden für dauerhaft kreative Mitarbeiter entsteht. Wahre Innovation findet dort statt, wo man den Mitarbeitern Spielraum lässt. Wollen Sie das ...?"

Die Szenen charakterisieren mögliche Zustände von morgen. Dabei bleibt die Frage offen nach dem tatsächlichen Eintreten von morgen. Dieses Morgen kann aber auch übermorgen oder bereits heute sein. Unbeantwortet bleibt deshalb die Frage, welche Entwicklung, welcher Trend ist am stärksten und entfaltet deshalb die größte Dynamik. Obgleich es neben der Beschreibung der Szenarien mit der Szenarioanalyse auch möglich ist, Aussagen über die Eintrittswahrscheinlichkeit für Faktorausprägungen zu erhalten [BRAUERS/WEBER 1986], muss es, wie eingangs erwähnt, zukünftigen Untersuchungen vorbehalten bleiben, entsprechende Varianten von Szenarien zu entwickeln und die Eintrittswahrscheinlichkeit zu schätzen. Dies gilt auch für die Bewertung und Auswahl von alternativen Strategien zur geeigneten Vorgehensweise, um frühzeitig die richtigen Stellhebel in der Wissenswertschöpfung zu betätigen und professionelles Wissensmanagement zu betreiben. Daher bleibt der konkrete Eintrittszeitpunkt Spekulation. Diese Feststellung gilt sowohl für die Zustandsbeschreibung in den Szenarien als auch für die mit den Thesen vorgestellten Behauptungen. Einige Inhalte sind nicht gänzlich neu, sondern lassen sich ansatzweise in der praktischen Umsetzung feststellen. Alle Thesen und Szenarien sind weitgehend voneinander unabhängig und damit auch der Zeitpunkt einer merklichen Wirkungsbreite und -tiefe des jeweiligen Szenariums. Allen Trends ist aber eins gemeinsam: Es bedarf keineswegs eines Abwartens auf etwas. – Es bedarf nur einer Regel: *Lass es uns versuchen!* Und es bedarf noch eines Wortes: *Mut!*

4.3 Quo vadis Wissensmanagement – Zusammenfassung und Ausblick

Das Überschreiten einer „imaginären Schwelle" mit Hilfe von Comics soll helfen, die Wissenswelt, in der Lernen und Lehren von heute und morgen stattfindet, mit einer Portion Distanz und Fantasie zu betrachten, aber auch die Vorstellungskraft des Einzelnen beflügeln und zeigen, dass gegenwärtiges und zukünftiges Qualifizieren fließend, teilweise überlappend, aber auch konkurrierend sein kann.

Das analytische Vorgehen, sich der Zukunft von Wissensmanagement mit Schwerpunkt Qualifizierung über *Thesen* zu nähern, hat einen nicht unerheblichen Charme. Der Begriff „These" aus dem griechischen thesés – hier im Sinne von Vorschlag, Behauptung und Gedanke – bedeutet die Chance, das Wesentliche aus dem Komplex von Aussagen in pragmatisch wirksamer Weise zur Geltung zu bringen, ohne gleich den Beweis für den Wahrheitsinhalt mitzuliefern.

Ähnlich verhält es sich mit den ergänzenden *Szenarien*. Auch hier wird keine Gewährleistung für ein tatsächliches Eintreten übernommen – weder im Detail noch im Großen und Ganzen. Durch die Öffnung eines breiten Spektrums soll aber zumindest ein Pfad erkennbar werden, auf dem sich Wissensmanagement entwickeln kann.

Ungeachtet der Haltbarkeit der vorgestellten Thesen lassen sich im Hinblick einer Relevanz für Wissensmanagement und vor dem Hintergrund einer sich verändernden *Wissensgesellschaft, Wissenstechnologie* und *Wissensorganisation* besonders im pädagogisch-psychologischen Umfeld und der beruflichen Fort- und Weiterbildung in der nahen Zukunft fünf *spezielle* Schwerpunktfelder zusammenfassen, denen Trainingsanbieter, -manager und Lernende sich nicht entziehen können:

1. *Technische Innovationen* sind häufig Auslöser und Triebfeder, insofern als Anwender umdenken in Bezug auf Arbeitsprozesse. Dies gilt auch für die im Qualifizierungsprozess eingesetzten Applikationen. Die hier sich mittelfristig ankündigenden technischen Trends werden zwar das Lernen und die damit

verbundenen Prozesse nicht gänzlich revolutionieren, aber sie verlangen eine ständige Anpassung und Optimierung – insbesondere hinsichtlich Leistungsstärke und Kostenreduktion. Der deutlichste Schub wird sich aufgrund des unverändert weiter Voranschreitens physischer Netze einstellen. Aus dieser qualitativen und quantitativen *Netzzunahme* resultieren auch zusätzliche *mobile* Applikationen. Damit stellt sich ein starker Wandel von den singulär offline bezogenen Lernsystemen hin zu den *vernetzten zentralen wissensbasierten Systemen* für Multiusergroups ein. Die damit verbundenen Arten der Endgeräte werden das gesamte Spektrum der wissensbasierten IT-Systeme der mobilen Telekommunikation, aber auch der privaten Konsumentenelektronik einbeziehen. Heute noch gegebene Grenzen zwischen diesen Systemen verschwinden zunehmend.

2. *Methodik* und *Didaktik* des Lernens der zukünftigen Art stellen Wissensanbieter und Trainer aufgrund des Auseinanderklaffens der Gesellschaft in die „*ältere*" und „*jüngere Generation*" und den unbestritten unterschiedlichen Befähigungen vor zusätzliche Herausforderungen. So müssen verstärkt konkrete Maßnahmen für altersgerechte Lernbedingungen entwickelt werden. Aber auch den Spezifika der jüngeren Generation muss in Anspruchsniveau und Art mit geeigneten Maßnahmen begegnet werden. Für beiderlei Maßnahmen gilt nicht der Selbstzweck, sondern der Versuch, Lerneffizienz und -ergebnis zu erhöhen. Entscheidend ist aber, dass bei aller Diversifikation eine gemeinsame, *altersübergreifende Qualifikationsstrategie* hervorgehoben wird, um a priori dem Anschein einer Zweiklassengesellschaft entgegenzuwirken.

Und ein weiteres Phänomen gewinnt bei der gegenwärtigen Diskussion zur Methodik und Didaktik des Lernen und Lehrens zunehmend Einfluss. Die seit dem Ableben der New Economy tot geglaubten *Online-Gemeinschaften* sind wieder en vogue und dabei, ihren zweiten Siegeszug durch Kongresse und Fachbücher anzutreten. Folgt man den Aussagen dieser Vertreter, dann macht sich der Eindruck breit, als kann alles, was in Methodik und Didaktik in den letzten Jahren entwickelt wurde, über Bord geworfen werden: Grundsätze einer didaktisch überlegten Gestaltung von Lernmaterialien und -medien, ausgerichtet an konstruktivistischen Prinzipien, Lernmaterialien, die das Vorwissen von Anwendern berücksichtigen, sowie Lernarrangements, die im Lehr-Lern-Dialog den Lernfortschritt prüfen und gegebenenfalls unterstützend eingreifen. In Zukunft generiert sich ob der Fülle des Internets der Lernende und nicht der Lehrende seine Lerninhalte [*M. Kerres*, Universität Duisburg-Essen, vgl. HARTGE 2007]. Im Zeichen von Web 2.0 ist der Abschied vom didaktisch aufbereiteten Lerninhalt besiegelt. Bei allem Fortschrittsglauben – hier sind erhebliche Zweifel angesagt und dem professionellen Umsetzer wird zur Vorsicht geraten. Handelt es sich nicht wieder nur um ein Allheilmittel einer Branche, für die Kontinuität und Solidität ein Fremdwort ist und die bereits in der Vergangenheit ihre utopischen Prognosen nicht erfüllen konnte?

3. Einer umfassenden *Strategie für Lernen und Lehren* durch die jeweiligen Unternehmer und Bildungsinstitutionen kommt unverändert erhebliche Bedeutung zu. Diese Strategie muss den gesamten Mikrokosmos der betrieblichen Qualifizierung einschließen. Das heißt, Entscheidungen zu treffen, welchen

Lerntheorien in welchem Umfang gefolgt werden soll (z. B. Anteil instruktivistisch versus konstruktivistisch geprägter Lernmethode) und in die Trainingskonzeption Eingang finden sollen. Wie kann eine Verzahnung von Lernen und Arbeiten erfolgen, und wie können sich problemorientiertes und selbstgesteuertes Lernen annähern. Das Spektrum reicht bis zur Gestaltung des Qualifizierungsportfolios. Die Positionierung zu diesen Themen ist eng mit der strategischen Frage verbunden, wie aus Sicht des Unternehmens mit *informellem Wissenserwerb* umgegangen werden soll; ob dies mehr dem Zufall überlassen bleibt oder seitens der Bildungsinstitutionen gefördert und unterstützt wird. Erst in zweiter Linie stellt sich die Frage nach den auszuwählenden Tools. Keinesfalls kann es vorteilhaft sein, auf ein Gesamtkonzept zu verzichten und sich auf Einzeltools zu stürzen, um sich dann im Trial-and-Error-Verfahren von weniger erfolgreichen Verfahren wieder zu verabschieden. Dies würde im Ergebnis Lerner und Bildungswillige verunsichern, denn ohne klare Zielvorstellungen würde es nur technikgetriebene Medien-Evangelisten bestätigen und letztlich bei einem auf Rentabilität ausgerichteten Management dazu führen, dass gute Ansätze dann für immer in der Schublade bleiben. Nur wenn es gelingt, Vordenker und Anbieter neuer Lerndienstleistungen zu bewegen, sich mit dem von Unternehmen erwarteten Weiterbildungsbedarf zu identifizieren und auf den konkreten Bedarf abzustimmen, können neue Lernformen zur betrieblichen Bildungsrealität werden, ohne dass der Mythos von der neuen Lernkultur verblasst, bevor er das Reich der Wissenschaft überhaupt richtig verlassen hat.

Nicht minder wichtig ist, neben einer Strategie für Lernen und Lehren, dass Unternehmen zusätzlich die Initiative ergreifen und die Voraussetzungen schaffen, dass Mitarbeiter und Führungskräfte die Ressource Wissen zielgerichtet einsetzen und weiterentwickeln. Um diese erfolgskritische Kernkompetenz, wie vorhandenes Wissen bestmöglich genutzt, neues generiert und schnell in Produkte und Dienstleistungen verwandelt werden kann, bestmöglich zu verwerten, bedarf es übergreifender Aktivitäten. Notwendigerweise muss das Unternehmen dazu eine *Strategie für Wissensmanagement* definieren. Ein Ansatz [MÜLLER 2001] kann beispielsweise die Installation von „Communities of Practice" sein. Daraus können sich dann wiederum „TechClubs" bilden, in denen sich Experten die Erfahrung und Wissenspotenziale teilen. Parallel lassen sich globale Wissensmanagement-Prozesse und Wissensmanagement-Sharing-Foren einrichten, in denen alle Funktionalressorts vertreten sind. Dabei darf es nicht bei einer einmaligen Maßnahme bleiben, sondern in einer permanenten Verfolgung muss dafür gesorgt werden, dass ein laufendes Benchmarking, ein Monitoring externer und interner Wissensmanagement-Aktivitäten sowie Best Practice, Messen und Trainings entstehen. Das alles unter dem Ziel: Share to Win!

4. Die *Wirtschaftlichkeit* und der damit scheinbar einhergehende Gegensatz von *Pädagogik versus Ökonomie* wird auch in Zukunft unverändert im Raum stehen. Aber das Risiko ist überschaubar. Die vereinzelt beklagte Entwicklung, dass eine ganze Reihe von Institutionen der Erwachsenenbildung zu Agenturen der Weiterqualifizierung mutiert sind, und dieses von Institutionen und Lernenden erkorene Handlungsmotto „survival of the fittest" erscheinen mir wenig bedroh-

lich. Auch bei den Akteuren auf der Qualifizierungsplattform wird die authentisch auftretende Trainerpersönlichkeit, die einen interessanten Unterricht macht und dabei die Disziplin fest im Griff hat, nicht von dem Trainer, der nur noch als „Moderator von selbstregulierenden Lernprozessen" auftritt, oder vom „coolen Unterrichtsmanager" vertrieben. So wird das Credo von den „Zeitgeistsurfern", die in der Weiterbildung auf den Wellen der Modernisierung reiten und für ein umfassendes „*Marktdienstleistungskompetenzevaluationsstandardisierungskartell*" [HUFER 2004] plädieren, verhallen und keineswegs zu einer dramatischen Neuorientierung führen. Vielmehr wird insbesondere in der Qualifikation und Bildung der Trend anhalten, alternative Trainingsmethoden und unterstützende Applikationen strengen wirtschaftlichen Bewertungen zu unterziehen und daran die Methodenauswahl zu knüpfen. Auch bei der Lerncontent-Aufbereitung zu effizienten, multifunktionalen und modularen Programmeinheiten ist heute noch das größte Einsparpotenzial verborgen, das es zu heben gilt. Und schließlich ist die Führung der betrieblichen Qualifizierungseinrichtung als Teil des Unternehmens auf der Basis betriebswirtschaftlicher Instrumente so zu gestalten, dass zumindest ein ausgeglichenes, wirtschaftliches Ergebnis entsteht.

5. „*Wissensmanagement und Business?*" – Mit dieser Frage verbinden wir unsere zehnte und letzte These.

> These 10: *Wissensmanagement ist Business!*

Dazu wird die Auffassung vertreten, dass das Managen eines „*Wissenswertschöpfungsprozesses*" nur mit einer hohen Professionalität erfolgreich sein kann. Demnach ist ein professionelles Wissensmanagement für einen „*primären Wissenwertschöpfungsprozess*" zu fordern. Wenn Kernprozesse dieser Wertschöpfungskette zu dem Ergebnis der Ware „*Wissen*" führen, ist diese Ware monetär bewertbar. Bei diesem Produkt „Wissen" kann es sich beispielsweise um unterschiedliche Qualifizierungsleistungen (Seminare, Selbstlernprogramme etc.) handeln. Die Veräußerung dieser Ware führt zu einem Gewinn, wie beispielsweise bei profitablen Trainingsdienstleistern, oder zur Erwirtschaftung eines ausgemessenen Deckungsbeitrags, wie bei separaten (ausgegliederten) Unternehmensbereichen, deren vordringliches Geschäftsziel nicht in einer Gewinnmaximierung besteht. Es ist naheliegend, dass sich die Bewertung dieser Art Management von Wissen an den üblichen wirtschaftlichen Erfolgsfaktoren für produzierende Unternehmen und an einer Dienstleistungsqualität orientiert.

Zusätzliche Indikatoren für diese Entwicklung sind häufig große Unternehmen, die ihren Qualifizierungsbereich in selbständige Einheiten ausgelagert haben, da sie sich davon mehr Flexibilität und Professionalität in der Steuerung versprechen. Von diesen unabhängig wirtschaftenden Einheiten müssen positive Ergebnisse erzielt und Vorteile für den Lerner als Kunde generiert werden. Teil dieses Vorgehens ist es, die Steuerungsfähigkeit zu verbessern, denn es ist vergleichsweise einfach, den unterschiedlichen Meinungen, Trends und Ideen, die auf den „Qualifizierungsmarktplatz" getragen werden und dabei häufig kontrovers und nicht immer zwingend zum Vorteil des Bildungswilligen geführt werden, zu kanalisieren und einer Entscheidung zuzuführen. Selbst Hochschulorganisationen, wie zum Beispiel die Harvard Business School, folgen diesem Beispiel. Allen geht es darum, über möglichst viele Stellhebel zu verfügen und diese unter dem Primat von Transparenz, Effizienz, Kosten und Nutzen letztlich zum Vorteil des Lerners einzusetzen.

Nicht minder relevant und oftmals parallel sind neben dem primären Wissenswertschöpfungsprozess sehr ähnliche und verwandte Funktionen und Prozesse in Organisationen anzutreffen. Im Prinzip geht es bei diesem Wissensmanagement darum, in den Kernprozessen gegebenes Wissen in Wissen mit höherem Nutzwert zu transformieren und damit einen höheren Geldwert für die Hauptleistung zu erzielen. Dieser *„sekundäre Wissenswertschöpfungsprozess"* wirkt ähnlich flankierend wie die übrigen Querschnittsfunktionen des Unternehmens. Bei diesem in der unternehmerischen Praxis noch relativ wenig systematisch und eher stiefmütterlich ausgestatteten Wissensmanagement geht es darum, innerhalb des primären Wertschöpfungsprozesses die Hauptleistung Wissen effektiver zu identifizieren, zu beschaffen, zu entwickeln und zu bewerten. Erklärtes Ziel dieses sekundären Wissenswertschöpfungsprozesses ist es, einerseits bei den Individuen im Unternehmen einen Wissenszuwachs herbeizuführen (nicht direkt monetär erfassbar), so dass ein personeller Kompetenzzuwachs entsteht. Andererseits ist es Ziel, dass Unternehmen einen organisationalen Wissenszuwachs erreichen mit positiver wirtschaftlicher Auswirkung auf die Hauptleistung (nicht direkt quantifizierbar). Der Anspruch besteht darin, diese Wissenszuwächse auch in monetären Einheiten auszudrücken. Es versteht sich von selbst, dass dieser sekundäre Wissenswertschöpfungsprozess nur dann erfolgreich sein kann, wenn er ebenfalls ein professionelles Wissensmanagement erfährt.

Unter diesem Fokus avanciert Wissensmanagement zum Business Management mit allen Facetten und Tools der Management- und Betriebswirtschaftslehre: *Professional Knowledge Management as part of a global Business Management.*

Neben den speziellen technologischen Trends, veränderten Lebensstilen und dem begleitenden Wertewandel, die insbesondere mit *Wissensarbeit* und *-arbeitern* in Verbindung stehen und dort ihren Niederschlag finden, wird zum Abschluss aus den vorgestellten *Szenarien* rekursiv und restriktiv der primär theoretische wissenschaftliche Unterbau herausgelöst und zusammengefasst. *Allgemeine Entwicklungs- und Veränderungstendenzen* finden dabei zusätzliche Berücksich-tigung. Die Ergebnisse zeigen in fünf Schwerpunkten, welche Relevanz davon auf die Konzeptionierung, Ausgestaltung und Umsetzung von Wissensmanagement ausgeht:

1. *Wissensgesellschaft* – *die allgemeinen Erwartungen sind hoch:* Obgleich der Begriff der *„Wissensgesellschaft"* als Bezeichnung einer Gesellschaftsformation keine Wertung darstellt, wird er im Allgemeinen meist positiv bewertet, da vielschichtige Erwartungen und Vorstellungen daran geknüpft sind [SAIGER 2001]. So wird suggeriert, Wissen ist überall und jederzeit abrufbar. Ebenso wird durch den Austausch, die Vernetzung und Zusammenarbeit eine Steigerung von Produktivität und Innovationsfähigkeit erwartet. Dies reicht bis hin zur Hoffnung auf eine vergrößerte Chancengleichheit, da in einer Gesell-

schaft mit dem Postulat für lebenslanges Lernen eine größere Möglichkeit zum Ausgleich von Wissensdefiziten vermutet wird. Diesen positiven Erwartungen steht die angeführte Informationsüberlastung gegenüber mit dem subjektiven Gefühl für das Individuum, ob der Fülle der Informationen erschlagen zu werden. Der einhergehende Anstieg sozialer Komplexität wirkt zusätzlich auf das Individuum ein und verlangt von ihm, sich mit unterschiedlichen Lebensstilen und Wertesystemen auseinanderzusetzen. Unabhängig von der Dynamik und der Wirkungstiefe dieses gesellschaftlichen Wandels heißt es, für ein proaktives und professionelles Wissensmanagement in diesen Veränderungsprozess behutsam gestaltend einzugreifen.

2. *Wissenstechnologie – eine neue Ära zeichnet sich ab:* Ähnlich ungewiss wie bei den gesellschaftsformenden Veränderungen ist die Intensität und das Voranschreiten der Wissenstechnologie. *Ubiquitous Computing* wird kommen. Der damit verbundene Ansatz des totalen Zusammenwachsens stationärer und mobiler Informations- und Kommunikationstechnologie, der eingebetteten miniaturisierten Mikroelektronik und zusätzlichen Sensoren und Aktuatoren wird der nächste Meilenstein einer totalen Computerisierung sein. Es ist nur eine Frage der Zeit, wann von einer neuen *Ära* gesprochen werden kann. Hier wird die Prognose gewagt, dass im Jahr 2020 eine merkliche Durchdringung stattgefunden hat. Das will nicht bedeuten, dass nicht schon viel früher Applikationen erfolgreich breiten Einsatz finden. Gezieltes Wissensmanagement kann hier für eine ganze Reihe von Anwendungen eine bahnbrechende Vorreiterrolle übernehmen.

3. *Wissenstransformationen – zunehmende Relevanz für die Externalisierung von implizitem Wissen:* In der beruflichen Fort- und Weiterbildung, im Management oder in der Arbeitsgestaltung wird *implizites Wissen* als Ressource für Qualität und Innovation immer wichtiger. Ziel muss es sein, das gegebene systematische und von der konkreten Praxis abstrahierende Planungswissen zu ergänzen, zu revidieren oder zu untermauern. Dass diese Externalisierung unter pragmatischem Gesichtspunkt kein triviales Problem darstellt, wurde hinreichend aufgezeigt. Diese Transformationen stellen aber aus psychologisch-pädagogischer Sicht wesentliche Herausforderungen für die betriebliche Fort- und Weiterbildung und für ein gut funktionierendes Wissensmanagement dar [DICK/WEHNER 2005].

4. *Wissen und Kreativität – ein hoher wirtschaftlicher Kontext:* Dass Wissen und Kreativität zusammengehören, ist hinlänglich aufgezeigt; fachliches Wissen und neue Ideen werden in kreative Produkte, Dienste und Prozesse von sozialen, ökologischen und ökonomischen Problemstellungen transferiert [ROMERO/KLEE/PURKER 2003]. Aus dieser wechselseitigen Verstärkung und Bedingung entstehen auch wirtschaftliche Vorteile. So erfahren wissensbasierte Industrien und Dienstleistungen große Wachstumsraten. Selbst in die einfachsten Produkte fließt zunehmend Wissen ein. Die Nachfrage nach „*intelligenten Produkten*" steigt und bei „*hybriden Produkten*", die aus der Kombination von Produkt und Dienstleistung resultieren, dominiert anteilsmäßig die Dienstleistung. Wenn es Unternehmen gelingt, den Mitarbeitern ausreichenden Gestaltungsraum zur kreativen Entfaltung zu geben, dann ist damit unter anderem die

Chance verbunden, dass sie sich auch in den Wissensmanagement-Prozess erfolgreich einbringen.

5. *Wissensmanagement* – *bestimmende Ansätze, Kernprozesse, Bausteine und Konvergenzen:* Es gibt verschiedene *Ansätze,* die gegenwärtig die Diskussion in Theorie und Praxis von Wissensmanagement bestimmen. So stehen neben dem individuellen Ansatz [REINMANN-ROTHMEIER/MANDL 2000] mit der Bewältigung der Informationsfunktion und der gezielten Fort- und Weiterbildung der integrative Ansatz [PAWLOWSKY 1998], abgeleitet aus den organisationalen Lernprozessen, und die geschäftsprozessorientierten Ansätze [HEISIG 2001, WEGGEMANN 1999]. Alle diese Formen setzen sich aus Bausteinen zusammen und resultieren aus dem Business Process Reengineering. Offen bleibt, ob es sich davon in Zukunft im angewandten Wissensmanagement die eine oder andere Richtung stärker durchsetzt. Wesentlich bedeutsamer ist es im betrieblichen Umfeld genauer zu analysieren, in welchen Bereichen im Wissensmanagement und im elektronisch unterstützten Lernen Initiativen gegeben sind. Hier gilt es die Kräfte zu bündeln. Entscheidend ist, dass die in Zusammenhang mit Wissensmanagement und E-Learning vielfach gegebenen Konvergenzen [vgl. Teil II-2.5.3] in zukünftigen betrieblichen Change-Management-Prozessen ausreichend Aufmerksamkeit finden und Umsetzung erfahren. Damit besteht die Chance, eine Win-win Situation für beide Initiativen sowohl von elektronischem Lernen als auch vom Wissensmanagement, den beiden jeweiligen Organisationen und letztlich den Unternehmen, herbeizuführen.

Fazit: Das Kerngeschäft der Wissensökonomie mit dem Generieren, Entwickeln, Produzieren und Vermarkten von Wissen sowie dem Aufbau von Wissensmonopolen ist ein Prozess der Wertschöpfung mit dem Produkt Wissen als Ware. Dabei wird eine ganze Reihe von Fragen bezüglich des Umgangs mit personalem und organisationalem Wissen aufgeworfen. Die im Zusammenhang mit den Thesen verbundenen Aussagen zum technischen, methodischen und wirtschaftlichen Vorgehen in diesem Prozess bieten keine offene Flanke, da sie keineswegs im Gegensatz zu einer wirksamen und eigenständigen Pädagogik stehen, sondern führen bei den hier angeführten mikroökonomischen Betrachtungen eher zu Chancen einer Win-win Situation für Unternehmen, Trainingsorganisation und Wissenshungrige. So zeigen die Ausführungen im anschließenden makrokosmischen Teil, dass die Handlungsweisen eines Homo Lernicus mit den Verhaltensmustern und dem Umfeld eines Homo Oeconomicus durchaus vereinbar sind.

Ob es sich bei den aufgezeigten vielschichtigen Entwicklungen um „Megatrends" oder „flüchtige und vergängliche Erscheinungsformen" handelt, bleibt der zukünftigen Entwicklung von Gesellschaft und Wirtschaft vorbehalten. Hier wird die Auffassung vertreten, dass die Relevanz und Nachhaltigkeit der Thesen und Szenarien weder einer Fiktion von Orson Welles folgen noch in das Reich der Bedeutungslosigkeit gehören. Diese Wandlungstrends, unabhängig von ihrer Wirkungsdynamik und -tiefe, stellen aber die Rahmenbedingungen für die Struktur des Umgangs mit Wissen, dem Bildungssystem insgesamt wie auch den Gestaltungsraum für ein am Pragmatismus ausgerichtetes, zukünftiges, professionelles Wissensmanagement dar.

Literaturverzeichnis zu Teil II

ABOWD, G.D./STERBENZ, J.P.G. (2000): Final Report on the Inter-Agency Workshop on Research Issues for smart Environments. In: IEEE Personal Communication 5, S. 36–40, 2000

ADAPT (2001): Neue Lernmodelle Flexible und akzeptierte Wege zum Lernen für die Arbeitswelt, Nationale Unterstützungsstelle (NU) *ADAPT* der Bundesanstalt für Arbeit (Hrsg.), Bonn, 2001

AEBLI, H. (1987): Zwölf Grundformen des Lehrens, Stuttgart, 1987

AMELINGMEYER, J. (2002): Wissensmanagement, Analyse und Gestaltung der Wissensbasis von Unternehmen. 2. Aufl., Wiesbaden, 2002

ANDERSON, J.R. (2001): Kognitive Psychologie. 3. Aufl., Spektrum Akademischer Verlag, Heidelberg, 2001, ISBN 3-8602-1024-X

ARMSTRONG, C. (2008): Books in a virtual world: The evolution of the e-book and its lexicon. In: Journal of Librarianship and Information Science. Bd. 40, Sep. 2008, S. 193–206

ASHTON, D./SUNG, J. (2002): Supporting workplace learning for high performance working. Geneva: International Labour Office, Geneva, 2002

BACHMANN-MEDICK, D. (2009): Iconic Turn. In: Doris Bachmann-Medick: Cultural Turns. Neuorientierungen in den Kulturwissenschaften. 3. neu bearb. Aufl., Rowohlt, Reinbek, 2009, ISBN 978-3-499-55675-3, S. 329–380

BACK, A. (2001): E-Learning und Wissensmanagement zusammenführen. In: A. Hohenstein, K. Wilbers (Hrsg.): Handbuch e-Learning, Stand: 17. Erg. Lfg. August 2006

BACK, A./BENDEL, O./STOLLER-SHAI, D. (2001): E-Learning im Unternehmen. Grundlagen – Strategien – Methoden – Technologien. Orell Füssli Verlag, Zürich, 2001

BAIR, J. (1998): The Knowledge Portal: Adding Knowledge to Intranets. In: Advanced Technologies & Applications (ATA) Research Note, Garner Group, Inc., 1998

BALLSTAEDT, S.-P. (1990): Wenn Hören und Sehen vergeht: Grenzen der audiovisuellen Integration. In: D. Meutsch, B. Freund (Hrsg.): Fernsehjournalismus und die Wissenschaften. Westdeutscher Verlag, Opladen, 1990, S. 29–46

BANDURA, A. (1977): Social learning theory. Prentice Hall, Englewood Cliffs, NJ, 1977

BAUMGARTNER, P. (2005): Eine neue Lernkultur entwickeln: Kompetenzbasierte Ausbildung mit Blogs und E-Portfolios. In: V. Hornung-Prähauser (Hrsg.): ePortfolio Forum Austria, Salzburg, 2005, S. 33–38

BAUMGARTNER, P./HÄFELE, H./MAIER-HÄFELE, K. (2002): E-Learning Praxishandbuch – Auswahl von Lernplattformen: Marktübersicht – Funktionen – Fachbegriffe. StudienVerlag, Innsbruck, Wien, 2002

BAUMGARTNER, P./PAYR, S. (1994): Lernen mit Software. Reihe Digitales Lernen; Österreichischer StudienVerlag, Innsbruck, 1994

BECKER, G.S. (1964): Human Capital: A Theoretical and Empirical Analysis, with Special Reference to Education. New York: Bureau of Economic Research, New York, 1964

BECKER, H. (2007): Ausgebremst. Wie die Autoindustrie Deutschland in die Krise fährt. Berlin 2007
BELL, D. (1973): The coming of post-industrial society a venture of social forecasting. Basic Books, New York, 1973, ISBN 0-465-09713-8
BLEIMANN, U./RÖLL, F.J. (2006): Extended Blended Learning – Innovative Lernszenarien für die Hochschule. In: Querschnitt 2006-1, S. 138–148
BRANSFORD, J./BROWN, A./COOKING, R. (1999): How people learn: Brain, mind, experience, and school. National Academy of Sciences [Online]. Available: http://bob.nap.edu/html/howpeople1/
BRAUERS, J./WEBER, M. (1986): Szenarioanalyse als Hilfsmittel der strategischen Planung: Methodenvergleich und Darstellung einer neuen Methode. Zeitschrift für Betriebswirtschaft, 56, 7, 1986, S. 631–652
BROMME, R. (1996). Kompetenzen, Funktionen und unterrichtliches Handeln des Lehrers. In: F. E. Weinert (Hrsg.): Enzyklopädie der Psychologie – Pädagogische Psychologie. Bd. II: Psychologie des Lernens und der Instruktion. Hogrefe, Göttingen, 1996, S. 178–212
BLACKER, F. (1995): Knowledge, Knowledge Work and Organisations: An Overview and Interpretation. Organisation Studies 16 (6) 1021–1046.
BMWI (2009): E-Learning in KMU – Markt, Trends, Empfehlungen. Ein Leitfaden für Hersteller, Anbieter, Nutzer und Einsteiger. Ergebnisse des BMWi-Technologieprogramms Lernet. Dokumentation, Ausgabe 575. Berlin
BRÄUNLEIN, P. (2006): Victor Turner. In: Stephan Moebius, Dirk Quadflieg (Hrsg.): Kultur. Theorien der Gegenwart. VS – Verlag für Sozialwissenschaften, 2006, ISBN 3-531-14519-3
BREDEKAMP, H. (2004): Drehmomente – Merkmale und Ansprüche des iconic turn. In: Hubert Burda, Christa Maar (Hrsg.), Iconic Turn. Die neue Macht der Bilder, Köln, 2004, S. 15–26
BRETSCHNEIDER, M./PREIßER, R. (2003): Weiterbildungspässe als Instrumente zur Erkennung und Anerkennung informell erworbener Lernleistungen in Deutschland.
http://www.die-bonn.de/esprid/dokumente/doc-2003/bretschneider03_01.pdf (Abruf: 09/07)
BOEHM, G. (2001): Was ist ein Bild? 3. Aufl., Fink, München, 2001, ISBN 3-7705-2920-0
BROßMANN, M. (1987): Partielle Informationssysteme für die Automobilindustrie. In: Michael Broßmann (Hrsg.): Kundendienst-Informationssysteme. Frankfurt am Main, 1987, ISBN 3-87144-937-7
BROßMANN, M. (2000): Megatrends 2000, In: Michael Broßmann, Ulrich Fieger (Hrsg.): Business Multimedia: Innovative Geschäftsfelder strategisch nutzen. Gabler Verlag, Wiesbaden, 2000, S. 281 ff.
BROßMANN, M. (2005): Handbuch interaktives Business TV, Gestaltung und Anwendung audiovisueller Informations-, Kommunikations- und Trainingssysteme, TIM Fachbuchverlag, Krems, 2005
BROWN, L./MURPHY, E./WADE, V. (2006): e-Learning effective education for lean methodologies in industry? A European case study, University of Limerick/Trinity College, Dublin, 2006
BULLINGER H.-J./SCHÄFER, M. (1997): Entwicklungstrends und Herausforderungen im Informationszeitalter. In: Hans-Jörg Bullinger, Michael Broßmann (Hrsg.): Business-Television: Beginn einer neuen Informationskultur in den Unternehmen. 1997
BUTTLER, F./BUCK, C.(2007): Wearable HCI-Human Computer Interaction, http://www.iwear.tzi.de/papers/human-computer-interaction.pdf (Abruf: 09/07)
Caillois, R. (1966): Die Spiele und die Menschen. Maske u. Rausch. Langen-Müller, München, 1966 & Ullstein TB, Frankfurt, 1982
Cedefop (2003): Das Europäische Zentrum für die Förderung der Berufsbildung. Lebenslanges Lernen: Die Einstellungen der Bürger, 2003, ISBN 92-896-0152-3, www.Cedefop.eu.int.
CHAFFEY, D. (1998): Groupware, Workflow and Intranets: Reengineering the Enterprise with Collaborative Software. Boston, 1998
CODD, E.F. (1970): A Relational Model of Data for Large Shared Data Banks. In: Communications of the ACM. ACM Press, New York, 13. Juni 1970, S. 377–387, ISSN 0001-0782
COENEN, O. (2001): E-learning Architektur für universitäre Lehr- und Lernprozesse. Josef Eul Verlag, Lohmar, Köln, 2001, S. 131 ff.

COLLINS, H.M. (1993): The structure of knowledge. In: Social Research 60 (1), S. 95–116
COOK, J. (2002): The Role of Dialogue in Computer-Based Learning and Observing Learning: An Evolutionary Approach to Theory. Journal of lnteractive Media in Education, 5. Retrieved: March, 10, 2004 from URL: www-jime.open.ac.uk/2002/5
COUNCIL OF EUROPE (2000): Strategies for learning democratic citizenship, Strasbourg 19.07.2000, S. 18
DARSCHIN, W./GERHARD, H. (2004): Tendenzen im Zuschauerverhalten. Fernsehgewohnheiten und Fernsehreichweiten im Jahr 2003. In: Media Perspektiven 4/2004, S. 142–150
DE HAAN, G./POLTERMANN, A. (2002): Bildung in der Wissenschaftsgesellschaft. In: Heinrich-Böll-Stiftung (Hrsg.): Gut zu wissen. Links zur Wissensgesellschaft. – Münster, 2002, S. 310–340
DEHNBOSTEL, P. (1996): Lernorte in der Berufsbildung – Konzeptionelle Erweiterungen in der Modellversuchsreihe „Dezentrales Lernen". In: P. Dehnbostel, H. Holz, H. Novak (Hrsg.): Neue Lernorte und Lernortkombinationen – Erfahrungen und Erkenntnisse aus dezentralen Berufsbildungskonzepten. Bielefeld, S. 9–23
DEHNBOSTEL, P./MARKERT, W. (1999): Problemaufriß: Neue Lernwege als Synthese von internationalem und Erfahrungslernen. In: P. Dehnbostel et al.: Workshop – Erfahrungslernen in der beruflichen Bildung. Neusäß, 1999, S. 23–37
DERBOVEN, W./DICK, M./WEHNER, T. (1999): Erfahrungsorientierte Partizipation und Wissensentwicklung. Die Anwendung von Zirkeln im Rahmen von Wissensmanagementprojekten. Harburger Beiträge zur Psychologie und Soziologie der Arbeit, Nr. 18, Hamburg, 1999
DICK, M./WEHNER, T. (2002): Wissensmanagement zur Einführung Bedeutung, Definition, Konzepte. In: W. Lüthy, E. Voitz, T. Wehner (Hrsg.): Wissensmanagement-Praxis-Einführung, Handlungsfelder und Fallbeispiele. Vdf, Zürich, vdf, S. 7–27
DICK, M./WEHNER, T. (2005): Auszug Wissensmanagement. In: Felix Rauner (Hrsg.): Handbuch der Berufsbildungsforschung, Bielefeld, 2005
DIESNER, I./EULER, D./SEUFERT, S. (2006): SCIL-Trendstudie e-Learning in: Handbuch e-Learning, 18. Ergänzungslieferung, Oktober 2006, Beitrag 2.10
DIEZ, W. (2007): Mega-Trends in der Automobilindustrie in TOP Career Guide Automotive 2007, S. 30 ff.
DITTLER, U./MANDL, H. (1994): Computerspiele unter pädagogisch-psychologischer Perspektive. In: I. Petersen, G.B. Reinert (Hrsg.): Lehren und lernen im Umfeld neuer Technologien, Peter Lang, Frankfurt, 1994, S. 95–126
DOELLE-WEINKAUFF, B. (1990): Comics. Geschichte einer populären Literaturform in Deutschland seit 1945. Beltz Verlag Weinheim, Basel, 1990
DOHMEN, G. (1996). Lebenslang lernen – aber wie? Eine Einführung. In: B. Nacke, G. Dohmen (Hrsg.): EB-Buch: Vol. 7. Lebenslanges Lernen. Erfahrungen und Anregungen aus Wissenschaft und Praxis. Ergebnisse aus der Fachtagung vom 13. bis 15. Dezember 1995 in Bensberg. Echter, Würzburg, 1996, S. 11–22
DOHMEN, G. (2001): Das informelle Lernen – Die internationale Erschließung einer bisher vernachlässigten Grundform menschlichen Lernens für das lebenslange Lernen aller. 2001. http://www.bmbf.de/pub/das_informelle_lernen.pdf
DÖRING, O./HÖLBLING, G./RÄTZEL, D. (2007): Wie finden Angebot und Nachfrage zueinander? Perspektiven professioneller Lern- und Qualifizierungsberatung. In: Personalführung 2/2007, S. 43–47
DRUCKER, P. (1965): Praxis des Management: Ein Leitfaden für die Führungsaufgaben in der modernen Wirtschaft. Econ, Düsseldorf, 1965.
DRUCKER, P. (1999): Knowledge-worker productivity: the biggest challenge. In: California Management Review, Vol. 41, 1999, No. 2, S. 79–85
DRUCKER, P. (2004): Concept of the Corporation: With a New Introduction by the Author. 4. Aufl., Transaction Publishers, New Brunswick, 2004
DUCHARME, L. M. (1998): Introduction: Main Theories and Concepts. Paris, 1999 (Abruf: 29.04.04 http://www.oecd.org/dataoecd/45/15/1943178.pdf)

DUFFY, T.M./JONASSEN, D.H. (1992): Constructivism: New Implications for Instructional Technology. In: T.M. Duffy, D.H. Jonassen, (Hrsg.): Constructivism and the Technology of Instruction: A Conversation. Lawrence Erlbaum, Hillsdale, NJ, 1992

DUTRÉ, P./BALA, K./BEKAERT, P. (2006): Advanced Global Illumination, Second Edition. veröffentlicht: XLK Peters Ltd, 2006

EDELMANN, W. (1996): Lernpsychologie. 5., vollst. überarbeitete Aufl., Beltz Psychologie Verlags-Union, Weinheim, Basel, 1996

EHMS, K. (2004): Knowledge Worker Productivity. Konzepte zur Steigerung der Produktivität von Wissensarbeitern. Vortrag am Learning Center des Universität St. Gallen am 18. November 2004

EICHHORN, D.R. (1997): Multimedia – Kriterien der Eignung, Wirkung und Akzeptanz. In: http://www.tu-bs.de/zfw/pubs/tb44 1/42meichh.htm (Abruf: 18.09.2002)

EISNER, W. (1985): Comics Sequential Art. Poorhouse Press, 1985

ELSHOLZ, U./MOLZBERGER, G. (2005): Neue betriebliche Lernorte – Gestaltungsaufgabe für die Berufs- und Wirtschaftspädagogik?! In: Berufs- und Wirtschaftspädagogik, Ausgabe Nr. 9, Dezember 2005

EPPLER, M. (1997): Führer durch den Wissensdschungel – Praktische Instrumente des Wissensmanagement – Wissenskarten. In: Gabler Magazin 8/97, 1997, S. 10–13

EULER, D. (Hrsg.) (1998): Berufliches Lernen im Wandel – Konsequenzen für die Lernorte? Nürnberg, 1998

EVERS, M. (2008): Bibliothek in der Handtasche. In: Der Spiegel, Nr. 27, 2008, S. 114

FACAOARU, C. (1985): Kreativität in Wissenschaft und Technik. Operationalisierungen von Problemlösefähigkeiten und kognitiven Stilen. Bern, 1985

FAURE, E. et al. (1972): Learning to Be: The World of Education Today and Tomorrow. UNESCO, Paris, 1972

FEDERRATH, H. (2001): Mobile Computing. In: Helmut Bäumler, Astrid Breinlinger, Hans-Hermann Schrader (Hrsg.): Datenschutz von A–Z; Erg. 4, Luchterhand, Neuwied, 2001 (http://www.semper.org.sirene/publ/Fede22001/mobilecomputing.html)

FENINGER, G. (2005): Kompetenzprofiling und E-Learning – ein Beitrag zu einer wertorientierten Unternehmensführung. In: A. Hohenstein, K. Wilbers (Hrsg.): Handbuch E-Learning. Stand: 17. Erg. Lfg. August 2006

FISCHER, G./SOMMER, C. (2006): Reif, souverän, spielerisch. In: brandeins 8. Jg., Heft 08, 2006,

FLEISCH, E. (2003): Ubiquitous Computing / U-Commerce. In: Schildhauer, T.: Lexikon Electronic Business. R. Oldenburg Verlag, München, Wien, 2003

FOGOLIN, A./ZINKE, G. (2004): Abschlussbericht zum Projekt „Nutzung von Online-Communities für arbeitsplatznahes, informelles Lernen", www.3.bibb.de/tools/fodb/pdf/eb_34102.pdf (Abruf: 24.12.2006)

FRANCK, G. (1998): Ökonomie der Aufmerksamkeit. Ein Entwurf. München, Wien, 1998

FRIEDRICH, H. F./HESSE, F.W. ET AL. (2000): Evaluation einer Strategie zur Moderation virtueller Seminare. In: H. Krahn, J. Wedekind (Hrsg.): Virtueller Campus 99. (Medien in der Wissenschaft; 9). Waxmann, Münster, New York, 2000

FRISCHMUTH, N. (2002): Anreizsysteme für den innerbetrieblichen Wissensmarkt. Marburg, 2002

GAGNÉ, R.M. (1965): The Conditions of Learning and Theory of Instruction, 1. Aufl., Holt Rinehart & Winston, New York, NY, 1965

GARRICK, J. (1998): Informal Learning in the Workplace. Unmasking Human Resource Development. New York, 1998

GAUS, W. (1995): Dokumentation und Ordnungslehre – Theorie und Praxis des Information Retrieval. Berlin, 1995

GEGENWART... (2006): o.V.: Gegenwart und Zukunft der Computer und Video-Spiel-Industrie in Deutschland. Entertainment Media Verlag GmbH & Co, 2006, ISBN 3-00-018580-1

GEKLE, H. (1996): Tod im Spiegel. Lancans Theorie des Imaginären. Suhrkamp, Frankfurt a.M., 1996

GERICK, T. (2003): Der Chief Knowledge Officer – Unternehmenswissen managen. In: KM-Journal vom Knowledge Management Austria – Institut für Wissensmanagement. 2003 Jg., Heft 2

GÖERTZ, L./MICHEL, L.P. (2009): Sieben Thesen zu Zukunft des Blended Learning. Viel Potential, aber hoher Gestaltungsbedarf. In: Personalführung 3/2009. S. 30–39

GRAF, H.G./KLEIN, G. (2003): In die Zukunft führen. Strategieentwicklung mit Szenarien. Rüegger Verlag, 2003, ISBN 3-725-30746-6

GRÄSEL, C./MANDL, H. (1999): Problemorientiertes Lernen: Anwendbares Wissen fördern. In: Personalführung 32 (6), S. 54–62

GROPENGIESSER, H. (2003): Lernen und Lehren – Thesen und Empfehlungen zu einem professionellen Verständnis. In: E. Nuissl, C. Schiersmann, H. Siebert (Hrsg.): Gehirn und Lernen. REPORT Literatur- und Forschungsreport Weiterbildung 3, 2003

GROTLÜSCHEN, A. (2003): Widerständiges Lernen im Web – virtuell selbstbestimmt? Eine qualitative Studie über E-learning in der beruflichen Erwachsenenbildung. In: Internationale Hochschulschriften Band 417, Münster, 2003

GÜNZEL, C. (2007): Das Mantra vom Weblog. In: Personalführung 2/2007, S. 37

HAAK, J. (1995): Interaktivität als Kennzeichen von Multimedia und Hypermedia. In: L.J. Issing/P. Klimsa (Hrsg.): Information und Lernen mit Multimedia. Weinheim, 1995, S. 151–166

HACKER, W. (1998): Allgemeine Arbeitspsychologie. Psychische Regulation von Arbeitstätigkeiten. Bern/Göttingen/Toronto/Seattle, 1998

HAGENHOFF, S./SCHELLHASE, J./SCHUMANN, M. (2002): Lernplattformen auswählen. In: A. Hohenstein, K. Wilbers (Hrsg.): Handbuch E-Learning, 1. Aufl., Köln, 2002

HAHNE, K. (2003): Für ein anwenderbezogenes Verständnis von e-Learning. E-Learning zwischen formellen Kursangeboten und Unterstützung des Erfahrungslernens in der Arbeit. In: BWP 4/2003 S. 35–39

HARRIS, K. (2006): Knowledge Management Enables the High-Performance Workplace, Gartner Research, 17. February 2006

HARTGE, T. (2007): Trends im Online-Lernen, Abschied vom e-Learning? In: Personalführung 2/2007, S. 1

HASEBROOK, J./STEFFENS, U. (1997): Weiterbildung per Digitalfernsehen. Die Bank, 11, S. 676–679

HEGEL, G.W.F. (1853): Hegels Ansichten über Erziehung und Unterricht. In drei Teilen. Als Fermente für wissenschaftliche Pädagogik sowie zur Belehrung und Anregung für gebildete Eltern und Lehrer aller Art, aus Hegels sämtlichen Schriften gesammelt und systematisch geordnet von Dr. Gustav Thanlow, Professor an der Universität zu Kiel, Kiel, 1853

HEIN, M./HÜNERS, M./MICHAELSEN, T. (Hrsg.): (2002) Ästhetik des Comic. Erich Schmidt Verlag, Berlin, 2002, ISBN 3503061320

HEISIG, P. (1999): Die ersten Schritte zu professionellem Wissensmanagement. In: CH. Antoni, T. Sommerlatte: Report Wissensmanagement, Düsseldorf, 1999, S. 44

HEISIG, P. (2001): Business Process Oriented Knowledge Management. In: K. Mertins, P. Heisig, J. Vorbeck (Hrsg.): Knowledge management: Best practices in Europe, Springer Verlag, Berlin u.a. 2001, S. 13–36

HEISIG, P. (2007): Professionelles Wissensmanagement in Deutschland – Erfahrungen, Stand und Perspektiven. In: Gronau, N. (Hrsg.): 4. Konferenz Professionelles Wissensmanagement – Erfahrungen und Visionen – 28.–30. März 2007 in Potsdam, Berlin, GITO-Verlag 2007, Band 1, S. 3–19

HENTIG, H. (1998): Kreativität. Hohe Erwartungen an einen schwachen Begriff. Ifmo Institut für Mobilitätsforschung, Methodische Leitung: Gaschka & Partner Unternehmensberatung, München, 1998

HERMANN, S. (2004): Produktive Wissensarbeit: Eine Herausforderung. In: S. Hermann: Ressourcen strategisch nutzen – Wissen als Basis für den Dienstleistungserfolg. Fraunhofer Verlag, Stuttgart, 2004, S. 207–228

HILSE, H. (2001): The Schools of Business – the Business of Schools. Corporate Universities und traditionelle Universitäten in einem sich verändernden Bildungsmarkt. In: Corporate W. Kraemer, M. Müller (Hrsg.): Universities und E-Learning Personalentwicklung und lebenslanges Lernen. 1. Aufl., Dezember 2001

HÖLBLING, G./REGLIN, T. (2005): Hybride Arrangements des Lernens mit modernen Informations- und Kommunikationstechnologien (HYALIT). In: Arbeitsgemeinschaft betriebliche weiterbildungsforschung e.V. (hrsg.): e-lernen: hybride lernformen, online-communities, spiele (quem-report 92), Berlin 2005, S. 15–127
(http://www.abwf.de/main/publik/frame_html?ebene2=report)

HOMBURG, C. (2000): Quantitative Betriebswirtschaftslehre: Entscheidungsunterstützung durch Modelle, 3. Aufl., Wiesbaden, 2000

HORIZON REPORT (2006): The New Media Consortium (2006). The Horizon Report, http://www.Nmc.org/pdf/2006_Horizon_Report.pfd (Abruf: 30.11.2006)

HORSTMANN, R./TIMM, U. (1998): Pull-/Push-Technologie. In: Wirtschaftsinformatik, 40. Jg., Heft 3, 1998, S. 242 ff.

HUFER, K.P. (2004): Die Veränderung der Profession in der Weiterbildung: Pädagogik versus Ökonomie, Vortrag bei der GEW-Herbstakademie. Weiterbildung 2004: „Jongleure der Wissensgesellschaft" – Die Profession in der Weiterbildung im Wandel, Weimar, 5. November 2004

HUIZINGA, J. (1939): Homo ludens. Vom Ursprung der Kultur im Spiel (1939). Rowohlt Verlag, 1994, ISBN 3-499-55435-6

IFMO (2005): Institut für Mobilitätsforschung (ifmo). Zukunft der Mobilität – Szenarien für das Jahr 2025, Deskriptoren, Stand September 2005, Methodische Leitung: Gaschka & Partner Unternehmensberatung, München, 2005,
http://www.ifmo.de/basif/pdf/publikationen/2005/DESKRIPTOREN_MOB_2025.pdf

IMODE (2006): Forschungsinstitute Betriebliche Bildung (f-bb). Beratungsinstrumente zur betrieblichen Weiterbildung in ausgewählten Branchen sowie Klein und Mittelunternehmen, 2006

IRLE, M. (2006): Die Geburtshelfer. In: brandeins, 8. Jg., 2006, Heft 08, S. 68 ff.

ISSING, L.J. (1995): Multimediaintegrierte Aus- und Weiterbildung. Beitrag auf der Fachkonferenz: Lernen und Arbeiten im Netz. Forum 12: Virtuelles Lehren und Lernen in der Aus- und Weiterbildung, 1995

JUNG, H. (2001): Personalwirtschaft. 4. Aufl., München, Wien, 2001

KADE, J./SEITTER, W. (2003): Von der Wissensvermittlung zur pädagogischen Kommunikation. In: Zeitschrift für Erziehungswissenschaft, 6, H. 4, S. 602–617.

KARNER, H.F. (1996): Die personelle und strukturelle Seite des intellektuellen Kapitals. Wissenswerker in und außerhalb der Netzwerkorganisation. In: U. Schneider (Hrsg.): Wissensmanagement. Die Aktivierung des intellektuellen Kapitals. FAZ Verlagsbereich Wirtschaftsbücher, Frankfurt am Main, 1996

KARRER, T. (2006) What is eLearning 2.0?
http://elearningtech.blogspot.com/2006/02/what-is-elearning-20.html

KERSIG, H.T. (2002): Evaluation multimedialer Lernumgebungen unter besonderer Berücksichtigung der motivationalen Wirkung am Beispiel des Lernprogramms: „Das Vermächtnis des Amun". Books on Demand, Norderstedt, Dissertation, Ludwig-Maximilians-Universität München, 2002

KERRES, M. (2001): Multimediale und telemediale Lernumgebungen. 2. Aufl., Oldenbourg, 2001

KIRCHHÖFER, D. (2000): Informelles Lernen in alltäglichen Lebensführungen – Chance für berufliche Kompetenzentwicklung. QUEM-Report Schriften zur beruflichen Weiterbildung. Heft 66, Berlin, 2000

KLIMSA, P. (1993): Neue Medien und Weiterbildung: Anwendung und Nutzung in Lernprozessen der Weiterbildung. Deutscher Studien Verlag, Weinheim, 1993

KLOPFER, E. (2008): Augmented learning. Research and design of mobile educational games, Cambridge, MA, 2008

KOCH, M.C./HAARLAND, A. (2004): Generation Blogger. 2004, ISBN 3-82661400-3

KONDO, T. (2006): Augmented learning environment using mixed reality technology. In: T. Reevers, S. Yamashita (Hrsg.): Proceedings of world conference on e-learning in corporate, government, healthcare, and higher education, Chesapeake, VA, 2006, S. 83–87

KOPCZYNSKI, N. (2005): E-Learning mit mobilen PC-Systemen (wearables) für knowledge Worker – dargestellt am Beispiel des Produktangebots der WEAR-A-BRAIN GmbH, Diplomarbeit, Hamburg, 2005

KORTE, R./GREKAREK, S. (1995): Warum spielen Kinder „Game Boy"? In: Fritz, Jürgen (Hrsg.): Warum Computerspiele faszinieren, Weinheim/München, 1995

KULIK, C.L.C./KULIK, J.A. (1991): Effectiveness of Computer-Based Instruction: An Updated Analysis. In: Computers in Human Behavior, Vol. 7, 1991

KUSZPA, M./SCHERM, E. (2005): Mobile Learning – Modetrend oder wesentlicher Bestandteil lebenslangen Lernens? In: Diskussionsbeitrag Nr. 320 aus der Reihe Diskussionsbeiträge des Fachbereichs Wirtschaftswissenschaft der Fernuniversität in Hagen, September 2005, S. 21

LANE, R.E. (1966): The Decline of Politics and Ideology in a Knowledgeable Society. In: American Sociological Review 31, 1966, S. 649–662

LAUDENBACH, P. (2006): Machen Sie Ihr Spiel! Warum spielen wir? Weil es uns besser macht. In: brand eins,8. Jg., 2006, H. 08, S. 92–96

LAVE, J./WENGER, E. (1991): Situated learning: Legitimate peripheral participation. Cambridge University Press, New York, 1991

LINNEMAN, R./KLEIN, H. (1985): Using Scenarios in Strategic Decision Making, Business Horizons, 28, 1, S. 64–74

LIVINGSTONE, D.W. (1999): Informelles Lernen in der Wissensgesellschaft. Erste kanadische Erhebung über informelles Lernverhalten. In: QUEM-Report Heft 60: Kompetenz für Europa. Wandel durch Lernen – Lernen durch Wandel, Referate auf dem internationalen Fachkongress 21.–23. April 1999 in Berlin, S. 65–91

LOTTER, W. (2006): Die Spielregel. In: brandeins, 8. Jg., 2006, Heft 08, S. 57 ff.

LUMSDAINE, A.A./GLASER, R. (Hrsg.) (1960): Teaching machines and programmed learning. A source book. 1960

LÜHRS, C.: Ambient Intelligence: http:www.uni-kl.de/pak/fokusprojekt/1%FChrs.pdf

MAASS, W./STAHL, F. (2003): Content Management als Teil des Kommunikations-Management. In: F. Stahl, W. Maas (Hrsg.): Content Management Handbuch. St. Gallen, 2003

MAASS, W. (2004): Management von Lerninhalten durch Learning-Content-Management-Systeme. In: A. Hohenstein, K. Wilbers (Hrsg.): Handbuch E-Learning. Hrsg. A. Hohenstein/ K. Wilbers Stand: 17. Erg. Lfg. August 2006

MANN, S. (1998): Wearable Computing as means for Personal empowerment, May 1998. http://wearcam.org/icwckeynote.html

MATTERN, F. (2003): Total vernetzt – Szenarien einer informatisierten Welt, 2003, S. 20 ff.

MEYER-RAMIEN, A. (2007): Strategische Gruppen in der Mobiltelekommunikationsindustrie. Eine globale Wettbewerbsanalyse der Mobiltelekommunikationsoperatoren, Strategisches Management, Bd. 38, Hamburg, 2007, ISBN 978-3-8300-2981

MC CLOUD, S. (2001A): Comics richtig lesen. Carlsen Verlag, Hamburg, 2001, ISBN 3551748179

MC CLOUD, S. (2001B): Comics neu erfinden: Wie Vorstellungskraft und Technologien eine Kunstform revolutionieren. Carlsen Verlag, Hamburg, 2001

MEDIA REPORT (2007): „Media Report Gaming": Digitale Spiele boomen. Gaming erobert alle Plattformen. Spielemarkt wächst jährlich zweistellig. Starkes Wachtumspotenzial durch Ausweitung der Zielgruppen, 31.07.2007

MEDIENNUTZUNG... (2005): Mediennutzung und Freizeitverhalten im Zeitalter des Internets (Timebudget 11). Gesellschaft für Sozialforschung und statistische Analysen mbh, SevenOne Media (Timebudget 11)

MEIßNER, W. (1988): Kreativität. In: Roland Asanger, Gerd Wenninger (Hrsg.): Handwörterbuch der Psychologie. München, Weilheim, 1988, S. 366 ff.

MERTENS, K./HEISIG, P./VORBECK, J. (2001): Knowledge Management. Best Practice in Europe. In: K. Mertens, P. Heisig, J. Vorbeck (Hrsg.): Knowledge Management. 1. Aufl., Springer Verlag, Berlin, 2001

MITCHELL, T.M. (1997): Machine Learning. McGraw-Hill, New York et al., 1997

MMB TRENDMONITOR I (2006): Institut für Medien- und Kompetenzforschung, MMB Trendmonitor: Weiterbildung und digitales Lernen heute und in drei Jahren, http:// www.mmb-institute.de/2004/pages/trendmonitor/Trendmonitor-Downloads/ Trendmonitor_I_2006.pdf (Abruf: 24.11.2006)

MMB TRENDMONITOR I (2008): Learning Delphi 2008 – Weiterbildung und Digitales Lernen heute und in drei Jahren. http:// www.mmb-institute.de/2004/pages/trendmonitor/Trendmonitor-Downloads/ Trendmonitor_I_2008.pdf (Abruf: 12.01.2009)

MMB/PSEPHOS (2000): Zukunftsperspektiven multimedialen Lernens in kleinen und mittleren Unternehmen. Ergebnisse einer Potentialerhebung. Studie im Auftrag des Bundesministeriums für Wirtschaft und Technologie, Dokumentation, Ausgabe 475, Berlin

MÜLLER, M. (2001): DaimlerChrysler Corporate University – The Path to Top Performance. In: W. Kraemer, M. Müller (Hrsg.): Corporate Universities und E-Learning Personalentwicklung und lebenslanges Lernen. 1. Aufl., Dezember 2001

MÜNCH, J. (1985): Lernorte und Lernortkombinationen – Begriffliche und theoretische Vorklärungen. In: CEDEFOP (Hrsg.): Lernorte und Lernortkombinationen im internationalen Vergleich. Berlin, 1985

NEIDIGK, J. (2006): Illustrationen und Comics zum „Training Adventure Park", http://www.Blindfisch.com (Abruf: 25.11.07).

NIEGEMANN, H.M./HESSEL, S./HOCHSCHEID-MAUEL, D./ASLANSKI, K./DEIMANN, M./KREUZBERGER, G. (2004). Kompendium E-Learning. Springer-Verlag, Berlin, Heidelberg, 2004

NONAKA, I./TAKEUCHI, H. (1997): Die Organisation des Wissens: Wie japanische Unternehmen eine brach liegende Ressource nutzbar machen. Campus, Frankfurt a.M.

NUSCH, N. (2007): Mit dem Bus durch Second Life. Die Welt der unbegrenzten Möglichkeiten, Fischer, 09/2007, ISBN 978-3596178483

OGATA, H./MATSUURA, K./YONEO, Y. (2005): Context-Aware Support for Computer-Supported Ubiquitous Learning. http://www-yano.is.tokushima-u.ac.jp/ogata/clue/WMTE-03-1-50.pdf

OPASCHOWSKI, H.W. (2001): Deutschland 2010: Wie wir morgen arbeiten und leben. Hamburg, 2001

PAMPUS, K. (1987): Ansätze zur Weiterentwicklung betrieblicher Ausbildungsmethoden. In: BWP 2/1987, S. 43–51

PAWLOWSKY, P. (1998): Integratives Wissensmanagement. In ders. (Hrsg.): Wissensmanagement, Erfahrungen und Perspektiven. Gabler, Wiesbaden, 1998, S. 9–45

PETERS, S./DENGLER, S. (2004): Wissenspromotion in der Hypertext-Organisation. In: H.G. Schnauffler, B. Stieler-Lorenz, S. Peters (Hrsg.): Wissen vernetzen – Wissensmanagement in der Produktentwicklung, Berlin, Heidelberg, New York, 2004

PETTY, R./GUTHRIE, J. (2000): Intellectual capital literature review. Measurement, reporting and management. Journal of Intellectual Capital, 1(2), S. 155–176

PFIFFNER, M./STADELMANN, P. (1998): Wissen wirksam machen. Wie Kopfarbeiter produktiv werden. Berlin: Haupt 1998, Berlin, 1998

PHELPS, R./CHAN, C./KAPSALIS, S. (2001): Does Scenario Planning Affect Performance? Two Exploratory Studies, Journal of Business Research, 51, 3, S. 223–232

PILLKAHN, U. (2007): Trends und Szenarien als Werkzeuge zur Strategieentwicklung. Wie Sie die unternehmerische und gesellschaftliche Zukunft planen und gestalten. Erlangen, 2007, ISBN 3-89578-286-6

POHLKE, A. (2007): Second Life: verstehen, erkunden, mitgestalten; Praxistipps und Hintergrundwissen. dpunkt, Heidelberg, 07/2007, ISBN 978-3-89864-467-9

POLANYI, M. (1985): Implizites Wissen. Frankfurt am Main: Suhrkamp 1985, Frankfurt a.M., 1985

PRENSKY, M. (2004): Digital Game-Based Learning, MacGraw-Hill, 2004

PROBST, G./RAUB, S./ROMHARDT, K. (1997): Wissen managen. Wie Unternehmen ihre wertvollste Ressource optimal nutzen. Gabler Verlag, Wiesbaden, 1997

QUEM-REPORT (2000): Schriften zur beruflichen Weiterbildung, Heft 66, D. Kirchhöfer, Informelles Lernen in alltägliche Lebensführungen – Chance für berufliche Kompetenzentwicklung, 2000, ISSN 0944-4092

RAMIREZ, Y.W./NEMBHARD, D.A. (2004): Measuring knowledge worker productivity. A taxonomy. In: Journal of Intellectual Capital, Vol. 5, 2004, No. 4, S. 602–628
REEVES, T. (1992): Effective dimensions of interactive learning systems. In: Proceedings of the Information Technology for Training and Education Conference (ITTE '92), University of Queensland, Brisbane, Australia, 1992
REGLIN, T. (2004): Welche Infrastruktur benötigt eLearning? In: K. Hahne, G. Zinke (Hrsg.): E-Learning: Virtuelle Kompetenzzentren und Online-Communities zur Unterstützung arbeitsplatznahen Lernens, Bielefeld, 2004, S. 125–142
REGLIN, T. (2005): Blended-Learning – Angebote richtig vermarkten – Ergebnisse einer qualitativen Analyse von Leistungsversprechungen. In: A. Hohenstein, K. Wilbers (Hrsg.): Handbuch E-Learning. Stand: 17. Erg. Lfg. August 2006
REICH, K. (2006): Konstruktivistische Didaktik. Mit CD-ROM. Lehr- und Studienbuch mit Methodenpool. Beltz, 2006 (Beltz Pädagogik) (Broschiert)
REINMANN, G./EPPLER, M.J. (2008): Wissenswege: Methoden für das persönliche Wissensmanagement, Hans Huber Verlag, 2008, ISBN 3456843488
REINMANN-ROTHMEIER, G./MANDL, H. (2000): Individuelles Wissensmanagement. Strategien für den persönlichen Umgang mit Information und Wissen am Arbeitsplatz. Hans Huber, Bern u.a., 2000
REINMANN-ROTHMEIER, G./MANDL, H.: (2000): Wissensmanagement. Eine Delphi-Studie, Forschungsberichte Lehrstuhl für Empirische Pädagogik und Pädagogische Psychologie (Ludwig-Maximilians-Universität München) Nr. 90, 2000
RIEBOLD, C./SCHARF, N. (ohne Jahr): Warum WM: Die Genese des Wissens-Managements, http://server02.is.uni-sb.de/seminare/wima/A_Grundlagen/warum%20wm.htm
RIEMPP, G. (2004): Integrierte Wissensmanagement-Systeme. Architektur und praktische Anwendung. Springer-Verlag, Berlin, 2004
ROCKART, J.F./DELONG, D.W. (1988): Moments of Executive Enlightenment. In: Information Strategy: The Executive's Journal, 1988, S. 21–27
ROMERO, A./KLEE, A./PURKER, E. (2003): Wissen und Kreativität Zukunft München 2030. In: Schlussbericht des Teilprojekts „Wissen und Kreativität" im Forschungsprojekt „Zukunft München 2030 – Visionen und Strategien für Stadt und Region". Hrsg: Andreas Romero BMBF-Forschungsprojekt „Stadt 2030"April 2001 bis Oktober 2003, http://www.muenchen2030.de/html/veroeffentlichungen/artikel/ MUC_2030_3_WissKreativ.pdf
ROMINSZOWSKI, A.J. (1989): The Hypertext/Hypermedia Solution – But What Exactly is the Problem. In: David H. Jonassen, Heinz Mandl (Hrsg.): Designing Hypermedia for Learning. Springer-Verlag, Berlin, Heidelberg, New York, 1989, S. 321–354
ROTH, J. (2002): Mobile Computing – Grundlagen, Technik, Konzepte. 2002
ROTHFUSS, G./RIED, C. (2001): Content Management mit XML. Berlin, 2001
RYLE, G. (1969): Der Begriff des Geistes (The Concept of Mind, 1949). Reclam, Stuttgart, 1969
RYMASZEWSKI, M./WAGNER, J.A./WALLACE, M. (2007): Second Life: das offizielle Handbuch (mit CD-ROM), übersetzt aus dem Amerikanischen von Judith Muhr, WILEY-VCH, Weinheim, 06/2007, ISBN 978-3-527-70376-0
RYNES, S.L./BARTUNEK, J.M./DAFT, R.L. (2001): Across the Great Divide: Knowledge Creation and Transfer between Practioners and Academics. In: Academy of Management Journal, 44 (2001), S. 340–350
SAIGER, H. (2001): Konturen der Wissensgesellschaft. Fakten, Konzepte, Strategien. Z_punkt, 2001, ISBN 3935740-01-8
SALOMON, G. (Hrsg.) (1993): Distributed Lognitious: Psychological and educational Considerations, Cambridge University Press, Cambridge, 1933
SAUTER, A./SAUTER, W./BENDER, H. (2004): Blended Learning – Effiziente Integration von E-Learning und Präsenztraining. 2. erweiterte und überarbeitete Aufl., 2004
SAXE, G.B./GEARHART, M. (1990): A developmental analysis of everyday topology in unschooled straw weavers. Britisch Journal of Developmenatal Psychology, 8(3), S. 251–258

SCHAEFER, M.F. (2001): Evaluation führender Knowledge Management Suites: Eine vergleichende Analyse unter besonderer Berücksichtigung der Wissensdienste, Diplomarbeit, Universität St. Gallen, 2001

SCHULTZE, U. (2000): A Confessional Account of an Ethnography about Knowledge Work. In: MIS Quarterly, 24 (2000), Nr. 1, S. 3–41

SCHUMANN, A. (2006): Marktüberblick: E-Learning-Systeme im Vergleich. In: Andreas Hohenstein, Karl Wilbers (Hrsg.): Handbuch E-Learning. Fachverlag Dt. Wirtschaftsdienst, Köln, 2006

SCHOEMAKER, P.J.H. (1995): Scenario Planning: A Tool for Strategic Thinking. In: Sloan Management Review, Vol. 36 (2), Winter 1995, S. 25–40

SCHLÖßER, F. (2006): Das Leben ist 3D. In: brand eins, Heft 8. Jg., Heft 08,. S. 18 ff.

SCHMIDT, H./STARK, G. (1995): Betriebliche Bildung mit An- und Ungelernten. Arbeitsplatznahes Lernen und Computer Based Training, Nürnberg, 1995

SCHMIDT-LAUFF, S. (1999): Kooperationsstrategien in der betrieblichen Weiterbildung: Unternehmen und Bildungsanbieter als Partner?, Diss., München/Mering, 1999

SCHOLZ, C./STEIN, V. (2001): Lehrinhalte von Corporate Universities: Zur Dynamik der curricularen Entwicklung. In: W. Kraemer, M. Müller (Hrsg.): Corporate Universities und E-Learning Personalentwicklung und lebenslanges Lernen. 1. Aufl., Dezember 2001

SCHULMEISTER, R. (2005): Didaktisches Design aus hochschuldidaktischer Sicht. Plädoyer für Offene Lernumgebungen. Erschienen in: Ben Bachmair, Peter Diepold, Claudia de Witt (Hrsg.): Jahrbuch Medienpädagogik 4. VS Verlag für Sozialwissenschaften, Wiesbaden, 2005, S. 43–53, www.izhd.uni-hamburg.de/pdfs/Didaktisches_Design.pdf

SCHULMEISTER, R. (2007): Grundlagen hypermedialer Lernsysteme: Theorie – Didaktik – Design. 4. überarbeitete und aktualisierte Aufl., München, Wien, Oldenbourg, 2007, ISBN 978-3-486-27395-3

SEIBT, D. (2001): Kosten und Nutzen des E-Learning bestimmen. In: A. Hohenstein, K. Wilbers, (Hrsg.): Handbuch E-Learning. Expertenwissen aus Wissenschaft und Praxis. Fachverlag Deutscher Wirtschaftsdienst, Köln, 2001

SEIFRIED, P./ EPPLER, M. (2002): Evaluation führender Knowledge Management Suites: Wissensplattformen im Vergleich, Benchmarking Studie, St. Gallen, 2002

SEUFERT, S. (2001): Hard- und Software für E-Learning auswählen In: A. Hohenstein, K. Wilbers, (Hrsg.): Handbuch E-Learning. Fachverlag Deutscher Wirtschaftsdienst, Köln, 2001, Kap. 5.0, S. 1–24

SEVERING, E. (2003): Anforderungen an eine Didaktik des eLearning in der betrieblichen Bildung. In: H. Loebe, E. Severing (Hrsg.): eLearning für die betriebliche Praxis. Bielefeld, 2003, S. 67–80

SIEBERT, H. (2001): Ich sehe was, was du nicht siehst … Eine pädagogische Bilanz der Konstruktivismusdiskussion, Heft 3 der Schriften der Arbeitsstelle „Neue Lernkulturen" der Universität Hannover, Hannover, 2001

SKINNER, B.F. (1978): Was ist Behaviorismus? Rowohlt, Reinbek bei Hamburg, 1978. S. 9–11

SOMMER, D. (2001): Zur Prädiktion variabler Videobitströme für deren optimierte Übertragung in paketvermittelnden Netzen. In: F. Kaderali (Hrsg.): Berichte aus der Kommunikationstechnik, Band 8, Aachen, 2001

SPIELPLATZ … (2006): o.V.: Spielplatz Deutschland, Typologie der Computer und Videospieler, Demografie, Freizeit und Konsum, Potentiale des In-Game-Advertisings, Oktober 2006, Electronic Arts GmbH, Jung von Matt AG, GEE Magazin (Redaktionswerft GmbH)

SPITZER, M. (2005): Mit den Erkenntnissen der Gehirnforschung können wir Weiterbildungsmaßnahmen optimieren. In: InFormation, Ausgabe 1/2005, DaimlerChrysler AG, Ressort Personal 2005, S. 3–6.

STAUDT, E./KRIEGESMANN, B. (1999): Weiterbildung ein Mythos zerbricht. In: Kompetenzentwicklung '99. Münster/New York/München/Berlin, 1999, S. 17–55

STEFFENS, D./REISS, M. (2009): Personalentwicklung in virtuell-realen Lernwelten: Augmented learning mit Potenzialen für die Personalentwicklung. in: Personalführung 03/09, 2009

STEWART, T.A. (1997): Intellecual Capital. The new wealth of organizations. London, Nicholas Brealey Publishing, London, 1997

STIEFEL, R.T. (1999): Personalentwicklung in Klein- und Mittelbetrieben: Innovationen durch praxiserprobte PE-Konzepte. 2., bearbeitete und ergänzte Aufl., Leonberg, 1999
STEHR, N. (1994): Arbeit, Eigentum und Wissen: zur Theorie von Wissensgesellschaften, Frankfurt am Main, 1994
STENZEL, A. (2005): Ausgewählte Aufsätze. Hamburg, 2005, ISBN: 978-3-8300-1788-2
SUTTON, L.A. (2001): The principle of Vicarious Interaction in Computer-Mediated Communication. International Journal of Educational Telecommunication, 7 (3), S. 223–242
RAUTENSTRAUCH, C. (1997): Effiziente Gestaltung von Arbeitsplatzsystemen: Konzepte und Methoden des Persönlichen Informationsmanagement, Bonn/Reading/Mass u.a., 1997
REIMANN, P./ZUMBACH, J. (2004): Instruktionspsychologische Grundlagen des Lernens mit Neuen Medien (Reihe: Standards Psychologie).Kohlhammer, Stuttgart, 2004
TAUCIS (2006): Technikfolgen – Abschätzung Ubiquitäres Computing und informationelle Selbstbestimmung. Studie in Auftrag des Bundesministeriums für Bildung und Forschung, Berlin, 2006, http://www.taucis.de/
THIESSE, F./RAAB, P. (1999): Wissensstrukturierung, Arbeitsbericht des Kompetenzzentrums BKM-RM der Universität St. Gallen, Institut für Wirtschaftsinformatik, Arbeitsbericht Nr.: HSG/IWI/BKM-RM/5, St. Gallen, April 1999
TSONKOV, H. (2006): Die Vision des Ubiquitous Computing, http://w5.cs.uni-sb.de/teaching/ss06/IE/talks/Vision%20des%20Ubiquitous%20Computing.ppt
TSOUKAS, H. (1996): The firm as a distributed knowledge system: A constructionist approach. In: Strategie Management Journal 17, 1996, S. 11–25
TULLY, C.J. (2006): Vom institutionellen zum informellen Lernen, http://www.die-bonn.de/esprid/dokumente/doc-2003/bretschneider03_01.pdf
TULODZIECKI, G, /HAGEMANN, W./HERZIG, B./LEUFEN, S./MÜTZE, C. (1996): Neue Medien in den Schulen: Projekte – Konzepte – Kompetenzen. Verlag Bertelsmann Stiftung, Gütersloh, 1996
V. CUBE, F. (1968): Kybernetische Grundlagen des Lernens und Lehrens. 2. neubearb. Aufl., Klett, Stuttgart, 1968
VEEN, W. (2005): Learning strategies of Homo Zappiens: Towards new learning Arrangements. In: Book of Abstracts. ICWE GmbH, Berlin, 2005
VOß, G. (1998) Die Entgrenzung von Arbeit und Arbeitskraft. Eine subjektorientierte Interpretation des Wandels der Arbeit. In: Mitteilungen aus der Arbeitsmarkt- und Berufsforschung. 31 (1998) Heft 3, S. 473–487
VOß, G./PONGRATZ, H.J. (1998): Der Arbeitskraftunternehmer. Eine neue Grundform der „Ware Arbeitskraft"? In: Kölner Zeitschrift für Soziologie und Sozialpsychologie. Heft 50/1998, S. 131–158
WATKINS, K.E./MARSICK V.J. (1992): Towards a Theory of Informal an Incidental Learning in Organisations. In: International Journal of Lifelong Education, Vol. 11, Nr. 4, Oct./Dec. 1992, S. 287–300
WATSON, J.B. (1913): Psychology as the Behaviorist Views It. In: Psychological Review 20 (1913), S. 158–177 (auch enthalten in: John B. Watson: Behaviorismus. Köln 1968 bzw. Frankfurt a.M. 1976)
WEGGEMANN, M. (1999): Wissensmanagement – Der richtige Umgang mit der wichtigsten Ressource des Unternehmens. MITP Verlag, Bonn, 1999
WEHNER, M. (2004): Über Sinn und Unsinn von Lernevents in der politischen Bildung oder „Nichts ist überzeugender als das eigene Erleben". In: Gotthard Breit, Siegfried Schiele (Hrsg.): Demokratie braucht politische Bildung. Schwalbach/Ts., 2004, S. 205–325
WEISER, M. (1991): The computer of the 21st century. In Scientific American, 265(3), 1991, S. 94–104
WEISER, M. (1993): Some Computer Science Problems in Ubiquitous Computing. In: Communication of the ACM, Vol. 36, 1993, No. 7, S. 75–85
WIEPCKE, C. (2006): Computergestützte Lernkonzepte und deren Evaluation in der Weiterbildung. Blended Learning zur Förderung von Gender Mainstreaming, Studien zur Erwachsenenbildung, Band 23 Hamburg, 2006

WILLKE, H. (1998): Systemisches Wissensmanagement. Lucius & Lucius, Stuttgart, 1998
WILMS, F.E.P. (2006): Szenariotechnik. Vom Umgang mit der Zukunft. Haupt Verlag, Bern, 2006, ISBN 3-258-06988-3
WIMMER, K. (2007): Die Bewertung von E-Learning. Die Ermittlung des Return on Education. VDM Verlag 2007, 2007, ISBN 3-8364-0433-8
WISKOW, M. (1992): Konkreatives Handeln: theoretische und empirische Ansätze zur Umorientierung in der Kreativitätsforschung. Betrifft: Psychologie & Sport, Sonderband, Dissertation, Köln, 1992
WITTWER, W. (2003): Betriebliche Kompetenzentwicklung. In: G. Cramer/H. Schmidt/W. Wittwer (Hrsg.): Ausbilder Handbuch, Loseblattwerk 65. Erg.-Lfg. Dezember 2003
ZIMMER, G. (1995): Mit Multimedia vom Fernunterricht zum Offenen Fernlernen. In: L.J. Issing, P. Klimsa (Hrsg.): Information und Lernen mit Multimedia. Beltz Psychologie Verlags Union, Weinheim, 1995
ZIMMER, G./BLUME, D. (1992): Neue Problemfelder und Lösungsansätze im Offenen Lernen und im Fernunterricht. In: G. Zimmer, D. Blume (Hrsg.): Open Learning and Distance Education with Computer Support. Multimediales Lernen in der Berufsbildung, Bd. 4, Nürnberg 1992, S. 17–25
ZIRUS, W. (2003): Problemorientierte Lehrveranstaltungen in der Betriebswirtschaftslehre einer Fachhochschule, Konzepterstellung, Umsetzung und Evaluation. Didaktik in Forschung und Praxis, Bd. 9, Hamburg, 2003, ISBN-13: 978-3-8300-1145-3
ZUMBACH, J. (2002): Weiterbildung online. In: C. Thimm (Hrsg.): Unternehmenskommunikation offline/online. Peter Lang, Frankfurt, 2002
ZUMBACH, J./REIMANN, P. (2003): Influence of feedback on distributed problem based learning. In: B. Wasson, S. Ludvigsen und U. Hoppe (Hrsg.): Designing for Change in Networked Learning Environments, S. 219–228

Teil III
Der Makrokosmos des Wissensmanagements

Wilfried Mödinger

Wirtschaftliches Handeln stellt sich immer der Herausforderung, mit dem Einsatz von knappen Gütern ein best mögliches Ergebnis zu erzielen. Diese Herausforderung an ein effizientes Handeln wird um so spannender, wenn durch das Wirtschaften mit dem Wissensgut dieses nicht weniger sondern mehr wird.

1 **Die Betriebswirtschaft des Wissensmanagements in Unternehmen** 269
   1.1 Grundlagen zur Entwicklung einer Betriebswirtschaftslehre für das Wissensmanagement 271
      1.1.1 Treiber der Ökonomisierung des Wissensmanagements 271
      1.1.2 Potenziale für ein Wissensmanagement aus betriebswirtschaftlicher Sicht 273
      1.1.3 Besonderheit einer Betriebswirtschaftslehre für das Wissensmanagement 276
      1.1.4 Modelle für die Entwicklung einer Betriebswirtschaftslehre des Wissensmanagements .. 277
      1.1.5 Knowledge-Box: Konzeptionen der Betriebswirtschaft der Neuzeit 281
      1.1.6 Entwicklung einer Betriebswirtschaft für das Wissensmanagement 289
      1.1.7 Wie kann die Betriebswirtschaft bei den Aktivitäten des Wissensmanagements und der Qualifizierung angewendet werden? 295
      1.1.8 Umsetzung einer Betriebswirtschaftslehre für das Wissensmanagement 297
   1.2 Return on Training Investment 303
      1.2.1 Szenario: Return on Training Investment – Was ist der Nutzen einer Maßnahme des Wissensmanagements? 306

	1.2.2	Knowledge-Box: Das Input-Output-Modell als Grundlage für das Wirtschaften in einem Betrieb	306
	1.2.3	Szenario: Return on Training Investment – Wie lässt sich der Nutzen eines Trainings wirtschaftlich berechnen?	307
	1.2.4	Knowledge-Box: Return on Investment (ROI) – Die Berechnung der Rentabilität eines Investments in einem Betrieb	308
	1.2.5	Szenario: Return on Training Investment – Die Berechnung nach dem ROTI	310
	1.2.6	Software zu Berechnung des Return on Trainings Investment (ROTI)	312
1.3	Die Wertschöpfung		315
	1.3.1	Knowledge-Box: Die Wertkette von Michael E. Porter (value chain)	316
	1.3.2	Die Wertschöpfung des Wissensmanagements	318
	1.3.3	Szenario: Kundenfreundlichkeit als Ergebnis der primären Wertschöpfung des Wissensmanagements bei Ford	322
	1.3.4	Wertschöpfung und Geschäftsmodelle des Wissensmanagements	323
	1.3.5	Die Wertschöpfung des Präsenz Learning	328
	1.3.6	Die Wertschöpfung durch Distance Learning	331
	1.3.7	Die Wertschöpfung durch eine Mediathek	336
	1.3.8	Die Wertschöpfung durch mobile Medien	337
	1.3.9	Besondere Formen der Wertschöpfung durch interaktive Medien (Game-Based Learning)	339
	1.3.10	Die Wertschöpfung durch Systeme, Portale oder Plattformen	341

2 Die Strategie des Wissensmanagements ... 347

2.1	Die Formulierung einer Strategie für das Wissensmanagement		347
	2.1.1	Szenario: Porsche führt mit einer klaren Vision	348
	2.1.2	Knowledge-Box: Die Unternehmensstrategie	350
	2.1.3	Szenario: Die Umsetzung der Personalentwicklung von Porsche durch Zielformulierung und strategische Handlungsmöglichkeiten	352
	2.1.4	Die Wissensmanagementstrategie als Leitbild oder Funktion	353
	2.1.5	Info-Box: Strategie des Wissensmanagements als Leitkonzeption für ein Unternehmen	354
	2.1.6	Die Strategie als Funktion	356

		2.1.7	Knowledge-Box: Die Marketingstrategie als Beispiel für die Formulierung einer funktionalen Strategie für die Qualifizierungsabteilungen von Unternehmen	358
		2.1.8	Die Formulierung einer Wissensmanagement-Strategie im Rahmen der Chipstrategie	361
		2.1.9	Szenario: Qualifizierungsstrategie – Planung und Umsetzung einer Strategie am Beispiel der Personalschulung für das Allgemeine Gleichbehandlungsgesetz (AGG)	361
	2.2	Die Balanced Scorecard als Instrument der Umsetzung einer Strategie des Wissensmanagements		364
		2.2.1	Info-Box: Die Balanced Scorecard in Zusammenhang mit anderen Ansätzen der Betriebswirtschaft	365
		2.2.2	Die finanzwirtschaftliche Perspektive	368
		2.2.3	Die Kundenperspektive	369
		2.2.4	Die interne Prozessperspektive	370
		2.2.5	Die Lern- und Entwicklungsperspektive/Mitarbeiter	370
		2.2.6	Die Umsetzung der Balanced Scorecard mit Hilfe von Zielen, Vorgaben, Messgrößen und Maßnahmen	371
	2.3	Das Projektmanagement für Wissens- und Qualifizierungsangebote		380
		2.3.1	Szenario 1: Projektwissensmanagement beim Unternehmen eff eff	381
		2.3.2	Grundlagen des Projektmanagements	387
		2.3.3	Szenario 2: Das Projekt der Kundenschulung als Kundenbindung bei eff eff	388
		2.3.4	Die Besonderheit des Projektwissensmanagements	390
	2.4	Marketing für Wissens- und Qualifizierungsangebote		392
		2.4.1	Szenario: Eddy erobert die Herzen der RAG-Mitarbeiter	392
		2.4.2	Die inszenierte Verführung	392
		2.4.3	Das große Event – der RAG E-Learning Day	394
		2.4.4	Der E-Learning-Alltag	395
		2.4.5	Knowledge-Box: Marketing für E-Learning-Angebote	398
		2.4.6	Das Marketingkonzept	400

3 Global Business Integration – Wissensmanagement in globalen Märkten 403

	3.1	Szenario: Kleiner Interkultureller Wissenstest, kreuzen Sie Ja oder Nein an!	403
	3.2	Die Herausforderung – Global Business Integration mit Unterstützung eines globalen Wissensmanagements	404
	3.3	Knowledge-Box: Globalisierungsstrategien	405

	3.4	Grundlagen einer interkulturellen Didaktik	407
		3.4.1 Themen globalen Lernens	409
		3.4.2 Wissensgrundlagen einer interkulturellen Didaktik	410
	3.5	Grundlagen eines interkulturellen Wissensmanagements	410
		3.5.1 Werte- und Verhaltensanalyse in verschiedenen Kulturen durch kulturelle Skripte	411
		3.5.2 Das Eisbergmodell der Kultur	412
		3.5.3 Kulturdimension nach Hofstede	412
		3.5.4 Kulturelle Lebensstile nach Thompson, Ellis und Wildavsky	414
		3.5.5 Entwicklung interkultureller Kompetenz durch Modellbildung	415
	3.6	Szenario: Putzmeister	418
4	**Controlling und Evaluation von Wissensmanagement**		**421**
	4.1	Grundlagen des Bildungscontrollings	421
	4.2	Szenario: E-Learning-Check	423
	4.3	Knowledge-Box: Controlling	425
	4.4	Controlling und Evaluation von Wissensmanagement in Unternehmen	428
		4.4.1 Kontextorientiertes Controlling des Wissensmanagements	430
		4.4.2 Instrumente des Controllings von Wissensmanagement	432
Literaturverzeichnis zu Teil III			**435**

Kapitel 1
Die Betriebswirtschaft des Wissensmanagements in Unternehmen

Die Basis einer Betriebswirtschaft für das Wissensmanagement besteht in der grundlegenden Auseinandersetzung mit einem betriebswirtschaftlichen Selbstverständnis, mit den betriebswirtschaftlichen Themenstellungen und ihren Entwicklungsmöglichkeiten und den damit verbundenen Anwendungsmöglichkeiten auf das Wissensmanagement. Die anschließenden Kapitel, in denen eine Betriebswirtschaftslehre für das Wissensmanagement entwickelt wird, beschreiben die äußerste Sphäre im Bild des Kosmos. Diese äußere Sphäre dient der grundlegenden Auseinandersetzung, auf welche Weise ein betriebswirtschaftliches Denken und Handeln für das Wissensmanagement entwickelt werden kann. Im Mittelpunkt steht dabei ein Nutzen-Kosten-orientiertes Denken im Sinne eines Input-Output-Modells sowie die Fragestellung, auf welche Weise das Ergebnis des Wissensmanagements gemessen werden kann. Der betriebswirtschaftliche Ansatz des Wissensmanagements folgt damit der allgemeinen betriebswirtschaftlichen Überzeugung in einem positiven Sinn: „You can manage what you can measure" [KAPLAN/NORTON 1997].

Das Ergebnis dieser Auseinandersetzung mit der Betriebswirtschaft besteht in einem Modell, das der betriebswirtschaftlichen Denkweise, ein Ergebnis zu messen und zu managen, sowie den Aspekten des Managements im Allgemeinen und des Wissensmanagements im Besonderen entspricht.

Diese äußerste Sphäre wird in unserem Bild als Makrokosmos bezeichnet. In Ergänzung zum Mikrokosmos, der die individuelle und institutionelle Ebene des Wissensmanagements beschreibt, stehen beim Makrokosmos die strategischen, betriebswirtschaftlichen Aspekte im Mittelpunkt. Während die Betrachtung aus dem *Blickwinkel des Mikrokosmos* die Konzepte, den aktuellen Stand und die zukünftige Entwicklung des Wissensmanagements auf der *funktionalen* Ebene eines Unternehmens in den Mittelpunkt stellt, konzentriert sich die Betrachtungsweise aus dem Blickwinkel des Makrokosmos auf die Aktivitäten, die aus *der Sicht des ganzen Unternehmens*, also im Sinne eines *Corporate Knowledge Management,* eine Rolle spielen, ohne dabei die Vernetzung mit den Funktionsbereichen eines Unternehmens zu verlieren. Eine wichtige Rolle übernimmt dabei das

Abb. III-1 Themenstellung des Makrokosmos des Wissensmanagements

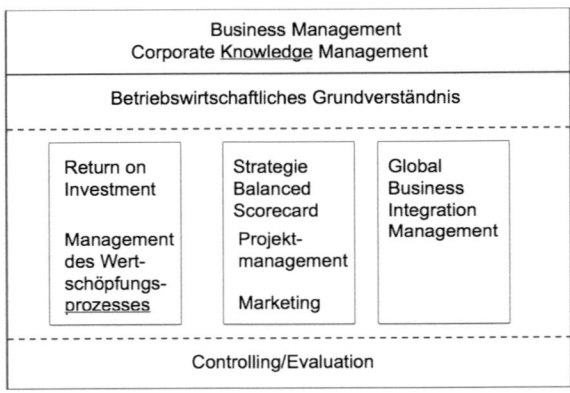

betriebswirtschaftliche Denken und Handeln aller Akteure im Unternehmen. Ein ganzheitliches unternehmerisches Handeln bringt dann für die Praxis einen unternehmerischen Erfolg, wenn alle Akteure im Unternehmen wirtschaftlich, das heißt innerhalb einer messbaren konzeptionellen Grundlage ergebnisorientiert, handeln. Deshalb werden innerhalb des Makrokosmos die Perspektiven eines wirtschaftlichen Handelns eines ganzen Unternehmens mit allen seinen Funktionsbereichen im Blick auf das Wissensmanagement betrachtet.

Der Begriff des Makrokosmos will nicht allgemein in einer volkswirtschaftlichen Dimension verstanden werden, sondern umfasst die Perspektiven, mit der sich das gesamte unternehmerische (wirtschaftliche) Handeln sowohl im Blick auf die internen unternehmerischen Prozesse und Strukturen als auch im Blick auf die externen Veränderungen betrachten lässt. Diese Erkenntnis wird durch das am Ende dieses Kapitels entwickelte Modell deutlich, das auf der Perspektive des Managements, der Betriebswirtschaft und des Wissensmanagements basiert. Die Elemente des Wissensmanagements erschöpfen sich dabei nicht nur in der Wissensidentifikation, der Wissensbeschaffung, der Wissenserstellung und der Transformation von Wissen, sondern schließen die allgemeinen Voraussetzungen des Wissensmanagements wie z. B. durch die Wissensorganisation, die Wissenstechnik, die Wissensgesellschaft sowie den Wissensarbeiter mit ein.

Die Betrachtungsweise des Wissensmanagements aus dem Blickwinkel des Makrokosmos stellt damit eine gesamtbetriebswirtschaftliche Betrachtungsweise dar, bei der die Verantwortung der Führungskräfte im Sinne eines „Business Management" für das ganze Unternehmen und dessen Wissensmanagement in Bezug auf sein Umfeld und seine nationalen und internationalen Märkte zum Ausdruck kommt. Diese ganzheitliche wirtschaftliche Betrachtungsweise spielt eine größer werdende Rolle in den Unternehmen: Globalisierung, Technologisierung, Digitalisierung der Kommunikation, Mobilität des Wissens von Menschen und Märkte u. a. fordern das Management und die Mitarbeiter zu einem wirtschaftlichen Handeln im Blick auf ein professionelles Wissensmanagement heraus. Das Ergebnis, das durch die Betrachtungsweise aus der Perspektive des Makrokosmos im Blick auf das professionelle Wissensmanagement gefördert wird, kann als ganzheitlicher Managementansatz des Wissensmanagements bezeichnet werden.

Das Bild des Kosmos wird dabei auf den makrokosmischen Teil gemäß dem oben beschriebenen Verständnis wie folgt angewendet:

- Darstellung der *Grundlagen für die Entwicklung einer Betriebswirtschaft* für das Wissensmanagement mit dem Schwerpunkt der betriebswirtschaftlichen Kernthemen wie zum Beispiel Return on Investment (ROI) und der betriebswirtschaftlichen Wertschöpfung durch das Wissensmanagement.
- Darstellung einer *Strategie für das Wissensmanagement* aus betriebswirtschaftlicher Sicht sowie deren operative Umsetzung durch die Balanced Scorecard, das Projektmanagement und das Marketing.
- Darstellung eines *interkulturellen und globalen Wissensmanagements* mit dem Schwerpunkt der Integration von Geschäftsprozessen durch ein globales Wissensmanagement.
- Das Kapitel *Controlling und Evaluation* beschließt als letzter Schwerpunkt innerhalb dieser Betrachtungsweise die betriebswirtschaftlichen Überlegungen zu einem professionellen Wissensmanagement aus der Perspektive des Makrokosmos.

1.1 Grundlagen zur Entwicklung einer Betriebswirtschaftslehre für das Wissensmanagement

1.1.1 Treiber der Ökonomisierung des Wissensmanagements

Die Gründe für die Entwicklung einer Betriebswirtschaftslehre für das Wissensmanagement sind vielfältig. Als Treiber für diese Entwicklung lassen sich folgende Beobachtungen und Entwicklungen nennen:

- *Globalisierung:* Das Bundesamt für politische Bildung gibt auf der Basis der Datenquelle der United Nation Conference on Trade on Development [UNICTAD 2007] einen Überblick über die Entwicklung der multinationalen Unternehmen. Im Jahr 1980 gab es ca. 17.000 multinationale Unternehmen. Die Gesamtzahl ist bis zum Jahr 2000 auf 63.000 angestiegen und hat sich in 2004 deutlich auf 70.000 weltweit operierende Unternehmen erhöht. Die Zahl der Tochterunternehmen multinationaler Unternehmen lag bei 690.000. Damit erweitert sich der Wirkungskreis des Wissensmanagements in ein weltweites, globales Umfeld.
- *Global Business Integration:* Bei den globalen Aktivitäten von Unternehmen geht es nicht mehr ausschließlich darum, durch den Export neue Märkte zu bedienen. Basis für die globalen Wirtschaftsaktivitäten ist ein Global-Business-Integration-Modell [KAUFMANN ET AL. 2006], bei dem die Wettbewerbsvorteile der einzelnen Standorte in den verschiedenen Ländern zu einem Gesamtvorteil

genutzt werden.[1] Ein solcher Gesamtnutzen entsteht für die Unternehmen nicht nur in der Produktion oder im Vertrieb in ausländischen Märkten, sondern auch im Bereich der Forschung und Entwicklung, in der Logistik, Verwaltung und Organisation z. B. bei der IT-Organisation mit Rechenzentren in verschiedenen Zeitzonen oder Ländern. Damit nimmt die Anforderung an die Vernetzung von globalem Wissen und seiner Verfügbarkeit zu.

- *Technologisierung:* Digitale Technologie, Satellitenübertragungen, Datenbanken, mobile Kommunikation usw. machen heute eine globale Kommunikation und einen Informationsaustausch möglich. Die erfolgreiche Technologisierung globaler Kommunikation stellt damit die Voraussetzung für den weiteren Austausch von Informationen dar, z. B. für ein weltweites Trainingsprogramm via Satelliten-TV. Damit steht dem Wissensmanagement eine nahezu unbegrenzte Distribution von Wissen zur Verfügung. Die digitale Technik hat aber nicht nur im Bereich der Kommunikation eine Revolution verursacht, sondern auch in den herkömmlichen Produkten wie z. B. elektronischen Produkten oder dem Automobil.
- *Mobilität:* Der Austausch von Personal in internationalen Unternehmen steigt kontinuierlich. Trotz digitaler Kommunikation bleibt eine gewisse Notwendigkeit von Begegnung und Präsenz mit Mitarbeitern in anderen Ländern unausweichlich. Damit steigt die Notwendigkeit, Mitarbeiter interkulturelle Kompetenz zu vermitteln.

Die Auswirkungen dieser dargestellten Entwicklungen für das Wissensmanagement sind offensichtlich: Die Globalisierung bringt nicht nur die räumliche Erweiterung in andere Märkte mit sich, sondern auch die Steigerung der Wettbewerbsfähigkeit eines Unternehmens. Eine gesteigerte Wettbewerbsfähigkeit bedeutet in der Regel, dass sich der Produktzyklus verändert, neue Produkte schneller auf den Markt kommen, das Produktportfolio erweitert oder Produkte für die Zielgruppen in den verschiedenen Märkten angepasst werden. Das bedeutet für das Wissensmanagement eines Unternehmens eine enorme Steigerung an Qualifizierung der Mitarbeiter sowohl national als auch international.

Globalisierung, Steigerung der Wettbewerbsfähigkeit, Veränderungen in den Organisationsprozessen, Internationalisierung der Unternehmen u. a. stellen Herausforderungen für das Wissensmanagement dar. Diese Herausforderungen müssen nicht nur inhaltlich und methodisch, sondern vor allem betriebswirtschaftlich gemeistert werden. Sowohl die Erweiterung des Wissensmanagements auf das globale Umfeld als auch die Zunahme der Dynamik, dass Wissen innerhalb kürzer werdender Zeit zur Verfügung gestellt werden muss, erfordern einen Klärungsprozess im Blick auf das unternehmerische, wirtschaftliche Handeln.

Dieser Klärungsprozess beinhaltet mehrere Aspekte: Ein erster Aspekt besteht in der Klärung der grundlegenden Positionierung, wie ein Unternehmen durch die betriebswirtschaftliche Betrachtung von Kosten und Nutzen den steigenden Anfor-

---

[1] Siehe Kap. 3 „Global Business Integration Management – Wissensmanagement in globalen Märkten".

derungen an das Wissensmanagement gerecht werden kann. Das bedeutet, dass ein Weg gefunden werden muss, den *steigenden Bedarf an Wissensmanagement mit Hilfe des ökonomischen Prinzips von Einsatz und Ergebnis zu managen*. Denn die Ressourcen in einem Unternehmen sind nicht unbegrenzt. Dieser erste Aspekt lässt sich aber nur in Verbindung mit einer zweiten Überlegung realisieren: Auch unter dem ökonomischen Aspekt der rationalen Orientierung zwischen Einsatz und Ergebnis darf der *Aspekt der Qualität* nicht verloren gehen. Dabei spielt die Verhaltensdimension eine wesentliche Rolle, die durch den Aspekt der Bildung und Persönlichkeitsentwicklung von Menschen durch Wissen beschrieben werden kann.

Eine betriebswirtschaftliche Orientierung des Wissensmanagements kann beiden Überlegungen gerecht werden: den *Kosten-Nutzen-Aspekten* durch das klare betriebswirtschaftliche Handeln im Sinne eines Rechnungswesens für das Wissensmanagement und den *Aspekten der Qualität* durch die Umsetzung und das Controlling auch im Bereich der verhaltensorientierten Dimensionen und der didaktischen Konzepte.

1.1.2 Potenziale für ein Wissensmanagement aus betriebswirtschaftlicher Sicht

Grundlagen der Betriebswirtschaftslehre ist die Erkenntnis, dass der Mensch im Blick auf die Gestaltung seines alltäglichen Lebens Angebote benötigt, um seine *Bedürfnisse* zu erfüllen [WÖHE 2008]. Dies trifft sowohl auf das private als auch auf das berufliche Umfeld zu. Die notwendige Antwort auf die Frage, wie sich die Bedürfnisse des Menschen erfüllen lassen, ist die *Produktion*. Die Produktion geschieht hinsichtlich zweierlei Aspekten: quantitativ unter dem Aspekt, dass aufgrund der *Knappheit der Ressourcen* auch die Produktion von Wissen so gestaltet werden muss, dass mit dem Einsatz von knappen Ressourcen das bestmögliche Ergebnis erzielt werden muss. Auf diese Weise ist der Mensch zum Wirtschaften gezwungen.

Der qualitative Aspekt der Wissensproduktion betrachtet nicht das formale Verhältnis von Einsatz und Ertrag, sondern die Fragestellung, auf welche Art und Weise und mit welcher Zielsetzung ein bestimmtes Ergebnis im Sinne einer *definierten Qualität* erzielt werden kann. Eine qualitative Betrachtung der Wissensproduktion ist zum Beispiel im Blick auf die Veränderung innerhalb der deutschen Gesellschaft von großer Bedeutung. Durch den Rückgang der Geburten treten zwei qualitative Veränderungen in Bezug auf die Wissensproduktion ein: Zum einen muss jedes Mitglied, insbesondere der jüngeren Generationen, intensiv in die Wissensproduktion der Gesellschaft integriert werden und zum anderen verlängert sich die Zeit der aktiven Teilnahme an der Wissensproduktion für die ältere Generation, um den gegenwärtigen Lebensstandard zu halten.

Die Produktion von *Wissen als Bedürfniserfüllung* findet gegenwärtig innerhalb verschiedener Bereiche statt. Die individuelle Wissensproduktion geschieht innerhalb der persönlichen Lebensgestaltung eines jeden Einzelnen. Innerhalb der organisatorischen und individuellen Möglichkeiten produziert jeder Mensch in seinem privaten und beruflichen Umfeld Wissen, indem er auf formelle Angebote von Trainings oder auf berufliche Weiterbildungsangebote zurückgreift oder indem er auf die Anforderungen in seinem beruflichen Umfeld durch eine informelle Wissensproduktion z. B. durch Erfahrungsaustausch mit Kollegen oder Freunden reagiert.

Wie die Potenziale für die Wissensproduktion genutzt werden, lässt sich einerseits an krisenhaften Situationen verdeutlichen: Als Reaktionen in der Krise, die in der Realwirtschaft durch die Finanzkrise im Jahre 2008/2009 verursacht wurde, wurden Arbeitsmaßnahmen, wie z. B. Kurzarbeit, mit Weiterbildungsmaßnahmen aktiv verbunden. Auf diese Weise wurden die Notwendigkeit einer Wissensproduktion und einer Arbeitszeitregelung sinnvoll miteinander verbunden, so dass Unternehmen und Personal gestärkt aus der Krise herauskamen. Andererseits bedarf es dazu nicht notwendigerweise einer Krise: Die Notwendigkeit, Wissen als Bedürfniserfüllung herzustellen, basiert auf der Erkenntnis, dass sowohl auf der individuellen Ebene von Menschen als auch auf der institutionellen Ebene von Unternehmen und Organisationen die Wissensproduktion dazu führt, dass *Wissenskapital* (intellectual capital) entsteht und gefördert wird. Das Ziel der Bedürfniserfüllung durch Produktion im Bereich von Wissen besteht nicht ausschließlich in der kurzfristigen Produktion von Wissen, sondern in der langfristigen Perspektive, durch die Wissenskapital in den Unternehmen oder in einer Gesellschaft entsteht und im Rahmen z. B. von *Business Intelligence* weiter entwickelt wird.

Innerhalb der Unternehmen ist die Wissensproduktion für die jeweiligen Schwerpunkte der Unternehmen durch die unternehmensinternen Weiterbildungs- und Qualifikationsabteilungen geregelt. Nach Angaben des Statistischen Bundesamtes haben Ende 2007 circa 39,9 Millionen Menschen eine Erwerbstätigkeit in Deutschland ausgeübt [DESTATIS 2007]. Rund 6,95 Millionen Erwerbstätige haben 2006 an einer beruflichen Weiterbildung teilgenommen. Nachgewiesen werden dabei die Teilnahme an beruflichen Fortbildungsmaßnahmen, der Besuch von Techniker- oder Meisterschulen sowie der Besuch von Lehrgängen, Kursen, Seminaren usw., die sowohl im Betrieb, am Arbeitsplatz oder in speziellen Fortbildungsabteilungen von Betrieben oder Verbänden als auch im Fernunterricht angeboten werden. Darunter waren 3,67 Millionen Männer sowie 3,27 Millionen Frauen. Mit jeweils 1,7 Millionen Personen wurde in den Altersgruppen zwischen 35–40 sowie 40–45 Jahren eine berufliche Weiterbildung am stärksten nachgefragt. Am häufigsten haben Angestellte eine berufliche Weiterbildung in Anspruch genommen (Angestellte 4,4 Millionen, Arbeiter 0,83 Millionen, Selbständige 0,79 Millionen, Beamte 0,79 Millionen). Der Dienstleistungsbereich war mit 4,2 Millionen Personen der Wirtschaftsbereich, beim dem eine berufliche Weiterbildung am meisten stattgefunden hat (Produzierendes Gewerbe 1,47 Millionen, Handel, Gastgewerbe und Verkehr 1,1 Millionen).

Das Statistische Bundesamt führt regelmäßig eine Erhebung in Bezug auf die berufliche Weiterbildung durch. Die dritte europäische Erhebung über die berufliche Weiterbildung in Unternehmen [CBTS3 2007] hat für das Jahr 2005 stattgefunden. Dabei wurden sowohl berufliche Weiterbildungsaktivitäten im engeren Sinne wie z. B. Kurse und, Seminare als auch arbeitsplatznahe Formen der Qualifizierung und selbstgesteuertes Lernen untersucht. Aus der Erhebung bei rund 10.000 Unternehmen mit 10 und mehr Beschäftigten in Deutschland lassen sich folgende Erkenntnisse im Hinblick auf die Potentiale eines Wissens- und Weiterbildungsmarktes darstellen: In 69,5 % der befragten Unternehmen gibt es ein berufliches Weiterbildungsangebot. Der Anteil von selbstgesteuertem Lernen liegt bei 15,4 %. Mit den Weiterbildungsaktivitäten werden 30,3 % der Beschäftigten der befragten Unternehmen erreicht. 63,2 % wurden für interne und 36,8 % für externe Lehrveranstaltungen aufgewendet. Mit 16,4 % (Persönlichkeitsentwicklung, Qualitätsmanagement) und 14,2 % (EDV, Informatik) liegen die Qualifizierungsangebote in diesen Bereichen an der Spitze. Der Zeitaufwand für die Teilnahme an Angeboten von externen Bildungsanbietern wird in Abb. III-2 dargestellt.

Im Durchschnitt gaben die Unternehmen pro Teilnehmer 651 € aus. Multipliziert man diese Ausgaben mit der für 2006 ermittelten Anzahl von 6,95 Millionen Teilnehmern von Weiterbildungsmaßnahmen, dann erhält man im Sinne eines Nährwerts den Gesamtumsatz der beruflichen Weiterbildungsbranche von ca. 4,3 Milliarden € pro Jahr. Das ist eine beträchtliche Summe, die für Maßnahmen im Rahmen des Wissensmanagements von Unternehmen jährlich ausgegeben werden. Dabei ist nicht so sehr die Betrachtung der absoluten Zahl dieser Investitionssumme entscheidend. Entscheidend ist vielmehr, ob sich diese Investitionssumme gelohnt hat oder nicht. Nur ein Viertel aller Weiterbildungsmaßnahmen werden evaluiert. Laut der CVTS3-Studie des Statistischen Bundesamtes werden 74,6 % aller Weiterbildungsaktivitäten *nie evaluiert*. Betrachtet man diese Aussage wiederum unter betriebswirtschaftlichen Aspekten, dann bedeutet dies, dass innerhalb der deutschen Wirtschaft eine Summe von circa 3,2 Milliarden € jährlich investiert wird, ohne den Erfolg bzw. ein Ergebnis dieser Investition zu messen. Entscheidend wird auch hier wiederum nicht die Interpretation der absoluten Zahl sein. Entscheidend sind die Überlegungen im Hinblick auf eine globale

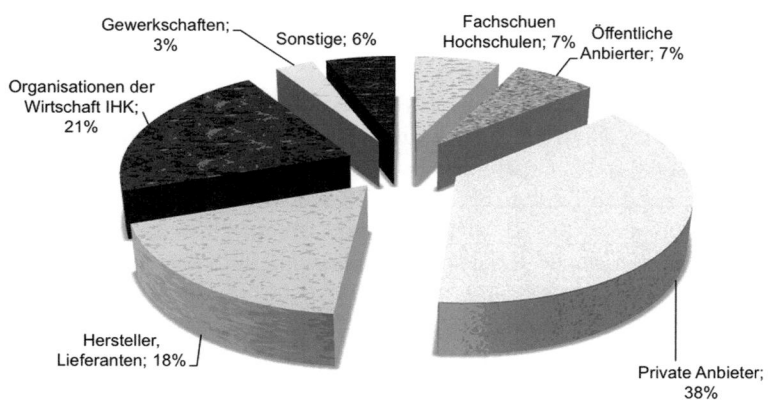

Abb. III-2 Zeitaufwand der Teilnehmer bei externen Weiterbildungsanbietern

Wettbewerbsfähigkeit in Bezug auf das Wissensmanagement. Es stellt sich die Frage, inwieweit diese Ausgangssituation, bei der der Erfolg bzw. das Ergebnis bei fast drei Viertel aller Investitionen in das Wissensmanagement nicht gemessen wird, für die Zukunft noch haltbar ist. Neben der betriebswirtschaftlichen Betrachtung gibt die Studie des Statistischen Bundesamtes über die Qualität des Wissensmanagements und der beruflichen Weiterbildung in Deutschland weitere Auskunft: Bei 70,3 % aller Maßnahmen wird nie überprüft, ob die angestrebte Qualifikation einer Maßnahme erreicht wurde oder nicht. Bei 64,5 % wird die Zufriedenheit der Teilnehmer nie ermittelt.

Betrachtet man die Potenziale und die Qualitäten des aktuellen Wissensmanagement-Marktes am Beispiel der beruflichen Weiterbildung, dann kommt man zu der Schlussfolgerung, dass eine intensive Auseinandersetzung mit dem betriebswirtschaftlichen Denken und Handeln von größter Priorität ist. Dies kann allerdings nicht auf einer abstrakten Ebene geschehen. Am Ende muss eine umsetzungsfähige Betriebswirtschaftslehre des Wissensmanagements stehen, mit deren Hilfe das Ergebnis eines jeden investierten Euros in das Wissensmanagement gemessen werden kann.

1.1.3 Besonderheit einer Betriebswirtschaftslehre für das Wissensmanagement

Ein wesentliches Grundverständnis für die Entwicklung einer Betriebswirtschaftslehre des Wissensmanagement besteht darin, ein Management der Wissenswertschöpfungskette in Unternehmen einzufordern. Damit verändert sich der Blick auf die Abteilungen und Organisationen, die sich bisher in den Unternehmen mit dem Wissensmanagement zum Beispiel durch Qualifizierungskonzepte und Aktivitäten beschäftigen. Während diese Aktivitäten bislang zu den unterstützenden Prozessen und zur sekundären Wertschöpfung gerechnet wurden, werden im Folgenden die Notwendigkeit und die Möglichkeiten dargestellt, das *Wissensmanagement als primären Wertschöpfungsprozess* zu verstehen. Das Wissensmanagement findet dann als primärer Wertschöpfungsprozess in einem Unternehmen statt, wenn in der Endbetrachtung der Wertschöpfung nicht nur der monetäre Gewinn steht, der sich aus der produktiven Wertschöpfung ergibt, sondern auch die Wertschöpfung im Bereich der Personal- oder Organisationsentwicklung. Dabei ist es notwendig, die Wertschöpfung auch in diesem Bereich durch Kennzahlen zu ermitteln, die monetär zu bewerten sind, wie z. B. den Return on Traininginvest, den Gewinn an Kompetenz auf der personalen Seite sowie den Gewinn im Sinne einer strategischen Organisationsoptimierung.

Das professionelle Wissensmanagement fließt also nicht nur als Bestandteil in den Produktionsprozess ein und wird dabei im primären Prozess der Produktion aufgelöst, sondern produziert selbst als *primärer Prozess innerhalb einer Wissenswertschöpfungskette* einen Output an Wissen. Wissen wird damit zu einem

Faktor, der, wenn er im primären Wissenswertschöpfungsprozess eingesetzt wird, als qualifizierbares Wissen im Sinne eines Ergebnisses gemessen werden kann. Insofern lässt sich Wissen auch als eines Produkt oder Ware verstehen.

Die Messbarkeit des Ergebnisses des Wissenswertschöpfungsprozesses lässt sich für die unterschiedlichen Organisationen verschieden darstellen: Für einen Beratungs- oder Trainingsanbieter wird Wissen zu einer Ware bzw. Leistung, die aktiv verkauft wird. Eine Abteilung oder Organisationseinheit innerhalb eines Unternehmens, die sich mit dem Wissensmanagement beschäftigt, wie z. B. eine Trainingsabteilung, wird von einem Cost-Center zu einem Profit-Center, wenn der Wissenswertschöpfungsprozess zu einem konkret quantifizierbaren Ergebnis führt. Zumindest sollte die Wissenswertschöpfungskette dazu beitragen, im Kosten-Leistungs-Verhältnis ein ausgeglichenes Ergebnis bei unternehmenseigenen Abteilungen zu erzielen. Auch auf der individuellen Ebene kann der einzelne Mitarbeiter seinen Wert im Personalmarkt bestimmen, indem er die Steigerung seiner Kompetenz durch die Wissenswertschöpfungskette ermittelt und darstellt.

Im Gegensatz zu der üblichen Vorgehensweise einer Wissensbilanz wird das Ergebnis in einem relativen Verhältnis dargestellt: Der Gewinn ist die Differenz von Ertrag und Aufwand sowohl hinsichtlich der unternehmerischen Perspektive als auch hinsichtlich der Perspektive eines an einer Betriebswirtschaftslehre orientierten Wissensmanagements.

Dabei kann nicht ausgeschlossen werden, dass auch ein Negativergebnis, also ein Wissensverlust, im Sinne einer negativen Differenz von Ertrag und Aufwand sich für ein Unternehmen, eine Abteilung oder eine einzelne Person ergeben kann.

Entscheidend ist der Faktor Wissen und dessen quantifizierbare Bewertung als Ergebnis einer primären Wissenswertschöpfungskette in einem Unternehmen. Die quantifizierbare Bewertung besteht dabei nicht in der Ermittlung eines absoluten Ergebnisses, sondern in der Ermittlung von Aufwand und Ertrag und dessen Bilanzierung bzw. Darstellung im Sinne eines wirtschaftlichen Handelns.

1.1.4 *Modelle für die Entwicklung einer Betriebswirtschaftslehre des Wissensmanagements*

Der Weg, einen betriebswirtschaftlichen Handlungsrahmen für das Wissensmanagement zu entwickeln, kann auf unterschiedliche Art und Weise beschritten werden. Eine erste Möglichkeit besteht darin, das *Wissensmanagement selbst zum Ausgangspunkt* zu machen und die bisherigen Erkenntnisse zu ermitteln, mit denen das Wissensmanagement sich der Methoden und Konzepte der Betriebswirtschaftslehre bedient. Dieser Zugang lässt sich als BWL-orientiertes Wissensmanagement bezeichnen. Eine zweite Möglichkeit ist, die *Betriebswirtschaftslehre als Ausgangspunkt* zu nehmen und ihre Entwicklung im Blick auf das Wissensmanagement zu betrachten. Dabei wird man feststellen, dass das Wissen oder die Information als ein Faktor wirtschaftlichen Handelns sowohl in der angewandten

Abb. III-3 Systematische Darstellung einer ganzheitlichen Konzeption einer Betriebswirtschaft des Wissensmanagements

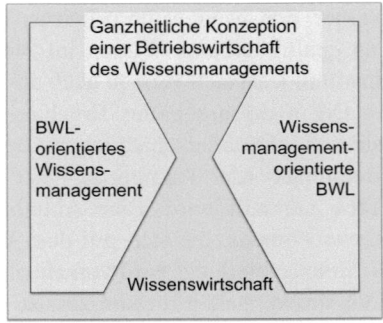

Betriebswirtschaft der Unternehmen als auch in der Betriebswirtschaftslehre schon immer eine große Rolle gespielt hat und spielt. Dieser Weg lässt sich als eine am Wissensmanagement orientierte Betriebswirtschaftslehre beschreiben.

Eine dritte Möglichkeit besteht darin, sowohl die Erkenntnisse des Wissensmanagements in Bezug auf das wirtschaftliche Handeln als auch die Erkenntnisse der Betriebswirtschaftslehre in Bezug auf das Wissensmanagement als Bestandteil zu nehmen, durch die ein *eigenständiger Ansatz* einer Betriebswirtschaftslehre des Wissensmanagements gefördert werden kann. Die Entwicklung einer ganzheitlichen Konzeption besteht also weder in der direkten Übertragung der Betriebswirtschaftslehre auf das Wissensmanagement noch in der einfachen Addition von Betriebswirtschaftslehre und Wissensmanagements sondern in der Entwicklung eines eigenständigen Ansatzes. Dieser Weg soll im Folgenden beschrieben werden.

Das Modell eines betriebswirtschaftlich orientierten Wissensmanagements

Ein Wissensmanagement, das sich an einer Betriebswirtschaftslehre orientiert, hat vor allem die Evaluierung, Planung und Durchführung von Personal- oder Organisationsmaßnahmen unter betriebswirtschaftlichen Gesichtspunkten im Blick. Das bedeutet, dass insbesondere verhaltensorientierte Prozesse im Unternehmen wie z. B. die Personal- oder Organisationentwicklung eine große Rolle spielen. Dabei ist vor allem von Interesse, den Erfolg von verhaltensorientierten Maßnahmen im Unternehmen wie zum Beispiel Trainingsmaßnahmen unter betriebswirtschaftlichen Gesichtspunkten zu messen. Die Überlegungen, wie der Erfolg von verhaltensorientierten Maßnahmen wie z. B. Training, Qualifizierung und Wissensmanagement gemessen werden kann, gibt es wahrscheinlich schon so lange, wie es diese Maßnahmen gibt. So hat z. B. Kirckpatrick im „Journal of the American Society of Training Directors" mit seinen Überlegungen „Techniques for evaluating training programs" schon 1959 eine Grundlage für die Evaluation von Trainingsmaßnahmen geschaffen. Seine Überlegungen im Hinblick auf das Ergebnis der Teilnehmerzufriedenheit, auf Lern-, Transfer- und Anwendungsergebnis wurden durch die wirtschaftliche Betrachtung eines Return on Investment durch weitere Autoren ergänzt [KIRCKPATRICK 1959, 2006].[2] Theorie und Praxis sind diesen Überlegungen gefolgt und bilden bis heute einen Schwerpunkt innerhalb der Thematik des „Bildungscontrollings"[3]. Ein charakteristisches Merkmal des betriebswirtschaftlich orientierten Wissensmanagements besteht darin, dass es sich intensiv mit dem Controlling des Wissensmanagements beschäftigt. Der Aspekt der „betriebswirtschaftlichen Produktion" sowie das dazu gehörende Rechnungswesen oder Marketing als betriebswirtschaftliche Funktion usw. bleibt außen vor. Diese Betrachtungsweise ist zu würdigen, denn die Erstellung und das Management von Wissen im Rahmen eines betriebswirtschaftlich orientierten Wissensmanagements geschehen nicht durch die Betriebswirtschaft sondern gerade auch durch das Wissensmanagement und dessen verhaltenswissenschaftliche Ansätze (siehe Teil II).

Das Modell einer Wissensmanagement-orientierten Betriebswirtschaftslehre

Das grundlegende Wesensmerkmal des wirtschaftlichen Handelns in den Betrieben und die damit verbundene Betriebswirtschaftslehre ist ein Handeln, bei dem mit dem Einsatz von knappen Ressourcen ein bestmöglicher wirtschaftlicher Gewinn erzielt wird. Im allgemeinen Sprachgebrauch wird dieses Wesensmerkmal auf die Begriffe „Gewinnmaximierung", „Gewinne machen", „profitorientiertes Handeln" u. a. verkürzt. In der Umsetzung dieses Merkmals stehen betriebswirtschaftliche Aktivitäten und Funktionen wie das Messen des wirtschaftlichen Erfolges durch die Kennzahlen (Cashflow, ROI u. a.) und das Rechnungswesen, die Optimierung des Produktionsverfahrens, die Prozessoptimierung im Rahmen der Organisation, die Steigerung der Wettbewerbsfähigkeit durch das Marketing usw. im Mittelpunkt. Dieses Grundmerkmal eines wirtschaftlichen Handelns kann nicht in Zweifel gezogen werden, es steht in einem historischen Kontext und bringt eine gewisse Allgemeingültigkeit der betriebswirtschaftlichen Erkenntnisse zum Ausdruck. Dennoch lässt sich innerhalb der Betriebswirtschaftslehre nicht erst seit dem Zeitalter der Informationsgesellschaft die Tatsache nachweisen, dass Information und Wissen in den betrieblichen Prozessen eine wichtige Rolle spielen. Dieter Schneider weist in seinem Artikel „Neubegründung der Betriebswirtschaftslehre aus Unternehmensfunktionen" schon 1988 darauf hin, dass die eigentliche Herausforderung der Betriebswirtschaftslehre nicht im Umgang mit knappen Ressourcen besteht, sondern darin zu sehen ist, dass das Wissen begrenzt ist und deshalb die Planung betriebswirtschaftlicher Prozesse und ihre Durchführung

---

[2] Kirckpatrick, D.L:, Techniques for evaluating training programs. In: Journal of the American Society of Training Directors, (1959) Nr. 14, S. 13–18 und Kirckpatrick, D.L./Kirckpatrick, J.D.: Evaluation Training Programs: The Four Levels. San Franscisco 2006 und Philips, J.: Measuring ROI. The Fifth Level of Evaluation, Technical Skills and Training Apr. 1996.
[3] In den gängigen Bibliographien findet sich eine Vielzahl an Veröffentlichung zur Thematik Bildungscontrolling oder Evaluation von Wissensmanagement. Stellvertretend sei hier auf die Veröffentlichung hingewiesen: Ehlers, U.-D., Schnekel, P. (Hrsg.): Bildungscontrolling im E-Learning, Erfolgreiche Strategien und Erfahrungen jenseits des ROI, Berlin, Heidelberg 2005.

divergieren [SCHNEIDER 1988].[4] Edmund Heinen hat in seiner Einführung in die Betriebswirtschaftslehre, deren Erkenntnisse schon in einem Beitrag 1961 veröffentlicht wurden, einen Grundstein für ein erweitertes betriebswirtschaftliches Denken gelegt, das sich an Informations- und Wissensprozessen orientiert. Das wissenschaftliche Modell einer Betriebswirtschaftslehre nach Heinen begründet sich in der Planung, dem Absatz und der Entscheidung, die in einem Unternehmen getroffen werden müssen. Der Entscheidungsprozess ist „dadurch charakterisiert, dass es sich hier um Tätigkeiten handelt, in deren Mittelpunkt Informationen stehen" [HEINEN 1977]. Um Entscheidungen als originäre Bestandteile wirtschaftlichen Handelns treffen zu können, bedarf es der Informationssuche und Wissensvermittlung. Damit wird deutlich, dass das Wissensmanagement keine neue Erfindung darstellt, sondern auch in älteren Modellen und Konzeptionen der Betriebswirtschaftslehre festzustellen ist. Diese Einsicht schmälert nicht die Tatsache, dass sich die grundlegenden Konzeptionen des Wissensmanagements mit Hilfe der technischen Innovationen im IT-Bereich erst später durchgesetzt haben und als wichtiger Bestandteil im aktuellen wirtschaftlichen Denken und Handeln verankert sind. Im Gegenteil: Mit der aufkommenden Informationsgesellschaft wird Information mehr und mehr zu einem Wirtschaftsgut, dessen Rolle innerhalb der Produktion von Gütern sowie in der Organisation von Betrieben oder als selbständiges Wissensprodukt eine größer werdende Rolle spielt. So sind es nicht nur der Materialeinsatz oder die menschliche Arbeit, die den Produktions- und Planungsprozess ausschließlich bestimmen, sondern auch die Information über Produktionsprozesse selbst, die Veränderungen in den Märkten, das Wissen über Organisationsabläufe usw.

Das Modell einer an Wissensmanagement orientierten Betriebswirtschaftslehre stellt die betriebswirtschaftlichen Funktionen wie Produktion, betriebliches Rechnungswesen, Marketing usw. in den Mittelpunkt und verbindet diese Funktionen mit den Elementen eines Wissensmanagements. Die sich daraus entwickelnde ganzheitliche Konzeption einer Betriebswirtschaftslehre für das Wissensmanagement kann nicht in der Addition der verschiedenen Modelle, sondern in der Integration liegen. Bei der Integration spielt die Auswahl eines übergeordneten Prinzips eine wesentliche Rolle. Bei der Entwicklung seiner betriebswirtschaftlichen Konzeption als Entscheidungslehre gibt Heinen einen wichtigen Hinweis, wie sich ein solches Prinzip, bei dem verhaltensorientierte und betriebswirtschaftliche Aspekte zu integrieren sind, zu beschreiben ist. Er verweist auf die angloamerikanische Literatur in den Bereichen von Management Science, Business Administration, Administrative Behavior, Marketing Behavior u. a. [HEINEN 1977]. Dahinter verbirgt sich ein betriebswirtschaftliches Denken und Handeln, bei dem vor allem *das Management des gesamten Business* und nicht nur das finanzwirtschaft-

---

[4] „Dass Wirtschaften heute noch ein Problem ist, liegt also gar nicht an der Güterknappheit; denn bekannte Knappheiten lassen sich über beliebig lange Zeiträume hinweg optimal auf ihre alternativen Verwendungsmöglichkeiten verteilen. Dass Wirtschaft heute noch ein Problem ist, liegt ausschließlich daran, dass ‚ex-ante'-Planung durch ‚ex post'-Überraschungen widerlegt werden. Ursachen hierfür ist die Begrenztheit des Wissens eines jeden Menschen …" [SCHNEIDER 1988].

liche Ergebnis im Mittelpunkt steht. Die Aspekte einer wissensorientierten Betriebswirtschaftslehre und eines betriebswirtschaftlichen Wissensmanagements lassen sich unter dem Aspekt des Managements zu einer ganzheitlichen Konzeption integrieren. Betriebswirtschaftliches Handeln im Wissensmanagement wird vorwiegend durch ein *Business Management* deutlich, das sowohl ein abstraktes ökonomisches Prinzip von größtmöglichem Erfolg bei Einsatz knapper Ressourcen als auch die Anforderung verhaltensorientierter Aktivitäten zum Beispiel durch Qualifizierung und Weiterbildung im Unternehmen durch das Management in sich vereinigt.

Eine managementorientierte Betriebswirtschaftslehre ist die Grundlage für die Entwicklung einer ganzheitlichen Konzeption einer Betriebswirtschaftslehre des Wissensmanagements. Eine managementorientierte Betriebswirtschaftslehre lässt sich hinsichtlich verschiedener Perspektiven darstellen: Zum einen sind die Aktivitäten des Managements in Form von Planen, Entscheiden, Umsetzen und Controlling Gegenstand der Betrachtung. Zum anderen sollten diese Aktivitäten aber nicht nur im Rahmen einer operativen Tätigkeit des Managements in den Betrieben reflektiert werden. Ein normativer und strategischer Bezug dieser Managementaktivitäten bildet eine weitere Dimension, die bei dem Entwurf einer ganzheitlichen Konzeption einer Betriebswirtschaft für das Wissensmanagement betrachtet werden sollte.

1.1.5 Knowledge-Box: *Konzeptionen der Betriebswirtschaft der Neuzeit*

Das wirtschaftliche Handeln in den Betrieben und die damit verbundene Betriebswirtschaftslehre lässt sich allgemein mit einer knappen Aussage auf den Nenner bringen: Gewinne machen, profitorientiert handeln oder mit dem Einsatz von knappen Ressourcen einen bestmöglichen wirtschaftlichen Erfolg erzielen. An dieser weitläufigen Meinung sollte auch nicht gerüttelt werden. Es sind aber immer wieder die Betriebswirtschaftler selbst, die die knappe Erläuterung ihres Denkens auf einen weiterreichenden Hintergrund stellen. Erich Gutenberg, einer der Mitbegründer der neuzeitlichen Betriebswirtschaftslehre, spricht von den metaökonomischen Kräfte, die das Handeln in Betrieben mit beeinflussen. Es sind also im Grunde keine ökonomischen, sondern in irgendeiner Form metaökonomische Kräfte und Prozesse, die Form und Gestalt des wirtschaftlichen Vollzuges bestimmen. Angesichts dieser Sachlage hat Jakob Burckhardt recht, wenn er in seinen „Weltgeschichtlichen Betrachtungen" schreibt: „Alles Geschehen hat eine geistige Seite, von welcher aus es an der Unvergänglichkeit teilnimmt. Denn Geist hat stets Wandelbarkeit, aber nicht Vergänglichkeit" [GUTENBERG 1957].

So sind es die Betriebswirtschaftler selbst, die einerseits an dem klaren ökonomischen Prinzip des wirtschaftlichen Handelns festhalten, andererseits innerhalb ihrer Epoche immer wieder nach der Wandelbarkeit oder Gestaltbarkeit ihrer Ideen und Erkenntnisse im aktuellen Kontext ihrer Zeit suchen. Das *abstrakte*

Prinzip der Gewinnorientierung bleibt immer mit der *aktuellen Situation von Menschen* und ihrer *sozialen Vernetzung* sowie deren *allgemeine Reflexion oder Denkhaltung* verbunden, ansonsten kann es nur begrenzt seine Wirksamkeit entfalten. Das gilt insbesondere für das Wissensmanagement, bei dem verhaltensorientiertes Prozesse wie Lernen, Bildung, Persönlichkeitsentwicklung durch Wissenserwerb u. a. im Mittelpunkt stehen und sich für das Wissensmanagement eine langfristige Perspektive entwickelt, bei der *ein Wissenskapital* (intellectual capital) institutionell und individuell gefördert wird.

Betriebe sind nicht die Summe ökonomischer oder technischer Einzelheiten. Sie werden als Typ vielmehr geformt beziehungsweise an die Lebensformen der aktuellen Zeit angepasst.

Um die betriebswirtschaftlichen Konzeptionen darzustellen und von den Wurzeln her zu verstehen, macht es Sinn, darüber nachzudenken, wie die Autoren ihr Denken reflektiert haben. Damit wird ihr Denken nicht ausschließlich vom dem Ergebnis her, sondern vor allem von dem Prozess der konzeptionellen Entwicklung verschiedener Betriebswirtschaftslehren dargestellt.

Erich Gutenberg gilt als der Begründer der neuzeitlichen Betriebswirtschaftslehre unserer Zeit. Aus seiner akademischen Festrede am 22. Mai 1957 stammt folgendes Zitat:

> „Vielleicht ist es möglich, einen völlig anderen Weg zu gehen, um zu eine einheitlichen Konzeption von Betriebswirtschaftslehre zu gelangen. Es wäre nun zu prüfen, ob nicht dieses, ganz und gar ursprüngliche Verhältnis zwischen Faktorenertrag und Faktoreneinsatz als Grundlage für ein Bezugssystem verwandt werden könnte, in dem alle betrieblichen Vorgänge ihre natürliche Ordnung finden. Da nun der Faktoreneinsatz auf ein bestimmtes Ziel gerichtet ist, lässt er sich als eine Einheit im Sinne einer Kombination der Produktionsfaktoren auffassen. In dem Akt der Kombination ist das Nebeneinander der Produktionsfaktoren aufgehoben. Sie sind aus einem übergeordneten Prinzip heraus zu einer Einheit gefügt und miteinander in eine systematische Beziehung gebracht … Der Bezugspunkt, auf den die gesamte Produktivitätsbeziehung ihrerseits wiederum hingeordnet sein müsste, besteht offenbar in Zielsetzungen, die außerhalb der betrieblichen Prozedur als solcher liegen, ihr aber erst ihren Sinn geben" [GUTENBERG 1957].

Im ersten Teil des Zitates beschreibt Gutenberg das Prinzip, das er für die Lehre des betriebswirtschaftlichen Handelns in Unternehmen erkannt hat. Das Prinzip des betriebswirtschaftlichen Handelns besteht für Gutenberg darin, das Verhältnis von Einsatz und Ergebnis eines betrieblichen Handelns so zu bestimmen, dass dabei ein Höchstmaß an Produktivität geleistet wird. Der Sinn, der außerhalb dieser betrieblichen Prozedur liegt, besteht darin, gewinnbringend zu handeln. Das gewinnbringende Handeln wird in der Regel bei Unternehmen und Betrieben durch monetäre Größen (Umsatz, Cashflow, Rentabilität etc.) erfasst. Allerdings setzt sich mehr und mehr die Erkenntnis durch, dass auch nicht monetäre Größen wie z. B. die Kundenzufriedenheit oder langfristige Kundenbindung, das Wissen in Unternehmen und die Motivation und Qualifizierung von Mitarbeitern als Ziel und Ergebnis eines gewinnbringenden Handelns betrachtet werden können.

Die Frage nach dem Sinn eines betriebswirtschaftlichen Handelns lässt sich damit eindeutig beantworten. Der Sinn eines betriebswirtschaftlichen Handelns liegt

1.1 Grundlagen zur Entwicklung einer Betriebswirtschaftslehre

darin, bei einem geringen Einsatz ein bestmögliches Ergebnis zu erreichen und damit einen umfassenden Nutzen zu stiften. Die Frage aber, mit welchen Prinzipien im Rahmen einer betriebswirtschaftlichen Konzeption gedacht und gehandelt werden soll, lässt sich unterschiedlich beantworten. Dabei lassen sich drei unterschiedliche Grundprinzipien und die darauf aufbauenden Konzeptionen darstellen:

- *Das Produktionsmodell* mit dem Prinzip der bestmöglichen Produktivität auf der Basis von Einsatz und Ergebnis.
- *Das Entscheidungsmodell* mit dem Prinzip der Entscheidung in sozialen Systemen auf der Basis von Informationen und Führung.
- *Das Managementmodell* mit dem Prinzip der Analyse, Planung, Durchführung und Kontrolle von unternehmerischem Handeln.

Diese drei Grundmodelle werden im Folgenden mit ihren prominentesten Vertretern dargestellt:

Das Produktions- oder Faktorenmodell: Eine wichtige Basis für die Entwicklung eines produktions- oder faktorenorientierten Modells der Betriebswirtschaftslehre ist das Modell, das Gutenberg im Rahmen der Unterscheidung von systemindifferenten und systembezogenen Tatbeständen getroffen hatte. Diesem Gedanken verdankt die Betriebswirtschaftslehre wesentliche Impulse [HEINEN 1977]. Systembezogene Tatbestände sind abhängig von einem jeweiligen Wirtschaftssystem, systemindifferente Tatbestände sind unabhängig von Wirtschaftssystemen und haben damit eine gewisse Allgemeingültigkeit.

Die betriebswirtschaftlichen Aktivitäten lassen sich in einem mehrstufigen Prozess der Kombination der Elementarfaktoren der menschlichen Arbeit, der Betriebsmittel (Maschinen, Energie u. a.) und Werkstoffe zusammenfassen. Im Rahmen der dispositiven Faktoren trifft die Geschäftsleitung die Entscheidung über den Einsatz der Elementarfaktoren durch Planung, Organisation und Kontrolle. Zu den systemindifferenten Tatbeständen zählen auch die Kombination der Produktionsfaktoren (Produktivität als Verhältnis zwischen Einsatz und Ergebnis), das ökonomische Prinzip der Wirtschaftlichkeit (bestmöglicher Gewinn bei geringem Einsatz von Ressourcen) sowie der finanzielle Ausgleich (Finanzierung und Investition).

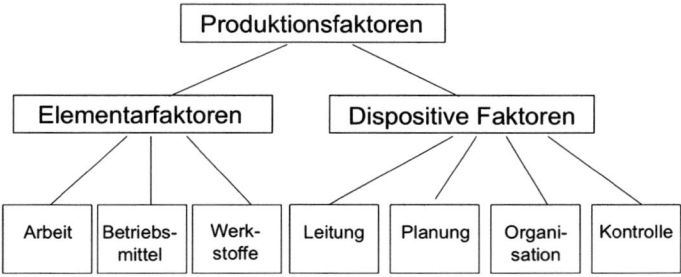

Abb. III-4 Das Modell Gutenberg [GUTENBERG 1975]

Mit dem Modell von Elementar- und dispositiven Faktoren hat Gutenberg die Möglichkeit geschaffen, wesentliche Aspekte der Führung und Organisation sowie des Managements ins Bewusstsein des betriebswirtschaftlichen Denkens und Handelns zu rücken.

Im Mittelpunkt steht ein geschlossenes Modell in Bezug auf den Einsatz von Produktionsfaktoren (Material, Personaleinsatz u. a.) und dem Ergebnis der Kombination dieser Produktionsfaktoren. Der Betrieb als solcher wird im Sinne einer Einheit verstanden, der sich aus den Teilbereichen der Leistungserstellung, der Leistungsverwertung und der Finanzierung zusammensetzt [GUTENBERG 1975]. Gutenberg unterscheidet wie oben beschrieben zwischen den Elementarfaktoren wie z. B. den Werkstoffen, Arbeits- und Betriebsmitteln sowie den objektbezogenen Arbeitsleistungen, und den dispositive Faktoren, wie z. B. der Leitung, Planung und Organisation. Innerhalb des Produktionsmodells spielt das System der produktiven Faktoren eine zentrale Rolle. Produktivität im Sinne von Gutenberg gehört zu dem wichtigsten Phänomen betriebswirtschaftlicher Überlegungen. Ergänzend zu dieser Perspektive der Produktivität tritt die kostentheoretische Perspektive, die nach den Kosten des Produktionseinsatzes, alternativen Faktoreneinsatzmengen oder -qualitäten u. a. fragt [GUTENBERG 1975]. Mit den Überlegungen zur Leistungsverwertung zählt Gutenberg auch zu den Vorreitern des Absatzmarketings.

Die grundsätzlichen Überlegungen von Gutenberg sind in die betriebswirtschaftlichen Konzeptionen eingeflossen, die bis heute noch eine wesentliche Rolle spielen. Ein wichtiger Vertreter ist dabei Günther Wöhe. Die folgende Grafik bringt das Denkmodell des produktionstheoretischen Faktorenansatzes zum Ausdruck.

Im Rahmen der Leistungserstellung und der Leistungsverwertung ist ein Unternehmen dabei in den Beschaffungs- und den Absatzmarkt eingebunden. Auf dem Beschaffungsmarkt werden die für die Produktion notwendigen Güter wie Material, Personal u. a. beschafft, auf dem Absatzmarkt werden die produzierten Güter abgesetzt. Die produktionstheoretische Sichtweise betrachtet dabei innerhalb des Betriebes die Leistungserstellung durch die elementaren und dispositiven Faktoren. Der produktionstheoretische Teil ist eingebunden in die finanzwirtschaftliche Perspektive des Kapitalmarktes (Eigenkapital und Fremdkapital) sowie in die Beziehung zu Staat und Gesellschaft (Steuern, Subventionen u. a.). Die besondere Stärke des betriebswirtschaftlichen Modells von Gutenberg und Wöhe u. a. besteht darin, dass die Leistungsfähigkeit eines Betriebes als Verhältnis von Einsatz und Ergebnis gemessen und damit geplant und gesteuert werden kann. Für Gutenberg und Wöhe spielen allerdings Qualifizierung und Training als Einsatz für eine Optimierung des Ergebnisses eines Betriebes keine Rolle. Insofern lässt sich zwar eine klare betriebswirtschaftliche Denkweise als Grundlage der Weiterentwicklung erkennen, die allerdings noch wenig Möglichkeiten für eine direkte Übertragung auf die Qualifizierung oder das Wissensmanagement bietet.

Das entscheidungstheoretische Modell: Die Öffnung der Denkweise, in der Aspekte von Wissen und Informationen sowie die Aspekte menschlicher Verhaltensweisen in Unternehmen mehr berücksichtigt werden, ist einem anderen Autor

1.1 Grundlagen zur Entwicklung einer Betriebswirtschaftslehre

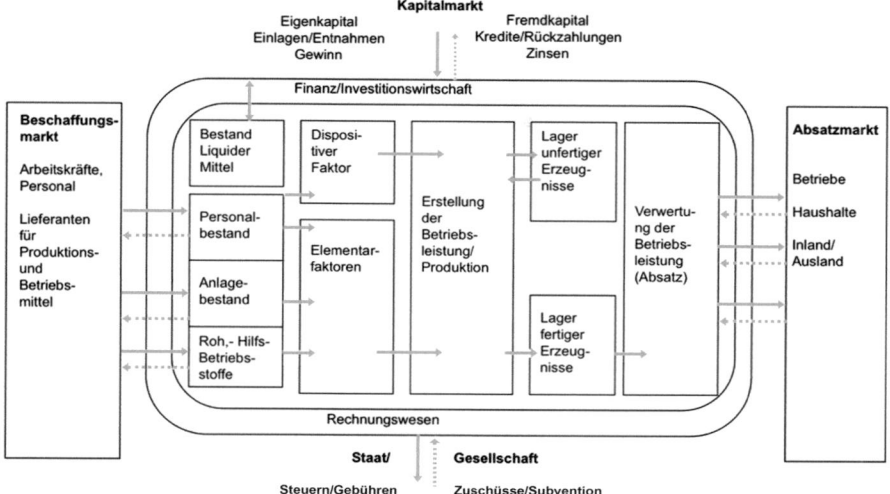

Abb. III-5 Basismodell einer produktionsorientierten Betriebswirtschaftslehre [WÖHE 2008]

gelungen. Heinen knüpft an die grundlegende Erkenntnis von systembezogenen und systemindifferenten Tatbeständen und dem darauf aufbauenden Modell von Elementar- und dispositiven Faktoren von Gutenberg an und öffnet den Bereich der verhaltensbezogenen Dimension mit einem eigenständigen Ansatz. Die Grundstruktur besteht darin, dass die Betriebswirtschaftslehre als Organisation und nicht die Organisation als Teilaspekt der Betriebswirtschaftslehre verstanden wird [HEINEN 1977]. Während bei Gutenberg die dispositiven Faktoren noch im Sinne einer Funktion in einem Unternehmen verstanden werden, entwickelt Heinen den Gedanken, die Institutionalisierung und Organisation eines Unternehmens als Grundmerkmal der Betriebswirtschaft zu verstehen. Auf den Nenner gebracht kann die Aussage getroffen werden: Für Gutenberg hat ein Unternehmen eine Organisation, für Heinen ist das Unternehmen eine Organisation [HEINEN 1977].

Ein Unternehmen als Organisation ist vorwiegend durch das Entscheidungsverhalten seiner Mitglieder geprägt. Heinen entwickelt deshalb ein Modell des Entscheidungsprozesses, das er ganz in den Mittelpunkt seines wissenschaftlichen Interesses stellt [HEINEN 1977]. Er beschränkt sich dabei nicht auf die Entscheidungen im engeren Sinne, sozusagen auf den Willensakt, der die Entscheidungsüberlegungen zum Abschluss bringt, sondern auf den gesamten Entscheidungsprozess, bei dem die Planung, Realisierung und Kontrolle berücksichtigt werden. Der Entscheidungsprozess hat mehrere Phasen, die sich grundsätzlich in die Phase der Willensbildung und der Willensdurchsetzung zusammenfassen lassen. Die Phase der Willensbildung kann als die Phase bezeichnet werden, innerhalb der die Informationen gesammelt werden und bewertet wird, warum die Realität nicht den Zielvorstellungen des Unternehmens entspricht. Zu dieser Phase gehören die Ursachenanalyse sowie die Anregung von Alternativen. In der Phase der Willensdurchsetzung werden die ausgewählten Alternativen realisiert. Alle Phasen eines

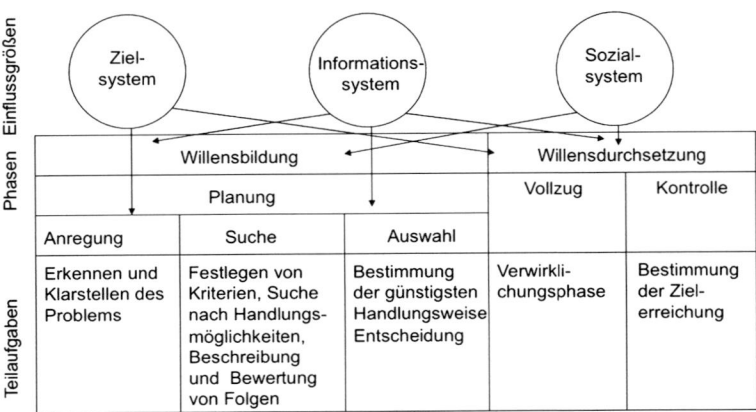

Abb. III-6 Basismodell einer entscheidungsorientierten Betriebswirtschaftslehre [HEINEN 1977]

Entscheidungsprozesses sind dadurch charakterisiert, „dass es sich hier um Tätigkeiten handelt, in deren Mittelpunkt *Informationen* stehen. In allen Phasen werden Informationen gewonnen, verarbeitet und weitergegeben … Das Phasenmodell des Entscheidungsprozesses beschreibt den Vorgang des Entscheidens als einen Prozess der bewussten Informationssammlung, -verarbeitung und -übertragung." [HEINEN 1977].[5]

Heinen hat seine theoretischen Überlegungen in einem Modell formuliert, mit dem die Determinanten und Phasen des Entscheidungsprozesses in der Unternehmensorganisation beschrieben und koordiniert werden können. Damit wird der Ansatz von Heinen anwendungsorientiert.

Die Entscheidungsgrößen (Entscheidungsdeterminanten) lassen sich in einem Zielsystem, einem Informationssystem und Sozialsystem darstellen. Ein Unternehmen verfolgt in der Regel mehrere Ziele, z. B. Entwicklung neuer Produkte und Qualifizierung von Mitarbeitern für den Verkauf oder Wartung dieser neuen Produkte. Um Alternativen abzuwägen und Ziele zu erreichen, bedarf es eines Informationssystems. „Der Entscheidungsprozess kann als ein Prozess der Gewinnung und Verarbeitung von *Informationen* zum Zwecke der Zielverwirklichung angesehen werden. Sein Verlauf und sein Ergebnis hängen wesentlich von der Art der Informationen und den Möglichkeiten ihrer Gewinnung und Verarbeitung ab. Das Informationssystem bildet somit die zweite Entscheidungsdeterminante" [HEINEN 1977].[6] Da Entscheidungen in der Regel in arbeitsteiligen Gruppen realisiert werden, kann das Sozialsystem als dritte Determinante im Entscheidungsprozess definiert werden. „Zielsystem, Informationssystem und Sozialsystem sind somit voneinander abhängige Untersysteme eines umfassenden Obersystems, der Organisation. Eine *Organisation* ist aus dieser Sicht ein zielgerichtetes Sozialsystem, das Informationen gewinnt und verarbeitet" [HEINEN 1977].[7]

---

[5] Kursiv im Ursprungstext.
[6] Kursiv im Ursprungstext.
[7] Kursiv im Ursprungstext.

1.1 Grundlagen zur Entwicklung einer Betriebswirtschaftslehre

Das entscheidungsorientierte Modell von Heinen stellt in der Weiterentwicklung betriebswirtschaftlicher Konzeptionen und Ansätze einen wesentlichen Schritt dar, weil es im Rahmen des Entscheidungsprozesses mit seinen Determinanten einen Ansatzpunkt gibt, wie mit den Möglichkeiten der Gewinnung und Verarbeitung von Information in betriebswirtschaftlichen Prozessen umgegangen werden kann. Das Entscheidungsmodell ermöglicht es, tatsächlich empirisch stattfindende Entscheidungsprozesse in den Unternehmen zu analysieren, zu planen und zu optimieren. Damit kommt dieses Modell den realen Entscheidungssituationen in den Betrieben näher. Allerdings ist das Modell stark auf den Organisationsbegriff fixiert. Kritiker halten den Vertretern von entscheidungsorientierten Betriebswirtschaftsmodellen entgegen, dass bestehende (soziale und informative) Verhältnisse in den Betrieben damit zementiert werden können. Es besteht die Gefahr, dass wünschenswerte Veränderungen in den Unternehmen, die zu einer größeren Wettbewerbsfähigkeit der Betriebe führen können, dabei eher vernachlässigt als gefördert werden. Heinen hat diese Gefahr selbst gesehen und darauf hingewiesen, dass der Prozess der Informationsgewinnung auch der Routine unterliegen kann [HEINEN 1977].

Aus diesem Grund treten gegenwärtig immer mehr Modelle in den Mittelpunkt, bei denen sowohl die rationale (ökonomische Prinzip) als auch die Verhaltensperspektive und ihre mögliche Beeinflussung durch das Management eine wichtige Rolle spielen.[8] Beide Perspektiven, nämlich die des rationalen ökonomischen Prinzips von Einsatz und Ergebnis sowie die verhaltensorientierte Perspektive im Umgang mit Wissen, Lernen und Entscheiden, lassen sich im Management eines Betriebes zusammenfassen, mit dem sowohl die betriebswirtschaftlichen Ergebnisse als auch die zielgerichtete Kommunikation und Leitung von Mitarbeitern erreicht werden kann.

Das managementorientierte Modell: Die Betriebswirtschaft im Sinne eines Managementmodells [THOMMEN/ACHLEITNER 2004] beinhaltet zwei Perspektiven. Sie beschäftigt sich zum einen mit den Problemlösungsmöglichkeiten, die sich aus der Aufgabenstellung der Beschaffung und Rückzahlung finanzieller Mitteln sowie aus der Beschaffung der Einsatzfaktoren und deren Kombination in der Produktion und dem Absatz bzw. dem Verkauf der erbrachten Ergebnisse ergeben. Dabei bedient sich eine managementorientierte Betriebswirtschaft eines Zirkels von Planung, Entscheidung, Umsetzen und Kontrollieren. Im Mittelpunkt dieses Zirkels steht die Führung.

Eine managementorientierte Betriebswirtschaftslehre beschäftigt sich aber nicht nur mit der operativen Ebene mit Blick auf das Problemlösungsverhalten des Managements, sondern auch mit dem Management auf der strategischen und normativen Ebene. Mitarbeiter, Kunden, Geldgeber, Stake- und Shareholder brauchen Begründungen und Argumente für Handlungsanweisungen des Managements und

---

[8] Neben Thommen/Achleitner [2006], Bleicher [1991] u. a. auch in den Funktionsbereichen der BWL z. B. im Marketing, Scheuch [2007] u. a.

die Entwicklungen, die im Kontext eines Unternehmens sich vollziehen. Diese liegen nicht ausschließlich in dem analytischen Rationalitätsprinzip von Einsatz und Ergebnis begründet. Die am Management orientierte Betriebswirtschaftslehre entwickelt eine synthetische Sichtweise auf die verschiedenen Funktionen im Unternehmen und stellt einen Sinn- und Bedeutungszusammenhang zwischen den einzelnen Aktivitäten und Funktionen her. Dieser umfasst auch die zeitliche Perspektive im Hinblick auf die Werte und Kultur, die sich im Laufe eines Unternehmens entwickelt haben, und das zukunftsorientierte Denken, das durch schriftlich formulierte und gelebte Visionen greifbar wird.

Mit dem *Konzept des integrierten Managements* hat Bleicher [BLEICHER 1991] einen wichtigen Impuls für die Weiterentwicklung der Betriebswirtschaftslehre als eine interdisziplinäre systemorientierte Managementlehre gegeben. Das integrierte Managementmodell von Bleicher berücksichtigt die *Handlungsebenen des normativen, strategischen und operativen Managements* als Ausdruck einer ganzheitlichen betriebswirtschaftlichen Denk- und Handlungsweise. Darin ist natürlich auch die Lern- und Wissensperspektive integriert. Auf der normativen Ebene werden diese Handlungsmuster in Form einer Unternehmenskultur und einer Unternehmenskommunikation abgebildet, die das Verhalten von Mitarbeitern und Management als Ganzes z. B. in einem Leitbild charakterisiert. Die längerfristige strategische Perspektive der Unternehmensführung wird durch das strategische Management dargestellt.

Mit Hilfe eines betriebswirtschaftlichen Modells, das sich sowohl um das ergebnisorientierte Management der verschiedenen Funktionen in einem Betrieb z. B. Faktoreneinsatz und Ergebnis, als auch um das Management kümmert und die normativen, strategischen und operativen Ebenen des betriebswirtschaftlichen Handelns berücksichtigt, lassen sich auch die Anforderungen an ein professionelles Wissensmanagement unter betriebswirtschaftlichen Gesichtspunkten erfassen und darstellen.

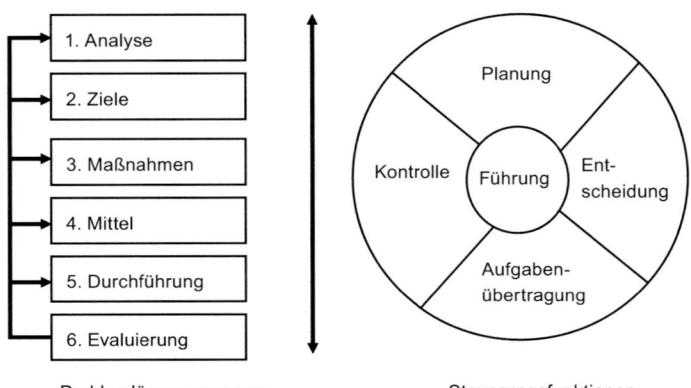

Abb. III-7 Managementorientierte Betriebswirtschaftslehre [THOMMEN/ACHLEITNER 2006]

1.1.6 Entwicklung einer Betriebswirtschaft für das Wissensmanagement

Grundlage einer Betriebswirtschaft für ein professionelles Wissensmanagement ist das Modell, das sich vorwiegend an den Managementaufgaben des betrieblichen Handelns orientiert. Diese Grundlage wird methodisch mit zwei unterschiedlichen Konzepten entwickelt. Ergänzend zu den bisherigen Informationen werden zum einen die Kernelemente einer Betriebswirtschaftslehre dargestellt, die auf das grundlegende Prinzip von Einsatz und Ergebnis basiert. Dieses Prinzip kann auch bei einer noch so starken Orientierung an einer verhaltensorientierten Betriebswirtschaftslehre nicht aufgegeben werden. Zum anderen werden diese betriebswirtschaftlichen Erkenntnisse in Form von Szenarien immer wieder dargestellt und für das Qualifizierungs- und Wissensmanagement angewendet.

In vielen Bereichen gibt es nur wenige Erfahrungen mit dem betrieblichen Handeln, so z. B. bei der Berechnung der Rentabilität von Investitionen von Trainingsmaßnahmen, dem sogenannten Return on Training Investment. Deshalb werden in den folgenden Kapiteln immer wieder narrative Szenarien beschrieben, durch die die Anwendung des betriebswirtschaftlichen Handelns bei der Planung und Durchführung von Trainings- und Qualifizierungsaktivitäten deutlich gemacht werden kann. Diese Szenarien wollen zum einen Brücken zwischen der theoretischen Übertragung betriebswirtschaftlichen Denkens und Handelns und seiner konkreten Anwendung in Qualifizierungs- und Wissensmanagement der Unternehmen schlagen, zum anderen bieten sie eine Plattform für einen iterativen Denkprozess, Erkenntnisse aus der Betriebswirtschaftslehre auf das Wissensmanagement anzuwenden. Diese Plattform bzw. dieser Prozess soll dazu dienen, Begrifflichkeiten, Konzeptionen und Denkweisen der „klassischen" Betriebswirtschaftslehre immer wieder neu und alltagsbezogen zu reflektieren und im weiteren Erkenntnisfortschritt auf das Wissensmanagement Schritt für Schritt anzuwenden. Auf diese Weise wird im Rahmen dieses Buches der Kern des Wissensmanagements – Wissen und Narration [GEIGER 2005] – selbst angewendet und umgesetzt.

Szenario – erfolgreich handeln!

Der Erfolg hat viele Väter – sagt ein altes Sprichwort! Bezogen auf das Training einer Sportart oder in der Weiterbildung von Mitarbeiterinnen und Mitarbeitern zählen Faktoren wie z. B. die Voraussetzungen, die ein Teilnehmer/in mitbringt, das Trainingskonzept oder die didaktische Konzeption und natürlich auch das Lernumfeld oder die Trainingsbedingungen.

Ganz im Gegensatz dazu steht die Betriebswirtschaft! Im Hinblick auf den Faktor Erfolg ist die die Betriebswirtschaft eigentlich nur an dem Handeln interessiert, das durch den Einsatz bestimmter Faktoren wie z. B. Arbeitskraft, Wissen, Material zu einem erfolgreichen wirtschaftlichen Ergebnis führt.

Info-Box: Was ist eigentlich eine Betriebswirtschaftslehre?

Die Betriebswirtschaft ist das Wirtschaften von Betrieben und Unternehmen mit einem Ergebnis, das als wirtschaftlich erfolgreich bezeichnet werden kann. Ein Betrieb ist dann wirtschaftlich erfolgreich, wenn er innerhalb eines bestimmten Zeitabschnittes (Periode, Geschäftsjahr, Quartal oder Monat u. ä.) mit dem Einsatz von knappen Mitteln ein bestmögliches (finanzielles) Ergebnis erzielt.

Dieses Handeln bzw. der wirtschaftliche Erfolg wird durch den Wertzuwachs sichtbar, den ein Betrieb innerhalb einer bestimmten Zeit durch den Einsatz an Personal- und Materialressourcen erwirtschaftet und im Markt an andere verkauft.

Die Betriebswirtschaft misst den Zuwachs an Wert des gemeinsamen betrieblichen Handelns innerhalb eines bestimmten Zeitabschnittes, um einen Nachweis darüber zu führen, wie erfolgreich ein Betrieb gehandelt hat oder nicht. Das Ergebnis dieser Messung wird als Kennzahl bezeichnet und kann durch verschiedene Vorgehensweisen wie z. B. den Return on Investment oder durch die Wertschöpfung berechnet werden.

Wenn ein Betrieb eine Ware, wie z. B. ein Auto oder Fernsehgerät, produziert, ist der Zuwachs an Wert, der durch den Einsatz bestimmter Materialien (Glas, Kunststoff, Elektroteile u. a.) und durch das Personal innerhalb einer bestimmten Zeit entstanden ist, konkret erfassbar, indem z. B. die Menge der Personalstunden und der Materialien erfasst, mit einem Messwert wie z. B. Geld bewertet wird und ein Vergleich zwischen den mit einem Geldwert versehenen Mengeneinheiten (Personalstunden/Materialeinheiten) und den mit einem im Markt zu erzielendem Preis verkauften Mengeneinheiten (Absatz von Produkten) stattfindet.

Diese Betrachtungsweise eines wirtschaftlichen Handelns in einem Betrieb lässt sich in der Regel in einem Input-Output-Modell oder in dem sogenannten Wertschöpfungsmodell darstellen. Die Inputfaktoren sind die Mengeneinheiten an Ressourcen, die ein Betrieb aufwenden muss, um einen Zuwachs an Wert zu erwirtschaften, die Outputfaktoren sind die Mengeneinheiten, die ein Unternehmen mit dem Wertzuwachs im Markt verkaufen kann.

Indem diese Mengeneinheiten von Input- und Output-Faktoren mit einem Geldwert versehen werden kann ein Betrieb die Wertschöpfung als Differenz zwischen den eingesetzten Ressourcen und dem im Markt erzielten Verkauf an Produkten darstellen.

Um die Gesamtsystematik einer Betriebswirtschaftslehre zu betrachten, gibt es unterschiedliche Zugänge. Als Grundlage für die Entwicklung einer Betriebswirtschaftslehre für ein professionelles Wissensmanagement steht zunächst die Auseinandersetzung mit einer systematischen Betrachtungsweise der formalen und inhaltlichen Bestimmung im Mittelpunkt. Auf der Basis dieses Klärungsprozesses folgt die Auseinandersetzung mit einer angewandten Betriebswirtschaftslehre, die vor allem die Managementpraxis reflektiert.

Die systematische Betrachtungsweise der Betriebswirtschaft – die formale und inhaltliche Bestimmung: Eine systematische Betrachtung der Betriebswirtschaftslehre besteht darin, die Zielsetzung betriebswirtschaftlichen Handelns zu analysieren und darzustellen. Dabei lassen sich die Ziele eines Betriebes in zwei unterschiedlichen Perspektiven zusammenfassen. Es gibt sogenannte Sach- und Formalziele. Sachziele beziehen sich in der Regel auf die konkrete Praxis bei der Ausübung der verschiedenen Funktionen, z. B. die Art der Produktion, Bearbeitung eines Marktsegmentes oder Durchführung eines Trainings mit einer bestimmten Konzeption. Mit Hilfe der Formalziele wird der formale Bezug wirtschaftlichen Handelns geplant und kontrolliert, z. B. die Ausschöpfung eines Budgets bei der Durchführung eines Trainings (vgl. Tabelle 1). Die Formalziele bringen damit den Erfolg betriebswirtschaftlichen Handelns durch den Vergleich von verschiedenen formalen Positionen, wie z. B. Einsatz und Ergebnis für das gesamten Unternehmen oder verschiedene unternehmerische Bereich zum Ausdruck. Als Veranschaulichung lässt sich die Aussage treffen, dass die Formalziele vorwiegend nach den formalen Aspekten fragen, also „wie etwas gemacht wurde", während die Sachziele nach den inhaltlichen Aspekten fragen, also „was gemacht wurde".

Die Fragestellung nach der inhaltlichen und formalen Zielsetzung (Sach- und Formalziele) kann auf die gesamte Systematik betriebswirtschaftlichen Handelns übertragen werden. In der Regel gibt es bei der Klärung dieser Systematik eine schnelle Antwort: Die formale Zielsetzung ist der inhaltlichen Zielsetzung eines Unternehmens übergeordnet. Das Erreichen von Formalzielen ermöglicht erst die Umsetzung von Sachzielen. Bei einer intensiven Auseinandersetzung wird jedoch erkennbar, dass es mehrere Möglichkeiten gibt, eine Antwort auf das Verhältnis von Sach- und Formalziel [SCHIERENBECK 2000, S. 62] zu finden.

Das „Formale Prinzip" des wirtschaftlichen Handelns muss dem sachlich, inhaltlichen Prinzip nicht unbedingt übergeordnet sein. Formalziel und Sachziel müssen nicht unter- oder übergeordnet sein, sondern stehen sich gegenüber [THOMMEN/ACHLEITNER 2004, S. 101–104]. Die Frage nach dem „*Wie*" (formales Ziel) und dem „*Was*" (inhaltliches, sachliches Ziel) lassen sich als zwei Pole in

Tabelle 1   Sach- und Formalziele im Vergleich

Aktivität	Sachziel „was?"/inhaltlich	Formalziel „wie?"/formal
Durchführung einer Werbekampagne	Kreative Motive, Belegung von Medien wie Print oder TV	Optimale Ausnutzung des Werbebudgets durch einen maximalen Erfolg beim Erreichen der Zielgruppe
Installation einer neuen Produktionsanlage	Art und Menge der Produkte, die mit der neuen Produktionsanlage hergestellt werden	Optimales Verhältnis zwischen Investition und dem betrieblichen Ergebnis, das mit der neuen Produktionsanlage erreicht werden kann, Steigerung der Produktivität
Schulung und Qualifizierung von Mitarbeitern	Art der Schulungskonzeption, Größe und Anzahl der Teilnehmergruppen, Curriculum, Art der Durchführung, z. B. Präsenztraining oder E-Training	Kostendeckend durch Ausschöpfung eines bereitgestellten Budgets, Lernerfolg als Differenz zwischen dem Wissen vor und nach einer Qualifizierung, Transfererfolg als Messung der Fehlerquote vor und nach einer Qualifizierung, Teilnehmerzufriedenheit als Differenzmessung zwischen der erwarteten und erhaltenen Qualität einer Qualifizierungsmaßnahme

einem Spannungsfeld definieren, deren gegenseitige Beeinflussungen einer Klärung bedürfen.[9] Erst innerhalb dieses Spannungsfeldes zwischen Formal- und Sachziel entsteht die Dynamik, innerhalb der ein Unternehmen sowohl formal als auch sachlich wirtschaftlich erfolgreich handelt. Bei der Zuordnung von Formal- und Sachziel lassen sich vier unterschiedliche Positionen beschreiben:

Situation 1 – Die Balance als Idealzustand: Formales und inhaltlich wirtschaftliches Handeln halten sich gegenseitig die Balance, indem sich formale und inhaltliche Aspekte wirtschaftlichen Handelns gegenseitig bedingen und begünstigen. Die gegenseitige Bedingung wird in der Praxis konkret umgesetzt, zum Beispiel: Qualitativ hochwertige Trainingskonzeptionen erfordern ein gut ausgebildetes Personal. Dies hat Einfluss auf die Kostenstruktur eines Unternehmens. Die Bereitschaft für diese Investition (Formalziel) ist in einem Unternehmen gegeben, weil in einer hochwertigen Qualifizierung (Sachziel) Wettbewerbsvorteile erkannt werden.

Situation 2 – Das ungeklärte Verhältnis zwischen Formal- und Inhaltsprinzip: Bleibt das Verhältnis zwischen formaler und inhaltlicher Zielsetzung ungeklärt und wird der Aspekt, dass sich beide Pole gegenseitig bedingen, vernachlässigt, dann kann eine kritische Situation in Unternehmen entstehen. Diese ist meistens dadurch charakterisiert, dass sich die Aktivitäten der beiden Pole autark entwickeln und kein konstruktiver Austausch zwischen beiden Polen stattfindet. Beispielsweise werden ausschließlich unter Kostenaspekten Stellen in einer Weiterbildungsabteilung gestrichen (Formalziel), ohne die langfristige strategische Bedeutung dieser Stellen für die Zukunft oder die bisherige Wissenskompetenz von Mitarbeitern zu berücksichtigen.

Situation 3 – Das inhaltliche Prinzip wird stärker betont als das formale (Sachziel > Formalziel): Im Rahmen eines Versorgungsauftrages, den eine Trainingsabteilung in einem Unternehmen übernimmt, können die inhaltlichen Zielsetzungen stärker in den Vordergrund gestellt werden als die formalen. Dies ist in der Regel dann der Fall, wenn z. B. im Rahmen einer Qualitätsoffensive in bestimmte didaktische oder pädagogische Konzeptionen investiert wird und ein Qualitätsmanagement für eine Trainingsabteilung aufgebaut wird. Die Auswirkungen einer solchen Investition werden erst in längeren Zeitabständen wahrgenommen und haben eine nachhaltige Wirkung. Das Ergebnis dieser Investition lässt sich also noch nicht innerhalb des darauf folgenden Geschäftsjahres umfassend erheben.

Situation 4 – Das formale Prinzip wird stärker betont als das inhaltliche (Formalziel > Sachziel): Wird das Erreichen des Formzieles an erste Stelle gestellt, dann treten u. a. die Positionen der Gewinnmaximierung, Ertragssteigerung, Stärkung der Marktpositionen, Sicherung der wirtschaftlichen Existenz und Zukunft eines Unternehmens stärker in Vordergrund. Auch wenn die formale Zielsetzung in dieser Situation stärker betont wird, darf der Bezug zu der, inhaltlichen, sachlichen Zielsetzung nicht unberücksichtigt bleiben. Inhaltliche Themenstellung wie z. B. die Qualität von Trainingsmaßnahmen sind Voraussetzungen (Ressourcen) dafür, dass formale Ziele erfüllt werden können. Sie sind *Bedingungen* und nicht

---

[9] In der Regel werden die unterschiedlichen Zielsetzungen in einem Zielsystem einander zugeordnet, vgl. dazu Thommen/Achleitner [2006].

1.1 Grundlagen zur Entwicklung einer Betriebswirtschaftslehre

frei verfügbare Bestandteile wirtschaftlichen Handelns in Betrieben und Unternehmen. Das bedeutet, dass auch bei einer starken Orientierung der formalen Zielsetzung das Spannungsverhältnis zu der inhaltlichen, sachlichen Zielsetzung wie z. B. der didaktische Konzeption oder der Anzahl der Teilnehmer einer Qualifizierungsmaßnahme zwar verringert, aber nicht aufgehoben werden kann.

Die pragmatische Betrachtungsweise – Betriebswirtschaft als Managementlehre und Managementpraxis: Die formale und inhaltliche Bestimmung der Betriebswirtschaft lässt sich innerhalb der systematischen Betrachtungsweise nur theoretisch und nicht pragmatisch lösen. Für die Umsetzung und Anwendung betriebswirtschaftlicher Prinzipien bedarf es der pragmatischen Sichtweise. Kernelemente einer pragmatischen Betrachtungsweise liegen in der Fragestellung, wie sich die systematische Betrachtung in der Praxis anwenden und konkretisieren lässt und wie das rationale abstrakte Prinzip von Einsatz und Ergebnis in den verhaltensorientierten Kontext von Person und Situation eingebracht werden kann.

Diese pragmatische Sichtweise ist in den zurückliegenden Jahren durch die Weiterentwicklung der Betriebswirtschaftslehre als Managementlehre entstanden. Einer der ersten Autoren, die diese Entwicklung in Gang gesetzt und vorangetrieben haben, ist Knut Bleicher. Die Frage, ob sich die Betriebswirtschaftslehre durch eine interdisziplinäre systemorientierte Managementlehre weiterentwickeln soll, beantwortet er mit dem Konzept des integrierten Managements [BLEICHER 1995]. Das integrierte Managementmodell von Bleicher berücksichtigt die Handlungsebenen des normativen, strategischen und operativen Managements als Ausdruck einer ganzheitlichen betriebswirtschaftlichen Denk- und Handlungsweise. Innerhalb einer am Management orientierten Betriebswirtschaft ist die Fragestellung nach dem Verhältnis zwischen formaler und sachlicher Zielsetzung in den Aspekten des normativen, strategischen und operativen Managements aufgehoben.

Situationsbestimmung durch Formal- und Sachziel

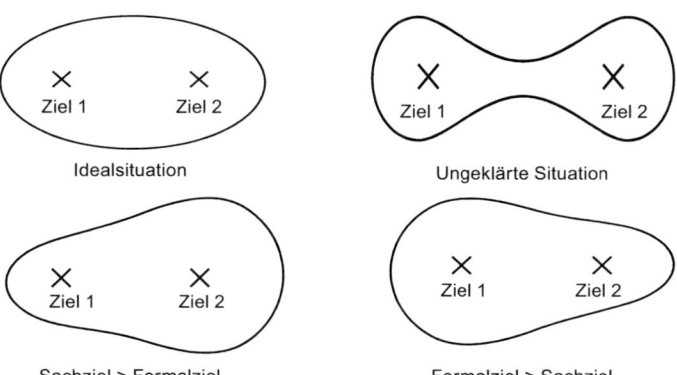

Abb. III-8 Situationsbestimmung durch Festlegung der formalen und inhaltlichen Zielbestimmung

Interessanterweise spricht Bleicher schon damals davon, dass die Bildungs- und Qualifizierungsmanager eine wichtige Verantwortung in der Weiterentwicklung der Betriebswirtschaft als Managementlehre übernehmen [BLEICHER 1995].[10]

Die Integration verschiedener Handlungsfelder der Betriebswirtschaft auf der normativen, strategischen und operativen Ebene findet bei Bleicher durch unterschiedliche Aktivitäten statt. Dabei beschäftigt sich das Management auf der normativen Ebene mit den generellen Zielen der Unternehmung, mit Prinzipien, Normen und Spielregeln, die darauf ausgerichtet sind, die Lebensfähigkeit und Entwicklungsfähigkeit der Unternehmen zu ermöglichen bzw. zu stärken [BLEICHER 1995, S. 69]. Der Grad der Lebensfähigkeit eines Unternehmens lässt sich nicht nur an aktuellen Aktivitäten messen, sondern auch an der Bereitschaft zu Veränderungen, an den Visionen (Zukunftsbilder), die die Dynamik für eine unternehmerische Entwicklung für die Zukunft bestimmen, und an den Werten, die eine Basis für das unternehmerische Handeln garantieren. Konkret fassbar wird die Lebensfähigkeit eines Unternehmens in den schriftlich fixierten Dokumenten einer Unternehmenskultur, den Leitlinien, einer Unternehmensverfassung,[11] den Grundsätzen einer Unternehmenspolitik und der unternehmerischen Vision und deren gelebte Umsetzung.

Das strategische Management wird als Aufbau, Pflege und Ausnutzung von Erfolgspotenzialen verstanden, für die Ressourcen eingesetzt werden müssen. Erfolgspotenziale für ein Unternehmen bestehen in den gewonnenen Erfahrungen mit Märkten, Technologien, aber auch sozialen Strukturen und Prozessen. Im Rahmen des strategischen Managements stehen die Aktivitäten und Konzepte im Mittelpunkt, durch die die Zuteilung der Ressourcen im Hinblick auf die Ausnutzung der Erfolgspotenziale in Form von Managementstrukturen oder -systemen und das Problemlösungsverhalten ihrer Träger am besten realisiert werden, z. B. durch Produktprogrammstrategien, Wettbewerbsstrategien, Ressourcenstrategien oder Aktivitätsstrategien.

„Normatives und strategisches Management finden ihre Umsetzung im operativen Vollzug, der im *Ökonomischen* auf leistungs-, finanz- und informationswirtschaftliche Prozesse ausgerichtet ist" [BLEICHER 1995].[12]

Das normative, strategische und operative Management bildet den Hintergrund für das betriebswirtschaftliche Denken und Handeln, das in der Praxis von Unternehmen in Form von Problemlösungsprozessen immer wieder neu stattfindet. Thommen und Achleitner haben den Entwurf ihrer Betriebswirtschaftslehre daran orientiert, dass mit Hilfe des Managements durch Planung, Entscheidung, Aufgabenübertragung und Kontrolle der Problemlösungsprozess erfolgreich gestaltet werden kann [THOMMEN/ACHLEITNER 2004].

---

[10] Bleicher 1995, S. 3: „Neben dem Manager sind es aber auch die im Bildungsbereich Lehrenden und Lernenden, denen ein Bezugsrahmen für ein ganzheitliches Denken angeboten wird, der einzelne Lehrinhalte integrativ und in dynamischer Sicht miteinander verknüpft."
[11] Vgl. als Beispiel einer Unternehmensverfassung http://www.axelspringer.de/inhalte/unterneh/frame.htm oder die aktuelle Diskussion einer Corporate Governance.
[12] Kursiv im Original.

1.1.7 Wie kann die Betriebswirtschaft bei den Aktivitäten des Wissensmanagements und der Qualifizierung angewendet werden?

Bei der Anwendung und Umsetzung einer Betriebswirtschaft für das Wissensmanagement lässt sich zunächst ein Widerspruch vermuten, der sich in zwei Szenarien klären lässt.

Szenario „Widerspruch"

Die Einführung in die grundsätzlichen Prinzipien einer Betriebswirtschaft kann bei einem Qualifizierungs- und Wissensmanager in Unternehmen und Betrieben erhebliche Zweifel bewirken, die zu einem Widerspruch bis hin zu einer totalen Ablehnung führen.
Zuerst werden vielleicht Fragen laut, wie z. B.:
- Was ist eigentlich das Produkt einer Trainings- oder Qualifizierungsabteilung oder eines Weiterbildungsunternehmens?
- Ist der Erfolg des betrieblichen Handelns einer Trainings- oder Qualifizierungsabteilung überhaupt mengenmäßig und monetär zu erfassen?
- Lässt sich der Output einer Qualifizierungsmaßnahme innerhalb einer kurzfristigen Betrachtung wie z. B. eines Geschäftsjahres überhaupt erfassen?
- Wie kann der Input von Qualifizierungsmaßnahmen berechnet werden?
- Welche Produkte stellt eine Trainings- oder Qualifizierungsabteilung eigentlich her?
- Was ist ein Wissensprodukt?

Diese Fragen bilden sehr schnell den Nährboden für eine Art von Selbstzweifel oder dominanten Selbstüberzeugungen:
- Eine Trainings- oder Qualifizierungsabteilung stellt keine Produkte her, sondern gibt Hilfestellung für Lern- und Bildungsprozesse.
- Seminar- oder Trainingsangebote als Output einer Trainings- und Qualifizierungsabteilung lassen sich nicht verkauften, sondern sind unterstützende Angebote in einem umfassenden Unternehmensprozess.
- Eine Trainingsabteilung ist nur ein interner Zulieferer in einem Betrieb, der seinen Output intern nicht verrechnen sollte.
- Trainings- und Qualifizierungsmaßnahmen wirken langfristig innerhalb von Lern- und Bildungsprozessen.
- Es gibt keine separate Wertschöpfung von Trainings- und Qualifizierungsaktivitäten im eigentlichen Sinne.
- Es ist überflüssig, einen Return on Investment in Training und Qualifizierung zu errechnen.
- Der Vorgang der Wissensvermittlung durch das Wissens- und Qualifizierungsmanagement ist zu komplex und passt nicht in das einfache, schematische Denken einer Betriebswirtschaftslehre.
- u. a.

> Auch wenn diese Einwände auf den ersten Blick verständlich und zum Teil nachvollziehbar sind, bleibt das Vorhaben, eine Betriebswirtschaftslehre für das Wissens- und Qualifizierungsmanagement zu entwickeln, bestehen. Ziel ist es, eine Balance zwischen den wünschenswerten verhaltensorientierten konzeptionellen Überlegungen und den betriebswirtschaftlichen Notwendigkeiten von Bildungs- und Trainingsaktivitäten herzustellen. Dabei lautet das Motto: Manager ist gleich Manager!

> *Szenario „Manager ist gleich Manager"*
>
> Die Fragen, die sozusagen als Gegenfragen auf die oben aufgeführten Einwendungen gestellt werden, lauten:
> - Was ist eigentlich das Selbstverständnis von Managern in Unternehmen?
> - Hat der Wissensmanager einer Trainings- und Qualifizierungsabteilung ein anderes Selbstverständnis als der Produktmanager oder Verkaufsleiter, der für den Verkauf eines Produktes verantwortlich ist?
> - Denkt und handelt ein Bildungsmanager im Wissens- und Qualifizierungsmanagement grundsätzlich anders als seine Kollegen im Bereich der Produktion, des Marketings oder Controllings?

Die These lautet: Manager ist gleich Manager! Führungskräfte und Mitarbeiter, die Verantwortung für Abteilungen oder Teams übernehmen, erfüllen diese Aufgaben mit dem gleichen unternehmerischen Selbstverständnis.

Das bedeutet: Auch der Wissens- oder Qualifizierungsmanager ist ein Manager, der im grundlegenden, betriebswirtschaftlichen Sinne für den Erfolg eines gesamten Betriebes verantwortlich denkt und handelt.

Natürlich gibt es eine inhaltliche Differenzierung der Aufgabenstellungen und ihrer Lösungen zwischen den unterschiedlichen Abteilungen und Bereichen eines Unternehmens. Die Diskussion um den Beitrag verschiedener Bereiche zum gesamten Erfolg eines Unternehmens lässt sich aber als natürliche Wettbewerbssituation verstehen. Allerdings kann dies nur geschehen, wenn eine unternehmerische Grundhaltung bei allen Beteiligten vorhanden ist und gelebt wird. Diese unternehmerische Grundhaltung lässt sich klar definieren: Unternehmerisches, betriebswirtschaftliches Handeln besteht darin, mit dem Einsatz an bestimmten Ressourcen einen Zuwachs an Wert zu schaffen, der für andere innerhalb oder außerhalb eines Betriebes einen Nutzen bewirkt, so dass dafür Geld, Budget oder andere Gegenleistungen zur Verfügung gestellt werden, um diesen Nutzen zu erwerben.

Die grundsätzliche Frage der Betriebswirtschaft ist in erster Linie die Frage nach dem Kosten-Nutzen-Aspekt. Wenn sich Wissensmanager und Produktmanager sowie alle anderen in einem Betrieb auf dieses Selbstverständnis einigen, dann sind Anwendung und Umsetzung von betriebswirtschaftlichen Methoden und Instrumenten in den unterschiedlichen Abteilungen eine Selbstverständlichkeit. Eine grundsätzliche Diskussion diesbezüglich findet nicht mehr statt!

1.1.8 Umsetzung einer Betriebswirtschaftslehre für das Wissensmanagement

Die Umsetzung einer Betriebswirtschaftslehre für ein professionelles Wissensmanagement geschieht innerhalb der drei Perspektiven „Management", „Betriebswirtschaft" und „Wissensmanagement". Die drei Perspektiven verbinden einzelne Aspekte zu einer ganzheitlichen Betrachtungsweise. Einzelne Aktivitäten stehen nicht separat nebeneinander oder werden als Funktion oder Aufgabenstellung betriebswirtschaftlichen Denkens und Handelns getrennt voneinander geplant oder ausgeführt. Das professionelle Wissensmanagement ist keine „Insellösung", sondern ist in den betriebswirtschaftlichen Prozessen durch das Management integriert. Durch die Vernetzung der drei Perspektiven „Management", „Betriebswirtschaft" und „Wissensmanagement" entsteht eine ganzheitliche Betrachtungsweise, die nicht nur der Orientierung, sondern vor allem auch der Integration von verschiedenen Aktivitäten und Funktionen dient.

Die Umsetzung einer ganzheitlichen Betrachtungsweise der Betriebswirtschaftslehre für das Wissens- und Qualifizierungsmanagement geschieht innerhalb der drei Perspektiven durch verschiedene Aktivitäten.

Maßnahmen innerhalb der Managementperspektive: Maßnahmen der Managementperspektive werden innerhalb der Ebenen von normativem, strategischem und operativem Management realisiert.

Auf der *Ebene des normativen Management* wird die Frage analysiert, inwieweit die Thematik des Wissensmanagements innerhalb der Tradition und der Vision eines Unternehmens als Wert zum Beispiel in einer Leitlinie schriftlich fixiert ist. Dabei sollten die Fragen geklärt werden, wie das Management z. B. die Begriffe „Bildung", „Qualifizierung" oder allgemein „Wissensmanagement" versteht, welche Bildungs- und Qualifizierungskonzepte innerhalb der Unternehmenspolitik integriert sind und ihre Bestätigung nicht nur durch die Funktionsträger in den

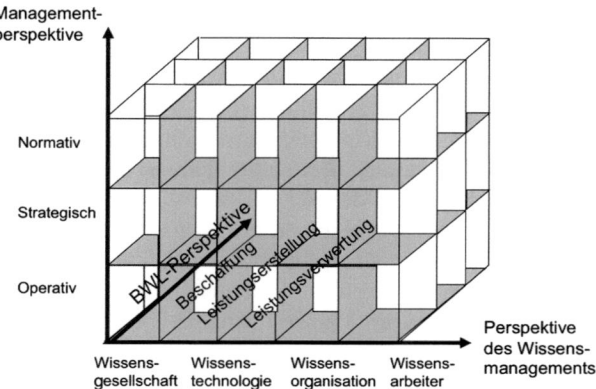

Abb. III-9 Ganzheitliche Betrachtung einer Betriebswirtschaftslehre für das Wissensmanagement

Qualifizierungsabteilungen erfahren, sondern eben auch durch das Management auf allen Ebenen und in allen Funktionsbereichen eines Unternehmens. Auf diese Weise kann Wissensmanagement als Unternehmenswert zum Beispiel durch eine Leitlinie in allen Abteilungen und bei allen Funktionsträgern eines Unternehmens bewusst gemacht werden.

Leitlinien für das Wissens- und Qualifizierungsmanagement sind in der Praxis oft mit den Leitlinien der Personalentwicklung verknüpft wie zum Beispiel bei den Leitlinien der Mitarbeiterentwicklung der Firma Bosch. Dort wird die Bedeutung des Qualifizierungsmanagements z. B. wie folgt zum Ausdruck gebracht:

> „Wir bekennen uns zu einer zukunftsorientierten Mitarbeiterentwicklung, die der Tradition des Hauses entspricht. Jeder Mitarbeiter soll sich im Rahmen der Unternehmensziele entsprechend seinen Fähigkeiten und Fertigkeiten entwickeln und auch internationale Aufgaben übernehmen können." [BOSCH 2007]

Maßnahmen des strategischen Managements beschäftigen sich mit der Aufgabenstellung, die Ausschöpfung von Erfolgspotenzialen im Bereich der Technik, Organisation oder Märkte mit der Planung von Ressourcen erfolgreich zu verbinden. Eine wichtige Maßnahme besteht in der Formulierung einer Strategie des Wissensmanagements für einen Zeitraum von drei bis fünf Jahren. Diese Strategie beinhaltet nicht nur die Weiterentwicklung der Konzeption des Qualifizierungs- und Wissensmanagements, sondern auch zum Beispiel die Differenzierung der Produkte bzw. Angebote durch Content-Sharing, die Ausschöpfung neuer Märkte zum Beispiel durch neue Zielgruppen im internationalen Umfeld, die Einführung neuer Technologien oder Konzeptionen des Wissensmanagements. Weitere Maßnahmen und Aktivitäten werden im Kap. 2 „Die Strategie des Wissensmanagements" beschrieben.

Durch das *operative Management* erfolgt die Umsetzung der Aktivitäten mit Hilfe operativer Maßnahmen wie zum Beispiel durch Mitarbeitergespräche im Hinblick auf die Qualifizierung bzw. Personalentwicklung der einzelnen Mitarbeiter (siehe auch Kap. 2.2 „Die Balanced Scorecard als Instrument der Umsetzung einer Strategie des Wissensmanagements").

Maßnahmen innerhalb der BWL-Perspektive: Maßnahmen der betriebswirtschaftlichen Perspektive dienen dazu, innerhalb eines bestimmten Zeitabschnittes, wie z. B. eines Geschäftsjahrs die Beschaffung, Herstellung und Vermarktung von Wissensprodukten in den Unternehmen und ihren externen und internen Märkten unter betriebswirtschaftlichen Gesichtspunkten, d. h. unter dem Kosten-Nutzen-Aspekt, zu realisieren. Dabei sind Aktivitäten des Wissensmanagements intensiv in das gesamte unternehmerische Handeln eingebunden. So kommen wesentliche Impulse für das Wissensmanagement aus der Produktpolitik eines Unternehmens, wenn z. B. ein neues Produkt in den Markt eingeführt wird und dafür ein Wissens- und Qualifizierungsbedarf von Mitarbeitern im Vertrieb entsteht. Dennoch lassen sich auch im Rahmen der Beschaffung, Erstellung und Verwertung von Wissensangeboten Aktivitäten realisieren, durch die betriebswirtschaftliche Denken und Handeln umgesetzt wird, zum Beispiel durch die strategische Vernetzung mit den Entscheidungsträgern aus der Forschung und Entwicklung, mit Produktmanagern oder weiteren Funktionsbereichen eines Unternehmens, durch die Erstellung eines Produktionsplanes für die Leistungserstellung, die Realisierung der Leistungserstellung durch ein effektives Projektmanagement und einer Marketingkonzeption für die unternehmensinterne Vermarktung von Angeboten des Qualifizierungsmanagements. Diese Aktivitäten werden in den Kapiteln, die die betriebswirtschaftlichen Funktionen des Wissensmanagements beschreiben (sowohl Kap. 2.3 als auch Kap. 2.4), grundsätzlich mit einem Fallbeispiel beschrieben.

Maßnahmen innerhalb der Perspektive des Wissensmanagements: Die Perspektive des Wissensmanagements innerhalb eines ganzheitlichen Modells einer Betriebswirtschaft für das Wissensmanagement umfasst auf der funktionalen Ebene die Aktivitäten der Planung, Organisation und des Controllings von Wissensmanagement-Prozessen. Dabei lassen sich die Maßnahmen verschiedener Instrumente in den jeweiligen Bereichen miteinander vernetzen. Für die Planung ist ein betriebliches Informations- und Kommunikationssystem von Bedeutung. Die Informationen für die Planung basieren nicht ausschließlich auf den Grundlagen des betrieblichen Rechnungswesens. Auf den verschiedenen Managementebenen (normativ, strategisch, operativ) lassen sich auch weitere Informationen für die langfristige Planung und Organisation eines Unternehmens vernetzen, wie z. B. die Zufriedenheit von Kunden und Mitarbeiter, die Qualität der internen Kommunikation und Abstimmung, Anzahl der Fortbildungsmaßnahmen und der Wissensstand von Abteilungen und Mitarbeitern. Als Instrumente lassen sich Informations- und Kommunikationssysteme oder Planungs- und Kontrollsysteme einsetzen, die den Management- und Entscheidungsprozess wirkungsvoll unterstützen. Die Maßnahmen für die Planung bestehen im Aufbau und der Umsetzung eines Planungssystems für das Wissensmanagement, in der Festlegung von Planungsbereichen und Planungsinhalten, der Erarbeitung von Planungsrichtlinien und in der Realisierung durch das Planungsmanagement. Die Planung wird durch die Organisation realisiert und verwirklicht. Maßnahmen der Organisation bestehen in der Entwicklung von institutionalisierten Formen einer Organisation innerhalb eines Unternehmens, in der Festlegung der Organisationsstrukturen und der Organisationsprozesse. Ein weiterer Schritt in der Umsetzung der Planung geschieht durch die Entwicklung und Nutzung von Human-Ressource-Systemen für die Personalentwicklung und Personalführung. Die Maßnahmen des Controllings verbinden die Aktivitäten des operativen Controllings (z. B. durch das Rechnungswesen) mit dem strategischen Controlling des Managements. Auf diese Weise entwickelt sich ein ganzheitliches Controlling für das Wissensmanagement in einem Unternehmen, das sowohl die betriebswirtschaftlichen Prozesse der Beschaffung, der Leistungserstellung und Leistungsverwertung von Wissensprodukten unter dem ökonomischen Prinzip von Einsatz und Ergebnis als auch die normative, strategische und operative Managementperspektive berücksichtigt.

Eine Betrachtung der funktionalen Ebene durch Planung, Organisation und Controlling des Wissensmanagements stellt sich als unzureichend heraus. Die funktionalen Aktivitäten des Wissensmanagements müssen heute in einem größeren Zusammenhang gesehen werden, so wie er in den Szenarien der zukünftigen Entwicklungen und der Beschreibung der gegenwärtigen aktuellen Situationen dargestellt wurde. Dazu gehören die Aspekte der Wissensgesellschaft, der Wissenstechnologie, der Wissensorganisation und des Wissensarbeiters.

Die *Wissensgesellschaft* umfasst sowohl den Bereich von Freizeit als auch von Arbeit. Wissen, das in der Freizeit durch eigenes Interesse entwickelt wurde, kann dabei auch in den Arbeitsbereichen eingesetzt werden und umgekehrt. Auf diese Weise kann sich ein Rollenverständnis zum Beispiel zwischen älteren und jüngeren Mitarbeitern verändern. Während die jüngeren Mitarbeiter einen leichteren Zugang zu den Kommunikationssystemen wie zum Beispiel Web 2.0 finden, kann diese u. U. ein schwieriger Schritt für ältere Mitarbeiter werden. Dennoch sollte diese Asymmetrie im Rollenverständnis nicht auf ein Mittelmaß reduziert werden. Ein positives Beispiel, wie die Entwicklung eines unterschiedlichen Rollenverständnisses durch die Wissensgesellschaft positiv in ein Unternehmen integrierte werden kann, ist der Ausbildungsblog von festo [FESTO 2007]. Im Rahmen des Ausbildungsblogs nutzen die Auszubildenden der Firma festo die Möglichkeiten, ihre Erfahrungen mit Hilfe eine Blogs an andere Mitarbeiter oder Interessierte weiterzugeben. Im Hinblick auf die Integration der Wissensgesellschaft in ein ganzheitliches Modell einer Betriebswirtschaft des Wissensmanagements stellt sich muss die Frage gestellt werden, inwieweit die Entwicklungen der Wissensgesellschaft für das Wissensmanagement eines Unternehmens genutzt werden können. Das ist mit den Ausbildungsblog von festo in überzeugender Weise gelungen.

Die besondere Herausforderung, die *Wissenstechnologie* in das betriebswirtschaftliche Modell des Wissensmanagements zu integrieren, besteht darin, die vielfältigen Möglichkeiten der Wissenstechnologie unter dem wirtschaftlichen Aspekt von Einsatz und Ertrag zu nutzen. Dabei muss berücksichtigt werden, dass einerseits die Intervalle von Innovationen sich auch bei der Wissenstechnologie in Zukunft verringern werden und. Andererseits die Einführung neuer Innovationen der Wissenstechnologie in Unternehmen einen hohen Schulungsaufwand mit sich bringt, dessen Erfolg nicht immer garantiert ist. Deshalb stehen nicht die technologischen Aspekte sondern vor allem der Kosten-Nutzen-Aspekt, der auch das Training von Mitarbeitern für die Anwendung neuer Wissenstechnologien beinhaltet, im Mittelpunkt.

Die Perspektive der *Wissensorganisation* innerhalb einer Betriebswirtschaftslehre des Wissensmanagements wird vorwiegend durch die prozessorientierte Wissensorganisation charakterisiert werden müssen. Ergänzend zu den in diesem Kapitel beschriebenen Aktivitäten der Wissensorganisation von Planung, Organisation und Controlling wird die Wissensorganisation innerhalb einer betriebswirtschaftlichen Perspektive darauf achten müssen, die Vernetzung und Koordination von Wissensprozessen aktiv zu steuern und zu gewährleisten. Die Wissensorganisation übernimmt damit nicht nur die Aufgabe der Institutionalisierung von Wissensprozessen durch eine Wissensorganisation, sondern gibt im Rahmen eines betriebswirtschaftlichen Modells des Wissensmanagements einem Unternehmen auch Impulse, dass Wissensprozesse entstehen und miteinander vernetzt werden.

Eine wichtige Rolle spielt dabei der Mitarbeiter als *Wissensarbeiter*. Er übernimmt nicht nur mehr und mehr die Verantwortung für die Wissensinhalte als Ergebnis von Wissensprozessen, sondern ist auch direkt an der Entstehung und Entwicklung dieser Wissensprozesse beteiligt. Ein wichtiger Impuls für die Entstehung

1.1 Grundlagen zur Entwicklung einer Betriebswirtschaftslehre 301

von Wissensprozessen unter Mitarbeitern kommt nicht durch die Kreativität und Eigeninitiative von Mitarbeitern sondern, durch ihre soziale Kompetenz und sozialen Netzwerke in den Unternehmen. Das Entstehen von Wissensprozessen durch Wissensarbeiter hat in der Regel nicht mit dem Können, sondern mit dem Wollen zu tun! Die Mitarbeiter in den Unternehmen stellen sich die Frage, welchen Nutzen sie davon haben, wenn sie ihr Wissen mit anderen teilen. Ergänzend zu der rationalen Antwort, dass damit u. U. eine Aufgabe besser zu bewerkstelligen ist, bedarf es der Entwicklung und Förderung der sozialen und kommunikativen Kompetenz von Mitarbeitern als Wissensarbeiter. Mitarbeiter verstehen ihr individuelles Wissen oft als das persönliche Kapital, das über den Marktwert als Mitarbeiter in einem Unternehmen entscheidet. Diese Art von Wettbewerb unter Mitarbeitern als Wissensarbeiter kann in einem bestimmten Umfang für das Wissensmanagement förderlich sein. Er darf aber nicht zu einer gegenseitigen Blockade im Wissensmanagement führen. Das betriebswirtschaftliche Denken und Handeln des Wissensmanagements im Hinblick auf den Wissensarbeiter ermöglicht deshalb die Aktivitäten, durch die die Mitarbeiter nicht nur in ihrem fachlichen Können gestärkt, sondern vor allem auch in ihren sozialen und kommunikativen Kompetenzen gefördert und gefordert werden. Diese Aktivitäten beschränken sich nicht auf die Förderung von Verhaltensweisen, sondern eröffnen durch neue Erfahrungswelten neue Perspektiven, durch die eine andere Denkhaltung erprobt und eingenommen werden kann.

Auf diese Weise erhalten Mitarbeiter nicht nur die Verantwortung für ein eigenständiges Handeln als Wissensarbeiter in Unternehmen. Sie werden damit auch in ihrer Verpflichtung unterstützt und gefördert, Wissensprozesse zu initiieren und weiterzuentwickeln.

Checkliste:
Grundlagen zur Entwicklung einer Betriebswirtschaftslehre für das Wissensmanagement

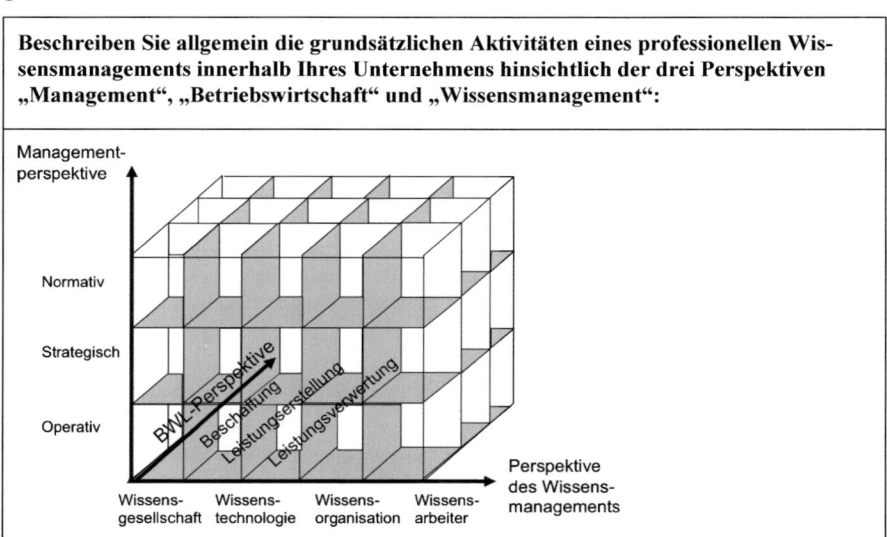

Beschreiben Sie die Anzahl und Art der Aktivitäten des professionellen Wissensmanagements innerhalb eines Geschäftsjahres in Ihrem Unternehmen.
Beschreiben Sie die Anzahl der Mitarbeiter und Funktionsbereiche innerhalb des Wissensmanagements in Ihrem Unternehmen.
Beschreiben Sie die grundsätzliche Ausrichtung und Bedeutung des Wissensmanagement in Ihrem Unternehmen.
Beschreiben Sie die Treiber der Ökonomisierung des Wissensmanagements in Ihrem Unternehmen.
Klärung der betriebswirtschaftlichen Ausrichtung des Wissensmanagements
Die betriebswirtschaftliche Ausrichtung des Wissensmanagements ist grundsätzlich geklärt und lässt sich wie folgt beschreiben:
Das Verhältnis zwischen einer verhaltensorientierten didaktischen Zielsetzung unter Kosten-Nutzen-Aspekten hat stattgefunden und kann wie folgt beschrieben werden:
Der kostenbewusste Umgang mit den Ressourcen des Wissensmanagements durch die Mitarbeiter lässt sich wie folgt dokumentieren:
Die Leistungserstellung und Leistungsverwertung des Wissensmanagements in Ihrem Unternehmen lässt sich nach folgenden betriebswirtschaftlichen Prinzipien beschreiben:
Das Wissensmanagement in Ihrem Unternehmen wird durch betriebswirtschaftliche Kennzahlen wie z. B. ROI oder Wertschöpfung aktiv gesteuert und kann wie folgt beschrieben werden:
Klärung der managementorientierten Perspektive des Wissensmanagements
Die Bedeutung des Wissensmanagements für das Unternehmen ist dem Management und den Mitarbeitern bewusst und wird mit folgenden Leitlinien formuliert:
Das Management unterstützt auch die Prozesse, die zur Zufriedenheit von Mitarbeitern und Kunden im Rahmen des Wissensmanagements führen, mit folgenden Aktivitäten:
Die strategische Ausrichtung des Wissensmanagements, im Hinblick auf die Nutzung von Potenzialen im Bereich Technik, Personal, Marketing u. a. kann wie folgt beschrieben werden:
Es gibt eine strategische Ausrichtung des Wissensmanagements an bestimmten Zielgruppen bzw. der Allgemeinheit der Mitarbeiter eines Unternehmens, die sich in Form einer Strategie wie folgt beschreiben lässt:

1.2 Grundlagen zur Entwicklung einer Betriebswirtschaftslehre   303

Eine Abstimmung zwischen der Unternehmensstrategie und Wissensmanagement-Strategie für das gesamte Unternehmen bzw. zwischen einzelnen Unternehmensbereichen hat stattgefunden und kann wie folgt beschrieben werden:
Operative Maßnahmen des Wissensmanagements z. B. im Marketing oder in der Organisation, die durch das Management umgesetzt werden, lassen sich wie folgt beschreiben:
Klärung der Aktivitäten des Wissensmanagements
Der Planungsprozess und die Planungsaktivitäten, die in Bezug auf das Wissensmanagement in Ihrem Unternehmen stattfinden, lassen sich wie folgt beschreiben:
Die Informations- und Kommunikationsprozesse bzw. die Konzepte, die das Wissensmanagement in Ihrem Unternehmen unterstützen, lassen sich wie folgt beschreiben:
Die unterschiedlichen Planungs- und Steuerungssysteme in den verschiedenen Funktionen des Unternehmens wie HR-System, Organisationssystem, Marketing, Rechnungswesen u. a. sind in einem professionellen Wissensmanagementsystem vernetzt. Diese Vernetzung lässt sich wie folgt beschreiben:
Der Planungs- und Steuerungsprozess des Wissensmanagements wird durch folgende Planungsinstrumente wie z. B. Planungsguide, ganzheitliche Wissensmanagementkonzeption unterstützt:
Innerhalb der Planungs- und Organisationsprozesse werden Evaluation und Controlling im Voraus berücksichtigt.

1.2 Return on Training Investment

Die Messung eines Erfolgs von Qualifizierungsmaßnahmen stellt eine besondere Herausforderung dar. Ein erster Blick auf das Bildungscontrolling zeigt die Besonderheit: Laut einer McKinsey-Studie [MCKINSEY 2003] im Jahre 2003 sind weniger als 60 Prozent der Bildungsmaßnahmen in deutschen Unternehmen effizient und effektiv, mehr als drei Viertel der am deutschen Markt erhältlichen E-Learning-Software verfügt über ein integriertes Bildungscontrolling-Tool [PAYOME/GAMBÖCK 2003].

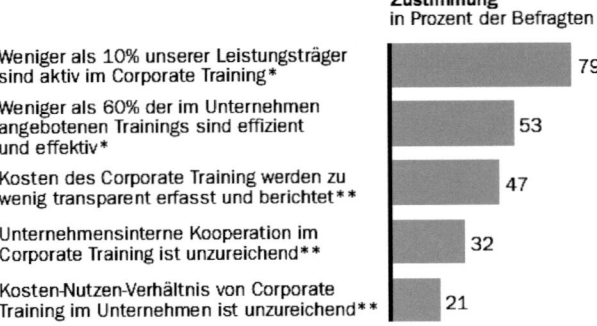

Abb. III-10 Effektivität und Effizienz von Bildungsangeboten in Unternehmen [MCKINSEY 2003]

Die meisten Modelle zur Messung des wirtschaftlichen Erfolges basieren auf wissenschaftlichen Methoden und Erkenntnissen. In Bezug auf die Umsetzung durch die Software scheinen aber der Fantasie keine Grenzen gesetzt zu sein.[13]

Natürlich gibt es in der Grundlagenforschung immer wieder neue Ansätze [SIMON/TREIBLMAIER 2007]. Dabei hat sich aber die Erkenntnis durchgesetzt, dass die Messung eines „Return on Investment" eher in einem ganzheitlichen Evaluationsprozess vollzogen werden muss als in einer punktuellen Messung. Dieser Prozess vollzieht sich in der Regel auf der Basis einer Planung des Evaluationsprozesses mit der Fragestellung, was evaluiert werden soll, der Sammlung von Daten und Informationen aus verschiedenen Quellen sowie deren Analyse und Auswertung und dem Ergebnisbericht. Der Return on Investment ist dabei ein Bestandteil bzw. eine Stufe innerhalb eines Prozesses [vgl. dazu www.roi-institut.com].

Beim ersten Blick auf die Thematik „Bildungscontrolling" lässt sich der Eindruck nicht vermeiden, dass die so beschriebene Situation verfahren ist: Es gibt viele gute Konzepte des Bildungscontrollings aber es mangelt an der Umsetzung. „Bildungscontrolling" lässt sich zwar in konzeptionellen Ansätzen als Evaluationsprozess gut beschreiben, die praktische Anwendung bzw. kontinuierliche Umsetzung ist jedoch sehr komplex. Die Darstellung des Erfolgs von Bildungscontrolling in der Praxis ist demnach eine besondere Herausforderung.

---

[13] Vgl. z.B. das Modell der Nullmessung, bei dem die Bewertung des Vorgesetzten vor einer Qualifizierungsmaßnahme mit der Leistungssteigerung nach einer Qualifizierungsmaßnahme verglichen wird (siehe HD-Control von engram Digitale Lernwelten) oder die Leistungssteigerung durch Qualifizierungsmaßnahmen durch Annahmen oder Schätzungen zustande kommen (siehe EARteam, Bildungsplanung und Bildungscontrolling 2009, Quelle: http://www.earteam.de/download/Bildungscontrolling_Kurzbeschreibung.pdf).

1.2 Return on Training Investment

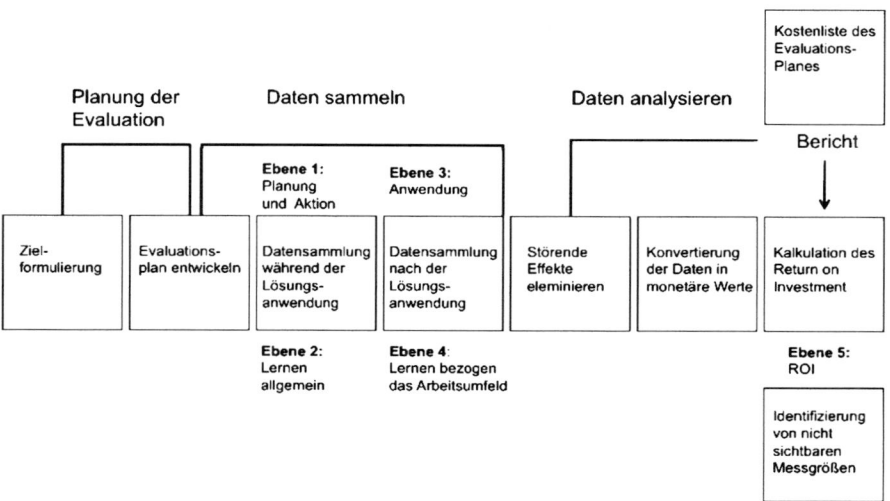

Abb. III-11 Messung des Return in Training und Qualifizierung [PHILIPS 2002][14]

Die klassischen Modelle des Bildungscontrollings, die nach einem messbaren Erfolg von Trainingsmaßnahmen von der Teilnehmerzufriedenheit bis zum Return on Investment suchen, sind über diesen Status nicht hinausgekommen. Personalentwickler und Bildungsmanager in den Unternehmen setzen deshalb verstärkt auf die Balanced Scorecard (Kap. 2.2) und auf Human-Capital-Ansätze, um den Wert und die Bedeutung ihrer Aktivitäten deutlich zu machen. Damit wird die Komplexität dieser Thematik nicht reduziert, im Gegenteil: Sie steigert sich scheinbar ins Unermessliche.[15]

Deshalb wird in diesem Kapitel die Methode dargestellt, mit der der wirtschaftliche Erfolg im Sinne eines „Return on Investment" von Qualifizierungsmaßnahmen [PHILIPS 2002] gemessen werden kann. Diese ermöglicht es, den Kosten-Nutzen-Aspekt vor allem auf der Projekt- bzw. Maßnahmenebene darzustellen. Im Blick auf eine ganzheitliche Betrachtungsweise aus dem Blickwinkel des betriebswirtschaftlichen Handelns scheint dieses Vorgehen notwendig und richtig zu sein. Die monetäre Größe ist ein wichtiges Kriterium innerhalb der Betriebswirtschaftslehre. Dennoch vollzieht sich das Controlling und die Evaluation des Wissensmanagements als solches in einem ganzheitlichen Prozess (vgl. Kap. 4), bei dem der Return on Training Investment ein Bestandteil sein kann.

---

[14] Weitere Modelle zur Messung des ROI innerhalb eines Evaluationsprozesses siehe www.learnvision.de, der ROI-Prozess und Kellner, H. J., Value of Investment, 2006.

[15] Das macht die Vielzahl der Konzepte zur Erfolgsmessung deutlich wie z. B. Calculation Objectiv Model (COM), Lerneffektivitätsmessung (LEM), E-Learning Scorecards, Cockpit-Steuerung, House of Quality (HoQ), Certification of E-Learning (CEL), Kompetenz-Messung, Analysis-Skill Assessment Module, Skill Gap Analysis Tool, BE-Certificated Skill Management, Valuefinder, Performance-Monitoring u. a. Diese Konzeption sowie die dazugehörige Software werden in Ehlers, Schenkel (2005) ausführlich dargestellt. Vgl. auch: http://www.bildungs-controlling.com/content/ Fachkongress für Bildungscontrolling.

1.2.1 Szenario: Return on Training Investment – Was ist der Nutzen einer Maßnahme des Wissensmanagements?

Die Firma Kärcher GmbH & Co hat rund 180 Mitarbeiter im Außen- und Innendienst. Die Kommunikation, Terminplanung und Aufgabenbearbeitung geschieht wie in vielen Unternehmen mit einem elektronischen Kommunikationssystem wie zum Beispiel mit Microsoft Outlook. Trotz der vielen Vorteile hat sich in den zurückliegenden Jahren sowohl bei den Vertriebsmitarbeitern als auch beim Management der Eindruck verbreitet, dass die Software nicht wirkungsvoll von allen Beteiligten genutzt wird. Die Idee eines Trainings ist schnell geboren. Allerdings stellt sich die Frage nach dem Nutzen.

- Was ist der Nutzen eines Softwaretrainings von 180 Vertriebsmitarbeitern?
- Wie lässt sich der Return on Investment dieser Trainingsmaßnahme rechnen?
- Wie lässt sich eine wirtschaftliche Basis dieser Trainingsmaßnahme darstellen?
- Welche Messkriterien gibt es dafür?
- Wie sieht das Modell bzw. Instrumentarium aus, mit dem der Nutzen dieser Investition berechnet werden kann?

Bei der Firma Kärcher ist man der Meinung, dass jede Investition auch in das Training der Vertriebsmitarbeiter nicht nur langfristig die Wettbewerbsfähigkeit des Unternehmens, sondern auch den Verkauf und Absatz steigern soll.

1.2.2 Knowledge-Box: Das Input-Output-Modell als Grundlage für das Wirtschaften in einem Betrieb

Die Betriebswirtschaftslehre entwickelt Instrumente und Konzepte, mit denen Menschen durch Einsatz von knappen Ressourcen einen bestmöglichen Erfolg bzw. Ergebnis ihres Handelns erzielen. Im Mittelpunkt dieser Überlegungen stehen normalerweise die Produktionsprozesse eines Unternehmens. Das bedeutet: Die Betriebswirtschaft eines Unternehmens beschäftigt sich damit, dass mit dem Einsatz von möglichst geringen Produktionsmitteln (Arbeitszeit, Arbeitsmaterial u. a.) das bestmögliche Produktionsergebnis (Produktion von Automobilen) entsteht.

Neue betriebswirtschaftliche Konzeptionen haben aber ihren Blick auf andere Prozesse in Unternehmen erweitert. Hinsichtlich der Verbesserung der Wettbewerbsfähigkeit in einem internationalen Umfeld werden auch die Prozesse im Unternehmen betrachtet, bei denen die Kosten reduziert und die Produktivität maximiert werden können. Dazu gehören auch Vertriebs-, Personalentwicklungs-, Forschungs- und Entwicklungs- sowie Logistik- und Verwaltungsprozesse.

1.2 Return on Training Investment

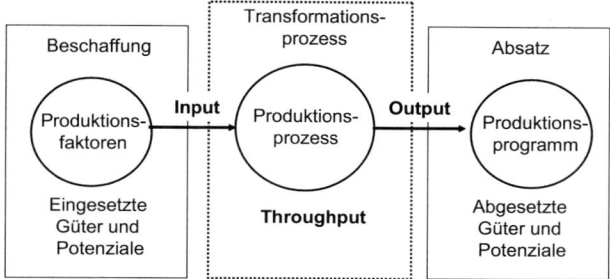

Abb. III-12 Das Input-Output-Modell als Grundlage der Betriebswirtschaft

Die so beschriebene Aufgabe der Betriebswirtschaft eines Unternehmens lässt sich an folgendem Modell erklären. Basis dieses Modells ist der Input und Output. Das bedeutet: Jedes Unternehmen hat die Aufgabe, in allen Unternehmensbereichen mit dem knappen Einsatz an Mitteln (Inputfaktoren) das bestmögliche Ergebnis an Output (Ergebnis z. B. in Form einer Dienstleistung oder Ware) zu erreichen.

Der Einsatz von Inputfaktoren betrifft sowohl den Einsatz an materiellen Gütern (z. B. Stahl), den Einsatz an personellen Potenzialen (z. B. Mitarbeiter oder Dienstleister) als auch den Einsatz der Infra- und Informationsstruktur eines Unternehmens (z. B. Prozessmanagement oder IT-Struktur).

Die unternehmerischen Aktivitäten, die mit dem Begriff Throughput oder Transformationsprozess beschrieben werden, umfassen den Einsatz an Produktionsmethoden, wie z. B. die Einzelfertigung (z. B. Herstellung eines Maybach in der Manufaktur) oder die Fertigung durch das Fließbandprinzip (z. B. A-Klasse von Mercedes). Mit dem Begriff des Outputs werden die Güter oder Potenziale beschrieben, die in Form von konkreten Angeboten in einem Produkt- oder Dienstleistungsprogramm zu den Preisen abgesetzt bzw. verkauft werden können, die der Kunde im Markt bezahlt.

1.2.3 Szenario: Return on Training Investment – Wie lässt sich der Nutzen eines Trainings wirtschaftlich berechnen?

In der Abteilung der Personalentwicklung bei der Firma Kärcher ist eine intensive Diskussion entbrannt. Man sucht gemeinsam nach schlüssigen Antworten, was diese Grundüberlegungen über das Wirtschaften eines Betriebes im Schulungsbereich von Vertriebsmitarbeitern bringt. Dabei wird zunächst klar, dass auch die Ressourcen der Vertriebsmitarbeiter (Zeit, Erreichbarkeit, Überwindung der räumlichen Distanz zum Kunden durch Mobilität u. a.) begrenzt sind und diese so eingesetzt werden müssen, dass möglichst ein großer Output damit erbracht werden kann. Bei Kärcher haben die Vertriebsmitarbeiter ehrgeizige Vorgaben in Form von Verkaufs- oder monatlichen Umsatzzahlen bzw. Absatzmengen. Ein Kundenkontakt ohne greifbares Ergebnis ist wie der Ausschuss einer Produktion – teuer, wirtschaftlich unrentabel und nicht allzu oft wiederholbar! Wenn nun die Vertriebsmitarbeiter mit ihren knappen Ressourcen an Zeit und Verfügbarkeit für den Kunden erfolgreich wirtschaften wollen, wie lassen sich dann zwei Tage für ein Outlook-Training rechnen, bei dem 180 Mitarbeiter keinen Umsatz machen?

1.2.4 Knowledge-Box: Return on Investment (ROI) – Die Berechnung der Rentabilität eines Investments in einem Betrieb

Mit der bisherigen Beschreibung der wesentlichen Faktoren des wirtschaftlichen Handelns in Form des „Input-Output-Modells" wird ein wichtiger Schritt einer Betriebswirtschaftslehre für Training und Weiterbildung beschrieben. Investitionen auch in Trainingsmaßnahmen müssen ein konkretes Ergebnis für den Betrieb erzielen. Dieses Ergebnis muss messbar sein, und zwar für das wirtschaftliche Handeln eines Betriebes in seinen Abteilungen. Das persönliche Wohlergehen eines Mitarbeiters in einer Trainingsmaßnahme hat wenig Einfluss auf das wirtschaftliche Ergebnis eines Unternehmens. Nur die für das Wirtschaften im Betrieb messbaren Ergebnisse leisten einen Betrag für den wirtschaftlichen Erfolg eines Unternehmens und gewährleisten die Existenz und Zukunft eines Betriebes.

Aus der Finanzwirtschaft ist eine Formel bekannt, mit dem der „Return on Investment (ROI)" berechnet werden kann. Der Return on Investment stellt den Vorgang einer Berechnung dar, mit dem finanztechnisch das Verhältnis von erzieltem Gewinn einer Investition zum investierten Kapital für einen bestimmten Zeitabschnitt ermittelt werden kann. Um dieses Verhältnis zu bestimmen und damit den Wert einer Investition zu berechnen, müssen zuerst die Messkriterien für den Einsatz (z. B. Investition) und den wirtschaftlichen Erfolg (z. B. Gewinn durch den Verkauf von Waren abzüglich Kosten) festgelegt werden. Eine einfache Formel für den ROI lässt sich wie folgt formulieren:

Der Return on Investment (ROI) ist eine Kennzahl, die Aufschluss über das Verhältnis von Investition und Gewinn gibt: Die Kosten einer Investition werden in Beziehung zur Höhe des erwarteten Gewinns gesetzt. Der ROI gibt den prozentualen Anteil des Gewinns an einer Investition an und damit den Wert, der aus einer Investition in das Unternehmen und seine Situation im Hinblick auf das wirtschaftliche Handeln zurückfließen wird.

Basis für die Messung des Erfolgs von wirtschaftlichem Handeln ist auf der einen Seite die Leistung (Erfolg, Gewinn), die ein Unternehmen innerhalb eines bestimmten Zeitabschnitts erbringt, andererseits die Menge an finanziellen Mitteln (Investition), die ein Unternehmen im selben Zeitabschnitt dafür aufwendet.

Die Menge an Leistung kann durch die Anzahl der Absatzmenge oder durch den Umsatz innerhalb eines bestimmten Zeitabschnitts ermittelt werden. Die Absatzmenge ist die Anzahl an Güter- oder Dienstleistungseinheiten, die ein Unternehmen im Markt tatsächlich absetzt und verkauft. Wird diese Anzahl mit dem Preis, für den

1.2 Return on Training Investment

ein Unternehmen seine Angebote im Markt verkaufen kann, multipliziert, dann erhält man den Umsatz der wirtschaftlichen Aktivität innerhalb eines bestimmten Zeitraums. Auf diese Weise lassen sich der Leistungs- bzw. Güterfluss auf der einen Seite und der Rückfluss an Geld auf der anderen Seite klar erfassen und darstellen. Werden von dem Geldfluss, den ein Unternehmen durch den Umsatz von Güter- oder Leistungseinheiten im Markt erwirtschaftet hat, die Kosten abgezogen, die für den Leistungseinsatz (z. B. Personalkosten, Materialkosten) entstanden sind, dann lässt sich der wirtschaftliche Erfolg eines Unternehmens ermitteln. Dieser wird in der Regel mit Hilfe von sogenannten Kennzahlen dargestellt, mit denen unterschiedliche Aussagen getroffen werden können. Eine wichtige Aussage betrifft die sogenannte Rentabilität. Für alle Akteure eines Unternehmens (Besitzer, Management, Mitarbeiter u. a.) ist die Frage nach der Rentabilität eine entscheidende Fragestellung. Die Rentabilität des wirtschaftlichen Handelns lässt sich mit verschiedenen Formeln beschreiben, indem zum Beispiel der Gewinn zum Verhältnis von Umsatz (Umsatzrentabilität) oder das Kapital (Eigenkapital oder Gesamtkapital) zum Verhältnis von Umsatz (Eigenkapital- bzw. Gesamtkapitalrentabilität) gesetzt wird.

Will ein Unternehmen nicht nur die Rentabilität aus dem Verhältnis der wirtschaftlichen Aktivitäten innerhalb eines bestimmten Zeitabschnitts messen, sondern auch die Rentabilität einer bestimmten Investition in eine Sachanlage oder Projekt, dann bedient es sich in der Regel einer bestimmten Systematik, wie z. B. dem DuPont-Schema. DuPont System of Financial Control ist das älteste und am weitesten verbreitete System, bei dem verschiedene Kennzahlen zur Berechnung des so genannten Return on Investment eingesetzt werden. Es wurde 1919 von dem amerikanischen Chemie-Konzern Du Pont de Nemours and Co. entwickelt. Mit Hilfe dieser Systematik wird der Return on Investment ermittelt und dargestellt. Der Return on Investment ist kurz formuliert die Umsatzrentabilität multipliziert mit dem prozentualen Verhältnis von Umsatz und investiertem Kapital (Kapitalumschlag).

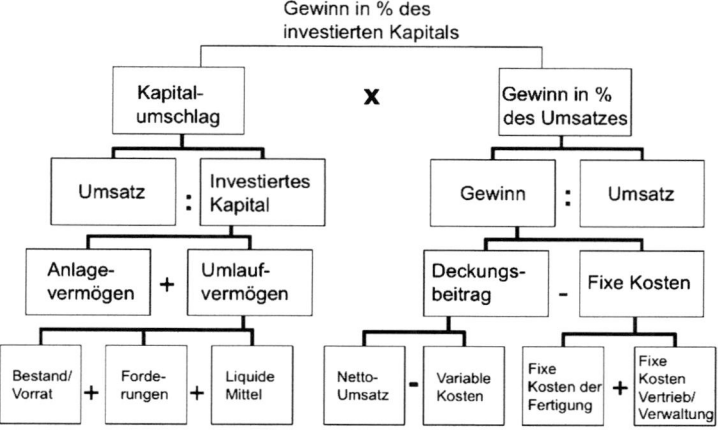

Abb. III-13 DuPont-System zur Ermittlung der Rentabilität einer Investition

Leider hat diese Rentabilitätsbetrachtung Grenzen. Sie bezieht sich auf das oben beschriebene Verhältnis von Input und Output, Leistungs- und Güterfluss im Verhältnis zum Geldfluss und damit auf das wirtschaftliche Handeln eines Betriebes mit dem Schwerpunkt auf seiner Produktion und seinem Absatz. Die Variablen dieser Rentabilitätsrechnung sind solche Einheiten, die als Kosten oder Erträge klar durch das Verhältnis von Menge und Preis zu ermitteln sind. Das DuPont-System ist ein wichtiger Bestandteil der Finanzwirtschaft eines Unternehmens. Es wird im Rahmen der Unternehmensbilanz, der Unternehmensbewertung und der Unternehmenssteuerung eingesetzt. Dabei stehen finanzwirtschaftliche Kennzahlen bei dem DuPont-System im Mittelpunkt. Trotz der Komplexität und des Einsatzschwerpunkts auf der allgemeinen Bewertung eines Unternehmens lassen sich die grundlegenden Erkenntnisse eines Return on Investment auch auf die Aktivitäten im Bereich von Qualifizierung und Training übertragen.

1.2.5 Szenario[16]: Return on Training Investment – Die Berechnung nach dem ROTI

Das Team in der Personalentwicklung bei der Firma Kärcher hat schnell erkannt, dass im Bereich der Weiterbildung zwar die Investitionskosten, z. B. Menge der Trainingstage multipliziert mit den Kosten pro Teilnehmer, zu ermitteln sind. Wie aber lässt sich der wirtschaftliche Erfolg eines Trainings für das Wirtschaften in einem gesamten Betrieb messen?

Ein Return on Investment lässt sich immer dann gut ermitteln, wenn Kosten und Nutzen einer Investition durch Messgrößen erfassbar sind, sich einander schlüssig zuordnen lassen und eindeutig aus einer bestimmten Handlung resultieren.

Die Angabe eines Nutzens in Form einer Messgröße (z. B. Geldeinheit) sowie die eindeutige Zuordnung einer Trainingsmaßnahme und ihres Ergebnisses stellen eine besondere Herausforderung dar.

Die Teammitglieder der Personalentwicklung der Firma Kärcher entwickeln folgende Überlegungen: Als Messeinheit werden Geldeinheiten festgelegt. Diese beziehen sich auf die Arbeitszeit (Arbeitsminute) der Vertriebsmitarbeiter. Die Investitionskosten werden durch die Kosten der Trainingstage plus der Arbeitszeit ermittelt, die die Vertriebsmitarbeiter in das Training investieren. Der wirtschaftliche Erfolg der Trainingsmaßnahme wird durch die Differenz von einer Nullmessung des Zeitaufwandes vor und der Messung des Zeitaufwandes nach der Trainingsmaßnahme ermittelt, den die Mitarbeiter für die Arbeit mit der Outlook-Software pro Tag benötigen.

Nach der bekannten Formel „Erfolg dividiert durch Investition" ergibt sich daraus die Berechnung des Return on Training Investment (ROTI) für diese Trainingsmaßnahme der Firma Kärcher.

---

[16] Weitere Beispiele zur Berechnung des Return on Investment aus finanzwirtschaftliche Sicht siehe http://www.pm.iao.fraunhofer.de.

1.2 Return on Training Investment

Die Messgröße für die Investition lässt sich schnell feststellen. Für die Trainingmaßnahme sind 24 Tage geplant. Für die 24 Trainingstage bezahlt die Firma einen Gesamtbetrag von 24.000 €. Zur Investitionssumme werden die Tage der 180 Außendienstmitarbeiter dazugezählt (180 * 250 € pro Tag = 45.000 € mal zwei Tagesschulungen 90.000 € + 24.000 € = 114.000 €).

Die *Gesamtinvestitionssumme* für diese Trainingsmaßnahme beträgt *114.000 €*.

Um den Erfolg (Gewinn der Trainingsmaßnahme) zu ermitteln, wird ebenfalls die Zeit multipliziert mit dem Arbeitslohn der Mitarbeiter als Maßeinheit festgelegt. Der Erfolg wird als Differenz der Arbeitszeit vor der Trainingsmaßnahme und der Arbeitszeit nach der Trainingsmaßnahme ermittelt, die die Mitarbeiter im Durchschnitt für die Organisation mit dem elektronischen Kommunikationssystem Outlook verbringen. Deshalb wurde bei der Firma Kärcher eine Nullmessung der Mitarbeiterzeit durchgeführt, die der Vertriebsdienst im Durchschnitt pro Tag mit Outlook verbringt.

Durch die Nullmessung wurde deutlich, dass die Außendienstmitarbeiter ca. 30 Minuten pro Tag mit der Organisation (Termin- und Aufgabenplanung sowie Adressverwaltung mit E-Mail-Kommunikation) durch Outlook verbringen. Umgerechnet auf die Messeinheit einer Arbeitsminute ergibt sich folgende monetäre Größe von 31,02 € pro Tag.

- 1 Arbeitsminute (250 € pro Tag ./. 480 Minuten pro Tag) = 0,52 €,
- Aktivitäten mit Outlook pro Tag = 15,60 € (30 Arbeitsminuten * 0,52 €) vor dem Training.

Berechnet für 180 Außendienstmitarbeiter lässt sich ein Gesamtwert von 562.320 € ermitteln:

- 0,52 * 30 Min/Tag 15,60 € mal 200 Arbeitstage 561.600 €.

Nach dem zweitägigem Training mit outlook benötigen die Außendienstmitarbeiter nur noch 10 Minuten am Tag um mit Hilfe von outlook ihre e-Mail Kommunikation und Terminplanung zu bearbeiten.

- 0,52 * 10 Min/Tag 5,2 € mal 200 Arbeitstage 187.000 €.

Der Erfolg der Trainingsmaßnahmen wird durch die Differenz der Arbeitsminuten mal Mitarbeiterlohn vor und nach dem Training ermittelt.

- *Erfolg bzw. Gewinn = 561.600 € – 187.000 € = 374.400 €.*

Der Return on Training-Investment stellt das Verhältnis der Kosten des Traininginvestments und den in Geldeinheit erfassten Erfolg der Trainingsmaßnahme dar und lässt sich wie folgt berechnen:

- *ROTI = 374.400 € ./. 114.000 € = 3,28 Prozent.*

Der Return on Training-Investment bei der Firma Kärcher in eine outlook-Trainingsmaßnahme bei 180 Außendienstmitarbeiter beträgt schon im ersten Jahr 3,2 Prozent.

1.2.6 Software zu Berechnung des Return on Trainings Investment (ROTI)[17]

Für die Evaluation von Qualifizierungsmaßnahmen werden in der Regel Softwaretools eingesetzt, die durch komplexe Berechnungsprozesse auf Basis einer Datenbank umfassende Informationen im Blick für das Skills-Management und die Personalentwicklung allgemein u. a. liefern.[18] Im Blick auf die Ermittlung eines wirtschaftlichen Ergebnisses ist eine einfache Kalkulation mit Hilfe von Excel ausreichend. Für das beschriebene Szenario wurde eine Excel-Tabelle programmiert, die sich mit folgenden Schritten bedienen lässt.

Schritt 1: Berechnung der gesamten Investitionskosten für eine Trainingsmaßnahme (Trainerkosten, Trainingsmaterial, Mitarbeiterkosten in Bezug auf den Ausfall der Arbeitszeit u. a.),

Schritt 2: Berechnung des wirtschaftlichen Erfolges als Differenz der Mitarbeiterzeit vor und nach dem Training ausgedrückt in einem monetären Wert,

Schritt 3: Berechnung des Return on Trainings Investment dargestellt am Verhältnis von wirtschaftlichem Erfolg dividiert durch die Gesamtinvestitionssumme.

Damit lässt sich das Kosten-Nutzen-Verhältnis auf eine sehr einfache Art und Weise erfassen. Die besondere Herausforderung liegt darin, den Nutzen einer Qualifizierungsmaßnahme monetär darzustellen.

	A	B	C	D	E
1					
2					
3	Software zu Berechnung des Return on Traininginvestment (ROTI)				
4					
5	Seminar Kosten				
6		Anz	Kosten	Kosten/TG	Kosten Gesamt
7	Trainertage	24	1.000,00 €		24.000,00 €
8					
9	Mitarbeiter	Tage	Kosten Pro MA	Kosten/TG	Kosten Gesamt
10	180	2	250,00 €	45.000,00 €	90.000,00 €
11					
12					
13	Summe Training Maßnahme				114.000,00 €
14					
15			Kosten	Anz MA	Jahresarbeitszeit
16	Kosten /MIN/ MA /TG		0,52 €	93,75 €	18.750,00 €
17	Anz Tag MIN	480			
18	Jahresarbeits zeit in TG	200			
19	Leistung vor Training in MIN	30		15,63 €	562.500,00 €
20	Leistung nach Training in MIN	10		5,21 €	187.500,00 €
21					
22	Differenz				375.000,00 €
23	Ergebnis in % ROTI				3,29
24					
25					

Abb. III-14 Eingabefeld der mitgelieferten Software auf der CD im Anhang

---

[17] Weitere Softwaretools zur Berechnung des ROI siehe Ehlers, Schenkel 2005.
[18] Vgl. z. B. Analytische Skills Assessment von IBT-Skills Gap Analyse und Assessment, SABA Analysis Tools, SAP-Online Testing usw.

1.2 Return on Training Investment 313

Eine weitere Software zur Berechnung des ROI von Qualifizierungsmaßnahmen ist der ROI-Kalkulators von GeoLearning.[19] Dabei werden die Kosten von zwei unterschiedlichen Methoden (z. B. Methode 1 E-Learning und Methode 2 Präsenztraining) auf der Basis der Berechnung des Return on Investment auf einen längeren Zeitraum verglichen. Mit Hilfe der „Blueprint-Strategie" werden bei GeoLearning sowohl die Kosten als auch die Leistungen im Sinne von Input und Output in einem Produktionsmodell deutlich.

Für den Einsatz einer Software zur Berechnung des Return on Investment sind nicht so sehr die technischen Möglichkeiten, die diese Software bietet sondern der direkte Nutzen entscheidend. Der Nutzen ist abhängig von der Konzeption, die

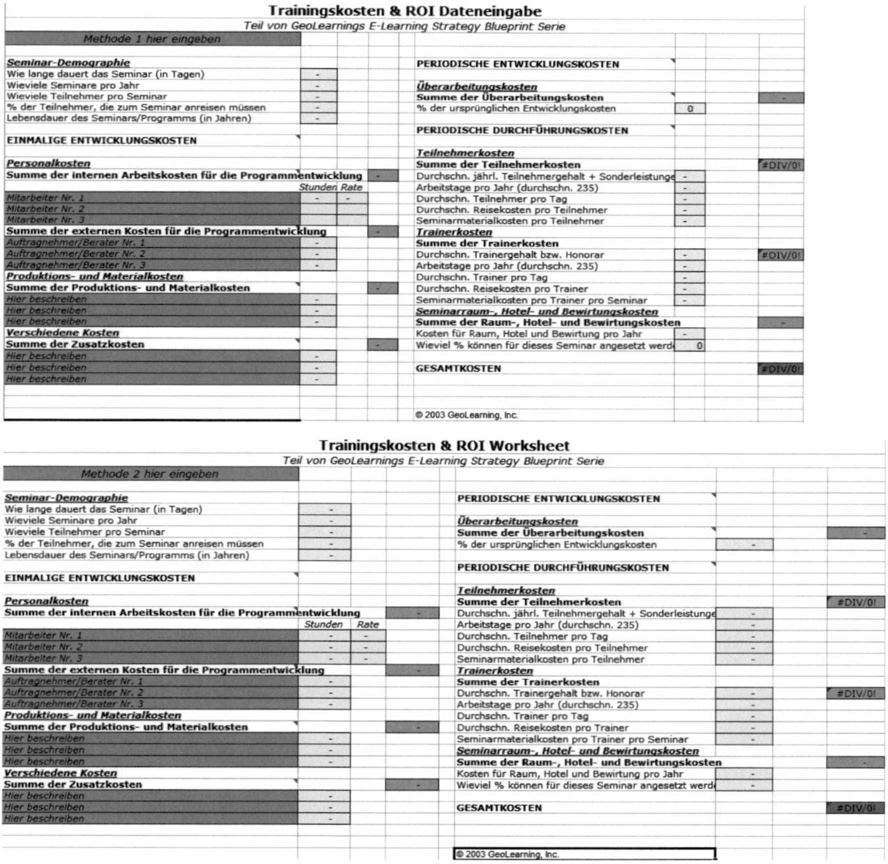

Abb. III-15 ROI-Calculator von GeoLearning [GEOLEARNING 2007]

---

[19] Siehe [GEOLEARNING 2007, KELLNER 2006].

einer Berechnung des Return on Investment zugrunde liegt. Zur Entwicklung einer Konzeption sind zwei Schritte entscheidend:

Schritt 1: Auf welche Weise können die Kosten dargestellt und erfasst werden, die durch eine Qualifizierungsmaßnahme entstehen (Input) und

Schritt 2: Mit welchen Messkriterien werden die Veränderungen erfasst, die durch die Teilnahme an einer Qualifizierungsmaßnahme im Verhalten von Mitarbeitern entstanden sind (Output).

Mit welcher Intension ein Vergleich zwischen Output und Input stattfindet, ist von der jeweiligen Strategie bzw. Zielsetzung eines Unternehmens abhängig. In

ROI Kalkulation Worksheet

Teil von GeoLearnings E-Learning Strategy Blueprint Serie

	Methode 1 hier eingeben	Methode 2 hier eingeben
Gesamtkosten		
Gesamttrainingskosten im ersten Jahr	#DIV/0!	#DIV/0!
Gesamttrainingskosten auf die Lebensdauer des Progra	#DIV/0!	#DIV/0!
Bester Trainingswert	**#DIV/0!**	
Einsparungen & ROI		
Gesamteinsparungen auf die Lebensdauer des Program	#DIV/0!	
Durchschn. Einsparungen pro Monat	#DIV/0!	
% Einsparungen auf die Lebensdauer des Programms	#DIV/0!	
ROI (Summe Einsparungen/Summe Kosten)	#DIV/0!	
Monate bis zum Break-Even-Point	#DIV/0!	
		© 2003 GeoLearning, Inc.

Abb. III-16 Messung betriebswirtschaftlicher Kennzahlen durch den Vergleich unterschiedlicher Trainingsmethoden als ROI und Break-Even-Point-Analyse [GeoLearning 2007, Kellner 2006]

Kostenanalyse & ROI Kalkulator

Anweisungen

Das Programm ***Kostenanalyse & ROI Kalkulator*** ermöglicht es Ihnen, die Kosten und den Return-on-Investment für zwei (oder mehr) Trainingsmethoden zu kalkulieren.
Die Informationen, die Sie in die ersten beiden Worksheets dieses Excel-Dokuments eingeben (Gesamtkosten--Methode 1 und Gesamtkosten--Methode 2)
werden benutzt, um den ROI, die Gesamteinsparungen, den Break-Even-Point und den besten Trainingswert (3. Worksheet) automatisch zu errechnen.
(ROI Kalkulation).
Wie gesagt, diese Information wird automatisch aufgrund der von Ihnen in die beiden ersten Worksheets eingegebenen Werte errechnet.

Ihre Kosten und die ROI Information können benutzt werden, um die Kosteneffektivität verschiedener Trainingsmethoden
(z.B. Online-Training im Vergleich zu Seminaren, die von einem Trainer geleitet werden, oder CD-ROM).

Ausfüllen der Worksheets 1 und 2 (Gesamtkosten--Methode 1 und Gesamtkosten--Methode 2)
Dieses Tool erfordert lediglich, dass Sie zwei Informationsarten eingeben: Text (in die hellroten Zellen) und numerische Werte (in die gelben Zellen). Alle Zellen sind bereits formatiert.
Sie brauchen nur die entsprechenden Informationen in die einzelnen Zellen einzutragen:

A3	Geben Sie einen kurzen Namen oder eine Beschreibung der ersten Trainingsmethode an, für die Sie die Gesamtkosten kalkulieren möchten.
B6	Geben Sie die Länge des Seminars oder Programms in Tagen an (Dezimalwerte für weniger als ganze Tage, z.B. .25 für ein 2 stündiges Seminar, ausgehend von einem 8 stündigen Arbeitstag).
B7	Geben Sie an, wie oft das Seminar innerhalb eines jeden Jahres angeboten wird.
B8	Geben Sie die durchschnittliche Anzahl der Teilnehmer an, die jedes Seminar besuchen (aufgrund vorheriger Erfahrungen oder Schätzungen).
B9	Geben Sie den Prozentsatz der Teilnehmer an, die anreisen müssen, um jedes Seminar zu besuchen (ganze Zahlen eingeben; z.B. 10 = 10%).
B10	Geben Sie die Anzahl der Jahre an, die das Trainingsmaterial voraussichtlich eingesetzt werden kann (falls erforderlich, Dezimalwerte eingeben für Bruchteile von Jahren).
A17-A19	Geben Sie die Namen der internen Mitarbeiter an, die das Material entwickeln (freilassen, falls für Ihr Projekt nicht zutreffend).
B17-B19	Geben Sie die Anzahl der zu erwartenden Stunden an, die jeder Mitarbeiter am Projekt arbeitet (falls nicht zutreffend, "0" eingeben).
C17-C19	Geben Sie den Stundenlohn für jeden Mitarbeiter an (falls nicht zutreffend, "0" eingeben).
A21-23	Geben Sie die Namen von externen Auftragnehmern/ Beratern ein, die das Material entwickeln (freilassen, falls für Ihr Projekt nicht zutreffend).
B21-B23	Geben Sie die geschätzten Kosten für jeden Auftragnehmer an (falls nicht zutreffend, "0" eingeben).
A26-A28	Geben Sie alle Material- oder Produktionskosten für das Projekt an (freilassen, falls für Ihr Projekt nicht zutreffend).
B26-B28	Geben Sie die entsprechenden Kosten für jede Eintragung in A26 - A28 an.
A31-A33	Geben Sie die zusätzlich anfallenden Kosten in Verbindung mit diesem Projekt an (freilassen, falls für Ihr Projekt nicht zutreffend).
B31-B33	Geben Sie die entsprechenden Kosten für jede Eintragung in A31 - A33 an.
G9	Geben Sie die geschätzten Kosten für die Überarbeitung des Materials in Prozent der ursprünglichen Kosten an (ganze Zahlen eingeben, z.B. 10 = 10%).
G15	Geben Sie das durchschnittliche Gehalt und die Sonderleistungen für jeden Teilnehmer an,
G16	Geben Sie die Anzahl der Arbeitstage pro Jahr ein (durchschnittlich 235).
G17	Geben Sie den Durchschnitt an, der für jeden Teilnehmer, der anreisen muss, pro Tag angesetzt wird.
G18	Geben Sie die durchschnittlichen Reisekosten für jeden Teilnehmer an (einschließlich Flugkosten, Übernachtung, Leihwagen, Kilometergeld usw.).
G19	Geben Sie die Kosten für Teilnehmermaterial pro Teilnehmer an (falls nicht zutreffend, "0" eingeben).
G22-G26	Geben Sie die gleiche Information für die Trainer an, die Sie in G15 - G19 für die Teilnehmer eingegeben haben.
G29	Geben Sie die Gesamtkosten für die Miete und/oder den Unterhalt der Trainingsräume pro Jahr an (falls nicht zutreffend, "0" eingeben).
G30	Geben Sie den Prozentsatz der Kosten von G29 an, die auf diese Trainingsmethode zutreffen.

Gehen Sie zum zweiten Worksheet über und wiederholen Sie die obigen Schritte für Ihre zweite Trainingsmethode.

Worksheet Nr. 3 (ROI Kalkulation)
Aufgrund der von Ihnen angegebenen Informationen werden die Kosten und die ROI-Statistiken im Worksheet Nr. 3 automatisch errechnet (*ROI Kalkulation*).

Abb. III-17 Kostenanalyse des ROI-Kalkulators von GeoLearning [GeoLearning 2007, Kellner 2006]

der Regel wird das Konzept einer Nullmessung, bei dem der Ist-Zustand vor und nach einer Bildungsaktivität verglichen wird, ausreichend sein, um eine sinnvolle Messung des Return on Investment für die Qualifizierungsaktivitäten eines Unternehmens durchzuführen.

Checkliste:
Fünf Schritte zur Ermittlung des Return on Trainings Investment (ROTI)

Schritt 1: Ermitteln Sie die Investitionskosten für eine Trainings- oder Schulungsmaßnahme innerhalb eines bestimmten Zeitrahmens (z. B. Dauer der Maßnahme oder Geschäftsjahr).
Schritt 2: Legen Sie eine Messgröße fest, die monetär berechenbar ist (Beispiel: Arbeitsminute/ Arbeitslohn).
Schritt 3: Ermitteln Sie den wirtschaftlichen Erfolg einer Trainingsmaßnahme in rechenbaren Messgrößen (monetäre Messgröße vor und nach einer Trainingsmaßnahme, möglichst objektiv).
Schritt 4: Ermitteln Sie den Return on Trainings Investment, indem Sie finanztechnisch das Verhältnis von Investition und wirtschaftlichem Erfolg nach der ROI-Formel berechnen. Diskutieren und beurteilen Sie das Ergebnis des Return on Training Investment einer Trainingsmaßnahme.
Schritt 5: Erstellen Sie eine jährliche oder monatliche Bildungsbilanz. Im Rahmen der jährlichen Bilanz lassen sich ergänzende Berichte als Anhang z. B. zu Bildungs- und Qualifizierungsaktivitäten vermitteln. Stellen Sie dabei den Input und Output nach Möglichkeit in Form von Messeinheiten (Menge an Tageseinheiten, Umsatz, Gewinn, u. ä.) dar.

1.3 Die Wertschöpfung

Das wirtschaftliche Handeln in Betrieben lässt sich nicht nur durch das bisher bekannte Input-Output-Modell abbilden. Ein Modell, mit dem das wirtschaftliche Handeln mit knappen Gütern umfassend analysiert und abgebildet werden kann, ist das Modell der sogenannten Wertkette (value chain) [PORTER 1985, 1999]. Die Wertkette betrachtet vorwiegend die Prozesse und Bereiche, die innerhalb einer Organisation stattfinden.[20] Darauf aufbauend lässt sich die Wertschöpfung eines

---

[20] Ergänzend zur Wertkette (value chain), die vor allem die unternehmensinternen Prozesse analysiert und auf einen Wettbewerbsvorteil optimiert, betrachtet Porter den Begriff der Wertschöpfungskette (supply chain), die die Kette mehrerer Unternehmen (Lieferanten) umfasst. Die deutsche Literatur folgt nicht immer der klaren Unterscheidung zwischen Wertkette und Wertschöpfungskette. Für die Darstellung der Wertschöpfung des Wissensmanagements sind beide Aspekte von Bedeutung. Der synonyme Gebrauch der beiden Begriffe scheint deshalb in diesem Zusammenhang unproblematisch: einerseits die Wertschöpfungskette im Hinblick auf die Zusammenarbeit mit einem externen Dienstleister z. B. im Bereich des Trainings, andererseits die Wertkette in Bezug auf die internen Prozesse eines Unternehmens.

betrieblichen Handelns darstellen, bei der alle Prozesse und Aktivitäten eines Unternehmens strategisch so ausgerichtet werden, dass sie einen möglichst großen Wert bzw. Wettbewerbsvorteil für ein Unternehmen schaffen.

Die Wertschöpfung lässt sich wie der Return on Investment (ROI) oder der Return on Training Investment (ROTI) als Methode verstehen, mit der ein betriebswirtschaftliches Ergebnis gemessen werden kann. Die Wertschöpfung als eine Kennzahl bezeichnet den *Zuwachs an Wert*, der *durch das produktive Handeln* eines Betriebes innerhalb einer bestimmten Zeiteinheit geschaffen wurde. Die Wertschöpfung misst also den *Ertrag einer wirtschaftlichen Tätigkeit als die Differenz* einer Leistung, die durch das wirtschaftliche Handeln eines Betriebes erbracht wurde, und *dem Wert der Vorleistung*, die für die Erstellung (Produktion) dieser Leistung eingesetzt wurde.

In einer kurzen Formel lässt sich die Wertschöpfung wie folgt darstellen:

- *Wertschöpfung = Produktionswert – Vorleistung*

Die Wertschöpfung ist das eigentliche Ziel wirtschaftlichen Handelns in den Betrieben oder innerhalb eines Wirtschaftssystems. Durch die Wertschöpfung werden vorhandene Leistungen oder Güter in Leistungen oder Güter mit einem höheren Nutzen verwandelt. Durch dieses produktive wirtschaftliche Handeln entsteht ein größerer Wert, der zur Steigerung der Wettbewerbsfähigkeit von Unternehmen beiträgt und im Rahmen der Orientierung an Gewinn und Erfolg eines wirtschaftlichen Handelns gemessen werden kann. Die Wertschöpfung ist dabei nicht ausschließlich abhängig von quantitativen Faktoren wie z. B. Materialkosten oder Personalkosten im Sinne einer Vorleistung, die ein Unternehmen erbringt. Die Wertschöpfung und der damit entstehende Wettbewerbsvorteil lassen sich auch an qualitativen Faktoren messen. Um z. B. den Wettbewerbsvorteil zu messen, der für ein Unternehmen durch das soziale Engagement von Mitarbeitern und Management (Corporate Social Responsibility) entsteht, wurde das Konzept der Wertschöpfung weiterentwickelt [PORTER, KRAMER 2006]. So wie sich mit der weiterentwickelten Konzeption der Wertschöpfung die Wettbewerbsvorteile messen lassen, die durch die sogenannte Corporate Social Responsibility entstehen, so lassen sich mit Hilfe der Wertschöpfung die Wettbewerbsvorteile messen, die sich durch Bildungs- und Qualifizierungsaktivitäten in einem Unternehmen ergeben.

1.3.1 Knowledge-Box: *Die Wertkette von Michael E. Porter (value chain)*

Die Idee einer Wissenswertschöpfungskette baut auf der Konzeption der Wertkette auf, die erstmals von dem amerikanischen Wirtschaftswissenschaftler Michael E. Porter 1985 in seinem Buch *Competitive Advantage: Creating and Sustaining Superior Performance* vorgestellt wurde. Porter geht davon aus, dass alle betrieblichen Leistungen als einzelne Glieder einer Kette dargestellt werden und unter der

1.3 Die Wertschöpfung

Fragestellung, welcher Wert durch eine betriebliche Leistung geschaffen wird, erfasst und bewertet werden können. Die von Porter entwickelte Methodik konzentriert sich vorwiegend auf die Wertschöpfung, die durch die Produktions- oder Leistungserstellungsprozesse in einem Betrieb entsteht.

Porter unterscheidet dabei zwischen der primären und sekundären Wertschöpfung: Die primäre Wertschöpfung besteht aus den Produktions- bzw. Leistungsprozess, die zu einem konkreten Output (Produkt) bzw. Leistungsergebnis führen, das der Kunde gegen Entgeld erwirbt. Grundbestandteile dieser primären Wertschöpfung sind die Eingangslogistik, die Produktion, das Marketing, die Ausgangslogistik sowie die Serviceprozesse, die nach der Produktion ebenfalls zu einem konkreten Leistungsergebnis führen können. Die primäre Wertschöpfung wird durch die sekundäre Wertschöpfung unterstützt. Diese besteht z.B. aus Prozessen der Finanzwirtschaft, der Information- und Kommunikation, der Organisation und Personalführung. Die sekundären Wertschöpfungsprozesse im bisherigen Verständnis von Porter konzentrieren sich vorwiegend auf die Unterstützung der primären Wertschöpfungsprozesse. Im folgenden Schaubild sind deshalb die sekundären Wertschöpfungsprozesse vertikal zu den horizontal verlaufenden primären Wertschöpfungsprozessen skizzierten.

Ein solches Verständnis hat bestimmte Stärken, aber auch Schwächen. Die Stärke liegt auf der Konzentration der Prozessoptimierung und der damit verbundenen Wertschöpfung im Sinne eines monetären Gewinnes. Allerdings sind in diesem Verständnis auch Schwächen zu sehen: Die Wertschöpfung der sekundären Prozesse, wie z.B. beim Personal und der Organisation, wird in der Regel nicht als eigenständiger Wert gemessen. Der Return on Training ist dem wirtschaftlichen Return in der Weise untergeordnet, dass er gar nicht oder nur in ergebnislosen Diskussionen zwischen den Betriebswirtschaftlern und Bildungsbeauftragten zur Kenntnis genommen wird. Eigentlich besteht in diesem Modell nur wenig Raum oder Notwendigkeit, einen Return on Training Investment zu ermit-

Abb. III-18 Das Modell der Wertschöpfung mit primärer und sekundärer Wertschöpfung

teln und damit die Optimierung der Wertschöpfungsprozesse im Bereich von Personal und Organisation voranzutreiben. Damit verbunden ist die Tatsache, dass die Wissenskompetenz und die strategischen Vorteile einer Organisation und deren kontinuierliche Entwicklung weder gemessen noch als Wert ermittelt wird. Das Ergebnis der sekundären Wertschöpfungsprozesse geht in dem Ergebnis der primären Wertschöpfungsprozesse, d. h. im „Gewinn", unter.

1.3.2 Die Wertschöpfung des Wissensmanagements

In einem erweiterten Verständnis einer Wissenswertschöpfungskette kann die Beziehung zwischen primären und sekundären Wertschöpfungsprozessen neu geklärt und definiert werden. Dabei sind die sekundären Prozesse nicht nur als unterstützende Prozesse zu verstehen, die vertikal zu den primären Wertschöpfungsprozessen verlaufen. Vielmehr sollen auch die sekundären Wertschöpfungsprozesse zu einem eigenständigen, messbaren Wert führen und werden deshalb ebenfalls horizontal dargestellt. Das Verständnis der Wissensprozesse, die im Sinne einer horizontalen, produktiven Wertschöpfung zu einem messbaren Wert führen, lässt sich wie folgt darstellen:

- *Wissensbeschaffung:* Ausgangspunkt ist die Identifikation des vorhandenen Wissens. Aus der Zielsetzung und Aufgabenstellung sowie aus der aktuellen Wissensidentifikation ergibt sich ein Wissensbedarf, der als Ausgangspunkt für die Wissensbeschaffung betrachtet werden kann.
- *Wissensproduktion:* Die Wissensproduktion im Sinne einer Wissensentwicklung beinhaltet mehrere Aspekte wie zum Beispiel die Entwicklung einer Wissenskonzeption, Curricula, Wissensinhalte und Wissensangebote sowie deren Portfolio u. a.
- *Wissensdistribution:* Die Wissensdistribution beinhaltet sowohl technische (z. B. technische Distribution) als auch konzeptionelle Aspekte (Lernformen z. B. Face-to-Face-Training oder Distance Learning).
- *Wissenstransformation:* Der Wertschöpfungsprozess der Wissenstransformation beinhaltet alle Aktivitäten, die die Mitarbeiter bei der Anwendung und Umsetzung von Wissen in den Arbeitsprozessen unterstützen. Dazu gehören Aktivitäten wie z. B. das Coaching oder Tutoring.

Eine Wertschöpfungskette des Wissensmanagements, die nicht ausschließlich als sekundäre Wertschöpfung verstanden sein will, bringt für den Wertschöpfungsprozess „*Personal*" ein messbares Ergebnis beim Gewinn und *Wertzuwachs von Kompetenzen* auf der individuellen Mitarbeiterebene. Im Wertschöpfungsprozess „*Organisation*" bringt die Wertschöpfungskette des Wissensmanagements ein messbares Ergebnis der *strategischen und operativen Organisationsoptimierung*.

Die Wertschöpfungskette des Wissensmanagements lässt sich auf der Ebene von Individuum und Organisation beschreiben. Auf der Ebene des Individuums

1.3 Die Wertschöpfung

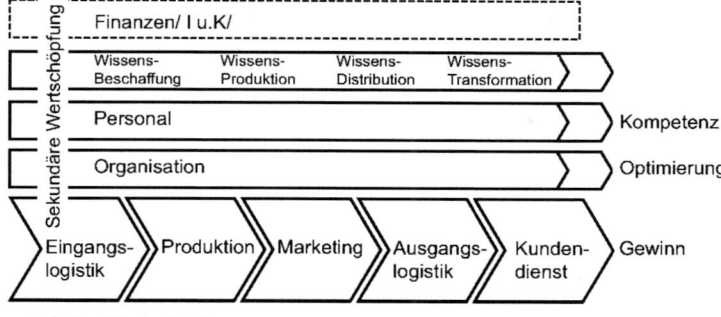

Abb. III-19 Das erweiterte Modell der Wertschöpfung mit primärer und sekundärer Wertschöpfung

lassen sich die *Aktivitäten der Personalwirtschaft* in einem Unternehmen durch folgende Prozessabschnitte zu einer Wertschöpfung zusammenfassen:

- Wissensidentifikation/-beschaffung: Durch Wissenstest, Jobprofils, Assessments u. a. lässt sich ein Abgleich von vorhandenem Wissen und Wissensbedarf auf der individuellen Ebene der Mitarbeiter ermitteln. Die Wissensidentifikation und Beschaffung basiert nicht nur auf den strategischen Aktivitäten des Personalmanagements sondern auch auf der Vermittlung der Motivation eines selbständigen Wissenserwerbs und lebenslangen Lernens. Ein Bildungslebenslauf vom Mitarbeiter spielt dabei eine wesentliche Rolle.
- Wissensproduktion/-entwicklung: Mitarbeiter entwickeln dann ihr Wissen weiter, wenn sie an Trainings- und Qualifizierungsmaßnahmen teilnehmen oder durch eigenes Lernen selbständig Wissen erwerben.
- Wissensmarketing/distribution: Marketing und Distribution an Wissensangeboten finden im Umfeld von „Arbeiten und Lernen" des Mitarbeiters statt. Dies umfasst auch ein „Learning-on-Demand", bei dem Wissensangebots als „Pull"-Aktivitäten von Mitarbeitern abgerufen werden.
- Wissenstransformation: Der Wissenstransfer geschieht in der Anwendung von Wissen im Arbeitsablauf. Der Transformationsprozess von erlerntem Wissen in die Praxis lässt sich durch Best-Practice-Beispiele, Coaching sowie Controlling u. ä. intensivieren.

Das Ergebnis eines Wertschöpfungsprozesses auf der personalen Ebene von Mitarbeitern ist die personale Kompetenz, deren Wert als Differenz von Input und Output dieses Wertschöpfungsprozesses gemessen werden kann.

Auf der *Ebene der Organisation* lassen sich die Aktivitäten der Organisationswirtschaft in einem Unternehmen durch folgende Prozessabschnitte zu einer Wertschöpfung zusammenfassen:

- Wissensidentifikation/-beschaffung: Die Basis der Wissensidentifikation und Wissensbeschaffung ist eine „strategische Vision" eines Unternehmens, durch die sowohl die Ziele als auch die Ressourcen einer Organisation im Sinne einer

Wissensorganisation beschrieben werden. Dies umfasst auch die Wissensforschung, durch die die strategische Zielsetzung und die Wissensressourcen sowie die Differenz zwischen beiden dargestellt werden. Aus der Differenz ergeben sich die Handlungsaktivitäten, durch die auf der Basis der bestehenden oder zu erweiternden Ressourcen Maßnahmen zum Wissenserwerb geplant und durchgeführt werden müssen.

- Wissensproduktion/-entwicklung: Im Rahmen der Wissensproduktion bzw. Wissensentwicklung wird der Maßnahmenplan umgesetzt, mit dem die strategische Zielsetzung des Wissensmanagements erreicht werden soll. Die Wissensproduktion beinhaltet die Entwicklung und Umsetzung von Wissensangeboten, Curricula, Bildungskonzepten, Wissenscontent, Portfolio von Wissensangeboten u. a.
- Wissensmarketing/-distribution: Die Wissensvermarktung bzw. Wissensdistribution umfasst alle kommunikativen und technischen Maßnahmen zur Vermarktung von Wissensangeboten gegenüber einer bestimmten Zielgruppe oder aller Mitarbeiter in einem Unternehmen. Dazu gehören auch sowohl die Optimierung der Technologie als auch die Optimierung des Portfolios z. B. von Face-to-Face-Learning und Online-Learning.
- Wissenstransformation: Mit Hilfe von Bildungscontrolling, Best Practice usw. können im Rahmen der Organisation unterstützende Aktivitäten für die Transformation von Wissen in den Arbeitsablauf von Mitarbeitern gegeben werden.

Ziel der Wertschöpfung auf der organisatorischen Ebene ist die strategische und operative Optimierung der Organisationsform eines Unternehmens. Einen nominalen oder prozentualen Wert im Sinne eines Return on Investment als Wertschöpfung zu berechnen, scheint im Bereich der Organisation von Unternehmen

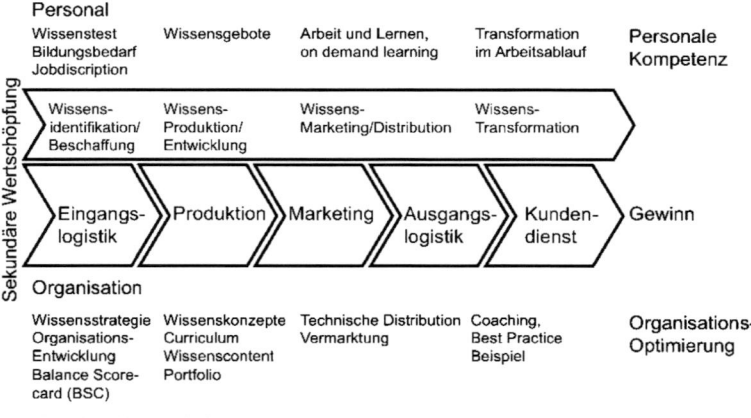

Abb. III-20 Die erweiterte Wertschöpfungskette in Bezug auf Personal- und Organisationswirtschaft und deren Ergebnis durch Steigerung der personalen Kompetenz und der Organisationsoptimierung

1.3 Die Wertschöpfung

schwierig (siehe Kap. 1.2). Allerdings lässt sich durch Best-Practice-Beispiele eine Wertschöpfung auch innerhalb der organisatorischen Wertkette ermitteln und darstellen (siehe Kap. 4).

Die Forderung, das Wissensmanagement als Bestandteil der primären Wertschöpfungsprozesse zu versehen, scheint deshalb aus vernünftigen und logischen Gründen richtig zu sein. Die produktive Wertschöpfung von Eingangslogistik, Produktion, Marketing, Ausgangslogistik und Service bzw. Kundendienst wird durch eine Wissenswertschöpfungskette ergänzt. Diese umfasst die Identifikation und Beschaffung von Wissen, die Entwicklung und Produktion von Wissen, das Wissensmarketing und die Wissensdistribution sowie die Wissenstransformation sowohl in den internen Produktions- und Arbeitsprozessen als auch in den externen Prozessen mit dem Kunden. Die Wissenswertschöpfungskette ist zum einen *vertikal* mit der primären produktiven Wertschöpfung verankert, indem sie einen Input in die jeweiligen Prozesse der primären Wertschöpfung leisten kann. Die Wissenswertschöpfungskette ist aber auch *horizontal* in den *Prozessen der Personal- und Organisationswirtschaft* eines Unternehmens verankert. Durch Wissenstest, Jobbeschreibungen, Wissensangebote, neue Formen der Distribution von Wissen wie zum Beispiel Learing-on-Demand und der Transformation von Wissen fördert die Wissenswertschöpfung im Bereich der „*Personalwirtschaft*" ein messbares Ergebnis, das im Sinne eines Zugewinns an Kompetenz, Fähigkeiten und Wissen auf der individuellen Ebene der Mitarbeiter gemessen werden kann.

Dabei sollte darauf geachtet werden, dass das Ergebnis, nämlich die Differenz zwischen Input und Output der Wertschöpfung, innerhalb der Personalwirtschaft nicht ausschließlich als absolute (monetäre) Größe wie Kosten oder Profit betrachtet wird. Wird das Ergebnis bzw. der Input des Wissensmanagements ausschließlich als absolute Größe gesehen, wie z.B. über wie viele Ingenieure mit welchen Kompetenzen oder über wie viele Vertriebsmitarbeiter mit welchen Auslandserfahrungen verfügt ein Unternehmen, dann fließen diese absoluten Zahlen in den primären Wertschöpfungsprozess der Produktion mit ein. Das Wissensmanagement bleibt dann seinem sekundären Charakter im Wertschöpfungsmodell von Michael Porter verhaftet.

Das Wissensmanagement, das aus ökonomischen Gesichtspunkten sich als primärer Prozess der Wertschöpfung versteht, stellt sich anders dar: Die Wertschöpfung auf der individuellen Ebene wie z.B. für einen Mitarbeiter besteht *in der Differenz* zwischen individuellem *Aufwand* und dem tatsächlichen *Ergebnis* einer Aktivität im Wissensmanagement, z.B. in dem Gewinn an individuellen Fähigkeiten oder Kompetenzen durch die Teilnahme an einer Trainingsmaßnahme als Differenz zwischen dem individuellen Aufwand und dem Ergebnis, das durch den individuellen Einsatz und Aufwand zustande kommt.

Die oben beschriebene Wissenswertschöpfungskette fließt ebenfalls im Bereich der *Organisationswirtschaft* eines Unternehmens als *primäre Wertschöpfung* mit ein. Im Bereich der Organisation lässt sich die primäre Wertschöpfung durch folgende Prozesse darstellen: Entwicklung einer Wissensstrategie und deren Umsetzung z.B. durch die Balanced Scorecard (BSC), die Entwicklung von Wissenskonzeptionen, Curricula, Wissenscontent und deren strategische Aufbereitung im Sinne eines Portfolios von Wissensangeboten, die technische Distribution und unternehmens- oder mitarbeiterbezogene Vermarktung, das Coaching und Controlling z. B. durch die Entwicklung und Umsetzung von Best-Practice-Aktivitäten. Das Ergebnis, das durch die Ausrichtung der Organisation eines Unternehmens als primäre Wertschöpfung entsteht, lässt sich im Sinne der Optimierung der operativen und strategischen Prozesse bzw. Struktur eines Unternehmens darstellen und erfassen. Unter dem Gesichtspunkt der Ökonomisierung des Wissensmanagements ist auch dieses Ergebnis der Organisationsoptimierung nicht ausschließlich als absolute Größe zu betrachten. Der Wert innerhalb der organisatorischen Ebene als primäre Wertschöpfung besteht in *der Differenz zwischen dem Aufwand*, der für eine Maßnahme des Wissensmanagements innerhalb der organisatorischen Strukturen oder Prozesse, wie z. B. Aufbau einer Datenbank oder Lernportals betrieben wurde, und *dem tatsächlichen Ergebnis,* wie z. B. Häufigkeit der Nutzung einer Datenbank bzw. Lernportals. Auf diese Weise lässt sich das Ergebnis der primären Wertschöpfung innerhalb der Organisationswirtschaft eines Unternehmens als Gewinn der Organisationsoptimierung quantifizieren.

Das erweiterte Modell der Wertschöpfung, bei dem die Organisations- und Personalwirtschaft als primäre Wertschöpfungskette verstanden wird, bringt den Vorteil mit sich, dass Investitionen im Bereich von Qualifizierung und Wissensmanagement als Ergebnis messbar werden und nicht ausschließlich in das monetäre Ergebnis eines Unternehmens oder einer Organisation einfließen. Dieses Modell ermöglicht auch einen erweiterten Blick auf eine mittel- oder langfristige Perspektive: Während das Konzept der Wertschöpfung, bei dem nur der Gewinn im Mittelpunkt steht, in der Regel eine kurzfristige Perspektive von einem Quartal oder einem Jahr betrachtet, fließen die Ergebnisse einer Wertschöpfung, bei der die Entwicklung von personaler Kompetenz und organisatorischer Optimierung berücksichtigt wird, in eine langfristige Betrachtungsweise ein.

1.3.3 *Szenario: Kundenfreundlichkeit als Ergebnis der primären Wertschöpfung des Wissensmanagements bei Ford*

Die Qualitätsmanagementoffensive bei Ford als Hersteller und bei den Händlern startete im Jahr 2000 mit den Standards beim Verkauf und Service. Dabei wurde festgelegt, in welchen Prozessen der Verkauf oder die Annahme und Durchführung des Service stattfinden soll. So muss der Kunde zum Beispiel innerhalb von zwei Minuten höflich begrüßt werden, wenn er den Verkaufsraum betritt, oder das vom Kunden gewünschte Fahrzeug muss zur Probefahrt zur Verfügung stehen. Um diese Standards zu realisieren, wurde durch eine externe Marketingagentur die Zufriedenheit der Kunden sowohl mit dem auf den einzelnen Verkaufsberater oder dem Servicepersonal als auch mit dem Händler regelmäßig abgefragt. Für den einzelnen Mitarbeiter ergab sich dabei die Möglichkeit, eine zusätzliche Provision zu ver-

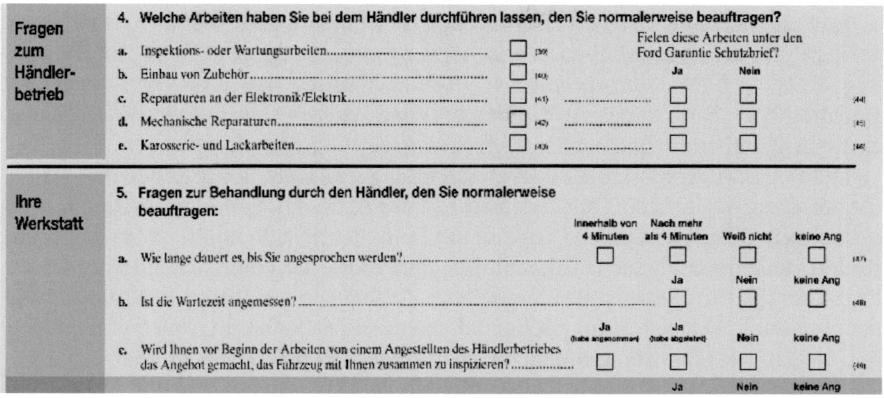

Fragen zum Händlerbetrieb

4. Welche Arbeiten haben Sie bei dem Händler durchführen lassen, den Sie normalerweise beauftragen?

Fielen diese Arbeiten unter den Ford Garantie Schutzbrief?

			Ja	Nein
a. Inspektions- oder Wartungsarbeiten	☐	(39)		
b. Einbau von Zubehör	☐	(40)		
c. Reparaturen an der Elektronik/Elektrik	☐	(41)	☐	☐ (44)
d. Mechanische Reparaturen	☐	(42)	☐	☐ (45)
e. Karosserie- und Lackarbeiten	☐	(43)	☐	☐ (46)

Ihre Werkstatt

5. Fragen zur Behandlung durch den Händler, den Sie normalerweise beauftragen:

	Innerhalb von 4 Minuten	Nach mehr als 4 Minuten	Weiß nicht	keine Ang	
a. Wie lange dauert es, bis Sie angesprochen werden?	☐	☐	☐	☐	(47)
		Ja	Nein	keine Ang	
b. Ist die Wartezeit angemessen?		☐	☐	☐	(48)
	Ja (habe angenommen)	Ja (habe abgelehnt)	Nein	keine Ang	
c. Wird Ihnen vor Beginn der Arbeiten von einem Angestellten des Händlerbetriebes das Angebot gemacht, das Fahrzeug mit Ihnen zusammen zu inspizieren?	☐	☐	☐	☐	(49)
		Ja	Nein	keine Ang	

Abb. III-21 Kundenzufriedenheitsabfrage [BECK/MÖDINGER/SCHMID 2007]

dienen. Der Autohändler erhielt bei einer guten Kundenzufriedenheit bessere Konditionen beim Einkauf der Neuwagen [FORD INFORMATIONSBROSCHÜRE 2000].

Damit wurden sowohl die Mitarbeiter als auch das Management motiviert, Wissensprozesse auf der individuellen Ebene, z. B. freundliche Begrüßung des Kunden, und auch auf der organisatorischen Ebene, z. B. Bereitstellung des gewünschten Autos für eine Probefahrt, wahrzunehmen und zu realisieren.

1.3.4 Wertschöpfung und Geschäftsmodelle des Wissensmanagements

Mit Hilfe der Wertschöpfung lassen sich die Aktivitäten des Wissensmanagements von einem Cost- zu einem Profit-Center verändern. Die Aktivitäten des Wissensmanagements werden dann zu einem Profit-Center, wenn der Wert, der durch die Vermittlung von Wissen, Kompetenz oder Verhaltensweisen entstanden ist, größer ist als der Wert an Vorleistung bei der Vermittlung. Die Formel für die Wertschöpfung des Wissensmanagement lautet:

- *Wertschöpfung = Wert an Wissen – Wert der zuvor erbrachten Leistungen der Wissensvermittlung.*

Die Leistungen der Wissensvermittlung oder kurz die Vorleistung ist der Wert, der in die Leistungen der Wissensvermittlung eingeflossen ist. Mit dem Wert an Wissen wird der Zuwachs an Wissen bezeichnet, der durch die Leistung der Wissensvermittlung neu entstanden ist.

Die Wertschöpfung des Wissensmanagements ist im produktiven primären Wertschöpfungsprozess abhängig sowohl vom Einsatz verschiedener Medien als auch von den Geschäftsmodellen oder didaktischen Konzeptionen, die sich daraus ergeben.

Im Folgenden werden die verschiedenen Geschäftsmodelle und ihre Auswirkung auf den primären produktiven Wertschöpfungsprozess dargestellt. In die Betrachtungsweise der primären, produktiven Wertschöpfung des Wissensmanagements sind die Aspekte mit integriert, die sich bei der *Steigerung der individuellen Kompetenz* von Mitarbeitern und bei der *Optimierung der Organisation* ergeben.

Die Betrachtung mit Hilfe der Wertschöpfung geschieht in der Regel unter analytischen Gesichtspunkten. Das bedeutet: Mit der Betrachtung der produktiven, organisatorischen und personalen Prozesse mit Hilfe der Systematik der Wertschöpfung fördert zunächst analytische Erkenntnisse über mögliche Potenziale im Rahmen der Prozesse, der Struktur und des Verhaltens. Aufbauend auf diesen analytischen Erkenntnissen lassen sich strategische und operative Maßnahmen planen und realisieren, die dann zu einem tatsächlichen Gewinn eines Unternehmens führen.

Als Analysetool dient der sogenannte Value Finder als generische Matrix, mit dessen Hilfe Potenziale im Wertschöpfungsprozess des Wissensmanagements im Bereich des produktiven Gewinns aber auch des Gewinns, an personaler Kompetenz und Organisationsoptimierung ermittelt werden.

Beim Management von Wissensprozessen stehen sowohl die eigentliche produktive Wertschöpfung (Leistungserstellung und Leistungsspektrum) als auch die Kosten-Leistungs-Modelle im Mittelpunkt der Betrachtung.

Im Überblick lassen sich beispielhafte Aktivitäten im Rahmen der Wertschöpfung mit Hilfe des Value Finders formulieren.

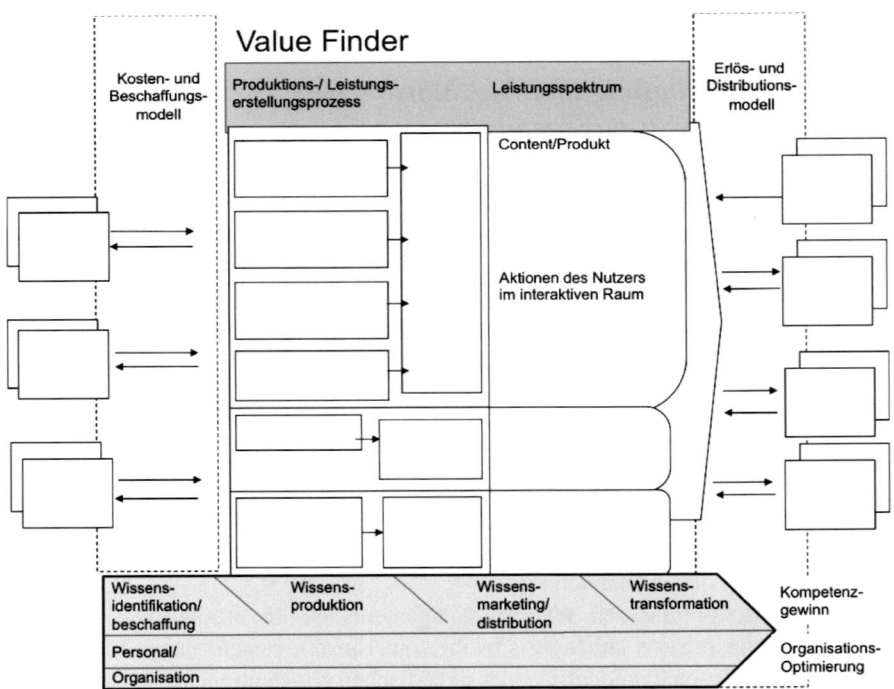

Abb. III-22 Template für die Struktur des Value Finders

1.3 Die Wertschöpfung

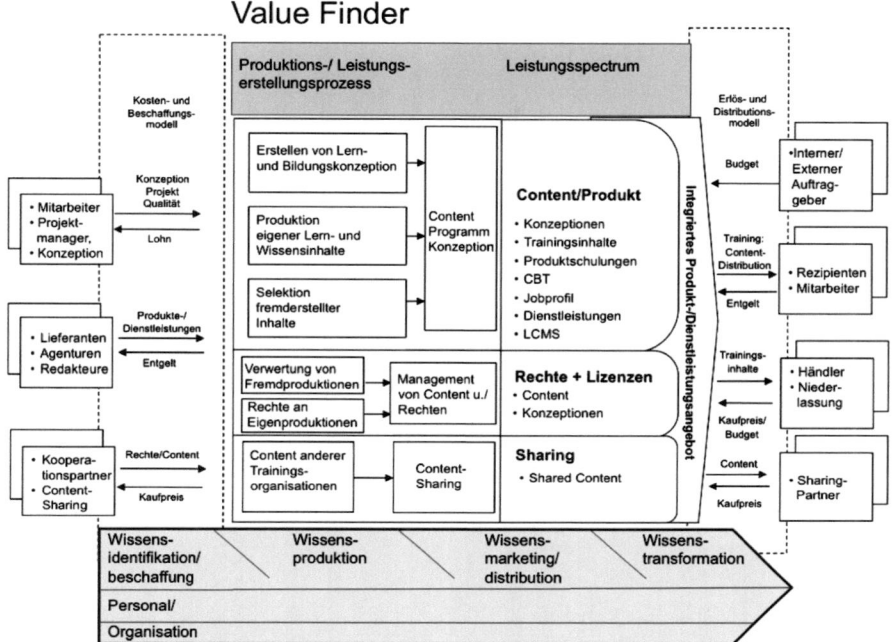

Abb. III-23 Aktivitäten im Rahmen der Wertschöpfung durch den Value Finder

Mit Hilfe des Value Finder lassen sich die Potenziale in den einzelnen Prozessketten ermitteln, die z. B. durch Einsparung auf der Kostenseite oder durch Differenzierung auf der Distributionsseite oder durch innovative Erlösmodelle sich zu einem größeren (monetären) Wert nutzen lassen. Innerhalb der ermittelten und dargestellten Kosten-Leistungs-Struktur lässt sich in Bezug auf den produktiven primären Wertschöpfungsprozess der Wert ermitteln, der sich aus der Differenz zwischen dem Wert an zuvor erbrachter Leistung der Wissensvermittlung und dem Wert an Wissen während oder nach der Wertschöpfung ergibt. Dieser Wert lässt sich als Kennzahl einer gesamten Wertschöpfung oder einzelner Wertschöpfungsprozesse analysieren und darstellen.

Die Methode, den Erfolg bzw. die Wettbewerbspotenziale eines Unternehmens mit Hilfe der Wertschöpfung zu bestimmen, hat ergänzende Vorteile gegenüber der ROI-Methode. Die Wertschöpfung stellt nicht nur das betriebswirtschaftliche Ergebnis auf der Basis eines rationalen Verhältnisses von Einsatz und Ergebnis dar, sondern ermittelt innerhalb von Strukturen und Prozessen die Wettbewerbsvorteile, die als *Wertzuwachs* darstellbar sind. Dies schließt den *Zuwachs an Wert* im Bereich der Mitarbeiterkompetenz und der Organisationsoptimierung mit ein. Auf diese Weise können auch jene *Prozessaktivitäten* intensiv eine Rolle spielen, die im Rahmen des ROI schwierig zu beurteilen sind, weil die monetäre Bewertung z. B. bei den Maßnahmen zur Motivation von Teilnehmern. nur schwierig durchzuführen ist.

Der produktive, primäre Wertschöpfungsprozess des Wissensmanagements lässt sich allgemein wie folgt darstellen:

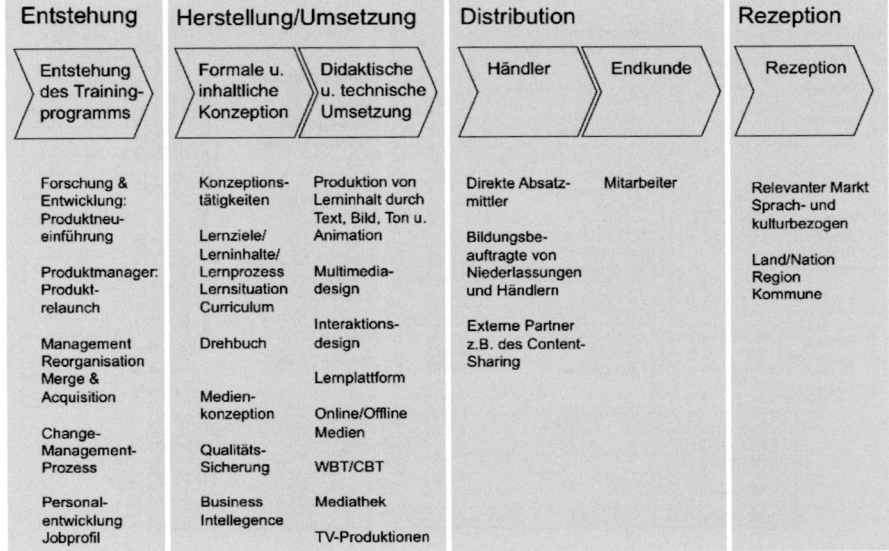

Abb. III-24 Wertkette des Wissens- und Qualifizierungsmanagements

Als einzelne Glieder der Wertkette des Wissensmanagements lassen sich zum Beispiel im Hinblick auf die Prozessabschnitte innerhalb der Leistungserstellung einer Trainings- oder Weiterbildungsabteilung folgende Einheiten und Aktivitäten definieren:

Die Entstehungsphase: In der Entstehungsphase eines Trainingsangebotes stellt sich die Grundfrage, wo und wie sich die Potenziale eines Trainingsangebotes nutzen lassen, die zu einer Wertschöpfung führen können. Anknüpfungspunkte für die Ermittlung dieser Potenziale bestehen in der Kommunikation und im Netzwerk zu verschiedenen Abteilungen eines Unternehmens, die Anlass für die Entwicklung einer Trainingseinheit sein können und diese in Auftrag geben. Dazu gehören die Kontakte und Kommunikation zu folgenden Gruppen:

- Verantwortliche aus der Forschungs- und Entwicklungsabteilung z. B. für das Training bei einer Produktneueinführung,
- Produktmanager z. B. für die Trainingsaktivitäten bei einem Produktrelaunch,
- Führungskräfte im Bereich der Reorganisation oder des Change Managements oder der Abteilung Merger & Acquisition,
- Verantwortliche der Personalentwicklung,
- Management und Geschäftsführung eines Unternehmens allgemein,
- Mitarbeiter eines Unternehmens als allgemeine Zielgruppe.

1.3 Die Wertschöpfung

Die Herstellungs- und Umsetzungsphase: Innerhalb des Prozessabschnittes, in der die formale und inhaltliche Konzeption festgelegt wird, stellt sich die Frage nach einem Wertzuwachs durch die Nutzung von Potenzialen in folgenden Bereichen:

- Entwicklung einer inhaltlichen und didaktischen Konzeption,
- Entwicklung eines Curriculums unter Berücksichtigung von Lernzielen, Lerninhalten, Lernprozessen und Lernsituationen,
- Drehbuchentwicklung für einzelne Trainingsmaßnahmen oder Projekte,
- Entwicklung von dramaturgischen Konzeptionen für Events,
- Entwicklung einer Medienkonzeption im Hinblick auf den Einsatz von verschiedenen Medien,
- Qualitätssicherung.

Innerhalb der didaktischen und technischen Umsetzung können die Potenziale für einen Wertzuwachs genutzt werden, die durch die Produktion und Technik der einzelnen Medien vorhanden sind oder sich aus der Konzeption des Wissensmanagements ergeben, wie zum Beispiel die Potenziale aus Folgendem:

- Produktion von Lerninhalten durch Text, Bild, Ton oder Event oder Erfahrungsmedien u. a.,
- Animation,
- Multimediadesign,
- Interaktionsdesign,
- Lernplattform/ Knowledge-Management-Plattformen,
- Online/Offline-Medien,
- WBT/CBT,
- Mediathek,
- TV-Produktionen.

Die Distributionsphase: Auch innerhalb des Prozessabschnittes der Distribution gibt es Potenziale, die als Wertzuwachs innerhalb der Wertschöpfung genutzt werden können, wie zum Beispiel:

- der direkte Kontakt zu den Nutzern (z. B. Personalabteilung als Auftraggeber) und indirekten Absatzmittler (z. B. Intranet),
- der Kontakt zu Bildungsbeauftragten von Niederlassungen und Händlern,
- die Distributionsformen über das Internet oder Intranet,
- Kontakte zu externen Partnern z. B. durch das Content-Sharing,
- durch die Voraussetzungen, Vorkenntnisse und das Interesse von Teilnehmern selbst.

Rezeptionsphase: Im Bereich der weiteren Rezeption lassen sich die Potenziale nutzen, die sich durch die Anpassung an relevante Märkte ergeben:

- Sprach- oder kulturbezogene Anpassung,
- Landesspezifische, regionale oder lokale Anpassung,
- Personalisierung und Individualisierung von Bildungsangeboten,
- Virtuelle Welten und Communities, die durch Social Computing entstehen,

Im Folgenden werden *die Wertschöpfung des Wissensmanagements* sowie die darauf aufbauenden Geschäftsmodelle im Sinne von *Kosten- und Erlösmodellen* dargestellt, die sich durch die Nutzung von verschiedenen Konzeptionen oder Medien ergeben. Die Einteilung folgt Teil I, nämlich den besonderen Eigenschaften von Präsenz Learning (Kap. 1.2) wie Face-to-Face-Training oder Event-Training, von Distance Learning (Kap. 1.3) mit vorwiegend elektronischen Medien wie Computer-Based Training (CBT oder WebCBT), Teletraining, E-Training, Mediathek, sowie von mobilem Training und den besonderen Formen des Game-Based Training. Eine Betrachtung der Wertschöpfung, die mit Hilfe von Plattformen oder Portalen (vgl. Kap. 1.4) sowie durch die ganzheitliche Konzeption von Blended Learning oder Knowledge-Management-Systemen (vgl. Kap. 1.5) entsteht, schließt dieses Kapitel ab.

Die Darstellung der einzelnen Wertschöpfung dient dazu, Leistungspotenziale innerhalb der Wertschöpfung durch einzelne Leistungsaktivitäten zu finden und damit im Sinne eines Value Finder den größeren Wert zu ermitteln, der sich durch die optimale Nutzung der Wertschöpfungsprozesse im Bereich der Produktion, des Personals und der Organisation ergeben.

1.3.5 Die Wertschöpfung des Präsenz Learning

Die Darstellung der Wertschöpfung durch Präsenz-Learning (Kap. 1.2) und das darauf aufbauende Geschäftsmodell umfasst die Wertkette des „Face-to-Face-Trainings" sowie des Event-Trainings. Die Betrachtungsweise des synchronen Lernens, wie zum Beispiel durch Coaching, Tutoren oder informelles Lernen in einer Lerngruppe, wird im Rahmen der Wertschöpfung durch Blended-Learning-Konzepte dargestellt.

Die Kernmerkmale der Wertschöpfung des Wissensmanagement durch die Präsenz von einem Trainer im Rahmen von Face-to-Face-Training mit Teilnehmern bestehen darin, dass durch die Präsenz ein direkter Kontakt zum Trainer aufgenommen werden kann und ein sozialer Kontext zwischen dem Teilnehmer, der Gruppe und dem Trainer entsteht. Der Trainer kann diese Besonderheit der medialen Präsenz von Teilnehmer und Trainer bei der Vermittlung von Wissen und der Art der Verständigung mit den Teilnehmern nutzen. Dabei kann er auf die direkte soziale Interaktion zwischen Trainer und Teilnehmern, auf den Rhythmus des Trainingsablaufs sowie auf die Vernetzung der sozialen Interaktion in der Gruppe, z. B. durch eine Transferleistung innerhalb einer Gruppenarbeit, zurückgreifen.

Die Wertschöpfung durch die Präsenz von Teilnehmern und Trainer lässt sich wie folgt darstellen: Die Mitarbeiter einer Trainingsabteilung oder externe Lieferanten erstellen die Konzeption in Form von Lehrinhalten, Trainingsprodukten und Trainingsorganisation. Ein wesentlicher Bestandteil des Wertschöpfungsprozesses besteht in der Konzeption und Art der Durchführung bzw. der Trainingsorganisation. Dabei spielen Aspekte wie z. B. Länge und Dauer einer Präsenzschulung, didaktische Konzeption in Bezug auf den Wechsel von Vortrag und Gruppenarbeit,

1.3 Die Wertschöpfung

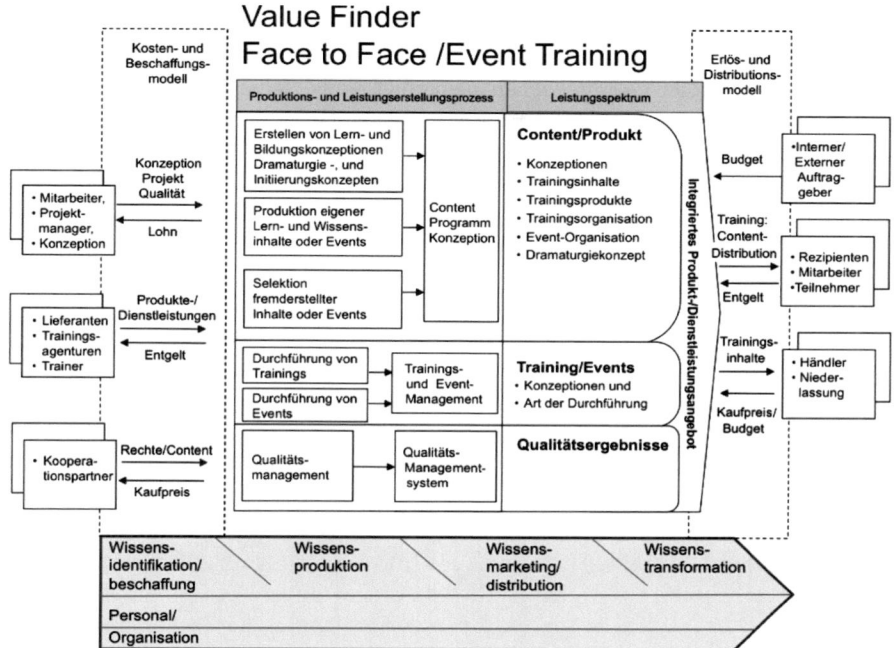

Abb. III-25 Value Finder durch die mediale Präsenz im Rahmen eines Face-to-Face Trainings oder Event-Trainings

Durchführungsort, Auswahl der Teilnehmer hinsichtlich ihre Funktion im Unternehmen und ihres inhaltlichen Kenntnisstandes eine wichtige Rolle. Im Blick auf die Durchführung steht natürlich der Trainer selbst mit seiner medialen Präsenz als Person, seiner Ausdrucksstärke, Rhetorik, didaktischen Kompetenz und Kommunikations- und Führungsstärke im Hinblick auf eine Gruppe im Mittelpunkt. Da der soziale Kontext eines Face-to-Face-Trainings immer von Personen (sowohl Teilnehmern als auch Trainer) abhängig ist, spielt die Ergebnissicherung in Form eines aktiven Qualitätsmanagements eine wichtige Rolle.

Mit Blick auf die *Wertschöpfung* im Bereich der *personalen Kompetenz* sowie der *Optimierung der Organisation* stehen die Faktoren der sozialen Interaktion sowie die Flexibilität der Organisationsstrukturen im Vorgrund. Die Präsenz von Trainer und Teilnehmern kann die Motivation und damit die soziale Interaktion steigern, indem diese soziale Nähe vermittelt und als Erfahrungspotenzial festigt. Innerhalb der Wertschöpfung, die sich mit dem Personal als Teilnehmer in Qualifizierungsmaßnahmen beschäftigt, kommt es darauf an, Impulse und Anreize zu schaffen, dass aus Teilnehmersicht eine Interaktivität und damit eine Erfahrung von Präsenz durch Teilnehmer und Trainer entstehen kann. Die besondere Herausforderung hinsichtlich auf die Wertschöpfung im Bereich der personalen Kompetenz stellt auch der Umgang mit verschiedenen Generationen dar. So ist zum Beispiel die Integration der sogenannten NetGeneration, also der Generation, die während des Internetzeitalters geboren wurde und jetzt in die berufliche Aus- bzw. Weiterbildung kommt, eine wichtige Herausforderung.

Personale Präsenz von Menschen beinhaltet immer eine bestimmte Erlebnisdimension und soziale Interaktion und Beteiligung. Diese kann durch externe Faktoren wie z. B. Art und Ausstattung des Tagungshotels oder durch interne Faktoren wie zum Beispiel im Rahmen der Dramaturgie einer Qualifizierungsmaßnahme wirksam werden. Bei der Einführung von Produkten, aber auch bei neuen Aufgaben und Funktionen in Unternehmensbereichen werden Inhalte durch das sogenannte Event-Training vermittelt. Ein Event-Training beinhaltet die Vermittlung von Wissen im Rahmen von Events wie z. B. der Produktpräsentation an einem interessanten Ort.

Szenario: Das Musical Mama Mia und das Training zum Service-Coach bei Volkswagen Tyre Service System (Aftersales Marketing)

Um die Potenziale des Aftersales Marketing im Bereich des Reifen- und Rädergeschäftes auszunutzen, wurde 2005 in Verbindung mit dem VW-Tyre Service System eine bundesweite Ausbildung der Außendienstmitarbeiter zum Service-Coach durchgeführt. Die Service-Coaches sind Außendienstmitarbeiter für bestimmte Bezirke, die für den Service im Reifen- und Rädergeschäft der Autohäuser für verschiedene Dienstleistungen verantwortlich sind. Neben der Vermittlung von betriebswirtschaftlichen Fachkenntnissen (Business-Plan, Preispolitik etc.) war es für die technikorientierten Außendienstmitarbeiter vor allem wichtig, die Verhaltensdimension von Dienstleistungen im Training kennenzulernen. Ein Schwerpunkt lag deshalb auch auf dem Kommunikationsverhalten und dem Management von Interaktion. Das Training im Blick auf Verhaltensweisen geschieht einerseits durch die Vermittlung verschiedener Erkenntnisse, andererseits aber auch durch die neue Erfahrung, die jeder Teilnehmer für sich selbst machen muss. Im Mittelpunkt einer ersten Trainingseinheit stand deshalb die Frage: „Was macht ein Serviceunternehmen zu einem Serviceleader?" Die theoretische Antwort war schnell mit einem der bekanntesten Autoren gefunden: „Die Vision, der Glaube an die Fähigkeit des anderen, die Integrität und die Liebe zum Geschäft" [BERRY 1998]. Um diese Aussagen konkret erlebbar zu machen, entschieden sich die Trainer für ein besonderes Event. Am Abend nach dem ersten Trainingstag wurden die Teilnehmer zu einer Aufführung des ABBA-Musicals „Mama Mia" in Stuttgart eingeladen. Der zweite Trainingstag begann mit einer großen Überraschung für die Teilnehmer: eine Schauspielerin des Musicals nahm am Training teil. Bevor sie davon berichtete, was für sie als Akteurin dieses Musicals diese Aussagen „Liebe zum Geschäft" oder „an die Fähigkeit anderer zu glauben" bedeuten, brachte sie den Teilnehmern erste Tanzschritte des Musicals bei. Im weiteren Gespräch vermittelte die Schauspielerin ihre Einstellung und Erkenntnisse, wie sie die am Abend zuvor erlebte Aufführung als Dienstleistung und Service für die Zuschauer versteht. Als Abschluss dieser konkret vermittelten Erfahrung über eine Dienstleistung formulierten die Teilnehmer jeweils für sich ihre eigene Verpflichtung bzw. Serviceversprechung, mit welcher Motivation und Grundüberzeugung sie sich für die Dienstleistung im Reifen- und Rädergeschäft von VW einsetzen wollen.

Die Grundlagen von Präsenztrainings, die neue Verhaltensformen, Produkte, Informationen im Rahmen eines Events präsentieren wollen, beruhen auf *einer dramaturgischen Konzeption*. Diese umfasst auf der einen Seite gestalterische, technologische Aspekte wie z. B. Licht, Sound, Arrangement und Location. Aus der Gehirnforschung ist jedoch bekannt, dass Events nicht nur durch äußere Merkmale initiiert werden, sondern die Initiierung eines Events vor allem in den neuronalen Vernetzungen des Gehirns von Event-Teilnehmern stattfindet. Innerhalb der neuronalen vernetzten Strukturen des Gehirns liegen gespeicherte Sinneseindrücke und allgemeine Handlungsmuster des menschlichen Lebens [MIKUNDA 2003, NICKEL/ESCH 2006, S. 53–78], die sich mit Hilfe einer dramaturgischen Initiierung aktivieren lassen. Die Aktivierung dieser Handlungsmuster und Sinneseindrücke geschieht durch psychologisch-relationale Aspekte der Dramaturgie, die zu einem intensiveren Erlebnis durch das physische und psychische Involvement der Teilnehmer führt.

Die Wertschöpfung des Event-Trainings muss um die Aktivität ergänzt werden, mit deren Hilfe eine dramaturgische Konzeption geplant und realisiert wird. Das Event-Training stellt eine besondere Herausforderung dar, weil ein Event zielorientiert in der Wissensvermittlung eingesetzt wird und nicht dem Entertainment dient.

1.3.6 Die Wertschöpfung durch Distance Learning

Die Darstellung der Wertschöpfung durch Distance-Learning-Konzepte umfasst die Wertschöpfung durch CBT/WebCBT, Teletraining und E-Training.

Die Wertschöpfung durch Computer-Based Training (CBT/WebCBT): Die Wertschöpfungskette zur Erstellung von Computer-Based Training (CBT) nutzt verschiedene Potenziale, um mehr Wert durch diese Schulungs- oder Trainingseinheit im Bereich des Wissensmanagements mit Hilfe von CD-ROM, DVD oder webbasierten Trainingsinhalten zu schaffen. CBT bietet die Möglichkeit, Lerninhalte umfassender darzustellen und gegebenenfalls in den Märkten zu Verfügung zu stellen, in denen aufgrund der technologischen Voraussetzungen ein E-Training nicht sinnvoll ist. Eine Erweiterung des Computer-Based Training stellen die Webanwendungen (WebCBT) dar.

Zu den internen Potenzialen des CBT und WebCBT gehören Mitarbeiter, Projektmitglieder oder das Projektmanagement, die für die Konzeption eines CBT verantwortlich sind. Externe Partner sind die Lieferanten, Agenturen oder Redakteure, die eine Leistung in Bezug auf den Inhalt oder die Form der Wissensvermittlung beitragen wie z. B. die Produktion eines Lerninhaltes durch Animation, TV u. ä. Auch an der Schnittstelle zu Kooperationspartnern kann eine

Wertschöpfung entstehen, wenn z. B. Rechte an einer CBT-Trainingseinheit weiterverkauft werden können.

Die Prozessabschnitte des CBT, durch die eine Wertschöpfung entsteht, sind zum einen die Abschnitte der Produktions- und Leistungserstellung, zum anderen umfassen sie auch das gesamte Leistungsspektrum und dessen besondere Verwendung. Zum Produktions- und Leistungserstellungsprozess gehören die Wertschöpfungseinheiten innerhalb der Erstellung von Lern- und Bildungskonzeptionen, die Produktion von eigenen Lern- und Wissensinhalten innerhalb eines Unternehmens oder Trainingsanbieters, die Selektion und Verwertung fremder Leistungen die Verwertung der Fremdproduktionen sowie die Rechte der Eigenproduktionen oder der Content von anderen Trainingsanbietern.

Die wesentlichen Abschnitte der Wertschöpfung im Leistungserstellungsprozess liegen im Bereich der Konzeption, der Programmerstellung, der Erstellung von Wissensinhalten sowie des Managements von Rechten und Inhalten. Zusätzlich zur Leistungserstellung lässt sich der Wertschöpfungsprozess im Hinblick auf das gesamte Leistungsspektrum durch bestimmte Serviceleistungen, Analyse- und Assessmentleistungen, durch Jobprofile u. a. ergänzen. Entscheidend für diesen Teil der Wertschöpfung ist ein integriertes Angebots- und Dienstleistungsmanagement, das alle Angebote und Leistungen kundenspezifisch bündelt und vermarktet.

Die besonderen Potenziale für einen Wertzuwachs innerhalb der CBT-Wertschöpfungskette liegen im Bereich von Paketing und Distribution von CBT-Ange-

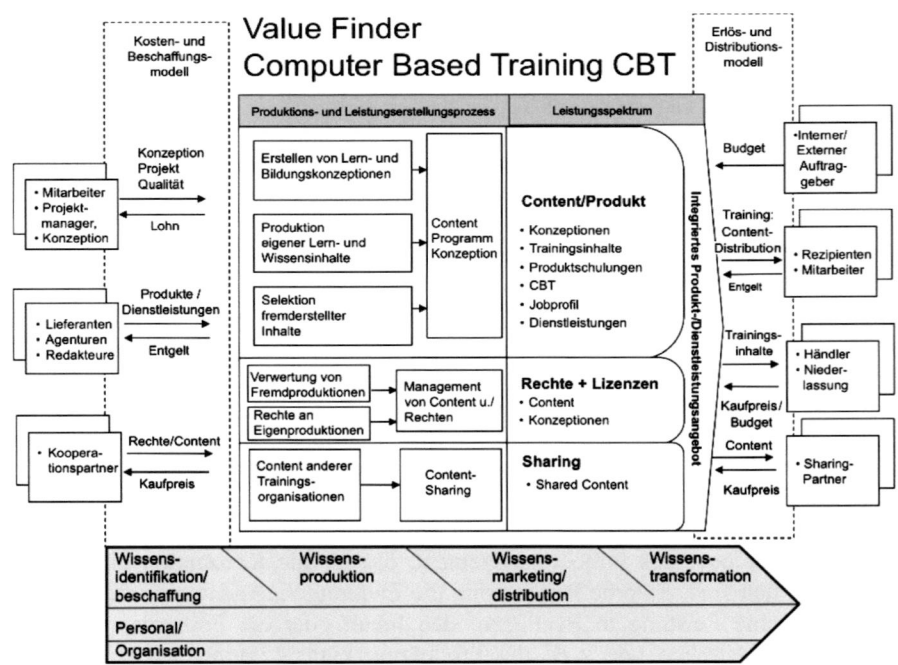

Abb. III-26 Value Finder von Computer-Based Training (CBT)

1.3 Die Wertschöpfung

boten. Dabei wird die besondere mediale Form, unabhängig vom Web mit Hilfe von CBT Lerninhalte zur Verfügung zu stellen, genutzt.

Wertschöpfungspotenziale in der Wertschöpfungskette CBT liegen auch in der Kommunikation und dem Marketing gegenüber der Zielgruppe wie z. B. dem internen oder externen Auftraggeber (Management eines Unternehmens), dem Teilnehmer, Rezipienten oder Mitarbeiter, den Bildungsbeauftragten oder Wissensmanagern bei den Händlern oder Partnerunternehmen, mit denen man verschiedene Trainingseinheiten teilt (Content-Sharing).

Im Hinblick auf die *Wertschöpfung* im Bereich der *personalen Kompetenz* sowie der *Optimierung der Organisation* stehen die Faktoren im Vordergrund, die den individuellen und institutionellen Umgang mit Technik bzw. Medien optimieren. Für den Bereich der personalen Kompetenz können Angebote, mit deren Hilfe die individuelle Medienkompetenz des Einzelnen verbessert wird, eine wichtige Ergänzung darstellen, mit der eine Lücke in der Wertschöpfung geschlossen werden kann. Die Optimierung der Wertschöpfung im Bereich der Organisation besteht vor allem darin, die geeignete technische und logistische Infrastruktur herzustellen, um die Verfügbarkeit von CBT oder WebCBT zu verbessern. In Bezug auf die Wertschöpfung als Input-Output-Modell kann sich dabei auch die Frage nach den Kosten- bzw. Leistungen stellen. So kann der Versand von CBT in bestimmte Märkte, in denen keine ausreichende IT-Struktur vorhanden ist, kostengünstiger sein als ein WebCPT.

Die Wertschöpfung durch Teletraining: Die Nutzung von vielen Teilnehmern schafft einen weiteren Zuwachs in der Wertschöpfung durch das Teletraining. Die besonderen Potenziale eines Telekommunikationsmediums wie zum Beispiel TV, Video und Audio bestehen in der weiten Verbreitung und dem Erreichen einer großen Zielgruppe. Mit Hilfe eines Playout-Centers kann durch vorproduzierte Sendungen oder Life-Stream-Programme ein großer Teil einer Zielgruppe weltweit erreicht werden.

Auch bei der Wertschöpfung des Teletrainings besteht der Wertzuwachs nicht in der faktischen Erreichbarkeit von Teilnehmern, sondern in der aktiven Nutzung durch die Teilnehmer. Das integrierte Produkt- und Dienstleistungsmanagement schafft deshalb folgende Anreize zur Nutzung von Teleangeboten zum Beispiel durch eine

- Übersichtliche Programmvorschau und Programmplanung,
- Teilnehmerorientierte Technologien,
- Themenspezifische Inhalte.

Auch beim Teletraining stehen Aspekte der *Wertschöpfung* im Bereich der *personalen Kompetenz* sowie der *Optimierung der Organisation* im Mittelpunkt. Als Teilnehmer eines Teletrainings werden Mitarbeiter Teil eines medialen Geschehens. Ihre personale Kompetenz muss sich deshalb im Verhalten und in der Befähigung am medialen Geschehen teilzunehmen, weiterentwickeln. Die Wertschöpfung der organisatorischen Optimierung besteht vor allem in der Herstellung einer optimalen Verfügbarkeit und Nutzung der Teleangebote.

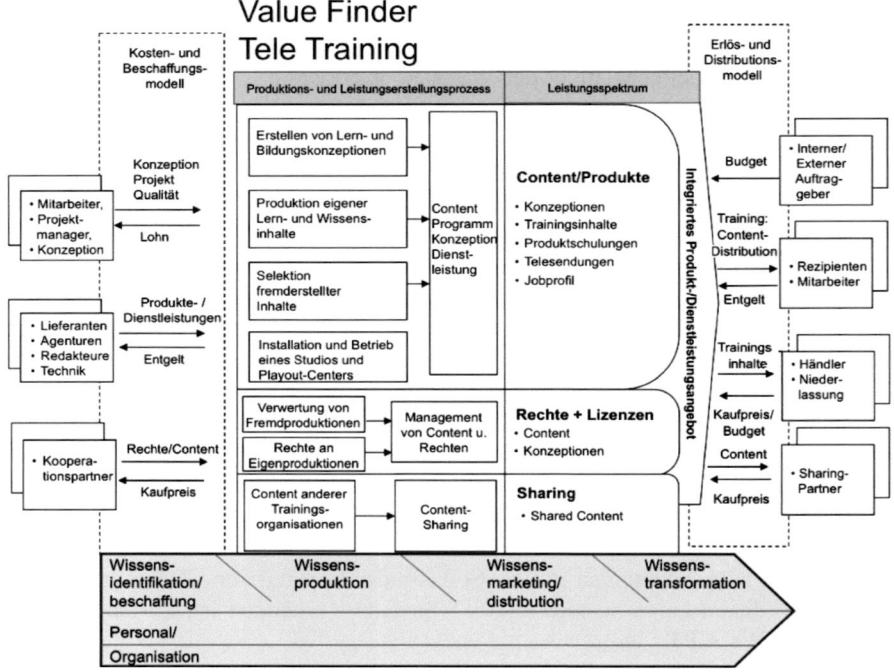

Abb. III-27 Value Finder des Teletrainings

Die Wertschöpfung durch E-Training: Die Wertschöpfung des E-Training verfügt über ein einzigartiges Potenzial, das zu einem besonderen Wertzuwachs innerhalb dieser Wertschöpfung führen kann. Gemeint ist damit die interaktive Verfügbarkeit von Wissensinhalten durch das World Wide Web. Das bedeutet: Der Fortschritt der Wissensvermittlung bei den jeweiligen Teilnehmern lässt sich durch den Anbieter von E-Training zum Beispiel durch Pre- und Posttest aktiv steuern. Anbieter oder Abteilungen, die das E-Training einsetzen, nutzen diese Potenziale durch die Installation einer professionellen Lernplattform in Form einer eigenen LMS-Software oder durch die Nutzung eines Intranets. Um diese Wertschöpfungspotenziale von E-Training zu nutzen, bedarf es aber weiterer Anstrengungen, die sowohl Einfluss auf den Prozessabschnitt der Konzeption sowie der Produktion- und Leistungserstellung von Lern- und Wissensinhalten ausüben. Um die Potenziale für einen Wertzuwachs im Bereich der Konzeption und Leistungserstellung für die ganze Wertschöpfungskette des E-Trainings zu nutzen, müssen die Prozessabschnitte so gestaltet werden, dass sie den Besonderheiten des webbasierten Trainings gerecht werden und die interaktive Verfügbarkeit von Wissensinhalten aktiv unterstützen. Das bedeutet in der Praxis, dass *Wissensinhalte und Vermittlungsformen* so aufbereitet sein müssen, dass es dem Teilnehmer keine Mühe bereitet, mit dem Lernmanagementsystem oder anderen Plattformen, auf denen die Angebote eines E-Training verwaltet werden, umzugehen.

1.3 Die Wertschöpfung

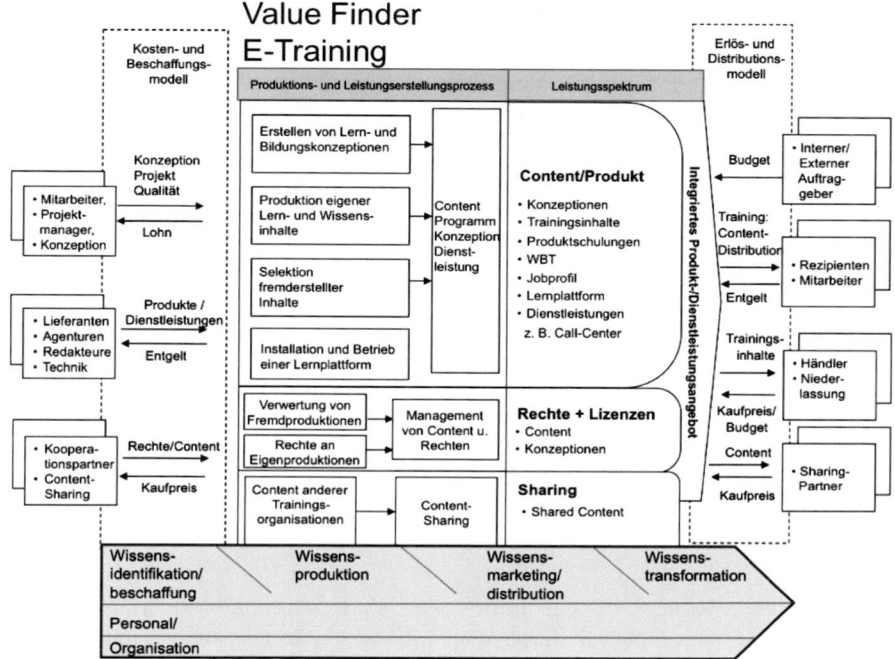

Abb. III-28 Value Finder des E-Trainings

Die Betrachtungsweise von E-Training als eine ganzheitliche Wertschöpfungskette ermöglicht den Blick auch auf die organisatorischen, infrastrukturellen Potenziale, die im Sinne eines Wertzuwachses zuerst analysiert und aktiviert werden müssen.

Dazu gehören auch die Begleitung und das Coaching von Teilnehmern im E-Training. Der interaktive Gebrauch des Web für Lern- und Weiterbildungsprozesse darf nicht als eine Selbstverständlichkeit betrachtet werden. In den Prozessabschnitt eines integrierten Produkt- bzw. Dienstleistungsmanagements gehören deshalb auch die Überlegungen, die Lern- und Wissensvermittlungsprozesse bei den Teilnehmern aktiv zu fördern und zu unterstützen.

Um diese Potenziale im Sinne eines Wertzuwachses für die Wertschöpfung des E-Training zu nutzen, bedarf es Überlegungen z. B. zur Optimierung von

- Information Design oder Instructional Design,
- Usability,
- Anwenderfreundlichkeit,
- Funktionalität der Lernsoftware,
- methodischer Unterstützung in interaktiven Lernprozessen wie z. B. Goal-Based Szenarien [SCHANK/FANO/JONA/BELL 1994] oder dramaturgischer E-Learning Methode [MÖDINGER/THISSEN 2005],
- Begleitung durch Teletutorien,
- Coaching.

Mehr noch als beim Teletraining wird der Mitarbeiter des E-Trainings zum interaktiven Subjekt und zum Teilnehmer eines medialen Geschehens. Deshalb müssen insbesondere auch die Wertschöpfungsprozesse im Hinblick auf *die personale Kompetenz* und *Optimierung der Organisation* betrachtet werden. Der Wertschöpfungsprozess in Bezug auf die personale Kompetenz beginnt damit, auf welche Weise ein Teilnehmer die Tastatur eines Computers bei der Eingabe beherrscht und wie er mit der Interaktivität von Computern z. B. mit den verschiedenen Applikationen umgehen kann. Auch im Bereich der Wertschöpfung hinsichtlich der Optimierung von Wertschöpfungsprozessen der Organisation kann es großen Handlungsbedarf geben: Oft liegt der Grund dafür, dass die Wertpotenziale für die Wertschöpfung von E-Training nicht genutzt werden können, in ganz banalen Umständen: Beispielsweise wenn die Teilnehmer eines E-Training keine bzw. nur beschränkte Möglichkeiten eines Netzzuganges an ihrem Arbeitsplatz haben, z. B. in einer Autowerkstatt.

1.3.7 Die Wertschöpfung durch eine Mediathek

Eine weitere Herausforderung bildet die Wertschöpfung von „Training-on-Demand" wie zum Beispiel durch eine Mediathek. Immer mehr Angebote im Bereich von Training oder Wissensmanagement räumen den Teilnehmern einen kontinuierlichen Lernprozess durch ein „Learning-on-Demand" ein. Lernmaterialien oder Wissensinhalte, die bereits produziert wurden und deshalb zur Verfügung stehen, werden innerhalb einer Mediathek neu organisiert und angeboten. Damit können bestimmte Skaleneffekte bei der Herstellung von Trainingsangeboten genutzt werden.

In Ergänzung zu den Trainings- und Schulungsangeboten, die einen verbindlichen Charakter aufzeigen, räumt das „Training-on-Demand" den Nutzer einen gewissen Grad an Freiheit und Selbständigkeit ein. Darin sind auch die Potenziale dieser Wertschöpfung zu sehen da in der Regel die Eigeninitiative und Eigenverantwortung für Lern- und Wissensvermittlungsprozesse eine nachhaltige Rolle spielen.

Die Bereitstellung von Dateien oder Wissenscontent in Form von Büchern, PDF u. a. ist noch keine Wertschöpfung, sondern nur eine Lagerhaltung. Die Wertschöpfung entsteht nur dadurch, dass Teilnehmer eine Mediathek durch bestimmte Anreize nutzen. Deshalb stehen bei der Wertschöpfung von „Training-on-Demand" nicht die quantitativen Überlegungen im Mittelpunkt, z. B. „wie viel Content kann abgefragt werden?", sondern das qualitative Nutzerverhalten, also „wie oft wurde welcher Content abgefragt bzw. genutzt?".

Deshalb besteht ein wichtiger Aspekt der Wertschöpfung in der Steigerung der *personalen Kompetenz*. Für die Teilnehmer oder Mitarbeiter muss ein Anreiz geschaffen werden, die Wissensinhalte einer Mediathek zu nutzen. Diese Anreize liegen in der Kommunikation, der Motivation, aber auch in der Möglichkeit zur Interaktion und zur Beteiligung von Mitarbeitern z. B. an der Auswahl der Inhalte einer Mediathek oder an der Bewertung von Lerninhalten.

1.3 Die Wertschöpfung

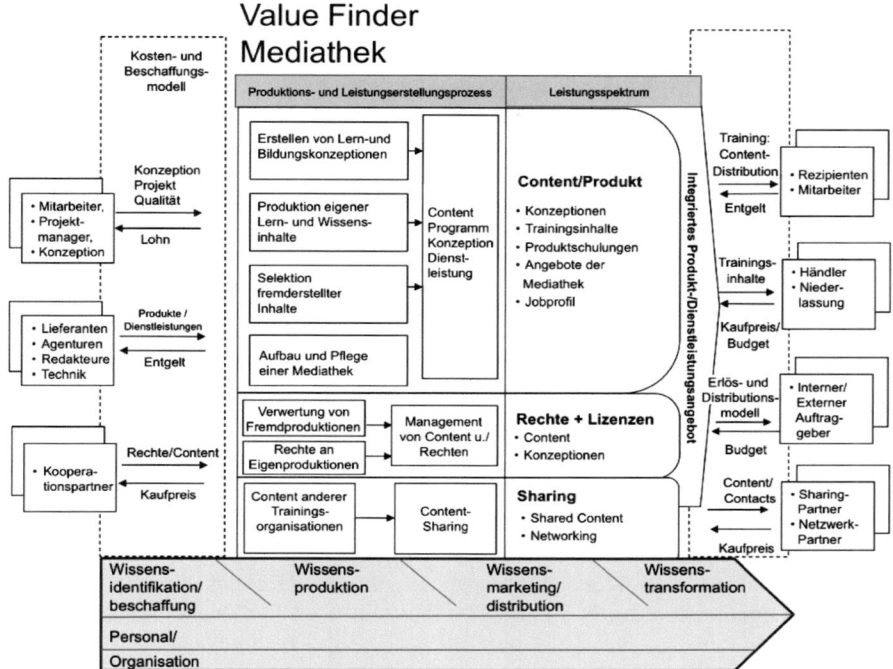

Abb. III-29 Value Finder einer Mediathek

Der Prozessabschnitt „Aufbau und Pflege einer Mediathek" ist deshalb eng mit dem integrierten Produkt- und Dienstleistungsmanagement von „Training-on-Demand" verbunden. Das integrierte Produkt- und Dienstleistungsmanagement von „Training-on-Demand" nutzt die Potenziale von „on-demand-Content" als Wertzuwachs in der Wertschöpfung durch verschiedene Maßnahmen und Aktionen, wie zum Beispiel:

- Gewährleistung einer Verfügbarkeit von „Content-on-Demand",
- Nutzerfreundliches Handling einer Mediathek,
- Zusätzliche Anreize für Training-on-Demand, Interaktionen, Community usw.

1.3.8 Die Wertschöpfung durch mobile Medien

Mobiles Training ist keine Modeerscheinung des E-Learning sondern ein konkreter Ansatz zur Wissensvermittlung mit Hilfe von mobilen Endgeräten. Um dies deutlich zu machen, muss der Wertzuwachs von mobilem Training erfasst und dargestellt werden. Der Wertzuwachs in der Wertschöpfung durch mobiles Training besteht darin, dass der Teilnehmer die Zeit für Lernprozesse und die Vermittlung von Wissen zum Beispiel durch sein Handy nutzen kann, wenn er mobil ist. Mobile-Learning-Studien wie z. B. die Studien der Fernuniversität Hagen [KUSZPA 2005] machen deutlich, dass sowohl Lerninhalte als auch Lernformen auf die Besonderheiten des mobilen Lernens angepasst werden müssen. In der Regel schaffen Wissens- und Lerninhalte dann einen größeren ergänzenden Wert, wenn diese zum Beispiel für das Memorieren von Wissen und Inhalt geeignet sind.

Das integrierte Produkt- und Dienstleistungsmanagement nutzt deshalb diese Potenziale in der Wertschöpfung des mobilen Trainings durch

- die Entwicklung von Lerninhalten, die für das mobile Training geeignet sind,
- die technische Realisierung zum Beispiel über UMTS oder DMB sowie
- die Integration von mobilem Training in den gesamten Lern- und Trainingsprozess.

Beim mobilen Training ergeben sich gerade in Bezug auf die *Wertschöpfung* im Bereich der *personalen Kompetenz* sowie der *Optimierung der Organisation* große Potenziale zur Steigerung der Wettbewerbsfähigkeit. Zum einen lassen sich die Potenziale nutzen, die sich aus der größer werdenden Mobilität ergeben. Durch einen Anreiz können Mitarbeiter motiviert werden, Zeit, die ihnen während ihrer Mobilität zur Verfügung steht, für mobiles Training zu nutzen. Zum anderen bestehen auch Wertschöpfungspotenziale im Hinblick auf die Optimierung der Organisation durch mobiles Training-on-the-job. Geschäftsprozesse, die

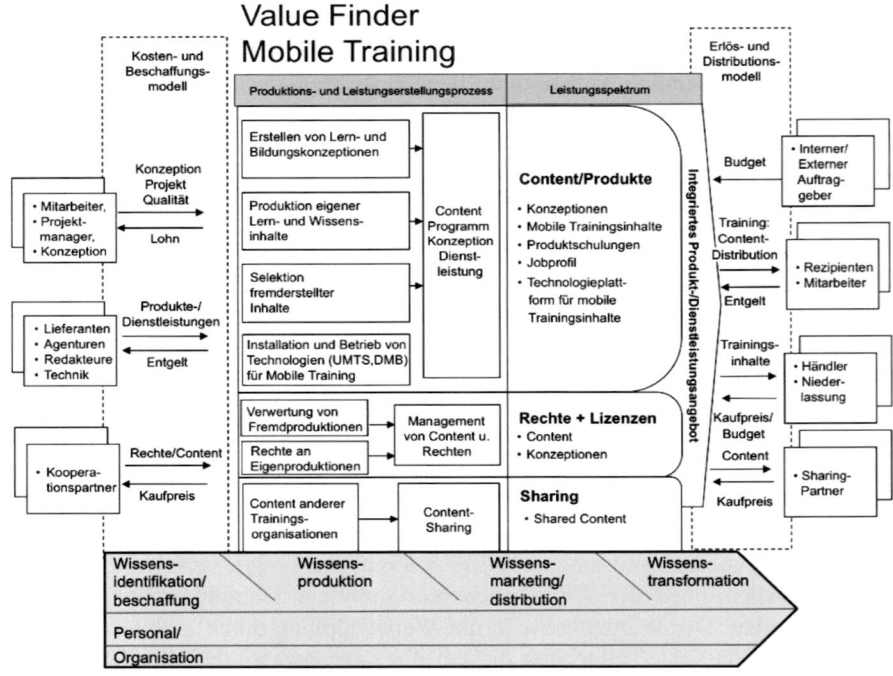

Abb. III-30 Value Finder des mobilen Trainings

1.3 Die Wertschöpfung

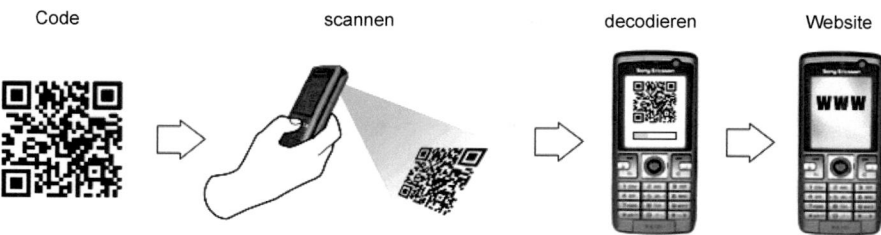

Abb. III-31 Prinzip des 2D-Code-Marketings

auf mobiler Kommunikation aufbauen, stehen heute erst am Anfang. Dennoch lassen sich verschiedene Perspektiven auch für das mobile Lernen heute schon deutlich machen, zum Beispiel durch Mobile Tagging. Das Mobile Tagging beruht auf der Entwicklung eines 2D-Codes und dessen Nutzung durch mobile Endgeräte. Der 2D-Code enthält wie der Barcode an Verpackungen, Lieferscheinen u. a. digitale Informationen, die mit Hilfe des Abscannens durch ein mobiles Endgerät decodiert werden und durch eine Webpräsentation mobil abgerufen werden können.

Auf diese Weise werden Informationen zu Produkten, Arbeitsprozessen an Dokumenten u. ä. zugänglich, die ein Mitarbeiter mobil oder on the job nutzen kann.

Mobile Tagging ist heute vorwiegend im asiatischen Raum z. B. in Japan im Einsatz und betrifft sowohl redaktionelle Informationen z. B. in Zeitungs- oder Zeitschriftenartikel, Informationssystem z. B. Leitsysteme an Gebäude oder als Cityguide in Städten sowie, Informationen in Ticketing-Systemen als auch werbliche Informationen auf Coupous, in Anzeigen usw. Eine Übertragung des Mobile Tagging auf das Wissensmanagement findet erst jetzt statt.

1.3.9 Besondere Formen der Wertschöpfung durch interaktive Medien (Game-Based Learning)

Eine besondere Form der Wertschöpfung, die gegenwärtig eine große Beachtung findet, ist die Wissensvermittlung durch Spiele. Basis dieser Wertschöpfung ist der nichtlineare, interaktive Gebrauch elektronischer Medien. Im Gegensatz zu dem linearen Gebrauch elektronischer Medien, bei dem die Medien zweckorientiert zur Wissensvermittlung eingesetzt werden, ist die nichtlineare Nutzung elektronischer Medien durch die Interaktion und Selbstbestimmung des Mediennutzers im Spiel charakterisiert.

Die Überlegung, Spiele für Lern- und Wissensvermittlungsprozesse einzusetzen, ist in verschiedenen Aspekten begründet. Unter dem Begriff „Fraktales Wissen" [THISSEN 2003, S. 265] hat die aktuelle Gehirnforschung [ROTH 1992, VARELA 1993, MATURANA 1998] deutlich gemacht, dass das Gehirn des Menschen autonom und jenseits aller Lerntheorien die Wissensverarbeitung selbständig steuert. Dabei lässt sich das Wissen nicht als Objekt, Inhalt oder Stoff verstehen, der erworben, abgespeichert und benutzt werden kann, sondern als permanentes Konstruieren von Erkenntnissen eines Individuums über die Welt und sich selbst. Die Wissensvermittlung geschieht über die positive Emotionalisierung von Wissensinhalten, um indirekten Einfluss auf die Konstruktion durch die neuronale Vernetzung des Gehirns zu nehmen. Ergänzend zu dieser erweiterten Sicht der Wissensvermittlung stehen natürlich auch wirtschaftliche Interessen: Viele Impulse der Informationsvermittlung geschehen gegenwärtig durch Spiele (Edutainment oder Mobile Entertainment u. a.).

Als Ausgangspunkt für das Digital Game-Based Learning [BURMESTER/EDINGER/THISSEN 2006, PRENSKY 2001] kann das Modell des Goal-Based Scenario [SCHANK/FANO/JONA/BELL 1994, S. 305] genommen werden. Goal-Based Scenario beschreibt die instruierte Lernsituation, bei der die Wissensvermittlung in einem Problemlösungsprozess eingebunden ist, der wiederum mit einer Coverstory (Rahmengeschichte) verbunden ist. Erkenntnisse aus den aktuellen Forschungsprojekten zeigen, dass die Rahmengeschichte dabei eine wesentliche Rolle spielen kann. Unter dem Begriff „Dramaturgische E-Learning-Strategie" (DES-Methode) wurde an der Hochschule der Medien in Stuttgart die Bedeutung eines dramaturgischen Handlungsrahmens an Beispielen untersucht. Die DES-Methode [MÖDINGER/THISSEN 2005] lässt sich in folgenden Schritten umsetzen: Entwick-

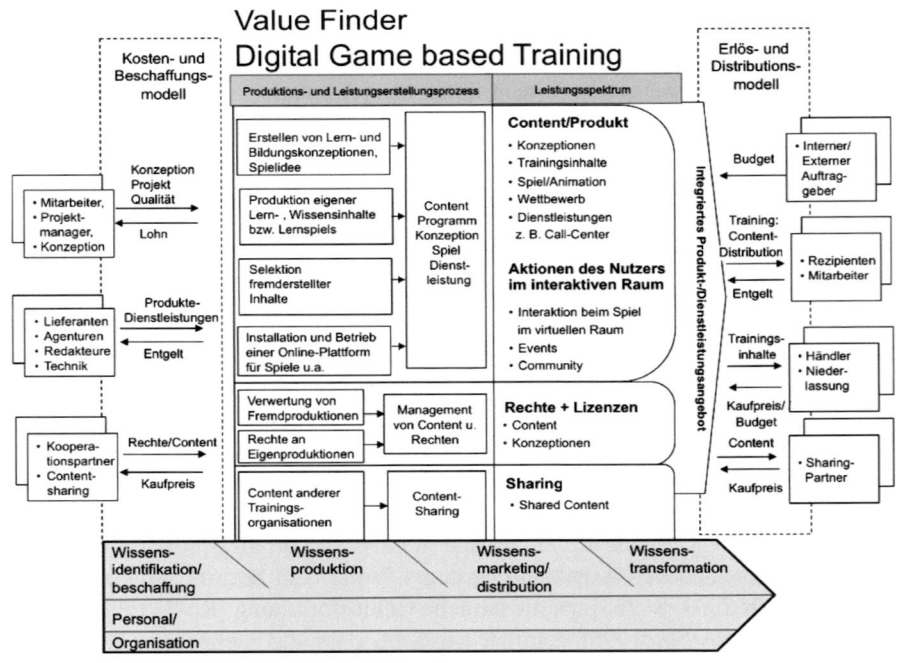

Abb. III-32 Value Finder des Digital Game-Based Learning

lung einer Dramaturgie und strategischen Vorgehensweise, Transformation der Aufgabenstellung in unbewusste Erfahrungswelten wie Mythen, Erzählungen und Geschichten, Entwicklung einer nichtlinearen interaktiven Dramaturgie, Einsatz von Helden und symbolischen Figuren aus Mythen oder Märchen, Gestaltung von geheimer Information bzw. geheimen Orten, Entwicklung einer Lern-Community und Aktivierung des Hyperraums.

Das professionelle Wissensmanagement, das digitale Spiele einsetzt, nutzt ein erweitertes Wertschöpfungsmodell, bei dem der Teilnehmer bzw. Nutzer eine interaktive Rolle spielt. Dazu sind folgende Schritte notwendig: Erstellung und Entwicklung einer Spielidee, durch die der Nutzer zum Spielen motiviert wird. Diese Motive liegen in der Regel in der Dramaturgie einer Geschichte und in der Möglichkeit für den Teilnehmer, aktiv zu werden. Die meisten Spiele folgen der Idee des Adventures, bei dem der Teilnehmer durch den Einsatz seiner Fähigkeiten und durch sein Können aktiv eine Herausforderung löst. Dabei nimmt er meistens die Rolle eines Helden ein. Die Spielidee und Realisierung eines Spiels geschieht auf der Basis von Geschichten, die meistens einen symbolischen Hintergrund haben und sich oft mythologischer Metaphern bedienen.

Für die Lösung einer Aufgabenstellung im Rahmen eines dramaturgischen Hintergrunds (Story, Held und Antiheld u. a.) stehen dem Teilnehmer eines digitalen Spiels der virtuelle Raum und Interaktionen zur Verfügung. Spiele werden durch Mitspieler oder Gegner interessant. Der virtuelle Raum als Hyperspace bietet die Möglichkeit, Wissen für die Lösung der Aufgabe spielerisch zu erhalten.

Wissensvermittlung und Lernen durch ein Spiel bringt auch hinsichtlich der *Wertschöpfung* im Bereich der *personalen Kompetenz* bestimmte Vorteile mit sich, z. B. höhere Interaktion und damit bessere Lernerfolge. Eine erste Evaluation der oben beschriebenen DES-Methode an der Hochschule der Medien hat allerdings gezeigt, dass die Vermittlung von Wissen und Inhalten stark vom Lebenskontext der jeweiligen Teilnehmer abhängig ist. Nach den bisherigen Erkenntnissen lässt sich zwar die Vermutung aufstellen, dass Game-Based Learning aufgrund der Freiwilligkeit und höheren Identifikation eine umfassendere und nachhaltige Vermittlung von Wissen mit sich bringt. Allerdings kommt diese Methode durch die Teilnehmer, die in einem Lernumfeld stehen, in dem es um schnelle Ergebnisse und Lösungen zu einem Problemverhalten geht, wenig zum Einsatz. Umgekehrt bietet ein Kontext z. B. für ein Sicherheitstraining eine gute Möglichkeit, Simulationen, Spiele oder Training in virtuellen Welten durchzuführen.

1.3.10 Die Wertschöpfung durch Systeme, Portale oder Plattformen

Eine besondere Herausforderung stellt die Darstellung der Wertschöpfung dar, innerhalb der die Wissensvermittlung durch verschiedene Systeme geschieht. Dazu gehören Learning-Management-Systeme sowie die Content-Management-Systeme (vgl. dazu Kap. 1.4). Learning Management Systeme umfassen alle Aktivitäten, durch die eine administrative, organisatorische und informationstechnologische Voraussetzung geschaffen wird, um Wissens- und Lernprozesse für Teilnehmer anzubieten und zu fördern. Dazu gehören beispielsweise auch die Lernplattformen, die unter den Begriffen „E-Learning-Plattform", „Instructional- oder Educational Management System" u. ä. bekannt sind. Ergänzend dazu werden die Systeme als Content-Management-Systeme bezeichnet, die unter Einbeziehung von Datenbanksystemen komplexe Webinhalte strukturieren und zur Verfügung stellen. Dazu gehören „Online-Redaktionssysteme", „Web-Content Management" oder „cross-mediale Lösungen".

Inzwischen ist eine Annäherung der beiden Systeme festzustellen. Die Perspektive besteht darin, innerhalb eines integrierten Learning-Content-Management-Systems (LCMS) eine Lern- und Arbeitsumgebung zu schaffen, bei der es zu einer Integration aller Wissens- und Lernprozesse kommen kann. Diese Perspektive ist mehrdimensional: Zum Einen umfasst sie die Perspektive des „longlife Learning", bei der die kurzfristige und langfristige Perspektive von Lernen berücksichtigt wird. Zum Zweiten stellt eine Wertschöpfung durch verschiedene Systeme die Anforderung, durch z. B. „cross-mediale" Angebote den Teilnehmer in die Lage zu versetzen, Lern- und Wissenstransferprozesse simultan zu nutzen. Zum Dritten gibt es in dieser Weiterentwicklung eine individuelle und institutionelle Perspektive, die sich damit beschäftigt, welches „human intelligent capital" im Unterneh-

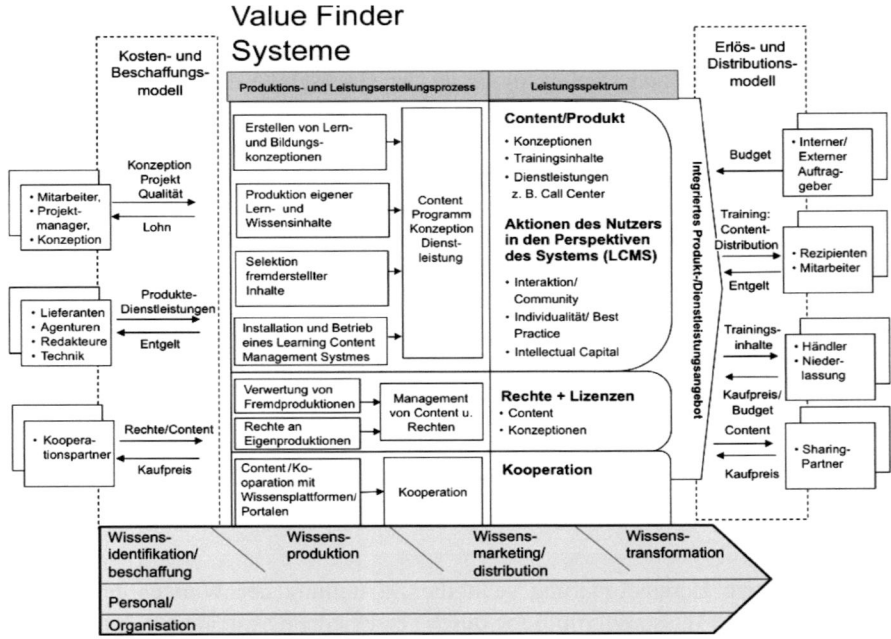

Abb. III-33 Value Finder von Learning-Content-Management-Systemen und deren Perspektiven

1.3 Die Wertschöpfung

men vorhanden ist und auf welche Weise dieses im Rahmen einer Business-Intelligence-Lösung genutzt werden kann.

Mit Blick auf die Nutzung dieser Systeme für Lern- und Wissensvermittlungsprozesse und deren perspektivische Weiterentwicklung haben sich Konzepte herausgebildet die sich mit den Begriffen *„Blended Learning", „longlife Learning"* aber auch *Intelligent Capital* und Business Intelligence beschreiben lassen.[21]

Die Wertschöpfung, die durch Learning-Management-Systeme und Content-Mangement-Systeme sowie deren verschiedene gemeinsame perspektivische Betrachtungen (*Blended Learning, Longlife Learning, Intellectual Capital* etc.) entsteht, lässt sich wie folgt beschreiben: Der Ausgangspunkt ist die Erstellung einer Konzeption sowie deren Umsetzung durch die Herstellung von Inhalten (Eigen- und Fremdproduktion) und einer Infrastruktur. Die Zielsetzung dieses Wertschöpfungsprozesses besteht darin, eine integrierte Lern- und Arbeitsumgebung zu schaffen, die ein Höchstmaß an zeitlicher, inhaltlicher und organisatorischer Flexibilität, aber auch nachhaltigem Erfolg den Teilnehmern ermöglicht.

Deshalb stehen im Mittelpunkt des Leistungsspektrums nicht nur Inhalte als Angebote der Wissensvermittlung, sondern die Möglichkeiten, die die Aktionen des Nutzers in den Perspektiven eines Learning-Content-Management-Systems fördern und unterstützen. Dazu gehören Maßnahmen und Aktivitäten, die die Sozialisierung im System unterstützen, wie z. B. durch Interaktion oder der Möglichkeit einer Wissenscommunity, und die Individualität des Teilnehmers fördern. Dies kann z. B. durch Best-Practice-Beispiele oder andere Aktivitäten geschehen, durch die die Teilnehmer sich motivieren.

Bei der Wertschöpfung von Systemen spielt die primäre Wertschöpfungskette innerhalb der Personalwirtschaft und der Organisation eine immer größer werdende Rolle.

---

[21] Buchegger, B., Krisper-Ullyett, L., Michl, J., Ortner, J.: *Collaborative blended learning. Eine Orientierung für Lehrende, ModeratorInnen und TutorInnen zum Thema: Wie kann ich das E-Medium für Lernprozesse in der Erwachsenenbildung nutzen?* Schriftenreihe der FH Wien, Band 42, Wien 2006; Liening, A., Wiepcke, C.: *Blended Learning als Katalysator für Gender Mainstreaming.* Dortmunder Beiträge zur ökonomischen Bildung, Nr. 3. Wirtschafts- und Sozialwiss. Fakultät der Universität, Dortmund 2004; Reinmann-Rothmeier, G.: *Didaktische Innovation durch Blended Learning. Leitlinien anhand eines Beispiels aus der Hochschule.* Unter Mitarbeit von Frank Vohle, Frederic Adler und Heidi Faust. Bern 2003; Sauter, A., Sauter, W.: *Blended Learning. Effiziente Integration von E-Learning und Präsenztraining.* Luchterhand, Neuwied 2002; Rüschoff, B.: *Fremdsprachenunterricht mit computergestützten Materialien. Didaktische Überlegungen und Beispiele.* 1998; Wiepcke, C: *Computergestützte Lernkonzepte und deren Evaluation in der Weiterbildung. Blended Learning zur Förderung von Gender Mainstreaming.* Hamburg 2006; Peter, I.: *Erfolgsfaktoren und -hemmnisse beim Tele-Tutoring. Eine Analyse virtueller Betreuung von Lernenden im Kontext hybrider Lehr-Lern-Arrangements.* Herbert Utz Verlag, München 2007.

Checkliste 1
Grundprinzipien der Wertschöpfung und Value Chain (Value Finder)

Ermittlung der Wertschöpfung des Wissensmanagements durch den Value Finder

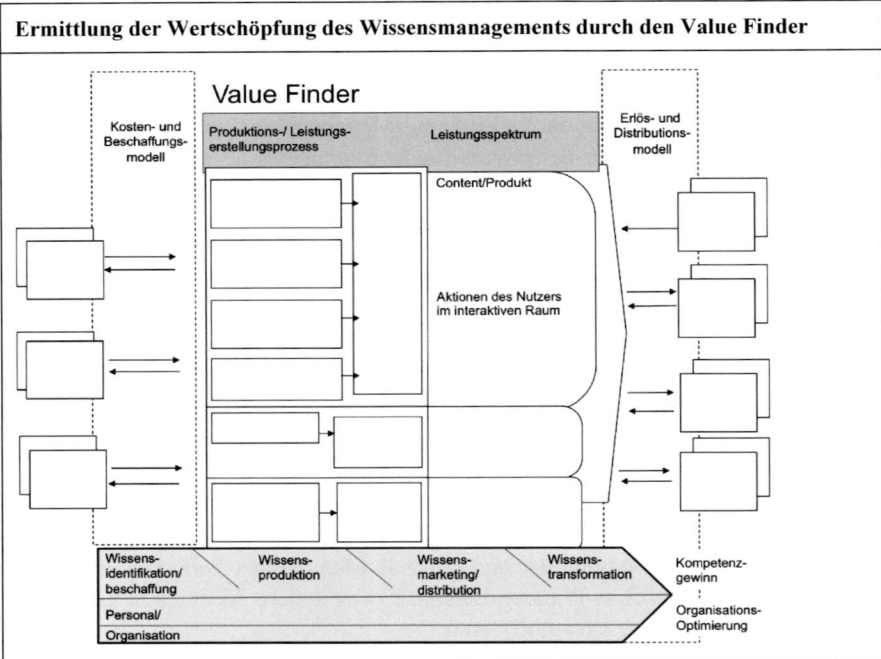

Schritt 1: Stellen Sie den Prozess der Wertschöpfung einer Aktivität des Wissensmanagements dar.

Schritt 2: Stellen Sie die Kostenstruktur und die Beschaffungsmodelle dar.

Schritt 3: Zeigen Sie den Leistungserstellungsprozess und das Leistungsspektrum auf.

Schritt 4: Stellen Sie die Erlösstruktur und die Distributionsmodelle dar.

Schritt 5: Bestimmen Sie die Wertschöpfung als Differenz der Vorleistung und dem durch einen Leistungserstellungsprozess erbrachten Wissenswert.

1.3 Die Wertschöpfung

Checkliste 2
Die Wertschöpfungspotenziale des Wissensmanagements in Ihrem Unternehmen

Beurteilen Sie die Wertschöpfungspotenziale des Wissensmanagements in Ihrem Unternehmen durch + oder –		
Präsenzmedien	Plus	Minus
Teilnehmer nehmen sozialen Kontakt auf, bilden eine Gruppe, das soziale Geschehen steht im Mittelpunkt.		
Dozenten und Teilnehmer lernen sich persönlich kennen, TeilnehmerInnen können Präferenzen füreinander entwickeln.		
Dozent kann auf Verständnisschwierigkeiten und auf Anregungen unmittelbar reagieren.		
Dozent kann das kommende Online-Kursgeschehen besser planen und damit Finetuning vornehmen. Damit können die Bedürfnisse und tatsächlichen Interessen der Teilnehmer besser berücksichtigt werden.		
Die Kommunikation ist ganzheitlich.		
Die Teilnehmer unterstützen sich beim Lernen gegenseitig.		
Es können jederzeit weiterbringende Diskussionen entstehen.		
Alle Personen müssen zur gleichen Zeit am gleichen Ort sein.		
Alle Teilnehmer sollten gleiches relevantes Vorwissen haben, damit der allgemeine Lernfortschritt nicht behindert wird.		
Das Lerntempo ist nicht individualisierbar.		
Elektronische Medien	Plus	Minus
Es wird zeit- und ortsunabhängig gelernt.		
Teilnehmer bestimmen ihr Lerntempo selbst.		
Teilnehmer lernen, wie und wo es ihnen passt. Sie setzen inhaltliche Schwerpunkte und holen damit das Optimum für sich heraus.		
Der Lernstoff ist gut aufbereitet, Methodik/Didaktik sind sehr flexibel.		

Der Einsatz unterschiedlicher Medien (Bild, Video, Ton, Animation, Text) und unterschiedlicher Aufgabenstellungen (Praxisnähe, theoretischer Zugang, Spiele, Gruppenarbeiten, Einzelarbeiten usw.) spricht unterschiedliche Lerntypen an.		
Je nach Plattform ist eine einfache, individuelle und motivierende Betreuung der einzelnen Teilnehmenden möglich, so können auch Missdeutungen ausgeschlossen werden.		
Keine soziale Bindung zu weiteren Teilnehmenden, wenn keine E-Moderation eingesetzt wird.		
Mögliche Missdeutungen von Inhalten bleiben unbemerkt, wenn Fachtutoren nicht ausreichend anwesend sind.		
Hohe Selbstlernkompetenz ist erforderlich, wenn keine individuelle Betreuung durch E-Facilitation erfolgt.		
Teilnehmer können der Kursleitung leicht „abhanden" kommen, wenn keine Betreuung erfolgt.		
Teilnehmer ziehen sich zurück aus der Lerngruppe, wenn besonders auffällige und dominante Teilnehmer die Gruppe beherrschen (Gender-Problem: Meist ziehen sich Frauen zurück, wenn einzelne Männer das Geschehen dominieren).		
Interaktive Medien (nichtlineare Kommunikationsformen)		
Dramaturgie steigert das Interesse und die Motivation des Teilnehmers.		
Höheres Involvement des Teilnehmers und damit auch größeres Wissensinvolvement.		
Ergänzende Form des Wissensmanagements durch selbstgesteuertes Lernen.		
Entstehung von Communities auf der Basis der Motivation von Teilnehmern.		

Kapitel 2
Die Strategie des Wissensmanagements

Sowohl der Return on Training Investment (ROTI) als auch die Wertschöpfung sind Methoden, mit denen sowohl das Ergebnis eines wirtschaftlichen Handelns als auch die sogenannten Kennzahlen gemessen und beurteilt werden. Beide „Mess- bzw. Steuerungsverfahren" gehören zu den Grundlagen einer Betriebswirtschaft.

Die Strategie spielt in der Betriebswirtschaftslehre eine andere Rolle. Aus der Managementperspektive ist die Strategie ein Planungsinstrument, mit dem ein Unternehmen von einer Ausgangslage zu einem Ziel geführt wird. Im Rahmen der Strategie geht es also darum, von einem bestimmten Ausgangspunkt zu einem Ziel zu gelangen, indem die Richtung und das Ziel bestimmt und ein Aktionsrahmen für die Maßnahmen festgelegt wird. Innerhalb dieses Aktionsrahmens werden die Maßnahmen definiert, durch deren Einsatz ein Unternehmen oder eine Trainingsabteilung das definierte Ziel erreichen kann.

Die *Formulierung von Zielen* macht die Richtung deutlich, wohin sich ein Unternehmen bzw. eine Abteilung in Zukunft bewegen wird. Der *Aktionsrahmen* ist der Rahmen, innerhalb dessen die strategischen (langfristigen) und operativ-taktischen (kurzfristigen) Maßnahmen für einen bestimmten Zeitrahmen festgelegt werden, die für das Erreichen der festgelegten Ziele notwendig sind.

In der Regel besteht der Zeitrahmen für eine strategische Planung zwischen ein und fünf Jahre. Der Zeitrahmen für eine taktische Planung, die die kurzfristigen Handlungsaktivitäten eines Unternehmens betreffen, liegt zwischen einem und vierundzwanzig Monate. Die operative Planung eines Unternehmens wird auch als Taktik bezeichnet.

2.1 Die Formulierung einer Strategie für das Wissensmanagement

Die Formulierung einer Strategie hat Einfluss auf alle Ebenen eines Unternehmens. Eine Strategie umfasst sowohl das Unternehmen als Ganzes (vgl. Kap. 2.1.2) als

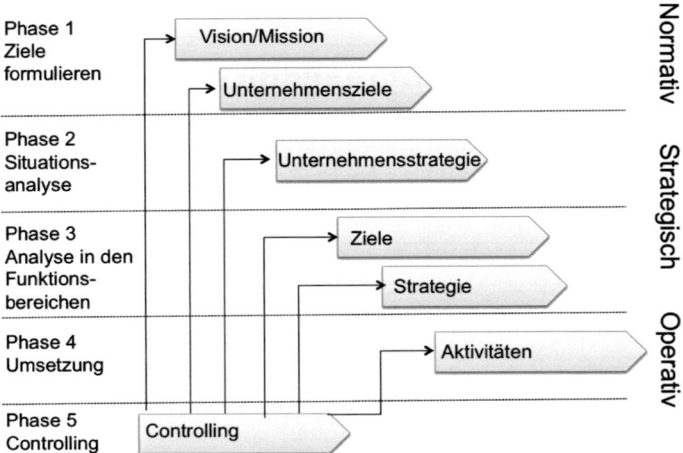

Abb. III-34 Strategische Vorgehensweise aus der Sicht des gesamten Unternehmens

auch die bestimmten Teilbereiche eines Unternehmens, innerhalb deren die verschiedenen Funktionen wie z. B. Beschaffung, Produktion und, Marketing ausgeübt werden (vgl. Kap. 2.1.6). Der Zusammenhang zwischen Unternehmensstrategie und den Strategien in bestimmten Funktionsbereichen lässt sich im Überblick wie in Abb. III-34 darstellt wie folgt formulieren:

In einer ersten Phase definiert ein Unternehmen die Ziele für das gesamte unternehmerische Handeln und beschreibt den Auftrag und die Vision des Unternehmens mit wenigen Worten. Innerhalb der zweiten Phase wird die Unternehmensstrategie definiert, indem die verfügbaren Ressourcen und Kapazitäten (Produktion, Finanzen u. a.) der Zielsetzung zugeordnet werden. Dabei spielt natürlich die Analyse der aktuellen wirtschaftlichen und gesellschaftlichen Situation eine wichtige Rolle. In Phase 3 werden Ziele und Strategien der verschiedenen Funktionsbereiche eines Unternehmens wie z. B. Personal, Produktion und Beschaffung. festgelegt. In Phase 4 werden die Maßnahmen und Aktionen geplant und durchgeführt, die zum Erreichen der Zielsetzung notwendig sind. Phase 5 beinhaltet das Controlling der verschiedenen Ebenen wie Unternehmen oder Funktionsbereiche.

Bei der Umsetzung der Strategie im gesamten Unternehmen sowie in den verschiedenen Funktionsbereichen leistet die sogenannte Balanced Scorecard eine wichtige Hilfestellung (vgl. Kap. 2.2).

2.1.1 Szenario: Porsche führt mit einer klaren Vision

Die Strategie bei Porsche beginnt mit einer klaren Vision. Diese betrifft das gesamte Unternehmen und seine Zielsetzung für vier Jahre.

2.1 Die Formulierung einer Strategie für das Wissensmanagement 349

Die Vision und Ziele von Porsche können wie folgt beschrieben werden [HARMEL 2006]: Im Rahmen einer strategischen Planung werden die Geschäftsfelder und Kernprozesse definiert. Geschäftsfelder und Kernprozesse lassen sich als Handlungsrahmen beschreiben, in dem bestimmte Aktionen innerhalb eines bestimmten Zeitraums erfüllt werden müssen, um die Ziele zu erreichen. Geschäftsfelder sind zum Beispiel die In- und Auslandsmärkte, aber auch Serviceleistungen oder verschiedene Produkte von Porsche. Als Kernprozesse lassen sich Aktivitäten im Bereich der Forschung und Entwicklung, im Marketing und Vertrieb, in der Produktion, in der Personalentwicklung oder Finanzwirtschaft u. a. beschreiben. Die operative Planung umfasst den Zeitraum von einem Jahr. Sie betrifft wiederum das gesamte Unternehmen mit seinen verschiedenen Geschäftsbereichen wie z. B. Forschung und Entwicklung, Personalabteilung sowie Produktion.

Mit Hilfe der sogenannten Balanced Scorecard (vgl. Kap. 2.2) werden die Ziele und Maßnahmen der strategischen Planung sowie die Aktivitäten der operativen Planung konkret in die Praxis umgesetzt. Dies geschieht durch die Mitarbeitergespräche im Rahmen eines Zielvereinbarungs- und Personalentwicklungsprozesses. Einmal pro Jahr führen die Vorgesetzten ein Gespräch mit den Mitarbeitern, für die sie verantwortlich sind, und vereinbaren Ziele, die mit Hilfe von Maßnahmen und Vorgaben erreicht werden sollen. Das Erreichen der Ziele wird durch geeignete Messkriterien überprüft und betrifft entsprechend der Systematik der Balanced Scorecard die Finanzen, die Organisation und internen Geschäftsprozesse, die Methodenentwicklung, die Kunden, Klienten und Märkte sowie die Mitarbeiter und Personalentwicklung.

Für den Faktor „Mensch" hat das Unternehmen Anforderungen und Kompetenzen in fachlichen, methodischen, persönlichen und sozialen Bereichen festgelegt. In diesem Zusammenhang stellt das Unternehmen folgende Anforderungen an die Kompetenzen von Mitarbeitern. Zum fachlichen Wissen gehört z. B. das Bran-

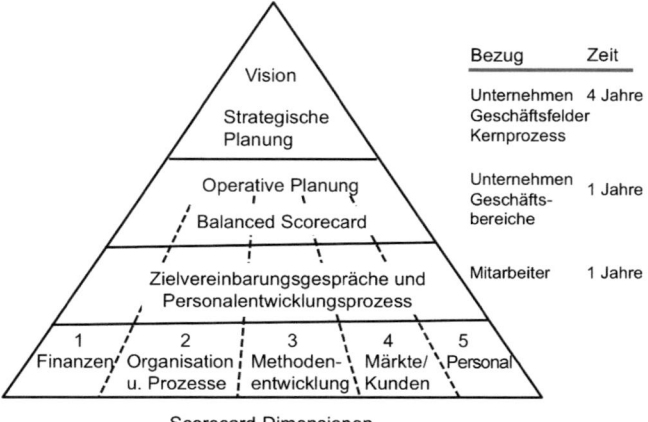

Abb. III-35 Porsche führt mit einer klaren Vision – Formulierung einer Strategie im Qualifizierungs- und Wissensmanagement [HARMEL 2006]

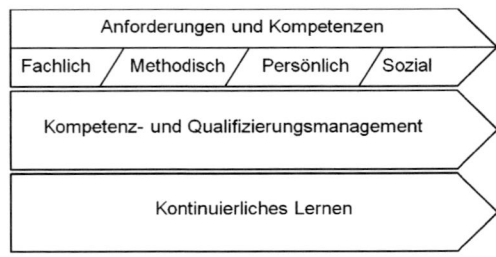

Abb. III-36 Anforderungen und Kompetenzen der Mitarbeiter bei Porsche [HARMEL 2006]

chenwissen, das Prozesswissen über relevante Abläufe sowie bereichsübergreifendes Wissen wie z. B. BWL für Ingenieure. Methodisches Wissen drückt sich in der Strukturfähigkeit, Innovationsfähigkeit und Umsetzungsfähigkeit von Mitarbeitern aus. Anforderungen und Kompetenzen im persönlichen Bereich bestehen in der Fähigkeit, sich selbst und andere zu begeistern, im proaktiven Engagement und der Belastbarkeit durch selbstbewusstes, sicheres Auftreten. Soziale Anforderungen und Kompetenzen sind Integrationsfähigkeiten, Kommunikationsfähigkeiten und soziale Sensibilität.

Durch ein Top-down-Feedback bei den Mitarbeitern, ein Führungskräfte-Feedback und ein Kunden-Feedback wird konkret gemessen, inwieweit durch das konkrete Verhalten von Mitarbeitern und Vorgesetzten die formulierten Anforderungen und Kompetenzen umgesetzt und gelebt werden.

Das Kompetenz- und Qualifizierungsmanagement sowie ein kontinuierliches Lernen in der Unternehmenspraxis optimieren die Umsetzung von Anforderungen und Kompetenzen im Hinblick auf das Erreichen der geplanten strategischen und operativen Ziele.

2.1.2 Knowledge-Box: Die Unternehmensstrategie

Für die Formulierung einer Strategie für das gesamte Unternehmen gibt es verschiedene Methoden und Instrumente. Ausgangspunkt für die Wahl einer Strategie ist die Analyse der Lücke, die sich durch die strategische Zielformulierung und die Ausgangssituation ergibt. Mit Hilfe der Strategie schließt das Management eines Unternehmens diese Lücke.

Für die Analyse eines Unternehmens und seiner Ausgangssituation lässt sich ein Analyseinstrument verwenden, das als Stärken-Schwäche- und Chancen-Risiko-Analyse (SWOT) bekannt ist. Mit Hilfe einer analytischen Betrachtungsweise werden auf der einen Seite die Stärken und Schwächen eines Unternehmens selbst dargestellt, auf der anderen Seite werden die Chancen und Risiken innerhalb einer Branche oder Umfeldes analysiert. Eine analytische Betrachtungsweise besteht in der Auswertung zurückliegender Informationen und deren Interpretation für die Zukunft.

2.1 Die Formulierung einer Strategie für das Wissensmanagement

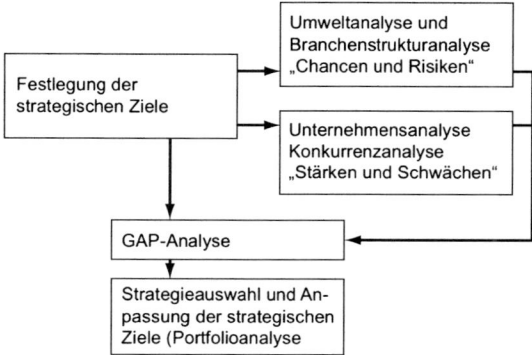

Abb. III-37 Die GAP-Analyse als Ausgangssituation für die Formulierung einer Strategie

In den Bereich der Stärken und Schwächen eines Unternehmens gehören folgende Beobachtungen:
- Entwicklung der Auftragssituation,
- Analyse der technischen Infrastruktur im Bereich der Produktion oder Verwaltung sowie deren aktuelle Weiterentwicklung,
- Marktkenntnisse und Marktpositionen,
- Ausstattung mit Kapital,
- Mitarbeitermotivation,
- Wissen im Unternehmen und dessen einzelnen Abteilungen.

Chancen oder Risiken, die für ein Unternehmen bestehen, lassen sich durch folgende Beobachtungen analysieren und erkennen:
- Entwicklung der Branche,
- Investition in neue Technologien,
- Anforderung an eine hohe Qualität oder bessere Leistung,
- Starker Wettbewerb,
- Weitere Technologieentwicklung.

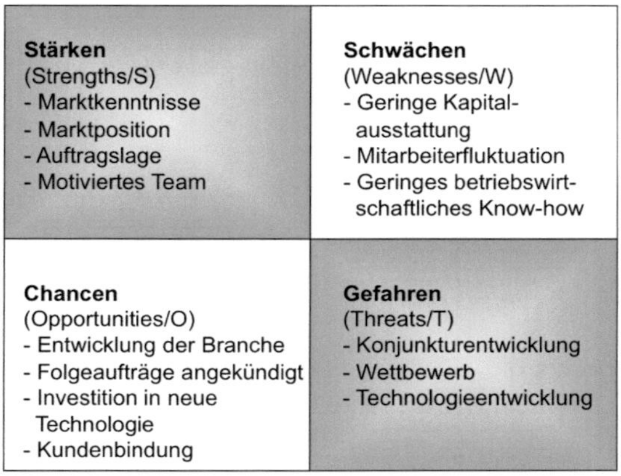

Abb. III-38 Anforderungen und Kompetenzen der Mitarbeiter bei Porsche [HARMEL 2006]. Die Stärken-Schwächen- und Chancen-Risiken-Analyse

Stärken (Strengths/S)	Schwächen (Weaknesses/W)
- Marktkenntnisse - Marktposition - Auftragslage - Motiviertes Team	- Geringe Kapitalausstattung - Mitarbeiterfluktuation - Geringes betriebswirtschaftliches Know-how
Chancen (Opportunities/O)	**Gefahren** (Threats/T)
- Entwicklung der Branche - Folgeaufträge angekündigt - Investition in neue Technologie - Kundenbindung	- Konjunkturentwicklung - Wettbewerb - Technologieentwicklung

Abb. III-39 Strategieableitung aus der SWOT-Analyse

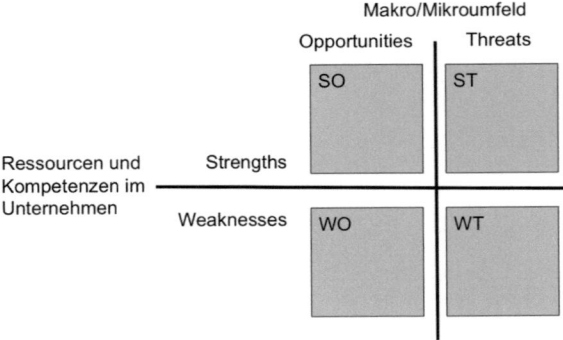

Aus den Ergebnissen der Starken-Schwächen sowie der Chancen und Risiken ergibt sich für ein Unternehmen die Formulierung einer Strategie mit verschiedenen Ausprägungen: Strategie 1 baut auf die eigenen Stärken und die Chancen im Markt (SO-Strategie). Strategie 2 versucht, durch die Stärken die Risiken im Markt zu reduzieren (ST-Strategie). Strategie 3 basiert darauf, durch die Chancen im Markt Schwächen im Unternehmen auszugleichen (WO-Strategie). Mit Hilfe der Strategie 4 werden Schwächen im Unternehmen und Risiken im Markt ausgeglichen (WT-Strategie).

Ein Unternehmen kann im Allgemeinen durch die Entwicklung folgender neuer Bereiche eine Unternehmensstrategie planen und umsetzen:

- Geschäftsfelder und Produkte,
- Märkte und neue Zielgruppen,
- Distributionsformen und organisatorische Infrastruktur,
- Formen der Personalentwicklung und des Wissensmanagements.

Ergänzend zu der Unternehmensstrategie gibt es weitere Strategien in den verschiedenen Abteilungen oder Unternehmensbereichen wie z. B.

- Marketingstrategie,
- Wettbewerbsstrategie,
- Personalentwicklungsstrategie,
- Wissensmanagement-Strategie.

2.1.3 Szenario: Die Umsetzung der Personalentwicklung von Porsche durch Zielformulierung und strategische Handlungsmöglichkeiten

Durch die Geschäftsführung wurde die Unternehmensstrategie für das gesamte Unternehmen mit Hilfe einer Vision, der Strategie selbst und der Zielformulierung festgelegt. Mit Zielen wird ein für die Zukunft gewünschter Zustand bzw. eine Entwicklung zum Ausdruck gebracht. Bei Porsche werden diese Ziele zum Beispiel

2.1 Die Formulierung einer Strategie für das Wissensmanagement

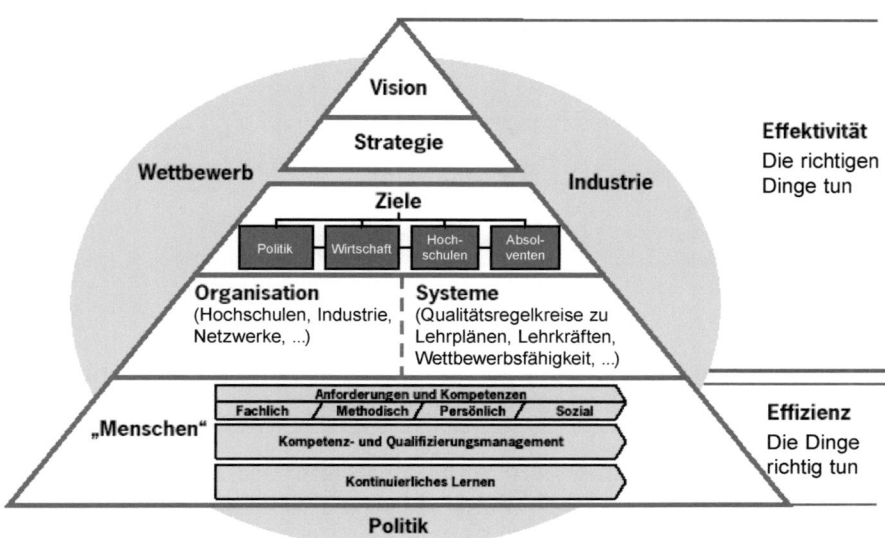

Abb. III-40 Umsetzung einer Strategie im Bereich der Personalentwicklung bei Porsche [HARMEL 2006]

auch im Hinblick auf die Netzwerke mit der Politik und Wirtschaft auf der einen Seite und in Bezug auf die Hochschulen und den akademischen Nachwuchs auf der anderen Seite definiert. Diese Ziele beinhalten die Abstimmung der Lehrpläne auf die unternehmerische Praxis, eine praxisorientierte Ausbildung durch die Lehrkräfte sowie die allgemeine Steigerung der Wettbewerbsfähigkeit durch Studium und Ausbildung. Mit Blick auf die Mitarbeiter werden die Ziele im Sinne von Anforderungen und Kompetenzen in den jeweils beschriebenen Bereichen Fachwissen, methodisches Wissen sowie, persönliches und soziales Verhalten formuliert.

Mit Hilfe einer GAP-Analyse können die Bereiche analysiert und ermittelt werden, bei denen zwischen den Vorgaben der Zielsetzungen und dem bisher erreichten Stand eine Lücke klafft. Auf der Basis dieser Lückenanalyse werden weitere Aktivitäten geplant und umgesetzt, wie z. B. Intensivierung der Zusammenarbeit mit Hochschulen im In- und Ausland oder ergänzende Qualifizierungsmaßnahmen, um die strategische Zielsetzung zu erreichen.

2.1.4 Die Wissensmanagementstrategie als Leitbild oder Funktion

Das strategische Planen und Handeln in Bezug auf das Qualifizierungs- und Wissensmanagement in Unternehmen lässt sich unter zwei verschiedenen Gesichtspunkten darstellen: Zum einen kann eine Strategie eine Denkhaltung für alle Mitarbeiter und das Management eines gesamten Unternehmens zum Ausdruck

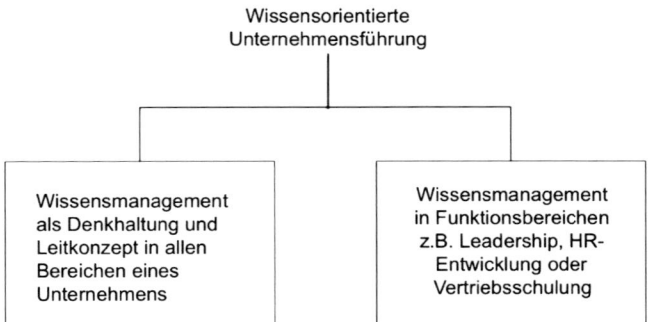

Abb. III-41 Die Strategie der wissensorientierten Unternehmensführung als Leitbild und Funktion

bringen. Mit diesem strategischen Anspruch werden eine Einstellung und ein Denken beschrieben, das als Leitkonzept bei allen Mitarbeitern in allen Abteilungen und Bereichen eines Unternehmens wirksam werden soll.

Das bedeutet, dass ein Unternehmen als Ganzes über verschiedene Abteilungen und Funktionen hinweg das „ganze Wissen des Unternehmens" mit einer Strategie sichern bzw. weiterentwickeln muss. Zum anderen gibt es aber auch Strategien, die für die Arbeitsweise von einzelnen Abteilungen oder Funktionsbereichen eine wichtige Bedeutung haben, wie zum Beispiel die Strategie der Personalentwicklung. Auch eine Trainingsabteilung benötigt für die Planung und Umsetzung ihrer Angebote eine strategische Planung.

Eine wissensorientierte Unternehmensführung [RODE 2001] baut auf die beiden Aspekte: Wissensmanagement als Leitkonzept für das ganze Unternehmen und Wissensmanagement im Sinne einer Funktion einer bestimmten Abteilung wie z. B. der Weiterbildungsabteilung oder HR-Abteilung.

Der Schwerpunkt dieses Kapitels liegt auf der Entwicklung und Anwendung einer Strategie im Bereich einer Funktion des Wissensmanagements, z. B. der strategischen Planung einer Trainingsmaßnahme im Vertrieb durch die Fortbildungsabteilung eines Unternehmens. Dennoch soll das Wissensmanagement für ein gesamtes Unternehmen als Denkhaltung aller Mitarbeiter und des Managements im Sinne einer Leitkonzeption dargestellt werden.

2.1.5 Info-Box: Strategie des Wissensmanagements als Leitkonzeption für ein Unternehmen

Viele Unternehmen haben in den zurückliegenden Jahren das Wissen, das durch die Mitarbeiter in den Unternehmen vorhanden ist, als wichtige Ressource und Potenzial für das unternehmerische Handeln entdeckt. Durch das Wissensmanagement als Leitkonzeption für das Management und das Verhalten von Mitarbeitern wurden Methoden und Maßnahmen entwickelt, mit denen die Wissenspotenziale in einem Unternehmen analysiert, gesichert, weiterentwickelt und verfügbar gemacht werden können. Das Wissensmanagement ist in die unternehmerische Zielsetzung eingebettet. Die Strategie eines Wissensmanagements für das gesamte Unternehmen im Sinne eines Leitbildes oder einer Denkhaltung lässt sich mit folgenden Schritten in der Praxis anwenden:

Schritt 1: Wissensziele setzen Die Unternehmensziele bilden die Grundlage für die Wissensziele. Dabei stellt sich Frage, welches Wissens benötigt wird, um die Unternehmensziele zu erreichen. Die Antwort auf diese Frage wird mit einer Formulierung von Wissenszielen sowohl für das gesamte Unternehmen als auch für einzelne Abteilungen gegeben.

Schritt 2: Wissen identifizieren In einem zweiten Schritt wird das Unternehmen im Hinblick auf das vorhandene Wissen analysiert und die Wissensträger z. B. durch Wissenslandkarten, Diskussionsforum oder Debriefing identifiziert. Durch die Gegenüberstellung von Wissenszielen und vorhandenem Wissen wird das Defizit an Wissen deutlich, das in einem nächsten Schritt erzeugt werden muss.

Schritt 3: Wissen erzeugen Die Erzeugung von Wissen geschieht unter strategischen Gesichtspunkten durch Research Teams, Communities, Workshops mit Open Space oder strukturierten Brainstorming-Aktivitäten.

Schritt 4: Wissen speichern In einem weiteren Schritt wird das neue Wissen nach bestimmten Kriterien selektiert und gespeichert, z. B. durch Bildung von Schlagwörtern, Erfassung und Priorisieren von Speichermedien oder Wissensdatenbanken.

Schritt 5: Wissen verteilen Die Verteilung von Wissen setzt eine funktionierende Kultur innerhalb des Unternehmens und in den Abteilungen voraus. Wissensinhalte lassen sich nicht nur einfach verteilen, sondern sind eingebettet in die zwischenmenschlichen Beziehungen und Kontakte. Unter Berücksichtigung dieser Besonderheit lässt sich das neue Wissen durch Schulungs- oder Trainingsmaßnahmen aktiv verteilen.

Schritt 6: Wissen anwenden Das gelernte neue Wissen muss nun in den konkreten Arbeitsprozessen angewendet werden. Hilfreich sind dabei überschaubare Projekte sowie das Coaching von Mitarbeitern oder Teams.

Schritt 7: Veraltetes Wissen aktiv aufgeben Wer neues Wissen erlernen und praktizieren will, muss veraltetes Wissen aktiv aufgeben. Ein wichtiger Schritt dazu ist die Überprüfung der Aktualität von Wissen und die Festlegung von Kriterien, welches Wissen aufgegeben werden kann.

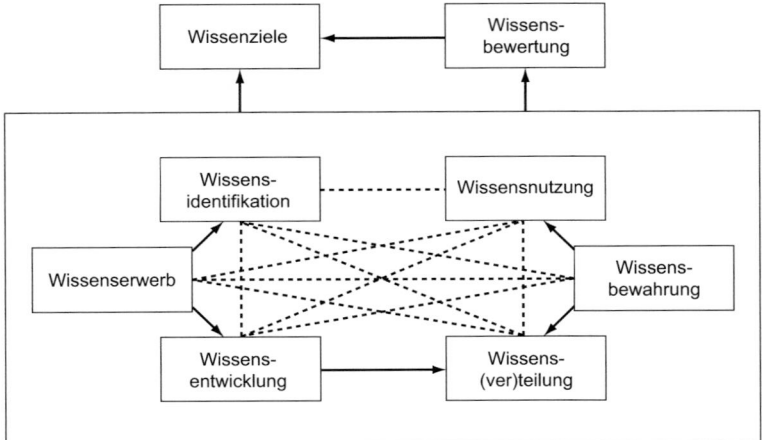

Abb. III-42 Die Organisation von Wissensmanagement [ROMBARDT 2000, PICOT/REICHWALD/WIGAND 2001]

Schritt 8: Wissensnutzung messen Eine Strategie des Wissensmanagements nutzt die Methode des Controllings der Ergebnisse, die das strategische Denken und Handeln gebracht hat. Dabei kann die Häufigkeit der Nutzung von Wissensinhalten gemessen oder durch Interviews überprüft werden, ob das zu Verfügung gestellte Wissen in der Kommunikation und den Arbeitsprozessen genutzt wird.

2.1.6 Die Strategie als Funktion

Ein Unternehmen kann eine Strategie als Funktion für verschiedene Geschäftsbereiche festlegen. Diese Bereiche lassen sich im Sinne von Geschäftsfeldern definieren, innerhalb deren die Unternehmensleitung einen bestimmten Bedarf sieht. Als besondere Geschäftsfelder, in denen das Wissensmanagement zur Anwendung kommt, können folgende Bereiche eines Unternehmens definiert werden:

- Führungskräfteentwicklung
- Personalentwicklung
- Vertriebsschulungen.

Innerhalb dieser Geschäftsbereiche legt die Unternehmensführung Ziele fest. Das Erreichen dieser Ziele wird durch Abteilungen geplant und realisiert wie z. B. die Angebote einer Corporate University für die Führungskräfteentwicklung oder Vertriebsschulungen einer Trainingsabteilung. Dabei trifft die Geschäftsführung im Rahmen der allgemeinen unternehmerischen Zielsetzung die grundsätzlichen Entscheidungen z. B. in Bezug auf den Aufbau einer Corporate University, den Aufbau von E-Training oder einer Trainingsabteilung oder die Investition in ein Business-TV-Training. Diese Entscheidungen sind abhängig von der Geschäfts-

2.1 Die Formulierung einer Strategie für das Wissensmanagement

politik und der allgemeinen unternehmerischen Strategie, welche Rolle und Bedeutung Wissen im Unternehmen zugemessen wird und wie damit verfahren werden soll. Viele Geschäftsführungen orientieren sich dabei an der Erkenntnis, dass firmeninternes Wissen ein wichtiges Gut innerhalb des Unternehmens darstellt und deshalb bestimmte Trainings- und Schulungsmaßnahmen nicht durch externe Anbieter realisiert werden sollten. Beim Aufbau eines Wissens- und Qualifizierungsmanagements kann sich eine Geschäftsführung im Wesentlichen an der in der Info-Box beschriebenen Strategie des Wissensmanagements als Leitkonzeption für ein ganzes Unternehmen orientieren.

Die Strategie vieler Abteilungen oder Anbieter von Wissens- oder Qualifizierungsmanagement wird oft von der Technik bzw. den Medien bestimmt, die für die Umsetzung der strategischen Maßnahmen genutzt werden. Orientiert sich eine Trainingsabteilung oder ein Anbieter von Qualifizierungsmaßnahmen zu sehr an der Technik, dann besteht die Gefahr, die eigentliche strategische Zielsetzung, nämlich die Vermittlung von Wissensinhalten, Verhaltensformen oder Kompetenzen, nicht zu erfüllen. Das strategische Denken und Handeln besteht in der Planung und Umsetzung von den Handlungsaktivitäten, die im Hinblick auf eine besondere Ausgangssituation zu realisieren sind, um die geplante Zielsetzung erfolgreich zu erreichen. Dazu gehört auch die Berücksichtigung von sozialen Kommunikationsformen, Lernmethoden u. a.

Der erste Schritt einer Strategieformulierung von Trainingsanbietern oder Trainingsabteilungen besteht in der Analyse der Ausgangssituation sowie der Formulierung der Ziele, die innerhalb eines bestimmten Zeitabschnittes zu erreichen sind. Natürlich ist die Zielsetzung einer Trainingsabteilung oder von Trainingsanbietern abhängig von den allgemeinen Zielen eines Unternehmens wie zum Beispiel:

- Produkte, Produktentwicklungen und Produkteinführungen,
- Personal, Personalentwicklungen und Personalstrategien,
- Einführung neuer Technologien,
- Standortentwicklungen u. a.

Dennoch wandelt sich die allgemeine Situation von Unternehmensabteilungen oder Anbietern von Qualifizierungsmaßnahmen in dem Sinne, dass diese nicht nur Auftragnehmer sind, sondern sich zu aktiven Anbietern in den Wissensprozessen innerhalb eines Unternehmens entwickeln.

Ein weiterer wichtiger Schritt innerhalb der Strategieformulierung besteht deshalb in der Analyse der Zielgruppen (Alter, Geschlecht, Arbeitstätigkeit, Bildung u. a.), ihrem Wissensbedarf und ihren Möglichkeiten, an Lern- und Wissensvermittlungsprozessen teilzunehmen, sowie in der Analyse der Distributionsformen, wie Wissen und Qualifikation in einem Unternehmen die verschiedenen Zielgruppen erreicht.

Im Folgenden wird das strategische Denken und Handeln einer Unternehmensabteilung am Beispiel des Marketings deutlich gemacht. Danach werden diese Erkenntnisse auf die Strategieformulierung für eine Trainingsqualifikationsabteilung als Szenario übertragen.

2.1.7 Knowledge-Box:
Die Marketingstrategie als Beispiel für die Formulierung einer funktionalen Strategie für die Qualifizierungsabteilungen von Unternehmen

Der Ausgangspunkt einer Abteilung, die mit der Funktion des Marketings eines Unternehmens betraut ist, besteht in der Strategieformulierung sowie in der Analyse der Ausgangssituation im Sinne der Marktforschung. Mit Hilfe der Marktforschung lassen sich Zielgruppen und deren besondere Eigenschaften oder Verhalten analysieren und nach bestimmten Kriterien, wie z. B. Alter, Geschlecht und Ausbildung,. zusammenfassen.

Im Rahmen der strategischen Überlegungen wird die Entscheidung getroffen, ob der gesamte Markt als Ganzes (Massenmarketing) oder verschiedene Zielgruppensegmente (Segmentierungsmarketing) bearbeitet werden sollen. Dabei gibt es verschiedene Möglichkeiten:

- Die eindimensionale Strategie anhand der Eigenschaften eines Angebotes oder Produktes,
- Die zweidimensionale Strategie in Form einer Matrix zwischen Angebotseigenschaften und Zielgruppenmerkmale,
- Die dreidimensionale Strategie anhand der Produkteigenschaften, Zielgruppenmerkmale und der Funktion bzw. der Bedeutung eines Produktes bei einer Zielgruppe.

Bei einer *eindimensionalen Strategieformulierung* wird die Strategie durch das Angebot oder das Angebotssortiment als solches festgelegt. Dabei bestimmt das Unternehmen selbst anhand der Eigenschaften oder eines Sortiments von Angeboten die strategische Vorgehensweise. Eine solche Vorgehensweise ist vor allem in den Märkten festzustellen, in denen das Verhältnis zwischen Anbieter und Nachfrager durch einen Versorgungsauftrag bzw. Versorgungsanspruch bestimmt ist, zum Beispiel durch einen Weiterbildungsauftrag.

Bei einer *zweidimensionalen Strategieformulierung* wird die Strategiebildung durch die beiden Dimensionen von Angebotseigenschaften (Angebotsprogramm) und Merkmalen der Zielgruppen bestimmt. Innerhalb der Matrix gibt es vier Handlungsoptionen, die auf dem Beibehalten oder Verändern von Angebotseigenschaften und Zielgruppenmerkmalen beruhen.

Eine *dreidimensionale Strategieformulierung* berücksichtigt neben den Eigenschaften eines Angebotes und den Zielgruppenmerkmalen noch die Dimension von Bedeutung oder Funktion, die ein Angebot für eine Zielgruppe oder für einen Markt bzw. das Unternehmen selbst erfüllt. Dabei wird die Dimension der Angebotseigenschaften in die Dimensionen von Form und Funktionen aufgeteilt, so haben z. B. Mitarbeiter im Rahmen der Personalentwicklung einen bestimmten Anspruch auf Schulung oder Training in Bezug auf Brandschutz, Gleichstellungsgesetz u. a.

2.1 Die Formulierung einer Strategie für das Wissensmanagement

In der Regel folgt eine Strategieformulierung dem zweidimensionalen Modell, das bedeutet, in einer Matrix werden zwischen Angebotseigenschaften und Zielgruppenmerkmalen die Möglichkeiten des Beibehaltens oder des Veränderns je nach strategischer Ausrichtung gewählt. Dabei ergeben sich vier verschiedene strategische Entscheidungen:

- *Strategische Entscheidung I (Durchdringung):* Sowohl das Angebotsprogramm als auch das Programm der Bearbeitung von Zielgruppen wird beibehalten.
- *Strategische Entscheidung II (Entwicklung):* Das Angebotsprogramm wird beibehalten und das Bearbeitungsprogramm der Zielgruppe wird verändert, indem dasselbe Angebot bzw. Angebotsprogramm gegenüber einer neuen Zielgruppe vermarktet wird.
- *Strategische Entscheidung III (Veränderung):* Das Zielgruppenprogramm bleibt unverändert und das Angebotsprogramm wird verändert, indem neue oder bisherige Angebote mit ergänzenden neuen Eigenschaften einer gleich bleibenden Zielgruppe präsentiert werden.
- *Strategische Entscheidung IV (Diversifikation):* Sowohl das Angebotsprogramm als auch das Zielgruppenprogramm werden verändert, indem einer neuen Zielgruppe eine neues Angebot präsentiert wird.

Entsprechend den strategischen Entscheidungen ergeben sich die unterschiedlichen Strategien der Durchdringung oder Entwicklung eines Marktes oder der Angebotsentwicklung bzw. Diversifikation.

Die Strategie der Durchdringung (*Penetration*): Bei einer Strategie der Durchdringung bleibt sowohl das Angebotsprogramm als auch das Zielgruppenprogramm (Zielgruppe) unverändert. Ein Unternehmen setzt diese strategische Vorgehensweise ein, wenn

- die Potenziale einer Ausgangssituation noch nicht ausgeschöpft sind,
- es in einem wachsenden Markt tätig ist oder
- eine führende Position in einer Ausgangssituation einnimmt.

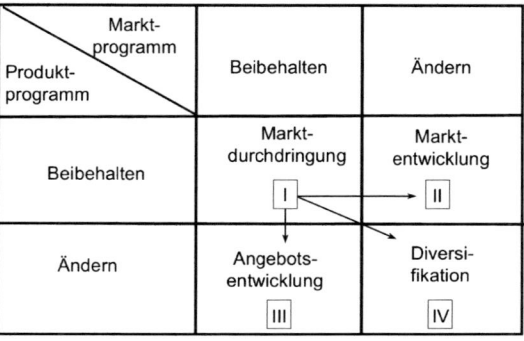

Abb. III-43 Die Angebots-Zielgruppen-Strategie

Die Wachstumspotenziale eines Marktes bestehen entweder in den noch nicht ausgeschöpften Wachstumsmöglichkeiten oder in der Erhöhung der Produktverwendung bei bestehenden Kunden.

Die Strategie der Entwicklung neuer Zielgruppenpotenziale: Bei einer Strategie der Marktentwicklung wird die Zielgruppe erweitert, während das Angebotsprogramm unverändert bleibt. Diese Strategie findet dann eine Anwendung, wenn ein Angebotsprogramm für eine neue Zielgruppe passend erscheint und der Zugang zu einer neuen Zielgruppe ohne hohen Aufwand (Kosten, Veränderung des Angebotsprogramms u. a.) möglich ist. Zielsetzung der Strategie der Marktentwicklung ist die Ausschöpfung weiterer Potenziale durch eine neue Zielgruppe.

Die Strategie der Veränderung von Angebotspotenzialen: Die Strategie der Angebotsveränderung beinhaltet die Entwicklung neuer Angebotseigenschaften oder Angebotsmerkmale und die Beibehaltung der Zielgruppe.

Die Strategie der Diversifikation: Bei der Strategie der Diversifikation werden sowohl Eigenschaften des Angebotes als auch die Merkmale der Zielgruppen grundsätzlich geändert. Innerhalb der strategischen Überlegungen trifft ein Unternehmen oder eine Abteilung folgende Einscheidungen:

- *Geschäftfeld:* Welches Geschäftsfeld wird bearbeitet, z. B. E-Training, Teletraining, Face-to-Face Training?
- *Angebot:* Mit welchem Angebot bzw. gesamten Programm soll eine Ausgangssituation bearbeitet werden?
- *Zielgruppe:* Wie lassen sich die Teilnehmer in ihrem Verhalten und ihre Bedürfnissen beschreiben und als Zielgruppe zusammenfassen?
- *Positionierung:* Welche Position nimmt eine Trainingsabteilung oder ein Trainingsanbieter ein?

Grundsätzlich habe die Abteilungen oder Unternehmen die Möglichkeit, eine sogenannte Präferenz-, Kosten- oder Nischenstrategie zu realisieren. Eine Präferenzstrategie beinhaltet die Ausrichtung aller Aktivitäten und Angebote an der bestmöglichen Qualität. Die Strategie des Kostenführers richtet sich daran aus, dass

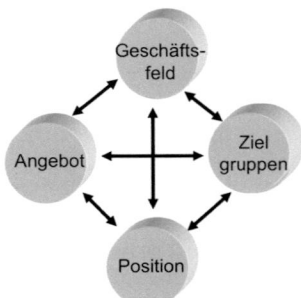

Abb. III-44 Handlungsoptionen bei der Formulierung einer Strategie

ein Angebot zu einem möglichst geringen Preis angeboten werden kann. Innerhalb der Nischenstrategie bewegt sich ein Anbieter in einer abgegrenzten Nische.

2.1.8 Die Formulierung einer Wissensmanagement-Strategie im Rahmen der Chipstrategie

Eine weitere Möglichkeit, eine Strategie zu entwickeln, besteht darin, auf einem Entscheidungsfeld verschiedene Entscheidungsmöglichkeiten auszuüben. Dabei werden die geplanten Entscheidungen wie ein Chip eingesetzt. Die Grundlagen einer Chipstrategie im Marketing gehen auf Jochen Becker [BECKER 1998] zurück. Die strategischen Handlungsmöglichkeiten sind auf vier verschiedenen Entscheidungsebenen festgelegt.

Die Handlungs- oder Aktionsmöglichkeiten bestehen in vier verschiedenen Bereichen mit unterschiedlichen Möglichkeiten zur Strategienbildung (vgl. Tabelle 2).

Eine Strategie entsteht dadurch, dass die verschiedenen strategischen Optionen im Sinne einer ausformulierten Handlungsmöglichkeit als Chip auf die Handlungs- und Aktionsfelder gesetzt werden und es damit zur Festlegung eines bestimmten strategischen Verhaltens bzw. einer bestimmten Richtung kommt. Im folgenden Beispiel wird die Methode der Entwicklung einer Strategie mit Hilfe der Chipmethode im Wissensmanagement angewendet.

Tabelle 2 Chipstrategie

Handlungsfeld/Aktionsebene	Strategiemethode
Die Aktionsfeldstrategie	Durchdringung, Entwicklung, Angebotsentwicklung, Diversifikation
Stimulierungsstrategie	Präferenzstrategie, Preis-Menge-Strategie
Parzellierungsstrategie	Masse oder Segment
Arealstrategie	Nationale, übernationale Strategie

2.1.9 Szenario: Qualifizierungsstrategie – Planung und Umsetzung einer Strategie am Beispiel der Personalschulung für das Allgemeine Gleichbehandlungsgesetz (AGG)

Die Einführung des Allgemeinen Gleichbehandlungsgesetzes vom August 2006 bedeutete für die Unternehmen einen großen Schulungs- und Informationsaufwand ihrer Mitarbeiter. Das Ziel des Gesetzes besteht darin, Benachteiligungen aus Gründen der Rasse oder wegen der ethnischen Herkunft, des Geschlechts, der Religion oder Weltanschauung, einer Behinderung, des Alters oder der sexuellen Identität zu verhindern oder zu beseitigen (AGG § 1). In einem Szenario werden bei der Lufthansa AG verschiedene Strategiemöglichkeiten diskutiert. Dabei wird folgende Strategie mit Hilfe der Chipmethode entwickelt:

Schritt 1: Analyse Auf den ersten Blick wird deutlich, dass es bei den Mitarbeiterinnen und Mitarbeitern der Lufthansa AG einen unterschiedlichen Informationsstand und Informationsbedarf bezüglich des Allgemeinen Gleichbehandlungsgesetzes gibt. Ein großer Teil bezieht die Informationen aus der allgemeinen Presse. Mitarbeiter mit verschiedenen Funktionen, oder z. B. Personalräte oder Vorgesetzte, haben von unterschiedlichen Quellen weitere Informationen mit unterschiedlichen Nuancen erhalten. Ein weiterer Schritt in der Analyse macht deutlich, dass es unterschiedliche Interessen an der Thematik gibt: Es gibt Mitarbeiter, die als solche direkt davon betroffen sind, Vorgesetzte, die für die Umsetzung dieses Gesetzes verantwortlich sind, und einen größeren Anteil von Mitarbeitern mit einem geringen Interesse an diesem Gesetz.

In Bezug auf den Bedarf und Stand von Informationen und Schulungsaktivitäten ergeben sich verschiedene große Lücken bei den unterschiedlichen Mitarbeitern. Dennoch muss die Thematik im gesamten Aktionsfeld vermittelt werden (Durchdringungsstrategie).

Schritt 2: Strategieauswahl zugunsten der Präferenz- bzw. Qualitätsstrategie Für die Lufthansa sind die Mitarbeiter, ihre Motivation und ihre Qualifikation ein wesentliches Kriterium für das personalintensive Business, Personen oder Güter zu transportieren. Deshalb entscheidet man sich nicht für eine Strategie, bei der vor allem die geringen Kosten eine Rolle spielen, sondern für eine Qualitätsstra-

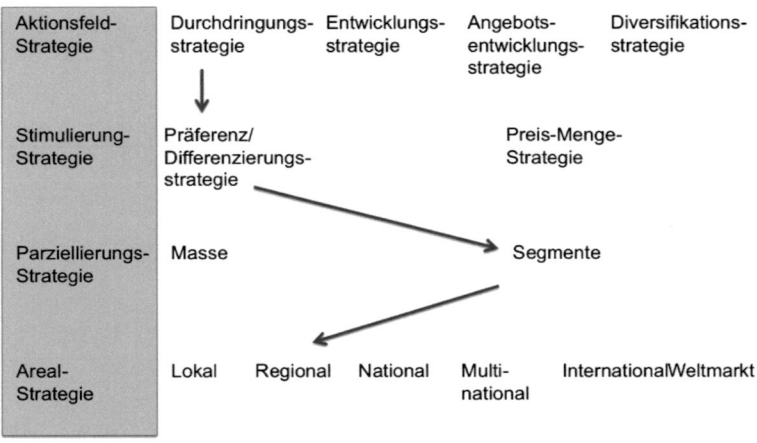

Abb. III-45 Marketingchipstrategie im Fallbeispiel

tegie. Das bedeutet: Die Mitarbeiterinnen und Mitarbeiter werden auch für die Umsetzung des Allgemeinen Gleichbehandlungsgesetzes auf einem hohen Qualitätsniveau geschult und informiert. Die Lufthansa möchte sich mit einer Qualitätsstrategie auch im Bereich der Mitarbeiterschulung gegenüber Mitbewerbern differenzieren. Die besonderen Aspekte der Qualitätsstrategie lassen sich zum Beispiel darin erkennen, dass den Mitarbeitern umfassend Zeit gegeben wird, sich mit dieser Thematik auseinanderzusetzen. Ein weiteres Qualitätskriterium ist ein internes Forum, bei dem sich Mitarbeiter gegenseitig informieren können.

Schritt 3: Auswahl der Bearbeitungsstrategie – Die Segmentierungsstrategie Die Analyse hat deutlich gemacht, dass der eigentliche Mitarbeitermarkt der Lufthansa sich in verschiedene Zielgruppen zusammenfassen lässt. Das Allgemeine Gleichbehandlungsgesetz spricht ja selbst von seinen Inhalten her verschiedene Zielgruppen an, wie z. B. verschiedene Altersgruppen, Frauen und Männer oder Menschen unterschiedlicher ethnischer Herkunft. Die Personalabteilung der Lufthansa entscheidet sich deshalb für eine Segmentierungsstrategie entsprechend den genannten Zielgruppen.

Schritt 4: Auswahl der Arealstrategie zugunsten von Regionen und im internationalen Umfeld Zur Reduzierung von Reisekosten entscheidet sich die Personalabteilung für Schulungen in regionalen Schulungscentern der Lufthansa in Deutschland. Außerdem wird überlegt, an den weltweiten Standorten der Lufthansa ein Information- bzw. Schulungsangebot zu machen, das der jeweiligen Kultur entspricht.

Checkliste

Aktivitäten	Ergebnis
1. Analyse	• Durchführung der SWOT-Analyse: Wann wurde eine SWOT-Analyse zu den Stärken und Schwächen eines Unternehmens bzw. Chancen und Risiken einer Branche durchgeführt? • Wie lassen sich die Stärken und Schwächen eines Unternehmens im Hinblick auf das Wissensmanagement beschreiben? • Wie lassen sich die Chancen und Risiken in Bezug auf das Wissensmanagement einer Branche beschreiben? • Welche Erkenntnisse brachte eine Analyse der möglichen Lücken zwischen der gegenwärtigen Ausgangssituation und einer Zielsetzung für die Zukunft?
2. Marktbearbeitungsstrategien	• Wie soll der Wissensmarkt eines Unternehmens intern und extern bearbeitet werden? • Soll der Wissensmarkt als Ganzes (Marktdurchdringung) oder hinsichtlich einer Segmentierung mit Zielgruppen bearbeitet werden?

	• In welche Zielgruppen lassen sich Mitarbeiter zusammenfassen?
	• Gibt es eine unterschiedliche Differenzierung der Segmentierungsstrategie? Sollen z. B. in einer Marktentwicklung, Differenzierung oder Diversifikation umgesetzt werden?
	• Was sind die Unternehmensziele sowie die Ziele der Abteilungen, die sich mit Wissensmanagement beschäftigen, für einen strategischen Zeitraum von 1–3 Jahren?
3. Chipstrategie für die Wissensmärkte	• Wie lassen sich die Aktivitäten in einem Marktfeld beschreiben (Marktdurchdringung, Marktentwicklung, Angebotsentwicklung, Diversifikation)?
	• Welche Entscheidung wurde hinsichtlich einer Marktstimulierungsstrategie (Qualitäts- oder Preis Menge-Strategie) getroffen?
	• In welchen Marktparzellen wird ein Unternehmen mit einem professionellen Wissensmanagement tätig (zielgruppenorientierte Segmentierung der Teilnehmer oder Massenmarkt)?
	• In welchem Areal (lokal, regional, international) findet eine Qualifizierungsstrategie ihre Anwendung?

2.2 Die Balanced Scorecard als Instrument der Umsetzung einer Strategie des Wissensmanagements

Basis des wirtschaftlichen Handelns in Unternehmen und deren Abteilungen ist der Erfolg, der mit Hilfe von Finanzkennzahlen gemessen wird. Der Erfolg eines Unternehmens wird in der Bilanz und in der Gewinn- und Verlustrechnung oder den allgemeinen Kennzahlen (Umsatz, Erlöse, Cashflow, ROI usw.) sichtbar. Die Erfassung und Darstellung des wirtschaftlichen Handelns anhand der Kennzahlen aus der Finanzwirtschaft ist eine wichtige Perspektive, durch die das wirtschaftliche Handeln in einem Betrieb dargestellt und damit aktiv gesteuert werden kann. Diese Darstellung ist allerdings nur eine Perspektive von vielen. Es gibt noch weitere Perspektiven, durch die das erfolgreiche Handeln in einem zum Ausdruck gebracht werden kann, z. B. die langfristige Kundenzufriedenheit, die Mitarbeiterzufriedenheit sowie die Optimierung von internen Organisationsprozessen innerhalb eines Unternehmens oder, die Reputation und das Wahrnehmen als Marke bei einer Zielgruppe oder in der Öffentlichkeit.

2.2 Die Balanced Scorecard als Instrument der Umsetzung einer Strategie

Während die Finanzkennzahlen sich vorwiegend auf die Darstellung der „harten Faktoren" in Form von Mengen- und Geldeinheiten konzentrieren, lassen sich mit den weiteren Kennzahlen der Kunden- und Mitarbeiterzufriedenheit und der Darstellung der Prozessoptimierungen innerhalb eines Unternehmens auch die weichen Faktoren erfassen. Damit wird der Erfolg eines Unternehmens nicht nur durch eine perspektivische Betrachtung bewertet, sondern durch insgesamt vier Betrachtungsweisen:

- Die Finanzperspektive mit dem Finanzergebnis als Kennzahlen,
- Die Kundenperspektive mit der Kundenzufriedenheit und dem Wert der Kundenbeziehung,
- Die interne Prozessperspektive mit den Ergebnissen der Prozessoptimierung z. B. durch ein Qualitätsmanagements,
- Die Mitarbeiterperspektive mit der Mitarbeiterzufriedenheit und der Lernfähigkeiten der Mitarbeiter.

Grundlage zur Ermittlung der genannten vier Perspektiven ist das System der Balanced Scorecard [HORVÁTH 2001], das von den Amerikanern Norton und Kaplan [KAPLAN/NORTON 1997] entwickelt wurde. Die Grundaussage dieser Systematik besteht darin, das erfolgreiche wirtschaftliche Handeln in einem Unternehmen nicht nur mit einer (Finanz-)Kennzahl (Scorecard) zu messen, sondern im Rahmen des ausgewogenen Verhältnisses (balanced) zwischen den oben genannten vier Perspektiven und ihren Ergebnissen als Kennzahlen.

Damit stellt die Balanced Scorecard nicht nur eine Ergänzung dar, um ein wirtschaftliches erfolgreiches Handeln in Unternehmen und Organisationen in Form von Kennzahlen zu erfassen. Eine wichtige Hilfestellung gibt die Balanced Scorecard vor allem in der Umsetzung von Strategien und Visionen eines Unternehmens. Die Balanced Scorecard ist also ein Instrument, mit dessen Hilfe Unternehmensstrategien und Unternehmensvisionen umgesetzt und in der Praxis angewendet werden. Die Balanced Scorecard lässt sich auch als eine Weiterentwicklung bisheriger Erkenntnisse und Konzeptionen einer Betriebswirtschaft verstehen. Sie wurde zu Beginn der 90er Jahre entwickelt und erprobt. Die pragmatische Vorgehensweise ist vielleicht ein Grund, dass die Balanced Scorecard heute in fast allen innovativen Unternehmen, wie z. B. bei Porsche oder HP, eine wichtige Rolle spielt.

2.2.1 Info-Box: Die Balanced Scorecard in Zusammenhang mit anderen Ansätzen der Betriebswirtschaft

Ausgangspunkt der Balanced Scorecard ist die Ursache-Wirkungs-Kette, durch die die verschiedenen Perspektiven betriebswirtschaftlichen Handelns wirkungsvoll miteinander verknüpft werden. Die vier Perspektiven der Balanced Scorecard sind die Finanzperspektive, die Perspektive der Kundenbeziehung sowie der internen Geschäftsprozesse und die Mitarbeiterperspektive. Alle Perspektiven sind miteinander verbunden und schaffen im Zusammenwirken einen einzigartigen Wettbewerbsvorteil für das ganze Unternehmen.

Für das Qualifizierungsmanagement in Unternehmen gibt es eine breite Schnittstelle innerhalb der Perspektive von Lernen und Entwicklung. Fach- und Erfahrungswissen von Mitarbeitern werden durch Qualifizierungsmaßnahmen und Training vertieft und erweitert. Durch eine umfassendere Wissens- und Handlungskompetenz können Mitarbeiter die internen Geschäftsprozesse verbessern und die Durchlaufzeit von Aktivitäten verringern. Die Organisationsentwicklung ist die zweite Perspektive der Balanced Scorecard. Die Betrachtung der Lern- und Prozessperspektive führt notwendigerweise zu einer Optimierung der wichtigsten Aspekte im Rahmen der Kundenperspektive, wie zum Beispiel Zuverlässigkeit im Rahmen der Lieferung. Daraus folgt die vierte Perspektive der Finanzwirtschaft: Optimierungen innerhalb der vier Perspektiven führen in der Regel zu einem besseren finanzwirtschaftlichen Ergebnis, das in Form von einem Return on Investment (ROI) oder als Ertrag aus investiertem Kapital (Return on Capital Employed, ROCE) gemessen werden kann. Die Verknüpfung der Aktivitäten innerhalb der vier verschiedenen Perspektiven betriebswirtschaftlichen Handelns geschieht in der Form, dass innerhalb dieser Perspektiven Ziele formuliert, Vorgaben definiert und, Maßnahmen aufgestellt werden, die mit den jeweiligen spezifischen Kennzahlen innerhalb der Perspektiven gemessen werden. Kennzahlen für die finanzwirtschaftliche Perspektive sind die allgemein bekannten finanzwirtschaftlichen Kennzahlen wie ROI oder Economic Value-Added (EVA). Innerhalb der Kundenperspektive wird das Ergebnis mit Hilfe der Kennzahlen, wie z. B. Kundenzufriedenheit, Kundenbindung, Marktanteil gemessen. Die Kennzahlen für die interne Prozessperspektive ist die nachgewiesene bzw. gemessene Qualität, die Reaktions- oder Durchlaufzeiten, die Kosten, die Dauer der Einführung neuer Produkte usw. Kennzahlen für die Lern- und Entwicklungsperspektive ist die Mitarbeiterzufrie-

Abb. III-46 Systematik der Balanced Scorecard [KAPLAN/NORTON 1997]

2.2 Die Balanced Scorecard als Instrument der Umsetzung einer Strategie

denheit oder der Stand der internen Kommunikation u. ä. Das Besondere der Balanced Scorecard liegt darin, dass sie diese einzelnen Kennzahlen (Scores) miteinander verbindet und in eine Ausgewogenheit bringen möchte, um das erfolgreiche wirtschaftliche Handeln darzustellen. Die Ausgewogenheit bzw. Balance lässt sich in Form eines Kreislaufes an folgender Grafik darstellen (vgl. Abb. III-46).

Norton und Kaplan betonen dabei, dass sich die Aspekte für die einzelnen Perspektiven (Ziele, Kennzahlen, Vorgaben, Maßnahmen) immer wieder aus der gesamten Unternehmensstrategie ableiten lassen sollten und dabei als „Strategisches Thema" wie z. B. Geschäftswachstum, Risikovermeidung, Qualitätsoffensive u. a. intensiv miteinander verbunden werden sollten [KAPLAN/NORTON 1997, S. 42 ff.].

Die Besonderheit der Balanced Scorecard besteht in der ganzheitlichen Betrachtung aller betrieblichen Aktivitäten sowie deren Beitrag zum Erfolg des wirtschaftlichen Handelns in einem Unternehmen. Während die klassische Betriebswirtschaftslehre das Handeln in den Unternehmen in einer statischen Form von betrieblichen Funktionen wie z. B. Beschaffung, Produktion, Absatz, Rechnungswesen (vgl. Kap. 1.2) darstellt, die alle zu einem Ergebnis führen, bildet die Balanced Scorecard das betriebliche Handeln in einem Prozesskreislauf, in den alle betrieblichen Funktionen wie in einem Trichter zusammenfließen. Diese Überlegung lässt sich mit folgender Grafik aufzeigen [PROBST 2001, S. 22].

Damit lässt sich auch die Balanced Scorecard als ein Ansatz betrieblichen Handelns darstellen, dessen Schwerpunkt vor allem darin zu sehen ist, dass die wichtigsten Aspekte betriebswirtschaftlichen Handelns miteinander vernetzt werden und die Strategie eines Unternehmens pragmatisch umgesetzt wird.

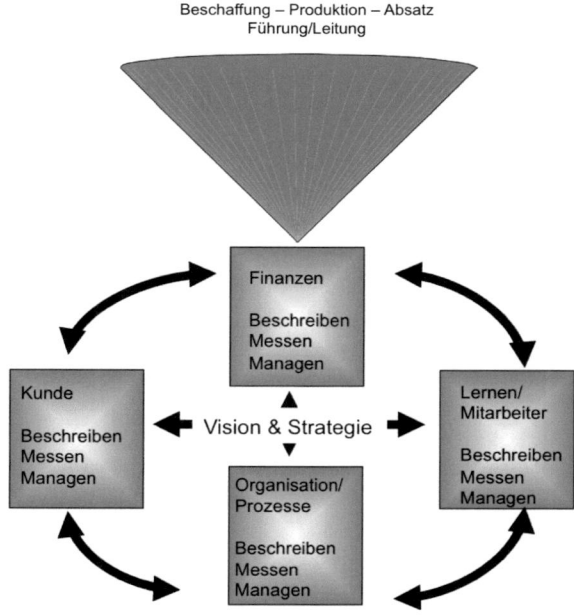

Abb. III-47 Der Zusammenhang zwischen einer funktionsgegliederten BWL-Konzeption und der Balanced Scorecard

Die vier Perspektiven der Balanced Scorecard lassen sich anhand von verschiedenen Kriterien planen und umsetzen. Die unterschiedlichen Kriterien umfassen verschiedene betriebswirtschaftliche Aspekte und Methoden wie z. B. die Berechnung der Rentabilität und die Messung der Kundenzufriedenheit sowie Aspekte der Organisationsentwicklung. Die Balanced Scorecard nimmt diese Teilaspekte der Betriebswirtschaft und verbindet diese unter der perspektivischen Betrachtungsweise durch das methodische Konzept von Planen, Umsetzen und Überprüfen zu einem Ganzen.

2.2.2 Die finanzwirtschaftliche Perspektive

Die finanzwirtschaftliche Perspektive übernimmt im Rahmen der Balanced Scorecard eine Doppelrolle. Innerhalb dieser Perspektive werden die Ziele z. B. durch Kennzahlen definiert, die aus der eigentlichen finanzwirtschaftlichen Perspektive kommen. Darüber hinaus dient die finanzwirtschaftliche Perspektive als Basis für die anderen Scorecard-Perspektiven.

Entscheidend für den Einsatz der Balanced Scorecard hinsichtlich der finanzwirtschaftlichen Perspektiven ist die Verknüpfung der finanzwirtschaftlichen Ziele zu strategischen Einheiten oder Themenstellungen wie z. B. Beispiel einer Wachstumsstrategie, einer Strategie der Kostensenkung oder Produktivitätsverbesserung oder der koordinierten Nutzung von Vermögenswerten. Dabei lassen sich folgende Messkriterien bzw. Bewertungen im Allgemeinen anwenden.

Im Hinblick auf eine Wachstums- oder Ertragssteigerung lassen sich Aktivitäten wie z. B. die Einführung neuer Produkte, die Bearbeitung neuer Anwendungsgebiete oder Märkte, ein neuer Mix von Angebot und Service oder neue Preisstrategien realisieren.

Tabelle 3 Finanzwirtschaftliche Aspekte im Überblick

	Strategische Themenstellung	
Wachstums- und Ertragssteigerung	Kostensenkung und Produktivitätsverbesserung	Nutzung von Vermögenswerten
Umsatzrate pro Segment, Prozent der Erträge aus neuen Produkten, Dienstleistungen oder Kunden	Ertrag pro Mitarbeiter	Investitionen in Prozent vom Umsatz, Forschung und Entwicklung
Zielkunden, Cross-Selling	Benchmark: Kosten des Unternehmens vs. Kosten bei der Konkurrenz, Kostensenkung	Kennzahlen des Working, Capital
Rentabilität von Kunden und Produktlinien		Amortisierung, Durchsatz

Quelle: KAPLAN/NORTON 1997, S. 50.

2.2 Die Balanced Scorecard als Instrument der Umsetzung einer Strategie   369

Eine Kostensenkung oder Produktivitätssteigerung lässt sich durch Senkung der Einheitskosten, Verbesserung der Kommunikationskanäle sowie durch die Senkung der betrieblichen Aufwendungen allgemein oder bei den Vertriebs- und Verwaltungskosten erreichen.

Eine verbesserte Nutzung der Vermögenswerte wird durch einen schnelleren Cash-to-Cash-Zyklus, ein effizientes Risikomanagement sowie die allgemeine bessere Nutzung des Vermögens erreicht. Der Cash-to-Cash-Zyklus stellt die Zeit dar, die benötigt wird, um die Zahlungen an Zulieferer in Bareinnahmen von Kunden umzuwandeln.

Die Aktivitäten innerhalb der finanzwirtschaftlichen Perspektive lassen sich unter die Leitfrage stellen: Wie lässt sich der Einsatz von Kapital und Vermögen in Bezug auf das wirtschaftliche Handeln in Unternehmen oder deren Abteilungen optimieren?

2.2.3 Die Kundenperspektive

Die Optimierung der betriebswirtschaftlichen Aktivitäten innerhalb der zweiten Perspektive „Kunde und Markt" wird im Rahmen der Veröffentlichung von Norton und Kaplan in fünf Bereichen betrachtet: die Marktanteile, die Kundentreue, die Kundenakquisition, die Kundenzufriedenheit und die Kundenrentabilität.

Diese fünf Aspekte stehen in einer Kausalkette. Der Marktanteil drückt den Umfang eines Geschäftes in einem bestimmten Markt aus. Kennzahlen dafür sind die Anzahl der Kunden sowie der Absatz bzw. der Umsatz des Unternehmens. Durch die Kundenakquisition lässt sich eine Kennzahl planen, umsetzen und überprüfen, die angibt, mit welcher Intensität und Ausmaß neue Kunden für eine Geschäftseinheit gewonnen werden (absolute oder relative Zahlen). Die Kundentreue bringt die Anzahl der dauerhaften Beziehungen zu einem Kunden zum Ausdruck. Im Rahmen der Kundenzufriedenheit wird das Maß der Zufriedenheit des Kunden mit den spezifischen Leistungen eines Unternehmens erfasst. Die Kundenrentabilität

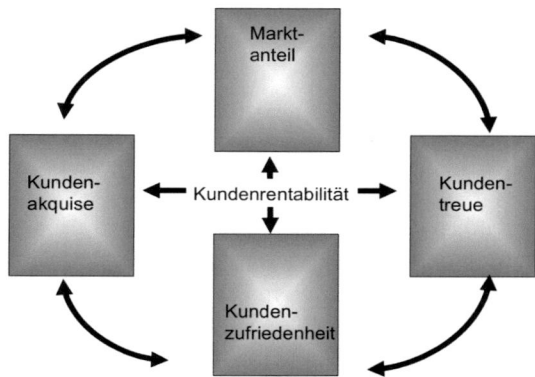

Abb. III-48 Balanced Scorecard im Überblick [KAPLAN/NORTON 1997, S. 66].

misst den Nettogewinn eines Kunden oder Segments unter Berücksichtigung der für diesen Kunden entstandenen Kosten.

2.2.4 Die interne Prozessperspektive

Die interne Prozessperspektive betrachtet die Bereiche der Innovation, den Leistungserstellungsprozess und die Prozesse, die während der Kundenkontakte von besonderer Bedeutung sind, z. B. kurzfristige Anmeldung zu einem Trainingsseminar mit direkter Bestätigung oder Reklamationen. Die Kausalkette lässt sich wie folgt darstellen: Im Rahmen des Innovationsprozesses werden die Kundenwünsche analysiert und in Marktsegmente zusammengefasst und immer wieder neu identifiziert. Zum Innovationsprozess gehört auch die Entwicklung neuer Produkte oder Dienstleistungsangebote. Die Betriebsprozesse umfassen die Leistungserstellung und Distribution der Leistungsangebote. Die Kundenprozesse beinhalten alle Kommunikations- und Verhaltensprozesse im Kundenkontakt.

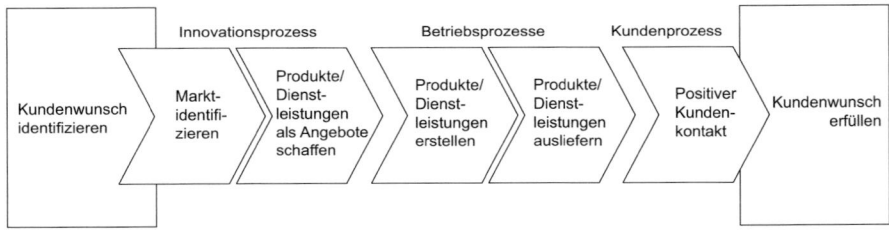

Abb. III-49 Prozesskette Kundenzufriedenheit [KAPLAN/NORTON 1997, S. 93].

2.2.5 Die Lern- und Entwicklungsperspektive/Mitarbeiter

Die vierte Perspektive entwickelt Ziele, Maßnahmen und Kennzahlen für die Weiterentwicklung und Förderung eines Unternehmens als lernende Organisation. Auf der Basis der Mitarbeiterpotenziale, der Potenziale der Informationssysteme und der Mitarbeitermotivation werden Maßnahmen zur Mitarbeiterzufriedenheit, Mitarbeitertreue bzw. Mitarbeitermotivation sowie der Mitarbeiterproduktivität geplant, umgesetzt und kontrolliert.

Die Mitarbeiterzufriedenheit ist der treibende Faktor, der zu einer höheren Produktivität und Bindung der Mitarbeiter und damit zu besseren Ergebnissen führt. Im Hintergrund stehen aber auch die Mitarbeiterpotenziale sowie die technologische und kommunikative Infrastruktur in einem Unternehmen. Die Zufriedenheit der Mitarbeiter lässt sich durch verschiedene Faktoren beeinflussen, wie z. B. durch die Möglichkeiten der Mitbestimmung, den Zugang zu Informationen, die

2.2 Die Balanced Scorecard als Instrument der Umsetzung einer Strategie

Abb. III-50 Prozesskette Mitarbeiterzufriedenheit [KAPLAN/NORTON 1997, S. 124].

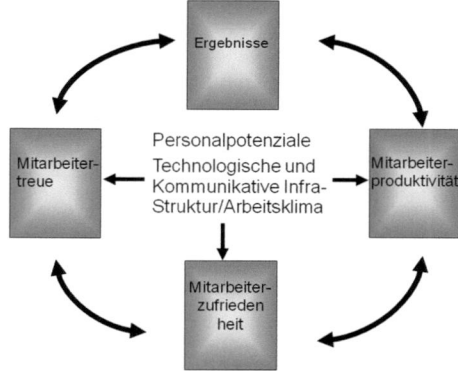

Unterstützung von Kreativität und Initiative sowie die allgemeine Mitarbeiterkultur und das Mitarbeiterverhalten, wie z. B. die Teamfähigkeit. Auf der Basis dieser Kriterien lässt sich eine höhere Produktivität von Mitarbeitern feststellen und fördern. Im Rahmen der Mitarbeitertreue steht vor allem auch der Aspekt des Wissens im Mittelpunkt. Mitarbeiter sind Wissensträger, deren Wissen sich nicht nur durch Kenntnisse, sondern vor allem auch durch Erfahrung entwickelt hat. Im Mittelpunkt der Lern- und Entwicklungsperspektive steht natürlich auch die Weiterbildung und Qualifizierung der Mitarbeiter. Dabei geht es nicht nur um die Weiterbildungskonzeptionen allgemein, sondern vor allem um die Kennzahlen, die z. B. in Form eines Job- und Qualifikationsprofils gemessen und dokumentiert werden können.

2.2.6 Die Umsetzung der Balanced Scorecard mit Hilfe von Zielen, Vorgaben, Messgrößen und Maßnahmen

Bisher wurde die Systematik der Balanced Scorecard als ein Ansatz strategisch betrieblichen Handelns aufgezeigt. Eine wichtige Weiterentwicklung, die durch die Balanced Scorecard stattgefunden hat, besteht nicht nur in der Vernetzung verschiedener Aktionsebenen durch die vier Perspektiven, sondern in der Umsetzung strategischen Denkens und Handelns in Unternehmen.

Die Umsetzung der Balanced Scorecard erfolgt in den jeweils genannten Perspektiven durch die Formulierung von Zielen, Messgrößen, Vorgaben und Maßnahmen.[1] Diese werden schriftlich fixiert, in der Praxis umgesetzt und innerhalb eines bestimmten Zeitabschnittes gemessen und kontrolliert.

---

[1] Vgl. dazu [KAPLAN/NORTON 1997, S. 9], dort werden die Kriterien „Ziele, Kennzahlen, Vorgaben und Maßnahmen" bezogen auf die vier Perspektiven dargestellt.

Die konkrete Anwendung in der Praxis wird in der Regel den jeweiligen Gegebenheiten in den Unternehmen oder Abteilungen angepasst. Als Grundelemente dieser Praxis lässt sich das folgende Schema mit den drei Schritten formulieren:

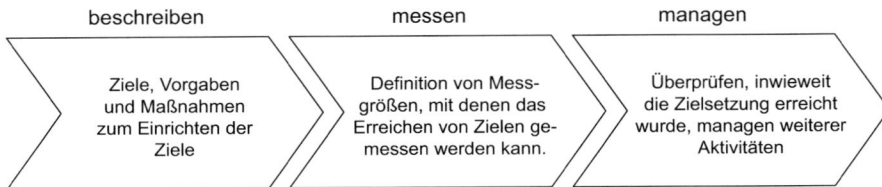

Abb. III-51 Anwendung der Balanced Scorecard

Im Hinblick auf die vier Perspektiven der Balanced Scorecard und deren Umsetzung in verschiedenen Abteilungen oder in Teams werden zuerst die Ziele definiert, die innerhalb eines bestimmten Zeitrahmens, z. B. von einem Jahr, erreicht werden sollen. Dazu müssen auch die Vorgaben und Maßnahmen beschrieben und festgelegt werden, mit denen man die Ziele erreichen kann, z. B. Anzahl der Mitarbeiter, kommunikative Infrastruktur und Ausstattung.

Innerhalb der Aufgabenstellung „messen" werden Messgrößen festgelegt, mit denen überprüft werden kann, ob oder in welchem Umfang die Zielsetzungen erreicht wurden. Mit der weiteren Aufgabenstellung „managen" werden die Handlungsweisen und weiteren Aktionen beschrieben, die aus dem Ergebnis der Zielüberprüfung zu folgern sind.

Die jeweiligen Voraussetzungen für die vier Perspektiven der Balanced Scorecard (Finanzperspektive, Kundenperspektive, interne Geschäftsprozesse, Lern- und Entwicklungsperspektive durch Mitarbeiter) sind in den Unternehmen sehr unterschiedlich ausgeprägt. Deshalb wird die Anwendung der Balanced Scorecard in den verschiedenen Unternehmen auch unterschiedlich gehandhabt, z. B. bei der Festlegung der Messkriterien. Die folgenden Tabellen beschreiben deshalb die Anwendung und den Einsatz der Balanced Scorecard in einem Unternehmen und seiner Trainingsabteilung im Allgemeinen und folgen damit der Idee, Erkenntnisse aus betrieblichen Bereichen im Sinne von Szenarien auf das Wissensmanagement zu übertragen.

Die drei Umsetzungsschritte „beschreiben, messen, managen" lassen sich hinsichtlich der finanzwirtschaftlichen Perspektive wie folgt formulieren (siehe Tabelle 4).

2.2 Die Balanced Scorecard als Instrument der Umsetzung einer Strategie

Tabelle 4 Beschreiben, messen und managen im Hinblick auf die finanzwirtschaftliche Perspektive

	beschreiben – Ziele, Vorgaben und Maßnahmen zum Erreichen der Ziele	**messen –** Messgrößen festlegen und das Erreichen von Zielen damit überprüfen	**managen –** Weitere Aktionen managen
Wie groß ist das Budget und wie wird sich das Budget innerhalb der nächsten drei Geschäftsjahre verändern?	Budgetvolumen, Umsatz, national, international branchenbezogen u. a.	Zeit/Jahr, Prozent oder absolute Größe, Steigerung von 3,0 Mio € auf 3,5 Mio €	Bei Erreichen des Zieles weitere strategische Optionen für Investitionen
Wie wird sich das Budget innerhalb der nächsten drei Geschäftsjahre zusammensetzen?	80 % des Budgets kommen durch Projekte wie z. B. Produktrelaunch oder Produktneueinführung, 15 % sind allgemeines Verwaltungsbudget, das durch das Untenehmen zur Verfügung gestellt wird, 5 % sind öffentliche Fördermittel	Veränderungen in Prozent oder absoluten Zahlen z. B. 80 % projektbezogenes Budget, 10 % allgemeines Budget, 10 % Forschungsprojekte	Einsatz von externen Beratern bei der Akquisition von Fördermitteln
Welche neuen, zusätzlichen Möglichkeiten der Finanzierung werden realisiert?	Erhebung einer Gebühr von den Teilnehmern zur Steigerung der Verbindlichkeit der Teilnahme, Pilotprojekte bei drei Trainingsangeboten	Zeit z. B. innerhalb einer Jahres, Höhe des Teilnehmerbeitrags, Pilotprojekte	Rollout für alle Trainingsangebote oder Einstellung
Gewissenhafte Berechnung des Return on Training Investment	Ermittlung des Return on Training Investment bei allen Qualifizierungs-angeboten	Siehe Kap. 1.3	
Vorziehen der Budgetgespräche mit einzelnen Abteilungen zu einem frühen Zeitpunkt, Gespräche über Vorfinanzierung durch Abteilungen und Auftraggeber	Strategische Vereinbarung mit den Budgetverantwortlichen und Führungskräften, Zeit- und Terminplanung, Planung von Teilbudget u. a.	Zeit, Geld	
Wie lassen sich die bisherigen Investitionen in die technischen Anlagen und die Infrastruktur besser nutzen?	Z. B. Vermietung des TV-Studios, Internet-Plattform, Einführung von Schichtbetrieb	Umsatz, Absatz pro Tag bzw. Stunde	

Tabelle 4 (*Fortsetzung*)

	beschreiben – Ziele, Vorgaben und Maßnahmen zum Erreichen der Ziele	**messen** – Messgrößen festlegen und das Erreichen von Zielen damit überprüfen	**managen** – Weitere Aktionen managen
Kostenminimierung innerhalb der nächsten drei Geschäftsjahre	Analyse der entstandenen Kosten: Konzeption, Produktion, allgemeiner Vertrieb, Minimierung der Kosten im Bereich der Produktion von Qualifizierungsmaßnahmen um 10 %, Überprüfung der Lieferanten, Steigerung des Ertrags pro Mitarbeiter um 5 %	Absolute oder relative Kennzahlen	
	Vier Ausgaben einer Zeitschrift für Mitarbeiter mit Erfahrungsberichten von Teilnehmern von Seminaren bzw. Qualifizierungsaktivitäten, monatlicher Newsletter, Informationsveranstaltungen, Einführung von einem Angebot „Training auf Probe"	Reichweite, Leser, Erinnerung, nachhaltige Reaktion z. B. im Hinblick auf die Anmeldung für Trainingsangebote, qualitative Bewertung durch Leserumfrage u. a.	

2.2 Die Balanced Scorecard als Instrument der Umsetzung einer Strategie

Tabelle 5 Beschreiben, messen und managen im Hinblick auf die Kundenperspektive

	beschreiben – Ziele, Vorgaben und Maßnahmen zum Erreichen der Ziele	**messen –** Messgrößen festlegen und das Erreichen von Zielen damit überprüfen	**managen –** Weitere Aktionen managen
Kundensegmente	Analyse der Kunden-segmente, Darstellung der Kundensegmente unter der Fragestellung: „Wer ist unser Kunde/Auftraggeber?" (Kursteilnehmer, Abteilungen, Händler u. a.), Darstellung von Bedürfnissen und Profilen, Entwicklung bzw. jährliche Überprüfung der Kundenprofile in Bezug auf die Kriterien Bedürfnisse, Anforderungen und Aktionsprofil	Kundenportfolio, qualitative und quantitative Darstellung der Kunden- und Aktionsprofile	
Kundenakquisition	5 % neue Kunden aus Abteilungen oder anderen Geschäftsbereichen pro Jahr, Einführung eines Weiterempfehlungsprogramms „Teilnehmer werben Teilnehmer", Strategische Gespräche mit den Führungskräften anderer Abteilungen z. B. Forschung und Entwicklung, einmal im Quartal	Zeitrahmen, Prozent, bisher noch keine Kunden, Terminplan, Zielvereinbarung mit Mitarbeitern in Jahresgesprächen, Festlegung als strategische Position durch eine Klausur bzw. Meeting	Team
Neue Angebote	Erweiterung der Recherche im Hinblick auf die Entwicklung neuer Angebote, Entwicklung von drei neuen, zusätzlichen Trainingsangeboten innerhalb des nächsten Geschäftsjahres	Strategieentscheidung, Anzahl, Zeitraum	Team
Neuer Service	Kostenlose Beratung durch Call-Center, Angebot von Mentoring und Coaching gegen Entgelt	Umsatz, Absatz, Kosten, Gewinn	
Kundentreue	Entwicklung eines Customer-Relationship-Management-Programms z. B. durch Qualifizierungspass bzw. weitere Angebote, Vorgabe: 30 % aller Teilnehmer von Qualifizierungsmaßnahmen erhalten einen Qualifizierungspass	Zeit, absolute Zahl z. B. Anzahl der Teilnehmer mit Qualifizierungspass	

Tabelle 5 (*Fortsetzung*)

	beschreiben – Ziele, Vorgaben und Maßnahmen zum Erreichen der Ziele	**messen** – Messgrößen festlegen und das Erreichen von Zielen damit überprüfen	**managen** – Weitere Aktionen managen
Kundenzufriedenheit	Kontinuierliche Messung der Kundenzufriedenheit nach einer Veranstaltung sowie auf den verschiedenen Ebenen von Teilnehmern, Abteilungen oder Auftraggebern, Ergänzende Angebote wie z. B. Sprachtraining ohne Teilnehmergebühren	Kundenzufriedenheitsskala, Zeitraum, drei Sprachtrainingsangebote	
Kundenrentabilität	Cross-Selling: Entwicklung eines Teilnehmerprofils, Direct Selling von ergänzenden Qualifizierungsangeboten	Datenbank, Direct selling	
Image/Marke/Reputation	Überprüfung der Reputation durch Recall-Analyse (Wiedererinnerung an Marke und Angebot), Aufbau einer Marke durch ein einheitliches Design		
Kundenmotivation	Weiterentwicklung bzw. Förderung einer Weiterbildungskultur, Motivationsangebote, Skills-Pass		
Flexibilität	Entwicklung einer höheren Flexibilität der Weiterbildungsprogramme, flexible formale und zeitliche Angebotsstrukturen, aktuelle Inhalte und Diskussion wie z. B. Second Life und Weiterbildung		
Marktanteil, share of mind	Entwicklung eines größeren Bewusstseins für Qualifizierung und Weiterbildung		

2.2 Die Balanced Scorecard als Instrument der Umsetzung einer Strategie 377

Tabelle 6 Beschreiben, messen und managen im Hinblick auf die Perspektive der internen Geschäftsprozesse

	beschreiben – Ziele, Vorgaben und Maßnahmen zum Erreichen der Ziele	**messen –** Messgrößen festlegen und das Erreichen von Zielen damit überprüfen	**managen –** Weitere Aktionen managen
Die internen Geschäftsprozesse	Darstellung der internen Geschäftsprozesse, Optimierung der Prozessabschnitte bzw. Durchlaufzeiten um 20 %	Darstellung der Anzahl der Prozesse bzw. Prozesseinheiten	Controllingteam
Optimierungs- und Entwicklungsprogramm	Einführung eines Optimierungs- und Entwicklungsprogramms, monatliche Teammeetings		
Innovationen	Erstellung eines Innovationsprogramms, Entwicklung von zehn neuen Produkten und Angeboten, Überprüfung der bisherigen Angebote im Hinblick auf Inhalte, didaktische Konzeption (z. B. Dauer der Durchführung und Art der Durchführung)	Anzahl der Innovationen und Neuprodukte	
Make or Buy	Kontinuierliche Analyse von Kosten- und Nutzen in Bezug auf den Erstellungsprozess, monatliche Überprüfung der Make-or-Buy-Entscheidung	Zeit/Jahr, Anzahl der Entscheidungen	
Optimierung des Kundenkontaktprozesses	Optimierung des Kundenkontaktprozesses durch dynamische Bearbeitung von Kundenanfragen, proaktive Kommunikation		

Tabelle 7 Beschreiben, messen und managen im Hinblick auf die Lern- und Entwicklungsperspektive und auf die Mitarbeiter

	beschreiben – Ziele, Vorgaben und Maßnahmen zum Erreichen der Ziele	**messen –** Messgrößen festlegen und das Erreichen von Zielen damit überprüfen	**managen –** Weitere Aktionen managen
Anzahl und Zusammensetzung des Personals	Jährliche Analyse und Darstellung der Mitarbeiterpotenziale durch Zielvereinbarungs- gespräche, ganzheitliche Darstellung in Bezug auf fachliche und soziale Skills, Darstellung der Erfahrungspotenziale in Projekten		
Technologische Infrastruktur	Jährliche Analyse und Darstellung der technologischen Infrastruktur und Perspektive	Darstellung der technischen Ausrüstung, z. B. Anzahl der Studios	
Soziale und kommunikative Infrastruktur	Messen des Betriebsklimas durch eine jährliche Mitarbeiterumfrage und deren Auswertung auf einer Tabelle, Erfassung der subjektiven Gefühlslage von Mitarbeitern durch geeignete Ideen, z. B. Erfassung des Nachwuchses von Mitarbeitern	Informations- und Kommunikationswand	
Produktivität der Mitarbeiter	Ermittlung der Produktivität von Mitarbeitern durch die Berechnung von Stundeneinsatz		
Mitarbeitermotivation	Harte Indikatoren: Fehlzeiten von Mitarbeitern, Zeitverzögerungen bei Leistungs- und Lieferzeiten u. a.	Zeit	
Lern- und Wissenspotenziale	Erfassen der Lern- und Wissenspotenziale durch eine Datenbank	Inhalte	
Qualitätsmanagement	Einführung und Umsetzung eines Qualitätsmanagements		

2.2 Die Balanced Scorecard als Instrument der Umsetzung einer Strategie

Für die Anwendung der Balanced Scorecard ist die ganzheitliche Betrachtung der einzelnen Perspektiven im Hinblick auf strategische Optionen von großer Bedeutung. Das heißt: Alle Aktivitäten in den jeweils vier unterschiedlichen Perspektiven werden immer wieder zu neuen strategischen Positionen oder Aktivitäten zusammengefasst. Eine strategische Option ist z. B. die Einführung eines Qualitätsmanagements. Damit kann im Rahmen der finanz-wirtschaftlichen Perspektive ein höherer Ertrag erwirtschaftet werden, im Rahmen der Kundenperspektive wird eine größere Zufriedenheit erreicht, innerhalb der internen Geschäftsprozesse wird die Anzahl der Innovationen gesteigert sowie die Fehleranzahl verringert und eine umfassende Motivation von Mitarbeitern erreicht.

Checklisten Balanced Scorecard

1. Finanzperspektive			
	beschreiben	messen	managen
Budget			
Aktuelles Budget			
Geplantes Budget			
Auftragsbestand			
Geplanter Umsatz			
1.2 Profitabilität			
Kosten – Nutzen			
Return on Training Investment			

2. Kundenperspektive			
	beschreiben	messen	managen
Marktanteil			
Zielgruppensegmente			
Neue Marktakquisition			
Kundenzufriedenheit			
Kundentreue			
Aktuelle Kundenansprache			

3. Interne Prozessperspektive			
	beschreiben	messen	managen
Innovationen			
Leistungserstellungsprozess			
Kundenkontakt			

4. Lern- und Entwicklungsperspektive/Mitarbeiter			
	beschreiben	messen	managen
Technologische Infrastruktur			
Kommunikative Infrastruktur			
Organisationskultur			
Mitarbeiterproduktivität			
Mitarbeitermotivation/Treue			
Mitarbeiterzufriedenheit			

2.3 Das Projektmanagement für Wissens- und Qualifizierungsangebote

Die Umsetzung bzw. Anwendung von Wissen kann im Rahmen von Training und Weiterbildung durch ein Projektmanagement realisiert werden. Das Projektmanagement übernimmt damit die Funktion, die die Produktion oder Leistungserstellung innerhalb der betriebswirtschaftlichen Prozesse innehat. Natürlich wird Wissen und neue Qualifikation auch durch ein etabliertes Seminarprogramm produziert, das nicht im Sinne eines Projektes, sondern als Trainingseinheit mit einer klar definierten Struktur und einem festen Angebot realisiert wird. Dennoch lassen sich auch diese Seminare als Angebote verstehen, die wie ein Projekt mit unterschiedlichen Teilnehmern, Kontext oder Trainer zu managen sind.

Der Kern des Projektwissensmanagements liegt aber vor allem in dem Aspekt, dass viele Projekte, wie z. B. die Einführung einer neuen Technologie, der Aufbau von neuen Vertriebsstrukturen wie z. B. bei einem Online-Shop, oder Organisationsentwicklung einen hohen Bedarf an Wissen und Qualifizierung mit sich bringen. Dies erfordert eine enge Verzahnung von Projektmanagement und Weiterbildung. Das Projektwissensmanagement ist ein erster Schritt, Projekt- und

Wissensmanagement zu integrieren und damit eine Basis für die gesamte Weiterbildung zu ermöglichen. Diese Basis umfasst Aktivitäten der Qualifizierung mit unterschiedlicher Ausprägung, wie z. B. „On-the-Job-Training", Training in Projekten oder Qualifizierungsangebote in einem feststehenden Seminarangebot.

2.3.1 Szenario 1: Projektwissensmanagement beim Unternehmen eff eff

Nomen est Omen – der Namen steht dafür, was ein Unternehmen ist und kann. Das trifft auch auf das Unternehmen eff eff zu. Eigentlich stecken in dem Firmennamen die Initialen des Firmengründers Fritz Fuss, aber eff eff ist mehr: eff eff kommt von der lateinischen Sprache und ist eine Abkürzung von „ex forma, ex functione". Frei übersetzt und umgangssprachlich verwendet bedeutet diese Redewendung „eine Sache vorzüglich zu beherrschen" – sowohl in Bezug auf Form als auch auf Funktion. Diesem Anspruch muss der Betrieb, der Türsteuerungssysteme herstellt und vertreibt, jeden Tag gerecht werden. Denn eff eff liefert Produkte, die einen hohen Sicherheitsstandard einhalten müssen. Im Rahmen der Sicherheitstechnik steht der Nachweis, dass alle Verfahrensprozesse bei der Produktion eingehalten werden, an erster Stelle, um Haftungsfälle klar zu regeln. Dazu kommt, dass die Sicherheitsstandards regelmäßig angepasst werden und damit ein kontinuierlicher Veränderungsprozess in der Produktion und Kontrolle stattfindet.

Die Firma eff eff stellt sich dieser Herausforderung durch ein durchdachte Projektmanagement und eine intensive Qualifizierung seiner Mitarbeiter. Eff eff garantiert, sowohl nationalen als auch internationalen Sicherheitsstandards und Vorschriften Rechnung zu tragen.

Die Qualifizierung der Mitarbeiter geschieht in Regel in einem „On-the-Job-Training". Das bedeutet: Die Prozesse und Arbeitsschritte von Forschung und Entwicklung über die Produktion bis zum Vertrieb und zur Schulung von Kunden sind klar aufgestellt und werden durch bewusstes Training der Mitarbeiter aktiv realisiert.

Der gesamte Prozess der Herstellung von Sicherheitssystemen bei eff eff lässt sich wie folgt darstellen: Forschung und Entwicklung, Herstellung, Vertrieb, Kundenbindungsaktivitäten durch Produktschulungen u. a.

Die Besonderheiten dabei liegen an der Schnittstelle von Forschung und Entwicklung zur Produktion und von der Produktion zum Vertriebs bzw. Kundenmanagement.

Für das Wissens- und Qualifizierungsmanagement lassen sich folgende zwei wichtige Prozessketten definieren:
- Prozesskette 1
  Forschung und Entwicklung – Externes Genehmigungsverfahren – Produktion,
- Prozesskette 2
  Produktion – Vertrieb – Kundenschulung – Kundenbindung.

Abb. III-52 Prozess des Wissensmanagements beim Unternehmen eff eff

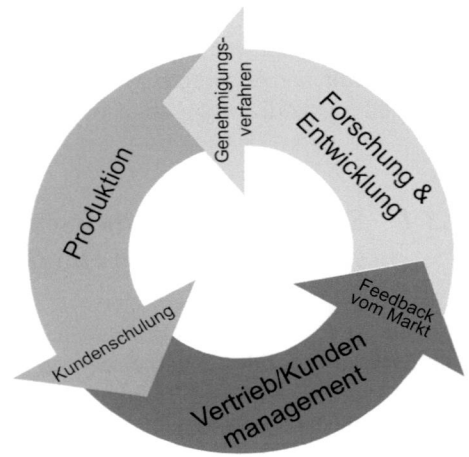

Für beide Prozessketten lässt sich das Wissensprojektmanagement mit folgenden Schritten realisieren:

Schritt 1: Projektauftrag, Projektziel und Projektbeschreibung Die Geschäftsleitung beauftragt den Leiter der Technischen Dokumentation der Forschungs- und Entwicklungsabteilung mit einem Projekt, bei dem die Zeit von der Entwicklung bis zur Genehmigung eines neuen Schließsystems maximal eine Woche dauert.

Gegenwärtig dauert dieser Prozess ca. 6–8 Wochen, da die Unterlagen für die Entwicklung von Schließsicherheitssystemen zur Genehmigung bei der Bundeszentrale für Telekommunikationszulassung noch auf konventionellem Wege (Fotos, Dokumente u. a.) eingereicht werden. Im Rahmen einer Projektbeschreibung werden erste Ideen formuliert, um das Projektziel zu erreichen. Dazu werden die bisherigen Prozesse einer Produktentwicklung analysiert, bewertet und in schriftlicher Form festgehalten. Neben der Dauer werden dabei auch sämtliche Kosten (Kostenstellen) ermittelt. Nach der Analyse wird ein neuer Prozessablauf (workflow) geplant, der vor allem auf die digitale Erfassung und Übermittlung aller Dokumente für das Genehmigungsverfahren beruht. Der neue Prozessablauf wird im Hinblick auf die Umsetzung und Machbarkeit intensiv überprüft, z. B. die Möglichkeiten der digitalen Übermittlung an ein externes Bundesinstitut für die Genehmigung. Dabei wird deutlich, dass bei der Umsetzung des Projektes ein hoher Schulungsbedarf bei allen Beteiligten entsteht.

Schritt 2: Projektteam Unter der Federführung des Leiters der Technischen Dokumentation wird eine Projektgruppe mit folgenden Mitgliedern gebildet: Leiter der Technischen Dokumentation (Projektleitung), Werbeleiter, Einkaufsleiter, Produktionsleiter, externer Berater und Trainer mit dem Schwerpunkt digitale Bildbearbeitung, Prozessmanagement.

2.3 Das Projektmanagement für Wissens- und Qualifizierungsangebote 383

Schritt 3: Projektplanung Mit dem dritten Schritt wird die Planung bzw. die Projektorganisation aufgestellt. Dazu bedient man sich verschiedener Instrumente des Projektmanagements. Ein erstes Instrument ist die Entwicklung des Projektstrukturplans (PSP). Der Projektstrukturplan besteht in der Auflistung aller Aktivitäten sowie in der Zusammenfassung in sinnvolle Arbeitseinheiten, den so genannten Arbeitspaketen. Die folgende Abbildung zeigt die Aktivitäten in dem oben beschriebenen Projekt mit den Bereichen „Planung, Technische Ausrüstung, Organisation der Räumlichkeiten für das Fotostudio und Schulung".

Der nächste Planungsschritt für die Projektorganisation besteht in der Festlegung der Bearbeitertage, die zunächst geschätzt werden. Dadurch entsteht ein Anfangsdatum und ein Enddatum für das Projekt.

Ein weiterer Schritt der Projektplanung besteht in der Festlegung der Abhängigkeiten, die die verschiedenen Aktivitäten zueinander haben. In der oben abgebildeten Tabelle wird dies in der Spalte „Vorgänger" als Zahl der jeweiligen Zeile dargestellt, von der eine Aktivität abhängig ist, z. B. werden die Teilnehmer

	❶	Vorgangsname
0		⊟ **Qualifizierung Projektmanagement**
1		⊟ **Planung**
2		Projektbeschreibung
3		Ressourcen wählen
4		Projekt start
5		
6		⊟ **Technische Ausrüstung**
7		Briefing
8		Angebote einholen
9		Prüfen
10		Entscheiden
11		
12		⊟ **Räumlichkeiten Fotostudio**
13		Räumlichkeiten suchen
14		Räumlichkeiten genehmigen
15		Umbau vorbereiten
16		Umbau durchführen
17		
18		
19		⊟ **Schulung**
20		Inhalte exkat auf Bedürfniss abstimmen
21		Script erstellen
22		Schulung vorbeiten
23		Teilnehmer bestimmen
24		Schulung durchführen
25		Schulungsergebnisse sichern
26		Training on the job
27		Coaching

Abb. III-53 Projektstrukturplan (PSP) mit Arbeitspaketen

(Zeile 23) erst dann bestimmt, wenn die Umbaumaßnahmen für das Fotostudio begonnen haben (Zeile/Vorgänger 15) und die Schulung (Zeile/Vorgänger 22) vorbereitet ist.

Um die Projektorganisation bzw. Projektplanung abzubilden, bedarf es eines weiteren Schrittes, nämlich der Ressourcenplanung.

Innerhalb der Ressourcenplanung werden die Personal- bzw. Materialressourcen mit dem jeweiligen Kostenfaktor etc. geplant. Die Planung der Ressourcen wird dann auf die Planung der Aktivitäten übertragen.

Jetzt erhält man die Möglichkeit, die gesamte Projektplanung bzw. Projektorganisation in verschiedenen Grafiken abzubilden. Der Netzplan zeigt als Abbil-

	❶	Vorgangsname	Dauer	Anfang	Ende	Vorgänger
0		⊟ **Qualifizierung Projektmanagement**	**30,5 Tage?**	**Mon 07.05.07**	**Mon 18.06.07**	
1		⊟ **Planung**	**10,5 Tage?**	**Mon 07.05.07**	**Mon 21.05.07**	
2		Projektbeschreibung	5 Tage	Mon 07.05.07	Fre 11.05.07	
3		Ressourcen wählen	2 Tage?	Mon 14.05.07	Fre 18.05.07	2
4		Projekt start	1 Tag	Fre 18.05.07	Mon 21.05.07	3
5						
6		⊟ **Technische Ausrüstung**	**10,5 Tage?**	**Fre 11.05.07**	**Fre 25.05.07**	
7		Briefing	2 Tage?	Fre 11.05.07	Don 17.05.07	
8		Angebote einholen	1 Tag?	Don 17.05.07	Fre 18.05.07	7
9		Prüfen	1 Tag?	Mon 21.05.07	Die 22.05.07	8
10		Entscheiden	2 Tage?	Mit 23.05.07	Fre 25.05.07	9
11						
12		⊟ **Räumlichkeiten Fotostudio**	**4,5 Tage?**	**Don 17.05.07**	**Mit 23.05.07**	
13		Räumlichkeiten suchen	2 Tage?	Don 17.05.07	Mon 21.05.07	7
14		Räumlichkeiten genehmigen	1 Tag?	Mon 21.05.07	Die 22.05.07	13
15		Umbau vorbereiten	1 Tag?	Don 17.05.07	Fre 18.05.07	7
16		Umbau durchführen	2,5 Tage	Mon 21.05.07	Mit 23.05.07	15;7;13
17						
18						
19		⊟ **Schulung**	**30,5 Tage?**	**Mon 07.05.07**	**Mon 18.06.07**	
20		Inhalte exkat auf Bedürfniss abstimmer	1 Tag?	Fre 11.05.07	Fre 11.05.07	
21		Script erstellen	14 Tage	Mon 21.05.07	Don 07.06.07	20
22		Schulung vorbeiten	4 Tage	Mon 07.05.07	Mit 16.05.07	
23		Teilnehmer bestimmen	2 Tage?	Fre 18.05.07	Die 22.05.07	22;15
24		Schulung durchführen	5,5 Tage	Fre 08.06.07	Fre 15.06.07	21
25		Schulungsergebnisse sichern	1 Tag?	Fre 15.06.07	Mon 18.06.07	24
26		Training on the job	1 Tag?	Mon 07.05.07	Mon 07.05.07	
27		Coaching	1 Tag?	Mon 07.05.07	Mon 07.05.07	

Abb. III-54   Festlegung der Bearbeitungstage

	❶	Ressourcenname	Art	Kürze	Max. Einh.	Standardsatz	Überstd.-Satz	Kosten/Einsatz	Fällig am	Basiskalender
1		Technische Doku	Arbeit	T	50%	100,00 €/Std.	135,00 €/Std.	0,00 €	Anteilig	Standard
2		Werbeleiter	Arbeit	W	50%	90,00 €/Std.	135,00 €/Std.	0,00 €	Anteilig	Standard
3		Ingenieur	Arbeit	I	50%	115,00 €/Std.	135,00 €/Std.	0,00 €	Anteilig	Standard
4		Berater	Arbeit	B	50%	150,00 €/Std.	135,00 €/Std.	150,00 €	Anteilig	Standard
5		Einkaufer	Arbeit	E	50%	80,00 €/Std.	135,00 €/Std.	0,00 €	Anteilig	Standard
6		Produktionsleiter	Arbeit	P	50%	95,00 €/Std.	135,00 €/Std.	0,00 €	Anteilig	Standard
7		Assistenz	Arbeit	A	100%	60,00 €/Std.	135,00 €/Std.	0,00 €	Anteilig	Standard
8		interne MA	Arbeit	i	500%	65,00 €/Std.	135,00 €/Std.	0,00 €	Anteilig	Standard
9		externe MA	Arbeit	e	200%	90,00 €/Std.	135,00 €/Std.	0,00 €	Anteilig	Standard

Abb. III-55   Festlegung der Ressourcen

2.3 Das Projektmanagement für Wissens- und Qualifizierungsangebote

dung die verschiedenen Aktivitäten bzw. Arbeitspakete mit ihren gegenseitigen Abhängigkeiten. Dabei wird auch der sogenannte kritische Pfad dargestellt. Der kritische Pfad stellt die Aktivitäten dar, die zu einer Veränderung der Gesamtprojektdauer führen, wenn diese Aktivitäten inhaltlich oder in Bezug auf die Zeit, Dauer und Termin verändert werden.

Mit Hilfe einer weiteren Abbildungsmöglichkeit, dem sogenannten Gantt-Diagramm, wird die Projektorganisation bzw. Planung im Hinblick auf die Aktivitäten und ihren Abhängigkeiten, die Ressourcen und die Zeit dargestellt.

Schritt 4: Durchführung des Projektes und Projektende Nach der Durchführung des Projektes wird der konkrete Erfolg schnell greifbar. Durch die Projekt- und Qualifizierungsmaßnahmen ist es gelungen, die Zeit von der Entwicklung bis zur externen Genehmigung auf die gewünschte Zielvorgabe von einer Woche zu verkürzen. Mit der Dokumentation der Aktivitäten sowohl im Bereich des Projektmanagements als auch im Bereich der Schulung und Qualifizierung wird das Projekt beendet.

Schritt 5: Projektdokumentation und Controlling Projekte sind in der Regel zeitlich befristet und müssen deshalb aktiv zu Ende gebracht werden. Das aktive Management besteht dabei in der Dokumentation, Aufbereitung und Präsentation der Ergebnisse des Projektes und im Projektcontrolling (siehe Kap. 4).

	❶	Vorgangsname	Dauer	Vorgänger	Ressourcennamen
0		⊟ Qualifizierung Projektmanagement	30,5 Tage?		
1		⊟ Planung	10,5 Tage?		
2		Projektbeschreibung	5 Tage		Technische Doku[50%];Werbeleiter[50%];Berater[50%];Assistenz
3		Ressourcen wählen	2 Tage?	2	Technische Doku[50%];Einkäufer[50%]
4		Projekt start	1 Tag	3	
5					
6		⊟ Technische Ausrüstung	10,5 Tage?		
7		Briefing	2 Tage?		Technische Doku[50%];Werbeleiter[50%]
8		Angebote einholen	1 Tag?	7	Einkäufer[50%]
9		Prüfen	1 Tag?	8	Technische Doku[50%];Werbeleiter[50%]
10		Entscheiden	2 Tage?	9	Technische Doku[50%];Einkäufer[50%]
11					
12		⊟ Räumlichkeiten Fotostudio	4,5 Tage?		
13		Räumlichkeiten suchen	2 Tage?	7	Assistenz;Produktionsleiter[50%]
14		Räumlichkeiten genehmigen	1 Tag?	13	Einkäufer[50%]
15		Umbau vorbereiten	1 Tag?	7	Assistenz
16		Umbau durchführen	2,5 Tage	15;7;13	interne MA[200%]
17					
18					
19		⊟ Schulung	30,5 Tage?		
20		Inhalte exkat auf Bedürfniss abstimmen	1 Tag?		Berater[50%]
21		Script erstellen	14 Tage	20	Berater[50%]
22		Schulung vorbeiten	4 Tage		Berater[50%];Technische Doku[50%];Assistenz
23		Teilnehmer bestimmen	2 Tage?	22;15	Technische Doku[50%];Werbeleiter[50%];Produktionsleiter[50%];As:
24		Schulung durchführen	5,5 Tage	21	Berater[50%];Assistenz
25		Schulungsergebnisse sichern	1 Tag?	24	Technische Doku[50%];Werbeleiter[50%];Assistenz
26		Training on the job	1 Tag?		
27		Coaching	1 Tag?		

Abb. III-56 Festlegung der Kostenfaktoren

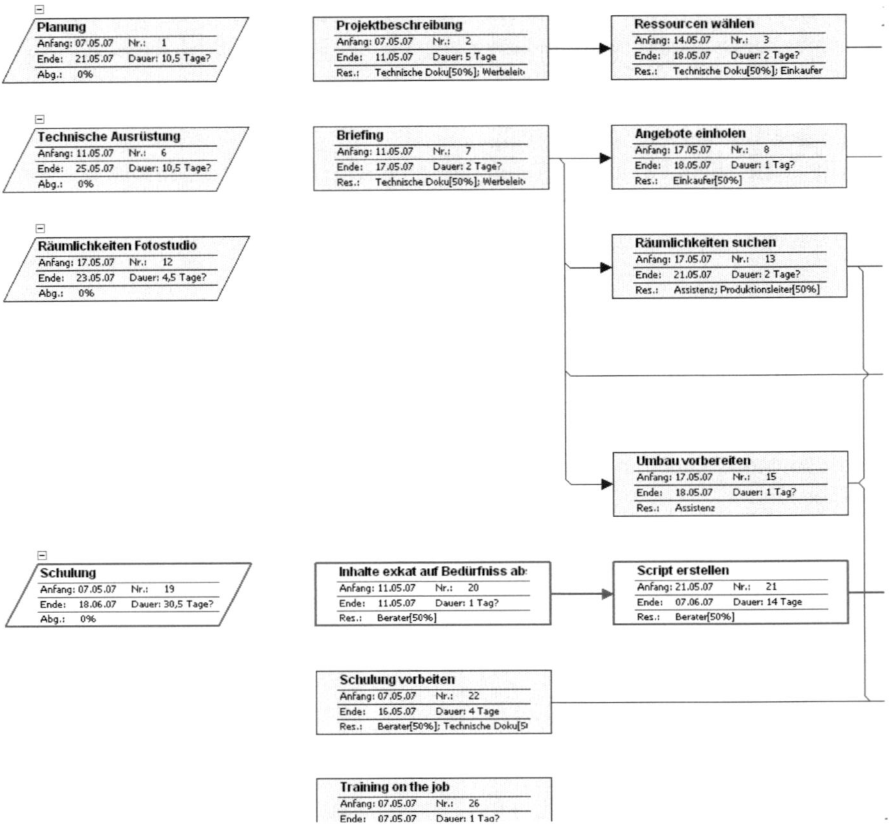

Abb. III-57 Netzplan des beschriebenen Projektes im Auszug

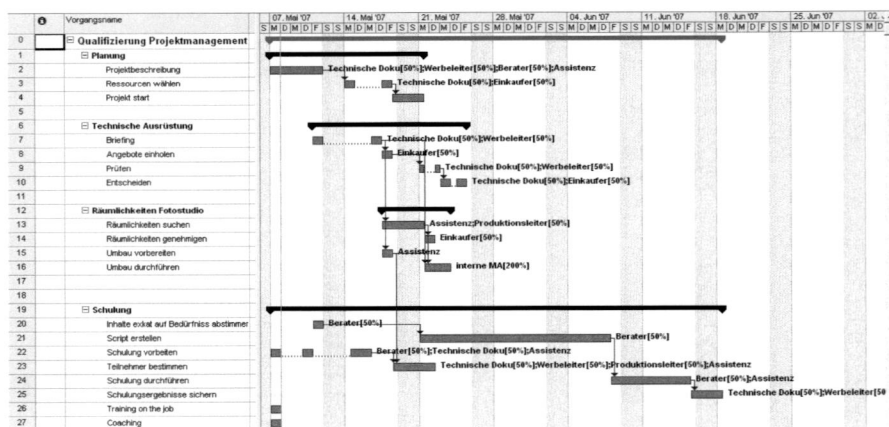

Abb. III-58 Gantt-Diagramm

2.3.2 Grundlagen des Projektmanagements

Mit Hilfe des Projektmanagements werden in der Regel zeitlich befristete Organisationen oder Prozesse mit einer bestimmten Zielsetzung oder einem Auftrag geplant, umgesetzt und kontrolliert. Deshalb orientiert sich das Projektmanagement an einem Kreislauf. Innerhalb dieses Kreislaufes werden verschiedene Schritte vollzogen. Die Anordnung dieser Schritte ist in einem geringen Umfang variabel. In der Regel lässt sich das Projektmanagement anhand dieser Schritte mit folgenden Fragen darstellen:

Projektbeschreibung, Projektauftrag, Projektziel

- Wie kann die inhaltliche Aufgabenstellung eines Projektes beschrieben werden?
- Formulierung eines Projektauftrages mit einer ersten Kostenschätzung.
- Wer ist der Projektauftraggeber?
- Beschreibung der Zielsetzung und Auftragsstellung eines Projektes.
- Darstellung der Projektorganisation.
- Bestimmung des Projektleiters.

Das Projektteam

- Teammitglieder
- Teamentwicklung
- Verantwortungsbereiche-Responsibility Chart
- Kommunikation
- Organisation der Abstimmungsprozesse und Teammeeting.

Projektplanung durch Projektstrukturplan

- Erstellung eines Projektstrukturplans (PSP)
- Netzplan
- Kritischer Pfad
- Ressourcenplanung
- Gantt-Diagramm
- Operativer Projektplan.

Risikoanalyse

- Risikenidentifikation
- Entwicklung einer Antwort
- Risiko-Monitoring.

Kostenplanung

- Schätzungen
- ROI-Berechnung
- Kostenkontrolle.

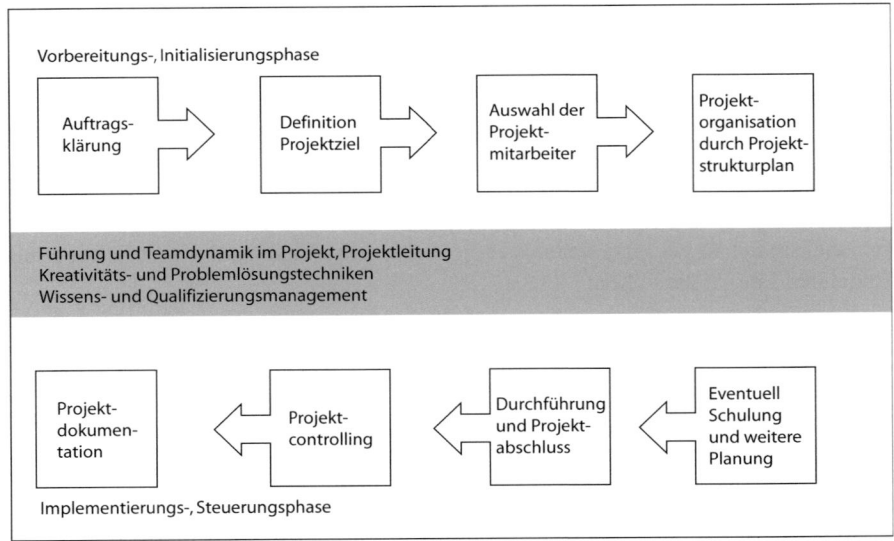

Abb. III-59 Der Projektwissensmanagement-Zirkel

Qualitätsmanagement

- Qualitätsplanung
- Qualitätsreview
- Projektreview
- Qualitätskontrolle.

Projektabschluss und weitere Planung

- Projektabnahme
- Funktion des Schlussberichts
- Feedbacks und Feedforward aus dem Projekt.

Der äußere Projektzyklus mit den oben beschriebenen sieben Schritten wird aus der Mitte heraus durch die Managementaktivitäten des Projektmanagements, die Teamentwicklung und den Einsatz von Kreativitäts- und Problemlösungstechniken sowie durch das Wissens- und Qualifizierungsmanagement aktiv gesteuert.

2.3.3 Szenario 2: Das Projekt der Kundenschulung als Kundenbindung bei eff eff

Nach der Optimierung der Wertschöpfungskette hinsichtlich der Entwicklung und Genehmigung neuer Schließsysteme mit Hilfe des Projektwissensmanagements erkennt die Geschäftsleitung von eff eff eine Herausforderung im Bereich von

2.3 Das Projektmanagement für Wissens- und Qualifizierungsangebote

Vertrieb und Kundenbindung. Um den Vertrieb zu fördern, werden Maßnahmen und Aktivitäten im Rahmen der Kundenschulung von Händlern, Handwerkern und Kunden allgemein geplant. Diese Schulungsaktivitäten werden nicht im Sinne von einzelnen Maßnahmen, sondern im Rahmen einer gesamten Kundenbindungskonzeption umgesetzt. Ein Projektwissensmanagement unterstützt die Mitarbeiter im Vertrieb und Kundenmanagement bei der Umsetzung dieser Kundenbindungskonzeption durch folgende Schritte:

Schritt 1: Projektbeschreibung, Projektauftrag, Projektziel

- Entwicklung und Umsetzung des Kundenbeziehungsmanagements durch aktive Schulungsangebote an Händler, Handwerker und Kunden,
- Entwicklung und Durchführung eines nationalen Schulungsangebotes,
- Entwicklung einer Konzeption des Kundenbindungsmanagements und dessen Umsetzung, Einrichtung eines Service-Centers/Call-Centers, Durchführung einer jährlichen Kundenzufriedenheitsbefragung,
- Integrative Verknüpfung der Schulungskonzeption als wichtiger Bestandteil des Kundenbindungsmanagements,
- Steigerung der Kundenzufriedenheit um fünf Prozent bei der jährlich stattfindenden Befragung,
- Der Marketingleiter wird als Projektleiter bestimmt.

Schritt 2: Das Projektteam

- Marketingleiter (Projektleitung),
- Marketingassistent,
- Drei Mitarbeiter aus der Aus- und Weiterbildung,
- Mitarbeiter der Produktentwicklung,
- Externer Berater für die Erstellung und Umsetzung von E-Training,
- Einrichten eines Intranets mit wöchentlichen Statusmeetings des Projektteams.

Schritt 3: Projektplanung durch Projektstrukturplan

- Erstellung eines Projektstrukturplans,
- Ressourcenplanung,
- Netzplan,
- Kritischer Pfad,
- Gantt-Diagramm,
- Operative Planung.

Schritt 4: Risikoanalyse

- Kurzfristige Absage von Teilnehmern als Risiko,
- Entwicklung eines Bonussystems für die Teilnahme an Schulung und Kauf von Produkten,
- Marketingassistent übernimmt das Risiko-Monitoring.

Schritt 5: Kostenplanung

- Erstellung einer Budgetplans mit verschiedenen Bereichen, z. B. Entwicklung der Schulungskonzeption und Schulungsaktivitäten,
- Ermittlung der Kosten im Bereich der Schulungsaktivitäten einschließlich der Werbung und Verwaltung,
- Ermittlung der Kosten für das Kundenbindungsmanagement,
- Kostenkontrolle durch Marketingassistenten.

Schritt 6: Qualitätsmanagement

- Entwicklung und Umsetzung eines Qualitätsmanagementsystems für Kundenschulung und Kundenbindung,
- Projektreview,
- Qualitätskontrolle durch Marketingassistenten.

Schritt 7: Projektabschluss und weitere Planung

- Projektabnahme und Durchführung eine Pilotprojektes,
- Diskussion und Feedback im Intranet,
- Präsentation eines Berichtes gegenüber der Geschäftsleitung als Auftraggeber,
- Feeedbacks und Feedforward aus dem Projekt,
- Weitere Planung z. B. im Hinblick auf einen Weblog bzw. eine Community im Netz.

2.3.4 Die Besonderheit des Projektwissensmanagements

Projekte stellen eine besondere Chance für das Wissensmanagement dar. Zum einen kann der Bedarf an Wissen in Projekten sehr groß sein, zum anderen können Projekte als solches sehr viel Wissen hervorbringen und fördern. Das Wissens- und Qualifizierungsmanagement kann in beiden Fällen eine hilfreiche Brücke zu anderen betriebswirtschaftlichen Aktivitäten wie z. B. das Kundenbeziehungsmanagement schlagen. Diese Chance wird gegenwärtig noch zu wenig erkannt und wahrgenommen.

Wissensmanagement in Projekten: Das Wissensmanagement in Projekten besteht aus drei Phasen. Innerhalb der ersten Phase wird der Projektablauf analysiert und die Projektabschnitte (Arbeitspakete oder Aktivitäten) identifiziert, bei denen Wissen oder Qualifizierung gebraucht oder neues Wissen entsteht. Phase 2 beschäftigt sich mit den Aktivitäten, benötigtes Wissen für ein Projekt zur Verfügung zu stellen. Dabei stehen die Aufgaben im Mittelpunkt, bestehende Wissensressourcen intern oder extern zu ermitteln und zum richtigen Zeitpunkt mit den richtigen Anforderungen bereitzustellen. In der dritten Phase werden die Aktivitäten geplant und umgesetzt, durch die neues Wissen in den bisherigen Strukturen einer Organisation weiterverarbeitet und für andere verfügbar gemacht werden kann. Dies kann z. B. im Rahmen eines Qualitätsmanagements in einem Projekt geschehen.

Projektmanagement in Qualifizierungs- und Wissensprojekten: Das Projektmanagement, mit dem Qualifizierungs- oder Wissensprojekte in den Unternehmen umgesetzt werden, unterscheidet sich wahrscheinlich nicht grundlegend von dem Projektmanagement in anderen Projekten, wie zum Beispiel bei der Einführung neuer Produkte oder technologischer Herstellungsverfahren. Es bedient sich der klassischen Vorgehensweise durch die Formulierung eines Projektauftrages und Projektzieles, die Aufstellung des Projektteams und die Umsetzung durch die Projektplanung bzw. Erstellung der Projektorganisation mit Hilfe der dargestellten Instrumente. Dabei kann das Risikomanagement so wie im Szenario beschrieben und das Qualitätsmanagement eine weiterführende Bedeutung erhalten.

Checkliste Projektmanagement

1 Beschreiben Sie die Konzeption, wie das Projektmanagement im Bereich des Wissensmanagements eingesetzt wird, z. B. bei Produkttraining oder Personalentwicklungsmaßnahmen.	
2 Beschreiben Sie die Schritte des Projektmanagements:	
Schritt 1: Projektauftrag, Projektziel, Projektbeschreibung (z. B. Auftraggeber, Inhalte, Ziele)	
Schritt 2: Kompetenz des Projektteams	
Schritt 3: Projektplanung (Projektstrukturplan, Projektorganisation, Ressourcenplanung, Abbildung der Planung)	
Schritt 4: Risikoanalyse (Welche Risiken? Monitoring)	
Schritt 5: Kostenplanung (Budgetplan, zusätzliche Kosten, Kostenkontrolle)	
Schritt 6: Qualitätsmanagement (Entwicklung und Umsetzung von Qualitätskriterien im Projektmanagement)	
Schritt 7: Projektabschluss, Dokumentation und weitere Planung	

2.4 Marketing für Wissens- und Qualifizierungsangebote

2.4.1 *Szenario: Eddy erobert die Herzen der RAG-Mitarbeiter*

Im Projektteam war Anspannung und Erleichterung zu spüren. Vierzehn Monate lang hatten Detlef, Michael, Jens und Manuela das Projekt „Futurezone" bei der RAG Aktiengesellschaft[2] vorangetrieben: mit Überzeugungsarbeit beim Arbeitsdirektor, Diskussionen über das Konzept der Lernplattformen mit den Verantwortlichen für Personalentwicklung und Fortbildung, Besprechungen mit den Programmierern, Rücksprache mit der Rechtsabteilung usw. Das Team konnte sich an viele Herausforderungen erinnern, die in diesem Projekt zu meistern waren. Alle hatten noch sehr gut die Gespräche und Anfragen an die Finanzdirektionen im Bund und Land in Erinnerung. „Ist es ein geldwerter Vorteil für die Arbeitnehmer, wenn sie durch die neue Lernplattform die Möglichkeit nutzen, auch privat von zu Hause eine Fremdsprache zu lernen? Muss dies versteuert werden?" Glücklicherweise waren alle diese Herausforderungen bestens gelöst worden und die Einführung der neuen Lernplattform war greifbar nahe. Die Stimmung im Projektteam war spürbar gelöst. Doch dann kam noch einmal Spannung auf. Bei einer der letzten Statusbesprechungen warf Michael die Frage auf: „... und wie verkaufen wir das Ding? – Aushang, Bekanntmachung per Mail oder Rundschreiben, ein kleiner Katalog oder eine Broschüre mit den Lernangeboten in der Post an die Abteilungen, ein Knopfdruck und dann sollte die neue Lernplattform freigeschaltet sein?" Nein! Das konnte sich im Projekt niemand vorstellen. Zu viel Engagement und Leidenschaft war in dieses Projekt geflossen. Ein richtiger „Knüller" musste her. Eine Marketingaktion, durch die alle neunzigtausend Mitarbeiterinnen und Mitarbeiter im Konzern auf die neue Lernplattform aufmerksam werden. Aber wie macht man Marketing für eine Lernplattform und die E-Learning-Angebote eines Unternehmens? Waren im Projektbudget überhaupt Gelder dafür vorgesehen? Wie alle Herausforderungen ging das Team auch diese Fragestellung beherzt und zupackend an. Eine Marketingkonzeption musste her.

Im ersten Brainstorming entstanden sehr schnell kreative Ideen und ein griffiges Marketingkonzept.

2.4.2 *Die inszenierte Verführung*

Am Wochenende herrschte reges Treiben in den Verwaltungsgebäuden der RAG in Essen und an den weiteren Standorten. Im Eingangsbereich, im Garten oder der Regenerierungszone wurden 2 mal 3 Meter große Tafeln aufgestellt, auf denen zu

---

[2] Vgl. dazu Detlef Abt, Die Bildungs- und Kommunikationsplattform „FutureZone" der RAG Aktiengesellschaft – Einführung durch internes Marketing und Weiterentwicklung zu einer virtuellen Universität,
http://www.hdm-stuttgart.de/suche_www/view_news?ident=news20041013145937.

2.4 Marketing für Wissens- und Qualifizierungsangebote

lesen war: „Wissen ist Macht". Der Montag war für viele ein normaler Arbeitstag. Viele Mitarbeiterinnen und Mitarbeiter waren über die Plakate verwundert. Sie machten sich keine weiteren Gedanken. Am Dienstagmorgen war das Verb „ist" auf den Plakaten mit roter Farbe durchgestrichen. In der Nacht hatten Michael und Detlef und seine Gehilfen das Wort „ist" auf den Plakaten durchgestrichen und durch ein anderes Wort ersetzt. Auf den Plakaten war nun zu lesen: „Wissen war Macht". In einigen Abteilungen kamen erste Diskussionen auf. Das war aber erst der Anfang. In einer weiteren Nacht wurden die Plakate zum zweiten Mal verändert: Das Wort „war" wurde auch ausgestrichen. Der Satz wurde durch das Wort „Spaß" ergänzt. Jetzt war auf den Plakaten das zu lesen, was zur Botschaft für die neue Lernplattform werden sollte: „Wissen (ist/war) macht Spaß!", eine perfekte inszenierte Verführung [MIKUNDA 2005].

Jetzt herrschte eine rege Nachfrage nach weiteren Informationen über die neue Lernplattform. Das Projektteam hatte eine Informationsplattform eingerichtet. In der Nacht, in der Michael und Detlef die Botschaft in den richtigen Slogan „Wissen macht Spaß!" verändert hatten, wurde auf jeden Arbeitsplatz Informationsbroschüren über die neue Lernplattform verteilt. Mit dem dreiteiligen Mailing an alle Mitarbeiter/innen der RAG wurde die Kampagne mit den Plakaten aufgelöst.

Die Mitarbeiterinnen und Mitarbeiter wurden darüber informiert, dass sie weitere Informationen zur Lernplattform bei der RAG Aktiengesellschaft im Intranet erhalten können. Neben den direkten Anfragen via E-Mail, die persönlich beantwortet wurden, gab es noch den Flash-Comicfilm von Eddy zu sehen, der das Geheimnis der Plakataktion erklärte.

Abb. III-60 Eddy als Marke

Aber wer ist Eddy? Eddy, das Maskottchen mit dem „e als @", er ist der „Sympathieträger" dieser Marketingaktivitäten. Eddy steht neben dem rechtlich geschützten Begriff „Futurezone" für die Marke, mit der alle E-Learning-Aktivitäten bei der RAG AG vermittelt werden sollen. Der Buchstabe „E" bei Eddy steht nicht nur für das E-Learning, viele Mitarbeiterinnen und Mitarbeiter verbinden den Namen Eddy inzwischen auch mit der Erfahrung, dass es wirklich einfach ist, die Lernplattform für Weiterbildungsangebote zu nutzen. Das „E" von Eddy und der E-Learning-Plattform ist für sie zu einem Symbol für „Easy Learning" geworden.

Eddy ist als Promotor und Maskottchen z. B. in Flashanimation oder auf Flyers bei vielen Aktivitäten dabei, wenn es bei der RAG AG um das E-Learning geht. Eddy ist zu einer Vertrauensperson in Sachen „E-Learning" geworden. Inzwischen gibt es ihn in verschiedenen Aktionen und Situationen als Aufkleber oder Bildschirmschoner und natürlich ist Eddy wie ein „Freund" auf den Seiten der neuen Lernplattform zu sehen. Eddy ist nicht nur ein Informationsträger. Er weckt vielmehr Sympathie und Vertrauen in das E-Learning bei der RAG AG. Mit Eddy ist es gelungen, die Einführung der neuen Lernplattform zu emotionalisieren. Mitarbeiterinnen und Mitarbeiter fühlen sich nicht nur sehr gut über die neue Lernplattform informiert, sondern empfinden ein positives Gefühl für die neuen Möglichkeiten, die ihnen das E-Learning bietet.

2.4.3 Das große Event – der RAG E-Learning Day

Der Start war gelungen. Bei den Mitarbeiterinnen und Mitarbeitern war durch die Plakataktion nicht nur eine große Neugier und Interesse geweckt worden. Inzwischen war auch eine Begeisterung zu spüren. Beim Projektteam gingen jeden Tag mehr und mehr E-Mails mit Fragen oder anerkennenden Worten ein. Nun stand der offizielle Start bevor. Das Projektteam hatte einen Plan vorbereitet. Natürlich sollte eine große Aufmerksamkeit geweckt werden. Die Plakataktion hatte die Mitarbeiter/innen und das Management sensibilisiert, dass etwas Neues kommen wird. Jetzt ging es darum, durch ein gewichtiges Kick-off-Event und den offiziellen Start der neuen Lernplattform allen die Bedeutung und den Nutzen möglichst konkret bewusst zu machen.

Das Projektteam hatte sich dafür entschieden, einerseits möglichst intensiv das Management einzubinden, aber auch andererseits die bisherige Grundstimmung im Projekt „Wissen macht Spaß!" beizubehalten. „Hoffentlich wird das keine steife Veranstaltung!", hatte Detlef noch zu Michael gesagt. Aber für eine lockere Stimmung sorgten die Promotionaktionen. Promotionmitarbeiter als Eddy verkleidet mischten sich unter die 250 Gäste und verteilten Informationsbroschüren und Werbemittel. Die erste Talkrunde, geleitet von einem professionellen Moderator, machte die Thematik bewusst: „Herausforderung Konzern und Bildung". Der reale Online-Chat zwischen Mitarbeitern in Amerika und Mitarbeitern, die im Bergwerk Marl unter Tage arbeiteten, war mächtig beeindruckend. Immer wieder versuchte das Promotionteam, die Gäste aktiv durch Promotionmittel, wie beispielsweise mit

2.4 Marketing für Wissens- und Qualifizierungsangebote

Infobox:
Modulares Veranstaltungskonzept beim offiziellen Start der futurezone der RAG AG
– Inhaltliche und dramaturgische Elemente – :

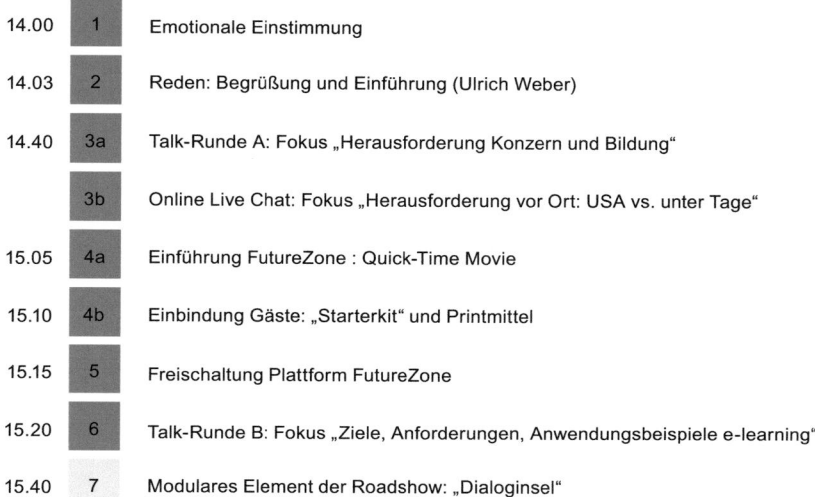

14.00	1	Emotionale Einstimmung
14.03	2	Reden: Begrüßung und Einführung (Ulrich Weber)
14.40	3a	Talk-Runde A: Fokus „Herausforderung Konzern und Bildung"
	3b	Online Live Chat: Fokus „Herausforderung vor Ort: USA vs. unter Tage"
15.05	4a	Einführung FutureZone : Quick-Time Movie
15.10	4b	Einbindung Gäste: „Starterkit" und Printmittel
15.15	5	Freischaltung Plattform FutureZone
15.20	6	Talk-Runde B: Fokus „Ziele, Anforderungen, Anwendungsbeispiele e-learning"
15.40	7	Modulares Element der Roadshow: „Dialoginsel"

Abb. III-61 Eröffnungsevent FutureZone

einem Starterkit zur Lernplattform, aktiv einzubinden. Damit wurden die Spannung und die Neugier gesteigert. Dann erfolgte die offizielle Freischaltung von Futurezone, der RAG-Lernplattform, für rund 90.000 Mitarbeiterinnen und Mitarbeiter weltweit. Eine zweite Talkrunde mit weiteren Gästen mit dem Schwerpunkt „Ziele, Anforderungen und Anwendungsbeispiele des E-Learning" vertiefte die Thematik. Nach einer circa zweistündigen Auftaktveranstaltung hatten die Gäste die Gelegenheit, an sogenannten Dialoginseln die Möglichkeiten der Futurzone auszuprobieren.

Das Projektteam war zufrieden. Rund 250 Gäste aus dem Management und der Arbeitsdirektor aus dem Vorstand waren zum Event gekommen, bei dem die Lernplattform der RAG AG Futurezone freigeschaltet wurde. Durch das Event war es gelungen, die ungezwungene Atmosphäre „Lernen macht Spaß" in einen offiziellen Rahmen zu bringen. Die Bedeutung und Möglichkeiten der Lernplattform für RAG AG waren allen in diesen knapp zwei Stunden nachhaltig bewusst geworden.

2.4.4 Der E-Learning-Alltag

Noch immer war die Begeisterung zu spüren, die durch das Marketing für die Futurezone entstanden war. In einem weiteren Schritt ging es jetzt darum, den E-Learning-Alltag auf der Futurezone aktiv zu gestalten und Mitarbeiterinnen und

Mitarbeiter zum Mitmachen zu motivieren. Neben den traditionellen Online-Schulungsangeboten wie z. B zur Nutzung von Software in der Text- oder Datenverarbeitung, Gestaltung oder Terminplanung im Berufsalltag stand das Interesse der Mitarbeiter/innen im Mittelpunkt.

In einem ersten Schritt wurden die Mitarbeiter durch einen persönlichen Brief mit einem Starterkit für den E-Learning-Alltag vorbereitet. Das Unternehmen hatte sehr schnell eine hohe Anzahl von sogenannten Online-Coaches ausgebildet, die den Mitarbeitern zur Verfügung standen. E-Learning Trainer hatten ebenfalls eine besondere Ausbildung erhalten, um auf die Bedürfnisse der Mitarbeiter einzugehen.

Die regelmäßige interne Informationsarbeit im Sinne von interner Public Relation (PR) über das Projekt Futurezone war jetzt in der Realisierung ein wichtiges Marketingtool. Mitarbeiter erhielten regelmäßig pro Monat Newsletter oder gedruckte Informationsbriefe über den Stand und die Weiterentwicklung des E-Learning. Dabei wurden nicht nur die neuen Angebote vorgestellt, sondern auch Erfahrungen der Mitarbeiter mit dem E-Learning beschrieben.

Eine weitere Analyse des Weiterbildungsverhaltens von Mitarbeitern brachte die Erkenntnis, dass Mitarbeiter sich auch in ihrer Freizeit und privat von zu Hause aus weiterbilden wollen. Das Unternehmen suchte nach Möglichkeiten, diese Idee der privaten Weiterbildung Schritt für Schritt zu realisieren.

Info-Box:
Einführung der Lernplattform Futurezone durch aktives Marketing bei der RAG Aktiengesellschaft Essen

02/2000	Bildung einer konzernweiten Projektgruppe E-Learning
05/2000	Start einer Testphase im RAG-Intranet vom 01.05.2000 – 31.12.2001
12/2000	Start der Entwicklung einer konzerneigenen Bildungs- und Kommunikationsplattform in Kooperation mit DKF Multimedia Group, Wiesbaden und der RAG Informatik und Beratung durch Thomson NETg
04/2001	Mitarbeiterbefragung (Fragebögen und Einzelinterviews) und anschließende Evaluation der Testphase
06/2002	Fertigstellung der RAG-Bildungsplattform FutureZone
09/2002	Entwicklung eines konzernweiten Marketing- und Kommunikationskonzeptes zur Einführung der Lern- und Bildungsplattform Futurezone
10/2002	Start der konzernweiten Marketingaktion
11/2002	Offizielle Übergabe der FutureZone an das Management und die Mitarbeiter des RAG-Konzern
11/2002	Konzernweite Freischaltung der FutureZone, Rollout und Start einer Erprobungsphase
30.06.2003	Evaluation der gesamten Einführung

Info-Box:
Marketingkonzeption zur Einführung der FutureZone

Phasen	Ziele	Aktivitäten
Phase 1 Sensibilisierungsphase: **Aufmerksamkeit und Emotionalität**	• Erreichen eines Paradigmenwechsel: von der Face-to-Face-Schulung zum E-Learning • Glaubhaftigkeit vermitteln • Größtmögliche Kontaktfrequenz	Plakataktionen, Flashfilm im Intranet, Information an die Mitarbeiter, Sensibilisierung der Mitarbeiter für die neue Lernplattform durch Emotionalisierung
Phase 2 Einführungsphase: **Attraktivität und Motivation**	• Die Vorteile des E-Learning vermitteln • Chancen aufzeigen • Hemmschwellenangst reduzieren • Größtmögliche Kontaktfrequenz erhalten	Weitere Informationen an die Mitarbeiter, dreiteiliges Mailing, Starterkit, persönliche Infos durch Mailkontakt, RAG E-Learning Day
Phase 3 Vertiefungsphase: **Nachhaltige Angebote**	• Emotionale Ansprache – sachliche Inhalte • Den Gedanken der Community vermitteln und aktiv leben • Bestmögliche (qualitative) Kontaktintensität vermitteln • Überprüfung, ob die Ziele der „Sensibilisierungs- und Einführungsphase" erreicht wurden	Newsletter, Gewinnspiele, Aufkleber, Giveaways

Info-Box:
E-Learning Angebote der Futurezone (Auszug 2004–2006)

- E-Procurement als interaktives Training für Einkäufer im Konzern
- PC-Tastatur-Schreibtraining
- BWL-Training für Nicht-Betriebswirte
- Englisch-Lernprogramme und Entwicklung eines Blended-Learning-Konzeptes für Englisch-Sprachtraining
- Thomson NETgEDV-Lernsoftware Training für MS Office, SAP, Internet, Windows-Betriebssystem
- Planspiel „Projektmanagement mit Lernsoftware"
- Interaktives Training zur „Wertorientierten Unternehmensführung"
- Lernprogramm Qualitätsmanagement zur Vorbereitung auf die Prüfung zur Qualitätsfachkraft

Info-Box:
Ergebnisse und Controlling 2006

- 6.000 registrierte User konzernweit
- Über 100 ausgebildete Online-Coaches
- Über 50 ausgebildete E-Learning-Manager
- 92 Online-Seminare
- 27 Arbeitsgruppen mit durchschnittlich 8–10 Teilnehmern
- 25 betreute Seminargruppen
- Test der Futurezone in weiteren Unternehmen, wie z. B. bei der GTZ – Gesellschaft für Technische Zusammenarbeit und dem chinesischen Arbeitsamt
- Teleakademie Furtwangen
- Skillsoft Essen
- RWE Essen

2.4.5 Knowledge-Box: *Marketing für E-Learning-Angebote*

Die grundlegende Idee des Marketings ist der Austausch: Zwei Partner, die ein gegenseitiges Interesse an einer Leistung bzw. Gegenleistung haben, organisieren und führen freiwillig einen Tausch durch. Dabei tauschen Menschen oder Organisationen wie z. B. Unternehmen oder deren Abteilungen mit Mitarbeitern genauso wie Unternehmen mit ihren Kunden. Während im Absatzmarkt Waren oder Dienstleistungen in der Regel gegen Geld getauscht werden, besteht die Möglichkeit für Unternehmen oder deren Abteilungen, das Angebot von E-Learning gegen die Aufmerksamkeit bzw. Teilnahme der Mitarbeiterinnen und Mitarbeiter zu tauschen. Philip Kotler formuliert diese generelle Idee des Marketings in seinem grundlegenden Aufsatz „The Generic Concept of Marketing" wie folgt: „Das Kernkonzept des Marketings ist der Austausch. Dinge, denen ein (Tausch-)Wert beigemessen wird, sind nicht auf Güter, Dienstleistungen und Geld beschränkt; sie schließen auch andere Mittel, wie Zeit, Energie und Gefühle, mit ein. Zum Beispiel findet ein Austausch statt, wenn jemand beschließt, ein Fernsehprogramm zu betrachten, und er dabei seine Zeit gegen Unterhaltung tauscht. Marketing befasst sich speziell damit, wie man einen Austausch erzeugt, anregt, durchführt und bewertet. Marketing ist somit ein Konzept, das als eine allgemeine Kategorie menschlichen Verhaltens zu verstehen ist" [KOTLER 1972, S. 48].

Damit unterstützt das Marketing auch die Kommunikations- und Managementprozesse in Unternehmen und gibt diesen eine neue Qualität: Mitarbeiterinnen oder Mitarbeiter werden nicht nur durch eine Belohnung oder Bestrafung zur Teilnahme an E-Learning-Angeboten verpflichtet. Durch das aktive Verkaufen der E-Learning-Angebote wird ein Tausch angestrebt, bei dem zwei Parteien aktiv aufeinander zugehen, sich vom Wert eines Tausches durch Kommunikation gegenseitig überzeugen und diesen Tausch selbständig und freiwillig durchführen.

2.4 Marketing für Wissens- und Qualifizierungsangebote

Das aktive Verkaufen von Angeboten basiert auf verschiedenen Formeln wie zum Beispiel *der AIDA-Formel* [STRONG 1925]. Die Buchstaben stehen für die englischen Wörter Attention, Interest, Desire und Action. Um ein Angebot aktiv zu verkaufen, muss zuerst *Aufmerksamkeit* geschaffen werden. Die Aufmerksamkeit wird nicht nur über intensive Reize durch Farbe, Bilder, Worte, Text, Schlagzeilen u. a. geschaffen. Sie kann auch dadurch entstehen, dass Informationen über ein Angebot nicht sofort offenkundig gemacht werden. Bei der Markteinführung der E-Learning-Plattform Futurezone wurde dies durch die provokative Plakataktion „Wissen ist Macht – Wissen macht Spaß!" erreicht. Aufgrund der Reizüberflutung in der Werbung versuchen Marketingfachleute immer mehr den Verkauf dramaturgisch zu initiieren [MIKUNDA 2005]. Der Einsatz von Werbemitteln wie z. B. Anzeigen, Broschüren und Spots wird damit nachhaltig unterstützt. Wenn es gelungen ist, die Aufmerksamkeit auf ein bestimmtes Angebot zu lenken, muss *Interesse* geweckt werden. Dies geschieht in der Regel durch eine klare Ansprache einer Zielgruppe. Bei der Einführung der Futurezone wurde durch eine Mailaktion bei den Mitarbeitern Interesse geweckt. Durch eine weitere Emotionalisierung wie z. B. mit dem Sympathieträger Eddy, wurde ein gewisse *Begehrlichkeit* (*Desire*) geweckt. Um tatsächlich eine Entscheidung herbeizuführen, bedarf es im Marketingprozess Maßnahmen, die geeignet sind, eine *Aktion* beim Tauschpartner (Mitarbeiter oder Kunde) auszulösen. Die Werbepsychologie hat festgestellt, dass es vor der Kaufentscheidung zu einer Verzögerung kommen kann. Mitarbeiter oder Kunden als Tauschpartner im Marketing zögern, sich mit einer Kauf- bzw. Teilnahmeentscheidung festzulegen. Mit dieser Verzögerung wird die Einstellung bzw. die Verhaltensweise zum Ausdruck gebracht, mit der die Tauschpartner noch einmal das Risiko überprüfen, bevor sie sich endgültig festlegen. Um diese Verzögerung zu verringern oder zu umgehen, ist eine klare Aufforderung im Hinblick auf eine Entscheidung ein wirksames Verkaufsinstrument. Diese Aufforderung geschieht in der Regel durch kommunikative Argumente wie z. B. „Anmeldeschluss" oder „der Gültigkeit eines Angebotes bis zu einem bestimmten Zeitpunkt".

Die AIDA-Formel ist eine Formel von Schlagwörtern, die auf allgemeinen Beobachtungen und Wahrnehmungen des aktiven Verkaufens aufbauen. Andere Modelle sind tiefer in der Psychologie begründet und versuchen, den Entscheidungsprozess aus der Sicht der Verkaufspsychologie zu begründen. Eines der bekannten Modelle ist das „Hierarchy-of-Effects-Modell" [LAVIDGE/STEINER 1961]. Dieses ergänzt die AIDA-Formel bzw. entwickelt diese weiter. Das „Hierarchy-of-Effets Modell" geht davon aus, dass eine Kaufentscheidung auf verschiedenen Stufen gemessen bzw. dargestellt werden kann. Da diese Stufen hierarchisch zueinander angeordnet sind, wird dieses Modell auch „The Modell-of-Hierarchy" genannt. Das Modell umfasst verschiedene Stufen wie zum Beispiel die Stufe der Informationen, des Bewusstseins (Awareness), der Überzeugung (Conviction), des Kaufens (Purchase) und der Kundenbindung (Relation) (siehe Tabelle 8).

Emotionale und rationale Botschaften: Entscheidend im aktiven Verkauf von Angeboten ist die Erkenntnis, dass der Verkaufsprozess beim Kunden von emotionalen und rationalen Botschaften beeinflusst wird (vgl. Tabelle 9). Ein guter Verkaufs-

Tabelle 8 Anwendung des Modells „Hierarchy of Effects"

Stufe	Aufgabe/Ziel	Maßnahme/Kommunikationsinstrument
Informieren (Information)	Viele potenzielle Kunden oder Mitarbeiter über eine Angebot informieren	Einsatz von Massenmedien, z. B. Printmedien, Veranstaltungskatalog, Plakate, Aushang u. a.
Bewusstsein schaffen (Awareness)	Durch Emotionalisierung an Bedeutung im Bewusstsein der möglichen Kunden oder Mitarbeiter gewinnen	PR-Artikel, Aufbau einer Marke durch Logo, Sympathieträger u. a.
Mit Argumenten überzeugen (Conviction)	Der mögliche Kunde oder Mitarbeiter vergleicht Alternativangebote. Deshalb muss in dieser Phase Überzeugung durch Argumente geleistet werden	detaillierte Angebotsbeschreibung, persönlicher Verkauf z. B. durch Telefonmarketing, Direktmailing, E-Mails
Aktiv verkaufen (Purchase/Reorder)	Der mögliche Kunde oder Mitarbeiter sieht ein bestimmtes Risiko durch seine Kaufentscheidung. Er benötigt eine deutliche Bestätigung durch Emotion und rationale Argumente	weitere Argumente, Darstellung des Nutzens eines Angebotes, befristetes Angebot
Langfristige Bindung aufbauen (Reorder/Retention)	den Kunden bzw. Mitarbeiter dazu motivieren, wieder eine Angebot in Anspruch zu nehmen und dafür zu werben	Kundenkarte, Weiterbildungsbonusmeilen, Clubkarte u. a.

Tabelle 9 Beispiel für emotionale und rationale Botschaften

Emotionale Botschaften	Wissen ist Macht. Wissen war Macht. Wissen macht Spaß. Edddy, der Sympathieträger und das Markenzeichen für die FutureZone. E-Learning bei der RAG heißt „Easy Learning".
Rationale Botschaften	Produkt-/Angebots-/Leistungsbeschreibungen der FutureZone. Positionierung von E-Learning aus Sicht des Unternehmens. Argumente wie z. B. persönliche Chancen, Vorteile und Perspektiven.

prozess baut auf die Balance zwischen emotionalen und rationalen Verkaufsargumenten wie z. B. bei der Einführung der Lernplattform FutureZone bei der RAG AG.

2.4.6 Das Marketingkonzept

Der Verkaufsprozess basiert auf einem Marketingkonzept, das in der Regel aus einer Analyse der Zielgruppe bzw. der Situation, der Formulierung von Zielen und Strategie sowie der Durchführung von verschiedenen Werbe- und Kommunikationsmaßnahmen besteht [BECK/MÖDINGER/SCHMID 2006].

Analyse: Durch ein starkes Wachstum des Unternehmens und der Anzahl der Produkte bzw. deren Neueinführung verändert sich auch die Situation der Qualifizierung und Weiterbildung von Mitarbeitern. Die Informationsmenge über Produkte oder deren Handhabung steigt kontinuierlich. Gleichzeitig nehmen aber auch die Möglichkeiten zu, mit Hilfe moderner Medien, wie z. B. einer Lernplattform, sich selbstverantwortlich weiterzuqualifizieren. Mitarbeiter und Unternehmen stehen in Veränderungsprozessen, die in der Regel eine positive Atmosphäre, aber auch eine Ängstlichkeit vor den neuen Herausforderungen mit sich bringen. Aus dieser Beobachtung ergaben sich die Marketingziele bei der Einführung der Lernplattform FutureZone.

Ziele: Die Marketingziele bei der Einführung der Lernplattform FutureZone lagen nicht nur darin, die neue Lernplattform bekannt zu machen und Mitarbeiter zur Teilnahme zu motivieren. Eine wesentliche Zielsetzung bestand auch in der Sensibilisierung für einen Wandel in der Weiterbildung bei RAG AG [RAGBILDUNG 2007]. Aus dieser Zielsetzung ergab sich die Strategie, die durch die drei Phasen Sensibilisierung, Einführung und Vertiefung umgesetzt wurde.

Maßnahmen: Die Marketingkampagne zur Einführung der Lernplattform FutureZone hatte viele Aktivitäten und Maßnahmen. Diese wurden aber nicht zufällig durchgeführt, sondern hatten die Aufgabe, eine gewisse Zielsetzung zu erfüllen. So wurden z. B. für die Sensibilisierung und die Verringerung der Hemmschwellenangst ganz gezielt emotionale Maßnahmen (Wissen macht Spaß, Eddy u. a.) eingesetzt. Durch den persönlichen Kontakt zu den Mitarbeitern, z. B. durch Newsletter oder E-Mails, konnte mit rationalen Argumenten Überzeugungsarbeit geleistet werden. Auf diese Weise wurde mit Hilfe des Marketings ein Veränderungsprozess begonnen und erfolgreich begleitet.

Die Umsetzung des Marketings besteht nicht nur in Form von Kommunikationsmaßnahmen- oder Werbekampagnen, so wie dies ausführlich am Beispiel der Einführung der Lernplattform FutureZone aufgezeigt wurde. Kommunikationsmaßnahmen- und Werbekampagnen sind Bestandteile der Kommunikationspolitik, die im Rahmen des sogenannten Marketing-Mix eingesetzt wird.

**Checkliste
E-Learning-Marketing**

Die Grundlagen des aktiven Verkaufens von E-Learning-Angeboten erfordert eine Marketingkonzeption und die Steuerung des Verkaufsprozesses mit Hilfe von rationalen und emotionalen Botschaften.	
1. Beschreiben Sie Ihre Marketingkonzeption unter folgenden Aspekten:	
1.1 Analyse: Wurde eine Analyse der Zielgruppe und der Ausgangssituation in Ihrem Unternehmen durchgeführt? Beschreiben Sie in kurzer Form die Erkenntnisse dieser Analyse.	

1.2 Ziele: Formulieren Sie Ziele für Ihr Marketing.	
1.3 Strategie: Beschreiben Sie Ihre Strategie.	
1.4 Maßnahmen: Welche Maßnahmen werden durchgeführt? Beschreiben Sie die geplante Wirkung dieser Maßnahmen.	
1.5 Zeitplan und finanzielles Budget: Beschreiben Sie den Zeitplan Ihrer Marketingaktivitäten und stellen Sie das finanzielle Budget dar.	
2. Verkaufsprozesse beruhen auf rationalen und emotionalen Botschaften, die nach verschiedenen Formeln (z. B. AIDA, Hierarchy-of-Effects-Modell) zur Wirkung kommen.	
2.1 Beschreiben Sie die rationalen und emotionalen Botschaften Ihres Marketings im Überblick.	
2.2 AIDA-Formel: Welche Marketing-aktivitäten erzeugen Aufmerksamkeit, Interesse, Begehrlichkeit und Aktion?	
2.3 Hierarchy-of-Effects-Modell: Mit welchen Marketingaktivitäten wird die Zielgruppe umfassend informiert? Welche Marketingaktivitäten vermitteln den Eindruck, dass Ihr Angebot wichtig für die Zielgruppe ist (Awareness/Bewusstsein für ein Angebot)? Welche Marketingaktivitäten leisten Überzeugung durch rationale Verkaufsargumente (Conviction)? Beschreiben Sie die Marketingaktivitäten die den aktiven Verkauf unterstützen (Purchase, Order). Welche Marketingaktivitäten werden durchgeführt, um den Kunden bzw. Mitarbeiter zum erneuten Kauf oder zu einer Weiterempfehlung zu motivieren (Retention, Reorder)?	

Kapitel 3
Global Business Integration – Wissensmanagement in globalen Märkten

3.1 Szenario: Kleiner Interkultureller Wissenstest, kreuzen Sie Ja oder Nein an!

	Ja	Nein
Die Bedeutung der Farbe Weiß in der chinesischen Kultur ist positiv.		
In der türkischen Kultur ist es schwierig, Autorität auf eine weibliche Führungsperson oder Ausbilder zu übertragen.		
Koreanische Studenten lehnen die Aufforderung ab, sich selbständig in Kleingruppen aufzuteilen, weil das Ansprechen eines Individuums eine Botschaft der Missachtung an die anderen bedeutet.		
Die chinesischen Geschäftspartner verhandeln Probleme eher in einer kleinen Runden am Rande von Besprechungen, damit niemand „das Gesicht verliert".		

Der kleine Wissenstest[1] zeigt die wachsende Bedeutung, die dem Wissensmanagement innerhalb der globalen unternehmerischen Aktivitäten in den verschiedenen Kulturen dieser Welt zugemessen werden muss. Werden diese gestellten Fragen nicht oder nur mit einer großen Unsicherheit beantwortet, dann besteht die Gefahr, dass die gesamte Kommunikation misslingt.

Globales, interkulturelles Qualifikationsmanagement ist ein aktuelles und umfassendes Thema. Das folgende Kapitel zeigt die Grundlagen der Globalisierungsstrategie sowie die Anforderungen an eine interkulturelle Didaktik. Dabei werden verschiedene Konzeptionen eines Kulturaustausches dargestellt. In der Regel vermitteln interkulturelle Trainingsaktivitäten die Kenntnisse verschiedener Kulturdimensionen (Cultural Patterns oder Culture Mind Maps, kulturelle Skripte etc.).

---

[1] Auflösung des interkulturellen Wissenstest: Frage 1–3 Nein; Frage 4 Ja.

Sie liefern damit die Basis für die Anwendung bzw. Umsetzung bestimmter Qualifikations- oder interkultureller Trainingsmaßnahmen. Mit einem solchen pragmatischen Ansatz lassen sich sehr schnell Erfolge in der Anwendung und Umsetzung erzielen. Ein weiteres Ziel eines globalen interkulturellen Wissensmanagements besteht in der Ausbildung und Förderung einer *eigenständigen interkulturellen (Kommunikations-)Kompetenz* von Mitarbeitern. Eigenständige, interkulturelle Kompetenz von Mitarbeitern lässt sich auf der Basis einer Modellbildung fördern, die in verschiedenen Schritten von einer kulturellen Sensibilisierung, z. B. durch Spiele, bis hin zu der Entwicklung der kulturellen Regeln einer gemeinsamen Zielkultur realisiert werden kann. Die interkulturelle Kompetenz ist ein Bestandteil der Weiterentwicklung *der Persönlichkeit von Menschen*, die in internationalen Geschäftsprozessen stehen. Die Darstellung in Form eines Szenarios zeigt die konkrete Umsetzung.

3.2 Die Herausforderung – Global Business Integration mit Unterstützung eines globalen Wissensmanagements

Keine Frage: Eine der größten Herausforderungen an das Wissens- und Qualifizierungsmanagement in den kommenden Jahren wird die Internationalisierung von Unternehmen sein. Nicht nur große Konzernen, sondern auch kleine, mittelständige Unternehmen werden von dem Wachstum in den Märkten von Indien, China, aber auch in absehbarer Zukunft in Ostafrika u. a. angezogen und profitieren. Das Qualifizierungsmanagement übernimmt dabei die Aufgabe, Konzepte, Maßnahmen und Aktivitäten eines „globalen Lernens" im Hinblick auf die globale Weiterbildung in Unternehmen zu entwickeln und zu realisieren.

Eigentlich ist die Thematik der „Globalisierung" schon zu Beginn der 60er Jahre des letzten Jahrhunderts populär geworden als Marshall McLuhan den Begriff vom „global village" prägte [MCLUHAN 1962]. Das dynamische Wachstum in den genannten Wirtschaftsräumen und die Veränderung in der Weltwirtschaft lassen diesen theoretisch geprägten Begriff aber gegenwärtig in seiner Auswirkung für die Praxis globalen wirtschaftlichen Handelns realer als je zuvor erscheinen.

Mit dem Begriff „Global Business Integration" lassen sich nicht nur die wirtschaftlichen Aktivitäten von Unternehmen in globalen Märkten beschreiben. Der Begriff umfasst vielmehr auch die Reflexion in Bezug auf die Vorteile, die sich für ein Unternehmen innerhalb seiner globalen Geschäftstätigkeit ergeben, z. B. durch die Nutzung von verschiedenen Zeitzonen oder Standorte von Rechenzentren im Hinblick auf die Sicherheit. Durch die Integration von Prozess- und Standortvorteilen in globalen Wirtschaftstätigkeiten ergibt sich der gewünschte Wettbewerbsvorteil, der nicht nur auf Kostenvorteilen oder Skaleneffekten beruht, sondern auf einem ganzheitlichen wirtschaftlichen Denken und Handeln.

Das Qualifizierungsmanagement im Sinne eines „globalen Lernens" bzw. „globalen Wissensmanagements" übernimmt dabei mehrere Funktionen, die auf verschiedenen Ebenen oder in unterschiedlichen Dimensionen wirksam sind. Die

Kernfunktion besteht darin, Qualifizierung und Wissen in anderen Wirtschaftsräumen sowie im Überschneidungskontext zu managen. Dies ist in der Regel nur dadurch möglich, dass die Beziehung betrieblichen Handelns im Heimatmarkt eines Unternehmens mit den wirtschaftlichen Aktivitäten in globalen Märkten erfolgreich gestaltet wird. Neben der erfolgreichen Gestaltung des Wissensmanagements in globalen Märkten und dessen Beziehung zum Unternehmen im Heimatmarkt kommt eine weitere Dimension dazu: Die Erfahrung mit dem eigenen Unternehmen wird in der Auseinandersetzung mit fremden Kulturen neu reflektiert und verändert. Die kulturelle Selbsterfahrung vollzieht sich in der Regel in der Begegnung und Auseinandersetzung mit der fremden Kultur.

Für das Qualifizierungsmanagement eines Unternehmens im Heimatmarkt kann diese Beobachtung unterschiedliche Wirkungen mit sich bringen: eine positive, befreiende Wirkung, indem die positiven Aspekte der eigenen Situation und ihrer wirtschaftlichen und kulturellen Bedingungen positiv betrachtet werden kann (z. B. die stabile Energieversorgung des Unternehmens in Europa), aber auch herausfordernde Aspekte wie z. B. die Motivation von Mitarbeitern in anderen Ländern.

So kann die eigentliche Herausforderung an das Wissensmanagement innerhalb des Global Business Integration Management nicht darin gesehen werden, durch Technik und Organisation die Kommunikationsherausforderungen im globalen Umfeld als solche zu meistern. Die eigentliche Herausforderung liegt in der aktiven Gestaltung der kommunikativen, kulturellen Inhalte und Verhaltensformen, in der aktiven Kommunikation und Reflexion und in der gegenseitigen Verständigung im Hinblick auf die gegenseitige Wertschätzung und Wertevorstellung.

Eine solche Basis beinhaltet, dass die Erfahrungen mit der eigenen Kultur nicht zum Maßstab für die Handlungsweise der Beteiligten werden, die in einer anderen Kultur leben. So können technologische, wirtschaftliche oder kulturspezifische Entwicklungen anderes verlaufen und Entwicklungsschritte übersprungen werden, z. B. der direkte Einstieg in die mobile Telekommunikation anstatt des Ausbaus von Festnetzen in Indien. Dennoch muss das Bewusstsein der eigenen Kultur (Ethnozentrismus) als eine natürliche kognitive Voraussetzung betrachtet werden, um eine bestimmte Lernbereitschaft zu entwickeln und zu fördern [HALLER 1994].

Der Anspruch an das Wissensmanagement in Global-Business-Integration-Prozessen besteht darin, die Aktivitäten so zu gestalten, dass sie zu einem bestmöglichen Ergebnis auf der Basis einer größtmöglichen Wertschätzung und Anerkennung führen. Auf dieser Basis ergibt sich ein langfristiger, nachhaltiger Gewinn für alle Beteiligte.

3.3 Knowledge-Box: Globalisierungsstrategien

Das perfekte wirtschaftliche Handeln in einer Welt ohne Barrieren wäre die globale und gerechte Verteilung der Wertschöpfungskette, um an jedem Ort die Standortvorteile maximal zu nutzen, z. B. logistische Infrastrukturen, Personalkosten,

Sicherheit und Qualität. Allerdings ist dies aufgrund von Investitions- und Handelsbarrieren zum gegenwärtigen Zeitpunkt nicht möglich. Deshalb gibt es entsprechend der besonderen unternehmerischen Situation unterschiedliche Globalisierungsstrategien.

Exportstrategien Mit Hilfe einer Exportstrategie konzentriert sich ein Unternehmen darauf, die an seinem Heimatstandort hergestellten Produkte in anderen Märkten zu verkaufen. Dazu können entsprechend den rechtlichen Voraussetzungen betriebseigene Niederlassungen, Vertriebsbüros oder Repräsentanzen gegründet oder auf fremde Vertriebsorganisationen in den Auslandsmärkten zurückgegriffen werden. Die besondere Herausforderung einer Exportstrategie liegt vor allem im Management der Vertriebsorganisationen in ausländischen Märkten, wenn diese nicht durch gesellschaftsrechtliche Verträge an das Unternehmen gebunden sind.

Geschäftstransfer Die Besonderheit eines Geschäftstransfers besteht darin, die vollständige Wertschöpfung (Beschaffung, Produktion, Absatz) in den ausländischen Markt zu bringen und damit für den nationalen oder regionalen Auslandsmarkt zu produzieren, indem sich der ausländische Standort dort befindet. Bei einer Strategie des Geschäftstransfers wird in der Regel auch ein eigenständiges Qualifizierungsmanagement in den Auslandsmärkten aufgebaut, das den kultur-

	Unterstützungsfunktionen	Forschung & Entwicklung	Beschaffung	Produktion	Marketing & Vertrieb
Globale Integration	Erstellung von Services in Indien für Märkte außerhalb Indiens	Nutzung in Indien entwickelter Produkte oder Verfahren außerhalb Indiens	Beschaffung in Indien für Märkte außerhalb Indien	Produktion von End- oder Zwischenprodukte für Märkte außerhalb Indiens	Nutzung indischer M&V Abteilungen für Märkte außerhalb Indiens
Geschäfts-Transfer	Nutzung von in Indien erstellten Services nur auf dem indischen Markt	F&E in Indien für den indischen Markt	Local Sourcing, Beschaffung auf dem indischen Markt für Produktion in Indien	Produktion oder Montage in Indien für den indischen Markt	Nutzung indischer M&V Abteilungen nur für den indischen Markt
Export-Strategie	Nutzung der in Deutschland erstellten Services in Indien	Nutzung von Deutschland entwickelten Produkten oder Verfahren in Indien	Zentralisierung der Beschaffung in Deutschland und in Indien	Produktion von Zwischen- oder Endprodukten in Deutschland und Indien	Zentralisierung der M&V Abteilungen in Deutschland und Indien

Abb. III-62 Beispiel für die Basisstrategien vom globalen Business [KAUFMANN et al. 2006, S. 58]

spezifischen Bedingungen folgt. Ein Austausch mit der Heimatkultur eines Unternehmens findet damit in der Regel nur in einem begrenzten Umfang statt.

Globale Integration Die Strategie einer globalen Integration stellt die größte Herausforderung an das Wissensmanagement dar. Bei einer globalen Integration nutzt ein Unternehmen die Standortvorteile in den jeweiligen Märkten und integriert diese mit Hilfe des Managements zu einem Wettbewerbsvorteil im globalen Markt. Dabei können verschiedene Funktionen, wie z. B. Forschung, Produktion verschiedener Produkte und Verwaltung, unabhängig an den jeweiligen Standorten für den gesamten Unternehmensverbund erbracht werden. Durch die Nutzung weltweit verteilter und voneinander unabhängigen Ressourcen und Aktivitäten werden die sogenannten Kosten- und Skalenvorteile genutzt.

3.4 Grundlagen einer interkulturellen Didaktik

Die Grundlage für ein globales Wissensmanagement besteht in einer interkulturellen Didaktik. Der Austausch von Waren oder Dienstleistungen entsteht und vollzieht sich auf der Basis eines Kulturaustausches. Das beginnt in der Regel schon mit dem Erlernen einer Sprache, d. h. mit dem Austausch der Sprache als wesentliches Merkmal einer Kultur.

Als interkulturelle Didaktik kann der Wissens- oder Fachbereich betrachtet werden, der sich mit der Aufgabe beschäftigt, für das organisierte Lernen, die Wissensaneignung und das didaktische Handeln in interkulturellen Kontexten oder kulturellen Überschneidungssituationen wissenschaftlich begründete Empfehlungen zu formulieren und für die Anwendung und Umsetzung in der Praxis handlungsbezogene Orientierung zu geben [FLECHSIG 1991/1996].

Kulturelle Überschneidungssituationen ergeben sich sowohl in multikulturellen Gesellschaften als auch in den vielfältigen Formen eines Kulturaustausches im globalen (wirtschaftlichem) Kontext [DADDER 1987, S. 47].

Inhalte eines globalen Austausches sind neben Gütern vor allem Wissensinhalte, Wertvorstellungen und deren Bedeutungen, die sowohl aus der Alltagskultur (Esskultur, Sprache) als auch aus den speziellen Kulturbereichen wie z. B. dem Bereich der Wirtschaft (Unternehmenskultur, Verhandlungskultur u. a.), der Technik, der Verwaltung oder dem Bildungswesen stammen.

Der Begriff „Kultur" kommt von dem lateinischen Wort „colere" und meint das Bebauen und Bewahren. Für eine Gesellschaft, innerhalb der eine bestimmte Kultur wirksam ist, lässt sich der Begriff unter verschiedenen Aspekten verstehen:

- Kultur als Überlieferung oder kollektives Gedächtnis,
- Kultur als Identität oder sozialer Bezugsrahmen,
- Kultur als System von Wissen und Werten (Kleidung, Symbole, Gebärden u. a.),
- Kultur als selbstregulatives System oder Prozess.

Das Wissen ist dabei als jede Art von Information, die eine kulturelle Bedeutung hat, zu verstehen, das in sogenannten „kulturellen Skripten" (Art der gegenseitigen Wahrnehmung z. B. bei der Begrüßung oder Verabschiedung, die Kompetenz einer internationalen Verhandlungsführung u. a.) zusammengefasst werden kann. Der Gegenstand von vielen interkulturellen Trainings sind in der Regel diese „kulturellen Skripte", die vermittelt und erlernt werden. Diese „kulturellen Skripte" stellen dann die Basis für die Wissensvermittlung der jeweiligen Inhalte einer globalen Qualifizierungsmaßnahme dar.

Um ein didaktisches Handeln im Austausch wirtschaftlicher Aktivitäten in verschiedenen Kulturen genauer zu definieren, muss der Begriff der Kultur noch intensiver diskutiert werden. Der Begriff der Globalisierung kann durch den Begriff „Weltkultur" ergänzt werden, der sich durch die Annäherung bzw. Angleichung der Lebensstile und Konsumgewohnheiten, der Wertvorstellungen und sozialen Normen bis hin zu Wissensinhalten und Wissensprozesse auszeichnet. Gegner und Befürworter einer „Weltkultur" beziehen sich dabei auf mindestens vier unterscheidbare Grundkonzepte [FLECHSIG 1996]:

- Dominanzkonzepte, bei denen die Kultur als Expansionsfeld, Herrschaftsbereich oder Einflusssphäre gesehen wird,
- Konvergenzkonzepte, die die Kultur einer Weltgemeinschaft im Sinne einer Vision bzw. eines Fernziels betrachten, auf das sich alle Einzelkulturen hin entwickeln,
- Integrationskonzepte, bei denen die Kultur einer Weltgemeinschaft als gestaltbare Form betrachtet wird, innerhalb der sich Einzelkulturen präsentieren und austauschen können,
- kulturökologische Konzepte, die die Kultur einer Weltgemeinschaft als natürliche und soziale Ressource verstehen, auf die die Einzelkulturen angewiesen sind, um gemeinsam zu überleben und sich weiterzuentwickeln.

Verschiedene Autoren ergänzen diese Grundkonzeptionen durch weitere Konzeptionen, wie z. B. beim transkulturellen Konzept [KIEL 1996, S. I; WELSCH 1995]. Transkulturellen Konzept [KIEL 1996, S. 3; WELSCH 1995], bei denen die Möglichkeiten der Interaktion und Kommunikation stärker in Betracht gezogen werden. Auf das transkulturelle Konzept bauen auch die Überlegungen der Modellbildung im Hinblick auf einen interkulturellen Austausch [KIEL 1996, siehe auch Kap. 3.5.5].

Ergänzend zu diesen Grundkonzeptionen einer gemeinsamen Kultur einer Weltgemeinschaft lassen sich gegenwärtig solche Entwicklungen wahrnehmen, die den Nutzen und nicht die Bedrohung der Globalisierung als wirtschaftliches Handeln in den Mittelpunkt stellen. Damit rückt der Aspekt des wirtschaftlichen Handelns ins Zentrum des Kulturaustausches. Wirtschaftliches Handeln und das damit verbundene *globale Wissensmanagement* werden zum *Motor eines konstruktiven Kulturaustausches*. Diese Aspekte lassen sich zu einer *ökonomischen Konzeption einer Weltkultur* zusammenführen, bei der der verantwortliche Umgang mit den weltweiten Ressourcen und die soziale Verantwortung für alle Gesellschaften mit Hilfe eines nachhaltigen globalen Managements im Mittelpunkt stehen [GLOBALLY RESPONSIBLE LEADERSHIP 2007, ROGOWSKI 2006].

3.4.1 Themen globalen Lernens

Kommunikationsmedien, die global verfügbar sind und deren sich der Medienrezipient z. B. durch Weblogs oder User Generated Content immer mehr bemächtigt, fordern die Auseinandersetzung mit den Themenstellungen eines globalen Lernens. Die Bearbeitung globaler Themenstellungen ist konträr und von Widersprüchen geprägt, wie z. B. die Auseinandersetzung um die Globalisierung und um die globalen finanzwirtschaftlichen Transaktionen [ATTAC 2007] oder die Diskussionen um den Klimaschutz zeigen. Gerade aber die widersprüchlichen Positionen und Interessen machen einen Austausch auf der Plattform eines globalen Lernens notwendig.

Folgende Themenstellungen können für ein globales Lernen genannt werden:

- Reflexion der eigenen Kultur und Interessen im Hinblick auf die eigene Position im globalen Umfeld, Reflexion und Analyse der Komplexität und der wechselseitigen Abhängigkeit, Förderung der Erkenntnis über die Wirkung lokaler und globaler Entscheidungen (langfristige Fernwirkung),
- Reflexion der globalen Vernetzung, Förderung der Erkenntnisse in Bezug auf die interessengeleiteten Vernetzungen von Organisationen, Institutionen und Unternehmen, Darstellung der Konsensfähigkeit und der kommunikativen Möglichkeiten eines Interessenaustausches,
- Herstellung eines globalen Gleichgewichts der Vielfalt der Kulturen auf der gemeinsamen Basis einer kulturellen Einheit, Verständigung über die Prinzipien einer globalen Kultur,
- Herstellung einer sozialen Gerechtigkeit, Verständigung über globale Menschenrechte und Menschenpflichten bezogen auf Gesellschaften und Individuen
- Entwicklung von Strategien zur Bewältigung von Konflikten (Weltfrieden) oder Katastrophen (Unterstützung bei Umweltkatastrophen), Suche nach den Prinzipien eines gerechten Ausgleichs zwischen den Kulturen,
- Entwicklung einer kommunikativen Plattform zur Gestaltung der Zukunft, Sicherung eines langfristigen Überlebens der Menschheit durch gemeinsames Lernen, Herstellung einer globalen Lebensqualität durch Vermittlung eines Kulturausgleichs.

Die Gestaltung des Wissensmanagements oder einer Qualifizierung im Hinblick auf die globale, interkulturelle Kommunikation lässt sich bei den Unternehmen in verschiedenen Bereichen feststellen. Im weitesten Sinne werden die oben genannten Themenstellungen vorwiegend informell von Mitarbeitern diskutiert und besprochen, die in globalen Aktivitäten eines Unternehmens tätig sind. Ein Unternehmen kann diesbezüglich die internen Strukturen für Kommunikation nutzen, um z. B. im Rahmen von Corporate Media (Mitarbeiterzeitschriften, Intranet u. a.) zu informieren [BOSCH 2007]. Darüber hinaus bilden die oben dargestellten Themen aber auch die Basis für ein interkulturelles Kommunikationstraining für Mitarbeiter, die in ausländischen Märkten tätig werden.

3.4.2 Wissensgrundlagen einer interkulturellen Didaktik

Eine interkulturelle Didaktik kann aus verschiedenen Grundlagen Wissen für die oben genannten Themenstellungen eines globalen Lernens schöpfen. Dabei kann es für ein Unternehmen nicht darum gehen, eine Vermittlung von Wissen in den jeweiligen Grundlagen an sich zu bewirken. Vielmehr muss ein Unternehmen bei einem globalen Qualifizierungsmanagement darauf achten, die für die eigene, globale Unternehmensstrategie notwendigen Wissensinhalte aus den unterschiedlichen Grundlagen zu erkennen und für sich zu nutzen.

Im Überblick lassen sich folgende Wissensgrundlagen einer interkulturellen Didaktik darstellen:

- Die philosophischen Wissensgrundlagen, die sich aus europäischer Sicht (Rousseau, Herder, Humboldt oder in der Antike die griechische Philosophie wie z. B. Platon politeia) vorwiegend um die Natur-Kultur-Thematik bemühen [KIEL 2006].
- Die anthropologischen Wissensgrundlagen, die sich vorwiegend um die Erkenntnisse über den Menschen als Gattung bemühen, z. B. Ethnologie.
- Die Wissensgrundlagen der Kulturtheorien mit den unterschiedlichen Kulturdimensionen, Lebensstilen, Wertvorstellungen und den Entwicklungs- und Transferdimensionen von Kulturen. Auf der Basis dieser Kulturtheorien lassen sich sogenannte Culture Mind Maps (kulturelle Skripte) entwickeln, die als Basis für die Umsetzung und Anwendung globalen Lernens genutzt werden. Culture Mind Maps basieren in der Regel auf empirischen Erhebungen und lassen sich in unterschiedlichen Ausprägungen darstellen, wie z. B. die Kulturdimensionen von Hofstede oder Lebensstile nach Thompson, Ellis, Wildavsky.
- Die Wissensgrundlagen der Psychologie oder Neurologie über die Erforschung und Darstellung psychischer Funktionen im Hinblick auf das Denken und Lernen. Dazu gehören auch die Erkenntnisse der aktuellen Hirnforschung sowie deren Anwendung auf die Fragestellung, welche Persönlichkeitsmerkmale innerhalb eines globalen Lernkontextes sich beschreiben lassen.
- Die Wissensgrundlagen einer globalen Kommunikationswissenschaft, die die Themenstellungen wie Sprache, Kommunikation, Medien im globalen Umfeld erforscht und Erkenntnisse verfügbar macht.

3.5 Grundlagen eines interkulturellen Wissensmanagements

Die Notwendigkeit eines interkulturellen Qualifizierungsmanagements ergibt sich aus dem globalen wirtschaftlichen Handeln von Unternehmen und Organisation. Dennoch sollte ein internationales Wissensmanagement nicht nur als „Erfüllungsgehilfe" oder „Mittel zur Erfüllung eines bestimmten Zweckes" betrachtet werden. Ein globales Humaninvest in die Qualifizierung von Menschen und den Ausbau einer globalen Struktur des Wissensmanagements ist ein strategischer Faktor, der zur Wertsteigerung eines Unternehmens beiträgt.

3.5 Grundlagen eines interkulturellen Wissensmanagements

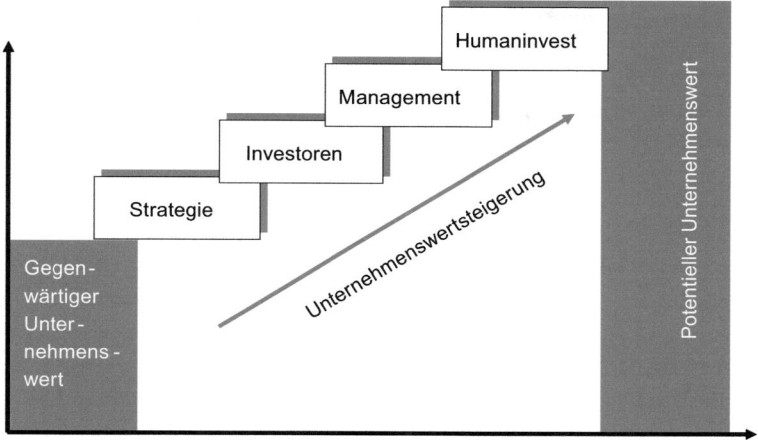

Abb. III-63 Stufen der Steigerung des Unternehmenswertes

3.5.1 Werte- und Verhaltensanalyse in verschiedenen Kulturen durch kulturelle Skripte

Als eine praktische Hilfe für die Anwendung eines internationalen Wissensmanagements haben sich die Methoden herausgestellt, die das Verhalten in verschiedenen Kulturen analysieren und im Sinne von „Kulturdimensionen", Culture Mind Maps oder als kulturelle Skripte darstellen. Als ein Beispiel dient die Culture Mind Map, mit dem die Rahmenbedingungen, sozialen Bezugssysteme, Ordnung und Denksti-

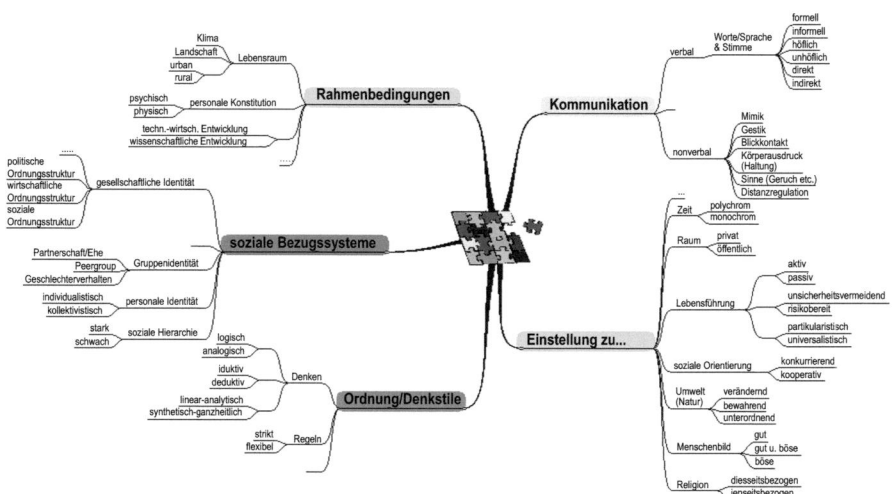

Abb. II-64 Kulturelles Skript [HUMBOLD UNIVERSTITÄT 2001]

le, Einstellungen und Kommunikation im Hinblick auf verschiedene Kulturen analysiert und im Rahmen eines interkulturellen Trainings vermittelt werden können.

Eine erste Systematik der Kulturdimensionen wurde durch Kluckhohn und Strodbeck in ihrer Veröffentlichung „Variations in Value Orientation" [KLUCKHOH/STRODBECK 1961] entwickelt. Im Folgenden werden aktuelle, unterschiedliche Konzepte zur Analyse des Verhaltens in verschiedenen Kulturen dargestellt.

3.5.2 Das Eisbergmodell der Kultur

Eine erste Analyse und Einteilung geschieht durch das sogenannte Eisbergmodell der Kulturen [FOLWER/STEINWACHS/CORBEIL 1993, S. 8]. Das Eisbergmodell fasst die sichtbaren Kultureigenschaften einer Gesellschaft in einer sogenannten Oberflächenkultur (surface culture) und einer Tiefenkultur (deep culture) zusammen. An der Oberfläche sind solche institutionalisierte Einstellungen und Werte zu finden, die durch die Kunst, die Esskultur, Feste, Kleiderordnung oder Wohnkultur zum Ausdruck gebracht werden. Tiefenkulturen betreffen die Sprache und verschiedene Orientierungssysteme, wie sie in der Grafik beschrieben sind.

Abb. III-65 Eisbergmodell der Kultur [AFS ORIENTATION HANDBOOK VOL. IV, 1984]

3.5.3 Kulturdimension nach Hofstede

Eine wesentliche Basis für die Umsetzung eines globalen Wissensmanagements bilden die Kulturdimensionen von Hofstede. Hofstede hat in einer internationalen Untersuchung nationale und regionale Merkmale für eine Kultur (Kulturdimension) aufgezeigt, die einen wesentlichen Einfluss auf das Verhalten von Menschen in Organisationen haben. Er beschreibt diese Kulturdimensionen in seiner Studie „national influence" mit folgenden Ausprägungen [HOFSTEDE 1984/2001]:

3.5 Grundlagen eines interkulturellen Wissensmanagements

- Machtdimension (Power Distance Index – PDI): Wie groß ist der Respekt zu Autoritäten in einer Kultur?
- Individualismus und Kollektivismus (Individualism – IDV): Sind Menschen eher individualistisch oder kollektivistisch geprägt?
- Maskulinität und Feminität (Masculinity – MAS): Gelten mehr maskuline oder feminine Werte in einer Gesellschaft?
- Risikobereitschaft und Unsicherheitsvermeidung (Uncertainty Avoidance Index – UAI): Wie hoch ist die Bereitschaft, Risiken einzugehen?
- Lang- und kurzfristige Ausrichtung (Long-Term Orientation – LTO): Wie groß ist der Planungshorizont innerhalb einer Gesellschaft?

Überträgt man die Ausprägungen dieser Kulturdimensionen auf die Bedingungen einer interkulturellen Qualifizierung, dann lassen sich folgende Erkenntnisse für das Qualifizierungsmanagement darstellen:

Maskulinität	**Feminität**
Leistungsbezogene Standards	Leistungsdurchschnitt bestimmt Standards
Offene Konkurrenz	Solidarität
Lob für ausgezeichnete Leistung	Geringes offenes Lob
Hohe Unsicherheitsabwehr	**Geringe Unsicherheitsabwehr**
Bevorzugung gut geplanter Programme und Kurse	Vorliebe für weniger strukturierte Programme oder Kurse
Belohnung durch Zielerreichung	Belohnung auch durch kreative Lösungen
Spezifische Lernaufgaben	Offene Lernaufgaben
Lehrer als Experte	Lehrer als „Lernhelfer"
Bereitschaft, Lehrerposition anzuerkennen	Bereitschaft, Lehrerposition zu diskutieren
Lehrer darf eigene Wissenslücken nicht zeigen	Lehrer darf Wissenslücken eingestehen
Hohe Machtdistanz	**Geringe Machtdistanz**
Kürzere Bildungsdauer für die meisten	Längere Bildungsdauer
Lehrer (Autoritäts-)Zentrierter Unterricht	Sachbezogener und teilnehmerbezogener Unterricht
Einweg-Kommunikation	Symmetrische Kommunikation
Strafen	Symbolische Strafen
Kollektivismus	**Individualismus**
Teilnehmer als Gruppenmitglied	Teilnehmer als Individuum
Teilnehmer melden sich nicht, wenn nicht persönlich aufgefordert	Teilnehmer leisten Eigenbeitrag
Untergruppenbildung nach Familienzugehörigkeit	Gruppen nach persönlichen Interessen oder Sachproblemen
Leistungsbewertung nach Kollektivzugehörigkeit	Bildung als Vorbereitung für offene Situationen
Zeugnisse als Dokumente sozialen Aufstiegs	Individuelle Leistungsbewertung
	Einbeziehung innovativer Inhalte
	Zeugnisse als Dokumente von Markt- und Selbstwert
Weitere Unterschiede	Streng gefächerter vs. fachübergreifender Unterricht (Ungewissheitsvermeidung)
	Vielfalt der Lehr-/Lernformen (Ungewissheitsvermeidung)
	Benotete und unbenotete Leistungsnachweise (Maskulinität/Feminität)

Tabelle 10 Kulturdimension und Länder

#	Bezeichnung	Macht-abstand	Unsicherheit Vermeidung	Individualität Kollektivität	Maskulinität Feminität	Länder
I	entwickelte lateinische Länder	hoch	hoch	hoch	mittel	Argentinien, Belgien, Brasilien, Frankreich, Spanien
II	weniger entwickelte lateinische Länder	hoch	hoch	niedrig	breiter Bereich	Chile, Jugoslawien, Kolumbien, Mexico, Peru, Portugal, Venezuela
III	entwickelte asiatische Länder	mittel	hoch	mittel	hoch	Japan
IV	weniger entwickelte asiatische Länder	hoch	niedrig	niedrig	mittel	Hongkong, Indien, Philippinen, Singapur, Taiwan, Thailand
V	mittlerer Osten	hoch	hoch	niedrig	mittel	Griechenland, Iran, Türkei
VI	Germanisch	niedrig	hoch	niedrig	mittel	Deutschland, Israel, Italien, Österreich, Schweiz, Südafrika
VII	angelsächsisch	niedrig	niedrig mittel	hoch	hoch	Australien, Großbritannien, Irland, Kanada, Neuseeland, USA
VIII	nordisch	niedrig	niedrig mittel	mittel	niedrig	Dänemark, Finnland, Niederlande, Norwegen, Schweden

Die Kulturdimensionen wurden auch auf die Kulturen und Gesellschaften in verschiedenen geografischen Regionen übertragen (vgl. Tabelle 10).

3.5.4 Kulturelle Lebensstile nach Thompson, Ellis und Wildavsky

Thompson, Ellis und Wildavsky [THOMPSON/ELLIS/WILDAVSKY 1990, S. 1–38] entwickeln fünf verschiedene kulturenübergreifende Verhaltensmuster (Lebensstile), die sich in den jeweiligen Einzelkulturen nachweisen lassen. Diese Lebensstile leiten sie aus den zwei Grundkategorien einer sozialen Ordnung ab, nämlich Zusammengehörigkeit und Rangunterschiede. Die fünf Lebensstile lassen sich wie folgt beschreiben:

- Ein *hierarchischer Lebensstil* liegt dann vor, wenn ein Individuum sich an streng geregelte Vorschriften hält, um damit zu einer sozialen Gruppe zu gehören. Der zentrale Wert eines hierarchischen Lebensstils ist die Entwicklung und Umsetzung einer strikten Ordnung.
- Ein *individualistischer Lebensstil* ist dann gegeben, wenn sich die einzelnen Personen weder an einer Gemeinschaft noch an deren Vorschriften orientieren, sondern in Eigenverantwortung und Leistungsfähigkeit die Kontrolle über die eigene Lebensgestaltung ausüben.
- *Egalitäre Lebensstile* lassen sich wie folgt beschreiben: Personen machen ihre Entscheidungen von der Entscheidung einer Gruppe abhängig und lehnen die Kontrolle einzelner über andere ab. Zu den zentralen Werten gehören Gerechtigkeit, Gleichbehandlung, Zugehörigkeit, die über die Person definiert wird.
- *Fatalistische Lebensstile* werden von solchen Personen bevorzugt, die extremen Vorschriften eine große Bedeutung zumessen und gleichzeitig sich keiner Gruppe zugehörig fühlen.
- Eine *eremitischen Lebenstil* verfolgen solche Personen, die sich von allen Formen sozialer Kontrolle zurückziehen und die Interaktion mit anderen möglichst vermeiden.

Kulturen lassen sich nach Thompson, Ellis und Wildavsky danach analysieren, welche Lebensstile in welchem Ausmaß vorhanden sind und miteinander konkurrieren. Dabei lassen sich verschiedene Abhängigkeiten definieren: Der hierarchische Lebensstil entfaltet und definiert sich zum Beispiel als Gegenpol zu dem egalitären Lebensstil usw.

3.5.5 *Entwicklung interkultureller Kompetenz durch Modellbildung*

Kulturelle Skripte, Culture Mind Maps, Kulturdimensionen, Lebensstile u. a. stellen die Bedingtheit bzw. einen Ausschnitt innerhalb eines bestimmten Bezugsrahmens von Kulturen als systematische Verhaltensvorlage dar. Sie sind sozusagen Orientierungsgrößen innerhalb einer interkulturellen Kommunikation und können im Rahmen eines globalen Wissensmanagements im Bereich der Umsetzung und Qualifizierung eingesetzt werden. Allerdings sollte dieser Einsatz mit einer kritischen Distanz vorgenommen werden. Beim Einsatz von Culture Mind Maps bzw. kulturellen Skripten lassen sich zwei Defizite erkennen. Zum einen basieren die auf verschiedenen regionalen und nationalen Kulturen systematisierten Verhaltensvorlagen auf Erkenntnissen, die in Bezug auf Raum, Personen und Zeit statisch erfasst und dargestellt werden. Die Entwicklung der verschiedenen

Kulturen geht weiter. Zum anderen wird damit nur der Aspekt des Verhaltens in den Mittelpunkt gerückt. Aspekte der Orientierung an Werten, Überzeugungen oder prozessorientierte Entwicklungen u. a. werden weniger berücksichtigt. Das Verhalten von Menschen wird in der Regel nicht nur von Überzeugungen, Werten und Glauben geprägt, sondern aktuell beeinflusst. Das bedeutet: Werte, Überzeugungen oder Glaubensinhalte stellen nicht nur das Fundament von Verhalten dar, sondern sind treibende Faktoren im unterschiedlichen Verhalten von Menschen. Um dieser Überlegung gerecht zu werden, haben sich weitere Konzeptionen entwickelt, die die Entwicklung und Förderung einer interkulturellen Kompetenz durch den jeweiligen Mitarbeiter anregen und unterstützen wollen. Im Mittelpunkt dieser Konzeption steht die *Modellbildung*. Das bedeutet: In der Auseinandersetzung mit einer anderen Kultur entwickeln Mitarbeiter modellhaft ihre eigene Kompetenz im Umgang mit der anderen Kultur, aus der Analyse der eigenen und fremden Kultur wird durch die Beteiligten selbst eine Zielkultur als Kompetenzraum geschaffen, in dem sich Mitarbeiter zielorientiert und sicher bewegen.

Eine interkulturelle Kompetenz kann über verschiedene Stufen entwickelt werden [KIEL 1996]:

- Stufe 1: Die kulturelle Sensibilisierung durch Spiele und Kommunikation [RADEMACHER/WILHELM 1991],
- Stufe 2: Methode der Kulturanalyse mit Hilfe der Kulturtheorien oder Kulturdimensionen wie z. B. der kulturellen Skripte,
- Stufe 3: Die Analyse der eigenen Kultur durch Sachtexte, literarische Texte oder Rollenspiel,
- Stufe 4: Die Analyse der Fremdkultur durch Sachtexte, literarische Texte oder Rollenspiel,
- Stufe 5: Die Entwicklung einer Zielkultur und deren Regeln und Werte als Kontrast von Selbstreflexion und Fremdreflexion,
- Stufe 6: Überprüfung der entwickelten Regeln in einer Zielkultur und Einübung der Regel als Kompetenztraining.

Gegenstand der Modellbildung und gemeinsamen Formulierung einer Zielkultur sind nicht nur die verschiedenen Verhaltensformen. Die Ausbildung einer (interkulturellen) Kompetenz geschieht in der Regel auch auf der Basis einer *Persönlichkeitsentwicklung*. Individuelles und gemeinsames Verhalten basieren auf der Überzeugung von festen *Werten* im Sinne von persönlichen Überzeugungen. Dies lässt sich in einer Pyramide mit folgenden Ebenen abbilden: Auf der untersten Ebene des Umfeldes steht die Frage, wie der Mensch wahrgenommen wird und auf welche Weise sein Verhalten durch Anpassung an das Umfeld beeinflusst wird. Innerhalb der Ebene des Verhaltens steht die Frage, wie der Mensch sein Verhalten verschiedenen Aufgabenstellungen anpasst, z. B. Mitarbeit in einem internationalen Team. Im Rahmen seiner Fähigkeit erwirbt der Mensch Ziel orientiert Kenntnisse und erweitert sein Können, z. B. durch das Erlernen von Sprachen u. a. Auf der Ebene der Werte fragt der Mensch nach den absoluten Größen, denen er Glauben schenken kann. Die Identität liefert die individuelle Antwort auf die Frage nach dem individuellen Sein des Menschen.

3.5 Grundlagen eines interkulturellen Wissensmanagements

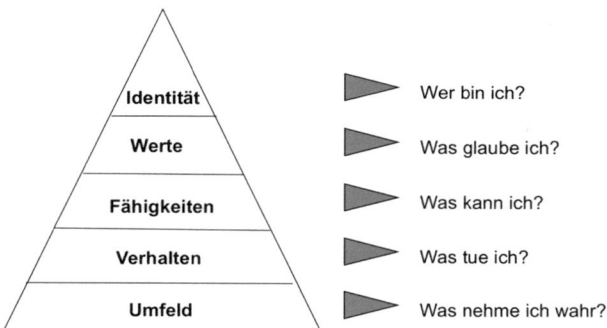

Abb. III-66 Einflussfaktoren eines interkulturellen Verhaltens

In der Regel bestimmt in der dargestellten Pyramide eine höhere Ebene die niedrigere Ebene, z. B. wird das Verhalten des Menschen beeinflusst von was er kann. Sein Können bzw. die Entwicklung seiner Fähigkeit ist von dem abhängig, worin der Mensch einen Wert sieht usw.

In der Modellbildung einer Zukunftskultur als Überschneidungskontext von Fremd- und Eigenkultur besteht die Chance, die Ausprägungen auf den unterschiedlichen Ebenen einer Persönlichkeit weiterzuentwickeln. Konkret bedeutet das: Der Vereinfachung der Komplexität durch stereotype Denkhaltungen[2] lässt sich nicht auf der Ebene von Verhalten oder Fähigkeiten durch kulturelle Skripte begegnen, sondern durch die Auseinandersetzung auf der Ebene der *Werte und Persönlichkeit*. Die Auseinandersetzung mit den Werten des anderen darf dabei nicht so geschehen, dass die eigenen Werte als Dogma verstanden werden und diese als Wertekatalog vom anderen zu übernehmen sind. Vielmehr besteht in der Auseinandersetzung mit der Persönlichkeit und den Werten des anderen die Möglichkeit, die Persönlichkeit von Menschen in internationalen Geschäftsprozessen zu *interkulturellen Persönlichkeiten* weiter zu entwickeln.

Die moderne Psychologie fasst die Orientierung an Werten im Sinne von sechs Tugenden (Weisheit und Wissen, Mut, Menschlichkeit, Gerechtigkeit, Mäßigung, Transzendenz) mit vierundzwanzig Wesensmerkmalen zusammen [SELIGMANN 2002, FOCUS 14/2007, S. 79]. Mit Blick auf einen interkulturellen Austausch muss diese psychologische Dimension in einem gewissen Umfang eine Berücksichtigung finden. Unter einem psychologischen Aspekt steht die Persönlichkeitsbildung auf der Basis einer Werteüberzeugung im Mittelpunkt. Dies lässt sich im Prozess der Modellbildung einer Zielkultur durch folgenden Schritt abbilden: intensive Wahrnehmung des eigenen Werteverhaltens sowie des Werteverhaltens von Menschen in einer Fremdkultur, der Prozess der gegenseitigen Wertschätzung der eigenen Werte sowie der Werte des anderen, der Vergewisserung und Einübung von Verhaltensformen, die auf gemeinsamen, aber auch auf trennenden Werten basieren, sowie die offene Perspektive, etwas Neues zu schaffen.

---

[2] Kiel 1996, „Wir vereinfachen die immer komplexer werdende Welt gern durch Stereotypen wie ‚die Italiener sind schlampig', ‚die Amerikaner oberflächlich', die ‚Briten arrogant' und ‚die Deutschen überpenible Erbsenzähler'.", S. 1.

Abb. III-67 Erarbeitung einer Zielkultur durch Wahrnehmung, Anerkennung, Wertschätzung und Vergewisserung

3.6 Szenario: Putzmeister

Mit dem Motto „Dienen – Bessern – Werte schaffen" hat der Inhaber der Firma Putzmeister [PUTZMEISTER 2003] ein Programm geschaffen, um das Zusammenleben als Mitarbeiter in einem Industriebetrieb im Sinne eines globalen Wettbewerbsvorteils zu fördern. Dieser elementare Impuls geht auf den Firmeninhaber und jetzigen Aufsichtsratsvorsitzenden Karl Schlecht [SCHLECHT 2007] zurück, der elementare globale Werte in die Unternehmenspraxis umsetzen möchte, wie beispielsweise:

- Wie lassen sich elementare Werte der Menschheit wie zum Beispiel die zehn Gebote, die UN-Menschenrechte u. a. auf das Zusammenleben im Betrieb wirkungsvoll übertragen?
- Wie kann die Menschheit auf der Basis dessen, was sie erreicht hat, die Zukunft meistern?
- Auf welche Weise können Menschen auf der Basis dessen, was sie wissen, Werte schaffen?
- Wie kommt es zu einem lebenslangen Lernen? Wie wird ein Unternehmen zu einem Lebens-Lern-Ort?
- Wie findet der Mensch bei seiner wirtschaftlichen Tätigkeit ergänzend zu einer monetären Zielsetzung Sinn und Erfüllung?

Die Umsetzung erfolgt durch verschiedene Module und eine Cross-funktionale Steuerungsgruppen, deren Aktivität wie folgt beschrieben werden kann:

- Einrichtung einer sogenannten cross-functional Group als Steuerungsgruppe,
- Evaluation von Werteverhalten aus der Sicht der Mitarbeiter, des Managements sowie des Eigentümers als Grundlage für die zukünftige Projektarbeit (Bestandsaufnahme, Divergenzmessung),
- Ausbildung und Schulung von sogenannten Werteberatern im Unternehmen,

3.6 Szenario: Putzmeister

Abb. III-68 Qualifikationsmanagement für ein wertebewusstes Verhalten bei Putzmeister

- Einrichtung von Peer Groups (Kleingruppen) im Unternehmen, gemeinsame Umsetzung der Veränderungsmaßnahmen durch Kleingruppen und Werteberater,
- Überprüfung und Optimierung der internen und externen Kommunikationsmaßnahmen (Mitarbeiterzeitschrift, Kundenmagazin, Value-Card-Foren usw.).

Die konkreten Ergebnisse der Steuerungsgruppe werden in folgenden Aktivitäten ausgewertet:

- Controlling: Kosten/Nutzen-Steigerung innerhalb des betriebswirtschaftlichen Handelns durch mehr Mitmenschlichkeit, Formulierung und Anwendung von klar anwendbaren Messkriterien (wirtschaftliche Ergebnisse und Human Resources-Score wie z. B. Steigerung der Produktivität, aber auch Mitarbeiterzufriedenheit, Mitarbeitermotivation u. a.),
- Formulierung der überprüften Messkriterien als zukünftige Kennziffer (Balanced Scorecard),

- Formulierung der Erkenntnisse in einem Lehrplan für weitere Fortbildungs- und Studienangebote z. B. im Bereich des Stiftungslehrstuhls oder eines MBA-Studiengang an der Mittelstandakademie,
- Entwicklung eines internationalen Studienangebotes in Zusammenarbeit mit anderen Unternehmen und Bildungseinrichtungen wie z. B. einen MSc of Business Communication and Responsibility,
- Zertifizierung bzw. Akkreditierung des Wertemanagementprogramms als Standard in Zusammenarbeit mit anderen Organisationen, wie z. B. TÜV oder EFQM.

Kapitel 4
Controlling und Evaluation von Wissensmanagement

4.1 Grundlagen des Bildungscontrollings

Controlling [HORVÁTH 2006] ist in der Betriebswirtschaft eine junge Disziplin. Der Begriff umfasst mehr als nur die Kontrolle von betriebswirtschaftlichen Prozessen in Unternehmen oder deren Abteilungen. Controlling beschreibt die Systematik und die Aktivitäten, mit denen Informationen in Unternehmen und deren Abteilungen gewonnen werden, damit die wirtschaftlichen Aktivitäten mit einem größtmöglichen wirtschaftlichen Erfolg geplant und gesteuert werden. Controlling ist also ein Managementsystem, das die Planung, Kontrolle und Informationsversorgung verschiedener Unternehmensbereiche koordiniert und mit Ergebnissen vernetzt. Ein Unternehmen, das Controlling im Sinne eines Managementsystems einsetzt, entwickelt deshalb besondere Aktivitäten durch die Koordination von Aktivitäten in verschiedenen Bereichen wie zum Beispiel in den (Personal-)Führungssystemen. Damit werden mit Hilfe des Controllings die Entscheidungsprozesse unterstützt, die einerseits zu einer sicheren Bestimmung von Zielen und andererseits zum zuverlässigen Erreichen der geplanten Ziele führen.

Das Wissensmanagement lässt sich nicht als einfacher produktiver Vorgang beschreiben, der sich durch den Einsatz von Ressourcen und geeignete Produktionsverfahren erfolgreich planen, gestalten und damit kontrollieren lässt. Im Wissensmanagement sind vielmehr Menschen beteiligt, die neues Wissen auf der Basis des bisher erlernten Wissens zuordnen und auf ihre Weise umsetzen und praktizieren (vgl. Kap. 2). Außerdem kann erlerntes Wissen wieder verloren gehen oder durch neues Wissens verdrängt werden. Im Bereich des Controllings und der Evaluation von Wissens- und Qualifizierungsmanagement hat sich deshalb schon sehr früh die Erkenntnis durchgesetzt, dass das Controlling und die Evaluation von Wissensmanagement auch die Anwendung und den Transfer von erlerntem Wissen mit einschließt. In seinem Artikel „Techniques for evaluating training programs" beschreibt Donald Kirckpatrick 1959 die vier wesentlichen Aspekte eines Bildungscontrollings [KIRCKPATRICK 1959, S. 13–18, KIRCKPATRICK 1994]. Die-

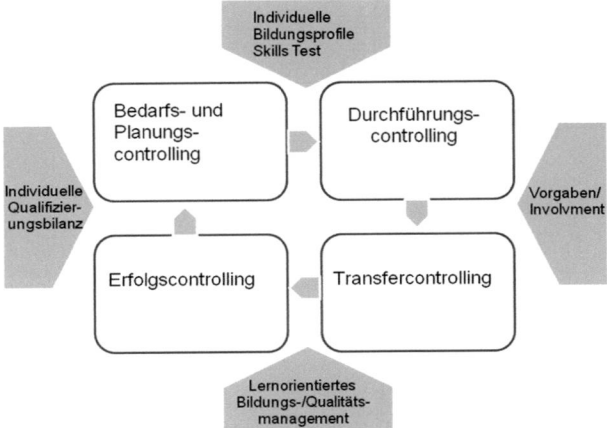

Abb. III-69 Prozessorientierter Bildungscontrollingzyklus [EHLERS 2005, S. 162]

se betreffen die Ebene der Evaluierung bei den Teilnehmern (Level 1: participants' reaction to a learning activities), das Controlling, ob bestimmte Wissensinhalte vermittelt wurden (L2: knowledge acquisition by users), die Überprüfung, ob das gelernte Wissen auch angewendet wird (L3: usefulness of what has been acquired in a learning activity for the work), und ob dadurch bessere Geschäftsergebnisse erzielt werden können (L4: measurable results induced by behaviors of users). Weitere Autoren [PHILIPS 1996] ergänzen später dieses Grundmodell mit dem betriebswirtschaftlichen Erfolgscontrolling (Kosten-/Nutzencontrolling für das gesamte Unternehmen).

Die Besonderheit des Wissensmanagements besteht in der Vermittlung von Wissen, das durch das persönliche Verhalten von Menschen angeeignet und umgesetzt werden muss. Modelle, die dieser Besonderheit gerecht werden wollen, versuchen in Form eines zweidimensionalen Bildungscontrollings die pädagogische und ökonomische Wirkung zu evaluieren. Dabei ergibt sich ein *prozessorientierter* Ansatz, durch den das Wissensmanagement in vier Phasen geplant, gesteuert und kontrolliert werden kann.

In einem prozessorientierten Controlling wird das Controlling des Wissensmanagements ein Bestandteil des Managements, das auf der einen Seite Kontext und Rahmenbedingungen zu beeinflussen versucht und auf der anderen Seite individuelle Qualifizierungsprofile der Mitarbeiter und wirtschaftlichen Profit für das Unternehmen hervorbringt. Evaluation und *Controlling von Wissensmanagement* ist deshalb nicht nur eine Ergebniskontrolle, sondern findet *innerhalb eines Bezugsrahmens* statt. Wie groß dieser Bezugsrahmen für die Aktivitäten des Wissensmanagements ist, zeigt die Vielfalt der Evaluierungssoftware, die im Markt angeboten wird.[1]

---

[1] Vgl. z. B.
http://www.academymaker.de/german/news_and_specials/elearning_quick_check/index.php.

4.2 Szenario: E-Learning-Check

Um den Stand des E-Learning in einem Unternehmen deutlich zu machen, bieten nahezu alle Anbieter von E-Learning-Produkten eine strategische Beratung sowie Software für Assessments u. a. an. Bestandteile eines E-Learning-Checks sind die Analyse der Zielgruppe und ihr Lernverhalten, die Analyse der technologischen Infrastruktur und der Organisation eines Unternehmens. Der Fragenkomplex eines E-Learning Check kann folgende Aspekte umfassen:

Management und Geschäftsführung

- Intranet: Verfügbarkeit und Ausbau des Intranets,
- Internet: Verfügbarkeit und Inhalte des Unternehmens im Internet,
- E-Business: Erfahrungen im E-Business und in elektronischen Geschäftsprozessen,
- Projektmanagement: Erfahrungen im Projektmanagement und in der Einführung von Software durch ein Projektmanagement,
- Verfügbares Budget: Finanzielle Mittel für das E-Learning,
- Geschäftsmodell: Technische und organisatorische Aspekte des E-Learning als Geschäftsmodell in einem Unternehmen,
- ROTI: Erwartungen an einen Return on Training Investment.

Vision und Strategie

- Vision: Formulierung einer E-Learning-Vision eines Unternehmens, Definition der Bedeutung von E-Learning in einem Unternehmen, z. B. als Bestandteil eines ganzheitlichen Wissensmanagements,
- Ziele: Formulierte Ziele für den Einsatz von E-Learning,
- Strategie: Formulierung einer Strategie mit Blick auf das Erreichen von Zielgruppen und Mitarbeitersegmenten, z. B. Führungskräfte, Vertriebsmitarbeiter, Mitarbeiter in der allgemeinen Personalentwicklung, sowie Festlegung von strategischen Umsetzungsaktivitäten,
- Umsetzung: Festlegung der verantwortlichen Organisationseinheit und ihrer Kompetenzfelder.

Lernkultur

- Weiterbildung: Politik und Form der Weiterbildung in einem Unternehmen,
- Personalentwicklung: Formen der Personalentwicklung,
- Erfahrung: Erfahrungen mit E-Learning, z. B. Nutzung von elektronisch gestützten Lernformen,
- Geplanter Wandel: Diskussion und Erwartung der Mitarbeiter an das E-Learning,
- Geschäftsmodell: Einbindung des E-Learning in die Geschäftsprozesse,

- Tutoring: Unterstützung durch Trainer und Tutoren,
- Selbstorganisiertes Lernen: Verfügbarer Freiraum für selbstorganisiertes Lernen durch Blogs, Wicki etc.

Personalentwicklung

- Personalstruktur: Gegenwärtiger Stand und Ausbauform des Personalmanagements,
- Personalentwicklung: Einsatz der Instrumente der Personalentwicklung,
- Skill Management: Formen und Funktionen der Mitarbeiterweiterbildung durch Skills, Curricula etc.,
- Coaching: Mitarbeitercoaching.

Technologie

- Betriebssysteme: Welche Betriebssysteme werden eingesetzt?
- Ausstattung mit Computern am Arbeitsplatz und der Rechteverwaltung von Software,
- Ausstattung mit multimedialer Software, Grafik, Audio u. a.,
- Internet-Anbindung,
- Einsatz und Formen elektronisch unterstützten Wissensmanagements,
- Einbindung in das Netzwerk,
- Webserver: Verfügbarkeit von Webservern,
- Externer Zugriff und Sicherheitssysteme: Möglichkeiten des Zugriffs von Mitarbeitern auf das Intranet außerhalb des Firmennetzes,
- Nutzerzahlen.

Zielgruppen

- Definition von Zielgruppen für das E-Learning,
- Klärung der Vorkenntnisse und des Nutzerverhaltens der Zielgruppen,
- Lernbereitschaft: Klärung der Motivation und Lernbereitschaft von Mitarbeitern,
- Erfahrungen und Lernstile: Klärung der bisherigen Erfahrungen und Lernstile von Mitarbeitern,
- Motivation im Hinblick auf die Inanspruchnahme von Weiterbildungsmaßnahmen.

Inhalt und Curriculum

- Geplante Themen und Schulungsinhalte,
- Art der Inhalte: Standardschulungen, individuelle Schulungsinhalte u. a.,
- Distribution: Verteilung von Schulungsinhalten,
- Curriculum: Schriftlich festgelegte Curricula,
- Zeitplan: Umsetzung von Lerninhalten innerhalb eines Zeitrahmens.

4.3 Knowledge-Box: Controlling

Der Aufbau eines Controllingsystems umfasst alle Bereiche eines Unternehmens. Es lässt sich in ein *strategisches und operatives Controlling* einteilen. Das strategische Controlling liefert Informationen und Erkenntnisse, um die Aktivitäten eines gesamten Unternehmens für einen längeren Zeitraum von drei bis sieben Jahren zu planen. Das strategische Controlling umfasst die Bereiche der gesamten Unternehmenspolitik, der strategischen Planung, der Planung von Organisation und Prozessstrukturen sowie die Personalmanagementsysteme.

Im Rahmen des operativen Controllings werden die strategischen Vorgaben für einen kürzeren Zeitraum, beispielsweise für ein Geschäftsjahr, durch die verschiedenen Bereiche, Abteilungen, Führungskräfte oder Mitarbeiter umgesetzt. Dazu gehören Instrumente wie die Planung der Jahresziele und des Jahresbudgets zum Beispiel durch Mitarbeiterjahresgespräche, Steuerung in der Organisationsentwicklung durch Planung und Realisierung bis hin zu den Vereinbarungen von Leistungsergebnissen mit Abteilungen oder Mitarbeitern. Die Vereinbarungen, die auf der Basis des operativen Controllings getroffen werden, lassen sich mit Hilfe von Führungsmethoden, persönlicher Arbeitstechnik oder durch Entwicklung von Verhalten umsetzen.

Controlling kann im Sinne eines *Totalmodells* als Controllingsystem für ein gesamtes Unternehmen oder als *Partialmodelle* für einzelne Unternehmensbereiche durch die Organisationsentwicklungssysteme, Planungs- und Kontrollsysteme, Informations- und Kommunikationssysteme oder Human-Relations-Systeme angewendet werden.

Das Design eines ganzheitlichen Controllingsystems lässt sich aktuell auf verschiedenen Ebenen mit unterschiedlichen Ausprägungen bzw. Subsystemen des Controllings darstellen (siehe Abb. III-71).

Ebene 0 beschreibt die betriebswirtschaftlichen Kontroll- und Informationsmöglichkeiten z. B. die Kostenleistungsrechnung, die in jedem Betrieb als selbstverständlich betrachtet werden sollte. Diese Ebene ist mit dem Subsystem des betrieblichen Rechnungswesens verbunden.

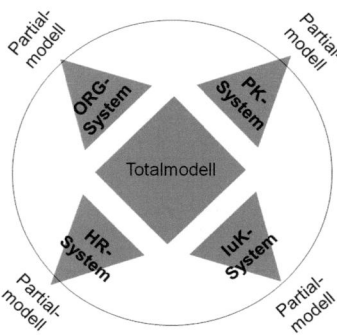

Abb. III-70 Total- oder Partialmodelle des Controllings

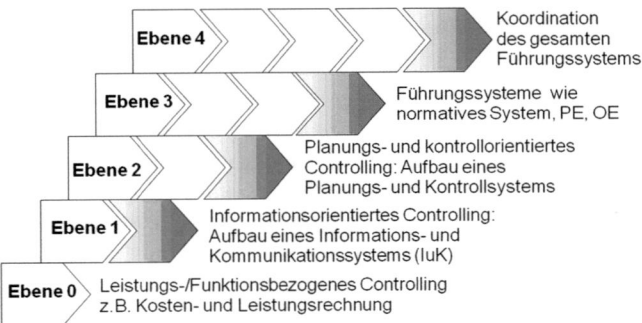

Abb. III-71 Ebenen des Controllings

Ebene 1 beschreibt das *informationsorientierte Controlling,* das mit Hilfe eines Informations- und Kommunikationssystems (IuK) umgesetzt wird. Die Aktivitäten eines informationsorientierten Controllings liegen in der Abbildung und Dokumentation von Vorgängen z. B. in der Kosten- und Leistungsrechnung oder Bilanzrechnung, in der Entwicklung von Navigationshilfen z. B. durch ein Berichtswesen (Standardberichte, Ad-hoc-Berichte), in der Darstellung von Kennzahlen (Benchmark, klassische Kennzahlen eines Betriebes) und in der Entwicklung eines Frühwarnsystems (z. B. Prognose).

Ebene 2 des planungsorientierten Controllings beschäftigt sich mit der Definition und Festlegung von Zielen und Zielsystemen, der Entwicklung eines Planungsverfahrens, Umsetzung durch den Planungsprozess bzw. das Prozessmanagement, Festlegung von Planungsbereichen und Planungsinhalten, der Erarbeitung von Planungsrichtlinien und Planungsformularen, Erarbeitung eines Planungshandbuches (Guide), der Festlegung der Abfolge der Planungsstufen (Planungskalender), der Koordination der Teilpläne in den Gesamtplan, der Motivation und Umsetzung in den verschiedenen Unternehmensbereichen und der Abweichungs- und Ergebnisanalyse.

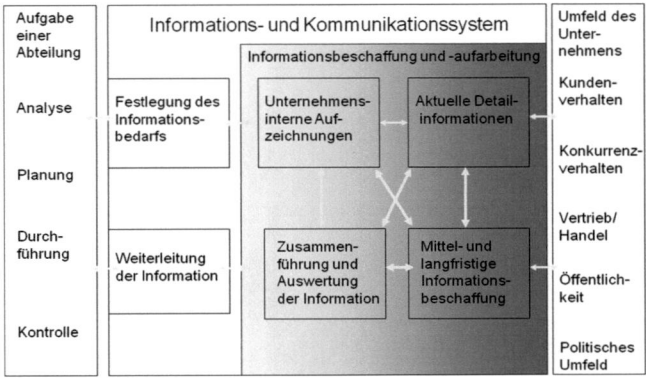

Abb. III-72 Das informationsorientiertes Controlling durch ein Informations- und Kommunikationssystem

4.3 Knowledge-Box: Controlling

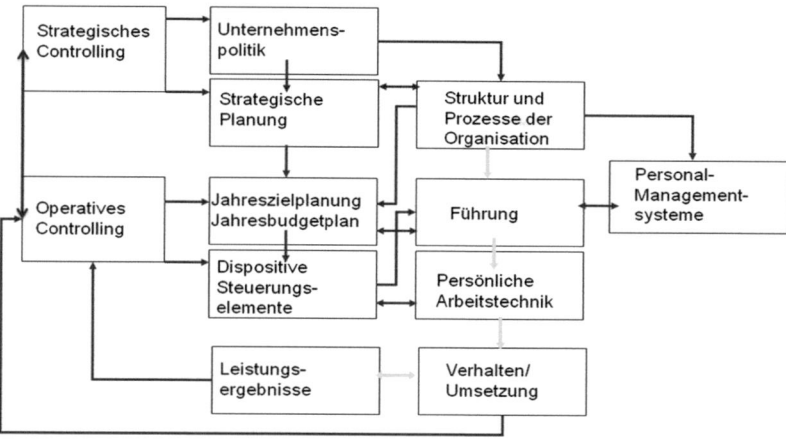

Abb. III-73 Das Planungs- und Kontrollsystem mit strategischem und operativem Controlling

Ebene 3 des führungsorientierten Controllings beschäftigt sich mit den Teilsystemen der Führung im Bereich der allgemeinen Unternehmensführung (Corporate Management) sowie der Organisations- und Personalentwicklung und koordiniert die Aktivitäten des Controllings auf allen Ebenen durch den Aufbau und die Umsetzung von einem normativen Wertesystem mit einer Unternehmenskultur (Corporate Government), den Ausbau einer Organisationsentwicklung (Chance Management, Organisationsentwicklung) und den Ausbau eines Personalführungssystems (Motivationssysteme, Partnerschaftsmodelle u. a.). Dabei werden die Instrumente der Organisation und Personalentwicklung durch eine Analyse und Planung der Organisations- und Personalentwicklungsaktivitäten, wie z. B. das Qualifizierungsmanagement u. a., genutzt.

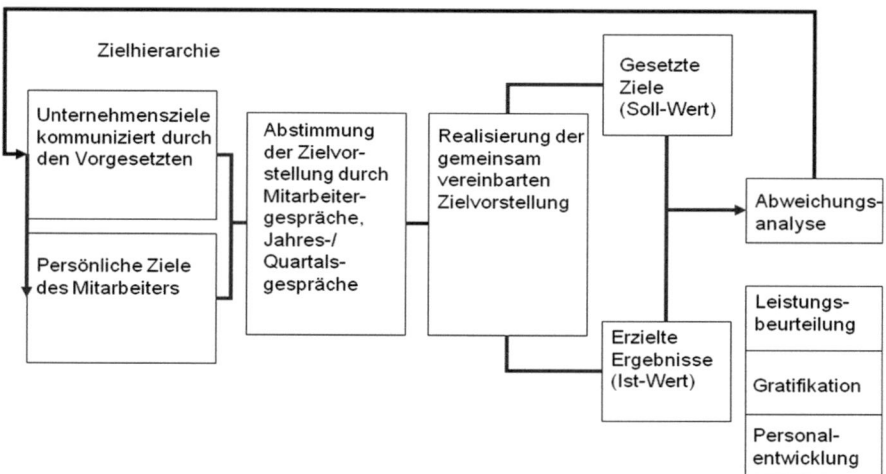

Abb. III-74 Personalentwicklungssystem im Rahmen eines führungsorientierten Controllings

Ebene 4 des koordinationsorientierten Controllings koordiniert die Aktivitäten auf allen beschriebenen Ebenen eines Controllingsystems.

Der Aufbau eines ganzheitlichen Controllingsystems aus operativem und strategischem Controlling geschieht in der Regel durch verschiedene Methoden oder Systeme in unterschiedlichen Bereichen wie zum Beispiel:

- im Planungs- und Kontrollsystem durch eine integrierte Planung und Kontrolle (IPKS),
- in den Informations- und Kommunikationssystemen durch Prozesskostenrechnung, Target Costing, Netzwerksystemen, Data Warehouse usw. (IuK),
- in der Organisationsentwicklung durch die Ausrichtung auf das Prozessmanagement, Kundenorientierung Selbstkoordination, interne Märkte, flache Hierarchien, Projektmanagement, dezentrale Entscheidungsstrukturen, Einrichtung von Profit Centers, unbürokratische Abläufe, Outsourcing, virtuelle Strukturen, Lernende Organisation und der Organisationsentwicklung (OE),
- mit die Personalführung durch die Kooperation, Mitbestimmung, Delegation, Vertrauenskultur, Innovationskultur, Risikobereitschaft, Management by Objectives, Qualitätsmanagement u. a. PE,
- mit das Normatives Management durch eine überzeugende Unternehmenspolitik (policy und politics),
- mit Hilfe von Controlling-Systeme, Steuerungsgrößen, Leistungsinstrumenten.

4.4 Controlling und Evaluation von Wissensmanagement in Unternehmen

Das Controlling und die Evaluation des Wissensmanagements in Unternehmen beginnen mit der Analyse von Wissenslücken oder Wissensbedarf, die sich aus der

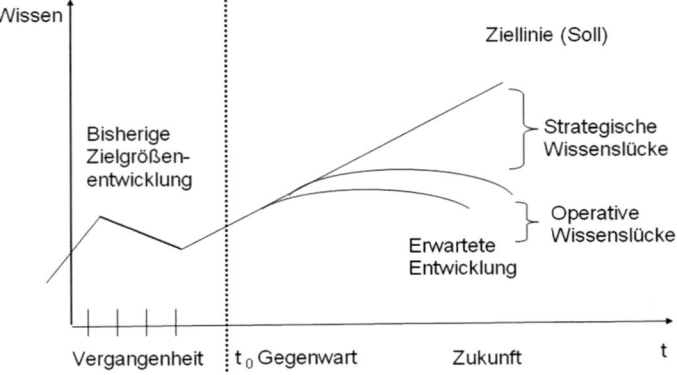

Abb. III-75 Modell zur Ermittlung von Wissensbedarf oder Wissenslücken

4.4 Controlling und Evaluation von Wissensmanagement in Unternehmen

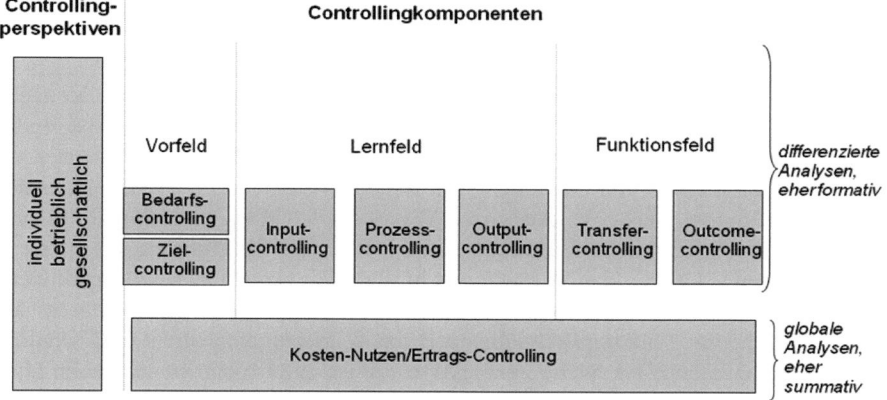

Abb. III-76 Konzeption des Controllings im Vor-, Lern- und Funktionsfeld [SEEBER 2000, S. 37]

Differenz der Zielsetzung und der aktuellen Situation bzw. deren erwartete Entwicklung ergeben.

Der Bedarf an Wissen entsteht zum einen durch die neuen Anforderungen, die sich durch die unternehmerischen Aktivitäten und deren Anpassung auf die Veränderungen in den Märkten ergeben, z. B. durch neue Produktlaunches, Anpassung von Marketingstrategien oder Organisationsentwicklungen.

Der Bedarf an Wissen entsteht aber auch auf der personalen Ebene von Mitarbeitern. Das Wissensmanagement, das die persönlichen Voraussetzungen und die Lernfähigkeit von Mitarbeitern im Sinne eines Profils und dessen Weiterentwicklung berücksichtigt, stellt die Grundlage für ein lebenslanges Lernen dar.

Controlling und Evaluation von Wissensmanagement muss deshalb in mehreren Ebenen, Phasen und Dimensionen stattfinden. Das Prozess- und personenorientierte Controlling lässt sich durch fünf Bereiche bzw. Ebenen definieren:

- die *Ebenen des Teilnehmers* und seiner Reaktion (Evaluation der Teilnehmerzufriedenheit),
- die *Ebene der Lernens* (Evaluation der Wissensinhalte, die vermittelt wurden),
- die *Ebene des Anwendungsverhaltens* oder des Transfers (Evaluation des veränderten Verhaltens und des Transfers von erlerntem Wissen in die Praxis),
- die *Ebene der Ergebnisse* (Evaluation der Ergebnisse in Geschäftsprozessen, die durch das erlernte und angewendete Wissen erzielt werden) und
- das *Controlling der Rentabilität* durch die Berechnung eines Return on Training Investment.

Ergänzend zu den verschiedenen Ebenen gibt es den Aspekt der unterschiedlichen Phasen. Das Controlling von Wissensmanagement findet auch im Vorfeld, Lernfeld und Funktionsfeld statt [SEEBER 2000, S. 37].

4.4.1 Kontextorientiertes Controlling des Wissensmanagements

Im Mittelpunkt des betriebswirtschaftlichen Controllings stehen solche Konzeptionen, die sowohl das Ergebnis eines betriebswirtschaftlichen Handelns von einem Unternehmen als auch das Ergebnis des persönlichen Handelns von Akteuren im Unternehmen messen und darstellen (vgl. auch das Modell des Value Finder der Wertschöpfung in Kap. 1.3). Auf diese Weise fließen die Controllingaktivitäten direkt in das Management ein. Damit stehen nicht nur die Optimierung der Prozesse im Mittelpunkt, sondern das Management hinsichtlich verschiedener Perspektiven: Die erste Perspektive betrifft das wirtschaftliche Handeln des Unternehmens als Ganzes mit seinen Funktionsbereichen z. B. im Wissensmanagement oder Qualifikationsmanagement. Die zweite Perspektive umfasst die Ergebnismessung im Hinblick auf das persönliche Verhalten und die Weiterentwicklungen von Wissen und Kompetenzen von Mitarbeitern und Akteuren im Unternehmen sowie deren strukturelles Verhalten bzw. deren Organisation.

Die betriebswirtschaftliche Dimension des Controllings von Prozessen und Organisationsstrukturen im Unternehmen lässt sich auf der Basis der Analyse und Feststellung eines Bedarfs, der Formulierung von Angeboten des Wissensmanagements im Rahmen einer Konzeption sowie im Hinblick auf das Controlling bei der Durchführung und den beeinflussenden Kontext beschreiben.

Innerhalb einer verhaltensorientierten Dimension lassen sich die Ergebnisse in Bezug auf das Verhalten von Mitarbeitern evaluieren. Dazu gehören die Analyse und Klärung von Skills, die Überprüfung von Lernfortschritten sowie die Evaluation der Anwendungskompetenz in der beruflichen Praxis, die sich dadurch ergeben, dass Mitarbeiter Angebote des Wissensmanagements in Anspruch nehmen. Diese verhaltensorientierte Dimension ist eng verknüpft mit den strategischen und operativen Entscheidungen und den Konzepten der Personal- und Organisationsentwicklung.

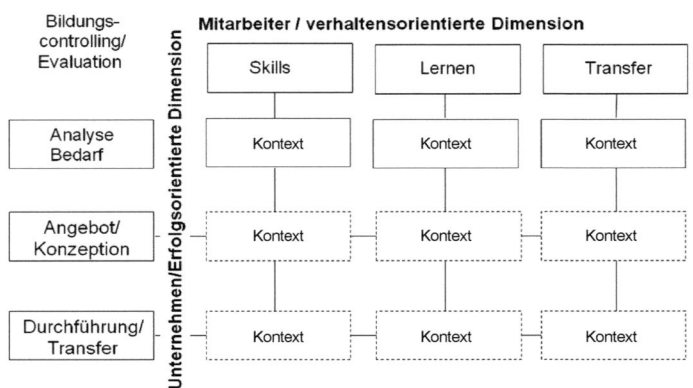

Abb. III-77 Evaluation und Controlling des Wissensmanagements im zweidimensionalen Bezugsrahmen von betriebswirtschaftlicher Praxis und verhaltensorientiertem Vollzug bei Mitarbeitern

4.4 Controlling und Evaluation von Wissensmanagement in Unternehmen

Das Controlling des Wissensmanagements innerhalb der *zweidimensionalen Matrix* ermöglicht die Evaluation sowohl der verhaltensbezogenen Veränderungen als auch der betriebswirtschaftlichen Kennzahl eines Unternehmens, die auf dem Input-Output-Prozess beruhen. Das Controlling an den Schnittstellen der beiden Dimensionen (Kontext) lässt sich im Einzelnen wie folgt beschreiben:

BWL-Dimension/ Verhaltensdimension	Skills	Lernen	Transfer
Analyse/Bedarf	Formulierung von Profilen, Skills-Management	Lernbiographien, Lernstärken	Transferkompetenzen
Angebote/Konzeption	Bedarfsgerechte Angebote und Konzeptionen	Bedarfsgerechte Angebote und Konzeption bezogen auf das Lernverhalten	Konzeptionen und Angebote im Hinblick auf die Unterstützung der Teilnehmer auf Transfererfolg
Durchführung/Transferleistungen	Teilnahme und Inanspruchnahme von Angeboten und Aktivitäten des Wissensmanagements	Lernentwicklung und Lernerfolg	Erfolg der Transferleistungen

Das Controlling bzw. Management der jeweiligen Kontexte lässt sich mit verschiedenen Instrumenten realisieren. Ein kontextübergreifendes Instrument ist das Best-Practice-Management. Best Practice als Controlling des Wissensmanagements vereinigt mehrere Vorteile in sich: Basierend auf der Best Practice des Wissensmanagements in verschiedenen Abteilungen, Projekten oder Funktionsbereichen eines Unternehmens wird ein Feedforward-Impuls für zukünftige Handlungsmöglichkeiten sowohl auf der unternehmerischen als auch auf der verhaltensbezogenen Ebene gegeben. Durch den Feedforward-Impuls verschmilzt die Dimension des betriebswirtschaftlichen und des verhaltensbezogenen Controlling zu einem Kontext. Best Practice ist der Vergleich zur vorausgehenden eigenen Leistung oder zur Leistung von Vergleichspartnern im eigenen Unternehmen (Abteilungen oder Funktions-

Abb. III-78 Konzept des Best-Practice-Managements

bereiche), zu Unternehmen aus derselben Branche oder allgemein im Hinblick auf den Weltstandard. Best Practice können in Form von Projekten, Think Tanks, Innovations- und Verbesserungsvorschlägen oder z. B. innerhalb des Qualitätsmanagement u. a. realisiert werden. Einen Überblick und Beispiele von Best Practices im Wissensmanagement verschiedener Branchen präsentiert die Forschungsgruppe Integriertes Knowledge Management der TU Berlin [BEST PRACTICE 2006].

4.4.2 Instrumente des Controllings von Wissensmanagement

Die Evaluation des Wissensmanagements auf verschiedenen Ebenen, in verschiedenen Phasen und Dimensionen erfordert unterschiedliche Instrumente des Controllings. Als Beispiel können folgende Instrumente in den verschiedenen Bereichen beschrieben werden.

- Bedarfsanalyse und Planung
  Controlling im Hinblick auf eine effektive Planung und Bedarfsanalyse sind Nullmessungen, Assessments, Interviews, Fokusgruppen, Beobachtungen, Nachweise von Leistungen und ein Datenerfassungsplan.
- In Bezug auf die Durchführung von Wissensmanagementaktivitäten und für die Überprüfung des Transfers kommen Fragebogen, Erhebungen, Interviews, Beobachtungen, Test, Fallstudien, Simulationen, Selbst- und Fremdeinschätzungen sowie Übungen zum Einsatz.
- Der Lern- und Transfererfolg lässt sich mit Hilfe von folgenden Methoden beispielhaft steuern: Follow-up-Veranstaltungen, Beobachtungen am Arbeitsplatz, Fokusgruppen, Leistungsvereinbarungen, Zielvereinbarung, Leistungsparameter oder Prämien.
- Im Hinblick auf das Controlling der betriebswirtschaftlichen Prozesse lassen sich folgende Instrumente anwenden: Geschäftsdaten, Produktionsdaten, Qualitätskosten, Arbeitszeit, Return on Investment, Prognosen.

Checkliste Controlling und Wissensmanagement-Evaluation

1. Findet das Controlling innerhalb eines Totalmodells oder eines Partialmodells statt?

   Beschreiben Sie die Teilbereiche (Partialmodelle: PK-Systeme, IuK-Systeme, HR-Systeme, ORG-Systeme), innerhalb derer das Controlling des Wissensmanagements stattfindet.

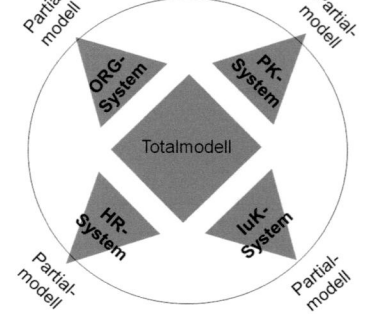

4.4 Controlling und Evaluation von Wissensmanagement in Unternehmen

2. In welchen der fünf Ebenen wird das Controlling umgesetzt?

3. Beschreiben Sie das kontextorientierte Controlling des Wissensmanagements in der zweidimensionalen Matrix mit verhaltensorientierter und erfolgsorientierter Dimension:

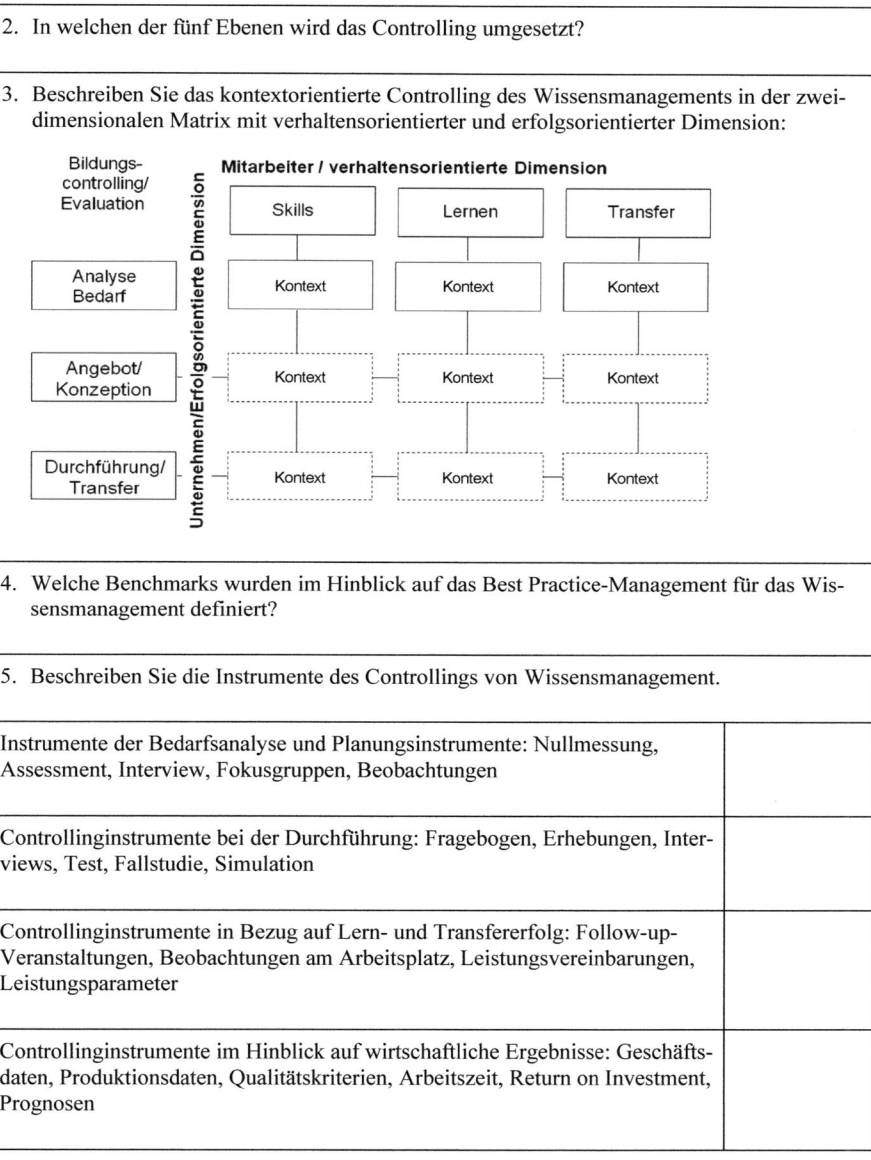

4. Welche Benchmarks wurden im Hinblick auf das Best Practice-Management für das Wissensmanagement definiert?

5. Beschreiben Sie die Instrumente des Controllings von Wissensmanagement.

Instrumente der Bedarfsanalyse und Planungsinstrumente: Nullmessung, Assessment, Interview, Fokusgruppen, Beobachtungen	
Controllinginstrumente bei der Durchführung: Fragebogen, Erhebungen, Interviews, Test, Fallstudie, Simulation	
Controllinginstrumente in Bezug auf Lern- und Transfererfolg: Follow-up-Veranstaltungen, Beobachtungen am Arbeitsplatz, Leistungsvereinbarungen, Leistungsparameter	
Controllinginstrumente im Hinblick auf wirtschaftliche Ergebnisse: Geschäftsdaten, Produktionsdaten, Qualitätskriterien, Arbeitszeit, Return on Investment, Prognosen	

Literaturverzeichnis zu Teil III

ABT, D. (2004): Die Bildungs- und Kommunikationsplattform „FutureZone" der RAG Aktiengesellschaft. Einführung durch internes Marketing und Weiterentwicklung zu einer virtuellen Universität, Essen

AFS ORIENTATION HANDBOOK VOL. IV (1984): AFS Orientation Handbook, New York: AFS Intercultural Programs Inc. Bd. 4, S. 14, 1984, Aus: Interkulturelles Lernen, Jugend für Europa, http://www.youth-knowledge.net, Zugriff: 20.7.2008

BECK, J./MÖDINGER, W./SCHMID, S. (2007): Marketing – Grundlagen und Instrumente, Haan-Gruiten

BECKER, J. (1998): Marketing-Konzeption Grundlagen des strategischen und operativen Marketing-Managements, München 1998

BERRY, L.L. (1998): Der Bravor-Faktor: Leadership im Dienstleistungs-Organisation, in: Meyer, A. Handbuch Dienstleistungs-Marketing, Stuttgart, 1998, S. 139–162

BLEICHER, E. (1991): Das Konzept Integriertes Management Frankfurt/Main, New York, Erste Auflage 1991/1995

BOSCH (2007): Der gemeinsame Weg zum beruflichen Erfolg – Bausteine der Mitarbeiterentwicklung in der Bosch-Gruppe, Robert Bosch GmbH, Stuttgart

BROCKHOFF, K. (2002): Geschichte der Betriebswirtschaftslehre, Wiesbaden

BUCHEGGER, B./KRISPER-ULLYETT, L./MICHL, J./ORTNER, J. (2006): Collaborative blended learning. Eine Orientierung für Lehrende, ModeratorInnen und TutorInnen zum Thema: Wie kann ich das E-Medium für Lernprozesse in der Erwachsenenbildung nutzen? Schriftenreihe der FH Wien, Band 42, Wien

BURMESTER, M./EDINGER, D./THISSEN F. (2006): Dramaturgic E-Learning Strategie (D.E.S.) – evaluation of a story based approach. In: Burmester, Michael/Edinger, Daniela/Thissen, Frank (Hgg.) (2006): Digital Game Based Learning – Proceedings of the 4th International Symposium for Information Design 2nd of June 2005 at Stuttgart Media University. Karlsruhe: Universitätsverlag Karlsruhe, pp. 215–242

CBTS3 (2007): Dritte Europäische Erhebung über die berufliche Weiterbildung in Unternehmen (CVTS3), Statistische Bundesamt, Wiesbaden 2007

DADDER, R. (1987): Interkulturelle Orientierung: Analyse ausgewählter Interkultureller Orientierungprogramme. Saarbrücken

DESTATIS (2007): Statistisches Bundesamt, Wiesbaden

EHLERS, U.-D./SCHNEKEL, P. (HRSG.) (2006): Bildungscontrolling im E-Learning, Erfolgreiche Strategien und Erfahrungen jenseits des ROI, Berlin, Heidelberg 2005

FESTO (2007): Festo AG & Co. KG, Essling, www.ausbildungsblog.de Zugriff 20.7.2009

FLECHSIG, K.H. (1991): Interkulturelle Didaktik, in: Roth, L. (Hg.): Pädagogik. Handbuch für Studium und Praxis, München, S. 1073–1081

FLECHSIG, K.H. (1996): Globales Lernen in: Lange, Dietz (Hrsg.): Religionen – Fundamentalismus – Politik. Vorträge im Rahmen des Studium generale der Georg-August-Universität Göttingen im Wintersemester 1994/95. Peter Lang Verlag, Frankfurt u. a. 1996, S. 209–228
FOLWER/STEINWACHS/CORBEIL (1993): Clues and Challenges. Hilfen und Herausforderung. Deutsches Komitee YOUTH FOR UNDERSTANDING e.V., Hamburg 1993
FORSCHUNGSGRUPPE IKM (2006): Forschungsgruppe IKM, SYSEDV, TU Berlin, Best Practice Methoden im Wissensmanagement – Fallsammlung – http://www.ikm.tu-berlin.de
GEIGER, D. (2005): Wissen und Narration. Der Kern des Wissensmanagements, Berlin
GEOLEARNING (2007): GeoLearning Learning Systems, Inc. http://www.geolearning.com/main/tools/roi.cfm Zugriff: 20.7.2009
GLOBALLY RESPONSIBLE LEADERSHIP (2007): Globally Responsible Leadership Initiative siehe http://www.grli.org/
GUTENBERG, E. (1957): Betriebswirtschaft als Wissenschaft, Akademische Festrede am 22. Mai 1957, S. 22ff. in: Brockhoff, K. Geschichte der Betriebswirtschaftslehre Wiesbaden 2002
HALLER, H.D. (1994): Kulturkonflikte, interkulturelle Verständigung und szenisches Lesen. Vortrag im Rahmen der öffentlichen Ringvorlesung „Friedens- Konflikt- und Umweltforschung an der Universität Göttingen"
HARMEL, H. (2006): Bildung nach Bologna – Was erwarten die Unternehmen von der Umstellung auf Bachelor und Master, Vortrag beim VPH Kongress am 18.Mai 2006
HEINEN, E. (1997): Einführung in die Betriebswirtschaftslehre, Wiesbaden
HOFSTEDE, G. (1984/2001): Culture's Consequences: Comparing Values, Behaviors, Institutions and Organizations Across Nations, Saga Publication US Californien
HORVÁTH, P. (2001): Wissensmanagement steuern: Die Balanced Scorecard als innovatives Controllinginstrument, in: Bernhard, M.G./Hoffschröer, S. (Hrsg): Balanced Scorecard, Düsseldorf
HUMBOLD UNIVERSITÄT (2001): Arbeitsgruppe Kulturelle Sensibilisierung-AKS am Institut für Erziehungswissenschaften der HU Berlin
KAPLAN, R.S./NORTON, D.P. (1997): Balanced Scorecard Strategien erfolgreich umsetzen, Stuttgart
KAUFMANN, D., et al. (2006): Investmentguide Indien, Erfolgsstrategien deutscher Unternehmen auf dem Subkontinent, Stuttgart 2006
KELLNER, H.J. (2006): Value of Investment, Neue Evaluierungsmethoden für Personalentwicklung und Bildungscontrolling mit CD-ROM, Offenbach
KIEL, E. (1996): Interkulturelle Didaktik. Lernen und Lehren, wenn Kulturen sich begegnen, in: Trojaner, 3. Jg., Heft 1, S. 35–36
KIRCKPATRICK, D.L. (1959): Techniques for evaluating training programs. In: Journal of the American Society of Training Directors, (1959) Nr. 14, S. 13–18
KIRCKPATRICK, D.L./KIRKPATRICK, J.D. (2006): Evaluation Training Programs: The Four Levels. San Franscisco 2006
KLUCKHOHN, F./STRODBECK, F. (1961): Variations in Value Orientation, Evanston 1961
KOTLER, P. (1972): 1972 A Generic Concept of Marketing, in Journal of Marketing, Vol. 36, 1972, S. 48
LAVIDGE, R.J./STEINER, G. (1961): A Model for Predictive Measurements of Advertising Effectiveness, in: Journal of Marketing (October 1961)
LIENING, A./WIEPCKE, C. (2004): Blended Learning als Katalysator für Gender Mainstreaming. Dortmunder Beiträge zur ökonomischen Bildung, Nr. 3. Wirtschafts- und Sozialwiss. Fakultät der Universität, Dortmund
MATURANA, H. (1998): Biologie der Realität. Frankfurt/M.
MCKINSEY (2003): ManagerSeminare Heft 64/2003, Bonn
MCLUHAN (1962): The Gutenberg Galaxay: The Making of Typographic Man, Toronto
MIKUNDA, CHR. (2003): Der verbotene Ort oder Die inszenierte Verführung. Unwiderstehliches Marketing durch strategische Dramaturgie, Redline Wirtschaftsverlag
MÖDINGER, W./THISSEN F. (2005): Die DES-Methode – Dramaturgische E-Learning Strategie, Forschungspapier Hochschule der Medien, Stuttgart

NICKEL, O./ESCH, F.-R. (2006): Marktechnische und verhaltenswissenschaftliche Aspekte erfolgreicher Marketingevents in: Nickel, O., Eventmarketing, Grundlagen und Erfolgsbeispiele, 2. Auflage, München 2007, S. 53–78
PAYOME, T./GAMBÖCK, B. (2003): Chancen und Hindernisse eines Bildungscontrollings. Hightext-Verlag, München
PETER, I. (2007): Erfolgsfaktoren und -hemmnisse beim Tele-Tutoring. Eine Analyse virtueller Betreuung von Lernenden im Kontext hybrider Lehr-Lern-Arrangements, München
PHILIPS, J. (1996): Measuring ROI. The Fifth Level of Evaluation, Technical Skills and Training Apr.1996.
PHILLIPS, J. (2002): Return on Investment in Training and Performance Improvement Programs, 2nd edition, Woburn, MA, Butterworth-Heinemann 2003
PICOT, A./REICHWALD, R./WIGAND, R. (2001): Die grenzenlose Unternehmung. Information, Organisation und Management, 4.Aufl. Wiesbaden 2001
PORTER, M.E. (1985): Competive Advantage: Creating and Sustaining Superior Performance
PORTER, M.E./KRAMER, M.R. (2006): Strategy & Society – The Link Between Competitive Advantage and Corporate Social Responsibility in Harward Business Review, December 2006
PRENSKY, M. (2001/2008): Digital Game-Based Learning McGraw-Hill Inc., US
PROBST, H.-J. (2001): Balanced Scorecard leicht gemacht: Warum Sie mit weichen Faktoren hart rechnen sollten, Wien/Frankfurt
PROBST, H-J./ROMBARDT, K. (1997): Wissen managen. Wie Unternehmen ihre wertvolle Ressource optimal manage, Frankfurt a.M.
RADEMACHER, H./WILHELM, M. (1991): Spiele und Übungen zum Interkulturellen Lernen, Berlin
REINMANN-ROTHMEIER, G. (2003): Didaktische Innovation durch Blended Learning. Leitlinien anhand eines Beispiels aus der Hochschule. Unter Mitarbeit von Frank Vohle, Frederic Adler und Heidi Faust, Bern
RODE, N. (2001): Wissensmarketing: Strategische Entscheidungsoptionen für Anbieter von Wissen, Wiesbaden
ROGOSWSKI, M. (2006): Globaler Wettbewerb – Perspektiven eines weltweit tätigen Unternehmens – Vortragsmanuskript anlässlich der Tagung des Kuratoriums der SIMT, Stuttgart Institute of Management and Technology, 9. Oktober 2006, Heidenheim
ROMBARDT, K. (2000): Die Organisation aus der Wissensperspektive, Wiesbaden
ROTH, G. (1992): Das konstruktive Gehirn. Neurobiologische Grundlagen von Wahrnehmung und Erkenntnis. In: Siegfried J. Schmidt (Hrsg.) (1992): Kognition und Gesellschaft. Der Diskurs des radikalen Konstruktivismus 2. Frankfurt/M.
RÜSCHOFF, B. (1998): Fremdsprachenunterricht mit computergestützten Materialien. Didaktische Überlegungen und Beispiele
SAUTER, A./SAUTER, W. (2002): Blended Learning. Effiziente Integration von E-Learning und Präsenztraining. Luchterhand, Neuwied
SCHANK, R./FANO, A./JONA, M./BELL, B. (1994): The Design of Goal-based Scenarios, The Journal of the Learning Science, 1994, S. 305–345
SCHIERENBECK, H. (2000): Grundzüge der Betriebswirtschaftslehre, München, Wien
SCHLECHT, K. (2007): Lieben, was man tut … bei Putzmeister
http://www.karl-schlecht.de/unternehmungen, Zugriff 20.7.2007
SCHNEIDER, D. (1988): Neugründung der Betriebswirtschaftslehre aus Unternehmensfunktionen
SEEBER, S. (2000): Stand und Perspektiven von Bildungscontrolling. In: Seeber S., Krekel E., Van Buer J. (Hrsg) Bildungscontrolling: Ansätze und kritische Diskussion zur Effizienzsteigerung von Bildungsarbeit. Peter Lang, Frankfurt am Main
SELIGMANN, M. (2002): focus 14/2007, S. 79ff., München
STRONG, E.K. (1926): 1925 The Psychology of Selling, New York, McGraw-Hill, 1925
THISSEN, F. (2003): Fraktaler Wissenserwerb, in: Multimedia-Didaktik in Wirtschaft, Schule und Hochschule, Berlin, Heidelberg, New York, 2003, S. 265–277
THOMMEN, J.-P./ACHLEITNER, A.-K. (2004): Allgemeine Betriebswirtschaftslehre – Umfassende Einführung aus managementorientierter Sicht, Wiesbaden 2004

THOMPSON, M./ELLIS, R./WILDAVSKY, A. (1990): Cultural Theory. Boulder Colo.: Westview Press: Westport, Conn.: Praege

UNICTAD (2007): United Nation Conference on Trade on Development, www.unctad.org/en/docs/tdr2007_en.pdf Zugriff 20.7.2009

VARELA, F.J. (1993): Kognitionswissenschaft – Kognitionstechnik. Eine Skizze aktueller Perspektiven. 3. Aufl. Frankfurt/M.

WELSCH, W. (1995): Transkulturalität. Zur veränderten Verfaßtheit heutiger Kulturen, in: Zeitschrift für Kulturaustausch, 45. Jg., Heft 1, S. 39–44

WIEPCKE, C. (2006): Computergestützte Lernkonzepte und deren Evaluation in der Weiterbildung. Blended Learning zur Förderung von Gender Mainstreaming. Hamburg

WÖHE, G. (2008): Einführung in die Allgemeine Betriebswirtschaftslehre, München

Teil IV
Wirtschaften und Leben im Kosmos des Wissensmanagements

Michael Broßmann und Wilfried Mödinger

Wirtschaften und Leben im Wissenskosmos heißt auch die Verheißungen der Informationswelt hinter sich zu lassen und sich auf eine Wissenswelt hinzubewegen. Diese innere Mobilisierung ist für den Einzelnen mit einem schwankendem Selbstverständnis verbunden, gleicht dieser Wandel doch einer Fortbewegung mit viel Fremdem, Ungeklärtem, bei dem es aber auch viel zu entdecken und zu bewältigen gibt; gleichsam einer „Ralleyfahrt" oder einem „Balanceakt". Damit diese „Fahrt" nicht zur „Irrfahrt" oder gar „Geisterfahrt" wird, weil der Weg aus einer von Orientierungsschwäche geprägten Informationswelt mit Unbekanntem verbunden ist, bedarf es Navigation. Trotz aller Zeichen, Daten und Informationen, die kennzeichnend für die Informationswelt sind und die alle mehr oder minder der Wahrheit entsprechen und von Systemen hervorragend generiert werden, und – trotz bestem Wissensmanagement – bedarf es weit mehr: Bildung! Warum? Erst Wissen, Kompetenzen und Bildung versetzen Individuen in die Lage, sich unbeschadet in der Wissensgesellschaft souverän zu bewegen und fortzuentwickeln.

1 Wissensmanagement – mehr „Zauberwort" oder eher aktiver Teil eines gesellschaftlich-ökonomischen Zusammenwirkens? 441

2 Individuen im Wissenskosmos – mehr „Lebenskünstler" oder mehr „Überlebenskämpfer"? 459

Literaturverzeichnis zu Teil IV 471

Kapitel 1
Wissensmanagement – mehr „Zauberwort" oder eher aktiver Teil eines gesellschaftlich-ökonomischen Zusammenwirkens?

Wir haben eingangs in systemtheoretischer Manier den Wissenskosmos in einen Mikro- und Makrokosmos aufgeteilt. Abschließend soll wieder eine Zusammenführung von Individuellem und Institutionellem unter dem Kanon Wissen – Können – Bildung erfolgen. Bei aller Wissensarbeit, -organisation und -technik haben wir neben den ökonomisch-institutionellen Gesichtspunkten den Menschen als Subjekt und Objekt im Zusammenhang mit dem Umgang und dem Managen von Wissen gesehen und dabei versucht, Management immer auch als Funktion in einen menschenorientierten und gesamtgesellschaftlichen Kontext zu stellen mit dem Ziel, dass der Mensch im Mittelpunkt steht und auch als handelndes Subjekt im sozialen Umfeld nicht aus den Augen verloren wird. Vielleicht gelingt es uns mit dem *Praxisguide* „Wissensmanagement" dem Individuum, noch durch bildungs- und wissenschaftspolitische Erfahrungen geleitet, in einer Replik zum *„Wissensmanagement"* auf Zusätzliches aufmerksam zu machen und ihm dadurch mehr Orientierung zum Zurechtfinden in der Wissenswelt an die Hand zu geben.

Deshalb wird hier verstärkt das Augenmerk auf den Menschen beim Wirtschaften und Leben im Wissenskosmos gelegt: Das Individuum als Teil einer Gesellschaft, die wir als Wissensgesellschaft bezeichnet haben[1], handelt im Spagat von

---

[1] Wir haben diese Gesellschaft insbesondere deshalb als *Wissensgesellschaft* bezeichnet (Siehe dazu auch die vorstehenden Ausführungen in Teil I und II), weil hier Wissen und Lernen im Vordergrund stehen. Weniger durchgesetzt haben sich Begriffe wie „Lerngesellschaft" [EUROPÄISCHE KOMMISSION 1996] und „Bildungsgesellschaft" [KADE 1992], die sich auf dasselbe Phänomen beziehen. Wie *H. Mandl* und *U-M. Kraus* richtig feststellen, ein Phänomen unter vielen: „Wir leben nicht nur in einer ‚Wissensgesellschaft', wir leben auch in der ‚Erlebnisgesellschaft' [SCHULZE 1992], der ‚Risikogesellschaft' [BECK 1986], der ‚Bürgergesellschaft' [DAHRENDORF 1993], der ‚postindustriellen Gesellschaft' [BELL 1973], der ‚Single-Gesellschaft' [HRADIL 1995], der ‚multikulturellen Gesellschaft' [LEGGEWIE 1993] usw. Je nachdem, welche Aspekte des Zusammenlebens und aktueller Strömungen erfasst werden, gibt es andere Begrifflichkeiten und Schwerpunkte [MANDL/KRAUSE 2001]". Damit ist insbesondere nicht gemeint, dass andere Perspektiven kategorisch ausgeblendet sind. Phänomene einer Risikogesellschaft können durchaus „durch die Brille" der Wissensgesellschaft betrachtet werden [Siehe dazu auch BORMANN/GREGERSEN 2007 und GREGERSEN 2003].

1 Wissensmanagement – mehr „Zauberwort" oder eher aktiver Teil?

Wissen, Können, Kompetenzen und Bildung, umgeben von Politikern auf der Suche nach „Bildungsstandards" und „Kompetenzmodellen" und im Widerstreit von Bildungstheoretikern und -forschern sowie meinungsbildenden Politikwissenschaftlern und Wissenschaftsmanagern. Dies alles in einer Zeit des Übergangs von der Informations- zur Wissensgesellschaft sowie neoliberal[2] geprägten ökonomischen Verhältnissen. Dabei geht es uns darum, den Menschen im Spiegel von Wissensmanagement zu sehen und die Konturen einer Veränderung von Technologie, Ökonomie, Arbeitsprozessen in der Alltagskultur der Zivilgesellschaft zu streifen. Ein Arbeiten und Existieren in diesem Spannungsbogen verlangt zum Abschluss gesonderte Aufmerksamkeit.

Was ist zu tun? – Es bedarf zunächst den Voraussetzungen nachzugehen und sich mit *dem* auseinanderzusetzen, was an das Individuum herangetragen wird und in der Gesellschaft gefragt ist, in der der Mensch lebt und arbeitet. Dass sich das Verhältnis von Individuum und Bildung wie auch Sozialem im Zeichen einer wissensbasierten Gesellschaft und sich wandelnder ökonomischen Gegebenheiten verändert und neu konfiguriert wird, lässt bereits folgende Aussage erkennen:

> „Das Zauberwort lautet Wissensmanagement. Wissen wird hier zu einem Sport, den man nicht mehr selber ausübt, über den man aber alles zu wissen glaubt, zu einem Spiel wie dem Schachspiel, dessen Regeln man kennt, dessen große Spiele man vielleicht sogar nachzuspielen vermag, das man aber, weil man es nie als eigenes Spiel zu spielen gelernt hatte, gegen jeden Nobody verlieren würde. Mit anderen Worten, es droht eine ungewohnte Distanz einzutreten zwischen Wissen und Wissendem, zwischen dem, was Wissen vorantreibt, Voraussetzung des Neuen ist und dem, der das Wissen nutzt und ‚managt', eine Distanz, die dem Wissensprozess insgesamt abträglich ist, die das Wissen, wie gesagt, zu einem Gut macht, das irgendwie zur Verfügung steht und den Wissenden zu einem, der sich nur noch als Dienstleistenden, nicht mehr als Teil des Wissensprozesses selbst, d. h. nur noch als dessen Vermittler und Nutzer versteht. Wissen aber, das nur noch als Ware gesehen wird, die es zu erwerben, zu vermitteln, zu managen und zu nutzen gilt, verliert sein eigentliches Wesen, nämlich Ausdruck des Wesens des Menschen zu sein, sich im Wissen und durch das Wissen zu orientieren, und wird zu einem Gut wie jedes andere auch" [MITTELSTRAß 2004].

Damit schimmert eine Reihe von Fragen und Problemen durch in Bezug auf das Verhältnis von Gesellschaft, wirtschaftenden Organisationen und den Menschen, die sich innerhalb und zwischen diesen (Wissens-)Sphären bewegen.

---

[2] Unter dem Begriff ‚Neoliberalismus' bzw. ‚neoliberal' wird nicht auf die Geschlossenheit einer Formation verwiesen sondern Entwicklungen und Veränderungen angedeutet, die sich seit den 90er Jahren beobachten lassen, gleichwohl ihre Ursprünge weiter zurück reichen. Zu dieser Entwicklung zählen: „Privatisierung der Daseinsfürsorge, Deregulierung der Arbeitsmärkte, steuerliche Entlastungen von Unternehmen und Vermögenden (...) Es (das Programm, der Autor) definiert die Marktgesellschaft als zivilisatorischen Endpunkt menschlicher Geschichte und zielt fundamental auf eine ‚Entthronung der Politik' [PTAK 2005 zitiert nach HÖHNE 2003]". Hier kann es nicht Anliegen sein, sich mit dieser Art ökonomischer Verhältnisse tiefer auseinanderzusetzen. Vielmehr geht es allein auf die Erscheinungsformen und Begleiterscheinungen einzugehen, die im Zusammenhang mit Wissen und Wissensmanagement relevant sind.

In einer Art Rückschau und Konklusion wird dazu versucht, das soziale Wirkensspektrum des Individuums, pointiert auf einige wenige Besonderheiten, sichtbar zu machen. Dabei beziehen wir uns zunächst auf den eingangs abgesteckten Rahmen von Wissen sowie dem Managen von Wissen und den Subumwelten von Wissen.[3] Auf das Individuum gerichtet heißt das: Was bedeutet die Wissensgesellschaft für den Einzelnen bzw. was heißt Wissens- und Informationsgesellschaft konkret und welche Folgen entstehen daraus für das Individuum? Anschließend wenden wir uns dem im Mikro- und Makrokosmos gegebenen Lernen, Lehren und Arbeiten zu[4], was in die Frage mündet: Was ist für das Individuum zur erfolgreichen Behauptung in der Wissenswelt erforderlich? Bedarf es einer besonderen „(Über-)lebensstrategie" in der Wissenswelt? Oder anders ausgedrückt: Was macht den Kontext Wissen und Können aus? Was bedeutet das Paar Wissen und Kompetenzen und wie verhält es sich mit dem Kanon Wissen – Kompetenzen – Bildung? Ist Bildung nicht Wissen? Und schließlich werden abschließend noch am Rande einige wenige Besonderheiten angeführt, die andeuten und vermuten lassen, was den Wissenden, Bildungswilligen erwartet im Spannungsfeld von Pragmatikern, Vereinfachern und Enthusiasten aber auch Bildungskritikern, Wissenschaftstheoretikern und Empirikern. Sie alle werkeln heftig am vermeintlichen Umdenken, beschwichtigen alles im Widerstreit von Bildungskommissionen sowie im Diskurs konträrer Bildungsexperten und -theoretikern. Symptomatisch für die zugespitzte Situation, die häufig auf Kongressen[5] anzutreffen ist, wenn es um die zukünftige *akademische Pädagogik* und der *Bildungstheorie* geht, ist dabei treffenderweise folgende Aussage:

„Weil diese (... die akademische Pädagogik mit ihrer Leuchtturmdisziplin der Bildungstheorie, der Autor) sich nicht um die Aufklärung und die Optimierung der realen Verhältnisse in der Schule kümmere, sich vielmehr als ‚letzte Bastion' und ‚versprengte Saat des Positivismusstreites' von empirischer Forschung fernhält und sich in ‚geistesgeschichtlichen, textkritischen und wertphilosophischen Reflexionen ergeht' (WEILER 2003), sei sie überflüssig, abzuschaffen und durch eine Wissenschaft zu ersetzen, die als ‚international visible und normal science', der Praxis und Politik das Wissen zur Verfügung stellt, mit dem die pädagogischen Handlungsmuster in der öffentlichen Erziehung verändert und verbessert werden können" [So *H.N. Weiler* zitiert nach GRUSCHKA 2007].

Und die Kritiker und Gegner[6] entgegnen vehement:

„Philosophische Reflexionen auf die Voraussetzungen und Bedingungen der Bildung, seien sie historisch auf die Klassiker oder auf Impakt aus den Nachbardisziplinen oder im

---

[3] Siehe die Ausführungen zum hinterlegten begrifflichen Rahmen zum Wissenskosmos in Teil I.
[4] Siehe zum Lehren, Lernen und Arbeiten im Wissenskosmos Teil II und III.
[5] Beispielhaft und stellvertretend sei hier der Münchner Kongress der Deutschen Gesellschaft für Erziehungswissenschaft (DGfE) angeführt.
[6] So beklagen ihre Kritiker, dass eine Bildungsforschung gegenüber der alten Bildungstheorie die Oberhoheit über den erziehungswissenschaftlichen Diskurs errungen hat. Damit wird nicht mehr über die „Konturen eines neuen Konzepts der Allgemeinbildung" diskutiert, sondern unter dem PISA-Schock das schulische Lernen auf Kompetenzmodelle und Bildungsstandards ausgerichtet [stellvertretend für diese Meinung GRUSCHKA 2007].

strengsten Sinne allgemeinpädagogisch auf die Bedingungen der Möglichkeit des pädagogischen Tuns gerichtet, haben in den Augen dieser Manager der Zünfte nur noch vegetative Funktionen zu erfüllen" [GRUSCHKA 2007].

Unabhängig vom Fortgang dieser Diskussionen[7] stellt sich die Frage: Welche Schwierigkeit tut sich bereits für das Individuum „Schüler" auf, nicht in die Lücke der offenen Diskussion um das „Was" der Bildung zu fallen. Oder dass es zerrieben wird von der noch viel heftiger umstrittenen Frage nach der Form des „Wie". Das heißt, *wie* muss das Gegebene so operationalisiert werden, damit deutsche Schüler wieder bei zukünftigen „PISA-Messungen" zu den Spitzengruppen vorstoßen. Dies alles ausgetragen auf dem Rücken des Individuums, bevor es überhaupt beginnt sich als arbeitendes Mitglied und aktiver Teil einer (Wissens-)gesellschaft zu behaupten. Es wird, hervorgebracht von einer „globalen Bildungspolitik", in eine persönliche Perspektive entlassen, die auf eine offene Wissensgesellschaft und neoliberale Wirtschaftswelt trifft und von unterschwelligen Bedenken und Fragen begleitet ist, ob Wissen und Bildung bei Individuen ausreichen, um nicht „hilflose Opfer" einer überbordenden Ökonomie zu werden, die jetzt auch noch Wissen managt und Wissen als Ware deklariert ...

Da das Existieren in dieser Welt für Individuen nicht einfach ist, teilweise vergleichbar einem Balanceakt einer Hochseilfahrt, sind notwendige Vorsicht und kritische Distanz gefragt, da Stolperfallen gegeben sein könnten. Warum? Weil das Individuum sich irgendwo zwischen den Erscheinungsformen und den an Bildungsidealen orientierten und nach der von Pragmatismus und Technik vertretenen und diagnostizierter Sichtweise den Theoretikern akademischer Logik und Wahrheit Suchenden gegenüber zurecht finden muss. Wir können ihm dabei nur sehr bedingt helfen. Unsere Anmerkungen und kritische Reflexion, verschiedentlich „*polarisierender Positionen*", verlangt gleichen Respekt dieser Gruppe gegenüber und hat anerkannterweise nichts mit Nachhängen an Althergebrachtem, Verfolgung von Besserwisserei oder ewiger Skepsis zu tun. Dabei geht es uns auch nicht etwa darum die bisherigen Ausführungen aufzuweichen. Es gleicht ebenso wenig einer Hommage an diese Gruppe, ob sie sich nun auf die Humboldtschen Bildungsideale[8] beziehen oder die von McKinsey propagierte „gebildete Persönlichkeit" [BORST 2007] verteufeln, wie es im Mikrokosmos beim Lernen und Lehren zuvor mit dem Eingehen auf die Ursprünge von Behavioristen, Konstruktivisten und Instruktionalisten getan wurde und es im Makrokosmos mit Referenzen zu den *Webers* und *Fayols* oder den *Gutenbergs* und *Wöhes* und damit der Berücksichtigung der Gründungsväter einer neueren Management- und Betriebswirtschaftslehre fortgesetzt wurde. Es geht allein darum Entwicklungen

---

[7] Die wissenschaftliche Pädagogik scheint dabei ihren Einfluss und Kredit als Ratgeber verspielt haben. Verloren an eine kleine Gruppe von Beratern, die zu Heroldennen einer neuen Schul- und Universitätsform aufgestiegen sind und im Namen einer parteiübergreifenden Koalition als Erneuerer handfeste Politik machen [GRUSCHKA 2007]. Verfolgt man zusätzlich die Podiumsliste von Kongressen und Tagungen, dann dürften die Vertreter dieser Gruppe in der Mehrzahl sein.
[8] Siehe zu den „Humboldtschen Bildungsidealen": [BENNER 2003].

nachzuzeichnen, die Chancen und Risiken im Wissenskosmos aus einer anderen Perspektive deutlich zu machen und dabei Berechtigtes aufzudecken und hoffentlich Anregendes mitzugeben.

Es ist uns bewusst, dass es wenig gerecht ist, den Diskurs und die umfangreichen Theorien mit den Schlussfolgerungen teilweise kritischen Ergebnissen und Gegenpositionen zur herrschenden Auffassung nur zu streifen. Ein „*Praxisguide*" kann sich nur sehr bedingt auf einige wenige Elemente, die Individuen im gesellschaftlichen und beruflichen Umgang und dem Managen mit Wissen berühren, beziehen, insbesondere nur auf solche, die bisher keine oder nur untergeordnete Berücksichtigung fanden.

Um den konkreten Bezugspunkt, auf den sich die Theorie oder die Aussagen stützen und um dieses Chancen- und Risikopotenzial für Individuen sichtbar werden zu lassen, wurden in den vorhergehenden Ausführungen verschiedentlich Gattungen von Menschen herangezogen mit spezifischen Merkmalen und charakterisierenden Eigenschaften anthropologisiert und zu einem Handlungstypus zusammengefasst. Diese Praxis wird fortgesetzt, wohlwissend dass jeweils eine Reihe anderer Einflussfaktoren ebenso relevant sein kann, und dass der damit verbundene jeweilige anthropologische Begriff – aus der Gruppe der Hominiden der Wissensgesellschaft – nur plakativ und andeutungsweise sein kann bzw. normatives Konstrukt oder spekulative Annahmen darstellt. Demzufolge bewegen sich die hier identifizierten Hominiden irgendwo zwischen den Verhaltensmustern der Gruppe *homo oeconomicus* und *homo sociologicus*[9]. Die dazu verwendeten anthropologischen Gattungen sind in der Realität ebenso wenig absolut wie sie keinen Vollständigkeitsanspruch ihrer zutreffenden Merkmale erheben. Damit ist auch keine zwingende Eintrittswahrscheinlichkeit und kein absoluter Wahrheitsgehalt gegeben. Folglich werden die genannten Gattungen auch nicht zu Testverfahren herangezogen, um die Tragfähigkeit von gesellschaftlichen Arrangements oder irgendwelchen Normen zu bestätigen bzw. um damit Heuristik und Restriktionsanalysen zu realisieren. Insbesondere erheben sie keinen Ausschließlichkeits- und unmittelbaren Wirklichkeitsanspruch. Aber die Gattungen schließen sich nicht aus, sie können sich ergänzen.

Wir haben eingangs im Zusammenhang mit dem stetigen und unaufhaltsamen Wachsen von Wissen auch auf seine Vergänglichkeit hingewiesen. Mit dieser so genannten Wissenshalbwertzeit, also, der Zeit, in der Wissen in immer kürzeren Zeiträumen zum Unwissen wird, ging es uns nicht darum, effekthascherisch eine Rhetorik des Verfalls heraufzubeschwören, um damit den Eindruck zu erwecken, dass alles Wissen ein Verfallsdatum trägt und damit Individuen zu verblüffen oder zu erschrecken. Es ist uns sehr wohl bewusst, dass alles, was einmal erkannt und

---

[9] Der Begriff geht auf *R. Dahrendorf* zurück, der ihn bereits 1958 mit seiner Untersuchung zum „Homo Sociologicus" als „Versuch zur Geschichte, Bedeutung und Kritik der Kategorie der sozialen Rolle" entwickelte und in der Kölner Zeitschrift für Soziologie und Sozialpsychologie veröffentlichte. Demnach verkörperte der homo sociologicus soziale Rollen, die von Normen und Erwartungen und von sozialen Sanktionen anderer geprägt werden. So handelt er in Kompromissen, die er selbst findet [DAHRENDORF 2006].

entdeckt ist, nicht in einem wie auch immer bemessenen Zeitabschnitten seine Wahrheit verliert. Das gilt nicht nur für die naturwissenschaftlichen Entdeckungen, sondern auch für ökonomische und philosophische Erkenntnisse. Deshalb scheint es hier angebracht, dies zumindest dahingehend zu relativieren und ein wenig auszubalancieren. Unser Wissen nimmt unbestritten zu. Es ist aber nicht sterblicher geworden als es in weniger wissensorientierten Zeiten war [MITTELSTRAß 2004]; ohne deshalb gleich wieder diese Intervalle mathematisch zu analysieren und begründen zu wollen. Vielmehr geht es uns darum, den Blick auf das *Beständige* zu lenken. Es sollte gelingen, den Preis des Wissens nicht allein am (vermeintlich) *Vergänglichen* festzumachen – sondern auch das (verborgene) *Bleibende* hervorzukehren und in die Waagschale zu werfen; davon gibt es fürwahr ausreichend.

Und mit dem Fokus auf das Bleibende sollte auch die eng verwandte *Nachdenklichkeit* nicht aus dem Auge verloren werden [MITTELSTRAß 2004]. Sie folgt in Bezug auf Wissen und der damit verbundenen Orientierung nicht den hektischen Bewegungen des Zeitgeistes. So wird es für Individuen, die auf Nachdenklichkeit setzen, zunehmend schwieriger sich gegen einen Zeitgeist zu behaupten, der primär auf Innovationen und Märkte setzt und sich in einer Gesellschaft bewegt, die es liebt, sich in Informations- und Medienwelten zu spiegeln, sich Geltung zu verschaffen [MITTELSTRAß 2004]. Individuen sind hier bedroht, einer Oberflächlichkeit auf hohem kulturellen Niveau anheim zu fallen:

> „Der Analphabetismus hat viele Formen; er reicht von der Lese- und Schreibschwäche bis zur Denkschwäche, und wo das Denken aufhört, beginnt das Geschwätz, z. B. im Dauerreigen der Talkshows und der Modephilosophen. In unserer Gesellschaft nimmt eine exhibitionistische Geschwätzigkeit beunruhigend zu und ein ernstes Nachdenken ab. Die Zeit wird durch das Maß des Aktuellen, oft des Seichten, nicht durch das Maß des Beständigen und des Wesentlichen geteilt – als ob es darauf ankäme, die Dummheit statt den Verstand zu demokratisieren" [MITTELSTRAß 2004].

Was heißt das für das Individuum? – Es muss sich bewusst machen, dass der Wert des Wissens nicht ausschließlich an seiner Verwertbarkeit festgemacht werden kann und der Wert der Nachdenklichkeit an deren (vermeintlichen) Weltferne gemessen werden. Damit ist auch die Hoffnung verbunden, dass sich eher das Einfache, Leise, Bedächtige, Verhaltene und trotzdem eine positiv kritische Nachdenklichkeit eines *homo scepticus* durchsetzt und nicht das Laute oder ewig Nörglerische und oftmals, weil en vogue, das Draufgängerische, überzogen Selbstbewusste sich in den Vordergrund drängt. Erst wenn der Kopf, und zwar der wissende und nachdenkliche Kopf, die Navigation behält, und sich diese Einsicht durchsetzt, dann ist auch Bildung gegeben.

Um in einer wissensbasierten Welt zu arbeiten und zu leben, haben wir versucht, unter Berücksichtigung unterschiedlicher Disziplinen aus den Bereichen von Pädagogik, Soziologie sowie Arbeitswissenschaft und Technik, Hilfestellung für die Wissenswelt von heute und der vermuteten von morgen zu geben, primär mit dem Ziel, Wissen, Können *und* (letztlich) Bildung zu erwerben. Dabei haben wir

1 Wissensmanagement – mehr „Zauberwort" oder eher aktiver Teil?   447

am Rande eine Gesellschaft diagnostiziert und im Fortgang der vorstehenden Untersuchung (stillschweigend) unterstellt[10], die ihre Zukunft auf die Leistungsfähigkeit des wissenschaftlichen und technischen Verstandes setzt und im Wissen ihre wesentliche Produktivkraft erkennt. Damit ist im Vergangenen und in Folge auch als Begleiterscheinung unterstellt, dass diese Gesellschaft alles, was die Wissensentwicklung gleichwohl die gesellschaftliche Entwicklung behindern könnte, aus dem Weg zu räumen ist. Das Charakteristische an dieser *offenen* Gesellschaft ist es aber zusätzlich noch, dass es sich dabei nicht nur um eine offene, sondern auch eine beschleunigte Gesellschaft handelt, zu deren Credo, wie die Ausführungen haben durchscheinen lassen, permanente Veränderung und Innovation, schrankenlose Mobilität und chamäleongleiche Flexibilität gehören [MITTELSTRAß 2004].

Greift man das Kriterium des Zwangs zur ständigen *Veränderung* heraus, dann ist damit auch der Zwang zur *Spezialisierung* des Wissens angesprochen. Die fortschreitende Spezialisierung des Wissens und der gleichzeitig zunehmenden technologischen Integration des Wissens, nicht zuletzt hervorgerufen durch die IKT-Technologien, führt nicht zu einem universal orientierten Wissenden, sondern zur Kreation des Experten. Die moderne Welt ist eine Expertenwelt [BITTKAU-SCHMIDT 2009] und keine vom Leibnizschen Verstand geprägte Universalwelt [MITTELSTRAß 2004].

Wir haben im Zusammenhang mit unseren Thesen zur Genese und Zukunft von Wissen, Handeln und Können auf die Anforderung einer Abkehr vom Experten mehr hin zum Generalisten hingewiesen und dies am Funktionswandel einer einzelnen Tätigkeit des Trainers festgemacht: Vom Spezialisten zum Generalisten. Dieser Funktionswandel ist hier nur an einer kleinen Gruppe Wissensarbeiter festgemacht, aber sie stellt keinen Einzelfall dar. Eine wünschenswerte Zuwendung zu einer mehr universellen Wissenswelt hat aber noch einen tieferen Hintergrund.

Was ist der Grund? – Es hängt mit der viel beklagten Orientierungsschwäche zusammen, die kennzeichnend ist für eine Welt, die zur Expertenwelt wird und in der die Ordnung des Wissens in den Kategorien Universalität und Fachlichkeit blass wird; insbesondere dort, wo sich eine Wissensgesellschaft als Informationsgesellschaft versteht. Orientierungswissen ist kein Expertenwissen und kann auch nicht über noch mehr Informationswissen erlangt werden:

„Die Informationswelt ist keine Orientierungswelt, auch wenn in rationalen Kulturen jede Orientierungswelt (zunehmend) Elemente eines Informationswissens enthalten muss. Die schon genannte und immer wieder beklagte Orientierungsschwäche der modernen Gesellschaft ist eben auf dem eingeschlagenen Wege zur Informationsgesellschaft (als Vorform

---

[10] Dabei haben wir diese Wissensgesellschaft nicht als rein analytisches, sondern als deutendes Modell verstanden [BORMANN/GREGERSEN 2007] Sie ist demnach eine „weiche" Beschreibung und Deutung von Gesellschaft und kommt nicht ohne Interpretationsleistung aus. Hoffnungen und Ängste von Menschen werden gebündelt. Statistisches Material wurde dabei nur sehr selektiv herangezogen. Weiterhin wurde versucht, erkennbare Entwicklungen in die Zukunft zu projizieren, um dadurch an Aussagen zu gelangen, die einen sozialen Wandel skizzieren; wohl wissend, dass damit eine Vermischung von zeitdiagnostischen Vereinfachungen und spekulativen Zukunftsvisionen einhergeht [IMMERFALL 1998, BORMANN/GREGERSEN 2007].

einer Wissensgesellschaft) nicht zu beheben. Eigentlich ein Paradox: Je reicher wir an Information und Wissen sind, desto ärmer scheinen wir an Orientierungskompetenz zu werden. Für diese Kompetenz stand einmal die Bildung" [MITTELSTRAß 2004].

Und was können wir daraus für Individuen konstatieren? Nicht der Theoretiker und nicht der Experte sind diejenigen, die Orientierungsfragen beantworten. Vielmehr ist es das Individuum selbst, das lebensformbezogen die geheimnisvolle Grenze zwischen Wissen und Können, Theorie und Praxis überschreitet [MITTELSTRAß 2004]. In der Konsequenz gehören Bildung und Orientierung strukturell zusammen, weniger in Wissenschaftsform als vielmehr in Lebensform und zwar in Form des Könnens.

Wie steht es um die „*Zukunft von Arbeit und Arbeiten*", vor dem Hintergrund von *Ökonomie und Gesellschaft,* wenn sich die Industrie- und Informationsgesellschaft zur Wissensgesellschaft wandelt? Stimmen all die Thesen über die Dimensionen des Wissenszuwachses und des damit verbundenen Bedeutungszuwachses? Unabhängig von allen euphorischen und pessimistischen Prognosen dürfte durch die Ausführungen zum Wissensmanagement deutlich geworden sein, dass der Arbeitsprozess, der Wissen produziert, als Segment gesellschaftlicher Arbeit in den Mittelpunkt des Arbeitsprozesses selbst rückt. Für das Wirtschaften und Arbeiten im Mikro- und Makrokosmos haben wir verschiedene Tätigkeitsfelder, Professionen und Funktionen für die Wirtschaftssubjekte bei der gegenwärtigen und zukünftigen Wissensarbeit identifiziert und den Menschen irgendwo zwischen dem Typus homo oeconomicus und homo sociolologicus angesiedelt. Ohne über dessen Art und Umfang über Gebühr spekulieren zu müssen, lassen sich eine Reihe übergreifender Merkmale und Eigenschaften, die auch die Differenz zwischen Industrie- und Wissensgesellschaft ausmachen charakterisieren und zusammenfassen:

„An die Stelle des ‚Berufs' treten multiple Tätigkeiten in temporären Projektgruppen, an die Stelle funktionslogischer Arbeitsteilung und Hierarchien tritt Teamarbeit, feste persönliche Arbeitsplätze weichen flexiblen Arbeitsstationen und wechselnden Arbeitsorten, schriftliche Aufzeichnungen und direkte Anweisungen werden durch elektronisch vermittelte Kommunikation per Netzwerk und Handy ersetzt. Beruflichkeit wird durch neuartige ‚Tätigkeiten-Portfolios' abgelöst, wie sie schon heute jener wachsende Kreis Hochqualifizierter vorzeichnet, der – selbst – nicht mehr festgelegt – zwischen den verschiedener Etappen von Wissensproduktion, -transfer und -anwendung pendelt: zwischen Beratung, Journalismus, Publizistik, Kontemplation und politisch-gesellschaftlichem Engagement. Vor allem die Gewerkschaften müssen sich klar werden, dass sich eine ihrer zentralen Kampfkategorien – die ‚Belegschaft' – verflüchtigt. Sie spaltet sich möglicherweise allenthalben nicht nur in eine Kern- oder Stammbelegschaft, sondern löst sich überhaupt auf in fließende Personalkombinationen. Hochqualifizierte WissensarbeiterInnen werden mit nomadisierenden Just-in-Time-MitarbeiterInnen zusammengebracht, die teils aber als hochqualifizierte selbständige Dienstleister über ‚free-lancer-Börsen' angeworben und in die betrieblichen Abläufe eingebaut werden" [HÖNIGSBERGER 2001].

Damit ist die Figur des „Wissensarbeiters", auch als „*Symbolanalytiker*"[11] oder „*symbolverarbeitender Nomade*"[12] bezeichnet, ein Individuum, das nicht in erster

---

[11] So *R.B. Reich* [REICH 1992].
[12] So *J. Rifkin* in seinen Ausführungen von Arbeit und Zukunft [RIFKIN 1995].

1 Wissensmanagement – mehr „Zauberwort" oder eher aktiver Teil?

Linie IT-Spezialist ist, sondern aufgrund seiner Qualifikation die Aushandlungs- und Abstimmungserfordernisse sozialer Kommunikation in der Zivilgesellschaft wie in den Unternehmen erbringen kann [POLTERMANN 2001]. Seine Lebensumstände sind auch dadurch gekennzeichnet:

> „Im Unterschied zum Institutionalismus der kollektiv-korporativen Organisationsformen der fordistischen Regulationsweise und in Abkehr von den Normalbiographien, wie sie die Institutionen des fürsorglichen Wohlfahrtsstaats vorsehen, steht der ‚Wissensarbeiter' hier als Subjekt von Lernen und Arbeiten im Mittelpunkt, der in seiner Unterschiedlichkeit, d. h. auch mit dem Risiko u. U. mehrfachen Scheiterns und seinem Anspruch auf wiederholte Chancen anerkannt werden will. Die Fähigkeit und Möglichkeit zur Erneuerung des Verfügungs- und Orientierungswissens sind für ‚Wissensarbeiter' die entscheidenden Voraussetzungen, auf denen sie ihre ‚Employability', ihren Anspruch auf gesellschaftliche Partizipation gründen" [DE HAAN/POLTERMANN 2002].

Diese Wissenswelt fußt unverändert auf einer ökonomischen Realität, der eine Wirklichkeit zugrunde liegt, die bestimmt ist vom Nutzen, den das einzelne Subjekt durch sein Handeln erlangt, auch als *„zweck-rational"*[13] bezeichnet, und das Handeln allein am Zielerreichungsgrad beobachteter Prozesse bewertet. Flankiert wird diese ökonomische Realität von einer neoliberalen Leitmetapher, die an den Leitvorstellungen von „Markt" als einem Maximum an Kontingenz ausgerichtet ist. Aus einer mehr oder minder kontroversen Sicht wird damit der *„Markt zur Metapher des Sozialen"* [HÖHNE 2007], was sich dann in unterschiedlichen kritischen Aussagen widerspiegelt:

> „In diesem Zusammenhang tauchen Phrasen wie ‚der Markt hat seine eigenen Gesetze' oder ‚Eingriffe von außen beeinträchtigen die Freiheit' auf, die dem Markt einen naturhaften Zustand zuschreiben. Die Eigengesetzlichkeit der Natur/Markt zu stören hieße dann, in das ökologische/ökonomische Gleichgewicht einzugreifen (…) Naturalisierung des Marktes zum ‚quasi-natürlichen Biotop' des menschlichen Individuums (!)" [HÖHNE 2007].

Das ökonomische Geschehen auf diesem Markt wird zusätzlich von einer ständigen *Selbstreferenzierung* und *Selbstrationalisierung* des Individuums bestimmt, das jeden zu einem Selbstmarketing zwingt, sein Tun permanent anzupreisen wie Sauerbier und auch noch den größten Flop schön zu reden … und wo sich der Einzelne im Handeln dem Primat „Markt" und „Arbeiten" in einem ganz besonderem Selbstverständnis unterordnen muss:

> „Die Wissensgesellschaft erweist sich damit in ihrer Selbstwahrnehmung als Teil einer Dienstleistungsgesellschaft, in der alle Produktionsvorgänge wieder in reine Tauschvorgänge überzugehen scheinen. Jeder ist jedem in irgendeiner Weise zu Diensten, auch der Wissenschaftler, der sein Handwerk nicht mehr in der Produktion von Wissen, in der intelligenten Arbeit an Wissen, sondern als dessen Anbieter, Verkäufer, Manager und Ausstatter versteht" [MITTELSTRAß 2004].

---

[13] Bei diesem von *M. Weber* als „zweck-rational" bezeichneten Handeln werden nicht die dem Handeln zugrunde gelegten Motive oder Handlungsabsichten einer Bewertung unterzogen, sondern allein der Zielerreichungsgrad anhand beobachtbarer Prozesse [WEBER 1990].

450 1 Wissensmanagement – mehr „Zauberwort" oder eher aktiver Teil?

Letztlich wird im Zuge dieser gesellschaftlich-ökonomischen Entwicklung von selbsternannten „Machern"[14] das mittelbar in Verbindung stehende allgemeine „Problem der Bildung" aufgegriffen. Dabei ist es Ziel über Werkstattgespräche und Wettbewerbe sowie unterstützt von Publikationen[15] zur „Zukunft von Arbeiten und Bildung" öffentlichkeitswirksam zu reflektieren. Im ideologischen Nebel dieser Diskussion zur *„Reproduktion der Arbeitskraft"* im Lichte eines neu gefassten Bildungsbegriffs wird dann Ausschau gehalten nach der bereits erwähnten „gebildeten Persönlichkeit", die bei genauerer Betrachtung das Fragment eines Bildungsbürgers verkörpert [KLUGE 2003], der das Risiko nicht scheut und dies in seine Lebensweise zu integrieren vermag:

> „Bildung ist, wie es heißt eine ‚Lebenshaltung' (ebenda, S. 17), mit der sich Individuen als vereinzelte ‚Lebensunternehmer' (ebenda, S. 18)" im globalen Wettbewerb zu bewähren haben. Wer diesem Modell nicht zu entsprechen vermag, hat seine Existenzberechtigung verwirkt. In bisweilen demagogischen Worten wird der Niedergang prophezeit. Sätze wie „Wer nicht mithalten kann, wird aus dem Rennen geworfen" (ebenda, S. 45) oder „Selbstbewusste Leute sind auf Dauer die einzige Ressource. Alles andere ist Blech, Beton und tote Materie" (ebenda, S. 48) mögen nur als Beispiele dienen" [BORST 2007].

Aus diesen Gegebenheiten und Meinungen mit soviel Widersprüchlichem schimmert durch, dass das Arbeiten und Wissensarbeit in einer derartigen Welt von den Individuen besondere Befähigungen verlangt. Wissen und Können stehen im Kontext eines Wandels, der einen Kulturwandel und Bildungswandel und (den beschriebenen) Lernwandel einschließt.

Und wie die Strukturen im Leben und Arbeiten ebenso zeigen: *Unsere Welt wird nicht nur komplexer und unübersichtlicher sondern auch ideologischer und mystischer*. Diese Strukturen haben aber auch ersichtlich werden lassen, dass in dieser Welt Individuen gefragt sind, die

- sich schnell den verändernden Rahmenbedingungen, wechselnden Anforderungsprofilen und Problemen anpassen, ohne in Form eines *„Templateverhalten"* zu verharren oder sich in irgendwelchen *„Schubladenlösungen"* zu verfangen,
- über Fähigkeiten verfügen, das was man in einem Sachbereich weiß und kann, auch auf andere, fremde Sachbereiche zu übertragen – *„Transferhandeln"* – und zusätzlich Gelerntes auf Ungelerntes mit einer Art *„Transferdenken"* zu überbrücken,
- einen unkonventionellen und gewohnten Umgang mit allgemeinen Problemen und deren Lösung haben, was einen bodenständigen *„Kreativling"* ausmacht.

---

[14] Im Jahr 2001 startete McKinsey & Company, einer weltweit operierenden Unternehmensberatung die Initiative „McKinsey bildet." Ziel ist es konkrete Vorschläge zur Bildungsreform in Deutschland zu erarbeiten und auf die überragende Bedeutung der Bildung für den Wirtschafts- und Innovationsstandort Deutschland hinzuweisen. Siehe dazu [http://www.mckinsey-bildet.de/html/01_home/home.php].

[15] So zeichnen sich *J. Kluge* (Chef von McKinsey Deutschland), *N. Killius* (Mitarbeiter von McKinsey) und *L. Reisch* (Projektkoordinatorin von „McKinsey bildet.") für eine Reihe von Veröffentlichungen zur Zukunft von Bildung verantwortlich: [KILLIUS/KLUGE/REISCH 2002], [KILLIUS/KLUGE/REISCH 2003] und [KLUGE 2003].

1 Wissensmanagement – mehr „Zauberwort" oder eher aktiver Teil?

Mit diesem multiplen Befähigungsbedarf ist automatisch einer der viel diskutierten Zielbegriffe die „*Kompetenz*" in der Aus- und Weiterbildung, und damit auch im Wissensmanagement, angesprochen. Selbst auf internationaler Ebene bestimmen unverändert die Debatten um *competencies, compétences* oder *competencias* den aktuellen Stand der Auseinandersetzung um Qualifizierungsziele, insbesondere in der beruflichen Bildung [CLEMENT 2002]. So wird der Begriff Kompetenz in aller Munde (und in der Feder) geführt, wobei kein Bildungsprogramm mehr und kein VHS-Kurs existiert, der nicht soziale, kommunikative, methodische Kompetenzen anpreist, und ehemalige Infostände nun zum „*center of competence*" mutieren oder noch skurriler, wie es im Werbeslogan eines Fruchthändlers so schön heißt: „*Obst ist unsere Kompetenz*".[16] Aber auch die Vielzahl akribischer *begriffsanalytisch-definitorischer* Versuche und wohlgemeinte *konzeptionelle Kompetenzdiskurse* und *-modelle* stiften bei den Kompetenzsuchenden vermutlich eher Verunsicherung bis Ratlosigkeit, als dass sie ihnen hilfreich sind, sich mit einer gewissen Unvoreingenommenheit dem Thema zu nähern, geschweige denn dadurch reale Kompetenz zu erlangen.

Um nicht selbst in eine derartige Unsicherheit zu stolpern, ist es für die Verwendung von Begriffen oftmals hilfreich hinzuschauen, wann und in welchen historischen Kontext sie auftauchen. Wird damit auch auf sozialen Wandel reagiert, und ist damit auch eine veränderte Sichtweise verbunden? Ein ähnlicher Begriffswandel war auch in der (Berufs- und Erwachsenen) Bildung gegeben, als Ende der 70er Jahre die allzu funktional bzw. technizistisch empfundene Konzeption der beruflichen Bildung [PFADENHAUER 2008] ins Wanken geriet. So setzte allmählich ein begrifflicher Wechsel ein, der über „*Qualifikationen*" und „*Schlüsselqualifikationen*" in den 70er und 80er Jahren hin zu „*Kompetenzen*" in den 90er Jahren führte. Dieser Wandel wurde legitimiert mit den neuen Notwendigkeiten und Herausforderungen der gesellschaftlichen Veränderungen und zusätzlich häufig mit dem Verweis auf die Wissensgesellschaft begründet als zentrales soziologisches Referenzkonzept [HÖHNE 2007]. Flankierend förderte eine populärwissenschaftliche Wirtschafts- und Managementliteratur diese Entwicklung und trug zusätzlich zur Verbreitung des Kompetenzbegriffs in der wissensgesellschaftlichen Diskussion bei [HÖHNE 2003].

Mit dieser psychologischen Kompetenzdiskussion geht eine Anthropologisierung des Kompetenzbegriffs in Debatten um die Wissensgesellschaft einher. Während ausgehend vom Taylorismus das Bild des *homo oeconomicus*, das heißt eines rationalen Anbieters, der von seinem Maximierungsinteressen geleitet wurde, die Anthropologisierung des individuellen Wirtschaftens bestimmte[17] und die „human relations" eine Art *homo sociabilis*, der seinen Antrieb aus gefühlsmäßigen Ansätzen bezieht, führte der Diskurs um die Wissensgesellschaft zum *homo competens*, dessen Verhalten von der Bereicherung seines „Bestandes an Kompetenzen" moti-

---
[16] Siehe dazu die Feststellung bei [HÖHNE 2007].
[17] Dieser Handlungstypus findet bis heute unverändert in den Betriebswirtschafts- und Managementtheorien Beachtung.

viert sein dürfte [ALALUF/STROOBANTS 1994]. In diesen ‚Menschentypen' spiegelt sich das dominierende Verhältnis von ‚Individuum' und ‚Gesellschaft'. Es reicht vom tayloristischen ‚*Maschinen-Individuum*' mit den Merkmalen wie ‚Heteronomie' und ‚Einförmigkeit' bis zu dem liberalen ‚*Markt-Individuum*' mit den Eigenschaften wie ‚Autonomie' und ‚Flexibilität' assoziiert werden. Vor diesem Hintergrund hat sich auch eine Transformation vom ‚*tayloristisch-rationalistischen Paradigma*' zum ‚*systemisch-kybernetischen Paradigma*' vollzogen.

Der aus den sozialen und ökonomischen Auswirkungen für Individuen entstandene multiple Befähigungs- und Problemlösungsbedarf hat wesentlich zur Überwindung von ausschließlich auf die Weiterentwicklung von kognitiven Fähigkeiten und Fertigkeiten gerichteten berufsbezogenen Bildungskonzeptionen beigetragen. Dies gilt auch für einen allzu eng gefassten Bezug auf die in der Aus- und Weiterbildung angesprochene Vermittlung von Fertigkeiten im unmittelbaren Tätigkeitsbezug. Beides steht einer der *gesamten Persönlichkeit umfassenden Kompetenzentwicklung* entgegen. Andererseits wird vor dem Hintergrund der beschriebenen Arbeitswelt, in deren Gefolge für das Individuum eine individualisierungsbedingte Erosion des Berufsprinzips erkennbar ist, die Frage aufgeworfen „… ob der ‚homo competens' (ALALUF/STROOBANTS 1994) – in dem Maße, in dem er nicht mehr einen Beruf ‚habe', sondern über eine sich aus wechselnden Kontexten seiner Bildungsgänge und seiner beruflichen Erfahrungen amalgamierende ‚Kompetenz-Collage' (ARNOLD 2002) verfüge – mit dem ihm mehr oder minder zufällig biografisch ‚zugewachsenen' Wissensbeständen und Fähigkeiten tatsächlich zu einem adäquaten Handeln im jeweiligen Berufskontext in der Lage sei" [PFADENHAUER 2008]. – Für wahr, ein berechtigter Zweifel. Ziel ist es, der Frage über eine knappe Begriffsanalyse nachzugehen, um (näher) festzustellen was Kompetenzen für die Gesamtpersönlichkeitsbildung von Individuen bewirken. Damit wird gleichzeitig auch der Zusammenhang von Wissen und Kompetenzen angesprochen, da die geschilderten Anforderungen an die Lebens- und Arbeitswelt den Bedeutungsverlust von begrenzten Kompetenzen ersichtlich werden lassen haben. Im Raum steht, wie Kompetenz im Sinne einer Einheit von Wissen und Können in Zukunft im Lernen, in der Bildung und Ausbildung verankert werden kann.

Im Kompetenzverständnis lassen sich verschiedene Bedeutungen feststellen. Ein umfassender begrifflicher Rahmen, der mehrere Konzepte umfasst und auch nicht-kognitive individuelle Voraussetzungen einschließt, lässt sich folgendermaßen umreißen:

> „Competence is a roughly specialized system of abilities, proficiencies, or individual dispositions to learn something successfully, to do something successfully, or to reach a specific goal. This can be applied to an individual, a group of individuals, or an institution (i.e. a firm)" [WEINERT 1999].

Zum einem drückt Kompetenz die Zuständigkeit und Befugnis aus, beispielsweise im juristisch-politischen Sinn – formale Kompetenz – wenn beispielsweise von der „Länderkompetenz" die Rede ist. Zum anderen wird mit den Fähigkeitsbegriff der „materiellen" Kompetenz die Handlungsfähigkeit ausgedrückt. Mit unserem Fokus auf das Individuum bildet letzteres Begriffsverständnis ein Ensemble aller

> „Fähigkeiten, Wissensbestände und Denkmethoden (…), die ein Mensch in seinem Leben erwirbt und betätigt" [WEINBERG 1996].

Worum geht es? – Im Vordergrund steht das Managen von Wissen und die damit verbundene Schnittmenge informationstechnischer, betriebswirtschaftlicher und psychologischer Problemstellungen. Dazu konzentriert man sich auf die Handlungskompetenz von Individuen. Deshalb gilt es zunächst einen möglichst breiten menschlichen Handlungsbereich zu erfassen und relevante Handlungsformen zu identifizieren. Ein Konstrukt, die Fähigkeit zum Handeln über als relevant erachtete Handlungstypen zu bestimmen und grundlegende Formen individueller Kompetenzen zuzuordnen, lässt folgende Klassifikation entstehen:

> Demnach differenzieren *J. Erpenbeck* und *V. Heyse* [ERPENBECK/HEYSE 1999 zitiert nach PFADENHAUER 2008] nach geistigem, instrumentellem, kommunikativem und reflexivem Handeln und ordnen diesen Handlungsformen folgende grundlegende Formen individueller Kompetenzen zu:
> - „Geistige Handlungen erfordern ‚Fachkompetenz' – verstanden als „Dispositionen, geistig selbstorganisiert zu handeln, d. h. mit fachlichen Kenntnissen und fachlichen Fertigkeiten kreativ Probleme zu lösen, das Wissen sinnorientiert einzuordnen und zu bewerten";
> - Instrumentelle Handlungen erfordern ‚Methodenkompetenz' – verstanden als „Dispositionen, instrumentell selbstorganisiert zu handeln, d. h. Tätigkeiten, Aufgaben und Lösungen methodisch kreativ zu gestalten und von daher auch das geistige Vorgehen zu strukturieren";
> - Kommunikative Handlungen erfordern ‚Sozialkompetenz' – verstanden als „Dispositionen, kommunikativ und kooperativ selbstorganisiert zu handeln, d. h. sich mit anderen kreativ auseinander- und zusammenzusetzen, sich gruppen- und beziehungsorientiert zu verhalten, um neue Pläne und Ziele zu entwickeln";
> - Reflexive Handlungen erfordern ‚Personale Kompetenz' – verstanden als „Dispositionen, reflexiv selbstorganisiert zu handeln, d. h. sich selbst einzuschätzen, produktive Einstellungen, Werthaltungen, Motive und Selbstbilder zu entwickeln, eigene Begabungen, Motivationen, Leistungsvorsätze zu entfalten und sich im Rahmen der Arbeit und außerhalb kreativ zu entwickeln und zu lernen";
> - Und Handeln generell erfordert ‚Handlungskompetenz' – verstanden als „Dispositionen, gesamtheitlich selbstorganisiert zu handeln, d. h. viele oder alle der zuvor genannten Kompetenzen zu integrieren.' Die als Dispositionen, d. h. als innere Voraussetzungen, begriffenen Kompetenzen dienen dazu, eine ‚offene' Zukunft produktiv und kreativ zu bewältigen und Individuen biographisch zu Produzenten ihrer eigenen Entwicklung zu machen" (Heyse/Erpenbeck 1997: 163)" [PFADENHAUER 2008].

Diese Auffächerung hat sich im theoretischen Kompetenzdiskurs weitgehend durchgesetzt[18] und ist auch in der Praxis weit verbreitet. Derartige begriffliche Festlegungen knüpfen an bestimmte herrschende Subjektvorstellungen an, die sich

---

[18] Diese Differenzierung fußt bereits auf den grundlegenden Ausführungen in den 70er Jahren von *H. Roth* [ROTH 1971].

über viele Jahre entwickelt haben [HÖHNE 2007]. In den Ausführungen des Praxisguide haben wir dieses Verständnis aufgegriffen und weitgehend zugrunde gelegt. Mit dieser Abgrenzung wird einem Erwerb von Kompetenzen nahezu ausschließlich in funktionaler Form Bedeutung beigemessen.

Eine ähnliche Entwicklung, was die Funktionalität betrifft, ist bei dem Allgemeinwissen festzustellen. Das Allgemeinwissen ist aus der Perspektive des Individuums und seitens der Experten, die das „Wissens- und Bildungsdelphi"[19] durchgeführt haben, nicht das erwartete Fach- und Spezialwissen bestimmend:

> „Dem Allgemeinwissen des Individuums (und der Allgemeinbildung, der Autor) wird (…) zentrale Bedeutung beigemessen. Nach deren Ansicht (so [WOLFF/STOCK 2000], der Autor) verliert Allgemeinbildung ihre ideelle Emphase. Sie wird nicht mehr zweckfrei, nicht einzig als der Entfaltung der Person zuträglich angesehen (vgl. Wolff/Stock 2000, S. 38 f.):
>
> 1. Es bietet grundlegend Kenntnisse für den Einstieg in ausdifferenzierten und oftmals sehr speziell werdenden Wissensgebiete – das ist die *Einstiegsfunktion* des Allgemeinwissens.
> 2. Es ist Basis für allgemeine Verständigung und Voraussetzung für soziales Handeln. Man benötigt dieses Wissen, um unterschiedliche spezielle Kenntnisse miteinander in Verbindung setzen zu können – das ist die *Kommunikationsfunktion* von Allgemeinwissen.
> 3. Es hilft, die Fülle und Heterogenität von Informationen so zu bewältigen, dass man kriterienorientiert selektiert, zu sinnvollen Vergleichen gelangt und zu begründeten Urteilen – das ist die *Bewertungsfunktion* des Allgemeinwissens" [DE HAAN/POLTERMANN 2002, WOLFF/STOCK 2000].

Dem Allgemeinwissen wird damit eine neue Bedeutung zugemessen, die nun funktionell gesehen und sich in instrumentelle, personale oder soziale Kompetenz konkretisieren lässt und durch einen „Katalog von Kompetenzen" [BMBF 1998] repräsentiert wird. Dabei ist gleichzeitig eine Funktionsverschiebung von Bildung festzustellen:

> „Sie (die Allgemeinbildung, der Autor) dient – wie die klassische Allgemeinbildung auch – der Entfaltung der Person, sie ist zweitens aber auch – und dieses wohl in zunehmendem Maße – geprägt von der Identifikation eines Korpus an Kompetenzen, der funktional ist für die Fortentwicklung und die Reaktion auf die Wissensgesellschaft (…) Drittens verliert die Allgemeinbildung die Funktion der Formung und Entfaltung der Person zugunsten der Fähigkeit für Kommunikation, Urteilsbildung, Problemlösung und Gemeinschaftlichkeit" (ebd.: 330) [DE HAAN/POLTERMANN 2002, HÖHNE 2007].

---

[19] Bei den Delphi-Studien handelt es sich um Gruppenbefragungen um wahrscheinliche und/oder gewünschte Entwicklungen zu identifizieren. Der Zeithorizont bewegt sich zwischen 5–25 Jahren. Primäres Ziel ist es spezifischen Entwicklungen in Wirtschaft, Politik und Wissenschaft über eine systematische Kommunikation zwischen Experten nachzugehen die dann als Grundlage von Steuerungsprozessen dienen. In zweigeteilter Form wurde das „Wissens- und Bildungsdelphi" („Potentiale und Dimensionen der Wissensgesellschaft") einmal als „Wissensdelphi" von der Prognos AG und zum anderen als „Bildungsdelphi" durch Infratest-Burke durchgeführt. Dabei haben jeweils zwischen ca. 450 und 500 Experten zur Zukunft des Bildungswesens ihre Aussagen getroffen [Vgl. dazu ausführlich DE HAAN/POLTERMANN 2002, BMBF 1998].

Somit findet sich eine Substitution des Bildungsbegriffs durch den funktionalen Kompetenzbegriff begründet in der Wissensgesellschaft [HÖHNE 2007].

Diese sozialtheoretische Klammer „Wissensgesellschaft" muss auch immer dann herhalten, wenn es um Begriffe wie Schlüsselqualifikationen, Kompetenz, Selbstorganisiertes Lernen geht und umfasst auch den oben beschriebenen Orientierungs- und Integrationsverlust von Wissen, dessen Einheitlichkeit nicht mehr unterstellt werden kann [WIMMER 2002, HÖHNE 2007].

Was bedeutet diese Differenzierung und Funktionalisierung grundlegender Handlungsformen für das Individuum? Drei Merkmale fallen auf, die sich auch in anderen Kompetenzansätzen wiederfinden und im Zusammenwirken von Individuum, Ökonomie und Gesellschaft besonders relevant erscheinen: Es ist die *selbst auferlegte Disposition,* das erforderliche *kommunikative Handeln* sowie *Intentions- und Willensunterstellungen* bezüglich dem Individuum, was die Bewertung nichtgenutzter Möglichkeiten betrifft.

Diese Selbstdisposition als Bestandteil der erwähnten „Selbstreferenzierung" steht in enger Verbindung von Begriffen wie „Autopoiesis" oder „System-Umwelt" und drückt eine Entwicklung aus, die wir im Praxisguide in der Wissensarbeit und im Managen von Wissen unterstellt haben:

> „Was sich zunächst beobachten lässt, ist eine radikale *Verschiebung bezüglich des sozialen Integrationsmodus im Kontext des Neoliberalismus:* Von einer mit Foucault ausgedrückt sozialen, disziplinargesellschaftlich-institutionellen Integration hin zu einer *Selbst-Integration qua Individualisierungstechniken, Selbsttechnologien bzw. Selbstregulierungstechniken,* wie sie gegenwärtige neoliberale Praktiken auszeichnen. Dabei handelt es sich (…) um eine neue Form der *dauerhaften Selbst-Rationalisierung* der Subjekte, die eine permanente eigene aktive, adaptive Gestaltung des Lebens bzw. der Biographie erfordert. Das damit einhergehende neue Selbst-Verständnis bzw. Subjektivitätsverständnis speist sich wesentlich aus Praktiken der Distinktion und geht weniger auf bewusste Unterscheidungen von ‚Zugehörigkeiten' oder klare Identitäten zurück" [HÖHNE 2007].

Im mittelbaren Bezug zu Selbstreferenzierung, -regulierung und -integration ergeben sich auch Fragen zur Wirtschaft und zum Wirtschaften in der (Wissens-)gesellschaft. Dabei wird neben der Funktionalisierung, Instrumentalisierung und Technisierung insbesondere die *Ökonomisierung* angesprochen. Wir haben dazu im Praxisguide eine Reihe von Entwicklungen aufgezeigt, wo marktwirtschaftliche Instrumente auf die betriebliche Aus- und Weiterbildung angewendet werden. Bewusst haben wir dabei auf das teilweise mit negativer Konnotation versehene Adjektiv ‚*neoliberal*' verzichtet. Gleichwohl haben wir gängige betriebswirtschaftliche Verhältnisse zugrunde gelegt und für das Qualifizierungssystem das Ziel, die Qualität bei gleichzeitiger Kostenreduktion zu steigern, unterstellt. Dagegen haben wir uns nicht der anderen Seite der Ökonomisierung zugewandt, wo es um die bildungspolitische Diskussion zur Neudefinition von Bildungszielen geht ebenso wenig wie mit der in dessen Gefolge kontrovers geführten Kompetenzdiskussion auseinandergesetzt.

In enger Verbindung zu den Selbstregulierungspraktiken steht die in allen Kompetenzkonzepten als zentral erachtete und geforderte *kommunikative Kompe-*

tenz. Die im Praxisguide herausgestellte Kommunikationskompetenz ist ein zentrales Mittel alle Systemebenen (z. B. Organisationen, Bereiche, Individuen) miteinander zu koppeln und Rationalisierung und Optimierung zu verfolgen. Um damit, was die soziologisch-pädagogischen Analytiker meinen „… die Anschlussfähigkeit der Subjekte an die Systeme" [HÖHNE 2007] herzustellen:

> „Vor diesem Hintergrund rationalisieren Konzepte wie selbstorganisiertes und lebenslanges Lernen und nicht zuletzt Kompetenz pädagogisch die erwähnte Form neoliberaler Selbstregulierungspraktiken. Durch sie wird die Entwicklungs-, Veränderungs- und Lernfähigkeit der Subjekte immer wieder pädagogisierend hervorgekehrt und unter wissenschaftliche und politische Beobachtung gestellt. Auf diese Art wird der normative soziale Druck auf den Einzelnen erhöht und soziale Exklusion dadurch individualisiert, dass Misserfolge den Individuen zugerechnet werden können" [HÖHNE 2007].

Nicht konträr, sondern die funktionalistische Ausrichtung überlagernd, wird im Kompetenzdiskurs die Selbstdisposition durch die *Intentions- und Willensunterstellung* von Individuen ergänzt. So wird unter Kompetenzen …

> „die bei Individuen verfügbaren oder durch sie erlernbaren kognitiven Fähigkeiten und Fertigkeiten, um bestimmte Probleme zu lösen, sowie die damit verbundenen motivationalen, volitionalen und sozialen Bereitschaften und Fähigkeiten um die Problemlösungen in variablen Situationen erfolgreich und verantwortungsvoll nutzen zu können" [WEINERT 2001].

verstanden. Bedingung- und Wirkungszusammenhänge stehen im Vordergrund.

Und schließlich ist es kaum möglich Kompetenzmodelle und -diskurse anzusprechen, ohne auf die „*Soft Skills*" einzugehen. Warum? Werden Soft Skills nicht aus der Perspektive von Bildungsdenken und -theorien als Auflistung, „Amalgam von politischer Korrektheit, froher Botschaft und Markttauglichkeit" gescholten? Kommen sie nicht zum großen Ärgernis von Bildungstheoretikern ohne tiefschürfende Analysen, Ambivalenz und Widerspruch daher und sind zu allem auch noch radikal optimistisch? [REICHENBACH 2007].

Was sind „*Soft Skills*"? Unter „Soft Skills" werden die so genannten „sozialen" oder „emotionalen Kompetenzen" verstanden, vielfach auch als „Persönlichkeitsfaktoren" bezeichnet. Verschiedentlich finden sie im Sprachgebrauch auch als „überfachliche Kompetenzen" bzw. „überfachliche Qualifikationen" [BULLINGER/MYTZEK 2004] Verwendung; wohingegen der Gegenpart, die fachlichen Kompetenzen auch „*hard skills*" genannt werden. Stellvertretend für eine Vielzahl ähnlicher Ansammlungen von Fertigkeiten und Kompetenzen ist der nachstehende *Soft-Skill-Katalog*:

> „Persönlichkeit (Charisma), Vertrauenswürdigkeit, Urteilsvermögen, Analytisches und logisches Denken, Empathie (Mitgefühl), Einfühlungsvermögen, Menschenkenntnis, Durchsetzungsvermögen, Selbstbewusstsein, Kreativität, Kampfgeist, Teamfähigkeit, Integrationsbereitschaft, Neugier, Kommunikationsverhalten, (psychische) Belastbarkeit, Umgangsstil/Höflichkeit, Rhetorik/Redegewandtheit, Motivation, Fleiß, Ehrgeiz, Verhandlungsführung, Kritikfähigkeit, Koordinationsgabe/Prioritäten setzen, Stressresistenz,

Selbstbeherrschung, Selbstdarstellung (Nervosität vor wichtigen Terminen oder öffentlichen Auftritten), Konflikte und Misserfolge bewältigen können, Eigenverantwortung, Zeitmanagement, Organisationstalent."[20]

Alle Auflistungen derartiger Soft-Skill-Kataloge differenzieren kaum zwischen Fertigkeiten, Fähigkeiten oder sonst irgendwelchen Verhaltensdispositionen oder Persönlichkeitseigenschaften. Es sind mehr oder minder pragmatische Aufzählungen ohne Unterscheidung, allenfalls im Segment von Qualifikation und Kompetenz.

Hier kann es nicht Aufgabe sein, tiefer in die Kompetenz*modelle* und *-diskurse* einzusteigen, weder in die Problematik der Entwicklung zur *Messung* von sozialen oder interkulturellen Kompetenzen noch in die *Lehre* von Soft Skills. Im Praxisguide haben wir uns selbst im Zusammenhang mit dem „kooperativen Lernen"[21] nur am Rande mit dem multikulturellen und sonstigen „Soft-Skill-Denken" beschäftigt.

Uns interessiert allein, einen kurzen Blick auf eine von Soft Skills geprägte Welt zu werfen. Damit wird der Bedeutung von weichen Fähigkeiten und der überfachlichen Qualifikation in der sich wandelnden Arbeitswelt Rechnung getragen und gleichzeitig ein klein wenig gelebter Zeitgeist im Wissenskosmos skizziert. Im Vordergrund steht dazu, wie Soft Skills der Individualisierung und Psychologisierung sozialer Probleme Schützenhilfe leisten, im folgenden sehr pointiert aber treffend beschrieben:

„… eine Welt, in welcher gilt „You can get it, if you really want, but you must must try" ist keine Welt der Rücksichtslosigkeit, der bloßen Ellbogenmentalität und Einschüchterung, sondern vielmehr eine Welt der sozialen Geschmeidigkeit, der angenehmen Kommunikationsschmiere und des PanAm-Smiles, eine Welt, in welcher die persönlichen Niederlagen, auch wenn sie sozial bedingt sind, sozial kompetent eingesteckt werden, in welcher man durchaus auch sieht was aus einen hätte werden oder was man hätte erreichen können und dass man die Chancen gehabt, aber leider nicht genutzt hat oder besser hätte nutzen sollen, eine sportliche Welt also, die man kritisieren kann, wiewohl deren realistischen Alternativen auch nicht gerade attraktiv erscheinen mögen" [REICHENBACH 2007].

Damit trifft auf eine neoliberal ausgerichtete Ökonomie, eine von der „Persönlichkeitsbildung" von den weichen Faktoren geprägte Gesellschaft. Dabei schimmert das Persönliche, das Interpersonale und Soziale hindurch mit den Soft Skills anhaftendem Schutzengel- und Schaumgummihaften, wobei teilweise Fürsorglich-Behütendes erkennbar wird, drückt es doch Verständnis für menschliche Schwäche aus – emotionales explodieren hat kein Platz, ist es doch wenig selbst- und sozialkompetent [vgl. REICHENBACH 2007]. Diese beobachtbaren Erscheinungs-

---

[20] Siehe dazu www.infoquelle.de/Job_Karriere/Wissensmanagement/Soft_skills.cfm.
[21] So wird von *D.W. Johnson* und *R.T. Johnson* aufgeführt: „Persons must be taught the social skills for high quality cooperation and be motivated to use them. Leadership, decision-making, trust-building, communication, and conflict-management skills have to be taught just as purposefully and precisely as academic skills" – „… social skills are required for interacting effectively with peers from other cultures and ethnic groups" [JOHNSON/JOHNSON 2000].

formen und Phänomene werfen zusätzlich ihre Licht- und Schattenseiten auf das Leben und Arbeiten in der Wissenswelt und laufen den bisherigen ökonomisch dominierten Verhaltensmustern scheinbar konträr. Sie sind nicht zuletzt das Transferergebnis eines Gefüges von Anforderungen – „Bildungsphilosophien und Qualifizierungsstandards" – was von Individuen im Leben und Arbeiten der Informations- und Wissensgesellschaft erwartet wird, und die sich auch als *„strategies for sucessful interpersonal interactions"* zusammenfassen lassen. Dabei wäre es zu kurzsichtig, wenn wir die Soft Skills allein „technisch-strategisch" verstehen. Selbst wenn es veraltet erscheinen mag, erachten wir so etwas wie ein „Format" oder auch „Charakter", den ein Individuum mitzubringen habe, um seinen Prinzipien gegen äußere oder innere Widerstände treu zu bleiben, als Geste der Achtung geäußert und als Respekt vor dem aufgebrachten Willen der betreffenden Person, als unverändert wichtige Tugend.

Die Diskussion um den Kompetenzbegriff ließe sich fortsetzen. Dabei würden sicherlich eine ganze Reihe weiterer deckungsgleicher wie auch kontroverser Kompetenzmodelle aufgedeckt, die bestimmt hochgradig theoretisch-analytisch sind, aber vermutlich nicht gleichsam empirisch abgesichert.[22] Trotz Dauerthematisierung des Individuums und seinen vermeintlichen Fähigkeiten existiert keine Subjekttheorie, die dem Kompetenzbegriff zugrunde liegt. Dies ist auch ein Grund, warum wir uns mehr oder minder spekulativ-anthropologische Annahmen, was die Subjektvorstellungen betrifft, mit dem Konstrukt des ‚homo competens' beholfen haben. In Zukunft bedarf es hierzu weiterer Grundlagenforschung.

---

[22] Im Ergebnis ebenso die Autoren der Expertise zu nationalen Bildungsstandards [KLIEME et al. 2003].

Kapitel 2
Individuen im Wissenskosmos – mehr „Lebenskünstler" oder mehr „Überlebenskämpfer"?

Nach unserem Verständnis sollten Diskurse um *Wissen – Können – Bildung* nicht im „luftleeren Raum stattfinden", sondern eng in einem gesellschaftlichen Kontext, hier der Wissensgesellschaft, eingebettet sein und vor einem konkreten Bezug wie der Wissensarbeit und dem Managen von Wissen erfolgen, um damit dem Anspruch handlungsrelevant zu sein gerecht zu werden.

Was folgt daraus für das *Individuum* und seine *Persönlichkeitsentwicklung?* Was verlangt es an persönlicher Kompetenz („*Personality*"), um sich erfolgreich im sozialen Umfeld des Wissenskosmos zu bewegen? – Oder anders gefragt: Wo ist die erstrebenswerte Einordnung des Individuums zwischen den Polen „*Lebenskünstler*" und „*Überlebenskämpfer*"? – „Kunst" dabei weniger im Kontextverständnis der „schönen Künste" auf den Bühnen dieser Welt als vielmehr in Verbindung mit Adjektiven wie spielerisch, unbekümmert, optimistisch sowie einem Verhalten gezeichnet von Leichtigkeit und Lässigkeit, gepaart mit Selbstbewusstsein bei innerer Unabhängigkeit und Souveränität. Aber auch mit den Attributen einer Persönlichkeit, die mit der Tendenz behaftet ist zum Arbeiten als „Wissensjongleur" und das „Leben als Spielwiese" zu betrachten ... Und: „Überleben" nicht im Sinne von „Lebensbedrohung" „unausweichlichen Untergang" oder dergleichen Dramatischem, sondern eher im Zusammenhang mit den dringlichen persönlichen Eigenschaften zur Überwindung von Sozial- und Bildungshürden, um Einschränkung und Ausschluss zu verhindern sowie möglichen Chancen zu entgehen. Im wesentlichen sind Hindernisse zu umschiffen, um nicht Gefahr zu laufen in einer „Flut" an seichten Informationen zu versinken und im „Wissens- und Bildungsstrudel" aufgrund unzureichender Orientierung und fehlender Navigation unterzugehen ...

Worum geht es? Es geht nicht darum im Kontinuum dieser beiden Extreme eine „*punktgenaue Persönlichkeitsdisposition*" zu finden. Dies würde zwangsläufig zur Diskussion herausfordern – letztlich ob Charakter- bzw. Konstitutionstypen in der Persönlichkeitsforschung überhaupt noch en vogue sind. Vielmehr gilt es ein „*hybrides Persönlichkeitsarrangement*" auszumachen und es Individuen anzudienen. Ein Schritt dazu besteht darin, die Vorteile und Schwächen, die mit diesen beiden Extremen verbunden sind, zu identifizieren und zu stärken bzw. zu kompensieren. Dabei sollen die Persönlichkeitsarrangements keineswegs der Versuch sein, alle unterschiedlichen Merkmalsbereiche[1] zu erfassen. Hier können allenfalls ausgewählte Dispositionen beleuchtet werden; und zwar solche, die aus Persönlichkeitsmerkmalen zusammengesetzt sind, die in enger Beziehung stehen zum Leben in der Wissensgesellschaft und dem Managen von Wissen. Dies alles geschieht im Spannungsfeld sozialer und emotionaler Kompetenzen. Alles ist zudem Voraussetzung und Grundlage, sich halbwegs erfolgreich im Wissenskosmos zu behaupten.

Im Folgenden sind, unter Einbeziehung der vorstehenden Feststellungen, einige zusätzliche *Erkenntnisse* und *Anregungen* zusammengefasst. Sie tangieren das Anforderungsspektrum von Wissen – Können – Bildung und den mittelbar in Verbindung stehenden Persönlichkeitseigenschaften und -erfordernissen. Vielleicht können sie ein wenig helfen, dem Individuum Erkenntnisse über sich selbst zu gewinnen, den Körper und die Seele, das eigene Handeln und das Leben im sozialen Umfeld bewusst zu machen, was sich nicht nur auf der kognitiven, sondern auch auf der emotionalen und körperlichen Ebene vollzieht. Sie können dem Individuum beim Leben und Arbeiten im Wissenskosmos *Chancen* eröffnen, sie können sich aber ebenso als *Risiken* erweisen:

1. Wissensarbeiter und soziale Kompetenzen? – Im Rahmen der Ausführungen haben wir gemäß unseres Referenzrahmens und geleitet von der für Wissensmanagement und Wissensarbeit beherrschenden „systemischen Denke" den Humankapitalansatz[2] hervorgehoben. Dabei sind wir nach bildungsökonomischer Auffassung der Annahme gefolgt, dass die in Aus- und Weiterbildungsprozessen erworbenen Kenntnisse, Fähigkeiten und Fertigkeiten die Arbeitsproduktivität einer Person erhöhen. Konsequenterweise bilden Aufwendungen für Qualifizierungsmaßnahmen Investitionen. Die „Rendite" kann demnach wie Sachkapitalinvestitionen berechnet werden – ohne dass wir dafür einen eindeutigen empirischen Beleg geliefert haben. In Folge haben wir auch unterstellt, dass Unternehmenserfolg gleichzeitig Chance und persönlicher Erfolg des Individuums ist. Fachliche Kompetenzen, so genannte Hard skills von Individuen, dominierten bis dahin die Analysen und bildeten weitgehend Erfolgsmaßstab des Lebens und Arbeitens in der Wissensgesellschaft. Für das Individuum im Wissenskosmos wurden im anthropologischen Sinn im Zusammenhang mit Wissensmanagement überwiegend Erscheinungsformen eines homo oeconomicus festgestellt und in vereinzelten Aspekten eine besondere Spezies wie homo lernicus, homo ludens etc. diagnostiziert. Fachliche Kompetenzen sind aber nur die eine Seite der Medaille. Was ist mit der anderen Seite den sozialen Kompetenzen?

---

[1] Vgl. ausführlich zu den *Merkmalsbereichen* bzw. *Persönlichkeitseigenschaften* in der Persönlichkeitspsychologie stellvertretend bei *J. Assendorpf* und *G. Stemmler et al.* [ASENDORPF 2007, STEMLER/HAGEMANN/AMELANG/BARTUSSEK 2010].

[2] Siehe Teil II-2.5.3.

Dass bei handelnden Individuen in der Wissensarbeit natürlich auch *soziale Kompetenzen* gegeben und erforderlich sind, ist selbstverständlich. Dies wurde verschiedentlich dadurch ersichtlich, dass wir dem Ansatz gefolgt sind, die geistigen, instrumentellen, kommunikativen und reflexiven Handlungsformen mit individuellen Kompetenzen in Verbindung zu bringen. Neben Fachkompetenz standen insbesondere Methodenkompetenz, Medienkompetenz, Lernkompetenz etc. im Vordergrund, während die Sozialkompetenz eher keine explizite Hervorhebung und Vertiefung erfuhr. Was das Kompetenzverständnis betrifft, folgten wir dem Funktionsprinzip. Dabei ist uns sehr wohl bewusst, dass, zumindest aus bildungstheoretischer Sicht ein stark funktionalistisch ausgerichteter Kompetenzbegriff zum Widerspruch auffordert. Gleichwohl knüpft er an herrschende über viele Jahre gebildete Subjektvorstellungen an und ist unverändert im Verständnis gängiger Theorien und gelebter Praxis häufig anzutreffen.

Folgt man allein der Praxis, dann sind die feinen Differenzierungen, was das allgemeine Kompetenzverständnis betrifft, wenig einheitlich. Sie reichen vom hochkarätigen Experten bis zum multifunktionalen Generalisten, jeweils gepaart mit charismatischem Ausdrucksvermögen, das ihn in antiker Demagogenmanier erlaubt, auch die größten „Sturköpfe" in gewollte Bahnen zu lenken. Ob unter dem Begriff auch noch Bildung subsumiert ist, bleibt völlig diffus. Vielleicht lässt sich die Erwartungshaltung an Individuen, die in Unternehmen einsteigen als kleinster gemeinsamer Nenner dahingehend ausdrücken, dass es in Wirtschaftsorganisationen nicht mehr um Kompetenz geht, sondern schlicht um *Performanz*[3], nämlich derjenigen, mehr oder weniger intelligente verständliche und herausfordernde Aufgaben zu lösen. Oder alltagssprachlich vor allem als Befähigung für etwas bzw. was zum Befähigtsein zu einer speziellen Problemlösung assoziiert.

Dessen ungeachtet empfehlen wir Individuen für das Leben und Arbeiten im Wissenskosmos, seine Lebens- und Handlungsperspektiven zu erweitern. Wir plädieren dazu, seine Kompetenzen stärker in einen sozialen Bedingungs- und Wirkungszusammenhang einzubinden und von einer rein funktionalistischen Ausrichtung auf fremdbestimmte Anforderungen aus der marktorientierten Arbeitswelt (Qualifikation) abzurücken. Kompetenzen sind nicht nur Ausdruck von, sondern ebenso Voraussetzung für jegliches soziales Handeln.

Mit dieser Forderung geht gleichsam einher, von den begrenzten Kompetenzen abzurücken und seine Chancen verstärkt im Sinne einer Einheit von Wissen und Können zu suchen und darauf in Zukunft sein Lernen, seine Bildung und Ausbildung auszurichten. Auch für den daraus resultierenden persönlichen Nutzenzuwachs können wir keinen empirischen Beweis liefern. Sicher sind wir aber, dass mit dieser Forderung weder ein „*implizites Wissen explizierender Wissensarbeiter*" noch ein eloquenter erfolgreicher „*interpersonaler interaktionsstrategischer Wissensmanager*" verhindert wird.

---

[3] Vgl. zu einem ähnlichen Ergebnis *A. Gruschka* [GRUSCHKA 2007].

2. Wissensgesellschaft und Selbstreferenz? – Was bedeutet Selbst-Integration qua Individualisierungstechniken, Selbsttechnologien bzw. Selbstregulierungstechniken für das Leben und Arbeiten von Individuen im Wissenskosmos?

Wir haben im Praxisguide unterschiedliche Formen von Individualisierungs- und Selbstreferenzierungsformen, aus denen für die Individuen *Chancen* und *Verpflichtung* erwachsen, entwickelt. Offensichtlich entstehen *Chancen* aufgrund der großen Freiheiten des Einzelnen, was die Ausgestaltung und Wahrnehmung von unterschiedlichen Lebens- und Arbeitsformen betrifft. Wir haben der Selbststeuerungskompetenz als der Fähigkeit, auf Eigeninitiative basierend Lernen als aktiv-konstruktivem Prozess zu praktizieren, einen breiten Raum eingeräumt.[4] So nimmt die Selbststeuerung mit zunehmendem Alter zu und damit auch die Chancen, über flexibles Reagieren neuen Anforderungen in der Wissensgesellschaft nachzukommen und eine persönliche Weiterbildung zu erreichen. Die Selbstlernverfahren, -systeme und -instrumente sind geeignet und zugleich Chance, dem Anspruch nach eigenverantwortlichen Lernen und Arbeiten nachzukommen. Es bleibt dem Individuum überlassen, wie er mit dieser Selbst*verantwortung* umgeht, und wie er so seine individuellen Kompetenzen stärkt. Damit ist gleichzeitig nach *M. Foucault*[5] eine „Weise des Sich-Verhaltens" gegeben, die eine Spannbreite von Handlungsoptionen eröffnet, aber auch einen gewissen Zwang zum Handeln beinhaltet.

Es gibt noch eine verschärfte Seite dieser Selbstregulierung. Denken wir nur mal an das allgegenwärtige hektische Tun derer, die in Bezug auf Selbstorganisation und Eigenverantwortung in das „Kleinstunternehmertum" entlassenen Individuen, die nun im grenzlosen „Self-Marketing" oder als „Ich-AG" ihr Heil suchen, mit oder ohne „Erfolgsstrategie", „X-Punkteplan" und „Talentmarketing" und begleitet von einer zwanghaften Intensität, dem Glück gezielt unter die Arme zu greifen ...

Was ist daran problematisch? Selbstständige in Form von Freiberuflern und Kleinunternehmern existieren seit Menschen wirtschaften, und das Entrepreneur- und Intrapreneurship gibt es auch nicht erst seit gestern. Man muss genauer hinschauen. Aus diesen „Ablegern" und natürlich aus der Kompetenzdiskussion hat sich ein Raum des möglichen und sozial erwünschten Handelns aufgetan, in welchem dem Einzelnen permanent (potentielle) Fähigkeiten zugeschrieben werden. Das arbeitende Individuum sitzt demnach auf einer *„gläsernen Büroplattform"* umgeben von unterschiedlichen Anforderungen zur Selbst*rationalisierung* und gezwungen zur ständigen Selbst*evaluation*. Der Zwang zur Selbstrationalisierung wird begründet mit der strukturellen Veränderung, wie sie die *Wissensgesellschaft,* in der es um Risikokalkulation geht, mit sich bringt. Dagegen hilft Selbstevaluation das Leben zu „meistern", zu „bewältigen", und letztlich „in die Hand zu nehmen".[6]

---

[4] Siehe dazu die Ausführungen im Teil II.
[5] Vgl. bei *M. Foucault* in: Wie wird Macht ausgeübt? [FOUCAULT 1994].
[6] Vgl. dazu auch *T. Höhne* [HÖHNE 2007].

Vielleicht lässt sich der Scheidepunkt zwischen Chance und Risiko besser charakterisieren, wenn man den Worten von *M. Foucault* folgt, der meint: „Man muss die Punkte analysieren, an denen das Individuum auf sich selbst einwirkt. Und umgekehrt muss man jene Punkte betrachten, in denen die Selbsttechnologien in Zwangs- oder Herrschaftsstrukturen integriert werden."[7,8] Wir hoffen, dass sich die Individuen der Wissensgesellschaft dies gelegentlich bewusst machen.

3. *Wissensgesellschaft und Intentions-/Willensbildung?* – Mit den Kompetenz-*
zuschreibungen werden den Individuen Intentions- und Willensunterstellungen gemacht. Primär geht es dabei um motivationale und volontiale kompetenz-
spezifische Eigenschaften. Letztere insbesondere als Voraussetzung des Ein-
zelnen zur Bereitschaft, zur Aufgaben-/Problemlösung und zur Präsentation von Ergebnissen.

Wir behalten es uns vor, hier auf die damit für Individuen entstehenden Chancen einzugehen. Dafür haben wir im Praxisguide unterschiedlichste Beispiele gegeben. Wir beschränken uns kurz auf mögliche Risiken hinzuweisen. Eng mit der Intentions- und Willensunterstellung verbunden ist die Selbstreferenzierung. Weil sie Bestandteil der Selbstrationalisierung und -evaluation ist und auch nicht genutzte Möglichkeiten als Verfehlungen oder zumindest als Schwäche ausgelegt werden. Damit entsteht für die Individuen eine Bringschuld. Dem Individuum auf der „gläsernen Büroplattform" wird im Fall von Erfüllungsdefizit vielfach ‚Erfolglosigkeit' oder ‚Verantwortungslosigkeit' zugeschrieben.

Von *Antrieb* über *Willen* bis zur *Kommunikation* reicht das Zuschreibungsspektrum. Zentrales Element ist dabei der Wille. Jede Öffnung des sozialen Raums korreliert auch mit seiner Schließung. Konkret heißt das für Individuen, dass jeder Besitz von Kompetenzen und damit auch die Option für Möglichkeiten hat aber zugleich auch ausgeschlossen werden kann.[9]

Kommunikation als zentrales Mittel von Rationalisierung und Optimierung, durch die alle Systemebenen miteinander gekoppelt werden (Individuen, Organisationen, ...), erhöht die pädagogisierende Wirkung in Bezug auf Veränderung, Entwicklung und Lernfähigkeit und damit den Druck auf das Individuum, da Misserfolge zugerechnet werden, aber auch nicht genutzte Möglichkeiten als vertane Chancen bzw. Verfehlungen gewertet werden.

In der betrieblichen Praxis wird häufig aufgrund einer einseitigen Betonung auf die Chancen und Möglichkeiten und dem Herausstellen von Dispositionsvielfalt diese Kehrseite meist ausgeblendet. Entscheidend ist, das Individuum lässt sich nicht (über Gebühr) in seiner Identität „verbiegen" oder mit *E. Borst* ausgedrückt: „das Andere unter das vorgeblich Allgemeine zwingen"[10]. Letztlich geht es darum,

---

[7] *M. Foucault* zitiert nach *E. Borst* [BORST 2007].
[8] Zum Begriff der „Herrschaft" in diesem Zusammenhang ausführlich [LEMKE 1997, FOUCAULT 2005].
[9] Vgl. *T. Höhne* zu den Ausführungen [HÖHNE 2007].
[10] Siehe hierzu ausführlich *E. Borst* [BORST 2007].

inwieweit das Individuum bereit ist, sich den ökonomischen Bedingungen einer Wissensgesellschaft zu unterwerfen.

4. *Wissensmanager und emotionale Kompetenzen? – Was heißt das? Müssen Wissensmanager über spezielle oder ganz besondere Skills verfügen? Nein! Wir wollen a-priori nicht den Eindruck entstehen lassen für Wissensmanager eine irgendwie geartete „andere" emotionale Kompetenz als für die übrigen Mitglieder der Wissensgesellschaft zu wünschen.*

Es fällt schwer, bei den Soft Skills von Chancen und Risken zu sprechen. Es fällt auch deshalb schwer, weil hier offen bleibt, ob wir den aus den Sog von Soft Skill talk entstehenden Verhaltensmustern dem Individuum als Leitbild für eine Selbstbestimmung und als emotionale Kompetenz ungeteilt empfehlen sollen. Ist eine derartige „*Befähigung zur Bewältigung unterschiedlicher Situationen*"[11], die in einer zunehmend pragmatischen Kultur große Attraktivität besitzt die richtige Empfehlung zur Entwicklung von Persönlichkeit, um sich in der Informations- oder Wissensgesellschaft zu bewegen? Ist das, was sich an internationaler Geschmeidigkeit zu verstehen und zu subsumieren ist, die richtige Selbstdisposition für den Einzelnen? Oder ist dies nur die Tünche und Maskierung eines Selbstschutzes einer Fassade die Unwissenheit, Unwahrheit, Unsicherheit zu verbergen? Oder sollen wir uns auf die Seite derjenigen stellen, die nicht nur aus der Perspektive bildungs*theoretischer* Diskussion im Soft Skill talk kritisch argumentieren, sondern denen folgen, die ernsthafte Bedenken anmelden, weil den Soft Skills das Klare, das Leidenschaftliche, das Dramatische abgeht und irgendwie allem das „Herzblut" fehlt. Oder anders ausgedrückt: Es ist nicht leicht gegen, Demokratie, Kreativität und Selbstregulation und gegen das ganze von Kompetenzmodellen suggerierte Steigerungsethos zu argumentieren, bei dem sich das Individuum letztlich als „Kompetenzsteigerungszentrum" sieht[12], um sich belächeln zu lassen, weil der Eindruck entsteht, man würde der Ideologie von Soft Skills nicht ausreichend offen gegenüber stehen und so als die Verhinderer von „besseren Menschen" und noch besseren „Wissensmanagern" in der Wissensgesellschaft gelten; und im übrigen nichts verstanden haben und sowieso nichts gegen den Zeitgeist ausrichten zu können.

Insofern geben wir auch keine „guten Ratschläge", wie Individuen auf der emotionalen Plattform von Chancennutzung und Risikovermeidung in der Wissensgesellschaft sich am erfolgversprechendsten zu bewegen haben. Wir beschränken uns hier darauf, dem Individuum ein klein wenig „*kritische Aufmerksamkeit*" anzudienen. Dies scheint unter anderen dann angebracht, wenn es darum geht in den harten Zeiten des „lebenslangen Lernens", in denen man auch noch „persönlich wachsen" möchte, zu bestehen. Es geht darum, dass sich das Individuum zwischen den Diktaten nach vermehrter Flexibilität, Lernbereitschaft und Disponibilität und den zunehmend „offeneren" und „demokratischeren" pädagogischen und nichtpädagogischen Führungsstrategien nicht verirrt. Wichtig erscheint, dass Individuen

---

[11] So *E. Klieme* [KLIEME 2004].
[12] Vgl. dazu *R. Reichenbach* [REICHENBACH 2007].

ausreichend soziale Fähigkeit erlangen, *situationskluge Strategien des Sich-führen-Lassens*[13] zu entwickeln und zu praktizieren. Dabei scheint uns zusätzlich wichtig darauf hinzuweisen, dass mit dieser weichen Fähigkeit auch *soziale Kompetenz* entsteht. Was wir aber keinesfalls wollen, ist, dass hinter raffiniert und subtil entwickelten emotionalen Kompetenzen die Identität des Individuums gänzlich verschwindet!

Mit Anregungen und Erkenntnissen beim Leben und Arbeiten im Wissenskosmos haben wir auf sozioökonomischer Betrachtungsebene dem Individuum versucht Alternativen und Perspektiven *(1–4)* mit unterschiedlichem Erfolgspotential für seine persönliche Entwicklung aufzuzeigen. Was noch fehlt ist auf den angeführten Kontext Wissen und Bildung einzugehen; ohne gar den Anspruch zu erheben das Nebulosum-Numinosum „Bildung" auflösen zu wollen. Wir verbinden damit allein die Hoffnung, einen Beitrag zu leisten, dass im Sinne von Persönlichkeitsentwicklung und ausgewogenem Wissensmanagement eine Balance von Verwertungsdenken und Bildungsauftrag und zwischen Ökonomie und Kultur entsteht.

In Fortsetzung der oben aufgeführten Erkenntnisse geht es im Schwerpunktfeld *Wissen – Bildung* der Individuen, die in unterschiedlicher Intensität in Wissensarbeit, -organisation und -technik involviert sind, ein klein wenig auf scheinbar Unwichtiges und zudem wenig Spektakuläres aufmerksam zu machen:

5. *Wissen und Bildung? – Worum geht es? Es betrifft einen eher „allgemeinen" und einen mehr „globalen" Bildungsaspekt für Individuen, den viele vielleicht als „That's nothing" abtun, läuft er doch gegen den Mainstream, weil nur sehr bedingt messbar und noch weniger bilanzierbar und so leicht überschaubar ist.*

Was meinen wir, wenn wir von einem „allgemeinen Bildungsaspekt" reden? Es geht um *übernützliche Bildung* und es geht um die ganz *persönliche Identität*, die der Mensch aus dem Kulturellen schöpft. Sie kommt weder aus dem World Wide Web noch aus dem „Global Village"[14] oder entspringt einem Überbleibsel einer New Economy.

Wenn es deshalb um Chancen und Risiken für die *Persönlichkeitsentwicklung* und der Bildung von Individuen geht, dann ist automatisch das viel strapazierte Verständnis von *Allgemeinwissen* und *Allgemeinbildung* angesprochen. Dabei sind hier nicht die Lösung einer strittigen begriffsanalytischen Einordnung oder Zuweisung in Kompetenzmodellen und auch nicht um die kontroverse Diskussion und dessen Verankerung in Bildungsplänen und -standards gemeint; nichts dergleichen Dramatisches. Es hängt mit dem *Allgemeinwissen* zusammen, das zum einen seine „ideelle Emphase"[15] verloren hat und zum anderen einem aufgeweichten „Instrumentalisierungsverdikt" verfallen scheint, da Bildung für einen fremden Zweck

---

[13] Siehe *R. Reichenbach* [REICHENBACH 2007].
[14] Globales Dorf (engl. *Global Village*) ist ein Begriff aus der Medientheorie, den *M. McLuhan* bereits 1962 in seinem Buch „The Gutenberg Galaxy" prägte [MCLUHAN 1962] und später noch einmal in seinem Buch „The Global Village" aufgriff [MCLUHAN/POWERS 1995].
[15] Vgl. dazu auch Internationales Management [BÖNKOST 2008, DE HAAN/POLTERMANN 2002].

(z. B. der Politik, der Wirtschaft etc.) instrumentalisiert wird. Die Allgemeinbildung droht die Formung und Entfaltung der Person zu verlieren. Parallel vollzieht sich eine Verschiebung von klassischen Schulfächern hin zu aktuellen Problemfragen und übergreifenden Themenkomplexen.

Vor diesem Hintergrund erlauben wir nur auf die „Basiskompetenzen" hinzuweisen, die für die Verfolgung von individuellen Zielen (auch in Wissensgesellschaften) als unverzichtbar gelten aber bei allen heftigen Diskussionen um Kompetenzen, Bildungsmessung, Statistiken, vielleicht wegen ihrer Einfachheit und Unauffälligkeit an den Rand gedrängt werden. Eigentlich ist es selbstverständlich, dass die Beherrschung der Muttersprache in Wort und Schrift, Grundkenntnisse in den Naturwissenschaften und ein hinreichend sicherer Umgang mit mathematischen Symbolen und Modellen zum Fundus des Einzelnen gehören. Ebenso sollte man meinen, ist es selbstverständlich, dass der junge „homo oeconomicus" über ein ausreichend Maß des viel belächelten *„Kulturwissens"* verfügt. Kulturwissen über Literatur, Kunst etc., das sich so wenig funktionalisieren lässt und in der Breite und im Verhältnis zum nützlichen, das Verwertungsdenken unterstützenden Wissen ein besonderes Schattendasein fristet. Kulturwissen in Verbindung mit Allgemeinwissen bildet eine unverzichtbare Kommunikationsgrundlage. Unverzichtbar deshalb, weil ein zu schmales Wissen Kommunikation erst gar nicht entstehen lässt oder noch schlimmer zu Halbwissen führt. Halbwissen – nach *T. Adorno „Das Halbverstandene und Halberfahrene ist nicht die Vorstufe der Bildung, sondern ihr Todfeind"*.

Und hier ist *J. Kraus*[16] in seinen Appellen zuzustimmen, dass es keine Reduktion der Bildung auf das Marktgängige geben sollte, bedeutet es doch einen Verlust an kulturellen Optionen und Denk-Spielräumen (…) „Und wir Gefahr laufen zu anspruchslos zu werden", wenn er von einer Horrorvorstellung spricht, wenn im Aus- und Weiterbildungsportfolio einer großen Bank für Jungmanager kulturgeschichtliche Crash-Kurse angeboten werden, um junge Bänker fit zu machen, dass sie beim Prosecco-Empfang ein „name-dropping" betreiben können, getreu dem Motto: „Ach ja dieser Ludwig van, das war doch der mit der Schicksalsmelodie – oder so!?"[17]

Nach diesem allgemeinen, zu einem mehr *globalen Bildungsaspekt*. Wir haben auf den viel beklagten Verlust von Integrations- und Orientierungswissen hingewiesen. *Wissen,* dessen Einheitlichkeit, wenn es um die Werte, Normen, Weltwissen oder Interpretationsweisen geht, nicht mehr unterstellt werden kann.[18] Das ist ein Phänomen, was schwer zu begreifen, noch schwerer zu vermitteln und zu leben ist, bedeutet es doch, sich dagegen zu wenden, und heißt, gegen den Strom des Zeitgeistes zu schwimmen. Oder um mit *J. Mittelstraß*[19] zu sagen: „Wo sich

---

[16] Präsident des Deutschen Lehrerverbandes (DL): [KRAUS 2008].
[17] In diesen Zusammenhang verweist *J. Kraus* auf einen Artikel der F.A.Z. von 2002 [KRAUS 2008].
[18] Stellvertretend *M. Wimmer* [WIMMER 2002].
[19] Vgl. dazu die These von *J. Mittelstraß* in Wissen und Bildung in einer offenen Wissensgesellschaft S. 3 [MITTELSTRAß 2004].

Wissen, Information und Orientierung auseinander bewegen, wo der Markt das Maß aller Dinge zu werden und der Mensch hinter seinen ökonomischen Werken zu verschwinden beginnt, wird Bildung zu einer konkreten Utopie …" Wir können hier nur Individuen darauf aufmerksam machen, sich bewusst in dieser Welt zu bewegen. Dies heißt konkret in der Welt Dinge zu entdecken, zu deuten und zu gestalten und sich so eine eigene Kultur-Welt zu schaffen. Damit wird Kultur zur Lebensform gemacht, und kann Bildung[20] als die Rückseite[21] der Kultur erreicht werden. Oder um hoffnungsfroh noch einmal mit *J. Mittelstraß* darauf entgegnen, der meint, dass noch eine Chance gegeben ist, wo ein im übertragenem Sinne humanistisches Bildungsideal[22] in unserer Welt wieder Fuß fassen könnte, „… dabei geht es um ein tätiges Begreifen der Welt; es geht entgegen einer im wesentlichen ökonomischen Vorliebe des Zeitgeistes für ein geteiltes Ich, z. B. ein in ein privates, ein gesellschaftliches und ein Konsumenten-Ich geteiltes Ich, um die Wiederherstellung eines ungeteilten Ich; und es geht darum, dem Begriff des Wissens, über den sich eine Wissensgesellschaft definiert, die notwendige Klarheit, wiederum im Sinne eines ungeteilten Wissensbegriffs zu verschaffen …"

Soweit unsere Analysen, Meinungen, Thesen und Spekulationen. Sie sollten verdeutlichen, dass *Wissen* ein Element und Teil eines Wissenskosmos bildet. Wissen tritt seinem Charakter entsprechend vielschichtig auf; als Rohstoff, als Produktions- und Standortfaktor betrachtet, kommt ihm eine zentrale ökonomische Bedeutung zu. Und wie das bei „Rohstoffen" so üblich ist, die in Wirtschaftsprozessen unterschiedlicher Verwendung zugeführt werden, beeinflusst aus ökonomischer Perspektive seine Generierung, Teilung und Nutzung die internationale Wettbewerbsfähigkeit von Wirtschaftseinheiten. Daneben – und mindestens gleichwertig bedeutsam – bestimmt Wissen aus der Perspektive von Individuen den persönlichen Lebensweg des Einzelnen, mit allen Möglichkeiten der Teilhabe an demokratischen Prozessen, dem Einfluss auf gesellschaftliche Vorgänge, den sozialen Status und letztlich gebündelt sein Selbstkonzept.

Unsere Ausführungen sollten aber auch verdeutlichen, dass Wissen in diesem Wissenskosmos von einer Vielzahl unterschiedlicher Elemente, Disziplinen und Individuen umgeben ist, deren Quantität sich über Kategorisierungen zwar reduzieren lässt, gleichzeitig aber von der Vielzahl interdependenter Beziehungen zwischen den Einheiten sowie deren Gesetzmäßigkeiten und alternativen Sichtweisen die Komplexität wieder erhöht wird. Bestandteil dieses Gesamtspektrums ist, *Wis-*

---

[20] „Bildung im Humboldtschen Sinne ist nicht um die Befähigung zu dieser oder jener Tätigkeit zentriert. Der Mensch bildet sich nicht, um dieses oder jenes zu wissen oder zu können, sondern er bedarf der Auseinandersetzung mit der Welt außer ihm nur als Gegenstand, um seine eigenen, individuellen Kräfte ausbilden zu können" [KREITZ 2007]. „Bildung ist demnach bei Humboldt nicht von Wissen und Können abtrennbar, sondern besteht im Erwerb von Wissen und Kenntnissen – nur eben keiner speziellen auf konkrete Anwendungen bezogener Kenntnisse, sondern allgemeinen" [KREITZ 2007].
[21] Siehe dazu *J. Mittelstraß* S. 4 [MITTELSTRASS 2004].
[22] Siehe zum Bildungsideal nach *W. v. Humboldt* [LÜKE 2007].

sensmanagement als aktiven Teil eines gesellschaftlich-ökonomischen Zusammenwirkens zu betrachten. Ökonomie und Gesellschaft befinden sich in permanenter Bewegung und erfahren eine ständige Veränderung. Für das Leben und Arbeiten in dieser Wissenswelt für die Gesellschaft als Ganzes als auch für ihre Mitglieder, ob Praktiker oder Theoretiker, stellt sich deshalb die Frage: Ist diese *Wissensgesellschaft* bereits Realität oder eher ein Leitbild mit einer Gestaltungsaufgabe? Wir haben die Ansichten der Vertreter einer deskriptiven Sichtweise, die davon ausgehen, dass wir bereits in der Wissensgesellschaft leben, weil Wissens- und Informationsbestände zunehmen, weil Technik und Organisationen sich weiter entwickeln und wo Wissen Standortfaktor wird, aufgezeigt und diskutiert. Wir haben ebenso die Verfechter einer normativen Sichtweise, die Wissensgesellschaft als einen Sollzustand betrachten, zu Wort kommen lassen. Deren Ziel ist auch unser Ziel: Die Entwicklung einer Gesellschaft, die ihre Lebensgrundlage aus reflektiertem und bewertetem Wissen gewinnt und dabei von neuen Möglichkeiten, einem bewussten und lebenserleichterndem, sozial nicht destruktivem Gebrauch macht [FRÜHWALD 1996]. Die Betrachtungsweisen sind fließend. Im Kern geht es darum: Erst eine ethisch verträgliche Wissensnutzung differenziert die Wissensgesellschaft von der Informationsgesellschaft [MANDL/KRAUSE 2001]. Ob wir heute mehr *Informationsgesellschaft* oder mehr *Wissensgesellschaft* sind, wissen wir nicht. Was wir aber wissen ist, dass die Generierung von Wissen, die Verfügung über Wissen, die Anwendung von Wissen und damit auch ein umfassendes Wissensmanagement zunehmend die Arbeits- und Lebensformen dominieren und damit auch die Strukturen der modernen Gesellschaft bestimmen werden [MITTELSTRAß 2004].

Was wir auch wissen ist, dass die Anforderungen an die Individuen stetig zunehmen, um dem Leben und Arbeiten in der Wissenswelt gerecht zu werden. Dabei ist es wichtig, den Einzelnen dazu zu befähigen, sich „gut zu informieren", nicht nur um im Wissenskosmos erfolgreich zu wirtschaften und arbeiten, sondern zur demokratischen Partizipation. Damit ist auch die Hoffnung verbunden, dass sich der von *A. Schütz* [SCHÜTZ 1972] bereits vor einem halben Jahrhundert geforderte „gut informierte Bürger" verstärkt in Richtung eines „gebildeten Bürgers" entwickelt. Auftrag einer *Bildung* muss es daher sein, neben der Vermittlung von Basis- und Fachwissen disziplinäres und transdisziplinäres Lernen zu verbinden und Probleme disziplinübergreifend zu lösen sowie Urteilskraft zu fördern und die Persönlichkeitsentwicklung voranzutreiben. Mit dem breiten Raum, den wir im Praxisguide dem Lernen und Lehren eingeräumt haben, um Kompetenzen aufzubauen, können wir dazu nur einen kleinen Beitrag leisten – hoffentlich aber zur Bereitschaft eines Lifelong Learning aufrütteln.

Was wir noch wissen ist, dass es in Zukunft mehr denn je für das Individuum erforderlich sein wird, sich „gebildet" in der Welt zu orientieren. Was wir nicht wissen ist, wie hierzu seine „*innerliche Orientierung*" in Zukunft aussehen wird, um in der Wissenswelt zu existieren. Viel wird von der Weichenstellung seiner individuellen Disposition abhängen. Ob ein so „Gebildeter" dann in die Ebenen des Soft Skill Management eintaucht und die Effekte der Selbstwirksamkeitsglauben auf-

2 Individuen im Wissenskosmos – „Lebenskünstler" oder „Überlebenskämpfer"? 469

greift, um dem positiven Denken nachzugehen und dabei sich der Illusion hinzugeben, die Dinge zu verändern, zu kontrollieren und bewältigen zu können, aber den gesellschaftlichen bieder wirkenden Blick aller Pessimisten Tragiker und Tiefschürfer hinter sich zu lassen, wissen wir nicht. Insofern bleibt offen, ob er sich auf die Seite einer „positiven Psychologie" [SELIGMAN 2003] schlägt, die in neoaristotelischer Soft Skills Moral im Kern[23] besagt: *Tu Gutes, jammere nicht und denk an dich!* – Also im anthropologischem Sinn: *Homo flexibilis* oder *homo sociologicus mit etwas homo competens* ... oder entsteht gar ein völlig neuer, von (*multi*) *funktionaler bzw. polykontexturaler Subjektivität*[24] geprägter Menschentyp ...?

---

[23] Vgl. dazu die Ausführungen von *R. Reichenbach* zum soft skills talk [REICHENBACH 2007].
[24] Siehe dazu die auf *P. Fuchs* [FUCHS 1992] begründete und von *T. Höhne* weiter entwickelte Begrifflichkeit [HÖHNE 2007].

Literaturverzeichnis zu Teil IV

ALALUF, M./STROOBANTS, M. (1994): Mobilisiert Kompetenz den Arbeitnehmer? In: Europäische Zeitschrift für Berufsbildung. H. 1. S. 49–60
ARNOLD, R. (2002): Schlüsselqualifikation aus berufspädagogischer Sicht. Arnold, R./Müller, H.-J. (Hrsg.): Kompetenzentwicklung durch Schlüsselqualifizierung. Baltmannsweiler: Schneider Hohengehren. S. 17–26
ASENDORPF, J. (2007): Psychologie der Persönlichkeit, Springer, Berlin; Auflage: 4., überarbeitete und aktualisierte Aufl., Oktober 2007
BECK, U. (1986): Risikogesellschaft. Auf dem Weg in eine andere Moderne. Frankfurt a.M.
BELL, D. (1973): The coming of post-industrial society a venture of social forecasting. Basic Books, New York, 1973, ISBN 0-465-09713-8
BENNER, D. (2003): WILHELM BELL, D. (1973): The coming of post-industrial society a venture of social forecasting. Basic Books, New York, 1973, ISBN 0-465-09713-82003
BITTKAU-SCHMIDT, S. (2009): Wissen und Handeln in virtuellen sozialen Welten. Wiesbaden: VS Verlag
BMBF (1998): Delphi-Befragung 1996/1998, Integrierter Abschlußbericht. Zusammenfassung von Delphi I „Wissensdelphi" und Delphi II „Bildungsdelphi", München/Basel 1998
BÖNKOST, K. J. (2008): Globalisierung und Wissensgesellschaft – Herausforderungen für das Bildungsmanagement. In: Krylov, A. und Schauf, T.: Internationales Management, Berlin 2008
BORMANN, I./GREGERSEN, J. (2007): Kompetenzerwerb und Innovationsprozesse in der Wissensgesellschaft. In: Pongratz, L. u. a. (Hrsg.): Bildung – Wissen – Kompetenz, Bielefeld: Janus
BORST, E. (2003): Anerkennung der Anderen und das Problem des Unterschieds. Perspektiven einer kritischen Theorie der Bildung, Baltmannsweiler 2003
BORST, E. (2007): Ideologien und andere Scheintote: McKinsey bildet. In: Pongratz, L. u. a. (Hrsg.): Bildung – Wissen – Kompetenz, Bielefeld: Janus
BULLINGER, H.-J./MYTZEK, R. (2004): Soft Skills. Überfachliche Qualifikationen für betriebliche Arbeitsprozesse. Bielefeld: Bertelsmann
CLEMENT, U. (2002): Kompetenzentwicklung im internationalen Kontext. In: Clement, U./Arnold, R. (Hrsg.): Kompetenzentwicklung in der beruflichen Bildung. Opladen: Leske und Budrich. S. 29–54
DAHRENDORF R. (1993): Die Zukunft der Bürgergesellschaft. In B. Guggenberger und K. Hansen (Hrsg.), Die Mitte (S. 74–83). Opladen: Westdeutscher Verlag
DAHRENDORF R. (2006): Homo Sociologicus. Ein Versuch zur Geschichte, Bedeutung und Kritik der Kategorie der sozialen Rolle. 16. Auflage 2006. VS Verlag für Sozialwissenschaften Wiesbaden, ISBN 978-3-531-31122-7
ERPENBECK, J./HEYSE, V. (1997): Der Sprung über die Kompetenzbarriere. Kommunikation, selbstorganisiertes Lernen und Kompetenzentwicklung von und in Unternehmen. Bielefeld: Bertelsmann

ERPENBECK, J./HEYSE, V. (1999): Die Kompetenzbiographie. Strategien der Kompetenzentwicklung durch selbstorganisiertes Lernen und multimediale Kommunikation. Münster: Waxmann

EUROPÄISCHE KOMMISSION (1996): Teaching and Learning: Towards the learning society. Office for Publication: Luxembourg

FUCHS, P. (1992): Die Erreichbarkeit der Gesellschaft. Zur Konstruktion und Imagination gesellschaftlicher Einheit. Frankfurt/Main

FRÜHWALD, W. (1996): Die Informatisierung des Wissens. Stuttgart: Alcatel SEL Stiftung

FOUCAULT, M. (1994): Wie wird Macht ausgeübt? In: Hubert L. Dreyfus, Paul Rabinow: Michel Foucault. Jenseits von Strukturalismus und Hermeneutik, 2. Aufl., Weinheim 1994, S. 251–261

FOUCAULT, M. (2005): Die Ethik der Sorge um sich als Praxis der Freiheit. In: ders.: Dits et Ecrits Schriften, Band IV, Frankfurt am Main 2005, S. 875–902

GREGERSEN J. (2003): Analyse des Konzepts der Wissensgesellschaft und die Konsequenzen für ein zukunftsfähiges Bildungssystem. Berlin

GRUSCHKA, A. (2007): Bildungsstandards oder das Versprechen, Bildungstheorie in empirischer Bildungsforschung aufzuheben. In: Pongratz, L. u. a. (Hrsg.): Bildung – Wissen – Kompetenz, Bielefeld: Janus

HAAN, G. DE/POLTERMANN, A. (2002): Funktion und Aufgaben von Bildung und Erziehung in der Wissensgesellschaft. In: Forschungsgruppe Umweltbildung/Working Group Environmental Education Papers 02-167, ISBN 3-927064-76-9

HÖHNE, T. (2003): Pädagogik der Wissensgesellschaft. Bielefeld

HÖHNE, T. (2007): Der Leitbegriff „Kompetenz" als Mantra neoliberaler Bildungsreformer. Zur Kritik seiner semantischen Weitläufigkeit und inhaltlichen Kurzatmigkeit. In: Pongratz, L. u. a. (Hrsg.): Bildung – Wissen – Kompetenz, Bielefeld: Janus

HÖNIGSBERGER, H. (2009): Wissensgesellschaft. In: www.wissensgesellschaft.org, Heinrich Böll Stiftung

HRADIL, S. (1995): Die „Single-Gesellschaft". München 1995 Beck

IMMERFALL, S. (1998): Gesellschaftsmodelle und Gesellschaftsanalyse. In: B. Schäfers und W. Zapf (Hrsg.): Handwörterbuch zur Gesellschaft Deutschlands. Bundeszentrale für politische Bildung. Bonn

JOHNSON, D.W./JOHNSON, R.T. (2000): Cooperative Learning, Values, and Culturally Plural Classrooms. In: M. Leicester, C. Modgil & S. Modgil (Eds), Education, Culture and Values, Vol. III, Classroom Issues, pp. 15–28

KADE, J. (1992): Die Bildung der Gesellschaft: Aussichten beim Übergang in die Bildungsgesellschaft. Sozialwissenschaftliche Literaturrundschau, 24, 67–79

KILLIUS, N./KLUGE, J./REISCH, L. (2002): Die Zukunft der Bildung, Frankfurt a.M./New York 2003

KILLIUS, N./KLUGE, J./REISCH, L. (2003): Die Bildung der Zukunft, Frankfurt a.M. 2003

KLIEME, E. et al. (2003): Zur Entwicklung nationaler Bildungsstandards. Eine Expertise. Bonn: BMBF (Bundesministerium für Bildung und Forschung)

KLIEME, E. (2004): Begründung, Implementation und Wirkung von Bildungsstandards: Aktuelle Diskussionslinien und empirische Befunde, in: Zeitschrift für Pädagogik 50 (2004), S. 625–634

KLUGE, J. (2003): Schluss mit der Bildungsmisere. Ein Sanierungskonzept, Frankfurt a.M./New York 2003

KRAUS, J. (2008): Bildung und Orientierung in Zeiten der Globalisierung. In: Deutscher Lehrerverband (DL) – Aktuell, Abruf: 22.12.2009
http://www.wissensgesellschaft.org/themen/orientierung/thesen.pdf

KREITZ, R. (2007): Wissen, Können, Bildung – ein analytischer Versuch. In: Pongratz, L. u. a. (Hrsg.): Bildung – Wissen – Kompetenz, Bielefeld: Janus

LEGGEWIE, C. (1993): Multi-Kulti: Spielregeln für die Vielvölkerrepublik. Berlin: Rotbuch

LEGGEWIE, C. (1996): Netizens oder: Der gut informierte Bürger heute. Ein neuer Strukturwandel der Öffentlichkeit? Vortrag am 9. September 1996 in Petersburg bei Bonn anlässlich der Konferenz „Macht Information"

LEMKE, T. (1997): Eine Kritik der politischen Vernunft. Foucaults Analyse der modernen Gouvernementalität, Berlin/Hamburg 1997

LÜKE, M.G. (2007): Zwischen Tradition und Aufbruch. Deutschunterricht und Lesebuch im Deutschen Kaiserreich. Frankfurt a.M. 2007, ISBN 978-3-631-56408-0, S. 49–81 und S. 287–296

MANDL, H./KRAUSE, U.-M. (2001): Lernkompetenz für die Wissensgesellschaft, Forschungsbericht 145 der LMU München (Abruf: 05.07.2009 http://epub.ub.unimuenchen.de/ archive/00000253/01/FB_145.pdf)

MCLUHAN, M. (1962): Gutenberg Galaxy. 1962 ISBN 0802060412

MCLUHAN, M./POWERS, B.R. (1995): The Global Village. Der Weg der Mediengesellschaft in das 21. Jahrhundert. 1995 ISBN 387387217X

MITTELSTRASS, J. (2004): Wissen und Bildung in einer offenen Wissensgesellschaft. Manuskript zur Sendung „Medienforum – Wissen und Bildung heute". 3sat/SWR (Abruf: 15.07.2009 http://www3.mediendaten.de/fileadmin/Texte/Mittelstrass.pdf)

PFADENHAUER, M. (2008): Organisieren: Eine Fallstudie zum Erhandeln von Events. VS Verlag für Sozialwissenschaften, 1. Auflage

POLTERMANN, A. (2001): „Wissensgesellschaft" – Thesen und Themenfelder. In: Heinrich-Böll-Stiftung 5/2001

PTAK, R. (2005): Neoliberalismus. In: Wissenschaftlicher Beirat von attac (Hrsg.): ABC der Globalisierung. Hamburg, S. 132–133

REICH, R.B. (1992): The Work of Nations: Preparing Ourselves for 21st Century Capitalism, New York 1992

REICHENBACH, R. (2007): Soft skills: destruktive Potentiale des Kompetenzdenkens In: Pongratz, L. u. a. (Hrsg.): Bildung – Wissen – Kompetenz, Bielefeld: Janus

RIFKIN, J. (1995): Das Ende der Arbeit und ihre Zukunft, Frankfurt am Main/New York: Campus Verlag

ROTH, H. (1971): Pädagogische Anthropologie. Band 2: Entwicklung und Erziehung. Hannover: Schroedel

SCHULZE, G. (1992): Die Erlebnisgesellschaft. Frankfurt am Main 1992 Campus

SCHÜTZ, A. (1972): Der gut informierte. Ein Versuch über die soziale Verteilung des Wissens. In: Ders. (Hrsg.): Gesammelte Aufsätze, Band 2. Studie zur soziologischen Theorie. Den Haag

SELIGMAN, M. (2003). Der Glücks-Faktor. Bergisch Gladbach: Lübbe, Ehrenwirth

STEMMLER, G./HAGEMANN, D./AMELANG, M./BARTUSSEK, D. (2010): Differentielle Psychologie und Persönlichkeitsforschung In: Hasselhorn, M./Heuer, H./Rössler, F. (Hrsg.): Kohlhammer Standards Psychologie, 7. vollständig überarbeitete Aufl., Stuttgart 2010

WEBER, M. (1990): Wirtschaft und Gesellschaft. 5. Aufl. Tübingen: J.C.B. Mohr

WEILER, H.N. (2003): Bildungsforschung und Bildungsreform – Von den Defiziten der deutschen Erziehungswissenschaft. In: Gogolin, I./Tippelt, R. (Hrsg.): Innovation durch Bildung, Opladen 2003, S. 181–203

WEINBERG, J. (1996): Kompetenzerwerb in der Erwachsenenbildung. In: Hessische Blätter für Volksbildung. S. 209–216

WEINERT, F.E. (1999): Concepts of competence. Contribution within the OECD project Definition and Selection of Competencies: Theoretical and Conceptual Foundations (DeSeCo). München: Max Planck Institute for Psychological Review, 66, 297–333

WEINERT, F.E. (2001): Vergleichende Leistungsmessung in Schulen – eine umstrittene Selbstverständlichkeit. In: Ders. (Hg.): Leistungsmessungen in Schulen. Weinheim und Basel

WIMMER, M. (2002): Bildungsruinen in der Wissensgesellschaft. In: Lohmann, I./Rilling, R. (Hrsg.): Die verkaufte Bildung. Opladen. S. 45–68

WOLFF, H./STOCK, J. (2000): Allgemeinwissen – die Herausforderung der Wissensgesellschaft. In: de Haan, G./Hamm-Brücher, H./Reichel, N. (Hrsg.): Bildung ohne Systemzwänge, Neuwied/Kriftel 2000, S. 23–44

www.mckinsey-bildet.de/html/01_home/home.php

www.infoquelle.de/Job_Karriere/Wissensmanagement/Soft_skills.cfm

If you have any concerns about our products,
you can contact us on
ProductSafety@springernature.com

In case Publisher is established outside the EU,
the EU authorized representative is:
**Springer Nature Customer Service Center GmbH
Europaplatz 3, 69115 Heidelberg, Germany**

Printed by Libri Plureos GmbH
in Hamburg, Germany